dtv premium

Gerd Langguth

Kohl, Schröder, Merkel

Machtmenschen

Deutscher Taschenbuch Verlag

FSC

Mix
Produktgruppe aus vorbildlich
bewirtschafteten Wäldern und
anderen kontrollierten Herkünften

Zert.-Nr. GFA-COC-001298
www.fsc.org
© 1996 Forest Stewardship Council

Der Inhalt dieses Buches wurde auf einem nach den
Richtlinien des Forest Stewardship Council zertifizierten
Papier der Papierfabrik Munkedal gedruckt.

Originalausgabe
Mai 2009
Deutscher Taschenbuch Verlag GmbH & Co. KG,
München
www.dtv.de
© 2009 Deutscher Taschenbuch Verlag GmbH & Co. KG,
München
Dieses Werk wurde vermittelt durch die Literarische Agentur
Thomas Schlück GmbH, 30827 Garbsen.
Das Werk ist urheberrechtlich geschützt.
Sämtliche, auch auszugsweise Verwertungen bleiben vorbehalten.
Umschlagkonzept: Balk & Brumshagen
Umschlagfotos (v.l.n.r.): picture alliance / Tim Brakemeier,
dfd images / Michael Urban, Caro Waechter
Satz: Greiner & Reichel, Köln
Gesetzt aus der Minion 10/13˙
Druck und Bindung: Kösel, Krugzell
Gedruckt auf säurefreiem, chlorfrei gebleichtem Papier
Printed in Germany · ISBN 978-3-423-24731-3

Inhalt

I. Einleitung: Machtmenschen   9

II. Helmut Kohl – die Macht des Geschichtsdeuters   15
Kohls Jugend   15 • Früher politischer Aufstieg   17 • Vom Landtagsabgeordneten zum Ministerpräsidenten   21 • Kampf gegen Barzel   23 • Barzels Sturz   27 • Kohl wird Parteivorsitzender   30 • Kanzlerkandidatur   32 • Kohls drei Säulen der
Macht   35 • Die Partei als Basis der Macht   37 • Die Fraktion als
Netzwerk Kohl'scher Macht   52 • Das Kanzleramt als Zentrale der
Macht   66 • Die Chefs des Bundeskanzleramts   69 • Die Staatsminister   73 • Die Abteilungsleiter   76 • Die persönliche Umgebung   82 • ExterneBerater   87 • DieRegierungssprecher   89 •
Der Politikstil Kohls   94 • Ablöseprozesse oder: Scheiden tut
weh   115 • Männerbande: Schäuble und Kohl   121 • Schäuble –
der ewige Kronprinz   125 • Kohl will weitermachen – als Ehrenvorsitzender   129 • Der Spendenskandal   131 • Krieg auf dem
Buchmarkt   140 • Eine traurige Post-Kanzler-Ära   146 • Im
Schatten der Macht: die Familie   148

III. Gerhard Schröder – die Macht des Aufsteigers   154
»Acker« in der Nachkriegszeit   155 • Lehr- und Wanderjah-
re   159 • Juso-Bändiger im »roten Jahrzehnt«   161 • Im Bundestag in Bonn   165 • Die Entdeckung der Landespolitik   167 • Der
»Enkel« Gerhard Schröder und Willy Brandt   170 • Der Ministerpräsident und die Wiedervereinigung   172 • Pragmatisch für
Niedersachsen   174 • Schröder unterliegt Scharping   176 • Vor
dem Mannheimer Putschparteitag   180 • Schröder und Lafontaine – ein Nichtverhältnis   184 • Provokationen als Stilmit-
tel   186 • Wie Schröder Lafontaine austrickste   189 • Wahlkämpfer Schröder   201 • Rot-grüne Koalition – ein historisches

Projekt? 205 • Der »Koch« und der »Kellner« 208 • Der Seiteneinsteiger Jost Stollmann und die Profis 211 • Die Machtarchitektur: Schröder, Lafontaine und die Minister 217 • Hintergründe
der Regierungsbildung und warum Schröder Lafontaine als Fraktionsvorsitzenden verhindern wollte 219 • Zweikampf, Mobbing
und Verbitterung: Der Rücktritt Lafontaines 227 • Bodo Hombachs Weggang nach dem Ende des Kosovo-Krieges und Minister-
rücktritte 245 • Schröders »Küchenkabinett« im Bundeskanzleramt 251 • Die Regierungssprecher 253 • Die »politischen
Beamten« im Kanzleramt 254 • »Doris sagt ...« 258 • Berater und die »Friends of Gerd« (FROGs) 262 • Pragmatismus als Regierungsstil 265 • Die Bosse von Wirtschaft und Gewerkschaft 282 • Zwang zur eigenen Mehrheit auch in der
Außenpolitik 284 • Der Irak-Krieg – Rettungsanker des »Frie-
denskanzlers« 287 • Schröder und die Medien 294 • Der
Abstieg in fünf Akten 300 • Erster Akt: Der Mut der Verzweiflung und die Agenda 2010 302 • Zweiter Akt: Die kleine Par-
teirebellion in Bochum 306 • Dritter Akt: Parteivorsitzender
am Ende 307 • Vierter Akt: Vorgezogene Bundestagswahlen als
Einstieg in den Ausstieg 313 • Fünfter Akt: Das letzte Aufbäumen
in der »Elefantenrunde« 326 • Ein Rückblick: Schröder und die
SPD 331 • Epilog – Das Leben eines Ex-Kanzlers 335

IV. Angela Merkel – die Macht der Sphinx 340
Pfarrerstochter und Physikerin in der DDR – Kindheit, Jugend,
Wissenschaft 344 • Der demokratische Aufbruch: Merkel entdeckt die CDU 353 • Helmut Kohl entdeckt Angela Merkel
359 • »Kohls Mädchen« als Ministerin 361 • Das »Mädchen«
zeigt gegen Schäuble und Kohl Zähne 370 • Glücklose Vorsitzende 377 • Das Frühstück von Wolfratshausen 384 • Stoiber
scheitert 386 • Der Griff nach dem Fraktionsvorsitz 387 •
Merkel – eine Sphinx? 394 • Kohl – der Kandidatin Lehrmeister 396 • Warum Angela Merkel Schröder dankbar sein
muss 398 • Das Merkel-Kabinett 403 • Merkels Imperium
412 • Merkels Wochenplan 414 • Sechs Abteilungen 417 •
Merkel, die Unionsparteien und die SPD 419 • Zum Regie-

rungsstil Angela Merkels 425 · Merkel und die Medien 436 ·
Merkel – die » mächtigste Frau der Welt « 439

V. Drei Machtmenschen im Vergleich 444

**VI. Die Formel der Macht
Ein Exkurs und mehrere Thesen 454**

Anmerkungen 489
Auswahlbibliografie 557
Personenregister 565
Danksagung 577

I. Einleitung:
Machtmenschen

Die Bildergalerie der Bundeskanzler im Bundeskanzleramt beginnt mit dem ersten Regierungschef der Nachkriegszeit, Konrad Adenauer. Bis Mitte 2007 endete sie mit Helmut Kohl. Seit dem 10. Juli 2007 hängt neben ihm das Portrait von Gerhard Schröder, gemalt von Jörg Immendorf, der wenige Wochen vor der Aufhängung des Bildes gestorben war. Schröders Portrait ist sehr eigenwillig und steht in Kontrast zu den anderen sechs Werken, die recht traditionell gemalt sind. Golden funkelt Schröders Büste, machtvoll wie ein römischer Feldherr oder ein Renaissance-Fürst blickt er drein – und zugleich ironisch umringt von Affen, Künstleraffen im Sinne Immendorfs, die auf den Kanzler ein kritisches Augenmerk haben sollen. Schröder hatte bei der Enthüllung des Gemäldes einen guten Grund, wieder einmal ins Kanzleramt zurückzukommen. In Anwesenheit mancher seiner Weggefährten – darunter Frank-Walter Steinmeier und Franz Müntefering – scherzte er, an die Kanzlerin gerichtet, dass dort ja noch ein bisschen Platz sei und Merkel möglicherweise irgendwann neben ihm hängen werde.[1] Seine Nachfolgerin konterte schlagfertig: Die Große Koalition erlaube es Schröder, das Haus unbefangen zu betreten, zumal er ja auch seine »alten Kameraden mitgebracht« habe. Sie sei jetzt froh, dass die Schulklassen, die das Kanzleramt besuchen, künftig nicht mehr fragen müssten: »Warum wird der Schröder nicht aufgehängt?« Gut gelaunte Machtmenschen unter sich.

Doch sind wir nicht alle Machtmenschen? Wir starren zwar oft auf die »Großen«, die uns regieren. Aber wollen nicht die meisten auch Macht ausüben – im Beruf, im Verein, bei Freunden und Familie? Und oft sind diejenigen, die auf jede Form der Machtausübung verzichten wollen, auf eine andere Weise von Macht fasziniert: von den »Mächtigen« oder zumindest von denjenigen, die man für mächtig hält. Nicht nur Politiker, auch andere drängen in die Öffentlichkeit, beispielsweise Schauspieler. Für sie ist die Aufmerksamkeit anderer wie eine Droge, manche sind wie besessen, unbedingt gesehen zu werden.[2] Doch Politiker sind meist keine »schönen« Menschen und insofern anders als Schauspieler. Aber Politik und Schauspielerei – Verwandte sind sie schon. So sagt man in Amerika: »Politik ist Hollywood für hässliche Menschen.«[3] Doch ohne die Zuwendung der Wähler oder der Zuschauer gibt es keinen Erfolg. Es sind nicht nur das Geld und der Lebensstil, was Politiker reizt. Vielmehr ist es die Zuwendung der Menschen, in unserer medialisierten Welt der Zuschauer, die den Beruf des Politikers so attraktiv macht. Die Macht in der Politik unterscheidet sich daher von der Macht andernorts. Über die Einflussreichen in der Wirtschaft etwa wird häufig nur in Krisensituationen etwas bekannt. Private Machtausübung bleibt meistens privat. Politische Karrieren hingegen sind von Beginn an öffentlich, zunächst im Mikrokosmos einer Stadt oder eines Wahlkreises. Je »höher« ein Politiker dann steigt, umso mehr wird er wahrgenommen und täglich taxiert, öffentlich kritisiert. Auch der Abschied von der Politik vollzieht sich vor den Augen der Öffentlichkeit. Zum Teil leidet sie mit, auf jeden Fall schaut sie zu. Politik ist immer ein weithin sichtbares Drama.

Damit stellt sich die Frage nach den »Machtmenschen«. Der Begriff hat im Deutschen meist einen negativen Klang – die englische Übersetzung »power seeker« ist viel nüchterner. Als »Machtmensch« gilt in Deutschland jemand, der den Besitz und den Erhalt von Macht als wichtiger ansieht als bestimmte inhaltliche Ziele. Wir werden zu prüfen haben, ob mit diesem Begriff Kohl, Schröder und Merkel – und mit ihnen zahlreiche andere in diesem Buch behandelte Persönlichkeiten – »fassbar« gemacht werden können: Machtmenschen sind ichbezogene Persönlichkeiten, die – unter weitgehender Hintanstellung privater und anderer Ziele – mit allen ihren Energien auf den möglichst dauerhaften Erwerb von Macht fixiert sind, die zum Zwecke des Machterhalts tatsächliche wie auch vorgetäuschte Ziele zu nutzen wissen und deutliche Lust an der öffentlichen Macht verspüren.

Helmut Kohl, Gerhard Schröder und Angela Merkel: Mehr als die

Hälfte der heutigen deutschen Bevölkerung hat diese drei Personen bewusst als Bundeskanzler erlebt. Sie haben die deutsche Politik geprägt – sehr unterschiedlich in ihrem Auftreten und in ihrer Zeit, doch alle hatten bzw. haben einen unbändigen Willen zur Macht. »Nach oben kommen« lautete ihre Maxime. Helmut Kohl, Bundeskanzler von 1982 bis 1998, war mit seinen sechzehn Amtsjahren länger im Amt als Konrad Adenauer. Er ist in die Geschichtsbücher eingegangen als »Kanzler der Einheit«. Gerhard Schröder, Bundeskanzler von 1998 bis 2005, führte mehr als eine Übergangsregierung. Er machte die Grünen auf Bundesebene regierungsfähig und er setzte eine Reihe von zum Teil heftig bekämpften Modernisierungsreformen in Gang. Er scheiterte, weil er – wie im Jahre 1982 bereits Helmut Schmidt – die Unterstützung seiner eigenen Partei verlor. Angela Merkel, erste Frau im Amt des Bundeskanzlers, leitet die zweite Große Koalition in der bundesdeutschen Geschichte. Obwohl sich die beiden Parteiformationen Union und SPD in vielen Fragen nicht einigten, hatte dies bisher auf das Image der ostdeutschen Pfarrerstochter nur geringen Einfluss. Sie ist beliebt wie keiner ihrer Vorgänger.

Was macht das Faszinosum der Macht aus? Muss nicht sogar von einer »Erotik der Macht« gesprochen werden? Die Insignien öffentlicher Macht haben eine besondere Ausstrahlungskraft: auf diejenigen, die an der Macht sind und sie behalten wollen, und diejenigen, die Beobachter oder Statisten der politischen Bühne sind. Irgendwie haben die angeblich Mächtigen Macht über uns, wenn auch zum Teil nur indirekt. Sie bestimmen unser Leben, vielleicht mehr in unserer Imagination als in der Realität. Denn viele Mächtige leiden gerade darunter, dass – zumal in einer Konsensdemokratie wie Deutschland – die Ausübung von Macht häufig keine wirkliche Entscheidungsmacht, sondern eher eine Prozessbeeinflussungsmacht ist.

Auf jeden Fall sind die Mächtigen in der Politik ein Teil von uns. In unserem Verhältnis zu ihnen zeigt sich eine scheinbar natürliche Ambivalenz: Wir verehren sie, wir verdammen sie. Diejenigen, die »ganz oben« angekommen sind, werden mit Argusaugen betrachtet. Denn in der Politik kann jeder mitreden. Schließlich spüren wir eine Abhängigkeit von der Politik. Abhängigkeiten sind selten ein Quell der Freude, auch wenn sich viele lieber regieren lassen als selbst zu regieren. Schon immer waren die Spitzenleute Objekt der Bewunderung, aber auch der Abneigung und des Hasses. Ob es sich um Könige, Päpste oder Bundeskanzler handelt: Ihre Ausstrahlungskraft fasziniert.

Der antike griechische Denker Platon und der preußische Militärstratege Clausewitz wollten beide starke politische Führungsfiguren. Platon wünschte sich den »Philosophenkönig« an der Macht, während Clausewitz auf den kampferprobten Feldherren setzte. Die drei in diesem Buch untersuchten »Helden« sind weder Philosophenkönig noch Feldherr. Ihr Auftreten entsprach und entspricht nicht dem Bild, das man sich von Helden der Geschichte macht. Der Schweizer Kulturhistoriker Jacob Burckhardt schrieb einst, »historische Größe« erfordere, »dass in dem großen Menschen ein bewusstes Verhältnis zum Geistigen, zur Kultur seiner Zeit« nachweisbar sei, dass »ein Alexander einen Aristoteles zum Erzieher gehabt« habe. »Einem solchen allein trauen wir dann eine höchst gesteigerte Genialität zu.«[4] Können oder sollen wir Kohl, Schröder und Merkel an diesem Maßstab messen?

Kohls Auftreten beispielsweise wirkte ungemein bieder. Er besaß kaum das, was der Soziologe Max Weber unter »Charisma« verstand. Und doch faszinierte »der Pfälzer« auf seine Art und Weise – wahrscheinlich gerade deshalb, weil er in fast idealer Weise dem Prototyp des Bürgers einer »nivellierten Mittelstandsgesellschaft« (Helmut Schelsky) entsprach, die cäsaristischen Führernaturen misstraut. Vielleicht bestand sein größtes Geheimnis lange Zeit sogar darin, dass er – wie Merkel – zu den unterschätztesten deutschen Politikern gehörte, sein Machtsinn eher unterentwickelt schien, er tatsächlich aber ein Machtmensch par excellence war.

Schröders Machtanspruch hingegen manifestierte sich auf eine eher laute Weise. Sein berühmtes, von seiner Umgebung und von seinem journalistischen Freundeskreis mythologisiertes »Rütteln« am Zaun des Bonner Bundeskanzleramtes macht deutlich, dass sich kaum ein Politiker so offen zu seinem Hunger nach »Macht« bekannte wie er. Das war schon sonderbar. Denn eigentlich entspricht es der deutschen Nachkriegstradition, zwar Macht zu erstreben und ausüben zu wollen, den eigenen Machtwillen aber hinter vermeintlichen und tatsächlichen politischen Zielen zu verstecken. Angela

Merkel passt schon eher in diese Tradition. Sie ist zurückhaltender als ihr Vorgänger: Früher, so sagte die studierte Physikerin, wollte sie die Macht über die Moleküle. Heute gehe es ihr um »Gestaltung«[5]. Dem »Faszinosum« Macht war auch der Autor zeitweise erlegen. Schon in frühen Jahren konnte er das »Innenleben der Macht« studieren – weniger als Theoretiker, sondern vielmehr als Praktiker. 1976 zog er als viertjüngster Abgeordneter in den Deutschen Bundestag ein. Auch als langjähriges Vorstandsmitglied der Bundes-CDU hat er alle Spezifika der Parteipolitik erlebt, gelegentlich durchlitten. Während seiner späteren Tätigkeit als Direktor der Bundeszentrale für politische Bildung, als Leiter der Vertretung der Europäischen Kommission und als Geschäftsführender Vorsitzender der Konrad-Adenauer-Stiftung hat er die Kohl-Jahre aus der Nähe erlebt. Seine Erfahrungen aus dieser Zeit fanden ihren Ausdruck in dem 2001 erschienenen und seit Jahren vergriffenen Buch ›Das Innenleben der Macht‹, das sich vor allem mit der Kohl-CDU auseinandersetzte. Auf einige immer noch aktuelle Kapitel dieser Publikation wird in diesem Buch zurückgegriffen.

Die Schröder-Zeit wird neben der Analyse wissenschaftlicher Quellen durch über siebzig Interviews mit wichtigen Persönlichkeiten der rot-grünen Koalition erarbeitet. Der Autor ist für die häufig freimütigen Einsichten dankbar, die in diesem Buch ihren Niederschlag finden. Ein besonderer Schwerpunkt dieses Kapitels sind – neben der Analyse der Kandidatur Schröders und seines Führungsstiles als Kanzler – insbesondere die Gründe für den Rücktritt des damaligen SPD-Vorsitzenden und Finanzministers Oskar Lafontaine. Einen Rücktritt unter solchen Umständen mit solch dramatischen Auswirkungen hatte es zuvor in der deutschen Nachkriegsgeschichte noch nie gegeben. Außerdem wird minutiös beschrieben, wie es 2005 zu der vorgezogenen Bundestagswahl und zur Bildung der Großen Koalition kam.

Die Kanzlerschaft Merkels wird hinsichtlich ihres Führungsstils in der Großen Koalition, die angeblich auf einer »Augenhöhe« zwischen zwei gleich großen Koalitionsformationen basiert, analysiert: Wer sind Merkels Vertraute und warum ist die Kanzlerin so außerordentlich beliebt? Es ist schon erstaunlich: Waren die Umfragewerte von Kohl deutlich schwächer als die seiner Partei, ist es bei Merkel genau umgekehrt. Bisher ist allerdings nicht absehbar, ob die Partei bei den Wahlen im Herbst 2009 von Merkels persönlichem Bonus profitieren wird. Ihr Verhältnis zu den deutschen Medien ist ein weiteres spannendes Thema – genauso wie die Frage, wie sie mit dem sozialdemokratischen Regierungspartner umgeht. Insoweit ist dieses Hauptkapitel auch eine Ergänzung zu der 2005 erschienenen und 2007 aktualisierten Biografie des Autors über Angela Merkel.

Am Ende des Buches wird schließlich der Versuch unternommen, einige grundsätzliche, empirisch belegte Ausführungen über die Frage zu machen, was in einer Demokratie überhaupt unter »Macht« zu verstehen ist und warum sie diese Ausstrahlungskraft hat. Unsere Analyse beschäftigt sich zwar in erster Linie mit den »Machtmenschen« Kohl, Schröder und Merkel. Aber sie sind auf der politischen Bühne nicht alleine. Es gibt viele Kohls, Schröders und Merkels, auch wenn die drei sich selbst als einzigartig empfinden mögen. Die Analyse des Autors basiert auf der Einsicht, dass Menschen, die die Macht nicht mit allen Fasern ihres Leibes, eben mit aller Macht, erstreiten wollen, schnell scheitern können. Ludwig Erhard, der »Vater des Wirtschaftswunders«, ist hierfür nur ein beredtes Beispiel.

Am Schluss gerinnt alle Macht zu Wachs, zumindest bei Madame Tussauds – egal ob in London, Paris oder Unter den Linden in Berlin. Kohl ist schon lange eine zu Wachs gewordene Geschichte im Figurenkabinett: Als 2001 in London unter großem Presseaufgebot das Standbild von Gerhard Schröder aufgestellt wurde, trug man den wächsernen Kohl für die Fernsehkameras symbolisch fort. Aber nur für diesen einen Tag. Denn Kohl blieb den Touristen als Exponat in der Halle europäischer Staatsmänner erhalten. Das Wachsfigurenkabinett ist gnädiger als die Realität. Es lässt die Könige weiterleben – selbst die gefallenen.

II. Helmut Kohl – die Macht des Geschichtsdeuters

Schon als Jugendlicher hatte Helmut Kohl Politik zu seiner eigentlichen Lebensaufgabe gemacht. Er war ein Anführer-Typ, der Alterskameraden in seinen Bann zu ziehen vermochte. Kohls Schwester Hildegard Getrey berichtete 1996, dass ihr Bruder schon als Kind »seine Spielkameraden aus der Volksschule dazu brachte, ihm die Schleppe zu tragen, wenn er mit einem Kaffeewärmer auf dem Kopf und einem Betttuch als Umhang in dem Garten zwischen den Obstbäumen umherstolzierte.«[1] Der »Bub« Helmut spielte »Bischof«, der Kaffeewärmer sah einer Mitra sehr ähnlich.[2]

Kohls Jugend

Freilich war dem Buben, der als Helmut Josef Michael Kohl am 3. April 1930 in Ludwigshafen zur Welt kam, an der Wiege von keiner großen Karriere gesungen worden. Sein Vater, Hans Kohl, hatte es bis zum Obersekretär im Finanzamt Ludwigshafen gebracht. Das Elternhaus war ein tief katholisch geprägter Beamtenhaushalt, dessen Verhältnisse relativ bescheiden waren. »Wir hatten keine Sorge um das tägliche Brot, es reichte auch zum Sonntagsbraten, aber wir lebten gezwungenermaßen sparsam und bescheiden, immer in dem Bewusstsein, dass das Geld nicht auf der Straße liegt, sondern hart erarbeitet werden muss. Es war ein typischer kleiner Beamtenhaushalt wie Millionen andere«, beschrieb Helmut Kohl die Welt, in der er aufwuchs, in seinen Memoiren.[3]

Der junge Helmut erlebte den Zweiten Weltkrieg bewusst mit, hatte aber trotz der Kriegsjahre eine anfänglich relativ glückliche Jugend. Seine Familie stand dem Nationalsozialismus kritisch gegenüber. Sie gehörte zu den Wählern des katholischen »Zentrums« (in gewissem Sinne der Vorgängerpartei der heutigen CDU) bzw. der Bayrischen

Volkspartei (BVP) (einer Vorgängerorganisation der heutigen CSU). Kurioserweise traten in der Pfalz bis 1933 das Zentrum und die BVP gegeneinander an, da damals die Pfalz zu Bayern gehörte. Kohls politische Grundüberzeugungen sind sehr stark von seinem katholischen Elternhaus geprägt worden. Er gehört einer Generation an, die den Zweiten Weltkrieg bewusst miterlebt hat, war aber andererseits so jung, dass er persönlich nicht schuldig wurde. Besonders geprägt hat Kohl, der noch eine Schwester hatte, dass sein vier Jahre älterer Bruder, ein Fallschirmjäger, im November 1944 fiel. Kohl, der sich stets an die verheerenden Bombardements auf seine Heimatstadt Ludwigshafen erinnerte, hatte ein unmittelbares Erleben von Krieg, Tod und Zerstörung. Wegen der regelmäßigen Fliegerangriffe wurde er mit der sogenannten »Kinderlandverschickung« in relative Sicherheit gebracht und erlebte das Kriegsende gemeinsam mit anderen Mitschülern im bayerischen Berchtesgaden. Von dort aus schlug er sich mit anderen Kameraden in der Uniform der Hitlerjugend zu Fuß in das 400 Kilometer entfernte Ludwigshafen durch, wo das Elternhaus trotz starker Zerstörungen seiner Heimatstadt noch stand.[4]

Eine wichtige Rolle bei Kohls politischer Entwicklung spielte der katholische Pfarrer Johannes Finck in Limburgerhof, einer Arbeitersiedlung vor den Toren Ludwigshafens. Finck, einst Zentrums-Abgeordneter im bayerischen Landtag, hatte in Rheinland-Pfalz zu den Gründungsvätern der CDU gehört. Er kämpfte für das Wagnis einer neuen christlich orientierten Partei, die die konfessionelle Enge der alten katholischen Zentrumspartei überwinden sollte und in der katholische wie evangelische Christen gemeinsam am geistigen, politischen und sozialen Neuaufbau Deutschlands mitwirken sollten. Bei den Bibelstunden im Pfarrhaus wurde auch über Politik diskutiert. Der junge Helmut hielt ein Kurzreferat über das Verhältnis des Christentums zum Sozialismus. Es war aber nicht nur die geistige Ausstrahlung des Pfarrhauses, die Kohl anzog. Denn es gab auch »immer ein Stück Kuchen oder ein Stück Brot mit Wurst.«[5] Geistige und tatsächliche Nahrung im Schoße von Mutter Kirche.

Noch bevor der junge Helmut auf Pfarrer Finck traf, arbeitete er in einem Lehrbetrieb auf dem Düllstädter Gut der Süddeutschen Zucker AG (heute Südzucker). Dort lernte er unter anderem das Pflügen mit dem Zugochsen.[6] Nach den Sommerferien ging er weiter zur Schule, aufs Gymnasium. Kohl war Klassensprecher und schon früh lernte er so etwas wie Machtausübung kennen. Zu seinen Aufgaben gehörte es, zu spät kommende Schüler zu verwarnen und im Wiederholungsfalle gar mit einem Bußgeld zu belegen. Dabei konnte er die Höhe der Strafe selber festlegen. Und wer ihm folgte, erfuhr Belohnung. Zu seinen Aufgaben gehörte des Weiteren auch, das Klassenbuch zu führen.[7] Für Helmut Kohl war klar, dass die neu entstehende CDU – sie konstituierte sich erst 1950 in Goslar zur Bundespartei, also erst nach den ersten Bundestagswahlen 1949 – seine politische Heimat war. Die Einflüsse des Elternhauses und des Pfarrers Finck machten die Suche nach politischen Alternativen überflüssig. Zu Beginn der Nachkriegsdemokratie waren die weltanschaulichen Grenzen zwischen den Parteien sehr viel schärfer konturiert, als dies heute der Fall ist. Der Einfluss der katholischen Kirche, gerade in Rheinland-Pfalz, immunisierte die katholisch geprägte Wählerschaft gegenüber der als kirchenfeindlich eingestuften Sozialdemokratie.

Früher politischer Aufstieg

Kohl berichtet in seinen Erinnerungen, wie er vor den ersten Landtagswahlen in Rheinland-Pfalz, die am 18. Mai 1947 stattfanden, politische Plakate klebte. Die Arbeiterstadt Ludwigshafen war für die CDU ein schwieriges Pflaster. Kohls Partei landete daher bei den Wahlen mit nur 27,3 Prozent weit abgeschlagen hinter der SPD, während die Kommunistische Partei Deutschlands (KPD) 20,8 Prozent erhielt.[8] Wie hart es damals im politischen Wettstreit zuging, schildert Kohl so: »Es gab Stadtteile, wo wir nicht plakatieren konnten. Wir bezogen bei unseren Wahlkampfeinsätzen heftige Prügel von den ›Roten‹. Hautnah bekam ich die ideologische Härte und Intoleranz unseres politischen Hauptgegners zu spüren, der die Arbeiterstadt seit Ende des 19. Jahrhunderts dominierte. Immer wieder mussten meine Freunde und ich uns in handfesten Auseinandersetzungen mit den Klebekolonnen von SPD und KPD behaupten. Wir blieben selten etwas schuldig.«[9]

Mitglied der CDU wurde Kohl nach eigenen Angaben »Anfang 1947«, als 16-Jähriger.[10] Zugleich wurde er Mitglied der Jungen Union (JU). Anderthalb Jahre später, am 1. Mai 1948, musste er, gerade 18 Jahre alt geworden, auf dem Pfälzer Bezirkstag der Jungen Union in Edenkoben bei seiner Kandidatur als Bezirksvorsitzender eine schmerzliche Niederlage einstecken.[11] So sehr Kohl diesen Bezirksvorsitz für seine weitere Karriere wohl als eine Art Hausmacht genutzt hätte, so sehr prägte ihn diese knappe Niederlage: Er beschloss daraufhin, seine Karrierebemühungen direkt auf die Partei zu fokussieren und nicht erst einen langen Umweg über die Junge Union zu nehmen. Letztlich war das für seinen politischen Aufstieg förderlich, da über »große« Karrieren zumeist in einer Partei und nicht in einer Unterorganisation oder gar Jugendorganisation entschieden wird. Trotzdem wurde Kohl nach der Erringung parteipolitischer Ämter später auch stellvertretender JU-Landesvorsitzender, jedoch nur noch als Ergänzung seiner innerparteilichen Karriere.

Seine erste Wahlkampfrede hielt Kohl am 12. August 1949 in Mutterstadt bei Ludwigshafen. Damit verfolgte er auch private Ziele, denn in Mutterstadt wohnte seine spätere Ehefrau Hannelore, mit der er damals anbandelte. Er hatte sie bei einem Tanztee kennengelernt. »Ich hatte mir bewusst den Wohnort meiner Freundin Hannelore ausgesucht. Sie wohnte nicht weit von dem Lokal. Ich wollte ihr imponieren, aber sie kam nicht. Meine Enttäuschung war entsprechend groß.«[12]

Das Leben Helmut Kohls wurde schon oft beschrieben.[13] An dieser Stelle interessiert vor allem seine frühe Entscheidung für die Macht. Schon zu Schülerzeiten entwickelte er einen Instinkt dafür, wie er andere, auch ältere Mitschüler, für sich einspannen konnte. Daher rührt sein starkes Selbstvertrauen. Früh hat Kohl erkannt, wie wichtig es ist, persönliche Netzwerke und Seilschaften aufzubauen. Und wenn es um seine Profilierung gegenüber älteren Honoratioren seiner Partei ging, konnte Kohl bemerkenswerte Kantigkeit und Härte zeigen.

Seinen Entschluss, direkt in der CDU an seiner Karriere zu arbeiten, führte er konsequent durch. Er war weder ein guter Schüler, noch galt er als besonders inspirierter Student. Sein Engagement als fleißiger Parteiarbeiter ließ ihm dazu auch kaum Zeit. Die Ämter in der CDU hatten für ihn Vorrang: Im November 1953 wollte Kohl als 23-jähriger Student Mitglied des geschäftsführenden Vorstands der CDU in der Pfalz werden. Er kandidierte gegen einen »Altvorderen«. Er hatte das »Honoratiorentum« in der CDU heftig kritisiert und sich dadurch innerparteilich einen Namen gemacht. Nachdem Kohl schließlich gegen einen der von ihm Gescholtenen – Dr. Alois Kraemer, Druckereibesitzer, Verleger der Parteizeitung und Oberbürgermeister von Landau – bei der Wahl zum Bezirksvorstand gewonnen hatte[14], wussten viele, dass künftig mit dem jungen Mann aus Ludwigshafen zu rechnen war. Als Kohl im April 1954 dann auch noch stellvertretender JU-Landesvorsitzender wurde, konnte er das weiterverfolgen, was man heute mit dem Begriff »networking« bezeichnet. Ihm gelang es, in ganz Rheinland-Pfalz einen Unterstützerkreis aufzubauen. Viele Mitstreiter aus jener Zeit fanden sich später als Minister oder Staatssekretäre in der von ihm geführten Landesregierung wieder. Mit einem ähnlichen Modell ist übrigens Jahre später auch Roland Koch aufgestiegen, der in ganz Hessen einen politischen Freundeskreis aufbaute, der bedingungslos hinter ihm stand.[15] Als schließlich Kohls Freund Heinrich Holkenbrink aus Trier JU-Landesvorsitzender wurde, war damit die Grundlage für die weitere Machtausbreitung in Rheinland-Pfalz gelegt.

Kohl war durchaus mutig, fast forsch. Er lernte, dass es für die eigene Karriere nützlich sein kann, wider den politischen Stachel zu löcken. Die rheinland-pfälzische Nachkriegs-CDU entsprach in besonderer Weise dem Bild einer Honoratiorenpartei, in der sich die örtlichen Lehrer, Anwälte und Kaufleute trafen und wo kaum Platz für junge Menschen war. Kohl wusste das für sich zu nutzen. So kandidierte er im Januar 1955 auf dem CDU-Landesparteitag in seiner Heimatstadt Ludwigshafen für das Amt des stellvertretenden Vorsitzenden gegen den ultrakatholischen Franz Josef Wuermeling, der von 1953 bis 1962 erster Familienminister der Bundesrepublik war. Diese Kandidatur war noch einige Nummern zu groß, aber die Honoratioren um den rheinland-pfälzischen Ministerpräsidenten Peter Altmeier, der Kohl auch in den Folgejahren nach Kräften zu verhindern suchte, waren gewarnt. Kohl rückte schließlich mit Mitte zwanzig in den CDU-Landesvorstand auf.

Bei der Landtagswahl am 15. Mai 1955, für die Kohl wieder fleißig als Wahlkämpfer mitgewirkt hatte, kandidierte er nicht, »obwohl mir seit dem 3. April, meinem fünfundzwanzigsten Geburtstag, das passive Wahlrecht zustand.«[16] Heute begründet Kohl diesen Schritt damit, dass er erst einmal an der Universität Heidelberg promoviert werden wollte. Vor seinem Geschichtsstudium in Heidelberg hatte er sich im Wintersemester 1950/51 in Frankfurt eingeschrieben. Zunächst beabsichtigte er, eine juristische Laufbahn einzuschlagen. Kohl wusste, dass ein erfolgreicher Studienabschluss für den weiteren Aufstieg auf der Karriereleiter unabdingbar war.

Seine wissenschaftlich eher bescheidene Doktorarbeit schrieb er über ein Thema, in dem er sich bestens auskannte: »Die politische Entwicklung in der Pfalz und das Wiedererstehen der Parteien nach 1945.«[17] Sie hatte einen Umfang von gerade einmal 161 Seiten.[18] Das Rigorosum war im Juli 1958. Es muss gute Gründe dafür geben, dass Kohl in seinen ›Erinnerungen‹ just im Zusammenhang mit seiner Doktorarbeit seinen späteren Kultusminister Bernhard Vogel lobte, dem er bei der Bundestagswahl 1965 zu einem Mandat »verhelfen« konnte. Kohl hierzu: »Ich leitete als pfälzischer CDU-Chef die Versammlung, auf der sich der inzwischen längst promovierte Politikwissenschaftler und Heidelberger Stadtrat Vogel als Kandidat für den Wahlkreis Speyer-Neustadt knapp durchsetzte.«[19] Überhaupt schienen dem aufsteigenden Politiker Kohl manche Mittel recht, um seinem alten politischen Weggefährten und Studienkollegen Vogel politisch weiterzuhelfen: Beim 75. Geburtstag seines »ewigen Kameraden Bernd« (›Frankfurter Allgemeine Zeitung‹)[20], den die Konrad-Adenauer-Stiftung für ihren Vorsitzenden Vogel ausrichtete, verriet Helmut Kohl, dass er als Versammlungsleiter die erste Wahl Vogels zum Kreisvorsitzenden manipuliert hatte. »Das kann ich ja heute bekennen«[21], so der Laudator, sich selbst bezichtigend.

Nach der Promotion hatte Kohl ein vorrangiges Ziel: Er wollte 1959 »als jüngster Abgeordneter in das alte Deutschhaus am Rheinufer einziehen, wo der Mainzer Landtag seinen Sitz hat.«[22] Doch er wurde nicht nur in den Landtag gewählt, er musste sich auch nach einem Beruf umschauen, weil damals das Landtagsmandat kein Vollzeitmandat war. Kohl wurde Referent im Chemieverband, wo er noch bis 1969, also bis zu seiner Wahl zum Ministerpräsidenten, blieb. Dieser Job war für seine Parlamentariertätigkeit wie geschaffen. Denn Kohl konnte sein berufliches Engagement, das sich auch auf politische Themen bezog (Steuerpolitik, Umweltschutz, Abwasserfragen), gut mit seinen politischen Pflichten in Mainz vereinbaren. Man geht wohl nicht fehl in der Annahme, dass Kohl von der Chemie-Lobby weitgehend für die politische Arbeit freigestellt war.

Vom Landtagsabgeordneten zum Ministerpräsidenten

Kohl positionierte sich zielstrebig in der Landtagsfraktion. Als jüngster Abgeordneter wurde er von seinen älteren Kollegen argwöhnisch beäugt; vermutlich hat er schon damals den Beschluss gefasst, irgendwann Ministerpräsident zu werden. Zunächst aber musste er sich als Fraktionsmitglied bewähren. Ihm kam dabei zugute, dass er (angeblich ohne eigenes Zutun[23]) Mitglied des Haushalts- und Finanzausschusses wurde – eine besonders einflussreiche Aufgabe, für die es im Parlament auch andere Anwärter gab. Nach dem Tod des Kohl wohl eher positiv gesinnten Fraktionsvorsitzenden Wilhelm Boden kam es zu Neuwahlen im Fraktionsvorstand. Dabei gelang es Kohl am 25. Oktober 1961, stellvertretender Fraktionsvorsitzender zu werden – nach nur zwei Jahren im Landtag von Rheinland-Pfalz und gegen den Willen des Ministerpräsidenten Peter Altmeier.

Nach der Landtagswahl am 31. März 1963 war sein nächstes Etappenziel dann fast folgerichtig: Kohl wollte den einflussreichen Fraktionsvorsitz erobern. Die CDU hatte im Landtag die absolute Mehrheit verloren und musste mit der FDP koalieren. Der Wahlverlust kam dem Werben Kohls sehr entgegen. In vielen Gesprächen mit Parteifreunden machte er den Ministerpräsidenten Altmeier für die Wahlschlappe verantwortlich. Kohls Wille, Peter Altmeier zu beerben, wurde immer unverhohlener erkennbar. Dabei war Altmeier in Rheinland-Pfalz eigentlich unangefochten und ist bis heute der Ministerpräsident mit der längsten Amtszeit. Kohl galt innerparteilich immer mehr als Kronprinz des Mainzer »Alten«. Manche seiner Parteifreunde schlugen sich innerlich schon recht früh auf Kohls Seite, auch weil er die notwendige Erneuerung versprach. Ein weiterer wichtiger Schritt bei Kohls Aufstieg war am 6. März 1966 die Übernahme des bis dahin von Altmeier wahrgenommenen CDU-Landesvorsitzes. Es war einer der Kompromisse, auf die sich Altmeier einlassen musste. Zwar wurde er für die folgende Landtagswahl im Frühjahr 1967 abermals als Kandidat für das Amt des Ministerpräsidenten nominiert. Zugleich jedoch wurde in einer Resolution des Landesparteitages zum Ausdruck gebracht, dass Kohl als Repräsentant der jungen Generation die Zukunft des Landes mittrage.[24] Altmeier wollte sein Amt nicht aufgeben, obwohl ihm eigentlich bewusst sein musste, dass er nur noch Ministerpräsident auf Zeit war. Der Partei- und Fraktionsvorsitzende Kohl zwang bei der Regierungsbildung dem Ministerpräsidenten einige von ihm favorisierte Kabinettsmitglieder auf: Kultusminister sollte der Speyrer Bundestagsabgeordnete Bernhard Vogel werden, Sozialminister Heiner Geißler, der damals Bundestagsabgeordneter im Wahlkreis Reutlingen-Tübingen war. Auch bei der Auswahl von Staatssekretären setzte sich Kohl durch, mit der Konsequenz, dass Altmeier von Kohl-Vertrauten umgeben war. Im Mai 1969 kam es schließlich zum Amtswechsel in Rheinland-Pfalz. Kohl war am Ziel: Im Alter von nur 39 Jahren war er der bis dato jüngste deutsche Ministerpräsident.

Doch das Land der Rüben und Reben reichte Kohl nicht: Schon früh hatte er bundespolitische Ambitionen. Im engsten Kreise seiner Mitarbeiter verkündete er spätestens 1972, dass er Bundeskanzler werden wolle.[25] Um den Ruf eines reinen Provinzpolitikers abzustreifen und um die außenpolitischen Fallstricke zu vermeiden, die der CDU gespannt waren[26], holte er sich mit Horst Teltschik einen außenpolitischen Spezialisten in die Staatskanzlei. Zu diesem Zeitpunkt wurde Kohl in seinem Machtwillen noch unterschätzt. Niederlagen, die es auch gab, steckte er robust weg. Er war von sich überzeugt. Seiner bundespolitischen Profilierung kam zugute, dass er einem schlagkräftigen Kabinett vorsaß, das eine große Ausstrahlungskraft weit in die gesamte Bundesrepublik hinaus hatte. Nachdem CDU und CSU 1969 nach den Jahren der Großen Koalition unter Kurt Georg Kiesinger erstmals auf die Oppositionsbänke verwiesen worden waren, konnte sich Kohl auch bundesweit profilieren. Die rheinland-pfälzische Landesregierung war für die CDU auf einmal besonders wichtig geworden.

Kampf gegen Barzel

Schon 1971 wollte Kohl CDU-Bundesvorsitzender werden, unterlag jedoch auf dem Saarbrücker Parteitag am 4. und 5. Oktober Rainer Barzel, dem Vorsitzenden der CDU/CSU-Bundestagsfraktion. Zuvor hatte sich Kohl auf dem Düsseldorfer Parteitag vom 25. bis 27. Januar 1971 selbst eine Niederlage beigebracht, von der er sich so schnell nicht erholen sollte. Es ging dort um die Frage der Mitbestimmung, die die CDU, damals in der Opposition, an den Rand einer Spaltung brachte, zumal zu jener Zeit die Arbeitnehmervertretung in der CDU, die Sozialausschüsse unter dem Vorsitz des ehemaligen Bundesarbeitsministers Hans Katzer, noch über eine relativ starke Stellung in der Partei verfügte. Die CDU musste auf diesem Parteitag mit eigenen Vorschlägen auf einen Gesetzentwurf der sozialliberalen Koalition reagieren. Als Volkspartei versuchte sie einen Spagat: Sie wollte einerseits arbeitnehmerfreundlich agieren, andererseits aber auch nicht die ordnungspolitischen Grundsätze der sozialen Marktwirtschaft verletzen.

Der CDU-Bundesvorstand legte auf diesem Parteitag einen Antrag vor, der hinsichtlich der Mitbestimmung der Arbeitnehmer relativ weit ging. Dies führte dazu, dass sich die CSU von diesen Überlegungen distanzierte. Nach einer brillanten Rede des damaligen hessischen CDU-Landesvorsitzenden Alfred Dregger, der arbeitgeberfreundlich-konservative Positionen vertrat, und nach einer Rede von Kohl, in der er sich zur Mitbestimmungsfrage recht sibyllinisch ausdrückte, kam es zu einem Delegiertenvotum mit verschiedenfarbigen Stimmzetteln. Dabei zeigte Kohl – es wurde zunächst nach der Geschäftsordnung über den weiter gehenden Antrag Dreggers entschieden – den weißen Zettel, was Zustimmung zu Dreggers Antrag bedeutete. Damit stimmte Kohl gegen den von ihm bis dahin unterstützten Antrag des CDU-Bundesvorstands. Dreggers Antrag wurde nur knapp, nämlich mit 259 zu 253 (bei 6 Enthaltungen und 13 ungültigen Stimmen), angenommen. Es kam zu Turbulenzen. Der damalige RCDS-Bundesvorsitzende beispielsweise forderte danach den Rücktritt des gesamten CDU-Bundesvorstands. Begründet wurde dies damit, dass einige seiner Mitglieder – unter ihnen Kohl – dem eigenen Vorschlag nicht zugestimmt hatten. In der Erklärung hieß es unter anderem:»Der RCDS sieht es als für die CDU untragbar an, dass in der harten Auseinandersetzung mit der verfehlten Politik der SPD Männer an der Spitze der CDU stehen, die nicht politisch argumentieren wollen.«[27] Kohl war kurz vor der Abstimmung außerhalb des Tagungssaales gewesen, um dort mit Delegierten zu diskutieren. Er hat sein Verhalten damit begründet, dass er zum Zeitpunkt seiner Abstimmung die Übersicht verloren habe. Aber abgenommen wurde ihm dies von vielen der Delegierten nicht. Seine Glaubwürdigkeit war sichtbar angeknackst. Manche vermuteten, er habe sich nicht gegen die Arbeitgeber stellen wollen, andere meinten, es sei ihm darum gegangen, bei der Mehrheit zu sein. Doch was auch immer die Gründe seines rätselhaften Abstimmungsverhaltens waren, er brauchte lange Zeit, um sich von dieser ersten Glaubwürdigkeitskrise zu erholen.

Sein Kampf um den CDU-Vorsitz wurde dann aber durch ein hervorragendes Ergebnis bei den Landtagswahlen in»seinem« Bundesland Rheinland-Pfalz am 21. März 1971 begünstigt: Die CDU erhielt genau 50 Prozent der Stimmen und damit 4,3 Prozent mehr als bei den Wahlen vier Jahre zuvor. Dieses Wahlergebnis, das der CDU im Landtag die absolute Mehrheit verschaffte, war eine deutliche Bestätigung der persönlichen Politik Kohls. Und obwohl es jetzt in Mainz der parlamentarischen Unterstützung durch die FDP, die von 8,3 Prozent auf 5,9 Prozent zurückgefallen war, eigentlich nicht mehr bedurfte, favorisierte er – des bundespolitischen Signals wegen – ein Weiterregieren mit der FDP. Die Liberalen selbst aber lehnten angesichts der neuen Mehrheitsverhältnisse das Weiterregieren mit der CDU ab. Der langfristig denkende Machtpolitiker Kohl freilich beließ den späteren FDP-Bundeswirtschaftsminister Hans Friderichs als Staatssekretär im Ministerium für Landwirtschaft, Weinbau und Forsten in seinem Amt. Dies wurde weithin als ein deutliches Zeichen Kohls für eine dauerhafte Zusammenarbeit mit der FDP angesehen. Hier zeigte sich schon die Grundkonstante Kohl'scher Überzeugung, nur mithilfe der liberalen Partei Mehrheiten auf Bundesebene schaffen zu können. Er hatte frühzeitig mit wichtigen FDP-Politikern intensiven Kontakt gepflegt, vor allem mit Hans-Dietrich Genscher. Allerdings war dieser Wahlsieg in Rheinland-Pfalz längst noch nicht das Ticket fürs Spitzenamt des CDU-Parteivorsitzenden. Kohl wurde in weiten Teilen der Union als Provinzpolitiker angesehen, sein Abstimmungsverhalten auf dem Düsseldorfer Parteitag wirkte nach, und der CDU/CSU-Fraktionsvorsitzende Rainer Barzel strebte ebenfalls die Nachfolge des früheren Bundeskanzlers Kurt Georg Kiesinger als Parteivorsitzender an. Im Sommer 1971 erklärte Barzel dann seine Bewerbung für den Parteivorsitz und meldete zugleich seinen Anspruch auf die Kanzlerkandidatur an. Kiesinger hatte sich eine Zeit lang nicht darüber geäußert, ob er auf dem am 4. Oktober 1971 beginnenden Saarbrücker Parteitag noch einmal als CDU-Vorsitzender antreten wolle oder nicht. Die innerparteiliche Diskussion über diese Frage lief aber schon auf Hochtouren.[28] Durch das Vorpreschen Barzels musste nun auch Kohl Farbe bekennen. Er gab seine Rücksicht auf Kiesinger, mit dem er bisher ein gutes Verhältnis gepflegt hatte, daraufhin auf und erklärte am 17. Juni 1971 im Südwestfunk, dass auch er sich bewerben werde und seine Kandidatur nicht davon abhängig mache, ob Kiesinger verzichte oder nicht. Um sein Ziel zu erreichen, verbündete sich Kohl mit dem damaligen CDU-Generalsekretär Bruno Heck, einem »gutkatholischen« und humanistisch gebildeten Mann, den er im Falle seines Sieges im Amt belassen wollte. Darüber hinaus plädierte Kohl für die Trennung von Partei- und Fraktionsvorsitz. Er dachte, auf diese Weise leichter den Parteivorsitz zu erhalten. Als Kanzlerkandidaten hatte er sich den früheren Außenminister Gerhard Schröder ausgesucht, weil er es für zu früh hielt, sich selber zu diesem Zeitpunkt hierfür ins Gespräch zu bringen.

Barzels Strategie einer Ämtervereinigung leuchtete aber den Delegierten mehr ein. Zugleich plädierte Barzel für die Aufstellung einer Regierungsmannschaft. Zu ihr sollten unter anderen Hans Katzer, der als früherer Sozialminister über ein hohes sozialpolitisches Renommee verfügte, sowie der profilierte Militärexperte Manfred Wörner gehören. Besonders aber musste es Kohl erzürnen, dass Barzel den späteren Bundespräsidenten Richard von Weizsäcker für den Vorsitz einer Grundsatzprogrammkommission gewinnen konnte. Denn Kohl hatte von Weizsäcker, der sich durch seine aktive Mitarbeit in der evangelischen Kirche bereits einen Namen gemacht hatte, für die Politik »entdeckt«. Und dieser verdankte auch sein 1969 errungenes Bundestagsmandat der Unterstützung durch den Pfälzer. Innerparteilich stand der Freiherr zunächst aufseiten Kohls. Sein »Frontenwechsel« hat ihr weiteres Verhältnis in den folgenden Jahrzehnten massiv beeinflusst und erklärt die ausgewachsene Feindschaft der beiden. Kohl schreibt heute, seine Differenz mit von Weizsäcker sei dadurch begründet, dass dieser »in der Frage der deutschen Einheit eine von weiten Teilen der Union deutlich abweichende Vorstellung entwickelte«.[29] Er wirft ihm »Annäherung an den deutschlandpolitischen Kurs der SPD« vor und fährt fort: »Die Freude über meine Erfolge in der Deutschlandpolitik und vor allem bei den schwierigen und verschlungenen Wegen zur deutschen Einheit hielt sich bei Richard von Weizsäcker in Grenzen.« Am wichtigsten aber dürfte Kohl selbst der folgende Satz in seinem »Tagebuch« sein: »Es ist schon erstaunlich, wie man sich über Abhängigkeiten und ›Seilschaften‹ auslassen kann und dabei sein eigenes Gedächtnis völlig ausschaltet.«[30] Wen Kohl einmal entdeckt zu haben glaubte, von dem erwartete er unverbrüchliche Loyalität sowie dauerhafte Treue und Gefolgschaft bei seinen taktischen und politischen Vorgaben.

1971 auf dem Saarbrücker Bundesparteitag musste Kohl eine Niederlage einstecken: Auf Rainer Barzel entfielen 344 Stimmen, Kohl erhielt lediglich 174. Nur wenige Landesverbände, die Junge Union und der RCDS sprachen sich damals für ihn als Parteivorsitzenden aus. Immerhin hatte er Wagemut gezeigt und war durch diese Kandidatur bei einem Scheitern Barzels dessen »geborener« Nachfolger. Ob Kohl die Situation falsch eingeschätzt hat oder nur seinen Anspruch anmelden wollte, ist nicht genau auszumachen. Seine Behauptung, er habe lediglich »Flagge zeigen« wollen, kann auch als ein nachträglicher argumentativer Selbstschutz angesehen werden.

Helmut Kohl gab nicht auf. Seine Anhänger waren von der gouvernementalen Autorität des rheinland-pfälzischen Ministerpräsidenten beeindruckt. Sein Landeskabinett galt damals als das jüngste, dynamischste und qualifizierteste in der ganzen Bundesrepublik. Während Rainer Barzels Auf-, aber auch sein Abstieg vor allem aufgrund von Entscheidungen der Fraktion erfolgte, war Helmut Kohls Weg insbesondere durch seine Vereinnahmung der Partei geprägt. Erst danach erhielt er die Macht in der Fraktion. Während für Barzel der Parteivorsitz gegenüber dem Fraktionsvorsitz eher nachgeordnet zu sein schien, entsprach es einer klaren Strategie Kohls, die Kanzlerkandidatur mithilfe einer unanfechtbaren Position in der CDU zu erlangen. Seine Stärke lag darin, dass er die »Seele« der Partei zu berücksichtigen wusste – mehr als Rainer Barzel und auch mehr als Konrad Adenauer, der die schmucklose Parteizentrale in der Bonner Nassestraße nur einmal, zu einer Weihnachtsfeier, betreten haben soll. Vor allem aber Ludwig Erhard ging jeder Sinn für die Gefühlslage der Union ab. Inzwischen ist sogar fraglich, wann Ludwig Erhard überhaupt in die CDU eingetreten ist und ob er überhaupt jemals Beiträge gezahlt hatte. Doch trotz seines Gespürs für die Belange einer Partei und seines Wissens um die Notwendigkeit enger personeller Netzwerke musste Kohl nach der bisher einzigen Kampfkandidatur um den Parteivorsitz der CDU auf Bundesebene zur Kenntnis nehmen, dass Barzel zunächst zum mächtigsten Mann in der Union geworden war.

Es war schließlich die neue Ostpolitik der 1969 unter Willy Brandt als Bundeskanzler und Walter Scheel als Außenminister gebildeten sozialliberalen Koalition, die zum Stolperstein Barzels und zur Basis für den Aufstieg Helmut Kohls wurde. Barzel war eher Anhänger, Kohl indes kein prinzipieller Gegner dieser Politik. Rainer Barzel, der dem Bundestag seit 1957 angehörte und von 1962 bis 1963 Minister für Gesamtdeutsche Fragen gewesen war, galt allerdings bei vielen in der Union als deutschlandpolitisch unzuverlässig. Zu seinem Negativimage gehörte auch, Bundeskanzler Erhard gestürzt zu haben.

Die Ostpolitik Willy Brandts führte in der bundesdeutschen Bevölkerung zu einer starken Polarisierung, wenngleich auch viele Angehörige der bürgerlichen Mitte sie für richtig hielten. Die für die Unionsparteien schwierige Lage bestand darin, dass große Teile ihrer Anhängerschaft die Unionsposition nicht nachzuvollziehen vermochten. Gleichzeitig war die Ostpolitik höchst emotionalisiert, zumal es in den Unionsparteien eine starke Lobby von Heimatvertriebenen gab – vertreten etwa durch Herbert Czaja, der der CDU/CSU-Bundestagsfraktion angehörte und einflussreicher Vorsitzender des Bundes der Vertriebenen war. Es hatte auch schon in der Großen Koalition unter Kurt Georg Kiesinger eine Dynamisierung der Ostpolitik stattgefunden (Vereinbarung diplomatischer Beziehungen mit Jugoslawien und Rumänien, die gegenüber der Sowjetunion auf politischer Autonomie bestanden). Weil diese Koalition aber am Alleinvertretungsanspruch der Bundesrepublik, für ganz Deutschland zu sprechen und zu handeln, festhielt, blieben ihr bei den Warschauer-Pakt-Staaten weitere Erfolge versagt. Die sozialliberale Koalition wollte der Westintegration der Bundesrepublik nun auch Fortschritte im Osten folgen lassen. Sie baute dazu auf dem von Egon Bahr bereits 1963 entwickelten Konzept des »Wandels durch Annäherung« auf. Ihre Ostpolitik bedeutete eine wichtige und grundsätzliche Zäsur im Verhältnis zwischen den beiden Staaten in Deutschland. Die Bundesrepublik gab ihren Alleinvertretungsanspruch auf und akzeptierte die Existenz der DDR, wobei diese formal nicht als »Ausland« betrachtet wurde. Der am 21. Dezember 1972 unterzeichnete sogenannte Grundlagenvertrag zwischen den beiden deutschen Staaten wurde in bilaterale Verträge (Ostverträge) mit der Sowjetunion (12. August 1970) und Polen (7. Dezember 1970) und schließlich in das Viermächteabkommen über Berlin vom 3. September 1971 eingebettet. Am 11. Januar 1973 kam dann noch der Vertrag mit Prag hinzu. Speziell die Ostverträge trafen im Bundestag auf den heftigen Widerstand der Union. Zudem schmolz im Verlauf der Debatten über sie die ohnehin recht knappe Mehrheit der Regierungsparteien immer mehr zusammen. Es erfolgten Übertritte von der SPD (des Sudetendeutschen Herbert Hupka) und der FDP zur CDU. Rainer Barzel ging deshalb von der Annahme aus, »dass im Deutschen Bundestag zwar keine Mehrheit gegen die Verträge, wohl aber eine Mehrheit gegen die Bundesregierung vorhanden war, dass diese Verträge die Koalitionsklammer der Mehrheit aus SPD und FDP darstellten, dass die FDP sich neuen Gedanken nicht verschließen werde, wenn diese Klammer gelöst sei«.[31] Barzel wollte die Regierung durch ein konstruktives Misstrauensvotum ablösen, um nach der Regierungsübernahme die Ostverträge zu verbessern und als amtierender Kanzler die Erfolge einer solchen Politik für sich und die CDU nutzbar machen zu können. Aufgrund der veränderten Mehrheitsverhältnisse beantragten die Unionsparteien am 24. April 1972 nach Artikel 67 des Grundgesetzes das Misstrauensvotum, hinter das sich auch Kohl stellte. Ob er sogar, wie gelegentlich gemunkelt wird, Barzel in das Votum hineingetrieben hat, weil er ein Scheitern vermutete, muss aus heutiger Sicht doch bezweifelt werden. Die Haltung des CDU-Bundesvorstands, wo es nur wenige skeptische Stimmen gab, war damals so stark von der Hoffnung geprägt, nach zweieinhalb Jahren der Opposition wieder an die Regierung kommen zu können, dass ein Widerstand gegen diese Überlegung aussichtslos gewesen wäre. Immerhin verstand sich die CDU als eine »geborene Regierungspartei«. Hätte sich Helmut Kohl jener Haltung widersetzt, wäre der Eindruck entstanden, er gönne Barzel das Kanzleramt nicht. Dieses Image musste Kohl vermeiden. Das konstruktive Misstrauensvotum scheiterte jedoch am 27. April 1972. Wie wir heute wissen, votierten als »sicher« betrachtete Unionsabgeordnete durch Beeinflussung der DDR-Staatssicherheit in der geheimen Abstimmung zugunsten Willy Brandts. So entschied die Stasi über die politische Herrschaft in der Bundesrepublik. In offener Abstimmung hingegen hätte die Regierung keine Mehrheit gehabt.

In dieser Zeit der politischen Turbulenzen – die Unionsparteien hatten damals nicht nur die öffentliche Meinung in ganz Deutschland gegen sich, sondern auch die der meisten westlichen Regierungen – wollte Barzel durch eine gemeinsame Bundestagsresolution aller Fraktionen vom 10. Mai 1972[32] eine Verbesserung des Vertragswerkes herbeiführen. Er hoffte, auf diese Weise dessen Annahme durch die Union zu ermöglichen. In der Tat bedeutete die Resolution eine Präzisierung in wichtigen Fragen, die wesentliche Bedenken der Union aufnahm. Doch Barzels Rechnung ging nicht auf. Franz Josef Strauß erklärte, die CSU werde zwar die Entschließung annehmen, nicht aber die Verträge. Die Fraktion folgte nicht der Empfehlung Barzels, mit Ja zu stimmen. Um die Geschlossenheit der Union zu sichern, plädierte Barzel in der Frage der Ostverträge letztlich für Stimmenthaltung als Kompromiss. Dadurch konnten die Verträge passieren, waren also gerettet, die Stellung Barzels aber erheblich »angeknackst«. Er sollte dennoch Kanzlerkandidat der Union werden, nachdem zur Überwindung der Pattsituation im Bundestag erstmals das Instrument der Vertrauensfrage gewählt worden war. Die Regierung führte ihre Niederlage bei der Abstimmung über diese Frage am 20. September 1972 selbst herbei, indem sich ihre Mitglieder nicht daran beteiligten. Die daraus resultierenden vorzeitigen Wahlen vom 19. November 1972 endeten allerdings für die Unionsparteien desaströs. Sie erhielten nur noch 44,9 Prozent (statt 46,1 Prozent im Jahr 1969). Schlimmer noch war die Tatsache, dass die SPD mit 45,8 Prozent erstmals stärkste Partei im Bundestag wurde und mühelos gemeinsam mit der FDP (diese gewann mit 8,4 Prozent 2,6 Prozent hinzu) eine erneute und diesmal komfortable Regierungsmehrheit erzielen konnte. Barzel hatte keine Fortune.

Kohl wird Parteivorsitzender

Nach diesen Wahlen waren die Tage Rainer Barzels als Partei- und Fraktionsvorsitzender gezählt. Kohl hatte eine klare Strategie. Schon am 5. Januar 1973 teilte er Barzel mit, er wolle auf dem nächsten Bundesparteitag erneut gegen ihn kandidieren. Danach informierte er die Öffentlichkeit und das Parteipräsidium. Auch die CSU war längst dabei, Barzels Autorität als Fraktionsvorsitzender in Frage zu stellen.[33] Als am 2. Februar 1973 im Bundesrat der Grundlagenvertrag und der Vertrag über den Beitritt der Bundesrepublik zu den Vereinten Nationen behandelt wurden, empfahl Kohl als damaliger Ministerpräsident, den Ersteren abzulehnen, dem Letzteren aber zuzustimmen. So geschah es dann auch: Der Grundlagenvertrag, der das Verhältnis zwischen den beiden deutschen Staaten regeln sollte, wurde vom Bundesrat abgelehnt, nicht jedoch der Vertrag, der ihr Nebeneinander in der UNO sanktionierte.

Als auch Barzel diese Position Kohls übernahm und mit der Unterstützung des Präsidiums der CDU am 8. Mai 1973 vor die Fraktion trat, gab es dort für diese Auffassung bei einer mündlichen Abstimmung lediglich eine knappe Mehrheit, was den damaligen CSU-Landesgruppenchef Friedrich Zimmermann dazu bewegte, eine schriftliche Abstimmung zu fordern. Dabei erhielt Barzel lediglich 93 Stimmen, 101 Abgeordnete stimmten mit Nein. Einen Tag später, am 9. Mai 1973, erklärte Barzel seinen Rücktritt als Fraktionsvorsitzender. Aber auch in der Partei war sein Rückhalt so schwach geworden, dass er seine Absicht, ihren Vorsitz zu behalten, revidierte. So gab er dann am 17. Mai 1973 bekannt, dass er sich auch nicht mehr um den Parteivorsitz bewerben werde. Helmut Kohl und seine Anhänger sorgten für eine rasche Vorverlegung des 21. Bundesparteitags. Bereits am 12. Juni 1973 wurde Kohl auf dem Parteitag in Bonn mit überwältigender Mehrheit zum neuen Vorsitzenden gewählt. Interessant ist, dass es ihm gelang – obwohl er in Fragen der Ostpolitik keineswegs zu den Hardlinern seiner Partei gehörte –, in der Auseinandersetzung mit Barzel den eher konservativen Teil der CDU zu mobilisieren.

Nach zwei Jahren als Inhaber eines Doppelmandats wurde Barzel schließlich von Kohl aus beiden Ämtern gedrängt. Er hat ihm diese Schmach bis zu seinem Lebensende (er starb am 26. August 2006) nicht verziehen. Schon lange vor der CDU-Spendenaffäre Ende 1999 sprach er gegenüber Vertrauten mit tiefer Verachtung über den politischen Stil Kohls. Gleichwohl erklärte Barzel öffentlich: »Ich bin frei von jedem Anti-Kohl-Gefühl. Ich habe ihm damals Platz gemacht und ihn angerufen, bevor ich zurücktrat, damit er es wusste und sich einrichten konnte. Ich habe ihn im Bundestag 1982 beim konstruktiven Misstrauensvotum gegen Helmut Schmidt als Bundeskanzler vorgeschlagen.«[34] Ihm – Barzel, der seinerzeit Bundestagspräsident war – habe Kohl nach der Bundestagswahl 1983 in die Hand den Eid auf die Verfassung und die Gesetze geleistet. Deshalb mache es ihn jetzt – so formulierte er nach Kohls Abwahl als Bundeskanzler und dessen Niederlegen des Parteivorsitzes auf dem Höhepunkt der von dem Pfälzer zu verantwortenden Spendenkrise – »persönlich betroffen«, wenn dieser »sein Ehrenwort über das Gesetz« stelle. In einem Interview antwortete Barzel auf die Frage, ob Kohl nun auch sein Bundestagsmandat niederlegen solle:»Helmut Kohl muss es selbst wissen, ob es mit der Würde des Bundestages und des Mandats vereinbar ist, dass ein Abgeordneter zugleich Rechtsbrecher ist und bleibt.«[35] Kohl hatte es nie verstanden, seinen unterlegenen Vorgänger in die Arbeit der CDU vertrauensvoll einzubinden, weshalb Barzel in einem anderen Interview zu seinem Verhältnis zu Kohl erklärte:»Aus seiner Sicht ist es ein Verhältnis von dauerhafter Rivalität.« Kohl habe seine Niederlage 1971 in Saarbrücken »nie verwunden«.[36]

Für Kohl hatte sich 1973 nicht nur seine jahrelange Netzwerk-Arbeit ausgezahlt, etwa im Rahmen der Jungen Union, sondern es war ihm auch gelungen, einige Altvordere für sich zu gewinnen, die mit ihm in einer gemeinsamen Abneigung gegen Rainer Barzel verbunden waren. Zu ihnen gehörten der ehemalige Bundeskanzler und Ex-Parteichef Kurt Georg Kiesinger, der einstige Bundesaußenminister Gerhard Schröder oder Bruno Heck, lange Zeit Generalsekretär der CDU. Wenn es um die Erringung von Macht und Einfluss ging, konnte Helmut Kohl sehr flexibel sein. So trat er zum Beispiel 1971, wie erwähnt, für eine Ämtertrennung innerhalb der CDU ein. Als er aber – nach der Übernahme des Parteivorsitzes im Jahr 1973 und nach den Bundestagswahlen 1976 – sein Ministerpräsidentenamt in Mainz aufgab, übernahm er ganz automatisch auch den Vorsitz der CDU/CSU-Bundestagsfraktion. Mit der Vereinigung der beiden Ämter hat er den Grundstein für seine spätere Kanzlerschaft gelegt.

Kanzlerkandidatur

1976 wurde Kohl von seinem damaligen CDU-Generalsekretär Kurt Biedenkopf – ohne Abstimmung mit der CSU – zum Kanzlerkandidaten der Unionsparteien ausgerufen. Zwar stimmte auch der CSU-Vorsitzende Strauß seine eigenen Äußerungen nie mit der CDU ab, doch fühlte er sich nun – für jedermann sichtbar – von der Schwesterpartei übergangen. Der CSU blieb jedoch nichts anderes übrig, als sich nach einigem Hin und Her der Kohl'schen Kanzlerkandidatur zu fügen. Es wurde dann ein gemeinsames Nominierungsgremium gebildet, das in der bayerischen Landesvertretung in Bonn tagte und Kohl schließlich als Kandidaten aufstellte. In einer Erklärung von CDU und CSU wurde der Strauß'sche Unmut allerdings festgehalten:»Die CDU hat Helmut Kohl als Kandidat für das Amt des Bundeskanzlers vorgeschlagen. Die CSU hat davon Kenntnis genommen, dass die CDU als die größere Partei den Anspruch erhebt, den Kanzlerkandidaten zu stellen. Die CSU hält an ihrer Bewertung fest, dass ihr Vorsitzender der geeignete Kandidat ist.«[37] Noch frostiger ging es wohl kaum. Immerhin ereichte Kohl bei der Bundestagswahl mit einem Ergebnis von 48,6 Prozent der Stimmen fast die absolute Mehrheit. Aber knapp daneben war eben doch vorbei: SPD und FDP hatten im Parlament eine hauchdünne Mehrheit und Helmut Schmidt blieb Bundeskanzler.

Kohl verlor sein Ziel, das Amt des Bundeskanzlers, nicht aus den Augen: Er setzte nach den Bundestagswahlen alles auf eine Karte und gab sein rheinland-pfälzisches Ministerpräsidentenamt auf – obwohl er in Mainz fast so etwas wie ein unumschränkter Herrscher war und seine Minister ihm parierten. Er wechselte als Fraktionsvorsitzender der CDU/CSU-Bundestagsfraktion nach Bonn. Dort herrschte eine sehr viel rauere Luft als im gemütlichen Rheinland-Pfalz – eine Erfahrung, die Jahrzehnte später auch Kurt Beck als SPD-Vorsitzender machen musste. Und gleich zu Beginn wurde die Rechnung für Kohls mehr oder weniger einseitige Ausrufung als Kanzlerkandidat präsentiert: eine handfeste Krise zwischen den beiden Unionsparteien. Auf Betreiben von Franz Josef Strauß fasste die CSU den »Kreuther Trennungsbeschluss«, der die traditionelle Fraktionsgemeinschaft der beiden Unionsparteien im Bundestag aufkündigte. In jener Zeit wurde eine heimlich mitgeschnittene Rede von Franz Josef Strauß vor der bayerischen Jungen Union bekannt. Am Abend des 24. November 1976 beschimpfte er die führenden Köpfe der Schwesterpartei als politische Pygmäen, als Zwerge im Westentaschenformat und Reclam-Ausgabe von Politikern. [38] »Herr Kohl«, donnerte Strauß in den Saal, »den ich nur im Wissen, den ich trotz meines Wissens um seine Unzulänglichkeit um des Friedens willen als Kanzlerkandidaten unterstützt habe, wird nie Kanzler werden. Er ist total unfähig, ihm fehlen die charakterlichen, die geistigen und die politischen Voraussetzungen. Ihm fehlt alles dafür.« Kohl werde »mit 90 Jahren die Memoiren schreiben: ›Ich war 40 Jahre Kanzlerkandidat. Lehren und Erfahrungen aus einer bitteren Epoche.‹ Vielleicht ist das letzte Kapitel in Sibirien geschrieben oder wo. Die CDU wird nie mehr an die Regierung kommen, und die FDP denkt überhaupt nicht daran [zu springen]«.[39] Nach Zugeständnissen gelang es der CDU, den grollenden Strauß wieder ins Unions-Boot zu holen. Kohls Fraktionsführung war insgesamt aber selten von Fortune begleitet. Viele Abgeordnete seiner Fraktion verzweifelten gelegentlich an ihrem Vorsitzenden.

Kohl wusste, dass die Stimmung für ihn im eigenen Lager in Bonn, auch in seiner Bundestagsfraktion, nicht sonderlich gut war. In dieser Situation fand er im Vorfeld der Bundestagswahl 1980 hinsichtlich der Frage der Kanzlerkandidatur einen Ausweg, der ihm politisch das Leben retten sollte. Kohl dürfte sich ausgerechnet haben, dass die Wahlen im November 1980 für die Unionsparteien nicht viel Erfolg versprachen. Helmut Schmidt, der 1974 das Kanzleramt von Willy Brandt übernommen hatte, war Favorit. Kohl wollte seine Position als Partei- und Fraktionsvorsitzender nicht gefährden. Außerdem konnte er sich kaum sicher sein, gegen den Willen von Strauß noch einmal aufgestellt zu werden. Schärfer noch: Wäre er dem CSU-Vorsitzenden in einer Kampfabstimmung unterlegen, hätte das wohl sein politisches Ende bedeutet. Deshalb entschied sich Kohl für einen für ihn günstigen Ausweg: Er ermunterte den niedersächsischen CDU-Ministerpräsidenten Ernst Albrecht, sich um die Kanzlerkandidatur zu bemühen. Und nachdem Albrecht in einer Abstimmung in der Fraktion gegen Strauß verloren hatte, unterstützte Kohl im Wahlkampf für alle sichtbar den Kanzlerkandidaten Franz Josef Strauß mit aller Vehemenz. Der allerdings sollte bei den Bundestagswahlen 1980 ein politisches Waterloo erleben; er verlor über 4 Prozent.

Jetzt saß Kohl in der CDU fest im Sattel, nachdem die von manchen als Wunderwaffe propagierte Kandidatur von Strauß der Union einen herben Rückschlag beschert hatte. Kohl konnte 1982 die FDP von einem Regierungswechsel überzeugen und Bundeskanzler Schmidt mit einem konstruktiven Misstrauensvotum zu Fall bringen. Er war automatisch der Kanzlerkandidat der Unionsparteien für die vorgezogene Bundestagswahl im Frühjahr 1983.

Kohls drei Säulen der Macht

Wir haben schon gesehen: Macht ist das eigentliche Lebenselixier Helmut Kohls. Der Altkanzler kann als Virtuose der Macht bezeichnet werden – sein Machtsystem hat nach wie vor etwas Faszinierendes an sich. Noch so kluge politische Ideen allein machen einen Politiker nicht erfolgreich. Zu seinem Handwerkszeug gehört, die Techniken der Macht zu beherrschen und Machtstrukturen so zu gestalten, dass er diese möglichst lange bestimmen kann. Es dürfte bisher selten einen Politiker gegeben haben, der so zielstrebig und langfristig planend auf ihn individuell zugeschnittene Machtstrukturen aufbaute wie Helmut Kohl. Kohl machte sich aber nie theoretische Gedanken zur »Macht«. Er erstrebte sie, dachte unentwegt daran, wie er seine Macht ausweiten könne. Weder in seinem ersten, 34-seitigen Büchlein ›Hausputz hinter den Fassaden‹[40], das 1971 erschien, noch in seinem zwei Jahre später erschienenen ausführlicheren Buch ›Zwischen Ideologie und Pragmatismus‹ ist für ihn »Macht« ein Thema. Er will sich als der liberal-konservative Reformierer profilieren, der sich dem kritischen Rationalismus verpflichtet fühlt, auch wenn er von »kritischer Rationalität« schreibt.[41] Er elaboriert die Dimension von Werten für die Politik einer christlich-demokratischen Partei, die sich aus dem »C« speist. Kohl will die Macht, aber nicht von ihr sprechen. Heinrich Holkenbrink, der später unter Helmut Kohl Wirtschaftsminister in Rheinland-Pfalz wurde, schilderte seine ersten Eindrücke, als er Helmut Kohl kennenlernte – auf einer Veranstaltung der Jungen Union Anfang der 50er Jahre. Holkenbrink erinnert sich, wie er den jungen Kohl bewunderte, der sich sofort in dieser Versammlung von anderen hervorhob, er hatte »die volle Aufmerksamkeit«.[42] Es gibt viele Zeugnisse aus jener Zeit für Kohls Gespür für Machtausübung.

Kohl erkannte frühzeitig: Ohne die eigene Macht zu sichern wird ein Politiker nicht überleben können. Da er selbst in einer Art Putsch Peter Altmeier, seinen Vorgänger als rheinland-pfälzischer Ministerpräsident, aus dem Amt entfernt und den Niedergang Konrad Adenauers wie Ludwig Erhards erlebt hatte, wusste er, wie notwendig es ist, allen Gefährdungen durch ein ausgeklügeltes System der Machtsicherung entgegenzuwirken. Zudem gilt: Politiker, die selber an Intrigen, an »Verschwörungen« gegen andere beteiligt waren, trauen dies ihren Konkurrenten mindestens im gleichen Maße zu, auch wenn sich das Selbstbild unbefleckter Fairness gegenüber den Rivalen mit zunehmender Amtsdauer immer mehr verfestigt.

Macht wird in einer Demokratie durch die Vorschriften der Verfassung in Grenzen gehalten. Allerdings findet politische Machtausübung nicht nur in staatlichen Institutionen statt, sondern auch mithilfe nichtstaatlicher Organisationen wie Parteien oder Verbände. Deutschland hat zudem ein besonders kompliziertes Regierungssystem, was ein ausdifferenziertes System der Machtsicherung notwendig macht. Im Laufe der von Kohl stark mit beeinflussten bundesrepublikanischen Geschichte haben sich außerdem die Rahmenbedingungen des Regierens verändert – durch den dauerhaften Zwang zu Koalitionen, durch selbstbewusstere Parlamentarier (Entwicklung zum Berufspolitikertum) und durch den stärker gewordenen Einfluss der Parteipolitik. Die zunehmende Macht der Parteien führte beispielsweise – auch bei der Schröder-Fischer-Regierung oder in der Großen Koalition – zu den in der Verfassung nicht vorgesehenen »informellen« Koalitionsrunden.

Drei Säulen der Macht Helmut Kohls gilt es zu benennen, die Partei als Basis, die Bundestagsfraktion als Netzwerk und das Kanzleramt als das Zentrum. Kohls Erfolgsgeheimnis war, dass er lange Zeit virtuos diese drei Säulen zum Ausbau seiner Machtfülle nutzte. Es gelang ihm, die Kanzlermacht mit der Macht eines Parteiführers synergetisch zusammenzuführen. Kohl war klar, wie wichtig es ist, die eigene Partei hinter sich zu wissen. Kanzlermacht alleine, das musste sein Vorgänger im Kanzleramt, Helmut Schmidt, erfahren, reicht nicht. Und Kohls Nachfolger konnte erst als Bundeskanzler reüssieren, als er selber Parteivorsitzender wurde und seine Partei mit einem loyalen Generalsekretär hinter sich bringen konnte. Wir werden noch sehen, wie sehr Gerhard Schröder mit der Abgabe seines Amtes als Parteivorsitzender letztlich ungewollt seinen eigenen Sturz eingeleitet hatte.

Wer waren in Kohls Machtsystem eigentlich seine wichtigen Helfer und Berater? Darüber ist bislang wenig geschrieben worden. Eine alte Erfahrung zeigt, dass die Qualität der Mitarbeiter vieles über die Qualität des Chefs aussagt. Dies gilt für Wissenschaft, Wirtschaft, Verwaltung und Politik gleichermaßen. In seinen jungen Jahren konnte Kohl sich im Ruf eines besonders reformorientierten Landeskabinetts sonnen. Außerdem vermochte er bis in seine Zeit als Kanzler hinein sein Image zu bewahren, dass er auch in denjenigen inhaltlichen Feldern, in denen er nicht über eigene Stärken verfügte, mit guten Kabinettsmitgliedern oder Beratern aufwarten könne, selbst wenn er gelegentlich als »Generalist« verspottet wurde. Doch mit zunehmender Amtsdauer wurde Helmut Kohl dem Nimbus, er sei in der Lage, charismatische, reformorientierte Persönlichkeiten an sich zu binden, immer weniger gerecht. Insofern muss auch bei der Behandlung der Frage seiner unmittelbaren Berater, Zuarbeiter und politischen Unterstützer zwischen dem »frühen« und dem »späten« Kohl unterschieden werden. Der »junge« Kohl konnte, wie schon erwähnt, kritisch-liberale Geister an sich binden, er duldete gelegentlich Widerspruch. Der »alte« Kohl hatte sich zunehmend mit Jasagern umgeben, reagierte immer unduldsamer und agierte auch innerparteilich nach dem Motto: »Wer nicht für mich ist, ist gegen mich.«

Helmut Kohls Macht wurde durch seinen spezifischen Politikstil noch verstärkt. Manchmal war er mehr CDU-Vorsitzender, häufig sprach er wie ein unabhängiger Moderator der drei Koalitionsparteien und in der internationalen Politik agierte er in der neutralen Haltung eines Staatsmannes. Das bedeutete, dass er die formalen Abstimmungsprozesse innerhalb der Bundesregierung durch sein Jonglieren zwischen verschiedenen Identitäten mehr als einmal großzügig überging.

Die Partei als Basis der Macht

Die CDU war – insbesondere wegen der prägenden Zeit Konrad Adenauers – nicht nur die Staats- und Gründungspartei der Bundesrepublik Deutschland. Der amerikanische Parteienforscher Dalton bezeichnete sie sogar als die »wahrscheinlich erste große Volkspartei (catch-all-party) in Zentraleuropa«.[43] Als die Parteien im Nachkriegsdeutschland entstanden, konnten sie an historische Wurzeln, an die Parteien der Weimarer Republik, anknüpfen. Dies gilt insbesondere für die Volksparteien SPD und CDU, die dann im Laufe der Zeit ihre Wählerbasis durch programmatische Öffnung erweiterten.[44] Die älteste deutsche Partei, die SPD, hatte naturgemäß in der gewerkschaftlich organisierten Arbeiterschaft und insgesamt im Arbeitermilieu zahlreiche Startvorteile, die CDU eher im bürgerlichen Bereich, aber auch im konfessionell geprägten. Da ein Teil der Arbeiterschaft große Nähe zur katholischen Kirche aufwies, die zudem über zahlreiche »Vorfeldorganisationen« wie die »Kolpingfamilie« verfügte, fand die CDU in der Frühphase der Bundesrepublik gerade bei diesen Arbeitern starke Unterstützung. So konnte sie ihre Bindung an die katholische Kirche – insoweit in der Tradition ihrer Vorgängerin, der Zentrumspartei – neu aktivieren. Sie war aber andererseits – deshalb auch der Name Union – insofern eine qualitativ neue Partei, als in ihr von Anfang an die Konfessionsschranken überwunden werden sollten. Zwei führende protestantische Repräsentanten der CDU in ihrer Gründungsphase, die in der Nazizeit der Bekennenden Kirche angehört hatten, stehen für diese Öffnung: der zweite Bundestagspräsident Hermann Ehlers (1950–1954) und dessen Nachfolger Eugen Gerstenmaier (1954–1969). Dennoch blieb die Union eher katholisch geprägt. Insgesamt war die Bedeutung des Christlichen in der unmittelbaren Nachkriegszeit ungleich größer als heute, auch und gerade in der CDU.

Natürlich ist die Parteienentwicklung im Westen Deutschlands auch ein Reflex auf die Wahlgesetzgebung: Da bei den ersten Bundestagswahlen im Jahr 1949 noch keine Fünfprozenthürde auf Bundesebene bestand, war, auch wegen des Zaubers eines politischen Neuanfangs, im 1. Deutschen Bundestag die Parteienvielfalt noch sehr viel größer. Dies zeigte sich im Einzug von acht Fraktionen mit elf Parteien[45], wobei die CDU/CSU mit 31 Prozent Stimmenanteil die stärkste, die SPD mit 29,2 Prozent die zweitstärkste Fraktion bildete. Die FDP erhielt mit 11,9 Prozent ihr zweitbestes Ergebnis in der Geschichte. Sieht man aber von der ersten Legislaturperiode der Jahre 1949 bis 1953 ab, entwickelte sich danach das parlamentarische System in Westdeutschland immer mehr zu einem Dreifraktionensystem, wobei die FDP die Rolle des Mehrheitsbeschaffers einnahm.

Nach dem Kriegsende 1945 waren die Parteien zunächst von untergeordneter Bedeutung, da das Regierungssystem erst nach und nach Gestalt annehmen konnte und die Beseitigung materieller Not Vorrang vor politischer Betätigung hatte. Der Aufbau der Parteien begann – am Anfang unter strenger Aufsicht der Besatzungsmächte – zunächst auf kommunaler Ebene, in der Folge auf der jeweiligen Landesebene. Die CDU war aus diesem Grund von Beginn an sehr stark föderal gegliedert, mit Nachwirkungen bis auf den heutigen Tag. Der eigentliche Gründungsparteitag der Bundes-CDU fand erst in Goslar vom 20. bis 22. Oktober 1950 statt. Adenauer erhielt auf diesem Parteitag bei der Wahl zum Vorsitzenden 302 von 335 Stimmen, einer seiner beiden Stellvertreter wurde Jakob Kaiser. Kaiser war der Vorsitzende der CDU in der Sowjetischen Besatzungszone (SBZ), die von den dortigen Machthabern zunehmend geknebelt wurde. Die Parteienentwicklung in der damaligen Sowjetischen Besatzungszone (SBZ) verlief am Anfang parallel zu den drei Westzonen, wurde aber von der sowjetischen Militärverwaltung besonders intensiv überwacht.[46] Auch die anderen Parteien in der Ostzone erlebten ähnliche Schicksale, insbesondere die SPD, die gegen den erheblichen Widerstand Kurt Schumachers schon am 21. April 1946 mit der damaligen KPD zur SED, der Sozialistischen Einheitspartei Deutschlands, zwangsvereinigt wurde.[47] Die freie Luft zum politischen Atmen wurde den demokratisch orientierten Parteien immer mehr abgeschnürt. Manche Anhänger der einstigen SPD, aber auch der Ost-CDU oder anderer demokratischer Parteien wurden wegen ihres Engagements in die Haftanstalt nach Bautzen eingeliefert, wo viele unter unmenschlichen Bedingungen lebten. Die Vollzugsanstalt in Bautzen diente auch schon dem NS-Regime.

Nur einmal in ihrer bundesdeutschen Geschichte – 1957 – gelang es einer Fraktion, der CDU/CSU, mit 50,2 Prozent der abgegebenen Stimmen die absolute Mehrheit der Stimmen und auch der Sitze im Bundestag zu erreichen. Nach diesem Spitzenergebnis erlebte die CDU/CSU einen »schleichenden« Regierungsverlust: Bei den Wahlen zum Bundestag am 19. September 1965 gewann die SPD zwar Stimmen dazu, doch die CDU/CSU unter Kanzler Ludwig Erhard ging zunächst noch gestärkt aus ihnen hervor, so dass die Fortsetzung der CDU/CSU-FDP-Koalition erstmal nicht in Frage stand. Im Oktober 1966 aber traten die vier FDP-Bundesminister zurück, worauf es nach langwierigen

Verhandlungen zu einer Großen Koalition der Unionsparteien mit der SPD kam. Der baden-württembergische Ministerpräsident Kurt Georg Kiesinger wurde schließlich am 1. Dezember 1966 zum Kanzler gewählt, Willy Brandt zum Vizekanzler ernannt. Die Große Koalition stellte aus der Sicht der Sozialdemokraten einen Zwischenschritt zur Verbannung der Union in die Opposition dar. Es entsprach der Strategie vor allem des legendären SPD-Fraktionsvorsitzenden Herbert Wehner, durch eine solche Koalition die bis dahin von manchen Wählern bezweifelte Regierungsfähigkeit der SPD unter Beweis zu stellen.

Die langfristige Vorbereitung zur Regierungsfähigkeit hatte schon mit der Verabschiedung des Godesberger Programms der SPD im Jahr 1959 begonnen, das alten sozialistischen Vorstellungen abschwor und eine Öffnung hin zur »Mitte« signalisierte. Die Rechnung ging auf: Es sollte sich bald herausstellen, dass die Große Koalition, die auch bei zahlreichen Anhängern der SPD auf wenig Gegenliebe gestoßen war, lediglich der »Durchlauferhitzer« auf dem Weg zu einer Kanzlerschaft Brandts und einer sozialliberalen Koalition war. Am 21. Oktober 1969 schließlich wurde mit Willy Brandt der erste sozialdemokratische Kanzler der Bundesrepublik Deutschland vereidigt. Die Bundestagswahl 1972 stand unter dem Zeichen der von Brandt forcierten neuen Ostpolitik. Die CDU geriet inhaltlich in die Defensive, weil der Kampf um die Ostpolitik ein wichtiges Profilierungsthema für Willy Brandt war, der mit der Friedenssehnsucht der Deutschen kalkulierte. Die SPD wurde mit 45,8 Prozent erstmals stärkste Partei; sie erhielt damit 0,9 Prozent mehr als die Unionsparteien. Gemeinsam mit der FDP (8,4 Prozent) konnte sie im Bundestag eine deutliche Mehrheit stellen.

Wie dargelegt, gelang es dann 1976 der CDU/CSU unter dem damals erstmalig als Kanzlerkandidat antretenden Helmut Kohl, bei den Wahlen zum 8. Deutschen Bundestag 48,6 Prozent zu erzielen. Dies war das zweitbeste Ergebnis in der Geschichte der Unionsparteien, die sogar 6 Prozentpunkte mehr als die SPD errangen. Trotz knapper Mehrheit entschlossen sich SPD und FDP zur Fortsetzung ihrer Koalition. Der Regierungswechsel wurde erst durch ein konstruktives Misstrauensvotum im Jahr 1982 möglich, das zur Entlassung des damaligen Kanzlers Helmut Schmidt führte. Nun – am 1. Oktober 1982 – kam Helmut Kohl ins Amt.

Ergebnisse der Bundestagswahlen 1949 bis 2005

Zweitstimmenanteile in Prozent

	CDU/CSU	SPD	FDP	B90/Grüne	PDS*	REP	Sonstige
1949	31,0	29,2	11,9				27,9**
1953	45,2	28,8	9,5				16,5***
1957	50,2	31,8	7,7				10,3
1961	45,3	36,2	12,8				5,7
1965	47,6	39,3	9,5				3,6
1969	46,1	42,7	5,8				5,5
1972	44,9	45,8	8,4				0,9
1976	48,6	42,6	7,9				0,9
1980	44,5	42,9	10,6	1,5			0,5
1983	48,8	38,2	7,0	5,6			0,5
1987	44,3	37,0	9,1	8,3			1,4
1990	43,8	33,5	11,0	5,1	2,4	2,1	2,1
1994	41,4	36,4	6,9	7,3	4,4	1,9	1,7
1998	35,1	40,9	6,2	6,7	5,1	1,8	4,0
2002	38,5	38,5	7,4	8,6	4,0	0,6	2,5
2005	35,2	34,2	9,8	8,1	8,7	0,5	3,4

Quelle: Deutscher Bundestag/Konrad-Adenauer-Stiftung

---

* 1990, 1994 und 2002 ermöglichten der PDS jeweils drei Direktmandate den Einzug in den Bundestag. Durch das Verschmelzen der Wahlalternative Arbeit & Soziale Gerechtigkeit (WASG) mit der Partei Die Linke.PDS entstand eine neue Partei.

** Darunter: Kommunistische Partei Deutschlands 5,7 Prozent, Bayernpartei 4,2 Prozent, Deutsche Partei 4,0 Prozent, Zentrumspartei 3,1 Prozent, Wirtschaftliche Aufbau-Vereinigung 2,9 Prozent, Deutsche Konservative Partei/Deutsche Rechtspartei 0,5 Prozent, Südschleswig'scher Wählerverband 0,3 Prozent.

*** Darunter: Gesamtdeutscher Block/Block der Heimatvertriebenen und Entrechteten 5,9 Prozent

Eine föderal strukturierte Partei wie die CDU so sehr zu kontrollieren, wie dies Helmut Kohl tat, und nicht schnell wieder vom Podest gestoßen zu werden, war vor allem in der Zeit vor der Kanzlerschaft allein schon eine herausragende machtpolitische Leistung. Sie erfordert einen unbedingten Willen zur Macht, ein besonderes Sensorium für Stimmungen und Strömungen, die Fähigkeit zu taktischem Denken und ein besonderes Instrumentarium zur Machtgewinnung sowie – Fortune. Gerade letzterer Faktor sollte bei Karrieren aller Art, also auch in der Politik, nicht unterschätzt werden. Kohl hatte insgesamt Fortune – zum Beispiel bei dem von ihm nicht beeinflussbaren Zusammenbruch des DDR-Regimes, der ihn dann als »Kanzler der deutschen Einheit« in die Annalen der Weltpolitik eingehen ließ. Innenpolitisch war die Kohl-Regierung damals am Ende ihrer politischen Rezepturen gewesen. Ohne die Wiedervereinigung, die zu einer »Stunde der Exekutive« wurde, wäre sie vermutlich nicht erst 1998 abgewählt worden.

Innerhalb seiner Partei basierte Kohls Macht auf einem stark vernetzten, in alle Landesverbände hineinwirkenden Einflussgeflecht, das er sich bereits aufgebaut hatte, bevor er für ein Vierteljahrhundert an die Spitze der Partei trat – nämlich während seiner Zeit in der Jungen Union. Kohl wusste schon am Anfang seiner bundespolitischen Karriere um die Bedeutung der Partei. Sein 1973 errungenes Amt als Bundesvorsitzender der CDU verdankte er nicht einer Zugehörigkeit zur Bundestagsfraktion; er war damals noch rheinland-pfälzischer Ministerpräsident. Er musste sich deshalb – neben wichtigen Fraktionsangehörigen – in erster Linie auf den Parteiapparat stützen, und zwar vor allem auf seinen damaligen Generalsekretär Kurt Biedenkopf und auf seinen loyalen Bundesgeschäftsführer Karl-Heinz Bilke. Kohl konnte davon ausgehen, dass sich Karl Carstens, der Rainer Barzel als Fraktionsvorsitzenden ablöste, lediglich als Interimsvorsitzender verstand. 1976 nach der Bundestagswahl gelang es dann Kohl, seinen Führungsanspruch mit der Übernahme des Fraktionsvorsitzes abzusichern.

Früh schon spielte Helmut Kohl im Kreise von Vertrauten mit dem Gedanken einer zukünftigen Kanzlerkandidatur. Sein Biograf Klaus Dreher schreibt dazu:»Kohl war im Herbst 1970 so weit vom Kanzleramt entfernt, dass es wundert, wieso er überhaupt davon sprach.«[48] Der Wille zur Kanzlerschaft war also frühzeitig ausgeprägt, wie auch der zur Übernahme des Parteivorsitzes. Kohl wollte als Parteireformer in die Geschichte der CDU eingehen. Mehr noch als Konrad Adenauer hatte er die bedeutende Rolle von Partei und Ämtern erkannt, zumal er auch die Probleme der Parteiarbeit auf allen Ebenen selber erfahren hatte. In seinem Buch ›Hausputz hinter den Fassaden‹ betonte er die Bedeutung der politischen Parteien speziell auch für die Elitenbildung in Deutschland: Er kritisierte, dass das »Führungspotential für unser Land teilweise so zufällig« ausgewählt werde, und betonte die »zwingende Notwendigkeit der Funktionsfähigkeit von Parteien«.[49] Zweifellos wurden in seiner Anfangszeit als Parteivorsitzender der CDU die notwendigen Reformimpulse vermittelt – vor allem aber durch seine beiden ersten Generalsekretäre Biedenkopf und Geißler.

Das Amt des CDU-Generalsekretärs wurde erst im Jahr 1967 geschaffen; es ist mit weitgehenden Vollmachten ausgestattet. Bis dahin waren die jeweiligen Bundesgeschäftsführer mit den Angelegenheiten der Partei befasst. Dass durch die herausgehobene Funktion des Generalsekretärs der CDU-Vorsitzende entlastet werden sollte, zeigt die gestiegene Bedeutung der politischen Parteien im Kampf um die öffentliche Meinung. Bevor Helmut Kohl 1973 Parteivorsitzender wurde, gab es erst seit wenigen Jahren Generalsekretäre. Der erste (1967–1971) war der promovierte Altphilologe Bruno Heck, der von dem damaligen Parteivorsitzenden und Bundeskanzler Kurt Georg Kiesinger vorgeschlagen wurde. Den »Schöngeist in Herrscherpose« (Norbert Seitz)[50] Kiesinger interessierten die Niederungen der Parteiarbeit kaum. Heck hatte auf dem Parteitag in Saarbrücken im Oktober 1971 Helmut Kohl favorisiert. Der dort zunächst siegreiche Rainer Barzel holte sich dann in den zwei Jahren seines Parteivorsitzes Konrad Kraske als »General« an die Spitze der Partei. Er war schon zur Zeit Adenauers Bundesgeschäftsführer der CDU geworden und blieb dies unter Erhard. Kraske, ein loyaler und integrer Generalsekretär, empfand sich mehr als Manager der Parteizentrale denn als politischer Programmatiker. Mit dem Rücktritt Barzels gab auch Kraske sein Amt auf. Von 1973 bis 1977 war Kurt Biedenkopf der erste Generalsekretär unter dem Parteivorsitzenden Helmut Kohl. Seine Jahre als Generalsekretär wurden für die Union zu einer großen Aufbruchszeit.

Kohl und Biedenkopf waren eine ideale Ergänzung. Als Kohl Biedenkopf nominierte, erstaunte das viele, war dieser doch damals noch weitgehend unbekannt. Der Professor für Wirtschaftsrecht war Gründungsrektor der Ruhr-Universität Bochum gewesen. Sodann hatte er für zwei Jahre Managementaufgaben bei der Firma Henkel in Düsseldorf übernommen. Eine kontinuierliche Parteiarbeit hatte Biedenkopf bis zu diesem Zeitpunkt nicht hinter sich gebracht. Er gehörte allerdings unter dem CDU-Spitzenkandidaten von Nordrhein-Westfalen, Heinrich Köppler, 1970 zur Führungsmannschaft für die Landtagswahl. 1971 wurde er Mitglied der Grundsatzprogramm-kommission der Bundespartei. Auf dem Düsseldorfer Parteitag vom 25. bis 27. Januar 1971 machte er durch einen Diskussionsbeitrag zur Mitbestimmung auf sich aufmerksam. Schließlich war er auf dem Saarbrücker Parteitag am 4. und 5. Oktober 1971 nicht nur entschieden für Kohl, sondern auch für die Trennung von Partei- und Fraktionsvorsitz eingetreten (ganz im damaligen Sinne Helmut Kohls). Ein entsprechendes Memorandum – zu diesem Instrument sollte er auch in den Folgejahren immer wieder greifen – hatte er zuvor den nordrhein-westfälischen Delegierten übersandt.

Biedenkopf sah seine Funktion als Generalsekretär nicht nur darin, die Parteiorganisation zu verbessern. Er betonte auch die politische Führungsrolle der Partei gegenüber den Landesverbänden, den diversen CDU-Vereinigungen und der Bundestagsfraktion. Aufgrund seiner anerkannten analytischen Fähigkeiten erwarb er sich viel Ansehen, war insbesondere im Fernsehen ein begehrter Diskutant. Weil er in Sachen der Kohl'schen Kanzlerkandidatur vorgeprescht war, genoss Biedenkopf in der CSU allerdings wenig Sympathien. Diese Abneigung brachte der CSU-Politiker Friedrich Zimmermann in seinen Erinnerungen auf den Punkt: »Kurt Biedenkopf, dieser begnadete Redner, der geistvoller und überzeugender als jeder andere das nachzuerzählen weiß, was andere vorgekaut haben – der 1975 angekündigt hatte, die CDU werde ›die Begriffe besetzen‹, und der gründlicher als jeder andere von den anderen und ihren Begriffen geistig besetzt wurde.«[51] Biedenkopf sei »als Erster in der Raketendebatte«

eingeknickt und habe zudem den Grünen bescheinigt, sie stellten die richtigen Fragen.[52] Der intellektuelle Führungsanspruch Biedenkopfs relativierte die politische Definitionsmacht der CSU.

Kohl wie auch Biedenkopf war es zu verdanken, dass sich das politische Gravitationszentrum immer mehr von der Fraktion zur Partei hin verlagerte. Dies hing auch mit dem loyalen Selbstverständnis des damaligen Fraktionsvorsitzenden Karl Carstens zusammen, der keine Ambitionen auf eine Kanzlerkandidatur für das Jahr 1976 erkennen ließ und daher von Kohl auch nicht als ein potentieller Rivale angesehen wurde. Biedenkopfs Leistung bestand neben seinen zahlreichen programmatischen Anstößen darin, der CDU stärkere Schlagkraft gegeben zu haben. Seine zahlreichen Reden auch auf Landesparteitagen hatten zu der Einsicht geführt, dass entsprechende Parteireformen nicht nur auf der Bundesebene stattfinden mussten. Der Bundes-CDU, die bis dahin immer noch den Charakter einer Addition von Landesverbänden besessen hatte, wurde nun bei den Bundestagswahlen mehr und mehr die Führungskompetenz eingeräumt, was sich schon im Wahljahr 1976 andeutete. Ein wichtiges Ziel Biedenkopfs war zudem die Integration der Parteivereinigungen in die Gesamtstrukturen der Partei. Auch die Programmdiskussion wurde während seiner Zeit als Generalsekretär heftig geführt, vor allem über die Mitbestimmung, die seinerzeit die Union fast an den Rand einer Spaltung gebracht hatte. Es war Biedenkopfs Geschick zu verdanken, dass auf dem Hamburger Parteitag vom 18. bis 20. November 1973 ein weitgehender Konsens herbeigeführt werden konnte, mit dem die Flügel der Union zu leben vermochten. Das Desaster des Düsseldorfer Parteitags vom Januar 1971 hatte sich nicht wiederholt. Während der Amtszeit Biedenkopfs erfolgte außerdem die Fortsetzung der 1971 unter Barzel begonnenen Arbeit der von Richard von Weizsäcker geleiteten Grundsatzprogrammkommission. Die Notwendigkeit eines neuen Grundsatzprogramms wurde auf allen Parteiebenen thematisiert. Die von Biedenkopf erfundene Formel »Freiheit statt Sozialismus«, die den Wahlkampf des Jahres 1976 prägte, brachte die Unionspartei in die Offensive. Trotz ihrer Niederlage erzielten sie mit 48,6 Prozent ihr zweitbestes Ergebnis.

In seine Amtszeit fiel auch eine deutliche Zunahme der Mitgliederzahlen der CDU. Hatte diese im Jahr 1972 noch 422 968 Mitglieder, waren es 1976 bereits 652 010. Die Berufung Biedenkopfs zum Generalsekretär festigte das Image Kohls, der im Ruf stand, bei der Personalauslese auch auf Persönlichkeiten zurückzugreifen, die ihm intellektuell gewachsen waren. Doch Biedenkopfs unabhängiges Agieren ließ das Verhältnis zwischen den beiden schlechter werden, weshalb der Generalsekretär 1977 auf sein Amt verzichtete. Das Zerwürfnis wurde einer breiten Öffentlichkeit mit voller Schärfe aber erst bekannt, nachdem im Januar 1979 eine schriftliche Aufforderung Biedenkopfs, Kohl möge den glücklos geführten Parteivorsitz abgeben, den Medien zugespielt worden war.[53]

Zweiter Generalsekretär unter Helmut Kohl wurde Heiner Geißler, der sich von allen Generalsekretären der CDU am längsten hielt, von 1977 bis 1989. Der 1930 in Oberndorf am Neckar geborene Jesuitenzögling hatte Philosophie und Rechtswissenschaft studiert und 1962 die große juristische Staatsprüfung absolviert, war danach für kurze Zeit Richter und von 1962 bis 1965 Leiter des Büros des Arbeits- und Sozialministers von Baden-Württemberg. Bundesweit hatte er sich in den Jahren 1967 bis 1977 als Minister für Soziales, Gesundheit und Sport des Landes Rheinland-Pfalz unter dem damaligen Ministerpräsidenten Kohl einen Namen gemacht. Ab 1971 war Geißler auch Landtagsabgeordneter von Rheinland-Pfalz, vorher vorübergehend Bundestagsabgeordneter (1965 bis 1967). Von Oktober 1982 bis September 1985 war er Bundesminister für Jugend, Familie und Gesundheit. Er übte also – was heute undenkbar wäre – für eine gewisse Zeit das Amt eines Bundesministers und das eines Generalsekretärs gleichzeitig aus. Ihm war es wichtig, das sozialpolitische Profil der CDU zu stärken. Geißler hatte im Konrad-Adenauer-Haus eine Reihe von dynamischen Mitarbeitern (vor allem Warnfried Dettling, Peter Radunski und Wulf Schönbohm), die freilich allesamt von Kohl verdächtigt wurden, gegen ihn als Parteivorsitzenden zu arbeiten.

Heiner Geißler gilt als einer der großen Provokateure der deutschen Parteiengeschichte. Für Willy Brandt war er sogar »seit Goebbels der schlimmste Hetzer in diesem Land«.[54] Geißler, der die Aufbauarbeit Biedenkopfs in der CDU fortsetzte, verstand das Amt des Generalsekretärs immer als eine eigenständige Aufgabe. Seit 1982 hielt er sich vermutlich selber für den Parteivorsitzenden, weil Kohl ja durch das Amt des Bundeskanzlers von der eigentlichen Parteiarbeit abgehalten war. Der »General« wollte das Profil der Partei im Verhältnis zur Bundesregierung schärfen. Da es sich aber nicht um abgesprochene Rollen zwischen den beiden Politikern handelte und Geißler immer mehr zu der Überzeugung kam, dass Kohl keine zukunftsorientierte Politik betreibe, führte er vor dem Bremer Parteitag des Jahres 1989 Gespräche mit den damaligen Ministerpräsidenten Ernst Albrecht (Niedersachsen) und Lothar Späth (Baden-Württemberg) sowie mit Rita Süssmuth und Norbert Blüm. (Kohl verdächtigt auch Biedenkopf der Teilnahme.) Sie dachten darüber nach, den Pfälzer aus dem Amt des Parteivorsitzenden zu verdrängen. Späth stand zur Nachfolge bereit. Der Grund für diese Überlegungen war, dass sich seit 1988 für Kohl ein bemerkenswerter demoskopischer Niedergang abgezeichnet hatte, der allerdings später durch die »hereinbrechende« deutsche Einheit gestoppt wurde. Kohl erinnerte sich gewisser Vorgänge in seinem Heimat-Bundesland: Wer den Parteivorsitz verliert, dessen Ende als Regierungschef wäre damit beschlossene Sache. Dies widerfuhr dem früheren rheinland-pfälzischen (und späteren thüringischen) Ministerpräsidenten Bernhard Vogel, der auf einem Landesparteitag im Jahr 1988 von seinem Opponenten, dem Fraktionsvorsitzenden Hans-Otto Wilhelm, als Parteivorsitzender gestürzt wurde und schließlich als Ministerpräsident zurücktreten musste. Der Verlust des Parteivorsitzes hätte auch für Kohl automatisch den Verlust des Regierungsamtes bedeutet. Insofern wurde der Bremer Parteitag zur Stätte der Entscheidung.

Die Verschwörungspläne, von denen Kohl bald erfuhr, müssen ihn in seiner Sicherheit, die Partei hinter sich zu wissen, tief getroffen haben. Doch nach und nach bröckelten alle »Putschisten« weg – auch sein Sozialminister Norbert Blüm. Der gekränkte CDU-Vorsitzende weigerte sich auf dem Parteitag, Heiner Geißler erneut als Generalsekretär vorzuschlagen. Kohl spürte instinktiv, dass die Granden der Partei der Ansicht waren, er sei mit dem Amt des Bundeskanzlers überfordert. Wie sehr ihn die damalige Intrige auch heute noch schmerzt, ist seinem »Tagebuch« zu entnehmen, in dem er seine Enttäuschung über Norbert Blüm, den einzigen Minister, der alle 16 Jahre mit ihm gemeinsam im Kabinett saß, besonders betont. Blüm habe sich 1989 – als er »zusammen mit Heiner Geißler, Lothar Späth, Kurt Biedenkopf und Rita Süssmuth unter einer Decke« steckte – »gerade noch rechtzeitig« weggeduckt und sich »in die Büsche geschlagen«: »Ich habe aus dieser opportunistischen Haltung keine Konsequenzen gezogen. Damals habe ich geglaubt, seinem Sachverstand mehr trauen zu sollen als seinem Charakter.«[55] Rita Süssmuth bezeichnet Kohl an gleicher Stelle als »großartige Profilierungskünstlerin auf Kosten der Partei«.[56] Auch die anderen, die an diesen Gesprächen teilnahmen, werden von ihm in seiner heute noch spürbaren Verletztheit ähnlich abqualifiziert.

An die Stelle des geschassten Heiner Geißler trat – indes nur für zweieinhalb Jahre, nämlich vom Herbst 1989 bis Frühjahr 1992 – der Hamburger Ex-Studienrat Volker Rühe, damals stellvertretender Fraktionsvorsitzender. Rühe war schon zu jener Zeit ein in der Außen- und Sicherheitspolitik profilierter Abgeordneter, den Kohl vielleicht auch deshalb ausgesucht haben mag, weil er in der Parteiarbeit über recht wenig Erfahrungen verfügte und sein Einflussnetz in der Union nicht stören sollte. Nachdem Rühe – in dessen Amtszeit die Wiedervereinigung fiel und damit die innerparteilich komplizierte Frage nach der CDU-Positionierung in den neuen Bundesländern – auf den im Verteidigungsministerium glücklosen Gerhard Stoltenberg folgte, entschied sich Kohl für Peter Hintze, einen Vertreter der jungen Generation. Er ist der einzige ehemalige Generalsekretär aus Kohls Zeiten, der heute noch in wichtigen politischen Ämtern ist. Der evangelische Pfarrer Hintze war zum Zeitpunkt seiner Berufung zum Generalsekretär parlamentarischer Staatssekretär im Frauen- und Jugendministerium unter der damaligen Ministerin Angela Merkel sowie stellvertretender Vorsitzender des einflussreichen Landesverbandes Nordrhein-Westfalen. Sieben Jahre vor seinem Einzug in den Bundestag 1990 war er zum Bundesbeauftragten für den Zivildienst ernannt worden. Hintze amtierte von 1992 bis 1998 als Generalsekretär. Ihm verdankt die CDU einen stärkeren Frauenanteil in den Parlamenten, den er durch das von ihm durchgesetzte Frauenquorum erreichte. Damit hatte er der CDU im letzten Moment die strukturelle Mehrheitsfähigkeit bewahrt. Inhaltlich leistete ein neues Grundsatzprogramm diese Arbeit, das ebenfalls in Hintzes Amtszeit unter dem Kommissionsvorsitz seines Freundes Reinhard Göhner entwickelt wurde. Die Kernidee dieses Programms ist die ökologische und soziale Marktwirtschaft, mit der das Konzept Ludwig Erhards auf das Zeitalter der Globalisierung übertragen werden sollte.

Kohls letzter Generalsekretär Hintze hatte von allen CDU-Generalsekretären insofern den schwierigsten »Job« (ein Lieblingswort Kohls), als er es mit einem immer beratungsresistenteren Parteivorsitzenden zu tun hatte und die Union sich nicht mehr – wie insbesondere zu Zeiten der beiden Generalsekretäre Biedenkopf und Geißler – in einem Aufwärtstrend befand. Hintzes Wirkung speziell in den elektronischen Medien blieb allerdings hinter seinen analytischen Fähigkeiten zurück. Dieser mangelnde Erfolg störte Kohl aber zu keinem Augenblick wirklich. Medienerfolg anderer machte ihn eher misstrauisch. Für den Wahlkampf des Jahres 1998 als belastend erwies sich schließlich, dass Kohl seinen Generalsekretär in wichtigen politischen Fragen – zum Beispiel in der Reaktion auf die Ankündigung der Grünen, den Benzinpreis auf fünf Mark pro Liter erhöhen zu wollen, oder hinsichtlich der SPD/PDS-Kooperation im Osten Deutschlands – häufig alleine ließ. So machte Kohl zwei wichtige propagandistische Waffen stumpf, die er in der Wahlschlacht dringend gebraucht hätte. Offensichtlich hatte er vergessen, dass es sein eigener Generalsekretär war, der 1994 in schier auswegloser Lage mit der »Rote-Socken-Kampagne« (Warnung vor einer SPD/PDS-Koalition auf Bundesebene nach dem Beginn der Zusammenarbeit von SPD und PDS in Sachsen-Anhalt) das politische Blatt noch in allerletzter Minute zu seinen – Kohls – Gunsten wenden konnte. In einer vertraulichen Analyse des SPD-Parteivorstands wird die SPD-Niederlage in jenem Jahr denn auch darauf zurückgeführt, dass die CDU die Bundestagswahl zu einer Abstimmung über eine Regierungsbeteiligung der PDS gemacht habe. So sei der in Umfragen vorne liegende Rudolf Scharping im letzten Moment gestoppt worden. Insbesondere in der Benzinpreiserhöhungsfrage handelte Kohl freilich nicht aus besserer Erkenntnis, sondern seinem designierten »Dauernachfolger« Wolfgang Schäuble zuliebe. Das Ergebnis ist bekannt: Der von manchen innerparteilich damals als »Ökofreak«

verspottete Schäuble trieb 1998 die Wähler in die Arme des »Automannes« Schröder.

Insbesondere nach seinem Bruch mit Heiner Geißler hatte Kohl ein extremes Misstrauen gegen das Amt und speziell gegen die Person des Generalsekretärs seiner Partei, weil er immer wieder Umsturzpläne befürchtete. Kohl wusste um die potentiellen Gefahren, die für ihn von einem Generalsekretär ausgehen konnten. Denn bei der Institution des Generalsekretärs handelt es sich, mit Ausnahme des CDU/CSU-Fraktionsvorsitzenden, um das einzige Parteiamt der Union, dessen Inhaber mit großer öffentlicher Wirkung agiert – einer Wirkung, die auch dem direkten Zugriff Kohls entzogen war. Seine Minister, soweit sie aus den Reihen der eigenen Partei stammten, konnte der Kanzler mit einem kurzen Schreiben an den Bundespräsidenten entlassen; dafür gibt es eindrucksvolle Beispiele wie den fähigen Forschungsminister Heinz Riesenhuber oder den innovativen Postminister Christian Schwarz-Schilling. Nach der Satzung der Bundes-CDU ist der Generalsekretär für vier Jahre gewählt – im Gegensatz selbst zum Parteivorsitzenden und dem gesamten Parteivorstand, die jeweils auf zwei Jahre gewählt werden. Diese Sonderstellung soll dem CDU-Generalsekretär eine besondere Unabhängigkeit verleihen.

Kohl, der seinen ganzen Aufstieg der Partei verdankt, hat aus den für ihn traumatischen Erfahrungen mit Heiner Geißler frühzeitig Konsequenzen gezogen. Zum einen baute er um sich herum im Kanzleramt einen Kreis von Vertrauten auf, der dem Einfluss des CDU-Generalsekretärs entzogen war. Zum anderen verpflichtete er sich im Konrad-Adenauer-Haus einzelne Vertraute, weil er in fast allen leitenden Mitarbeitern der Parteizentrale zunehmend die Agenten der nachfolgenden Generalsekretäre sah. Als engste Vertraute konnte man dort die beiden Abteilungsleiter Hans Terlinden (Finanzen) und Karl Schumacher (Organisation) ausmachen. Kohl bewirkte durch diese auf ihn ausgerichteten Strukturen in der Parteizentrale, dass ein stetiges Konfliktpotential in Bezug auf die Generalsekretäre bestand. Der Parteivorsitzende versuchte, die üblichen Regeln einer Geschäftsordnung zu umgehen. Mit Hans Terlinden hatte er einen alten Kampfgefährten aus Rheinland-Pfälzer Tagen als seinen Oberaufpasser installiert. Er hatte ihn ursprünglich sogar als CDU-Bundesgeschäftsführer vorgesehen, was er aber nicht durchsetzen konnte. Terlindens wirkliche Rolle wurde einer breiteren Öffentlichkeit erst durch den Parteispendenskandal deutlich. Auch hatte Kohl als Parteivorsitzender ein eigenes Büro im Konrad-Adenauer-Haus, das er gleichwohl nur selten besuchte. Der Leiter seines Büros – lange Jahre war dies Michael Roik – erhielt immer wieder den Auftrag, politische und organisatorische Maßnahmen am Generalsekretär oder Bundesgeschäftsführer vorbei zu veranlassen. Solche direkten Weisungen an die beiden Amtsinhaber stürzten Mitarbeiter der Parteizentrale nicht selten in erhebliche Loyalitätskonflikte.

Dass Helmut Kohl seinen Generalsekretären nach dem Zerwürfnis mit Geißler nicht mehr vertraute, führte ganz zwangsläufig zu einer Dualität von Parteiarbeit und Regierungshandeln. Unter anderem war es diese Dualität, die der CDU die bitterste Niederlage ihrer Geschichte bescherte. Die Vorstellung Kohls, das politische Handeln der Regierung und die öffentliche Darstellung von Politik durch eine Regierungspartei ließen sich trennen, hat sich als fataler Irrtum erwiesen. Die Tatsache der Entkoppelung zeigt sich auch in einem Phänomen, das man als »Bunkermentalität« bezeichnen kann. Sie veranlasste Kohl dazu, sich im Kanzleramt mit seinen engsten Vertrauten förmlich einzugraben. So hat er beispielsweise im Laufe seiner Regierungszeit die Koalitionsrunden immer kleiner gemacht. Zum Schluss waren zu diesen Runden nur noch die Partei- und Fraktionsvorsitzenden eingeladen, natürlich einschließlich des Ministers im Kanzleramt, Friedrich Bohl, als letzter verbliebener Vertrauter. So konnte der Sachverstand von Kabinettsangehörigen in wichtige Entscheidungsprozesse häufig nicht mit einfließen – auch dann nicht, wenn es bei den Koalitionsrunden um die ökonomische und politische Lage Ostdeutschlands ging. Aus ihnen waren als ständige Teilnehmer sogar der für Arbeit und Soziales zuständige Minister Norbert Blüm wie auch die die neuen Länder repräsentierende Angela Merkel verbannt worden – dies entschied Kohl gegen den Rat seines Chefvertrauten Bohl.

Handelt es sich bei den modernen Volksparteien um »Oligarchien« im Sinne des Soziologen Robert Michels, um »zentralistisch geführte Apparate«? Michels ging bereits im Jahr 1910 in seinem berühmten Werk über das Parteiwesen – am Beispiel der sozialdemokratisch-sozialistischen Bewegung – von einem »ehernen Gesetz der Oligarchie« aus.[57] Diese frühe Analyse könnte mit Blick auf Helmut Kohls Einfluss in der CDU bestätigt sein. Es herrscht in der Politikwissenschaft sogar in gewissem Sinne Verblüffung darüber, dass die modernen Parteien »überhaupt noch als Ganzes funktionieren können«.[58] Die Fixierung der Medien auf den übermächtigen Kanzler und Parteivorsitzenden Kohl habe davon abgelenkt, dass mittlerweile auch die CDU Probleme mit schrumpfender Mitgliedschaft, selbstbewussten Landesverbänden, schwindenden Stammwählern und Überalterung hatte. Es wird nicht zu bestreiten sein, dass auch in den modernen Parteien der Gegenwart oligarchische Tendenzen (häufig in besonderer Weise speziell auf der kommunalen Ebene) die Partizipation der Mitglieder erschweren. Auf Bundesebene wurde die CDU von Helmut Kohl zunehmend absolut autokratisch geführt.

Die Fraktion als Netzwerk Kohl'scher Macht

Das Grundgesetz der Bundesrepublik Deutschland erwähnt die Fraktionen des Deutschen Bundestags nur an einer Stelle (Artikel 53 a) – und das lediglich im Zusammenhang mit Fragen des Verteidigungsfalles. Eine Aussage über den Rechtsstatus der Fraktionen und insbesondere über die Aufgaben der Oppositionsfraktionen fehlt völlig. Zwar wurden die Fraktionen vom Bundesverfassungsgericht als »notwendige Einrichtungen des Verfassungslebens« und als »maßgebliche Faktoren der politischen Willensbildung« definiert[59], gleichwohl wurde eine Festschreibung ihres Rechtsstatus nicht für notwendig erachtet. Am 1. Januar 1995 trat das sogenannte Fraktionsgesetz in Kraft, das in das Abgeordnetengesetz eingefügt wurde. Dort werden in Paragraph 46 die Fraktionen als »rechtsfähige Vereinigungen von Abgeordneten im Deutschen Bundestag« bezeichnet, die über Klagerecht verfügen und verklagt werden können, die aber zugleich »nicht Teil der öffentlichen Verwaltung« sind und deshalb auch »keine öffentliche Gewalt« ausüben.

Die Bedeutung von Bundestagsfraktionen für Machtgewinnung und -erhalt ist offensichtlich, doch ist das Innenleben von Fraktionen, auch das der CDU/CSU, weithin unbekannt. Deshalb ist es geboten, zunächst die prinzipielle Rolle von Fraktionen und ihren Mitgliedern, den einzelnen Bundestagsabgeordneten, zu beleuchten, zumal die Fraktionen im Verhältnis zur jeweiligen Parteiorganisation eine enorme Bedeutung haben. Parteivorsitzende, die nicht zugleich die volle Rückendeckung durch die Fraktion erfahren, sind in ihren Wirkungsmöglichkeiten ziemlich beschränkt. Aber auch bezüglich der Rolle des einzelnen Abgeordneten ist zu fragen, inwieweit seine Entfaltungsmöglichkeiten durch den Zwang zur Fraktionsdisziplin eingeschnürt werden. So unbekannt zahlreiche Abgeordnete auf Bundesebene auch sein mögen, in ihren Wahlkreisen spielen sie doch häufig eine wichtige Rolle. Sie sind dort im Kleinen eine Art Generalsekretär ihrer Partei. Der Abgeordnete nimmt Stimmungen in der Bevölkerung und in der Partei auf und vermittelt diese den Fraktionsoberen, zugleich ist er aber auch ein Transmissionsriemen von der Bundesebene zur Basis. Fraktionen sind – gerade im Falle der großen Volksparteien – so etwas wie eine in den Sitzungswochen des Bundestages immer wieder neu entstehende Gemeinschaftserfahrung. Die Gesamtfraktionen kommen in der Regel dienstags zusammen und entscheiden dann über die jeweilige Generallinie. Diese Sitzungen, wiewohl offiziell nichtöffentlich, sind doch halböffentlich, da sich viele Journalisten in den Fraktionen ihre Vertrauensabgeordneten »halten«. Diese wiederum profitieren hiervon gelegentlich in der Berichterstattung.

Selbst wenn die Aufgaben des Partei- und Fraktionsvorsitzenden in einer Hand liegen, gibt es immer ein latentes Spannungsverhältnis zwischen Partei und Fraktion. Während die Partei über die längerfristige Strategie entscheidet, die Parteiorganisationen »draußen im Lande« munitioniert und die hauptsächliche Öffentlichkeitsarbeit betreibt, muss die Fraktion in der Regel auf die – häufig kurzfristig hereinbrechenden – aktuellen Ereignisse reagieren und insbesondere der Bundesregierung Paroli bieten. Dies trifft übrigens nicht nur für die Oppositionsfraktionen zu, selbst wenn die klassische Gewaltentrennung mittlerweile obsolet wurde und in der Politikwissenschaft häufig sogar von einer partiellen »Gewaltenvereinigung« ausgegangen wird, weil die Mehrheitsfraktionen Stütze der Regierung sind.[60] Gleichwohl sollten die Kontrollmöglichkeiten einer Regierungsfraktion keinesfalls unterschätzt werden. Denn häufig stehen ja gerade diejenigen Abgeordneten, die mit keinem Regierungsamt bedacht wurden, den eigenen Ministern besonders kritisch gegenüber. Diese müssen in den Arbeitsgruppen der jeweiligen Regierungsfraktionen Rede und Antwort stehen und brauchen deren inhaltliche Unterstützung. Eine schlechte »Performance«, ein unvorbereiteter Minister, das macht in der Fraktion sofort die Runde. Dennoch sind die wesentlichen Kontrollfunktionen auf die Oppositionsfraktionen übergegangen. Im Übrigen erhalten die Fraktionen umfängliche staatliche Finanzierung. Sie verfügen, zumindest im Falle der CDU/CSU, über mehr hauptamtliche Mitarbeiter als die Partei, die Mitarbeiter der einzelnen Abgeordneten nicht eingerechnet.

Die großen Bundestagsfraktionen sind in Landesgruppen unterteilt. Deren Mitglieder treffen sich meist schon montags abends, wobei sie durch den jeweiligen Landesgruppenvorsitzenden die wichtigsten Beschlüsse des Fraktionsvorstands erfahren, der wenige Stunden vorher tagt. Die Landesgruppen sind insofern bedeutsam, als in ihnen nicht nur »Gemeinschaft« in kleinem Kreis gepflegt, sondern nicht selten auch die wichtigsten politischen Fragen diskutiert werden. Anders als in den Gesamtfraktionen, die dazu zu groß sind, kann in den Landesgruppen jeder Abgeordnete das Wort ergreifen – und damit dem Wahlkreis gegenüber argumentieren, er habe in der Hauptstadt seine Positionen vertreten. Die Landesgruppensitzungen haben auch deshalb eine nicht zu unterschätzende Bedeutung, weil sie häufig ein Stimmungsbarometer für die am Dienstag stattfindende Fraktionssitzung darstellen. Ein weiteres Stimmungsbarometer sind die Treffen von Arbeitsgruppen und schließlich dann die kurz vor der Tagung der Gesamtfraktion geführten Gespräche des Fraktionsvorsitzenden mit den Vorsitzenden der unterschiedlichen Arbeitsgruppen der Fraktionen, die sich in ihrer Zusammensetzung an den Ausschüssen des Bundestags orientieren. Die Partei- und Fraktionsführung hat also überall ihre »Lauschposten«, so dass schon allein auf diesem Weg das Meinungsklima »nach oben« getragen wird. Insbesondere die Landesgruppen haben häufig die Funktion von Blitzableitern, mittels deren sich aufgestauter Unmut gerade der weniger profilierten Abgeordneten entladen kann. Trotz dieser Funktion kann es allerdings passieren, dass am Dienstag ein für die Partei- und Fraktionsführung beunruhigendes Gewitter aufzieht. Vielfach gibt es bei den Treffen der Landesgruppen auch Empfehlungen ihrer Vorsitzenden zum Abstimmungsverhalten am nächsten Tag.

Bundestagsabgeordnete besitzen in ihren Wahlkreisen trotz der derzeitigen allgemeinen Geringschätzung von Parteien ein hohes Sozialprestige. Da die Abgeordneten hauptberuflich in der Politik arbeiten und für die meisten Fraktionsangehörigen das Ausscheiden aus dem Parlament eine Art soziale Deklassierung darstellt, sind sie, mehr als sie öffentlich zuzugeben bereit sind, von der jeweiligen Stimmung in der Bevölkerung abhängig. Jeder Abgeordnete und jede Abgeordnete, der oder die eine der immer häufigeren Meinungsumfragen liest, hat einen automatischen Reflex: Was bedeutet diese Umfrage für meine Wiederwahl? Längst nicht alle Abgeordnete können davon ausgehen, bei den nächsten Wahlen insoweit abgesichert zu sein, als sie auf jeden Fall über die Landesliste in den Bundestag einziehen werden. Dafür sorgt eine Parteifunktion (zum Beispiel als Landes- oder stellvertretender Landesvorsitzender, Bezirks- oder Kreisvorsitzender). Dennoch ist es aus Prestigegründen für jeden Abgeordneten erstrebenswert, direkt gewählt zu werden. Die überwiegende Mehrheit der Fraktionsangehörigen indes muss bei schlechter Stimmungslage bangen: Zum einen gibt es heutzutage immer weniger »sichere« Wahlkreise, zum anderen aber genügend Konkurrenten, deren politisches Überleben von einem guten Landeslistenplatz abhängt.

Wegen dieser psychologischen Konditionierung vieler Abgeordneter ist der Ablauf der Fraktionssitzungen nicht vorherzusagen. Manche verlaufen ausgesprochen langweilig, auch wenn es eigentlich in der Luft liegt, dass Unmutsäußerungen zur Partei- oder Fraktionsführung hätten ausbrechen müssen. Und manchmal, gerade dann, wenn alles normal erscheint, bedarf es nur der spontanen Äußerung eines einzelnen Abgeordneten, um das Fass zum Überlaufen zu bringen. Übrigens sind Fraktionssitzungen für die jeweilige Führung speziell dann besonders schwierig, wenn etwa die lange Sommerpause vorausging und sich eventuell aufgestauter Ärger nun geradezu eruptiv entlädt.[61]

Im Falle der Unionsparteien kommt im Bundestag noch eine Besonderheit hinzu: die Fraktionsgemeinschaft zwischen den CDU- und den CSU-Abgeordneten. Die Sonderstellung der Letzteren wird unterstrichen durch die jeweils zu Beginn der Legislaturperiode beschlossenen »Vereinbarungen zur Fortsetzung der Fraktionsgemeinschaft«.

Die CSU-Abgeordneten konnten erreichen, dass bei den Wahlen für die Gesamtfraktion nur der Fraktionsvorsitzende gemeinsam gewählt wird, während der Erste Stellvertretende Vorsitzende, der jeweilige Chef der CSU-Landesgruppe, ausschließlich von dieser nominiert wird. Darüber hinaus werden ein weiterer stellvertretender Vorsitzender und ein parlamentarischer Geschäftsführer von der CSU gestellt. Der vom CDU-Teil der Fraktion gewählte Erste Parlamentarische Geschäftsführer ist zudem verpflichtet, mit seinem Geschäftsführerkollegen von der Schwesterpartei eng zusammenzuarbeiten. Diese Sonderstellung der CSU garantiert ihr beachtlichen Einfluss in der Fraktion, aber auch bei den Sitzungen des Ältestenrates des Bundestags, der das wichtigste Steuerungsinstrument vor allem für die Tagesordnung des Parlaments darstellt. Ihr Sonderstatus kommt der CSU auch zu Regierungszeiten zugute, weil sie »eigene« Kabinettsmitglieder nominiert und an den Koalitionsrunden als selbständige Partei beteiligt ist.

Die CSU-Landesgruppe verfügt zudem über einen eigenen Mitarbeiterstamm und einen eigenen Pressedienst. Diese Besonderheiten machen es einerseits den CSU-Abgeordneten einfacher, Profil und Bekanntheitsgrad zu entwickeln. Andererseits werden die bayerischen Unionsabgeordneten von ihrer Partei, die ja trotz ihres Charakters als Regionalpartei immer wieder ihren bundespolitischen Anspruch zu unterstreichen weiß, mit der Vertretung spezifischer politischer Positionen quasi beauftragt, von denen abzuweichen den meisten dieser Abgeordneten schwerfallen dürfte. Auch gibt es starke Einwirkungen der bayerischen Staatsregierung auf die Arbeit der CSU-Abgeordneten in den Ausschüssen des Bundestags. Sie werden inhaltlich »munitioniert«, gleichzeitig damit aber letztlich zur Vertretung bayerischer Interessen verpflichtet. Die Unionsabgeordneten aus CDU-geführten Bundesländern werden hingegen von der jeweiligen Landespartei beziehungsweise der Regierung in dieser Weise kaum in Anspruch genommen. All dies macht deutlich, warum die CSU-

Landesgruppe innerhalb der gemeinsamen Bundestagsfraktion ein so stabiler Faktor ist. Ihre Stabilität kommt auch daher, dass – im Gegensatz zum CDU-Teil – die Fraktionsvorstandsmitglieder der CSU für volle vier Jahre gewählt werden. Es wird abzuwarten sein, wie sich nach dem Verlust der absoluten Mehrheit der CSU bei den Landtagswahlen in Bayern am 28. September 2008 der Einfluss der CSU auf Bundesebene entwickelt.

Wie sicherte sich Helmut Kohl seinen Einfluss auf die Bundestagsfraktion? Wie wir gesehen haben, hat er die ursprünglich aus taktischen Gründen erhobene Forderung nach Ämtertrennung zwischen Partei- und Fraktionsvorsitz schnell aufgegeben. Nach seiner Übernahme des Parteivorsitzes im Jahr 1973 war aber zunächst die Partei, nicht die Fraktion das politische Gravitationszentrum. Dies zeigt die Zusammensetzung des 1975 auf dem Bundesparteitag in Mannheim gewählten CDU-Präsidiums. Diesem gehörten damals neben Kohl zwei weitere Ministerpräsidenten an, nämlich Gerhard Stoltenberg (Schleswig-Holstein) und Hans Filbinger (Baden-Württemberg), ferner mit Heinrich Köppler der Fraktionsvorsitzende eines Landtags (Nordrhein-Westfalen) sowie der damalige Generalsekretär der Partei, Kurt Biedenkopf, der ebenfalls nicht Mitglied des Bundestags war. Filbinger, Köppler und Stoltenberg waren zugleich Landesvorsitzende der CDU. Aufgrund des gegenüber der Fraktion erlangten Machtzuwachses der Partei konnte denn auch Kurt Biedenkopf, wie dargelegt, 1976 in einer »regelrechten Nacht-und-Nebel-Aktion«[62] Kohls Kanzlerkandidatur über die Köpfe der CDU- und sogar der CSU-Abgeordneten hinweg initiieren. Mit der Vereinigung der beiden Ämter des Partei- und Fraktionsvorsitzenden hatte Kohl den Grundstein für seine spätere Kanzlerschaft gelegt. Bis zu seinem Wechsel ins Bundeskanzleramt führte er die Fraktion. Es hatte dort wie in der Partei Eindruck gemacht, dass Kohl das relativ bequeme Amt eines Ministerpräsidenten aufgegeben hatte und als Oppositionsführer in ein eher spartanisches Büro nach Bonn gezogen war – ohne all die Möglichkeiten, die ein exekutives Amt wie das eines Ministerpräsidenten mit sich bringt. Er war damit in der Bundeshauptstadt präsent.

Solange Kohl als Parteivorsitzender noch von der Mainzer Staatskanzlei aus agierte, konnte er im Plenum des Bundestags nur in seiner

Eigenschaft als Mitglied des Bundesrats reden. Die tagespolitische Reaktion auf das Handeln der sozialliberalen Koalition konnte jedoch nur durch die Bundestagsfraktion erfolgen. Es gelang Kohl vor allem mithilfe seines Generalsekretärs Biedenkopf, den Einfluss der Bundespartei zu verstärken, was freilich ganz zwangsläufig zu einer Schwächung des Einflusses der bis dahin gegenüber der Partei sehr selbstbewussten Fraktion führte. Der Rheinland-Pfälzer musste sich in erster Linie auf den Parteiapparat stützen – aber er sah in Karl Carstens zu Recht einen Fraktionsführer, der den Führungsanspruch der Partei prinzipiell zu akzeptieren bereit war. Für den Griff zum Kanzleramt war die Frage der Behandlung der Bundestagsfraktion von essentieller Bedeutung. Auf diesem Wege erhoffte Kohl sich auch eine Einbindung der CSU – dies umso mehr, als er in Franz Josef Strauß einen Widerpart hatte, der schon früh seine intellektuelle und politische Überlegenheit penetrant zum Ausdruck brachte.[63] Im Übrigen verstand es Kohl meisterhaft, die Erwartung vieler Abgeordneter zu inspirieren, dass sie eines Tages unter seiner Kanzlerschaft wenigstens in die Rolle eines parlamentarischen Staatssekretärs schlüpfen könnten, oder er zeigte ihnen in dosierter Form andere, Hoffnung machende Gunstbeweise – ein wichtiges Motiv für die Loyalität ihm gegenüber.

Helmut Kohls Wirken als Fraktionsvorsitzender ist insoweit ein Unikat, als er der einzige Vorsitzende war, der sein Amt als absoluter Neuling im Bundestag angetreten hatte, dort also nicht vorher entsprechende Erfahrung sammeln oder hilfreiche »Seilschaften« aufbauen konnte. Ein gewisses Vorbild hatte Kohl allerdings. Karl Carstens, vorher unter anderem Chef des Bundeskanzleramts und Staatssekretär der Regierung Kiesinger, kandidierte erstmals 1972 für den Bundestag. Bereits wenige Monate nach seinem Einzug ins »Hohe Haus«, nämlich am 17. Mai 1973, wurde er als Nachfolger Barzels zum Fraktionsvorsitzenden gewählt.

Kohl kamen seine Erfahrungen als Abgeordneter des Landtags von Rheinland-Pfalz und seine Ministerpräsidententätigkeit zugute. Er musste jedoch innerhalb kurzer Zeit auf ihn ausgerichtete Strukturen aufbauen. Nur so konnte er die Fraktion hinter sich bringen. Schon früh erkannte er die Wichtigkeit der jeweils vor der Gesamtfraktion

tagenden Landesgruppen und verpflichtete sich in ihnen Vertrauensleute (beispielsweise den ehemaligen rheinland-pfälzischen Staatsminister Heinz Schwarz oder den nordrhein-westfälischen Bundestagsabgeordneten und späteren Staatsminister im Kanzleramt, Friedrich
Vogel). Auf diese Weise schuf Helmut Kohl ein weitverzweigtes Netz
von Informanten und sonstigen Unterstützern. Viele kannte er bereits
aus gemeinsamen Zeiten in der Jungen Union. Auch in der zweiten
und dritten Linie der Fraktion besaß er zahlreiche Verbündete.

Als Kohl Fraktionsvorsitzender wurde, übernahm er natürlich auch
große Teile des alten Fraktionsapparates, wobei hier vor allem an
Eduard Ackermann zu denken ist, der 1958 als einfacher Fraktions-
referent angefangen hatte. Die Übernahme Ackermanns ist insoweit
bemerkenswert, als dieser unter Rainer Barzel Fraktionssprecher war
und Kohl mit Barzel bis zu dessen Ableben 2006 eine heftige Animo-
sität verband. Es schien ihm aber wichtig, den geschmeidigen Ackermann an sich zu binden, weil er sehr rasch erfahrene Leute benötigte,
die das politische Bonn und sein Pressekorps kannten. Mit seinem
anfänglich untrüglichen Gespür für Personen fühlte Kohl, dass Ackermann auch ihm gegenüber loyal sein würde. Als seinen Büroleiter
brachte er Horst Teltschik mit, der in der Mainzer Staatskanzlei für
Fragen der Außenpolitik zuständig war und ihn dann später auch als
wichtigster Berater ins Bundeskanzleramt begleitete. Seine Sekretärin
Juliane Weber folgte ihm ebenfalls nach Bonn.

Trotz aller Bemühungen Kohls war aber seine Stellung in der Fraktion zunächst zu ungefestigt, um in innerfraktionelle Besitzstände
eingreifen zu können.[64] Er erlebte bittere Stunden insbesondere in
den Jahren 1978 und 1979, als sein Rückhalt in der Fraktion immer geringer wurde. Nach Abschluss seiner ersten Amtszeit als Vorsitzender
gelang ihm dann eine bedeutsame Veränderung der Fraktionsstruk-
turen. Schon einen Monat nach der Bundestagswahl 1980 veranlasste Kohl nämlich eine neue Fraktionsgeschäftsordnung. Damit wurde ein neuer Fraktionsvorstand installiert. Außerdem wurden sechs
themenübergreifende Arbeitskreise abgeschafft und durch 15 Arbeitsgruppen ersetzt. Dass man diese weitgehend spiegelbildlich zu den
Ausschüssen des Bundestags etablierte, war eine Aufwertung. Durch
Kohls Fraktionsreform wurden die Vorsitzenden der Arbeitsgruppen

gleichzeitig Mitglieder des Fraktionsvorstands, was nicht nur ihre Stellung stärkte, sondern auch dazu führte, dass zahlreiche Vertrauenspersonen Kohls in das Führungsgremium der Fraktion aufrückten und damit seinen Einfluss stabilisierten.[65] Hatten früher die Leiter der Arbeitskreise die Verfügung über die Einstellung von Personal, so liegt diese seitdem bei den Vorsitzenden der Arbeitsgruppen. Aufgrund der damaligen Regelung gehört heute dem Fraktionsvorstand etwa jedes siebte Fraktionsmitglied an.[66] Den stellvertretenden Vorsitzenden obliegt zwar in einem gewissen Sinne die informelle Koordinierung der Arbeitsgruppen, doch wurde die Bedeutung der Stellvertreter durch Kohls Fraktionsreform relativiert.

Mit der Regierungsübernahme im Jahr 1982 ergab sich für die CDU/CSU-Bundestagsfraktion ein enormer Aderlass. Zahlreiche Kohl-Loyale, die bis dahin wichtige Fraktionsfunktionen innehatten, erhielten jetzt ein Regierungsamt. So rückten zum Beispiel einige der sieben stellvertretenden Fraktionsvorsitzenden ins Kabinett auf, wie Friedrich Zimmermann (er wurde Innenminister), Norbert Blüm (Sozialminister) und Manfred Wörner (Verteidigungsminister). Auch zeigte sich, dass der Posten eines parlamentarischen Geschäftsführers für ein Regierungsamt sehr förderlich war. Dies gilt etwa für Philipp Jenninger, der Staatsminister im Kanzleramt wurde, aber auch für Dorothee Wilms (Bildungsministerin, später Ministerin für gesamtdeutsche Fragen). Und wenn man sich die Liste der Vorsitzenden der Fraktionsarbeitsgruppen kurz vor der Regierungsbildung anschaut, sieht man, dass fast alle ebenfalls ins Kabinett gelangten. Ein Arbeitsgruppenvorsitz war dienlich für ein Ministeramt oder für eine Aufgabe als parlamentarischer Staatssekretär. Zu nennen sind aus dieser Liste der Vorsitzenden der Arbeitsgruppen beispielsweise Heinz Riesenhuber (Forschungsminister), Ignaz Kiechle (Landwirtschaftsminister)[67] und Carl-Dieter Spranger (parlamentarischer Staatssekretär im Bundesministerium des Inneren, später Entwicklungsminister). Staatsminister im Auswärtigen Amt unter Hans-Dietrich Genscher wurde Alois Mertes, neben seinem Nachfolger Lutz Stavenhagen seitdem letzter hochrangiger Unionspolitiker in diesem Ministerium. Übrigens lief die erste Regierungsbildung Kohls besonders reibungslos ab. Er brauchte dazu nur 14 Tage.

Während der gesamten Kanzlerschaft Kohls hatte die CDU/CSU-Bundestagsfraktion lediglich zwei Vorsitzende: Alfred Dregger und Wolfgang Schäuble. Dregger, ein betont konservativer Mann, war gegenüber Kohl stets loyal. Von 1956 bis 1970 war er Oberbürgermeister in Fulda, von 1967 bis 1982 Vorsitzender und Spitzenkandidat der CDU Hessen, die er zu großen Erfolgen führte, und dann schließlich von 1982 bis 1991 Fraktionsvorsitzender im Bundestag. Sein Rednertalent hatte sich insbesondere auf dem Düsseldorfer Parteitag 1971 in der Mitbestimmungsfrage gezeigt, als er zu den CDU-Sozialausschüssen auf Konfrontationskurs ging. Damit war Dregger in den Kreis der besonders profilierten CDU-Politiker vorgerückt. Er hatte sich auf dem Parteitag einerseits für bundespolitische Aufgaben empfohlen, andererseits war er seitdem vom linken Flügel als zu arbeitgeberfreundlich abgestempelt. Für Kohl erfüllte er eine wichtige Funktion, wenn es darum ging, auch die national-konservativ eingestellten Bürger aus der Kriegsgeneration für die Ziele der CDU zu gewinnen. Dregger war fast einstimmig zum Kohl-Nachfolger im Fraktionsvorsitz gewählt worden und wurde nach der Bundestagswahl vom 6. März 1983 mit 205 von 244 Stimmen im Amt bestätigt. Er war Kohl so ergeben, dass innerhalb der Fraktion gelegentlich erheblicher Unmut aufkam. Denn vielen Abgeordneten war die Fraktion gegenüber der Bundesregierung zu wenig profiliert. Der Journalist Friedrich Karl Fromme urteilte denn auch in der ›Frankfurter Allgemeinen Zeitung‹: »Dementsprechend beklagten sich Unionsabgeordnete unter dem Fraktionsvorsitz Alfred Dreggers immer häufiger darüber, nur Vollzugsorgan von Regierungsbeschlüssen zu sein.«[68] Der Kanzler sei der eigentliche Chef der Fraktion, so wurde immer wieder argumentiert.

Im Sommer 1988 kam es in der Bundestagsfraktion sogar fast zu einer offenen Rebellion, als die Regierung bei der aufgrund des politischen Drucks des Hobbyfliegers Franz Josef Strauß erfolgten Befreiung privater Nutzer von der Flugbenzinsteuer offensichtlich nicht mit dem Widerstand der Abgeordneten gerechnet hatte, die an der Parteibasis wegen dieser wenig sozialen Politik erhebliche Schwierigkeiten erfuhren. Allerdings richtete sich der Aufstand mehr gegen Strauß als gegen Kohl. Gleichwohl kritisierte Dregger nach diesen Vorgängen die Koalitionsrunde beim Bundeskanzler, in der die Steuerbefreiung beschlossen worden war: »Diese Runde ist kein Verfassungsorgan. Sie kann Entscheidungen vorbereiten, aber sie kann keine Entscheidungen treffen. Wir sollten sie daher Vorbereitungsrunde nennen.«[69] Vor allem jedoch der damalige stellvertretende Fraktionsvorsitzende Volker Rühe machte sich in jenen Tagen zum Sprecher der Unzufriedenen in der Fraktion. Politikwissenschaftliche Analysen kamen dennoch zu der Erkenntnis, dass das politische Initiativpotential der Unionsfraktion »nur schwach ausgeprägt und allenfalls schemenhaft erkennbar«[70] war.

Während der Amtszeit Dreggers, der es liebte, die großen Linien der Weltpolitik zu markieren, konnte Wolfgang Schäuble als damaliger Erster Parlamentarischer Geschäftsführer gerade im täglichen politischen Kleinkrieg Kohl entlasten. Dregger und er ließen es nicht zu, dass sich gegenüber dem Partei- und Regierungschef in der Fraktion eine namhafte Opposition überhaupt hätte entwickeln können. Als Schäuble dann aber nach seiner Amtszeit als Bundesinnenminister 1991 auf Dregger als Fraktionsvorsitzender folgte, versuchte er intensiv, die Fraktion zu einem zweiten Entscheidungszentrum neben dem Bundeskanzleramt zu machen. Insoweit dürfte Helmut Kohl des Öfteren dem »pflegeleichten« Fraktionsvorsitzenden Dregger nachgetrauert haben.

Es ist wenig bekannt, welch großen Einfluss insbesondere die Ersten Parlamentarischen Geschäftsführer in ihrer jeweiligen Fraktion ausüben. In der CDU/CSU-Bundestagsfraktion garantiert eine solche Position meist den späteren politischen Aufstieg. Dem Ersten Parlamentarischen Geschäftsführer stehen dort als Stellvertreter ein von der CSU benannter »einfacher« parlamentarischer Geschäftsführer sowie weitere derartige Geschäftsführer zur Seite. Während der Zeit von Kohls eigenem Fraktionsvorsitz und seiner Kanzlerschaft waren es die folgenden Politiker, die als Erste Parlamentarische Geschäftsführer die zentrale Koordinierungsfunktion in der Unionsfraktion wahrnahmen:

Philipp Jenninger: In den Jahren der Opposition war es vor allem das baden-württembergische Urgestein Jenninger, das für Kohl als Erster Parlamentarischer Geschäftsführer die Fraktion managte. Der bei seinen Abgeordnetenkollegen sehr beliebte Mann war lange Zeit der engste Mitarbeiter des Pfälzers, dem er 1982 auch als Staatsminister ins Kanzleramt folgte, bevor er schließlich Bundestagspräsident wurde. In diesem Amt aber missglückte Jenninger 1988 eine Rede zum Gedenken an den Holocaust, insbesondere wegen seiner Vortragsweise. Er hatte diese wichtige Bundestagsrede von seinem Mitarbeiter Thomas Gundelach schreiben lassen, der seinen Entwurf erst in der Nacht vor dem Gedenkakt fertigstellte. Dessen erster Leser, Jenningers Pressesprecher, wurde nach der Lektüre von beträchtlichen Zweifeln geplagt. Er schrieb einen kleinen Zettel mit der Aufschrift: »Herr Präsident, ich würde diese Rede so nicht halten«, und legte ihn auf das Redemanuskript. Jenninger reagierte erschrocken, gleichsam hilflos. Er versuchte, dem Scheitern durch eine besonders ausdruckslose und distanzierte Vortragsweise zu entrinnen, wodurch er das Problem allerdings noch vergrößerte. Denn durch seine Art des Sprechens wirkten menschenverachtende Nazizitate so, als trage er sie kritiklos vor. Die spätere Analyse des dann in der Presse abgedruckten Manuskripts machte deutlich, wie verhängnisvoll sich Jenningers Sprechweise auswirkte. Als übrigens Ignaz Bubis, der damalige Vorsitzende des Zentralrats der Juden in Deutschland, die Rede später in einer Frankfurter Synagoge hielt, ohne zunächst den »Autor« zu benennen, bemerkte niemand, dass es sich hierbei um die inkriminierte Jenninger-Rede handelte.[71] Aber die Erregung über den Bundestagspräsidenten war damals so groß, dass Kohl ihn über Nacht fallenließ, obwohl er zu seinen ältesten Mitstreitern gehörte und Jenningers ganzer Lebenslauf eine überaus positive Einstellung zum Judentum gezeigt hatte. Die Lehre aus diesem Fall ist: Wenn es ihm politisch opportun schien, konnte sich Kohl von heute auf morgen von seinen besten Freunden trennen. Philipp Jenninger ist bis auf den heutigen Tag tief verletzt, obgleich er knapp drei Jahre nach seinem Rücktritt als Bundestagspräsident Botschafter in Wien wurde und später seine Diplomatentätigkeit als Botschafter beim Vatikan beendete. Die Rede Jenningers ihrerseits ist aber ein Lehrstück dafür, dass bei aller Abhängigkeit von Mitarbeitern die letzte oder die eigentliche Leistung vom Politiker selbst zu erbringen ist. Kurt Biedenkopf, Rita Süssmuth und Richard von Weizsäcker sind hierzulande eindrucksvolle Beispiele für das eigenständige Verfassen großer Reden.

Wolfgang Schäuble: Auf Philipp Jenninger folgte der Badener Schäuble. Er war ab Juni 1981 bereits »einfacher« parlamentarischer Geschäftsführer und wurde dann am 4. Oktober 1982 unter Alfred Dregger (also gleich zu Beginn der Kanzlerschaft Kohls) Erster Parlamentarischer Geschäftsführer – ein Amt, das er bis zum 15. November 1984 ausübte. Schäuble hatte Kohl schon früh als Parteivorsitzenden unterstützt. Er wurde 1972 erstmals direkt in den Bundestag gewählt, wo er sich zunächst der Bildungspolitik und dem Sport widmete. Einen Namen machte er sich als Berichterstatter seiner Fraktion im »Steiner-Wienand-Ausschuss«, der klären sollte, ob der CDU-Abgeordnete Julius Steiner vom parlamentarischen Geschäftsführer der SPD-Fraktion mit 50 000 DM bestochen worden war, um beim Misstrauensvotum der Unionsparteien gegen Willy Brandt im Jahr 1972 gegen seinen Fraktionskollegen Barzel und für Brandt zu stimmen.

Nach der Bundestagswahl 1976 gehörte Schäuble zu einem Kreis von Abgeordneten, die sich um Philipp Jenninger scharten und eine Art parlamentarische Hilfstruppe für den nun in den Bundestag eingezogenen Helmut Kohl darstellten. Schäuble wurde dann Mitglied im Finanzausschuss des Parlaments und Vorsitzender des Fachausschusses Sport der CDU-Bundespartei. Nach der erneuten Wahl in den Bundestag im Jahr 1980 setzte sich seine Karriere fort. Mit seinem unmittelbar nach dem Regierungswechsel 1982 erfolgten, von Kohl geförderten Amtsantritt als Erster Parlamentarischer Geschäftsführer gelang es Schäuble schließlich, in den Kernbereich der Macht vorzustoßen. Denn für den Kanzler Kohl wurde nicht der neue Fraktionschef Alfred Dregger zum eigentlichen Counterpart in der Fraktion, sondern der mit großen strategischen Fähigkeiten ausgestattete Wolfgang Schäuble, der auch sogleich an den Koalitionsverhandlungen zwischen den Unionsparteien und der FDP beteiligt war. Kohl wusste Schäuble (wie alle Ersten Parlamentarischen Geschäftsführer – woraus so mancher Loyalitätskonflikt im Verhältnis zum Fraktionsvorsitzenden entstehen musste) besonders eng an sich zu binden. Schäuble machte sich beim Kanzler nach und nach unersetzbar. Insbesondere als er nach den vorgezogenen Neuwahlen des Jahres 1983 im Gefolge der damaligen Flick-Affäre einen Plan für die Amnestie von Steuervergehen ausarbeitete, die in erster Linie den FDP-Politikern Otto Graf Lambsdorff und Hans Friderichs zugute gekommen wäre, spielte er für Kohl eine wichtige Rolle. Doch die Überlegungen scheiterten, weil sich sogar in der FDP Widerstand erhob. Dieser Vorgang kann als die erste große Niederlage Schäubles angesehen werden. Gleichwohl wurde er 1984 Bundesminister für besondere Aufgaben und Chef des Kanzleramtes. Auch zwei seiner Nachfolger als Erste Parlamentarische Geschäftsführer folgten später dem Ruf Kohls in dieses Amt, nämlich:

Rudolf Seiters: Der Papenburger rückte nach dem Weggang Schäubles zum Ersten Parlamentarischen Geschäftsführer auf. Er gehört zu den wenigen Leuten, die trotz zeitweiliger Nähe zu Rainer Barzel das Vertrauen Kohls erlangen konnten. Seiters war von April 1989 bis November 1991 Minister für besondere Aufgaben und Chef des Kanzleramts und anschließend bis Juli 1993 Innenminister. Seine letzten Jahre im Bundestag verbrachte Seiters als stellvertretender Präsident. Heute ist er Präsident des Deutschen Roten Kreuzes (DRK).

Friedrich Bohl: Der Marburger Rechtsanwalt folgte am 25. April 1989 auf Seiters, amtierte indes nur etwa zweieinhalb Jahre und wurde schließlich im November 1991 ebenfalls Minister für besondere Aufgaben und Chef des Kanzleramts.

Jürgen Rüttgers: »Der Pulheimer«, wie Kohl den Juristen aus dem rheinischen Erftkreis und heutigen Ministerpräsidenten zu nennen pflegte, übernahm die Aufgabe des Ersten Parlamentarischen Geschäftsführers am 25. November 1991. Er war unter dem Fraktionsvorsitzenden Dregger ein weiterer Geschäftsführer geworden und wurde schließlich Schäubles »erster Mann«. Rüttgers verstand sich auch als konzeptioneller Berater und fand in Dreggers Nachfolger einen dafür aufgeschlossenen Chef. Diese politische Periode Rüttgers war eine höchst einflussreiche Zeit für den rheinischen Politiker, auch wenn seine öffentliche Wirkung erst später einsetzte. Mit einem beachtlichen Buch über die ›Dinosaurier der Demokratie. Wege aus der Parteienkrise und Politikverdrossenheit‹[72] hatte er schon frühzeitig das Problem des übermächtigen Einflusses politischer Parteien aufgegriffen. Als Bildungs- und Wissenschaftsminister versuchte Jürgen Rüttgers dann von November 1994 bis zum Regierungswechsel im Jahr 1998 weitgehend vergeblich, Kohl für die neue Zeit der Globalisierung, des Internets und der Biotechnologie zu sensibilisieren.

Joachim Hörster: Der Westerwälder Rechtsanwalt, der 1987 in den Bundestag einzog, wurde im Mai 1992 zunächst »einfacher« parlamentarischer Geschäftsführer seiner Fraktion und rückte schließlich im November 1995 zum Ersten Geschäftsführer auf. Es gelang Kohl sehr schnell, Hörster an sich zu binden. So wurde er beispielsweise auf Auslandsreisen mitgenommen. Da Kohl Schäuble zunehmend zu misstrauen begann, sollte Hörster gegenüber dem Fraktionsvorsitzenden die Rolle des »Oberaufpassers« spielen. Zwar versuchte er den Spagat der doppelten Loyalität, aber Schäubles Argwohn war geweckt. Er stellte ihn nach den verlorenen Bundestagswahlen 1998 in der Fraktion sofort kalt und ersetzte ihn durch seinen Vertrauten Hans-Peter Repnik. Hörster durfte danach als »normaler« parlamentarischer Geschäftsführer nur noch unwichtige Aufgaben wahrnehmen – bis ihn schließlich die CDU-Spendenaffäre einholte und er im Frühjahr 2000 im Zusammenhang mit dem Transfer von Fraktionsgeldern zur Bundespartei auch von diesem Amt zurücktreten musste.[73]

Das Kanzleramt als Zentrale der Macht

Die dritte – und später wichtigste – Säule der Macht Helmut Kohls war das Bonner Bundeskanzleramt. Von hier aus spann er alle Fäden in die Partei und in die Fraktion hinein. Das Kanzleramt war sein nationales Machtzentrum und zugleich Bühne der Weltpolitik. In der Politikwissenschaft wird die politische Ordnung der Bundesrepublik Deutschland mit dem Hinweis auf die Richtlinienkompetenz des Bundeskanzlers (Grundgesetz, Artikel 65) häufig als »Kanzlerdemokratie« beschrieben. Doch damit ist sie nur unzureichend charakterisiert. Eher ist – speziell im Falle Kohls – der Begriff »Koordinationsdemokratie« zutreffend.[74] Denn die Entscheidungsfindung fand im Machtdreieck Partei, Fraktion und Bundesregierung statt, wobei es innerhalb der Letzteren neben dem Kanzlerprinzip auch noch das Ressortprinzip, das die Verantwortlichkeit der Minister für ihren Kompetenzbereich festlegt, sowie das Kollegialprinzip der Kabinettsentscheidungen gibt. Aber je länger Kohl Kanzler war, desto weniger galten Ressortprinzip und Kollegialprinzip.

Wie schwer es Kohl fiel, das Kanzleramt zu verlassen, sieht man daran, dass er fast noch ein dreiviertel Jahr nach seiner Wahlniederlage in Absprache mit dem über diesen Wunsch verdutzten neuen Hausherrn Gerhard Schröder im Kanzlerbungalow wohnte und dort »hofhielt«, bevor er als Abgeordneter mit nach Berlin umzog. Dieser Vorgang ist einmalig. Man stelle sich vor, George W. Bush und seine Frau Laura hätten die Familie Barack und Michelle Obama aufs Hotel verwiesen und die Wohnräume im Weißen Haus besetzt gehalten. Der Kanzlerbungalow war der Ort unzähliger abendlicher Tafelrunden Helmut Kohls, das Zentrum im Zentrum der Macht. Schröder bezog stattdessen im Palais Schaumburg, das bis zum Neubau des Kanzleramtes in der Amtszeit von Helmut Schmidt als Dienstsitz des Bundeskanzlers diente, in einer Zweizimmerwohnung Quartier.

Kohl liebte keine allzu große Veränderung seiner engsten Umgebung, die er fast wie eine Familie behandelte – mit der Konsequenz, dass manche Mitarbeiter teilweise Abend für Abend, sofern sie nicht durch Staats- oder Parteigeschäfte verhindert waren, von ihm in den Kanzlerbungalow oder in ein Restaurant eingeladen wurden. Dort mussten sie sich immer wieder lange Monologe des Kanzlers anhören, auch historische Erläuterungen, am liebsten aber Geschichten von erfolgreichen Machtkämpfen. Die Vermutung, dass bei diesen abendlichen Runden auf hohem intellektuellem Niveau über wichtige Grundfragen der Politik diskutiert worden wäre, ist irrig. Nach dem Tagesstress wollte Kohl den Abend in vertrautem Kreise gemütlich ausklingen lassen. Politischen Einfluss konnten die Teilnehmer bei derartigen Gelegenheiten allenfalls dadurch nehmen, dass sie sich an Kohls »Tratscherei« über Personen intensiv beteiligten. Denn Kohl mochte gerade solche Gespräche, bei denen insbesondere die eigenen Parteifreunde durch den Kakao gezogen wurden, und das meist bei gutem Essen und einer guten Flasche Wein. Vielfach erhielt er auf diesem Weg auch Informationen aus dem persönlichen Bereich von Politikern und anderen Leuten, was ihm vorzügliche »Steuerungsmöglichkeiten« verschaffte. So lästig die Teilnahme an den abendlichen Runden war: Wer nicht (mehr) eingeladen wurde, spürte ein drohendes Signal des Kanzlers. Kohl kannte aber auch noch andere Instrumente, um seine Sympathie, die gleichzeitig Vertraulichkeit suggerierte, zu bezeugen. Dazu gehörten zum Beispiel die um die Weihnachtszeit stattfindenden Ausflüge mit seinen wichtigsten Mitarbeitern, welche ihn unter anderem in eine so schöne Stadt wie das fränkische Wertheim am Main führten, wo sein Erscheinen große Freude hervorrief, auch bei einer Bäckerin, mit der er sich über die Qualität des Brotes unterhielt. Dies führte zu einer begeisterten Berichterstattung in den örtlichen ›Fränkischen Nachrichten‹. Die »Betriebsausflüge« endeten regelmäßig im odenwäldischen Amorbach, wo die Gruppe im Fürstenhaus zu Leiningen zu Gast war. Wer nicht mehr zu diesen Ausflügen eingeladen wurde, wusste, was die Stunde geschlagen hatte.

Weil der Kanzler zu viel Veränderung »am Hofe« ungern sah, mussten sich die relativ wenigen Veränderungen auch bald niederschlagen. Als ihn Horst Teltschik 1991 verließ, war das innere Gleichgewicht seines »Küchenkabinetts« empfindsam gestört, verstärkt durch den Ruhestand Eduard Ackermanns 1995. Beide hatten eine wichtige Ratgeberfunktion und waren für Kohl offensichtlich unersetzbar. Vor allem Teltschik übte auf ihn sehr starken inhaltlichen Einfluss aus, der je nach Thematik sogar weit über den eines Bundesministers oder einer anderen dem Titel nach bedeutenderen Persönlichkeit hinausging. In »atmosphärischen« Fragen hingegen, die ja in der Politik außerordentlich wichtig sind, sollte der Einfluss von Kohls Vorzimmerdame Juliane Weber nicht unterschätzt werden. In Staatsangelegenheiten wiederum war der jeweilige Chef des Kanzleramts ganz zwangsläufig sein engster Berater. Sodann gab es in der Ministermannschaft insbesondere Bundesfinanzminister Theo Waigel, der für Kohl deshalb besonders wichtig war, weil er nach dem Tod von Franz Josef Strauß als CSU-Vorsitzender die Schwesterpartei zu integrieren hatte. Zwischen Kohl und Waigel scheint es wirklich so etwas wie eine »Männerfreundschaft« (ein von Kohl häufig gebrauchtes Wort) gegeben zu haben; vielleicht war der CSU-Mann sogar der Einzige, den der Kanzler – neben Friedrich Bohl – auch menschlich achtete. Das Verhältnis zwischen Schäuble und Waigel war aufgrund ihrer politischen Konkurrenzsituation ziemlich gespannt. Doch Kohl liebte so etwas. Rivalitäten unter engen Mitarbeitern und Mitstreitern vergrößerten die Abhängigkeit von ihm, erweiterten seinen politischen

Manövrierraum und verschafften ihm eine Schlichterrolle. Einer der Staatsminister hielt für Kohl den Kontakt zur Fraktion und zur Partei. In der »dritten Kategorie« befanden sich hochrangige Beamte und Angestellte, auf die er sich stützen konnte. Sodann gab es auch noch außerhalb der Hierarchie stehende Berater, die er von Fall zu Fall einsetzte, zum Beispiel bei der Vorbereitung von Regierungserklärungen. Wenn wir uns mit der Frage nach der unmittelbaren Umgebung des Bundeskanzlers Kohl und damit dem »Innenleben der Macht« befassen, müssen wir also zwischen verschiedenen Kategorien von Vertrauten und Beratern unterscheiden:

Die Chefs des Bundeskanzleramts

Waldemar Schreckenberger: Der 1929 in Ludwigshafen geborene Jugendfreund Kohls – beide besuchten dort das Leuschner-Gymnasium – wurde am 4. Oktober 1982 im Rang eines beamteten Staatssekretärs der erste Chef des Bundeskanzleramts (ChefBK) unter Kohl. »Schrecki«, wie er genannt wurde, war jedoch eher der Typ eines weltfremden Wissenschaftlers. Er lehrte zunächst als außerordentlicher Professor für Rechtspolitik und Rechtsphilosophie an der Universität Mainz und dann als ordentlicher Professor für Rechts- und Sozialphilosophie und Gesetzgebungslehre an der Hochschule für Verwaltungswissenschaften in Speyer. 1981 wurde er Justizminister des Landes Rheinland-Pfalz. Im Kanzleramt wirkte der gebildete und bescheiden auftretende Mann wie ein Fremdling. Schreckenberger besaß im politischen Bonn so gut wie kein eigenes Netzwerk und war auch in der CDU/CSU-Fraktion ohne Hausmacht. Er hatte einfach kein politisches Gewicht. Kohl, von dem allgemein gesagt wurde, dass er zu seinen Getreuen stehe, beließ Schreckenberger zwar die Staatssekretärsfunktion, doch das Amt des Chefs des Kanzleramts wurde er im November 1984 wieder los. Auch wenn er sich gegen das vom ›Spiegel‹ kolportierte Image, in seinem »Bermudadreieck« gingen Akten verloren, zur Wehr zu setzen versuchte, so hatte Schreckenberger doch keine Chance, sich dem Gespött des Bonner Pressekorps zu entziehen. Nach seinem endgültigen Ausscheiden aus dem Kanzleramt 1989 kehrte der von Kohl tief verletzte, aber nach außen hin Contenance wahrende Gelehrte wieder an die Stätte seines wissenschaftlichen Wirkens in Speyer zurück und räsonierte in Fachpublikationen über seine praktischen Politikerfahrungen, beispielsweise über die Bedeutung von Koalitionsrunden.[75] Den CDU-Spendenskandal nutzte der Rechtsphilosoph jedoch keineswegs dazu, die Enttäuschung über seine Entlassung publizistisch zu vermarkten.

Wolfgang Schäuble: Nachdem sich in der Fraktion und bei den Ministern Klagen über die mangelnde Koordinierungsfähigkeit des Kanzleramts häuften, sah sich Kohl im November 1984 veranlasst, diesen alten Vertrauten aus der Fraktion als ChefBK und Minister für besondere Aufgaben ins Kanzleramt zu holen. Zu Beginn dieser Tätigkeit wirkte Schäuble blass und stand im Schatten Kohls, doch wurde er bald dessen kluger Advokat. Er stieg damit endgültig in den Olymp der Macht auf, zumal er auch an den Sitzungen des CDU-Präsidiums teilnehmen konnte. Da im Kanzleramt – nicht im Ministerium für gesamtdeutsche Fragen – die eigentlichen operativen Aufgaben der Deutschlandpolitik ressortierten, entwickelte Schäuble eine besondere Leidenschaft für diese Politik. Das gab ihm auch die Möglichkeit, selber strategisch zu agieren (aus jener Zeit stammten auch seine guten Kontakte zu dem damaligen »DDR-Devisenbeschaffer« Alexander Schalck-Golodkowski). Während er in den meisten Fällen als Inspirator der Politik Helmut Kohls doch immer in dessen Auftrag und Namen handeln musste, konnte er zumindest in der Deutschlandpolitik eigenes Profil zeigen. Ein Höhepunkt von Schäubles Tätigkeit im Kanzleramt war – nach der von Kohl im Januar 1987 erneut gewonnenen Bundestagswahl – die Vorbereitung des Besuchs des Staats- und Parteichefs der DDR Erich Honecker im September jenes Jahres in Bonn. Profil gewann Schäuble auch als Krisenmanager, insbesondere als 1986 die Tschernobyl-Katastrophe die ganze Welt bewegte. Bei der Kabinettsumbildung im April 1989 übernahm er dann das Amt des Innenministers. Die Übernahme eines »klassischen« Ressorts gab ihm die Möglichkeit, noch mehr eigenständiges Profil zu entwickeln, nicht nur eine letztlich von Kohl »geliehene« Autorität zu verkörpern. Bevor Schäuble sich nach der Maueröffnung am 9. November 1989 als eigentlicher Architekt der deutschen Einheit und als Verhandlungsführer beim Einigungsvertrag[76] hohes Ansehen erwarb, zeigte er seine absolute Loyalität zu Kohl, als im Zusammenhang mit dem im September 1989 in Bremen stattfindenden CDU-Bundesparteitag der damalige Generalsekretär Heiner Geißler, wie erwähnt, zusammen mit anderen Pläne schmiedete, Kohl zu stürzen. Obwohl Schäuble seit gemeinsamen Tagen im RCDS und in der Jungen Union Geißler sehr nahestand, riet er doch zum harten Durchgreifen gegen den Generalsekretär, der dann von Kohl auch nicht mehr zur Wiederwahl vorgeschlagen wurde.

Rudolf Seiters: Der Niedersachse wurde im April 1989 Schäubles Nachfolger. Er ist ein ruhiger und besonnener Mann, der durch seine glaubwürdige Art des Auftretens immer große Sympathien gewinnen konnte. Er gilt als ein solider, ethischen Normen verpflichteter politischer Handwerker und übte seine Tätigkeit als Chef des Kanzleramts in einer Weise aus, die Helmut Kohl gefallen musste. Seiters ist unprätentiös, im politischen »Showbusiness« eher zurückhaltend. Seine früheren Mitarbeiter loben ihn wegen seiner menschlichen Art noch heute in den höchsten Tönen.

Im Dezember 1991 folgte er dann schließlich Wolfgang Schäuble auch als Bundesinnenminister. Von diesem aufreibenden Amt trat Seiters am 4. Juli 1993 aus eigenem Antrieb zurück – eine Rarität im politischen Betrieb des einstigen Bonn und heutigen Berlin. Er übernahm die politische Verantwortung im Zusammenhang mit Fahndungspannen gegen Aktivisten der Roten-Armee-Fraktion (RAF); hierbei wurde in Bad Kleinen der mutmaßliche Terrorist Wolfgang Grams erschossen. Die Einschränkungen durch das Amt des Bundesinnenministers – eine der bestbewachten Persönlichkeiten Deutschlands – wollte Seiters nicht länger ertragen. Später wurde er der für Außen-, Sicherheits- und Europapolitik zuständige stellvertretende Fraktionsvorsitzende und im Oktober 1998 Vizepräsident des Bundestags (bis 2002). Danach schied er aus dem Bundestag aus und ist seit November 2003 Präsident des Deutschen Roten Kreuzes (DRK).

Sein größter politischer Erfolg war ohne Frage die von ihm 1989 mit der DDR und der Tschechoslowakei ausgehandelte Ausreisegenehmigung für die Botschaftsflüchtlinge in Prag. Seiters hat damit dem brüchig gewordenen Eisernen Vorhang den letzten, vielleicht entscheidenden Schlag versetzt. Eine Erinnerungstafel, die das bis 1998 von der FDP dominierte Auswärtige Amt im Prager Botschaftsgebäude anbringen ließ, erweckt den – falschen – Eindruck, der damalige Außenminister Hans-Dietrich Genscher habe die Ausreise der DDR-Flüchtlinge bewirkt. Genscher wollte aber für sich lediglich den publicityträchtigen Auftritt auf dem Botschaftsbalkon. Er holte sich die Fernsehbilder, die Seiters durch seinen Verhandlungserfolg überhaupt erst ermöglicht hatte. Der Hintergrund: Seiters hatte im Kabinett von seiner bevorstehenden Pragreise berichtet, und Genscher bestand gegenüber Kohl auf einer Mitreise. Als Hausherr in der Botschaft nahm er als Erster das Wort. Fernsehbilder machen eben Geschichte.

Friedrich Bohl: Wie Schäuble und Seiters war auch Bohl vor seiner im November 1991 erfolgten Berufung zum Kanzleramtschef und zum Minister für besondere Aufgaben Erster Parlamentarischer Geschäftsführer der CDU/CSU-Bundestagsfraktion. Er wurde Kohls letzter ChefBK und begleitete ihn 1998 in die bittere Niederlage. Der 1945 in Rosdorf (Kreis Göttingen) geborene Jurist war 1980 erstmals in den Bundestag gewählt worden, nachdem er zuvor zehn Jahre dem hessischen Landtag angehört hatte. Er war zum Schluss im Kanzleramt Kohls engster und letzter Vertrauter. Es entbehrt nicht einer gewissen Komik, dass Kohl des Öfteren scherzte, als Chef des Kanzleramts verdiene Friedrich Bohl einen Ehrendoktortitel für Psychiatrie, wobei er allerdings an die von außen auf seinen Adlatus eindringenden »Problembeladenen« dachte. Bohl ist ein zu fast übermenschlichem Fleiß fähiger Mensch, ein präziser Techniker der Macht, der die Regierungsmaschinerie am Laufen hielt. Ohne ihn wäre die Koalition wahrscheinlich früher gescheitert. Im Gegensatz zu Schäuble, dem Kohl eher mit innerem Misstrauen gegenübertrat, weil er ihm intellektuell zu eigenständig zu sein schien, lag Bohls Stärke nicht in der Entwicklung neuer Politikansätze; er war also ein erstklassiger Verwalter und zugleich der einzige Mitarbeiter, dem Kohl neben Juliane Weber uneingeschränkt vertraute.

Die Staatsminister

Die Staatsminister im Bundeskanzleramt sind eigentlich parlamentarische Staatssekretäre, müssen also Mitglieder des Bundestags sein. Nur im Falle des Kanzleramts und des Auswärtigen Amts können sich die Staatssekretäre mit dem klangvolleren Titel »Staatsminister« schmücken. Kohl hatte schon zu Oppositionszeiten gewusst, wie wichtig es ist, sich durch die Vergabe hoher Ämter an Vertrauenspersonen Loyalitäten zu sichern. Zwei Uraltunterstützer des Pfälzers wurden dann auch seine ersten Staatsminister: Philipp Jenninger (er blieb das, bis er am 5. November 1984 Bundestagspräsident wurde) und Friedrich Vogel, der in diesem Amt bis März 1987 verblieb. Gerade in der Anfangszeit der Kanzlerschaft Kohls hatten beide wichtige Aufgaben, zumal das Gewicht Schreckenbergers gegenüber der Bundestagsfraktion gering war. Nachfolger Friedrich Vogels, der sich von Kohl verprellt fühlte, wurde am 12. März 1987 Lutz Stavenhagen aus Baden-Württemberg, der an der Behandlung durch den Kanzler ebenfalls fast zerbrach und am 2. Dezember 1991 mit Bitterkeit aus dem Amt schied. Ein weiterer früher Unterstützer Kohls war der Berliner CDU-Landesvorsitzende Peter Lorenz, der im Rang eines parlamentarischen Staatssekretärs im Kanzleramt die Aufgabe des »Bevollmächtigten der Bundesregierung in Berlin« wahrnahm, womit die Einbeziehung von Berlin (West) in den Verantwortungsbereich der Regierung dokumentiert werden sollte. Er schied am 12. März 1987 aus. Peter Lorenz war am 27. Februar 1975 von Terroristen der Bewegung 2. Juni entführt worden und in einem »Volksgefängnis« versteckt gehalten worden. In der Schlussphase der Kanzlerschaft Kohls sind zwei Staatsminister erwähnenswert, von denen der eine wegen seiner Koordination der Geheimdienste eine nicht geringe Öffentlichkeitswirkung erzielte und der andere so sehr im Stillen wirkte, dass seine Bedeutung nahezu unbemerkt blieb.

Anton Pfeifer: Weitgehend unbekannt blieb die unheilvolle Rolle Pfeifers, der von 1991 bis 1998 Staatsminister im Kanzleramt war. In seinen ersten Jahren im Bundestag, dem der Reutlinger seit 1972 angehörte, galt er zunächst als ein Hoffnungsträger der Fraktion. Im baden-württembergischen Landesvorstand gehörte er schon früh –

gemeinsam mit Wolfgang Schäuble – zu denjenigen, die Kohls Kampf gegen Barzel um den Parteivorsitz unterstützten. Schäuble und Pfeifer, die sich von ihrem Engagement im RCDS und in der Jungen Union her kannten, waren auch danach viele Jahre engste politische Freunde. Heute aber ist diese Freundschaft wegen Pfeifers blinder Loyalität zu Kohl zerbrochen. Pfeifer, der bald zum bildungspolitischen Sprecher der Fraktion avancierte und Helmut Kohl als Fraktionsvorsitzenden und später als Bundeskanzler vor allem bei dessen Auftritten an Hochschulen begleitete, erwarb rasch das Vertrauen des mächtigsten Mannes. Pfeifers Einfluss auf Kohl insbesondere in dessen Spätphase als Kanzler wurde in der Öffentlichkeit, wie gesagt, kaum wahrgenommen, was damit zusammenhing, dass er nicht öffentlich wirkte, sondern im Auftrag seines Chefs vor allem in der Fraktion und in der von Kohl als wichtig angesehenen Konrad-Adenauer-Stiftung die Strippen zog. Bei Letzterer avancierte er zum stellvertretenden Vorsitzenden, erhielt dort im Unterschied zu seinem Stellvertreterkollegen Stoltenberg sogar ein eigenes Sekretariat und erfüllte für den Kanzler die von den Stiftungsmitarbeitern gefürchtete Funktion eines Oberaufpassers. Die wichtigste Aufgabe Pfeifers bestand darin, sich um die Partei zu kümmern. Von ihm ist weder eine politische Idee noch eine erfolgreich verlaufene politische Initiative bekannt. Er hatte früh gelernt, dass Kohl eine öffentliche Profilierung seiner engsten Mitarbeiter nur ungern sah.

Eigentlich aber hätte Anton Pfeifer ein eigenständiges politisches Profil entwickeln können, da er vor allem für zwei Themenfelder zuständig war, die genügend Chancen zur Selbstdarstellung boten. Zum einen verantwortete er den Kontakt mit den Bundesländern und berichtete unter anderem im Kreis der Bevollmächtigten der Länder über wichtige Entscheidungen der Regierung. Zum anderen war er für die Kulturpolitik des Bundes zuständig. Dass Pfeifer gerade dieser Aufgabe nicht gewachsen war, konnte man im Vorfeld der Bundestagswahlen 1998 sehen, als der Kanzlerkandidat Gerhard Schröder den späteren Staatsminister und heutigen ›Zeit‹-Herausgeber Michael Naumann als Kulturbeauftragten einer SPD-geführten Bundesregierung vorstellte und dieser ein kulturpolitisches Feuerwerk entfachte, das enorme, zumeist positive Aufmerksamkeit erregte. Pfeifer schien bei Naumanns Offensive wie gelähmt, er überließ ihm die kulturpolitische Debatte weitgehend. Anton Pfeifer, dem nachgesagt werden kann, dass seine Positionen – sofern er überhaupt welche einnahm – immer mit Kohl abgestimmt waren, hat gegenüber diesem niemals, auch nicht im kleinsten Kreis, erkennbar Widerspruch gewagt. Im Gegenteil: Er hat es mit einem außerordentlichen Gespür verstanden, zu wissen oder zu erahnen, was sein Chef dachte und wollte – und ihn darin bestärkt. Insgesamt hat er sich bei Helmut Kohl als Spezialist für Sonderaufgaben unersetzbar gemacht. In der CDU/CSU-Bundestagsfraktion war er auch deshalb bei vielen Mitgliedern regelrecht verhasst, weil er selten mit offenen Karten spielte, aber immer seine Nähe zum Kanzler auszuspielen wusste und dessen »Rachehand« und »Schwert« war. Pfeifer hatte auf inhaltliche Entscheidungen so gut wie keinen Einfluss – und dennoch besaß er, in Kombination mit einem beachtlichen Intrigantentum, als Alter Ego auf viele von Kohls Sichtweisen enormen Einfluss. Er verstärkte die von diesem vorgegebene oder angedeutete Linie, auf keinen Fall aber kritisierte er sie. Am unübersehbaren Realitätsverlust des »späten« Kohl hatte Pfeifer einen besonders großen Anteil.

Bernd Schmidbauer: Spektakulärer hinsichtlich der öffentlichen Wirkung war dieser Staatsminister im Kanzleramt. Schmidbauer hatte seit dem 18. Dezember 1991 die Geheimdienste zu koordinieren und übernahm selbst gelegentlich halboffizielle Fälle mit Geheimdienstcharakter, weshalb er insbesondere vom ›Spiegel‹ mit dem James-Bond-Etikett »007« versehen wurde. Auch wenn sich Kohl gerne negativ über die Geheimdienste äußerte und immer wieder zum Ausdruck brachte, dass er durch seine direkten Kontakte mit führenden Staatsmännern über mehr relevante Informationen verfüge als beispielsweise der Bundesnachrichtendienst, so liebte er doch auf der anderen Seite die spannende Geheimdienstwelt – weshalb er zu Schmidbauer trotz aller gegen diesen gerichteten Presseaktivitäten hielt. Der Minister ging aber so sehr in seiner Koordinatorenfunktion auf, dass er sich kaum um andere Themen kümmerte, also kaum Einfluss auf den Kanzler nahm. Nach den Bundestagswahlen 1998 schied er am 26. Oktober aus diesem Amt aus.

Interessant ist auch, wer die engsten Mitarbeiter Helmut Kohls auf Beamtenebene waren. In der Anfangszeit übten zweifellos insbesondere Eduard Ackermann und Horst Teltschik Einfluss auf den Regierungschef aus, später taten dies auf Abteilungsleiterebene Johannes Ludewig, Joachim Bitterlich sowie – mit Einschränkungen – Michael Mertes.

Eduard Ackermann: Sein Ruf ist bei den älteren Hauptstadtjournalisten noch heute legendär. Trotz seiner Fasterblindung hielt er Helmut Kohl nach dem Ende der Kanzlerzeit regelmäßig telefonisch einen Vortrag über die jeweilige Presselage, nachdem ihm die Zeitungsartikel selber vorgelesen worden waren. Ackermann war bei Journalisten deshalb beliebt, weil er als ehrlich galt und nie bewusst unrichtige Informationen weitergab. Er hat ein ausgleichendes Wesen, was allerdings dazu führte, dass er vom Kanzler bei dessen Zornesausbrüchen häufig genug regelrecht runtergeputzt wurde. Manchmal schien es so, als habe Ackermann eine »masochistische Sklavenseele«, zumal er auch deshalb Objekt solcher Kohl-Eruptionen wurde, weil er dabei nicht zu Widerspruch neigte. Es wäre aber ungerecht, ihn nur als Erdulder von Wutanfällen zu sehen. Er war fast in idealer Weise jemand, von dem man wusste, dass er das Gehör des Kanzlers hatte, gleichzeitig aber auch jemand, der die ihm unterbreiteten Informationen vermittelnd weiterleitete. Die Informanten Ackermanns mussten nicht damit rechnen, von ihm anschließend bei seinem Vieraugengespräch mit Kohl »in die Pfanne gehauen« zu werden. Er berichtete, dass sich selbst Kabinettsmitglieder bei ihm »ausweinten«, wenn sie sich vom Kanzler missverstanden fühlten. Auf die Loyalität Ackermanns konnte sich Kohl hundertprozentig verlassen, was sich auch in den von dem Beamten verfassten Büchern über seine Erfahrungen mit dem Regierungschef niederschlug. Ackermann war ein klassischer Medienberater, kein Mann der Fernseh-»Performance«. Er war im Rang eines Ministerialdirektors Abteilungsleiter im Kanzleramt geworden. Damit er die hohe Besoldungseinstufung B 9 erhalten konnte, wurde für ihn eine neue Abteilung eingerichtet, die sich auch mit politischen Grundsatzfragen befasste. Dadurch entstand aber ein

Dualismus zwischen der Ackermann'schen Abteilung und dem Bundespresse- und Informationsamt. Sein Ruf, unmittelbaren Zugang zu Kohl zu haben, machte »Ede« Ackermann zu einer verlässlicheren Informationsquelle. Die Journalisten wussten, dass sie vom eigentlichen Regierungssprecher keine wirklichen Informationen erhielten.

Während die Regierungssprecher die offiziellen Entscheidungen des Kabinetts zu verkünden hatten – sei es in der Bundespressekonferenz oder bei internationalen Ereignissen, zum Beispiel bei Auslandsreisen –, war Ackermann die Anlaufstelle, wenn man Genaueres über die Ansichten des Kanzlers wissen wollte. Er war für die wichtigen Journalisten der Interpret Kohls, und umgekehrt ermöglichte er diesem wegen seiner ausgezeichneten Kenntnis des journalistischen Lagers ein fundiertes Urteil. Ackermanns politischer Einfluss sollte allerdings auch nicht überschätzt werden. Er blieb im Wesentlichen ein Pressemann, der ständig Tickermeldungen von dpa und anderen Nachrichtenagenturen las, diese weiterreichte und kommentierte. Wenn man ihn treffen wollte, brauchte man eigentlich immer nur in der Nähe des Kanzlerbüros zu sein, wo er pausenlos mit den neuesten Meldungen auftauchte. Bei den Vorbereitungen zu den jeweiligen Regierungserklärungen war er wenig prägend; dieses Feld überließ er anderen. Der Dualismus zwischen Ackermanns Funktion und dem Bundespresseamt, noch verstärkt unter seinem Nachfolger Andreas Fritzenkötter, sollte sich aber zu einem wesentlichen kommunikationspolitischen Problem Kohls entwickeln, weil das Presseamt durch die Herabstufung zu weitgehender Bedeutungslosigkeit wirksamer Möglichkeiten der Kommunikation beraubt und dessen Mitarbeiter lahmgelegt wurden.

Horst Teltschik: Politisch aus anderem Holz geschnitzt war der langjährige Kanzlerberater Teltschik, 1940 geboren, als Flüchtlingskind aus dem Sudetenland im Bayerischen aufgewachsen, früh aktiv im RCDS und ausgewiesener Diplompolitologe, der sein Examen bei Richard Löwenthal am Otto-Suhr-Institut in Berlin gemacht hatte. Teltschik, dessen erste berufliche Position die eines Referenten für Außenpolitik in der CDU-Bundesgeschäftsstelle war, gelangte 1972 in die von Kohl geleitete Mainzer Staatskanzlei, um dort ebenfalls für Fragen der Außenpolitik Verantwortung zu übernehmen – eigentlich etwas ungewöhnlich, weil ja Außenpolitik normalerweise nicht zu den spezifischen Aufgaben eines rheinland-pfälzischen Ministerpräsidenten gehört. Doch Kohl wusste um seine eigene Unerfahrenheit auf diesem Gebiet. Horst Teltschik teilte er schon bei seinem Einstellungsgespräch mit:»Ich will Kanzler werden.« Diesen Satz zitierte Teltschik später auch gegenüber der Presse, weil er als ein Beleg für den frühzeitigen und absoluten Machtwillen Kohls gelten kann. 1976 folgte der Politologe seinem Mentor, der inzwischen Fraktionsvorsitzender geworden war, nach Bonn. Er wurde dessen Bürochef. Nach der Regierungsübernahme des Pfälzers im Jahr 1982 wurde er dann im Kanzleramt Abteilungsleiter für Außenpolitik im Rang eines Ministerialdirektors. In den Medien bezeichnete man ihn fortan – analog zum Weißen Haus in Washington – als»Sicherheitsberater«Kohls. Da er nicht aus dem Auswärtigen Amt stammte, das traditionell diese Schlüsselfunktion besetzt, blieb es nicht aus, dass sich Genscher und seine Mitarbeiter über den mangelnden»Stallgeruch«Teltschiks wenig erfreut zeigten, gehörten doch dessen Vorgänger, wie etwa der spätere Staatssekretär Berndt von Staden und der nachmalige Botschafter Otto von der Gablentz, dem Außenministerium an. Die Nominierung Teltschiks sollte sich deshalb als ein kluger Schachzug des Kanzlers erweisen, weil er auf diese wichtige Position nicht einen Diplomaten mit»doppelter Loyalität« berief: Wer nämlich eines Tages wieder ins Auswärtige Amt zurückmuss, gibt als Abteilungsleiter für Außenpolitik im Kanzleramt seine Loyalität gegenüber jenem nicht völlig auf. Teltschik baute in allen für die Bundesrepublik wichtigen Regierungszentralen ein Netz eigener Gesprächspartner auf und war insoweit nicht allein oder in erster Linie auf die Informationen des Außenministeriums angewiesen, was ihm insbesondere Genscher verübelte. Von Helmut Kohl wurde er auch auf Sondermissionen geschickt. Im Januar 1989 ernannte ihn der Kanzler zu seinem persönlichen Beauftragten für die Verhandlungen mit Polen[77], was im Auswärtigen Amt gleichfalls wenig Freude auslöste – ebenso wenig wie die Tatsache, dass er 1990 in Moskau zweimal lange mit Michail Gorbatschow sprach. Teltschik wurde von seinen Kollegen in der Welt der Diplomatie als wichtiger und präziser Gesprächspartner sehr geschätzt, gleichermaßen aber auch von Journalisten.

Horst Teltschik war einer der ganz wenigen unmittelbaren Mitarbeiter Kohls, die ein eigenes politisches Profil hatten – auch wenn der Kanzler dies selbst bei dem langjährig von ihm Geförderten ungern sah. Als Teltschik beispielsweise 1990 bei einer Veranstaltung in der Dependance der Europäischen Kommission in der Bonner Zitelmannstraße erklärte, der Schlüssel zur deutschen Einheit läge dank Helmut Kohls Politik nicht mehr allein in Moskau, sondern nun auch in Bonn, wurde der Regierungschef wütend. Kanzler haben es eben nicht gerne, wenn ihre Mitarbeiter sich außerhalb des Amtes profilieren. Kohl, der gerade bei seinen engsten Mitarbeitern wegen seiner eruptiven Ausbrüche gefürchtet war, hatte in Teltschik vielleicht den letzten engeren Mitarbeiter im Kanzleramt, der sich ihm gegenüber Widerspruch erlaubte. Claus Gennrich, fast zwei Jahrzehnte leitender und vielbeachteter Korrespondent der ›Frankfurter Allgemeinen Zeitung‹ in Bonn, schrieb beim Ausscheiden Teltschiks im Dezember 1990:»Die Lücke wird sich schmerzlicher bemerkbar machen, als es den Beteiligten derzeit bewusst sein dürfte. Aus dem Fundament der Regierung Kohl bricht ein tragender Stein, auch wenn er für Außenminister Genscher und dessen FDP eher ein Stein des Anstoßes gewesen sein mag.« In dem Artikel hieß es weiter:»Die CDU verliert ihren außenpolitischen Kopf, Kohl seinen im Umgang mit den Großen in West und Ost erfahrenen Unterhändler. Viele Jahre war Teltschik ein loyaler Freund Kohls. Am Ende kamen ihm Zweifel daran, wieweit die Loyalität auch umgekehrt gelte.«[78] Der Hintergrund des Weggangs von Horst Teltschik war, dass sich der Koalitionspartner FDP und insbesondere Genscher weigerten, seiner Beförderung zum Staatssekretär zuzustimmen – und Kohl schien für seinen Abteilungsleiter auch nicht richtig zu kämpfen. Denn als durch das Ausscheiden Schreckenbergers eine Planstelle frei wurde, erfuhr Teltschik nicht von Kohl, sondern ausgerechnet von Genscher, dass aus seiner Beförderung nichts würde. Daraus zog Teltschik die Konsequenz und ließ sich von Reinhard Mohn als Geschäftsführer der Bertelsmann-Stiftung in Gütersloh anwerben, eine Position, die er zum Jahresbeginn 1991 antrat. Später wurde er Vorstandsmitglied bei BMW in München und Leiter der Münchner Sicherheitskonferenz. Kohl hatte die ungewöhnliche Kündigung seines bis dahin für ihn am längsten tätigen Beraters in höchstem Maße irritiert, hatte er diesen doch im gelegentlichen Überschwang zu seinem »dritten Sohn« erklärt. Zwar wurde Teltschik am damaligen Sitz des Bundeskanzlers, im Palais Schaumburg, durch Kohl im Rahmen eines Empfangs verabschiedet – was als eine besondere symbolische Geste gewertet werden konnte –, doch hat es der Pfälzer nie verwunden, dass ein enger Berater von sich aus gekündigt hatte. Nichtsdestotrotz blieb ihm Teltschik, der nach seinem Ausscheiden ein in der Politikwissenschaft vielbeachtetes Buch über die deutsche Einheit schrieb[79], loyal verbunden, auch als er im Jahr 2001 vor dem Untersuchungsausschuss des Bundestags zur Parteispendenaffäre der CDU aussagen musste. Für kurze Zeit folgte ihm Peter Hartmann, der deutscher Botschafter in Paris wurde.

Joachim Bitterlich: Er wurde in der Nachfolge Teltschiks und Hartmanns Abteilungsleiter für Außen- und Europapolitik. Der Karrierebeamte aus dem Auswärtigen Dienst arbeitete zuvor im Büro des Außenministers Genscher und wurde im Kanzleramt zunächst Referatsleiter mit Zuständigkeit für die Europapolitik. Bitterlich war ein sehr engagierter, politischer Beamter und – verheiratet mit einer Französin – ein leidenschaftlicher Europäer, zugleich freilich sehr machtbewusst. Im Außenministerium hatte er sich ziemlich unbeliebt gemacht, weil er häufig seine einflussreiche Position ausspielte. Wie sehr der Kanzler Bitterlich schätzte, ist aus der Tatsache zu ersehen, dass Kohl seinem eigenen Nachfolger Schröder abrang, den außenpolitischen Experten zum Botschafter bei der NATO in Brüssel zu berufen. Diese Entscheidung korrigierte dann etwa ein Jahr später der neue Außenminister Joschka Fischer, der den Missionschef auf den weniger wichtigen Posten des deutschen Vertreters in Madrid abschob. Bitterlich hat unter den Beamten des Kanzleramts deshalb eine Schlüsselstellung besessen, weil Kohl sich mit zunehmender Amtszeit immer weniger für die Innenpolitik interessierte. Internationale Termine sind oft sehr prestigeträchtig und lenken von innenpolitischen Schwierigkeiten ab.

Johannes Ludewig: Er war ab 1991 im Kanzleramt als Abteilungsleiter für die Wirtschaftspolitik zuständig. Es gelang ihm, bei Kohl hohes Ansehen zu erlangen, weil er einerseits als sein Chefvolkswirt zu brillieren wusste und andererseits häufig in den neuen Bundesländern unterwegs war, sehr viel Sensibilität für sie zeigte und deshalb dort über große Autorität verfügte. Der Kanzler kannte die schlechte Stimmung in der Bevölkerung Ostdeutschlands gut. Ludewig gehörte sogar zu den wenigen engen Mitarbeitern Kohls, denen mit seiner Unterstützung später neue Aufgaben übertragen wurden, bekam er doch von 1995 bis 1997 das Amt des Staatssekretärs im Bundeswirtschaftsministerium – das seit Jahrzehnten ein Hort für FDP-Politiker war. Er sollte dort das wirtschaftspolitische Profil der Regierung stärken helfen. Aber Ludewig hatte erkannt, wohin der politische Zug der Bundesrepublik Deutschland fuhr, und avancierte schließlich etwa ein Jahr vor der Wahlniederlage Kohls noch zum Chef der Deutschen Bahn. Dies wurde von vielen Beobachtern als planvolles Absetzen von einer nicht mehr zu verteidigenden politischen Front angesehen. Dort konnte er nur etwa zwei Jahre lang wirken. Die rot-grüne Bundesregierung setzte dem Chef des Bundesunternehmens den Stuhl vor die Tür. Seitdem ist Hartmut Mehdorn Bahn-Chef. Ludewigs unmittelbarer Nachfolger im Bundeskanzleramt wurde Sieghart Nehring, zuvor Staatssekretär in Thüringen.

Andreas Fritzenkötter: Eine traurige Erscheinung im Umfeld des »späten« Kohl war der mit seiner Parteilosigkeit kokettierende Andreas Fritzenkötter, der von der ›Rheinischen Post‹ kam und von 1989 bis 1991 Parteisprecher der CDU war. Da der Exjournalist nie ein akademisches Studium mit entsprechendem Titel abgeschlossen hatte, nutzte der Kanzler diese formale Schwäche von »Fritzi«, wie er ihn liebevoll-herablassend nannte, weidlich aus. Der Angestellte war an seinen Dienstherrn auf Gedeih und Verderb gebunden. Zunächst als »Medienberater«, dann ab 1995 fungierte er im Kanzleramt als Unterabteilungsleiter, zuständig für Öffentlichkeitsarbeit und Medienpolitik. Hinsichtlich der Pressebetreuung trat er die Nachfolge Eduard Ackermanns an, den er allerdings schon zu dessen Amtszeit an den Rand gedrängt hatte. Mit zunehmender Erfahrung wurde Fritzenkötter von den Medienvertretern als präzise informierend eingeschätzt. Die Abteilungsleiter im Kanzleramt dagegen fühlten sich von ihm, dem man einen besonders direkten Draht zu Kohl nachsagte, wegen seines Machthungers häufig unfreundlich behandelt. Viele der problematischen Entscheidungen des Regierungschefs in Bezug auf die Medien werden Fritzenkötter zugeschrieben. Er wusste, wie Journalisten gegen den von Kohl zunehmend mit Misstrauen beobachteten Wolfgang Schäuble und gegen die Fraktion »munitioniert« werden konnten. Viele der im Kanzleramt gesponnenen Intrigen dürften in Fritzenkötter ihren Urheber haben. Die Medien aber spielten oft mit, weil er über die begehrten Mitflugplätze in der Kanzlermaschine und über – sorgfältig dosierte – Informationen verfügte. Der Sturz des Regierungssprechers Peter Hausmann geht ebenso auf sein Konto wie die Isolierung des prominenten Meinungsforschers Wolfgang Gibowski im Bundespresseamt. Fritzenkötter wechselte zum Heinrich-Bauer-Verlag nach Hamburg und übernahm dort im Januar 1999 den Geschäftsbereich Kommunikation, PR und Presse.

Michael Mertes: Als Ackermann pensioniert wurde, übernahm Michael Mertes dessen Planstelle als Ministerialdirektor. Er ist der Sohn des in CDU-Kreisen legendären früheren Staatsministers im Auswärtigen Amt und gelernten Diplomaten Alois Mertes. Mertes junior war fortan als Leiter der Planungs- und Grundsatzabteilung der oberste Redenschreiber Kohls. Der kluge und nachdenkliche Kopf hat es verstanden, sich aus den »bei Hofe« üblichen Grabenkämpfen herauszuhalten. Sicherlich war er unter den Mitarbeitern des Kanzlers der gebildetste. Nach dem Regierungswechsel wurde er zunächst stellvertretender Chefredakteur beim ›Rheinischen Merkur‹ in Bonn; heute ist er im Range eines Staatssekretärs nordrhein-westfälischer Bevollmächtigter beim Bund. Gerade aber weil er sich aus den Intrigen heraushielt, blieb sein Einfluss auf Kohl doch ziemlich begrenzt. Mertes war sensibel genug, um unter den Ränken im Kanzleramt zuweilen sichtbar zu leiden. Am Ende von Kohls Regierungszeit war er bereits innerlich emigriert.

Die persönliche Umgebung

An erster Stelle muss hier Juliane Weber genannt werden, die schon in Mainz für Kohl gearbeitet hatte und nun zur Vorzimmerdame im Machtzentrum eines der bedeutendsten Industriestaaten der Welt aufrückte. »Juliane«, wie sie weithin genannt wurde, konnte außerordentlich effektiv sein, zum Beispiel schnell Terminentscheidungen beim »Chef« einholen. Ihre gehaltsmäßige Einstufung im Rang einer Regierungsdirektorin (A 15) machte anfangs beim Personalrat des Kanzleramts böses Blut, doch handelte es sich hier um eine letztlich nicht ganz berechtigte Reaktion, weil Frau Weber faktisch nicht nur Sekretärin war: Eigentlich leitete sie das Kanzlerbüro, wenn auch nur inoffiziell. Schon bald erhielt sie im Bonner Haus Norbert Blüms eine Wohnung, was quasi als politische Lebensversicherung des Ministers angesehen werden konnte. Die fleißige und höchst loyale Juliane Weber, von der selbst der scharfe Kohl-Kritiker Friedbert Pflüger in seinem Buch ›Ehrenwort‹ mit größter Hochachtung spricht (»Fast alle mögen sie. Sie ist ein Kommunikationsgenie«[80]), wird auch jetzt noch von vielen wegen ihrer Tüchtigkeit, manchmal aber auch wegen ihres bis hin zum Ordinären reichenden Charmes bestaunt. In ihrer Wortwahl war sie nicht zimperlich, und Sekretärinnen anderer Vorzimmer demonstrierte sie ihre besondere Stellung, indem sie diese mit Worten wie »Mein Liebchen« anredete. Trotz all ihrer Qualitäten war sie mit ihrer Arbeit letztlich doch überfordert, sich dessen aber vermutlich nicht bewusst. Den Aufstieg ihres Chefs hat sie nicht verkraftet. Juliane Weber ist zwar alles andere als eine Intellektuelle, verfügt jedoch über einen untrüglichen Machtinstinkt, kann Menschen sehr gut ausfragen und war so für Kohl eine unerschöpfliche Informationsquelle. Kohl liebte gerade auch die manchen unwichtig erscheinenden privaten Informationen, die vieles über Schwächen und Stärken von Leuten aussagen. Frau Weber wusste immer, wer jeweils in der Gunst des Kanzlers stand, und sie konnte allerlei tun, um jemanden in dessen Ansehen steigen oder sinken zu lassen. Es ist schon bemerkenswert, welchen Einfluss eine Vorzimmerdame dadurch auch auf die Personalentscheidungen des Kanzlers nehmen konnte. »Juliane« lieferte auch den Stoff, wenn es bei den kleinen abendlichen Runden Kohls darum ging, über andere Menschen zu »tratschen«. Sie begleitete Kohl noch in sein Berliner Büro als Ex-Kanzler. Frau Weber erhielt pausenlos von zahlreichen Persönlichkeiten Besuch, die ihr irgendwelche direkten oder indirekten Botschaften übermittelten. Wer ihre Sympathie gewinnen wollte, für den war es ratsam, ihr einen

Elefanten aus Holz, Silber oder Marmor zu schenken: Ihr riesiger Schreibtisch im Kanzleramt war zu Dreiviertel mit unzähligen Miniaturelefanten bedeckt. Was mögen wohl Staats- und Regierungschefs gedacht haben, die an einem Arbeitsplatz an der Schaltstelle der Macht vorbeikamen, wo kaum noch eine Akte Platz finden konnte? Ansonsten gab es im Kanzlerbüro einigen Personenverschleiß. Manche fielen dort bald in Ungnade – auch deshalb, weil »Juliane« ihr Einflussmonopol in bestimmten Fragen nicht brechen lassen wollte.

Die beiden ersten offiziellen Leiter des Kanzlerbüros waren Wolfgang Burr und Franz Josef Bindert, gefolgt von Walter Neuer und Matei Hoffmann. Doch jeder wusste, dass eigentlich Frau Weber das Sagen hatte. Der jeweilige Leiter des Kanzlerbüros saß nicht in unmittelbarer Nähe zum Kanzler – so etwas dürfte wohl einzigartig in der Welt gewesen sein –, sondern durch einen langen Flur von diesem getrennt und erhielt nur über Juliane Weber Zugang. Häufig wurde der Büroleiter auch über wichtige Termine des Kanzlers im Unklaren gelassen und erfuhr von ihnen erst aus der Presse. Kohl machte diesbezüglich eine erhebliche Geheimniskrämerei, was die Staatsgeschäfte keinesfalls erleichterte. Verwalterin seines Terminkalenders war ausschließlich Juliane Weber, während die hochbezahlten Bürochefs mehr oder weniger lediglich protokollarische Aufgaben wahrzunehmen hatten. So war man im Umgang mit dem Bundeskanzleramt, sobald spezifische, den Kanzler unmittelbar berührende Fragen geklärt werden mussten, in einer Schwierigkeit: Wollte man Kohl einen Vorgang möglichst effektiv zur Kenntnis bringen, musste man diesen Frau Weber vortragen. Dies klappte aber in der Regel nur bei Terminaspekten oder »persönlichen« Dingen, da sie vor allem in politisch diffizilen Fragen überfordert war. In solchen Angelegenheiten jedoch hatten die Leiter des Kanzlerbüros nur wenige Möglichkeiten, Helmut Kohl direkt zu unterrichten.

Besonders gut unter seinen Büroleitern verstand sich Kohl mit Walter Neuer, einem Beamten aus dem Außenministerium mit schlohweißen Haaren, der viele Jahre in den Fernsehberichten über den Kanzler neben diesem zu erblicken war. Der höchst loyale und später sogar in den Rang eines Ministerialdirektors aufgestiegene Neuer entwickelte sich immer mehr zum bestbezahlten Protokollbeamten der Bundesrepublik. So hatte auch er keinen Einfluss auf die Politik des

Kanzlers. Häufig war er – wie Ackermann – Blitzableiter Kohls, wenn sich dessen schlechte Laune wieder einmal entlud. Neuer gehörte nicht zu denjenigen Personen, die zum Intrigantentum neigten, wie das manche andere in der Nähe Kohls taten. Seine Aufgabe war es vor allem, die mit der Zeit immer häufiger werdenden Auslandsreisen des Kanzlers vorzubereiten. Seine Professionalität hielt Kohl den Rücken gegenüber dem Auswärtigen Amt frei, das immer bestrebt war, bei den Kanzlerreisen wichtige Entscheidungen zu beeinflussen – von der Terminfolge bis zu den Einladungslisten bei Staatsbanketten. Neuer wusste auch, welche Mahlzeiten der Kanzler bevorzugte oder welche Raumtemperatur von ihm in der jeweiligen Unterkunft im Ausland gewünscht war. Der seriöse Beamte war ausgesprochen uneitel, zudem auch verschwiegen und diskret.

Walter Neuer war zweimal Leiter des Kanzlerbüros, zwischenzeitlich abgelöst von Matei Hoffmann, einem anderen, 20 Jahre jüngeren Karrierebeamten aus dem Auswärtigen Amt. Hoffmann trat seine Aufgabe als Bürochef im September 1994 an, nachdem er zuvor Referatsleiter für Europapolitik im Kanzleramt gewesen war. Davor wiederum hatte er in Washington, Porto Alegre und Paris Dienst getan. Der ehemalige Bundesliga-Rugbyspieler[81] hielt offenbar unwissentlich den Sessel für Neuer frei, der wenige Monate vor der Bundestagswahl als Botschafter nach Lissabon geschickt wurde (man konnte ja nicht wissen, wie die Wahlen ausgehen!), um dann im März 1996 wieder als Büroleiter an den Rhein zurückzukehren. Über das Ausscheiden Matei Hoffmanns aus dem Kanzleramt orakelte damals die ›Bild‹-Zeitung: »Der eine lässt sich einen ›Chefanschiss‹ gefallen, der andere, wenn er sich mehrfach wiederholt, nicht mehr.«[82] Hoffmann gilt als ein leistungsstarker Beamter, der auf Korrektheit und Transparenz der Entscheidungsprozesse Wert legt; der unorthodoxe, jede Geschäftsordnung missachtende Führungsstil Kohls musste ihm fernliegen. Er ging als Gesandter an die deutsche Botschaft nach Rom und war danach unter anderem stellvertretender Leiter des Office of the High Representative in Bosnien-Herzegowina, danach Botschafter in Kolumbien, dann Botschafter bei der OECD in Paris und ab 2009 Botschafter in Tunesien.

Schon früh mit Kohl in Berührung kam Michael Roik, der zunächst im Konrad-Adenauer-Haus stellvertretender und danach Leiter des Büros des CDU-Vorsitzenden wurde. Für Kohl war es wichtig, in der Parteizentrale einen ausschließlich ihm verpflichteten Arbeitsbereich zu etablieren, weil er dieser mit Blick auf das Zerwürfnis mit seinem früheren Generalsekretär Geißler ein dauerhaftes Misstrauen entgegenbrachte. Roik wirkt eher unscheinbar, ist aber ein mit allen Wassern gewaschener Politologe und ein genauer Kenner der personalpolitischen Besonderheiten der CDU. Er hatte häufig die undankbare Aufgabe, dem Kanzler über für diesen negative Vorgänge in der Partei zu berichten. So musste er zahlreiche Sonderaufträge erledigen – bis hin zur Beobachtung von Landesparteitagen. Von vielen im Konrad-Adenauer-Haus wurde Roik als »Spion« Kohls gefürchtet. Seine Berichte verstärkten – wenn auch nicht immer absichtlich – dessen notorisches Misstrauen, was eine vernünftige Arbeit in der Parteizentrale sehr erschwerte. Geißler und seine Nachfolger Rühe und Hintze entschieden deshalb, den Kanzlerintimus an ihren täglichen Besprechungen mit ihren wichtigsten Mitarbeitern, der sogenannten Kleinen Lage, nicht teilnehmen zu lassen. Daran konnte nicht einmal Helmut Kohl etwas ändern. Roik rückte immer näher an den Pfälzer heran, insbesondere nachdem er ins Bundespresseamt versetzt wurde, jedoch hauptsächlich im Kanzleramt tätig war. Schließlich begleitete Roik seinen Gönner Kohl noch für zwei Jahre als dessen Bürochef nach Berlin. Die Erfahrungen in der dramatischsten Zeit des Parteispendenskandals dürfte er so schnell nicht vergessen. Ende 2000 kehrte Roik dann nach Bonn zurück, und zwar in den Arbeitsbereich des Kultur- und Medienbeauftragten der Bundesregierung. Er ist dort Gruppenleiter »Geschichte, Erinnerungen«. Ferner wurde er bei Manfred Funke mit einer Arbeit über die Finanzierung der DKP am Seminar für Politische Wissenschaft an der Bonner Universität promoviert.

Externe Berater

Es gibt, wie schon gesagt, manch bedeutenden Unterschied hinsichtlich des »frühen« und des »späten« Kanzlers Helmut Kohl. So hatte er zum Beispiel in den Anfangsjahren seiner Regierungszeit – vor allem wenn es um die Abfassung von wichtigen Reden und Regierungserklärungen ging – hervorragende Berater in seiner Umgebung, die von Fall zu Fall für ihn tätig wurden. Vielfach wurde deren Arbeit durch Horst Teltschik koordiniert. Zu nennen ist hier insbesondere der damals in Mainz (heute in München) lehrende Politikwissenschaftler Werner Weidenfeld, der – gemeinsam mit Teltschik und dem später in Ungnade gefallenen Warnfried Dettling – die konzeptionellen Entwürfe für einige der bedeutenden Reden des Kanzlers fertigte. Weidenfeld war schon zur Zeit Kohls als Ministerpräsident dessen wichtigster Redeninspirator außerhalb des Regierungsapparates. Später wurde er für mehr als zehn Jahre – bis zum Regierungswechsel 1998 – Koordinator für die deutsch-amerikanischen Beziehungen, entwickelte aber schon in diesem Amt immer mehr eine kritische Distanz zu Kohl. Zum endgültigen Bruch mit dem Kanzler kam es dann während der Spendenkrise, als Weidenfeld in einem Zeitungsbeitrag von den »mafiotischen Formen des Partei-Spendenskandals« sprach.[83]

Neben Werner Weidenfeld gehörte der später von Terroristen ermordete Alfred Herrhausen, seinerzeit Mitglied des Vorstands der Deutschen Bank, in den Anfangsjahren der Kanzlerschaft Kohls genauso zu dessen Redeberatern wie der spätere Präsident der Bundesbank, Hans Tietmeyer. Dieser war damals zunächst Abteilungsleiter im Bundeswirtschaftsministerium und einer der Autoren des »Lambsdorff-Papiers«, das 1982 die Ablösung der FDP von der Koalition mit der SPD begründete. Tietmeyer hatte dann ein Angebot Kohls bekommen, Abteilungsleiter für Wirtschaftspolitik im Kanzleramt zu werden, zog es aber vor, das Amt eines Staatssekretärs im Finanzministerium zu übernehmen. Er versicherte Kohl aber mehrfach, wie honorig er dessen Angebot empfand. Der Kanzler nahm ihm deshalb die Ablehnung auch nicht übel. Ebenfalls zu seinen Ghostwritern gehörte – allerdings nicht von Anfang an – die Demoskopin Elisabeth Noelle-Neumann. Sie wurde in dieser Rolle später von der

Koleiterin ihres Instituts in Allensbach, Renate Köcher, abgelöst, die Kohl in den intimen Fragen der Datenanalyse zeitweilig als wichtigste Ratgeberin diente und ihn auch in Vorstandsklausuren effektiv unterstützte. Und bevor der anerkannte Meinungsforscher Wolfgang Gibowski von der Mannheimer »Forschungsgruppe Wahlen« stellvertretender Chef des Bundespresseamts wurde, zählte er ebenfalls zeitweilig zu Kohls Beraterstab.

Sodann wurde in der Presse auch der renommierte Erlanger Historiker Michael Stürmer als Kanzlerberater gefeiert. Er hatte Kohl bei Geburtstagsfeierlichkeiten für dessen Doktorvater Walther Peter Fuchs kennengelernt. Stürmer pirschte sich bei dieser Gelegenheit an den Kanzler heran und ließ ihn wissen, dass seine politische Bedeutung in der Öffentlichkeit weit unterschätzt werde – ein probates Mittel, das bei Helmut Kohl fast immer verfing. Danach wurde er von Kohl für die Vorbereitung von Reden herangezogen, doch missfiel dem Kanzler, wie sich Stürmer als sein Berater in der Öffentlichkeit inszenierte. Auch Juliane Weber zeigte sich empört, nachdem sie gehört hatte, der Historiker habe angeblich mit der Begründung, er sei ja Kanzlerberater, beim Bundesinnenministerium Schutz durch Bodyguards beantragt. Noch größer »bei Hofe« war die Empörung, als sich herausstellte, dass Stürmer an den Memoiren von Franz Josef Strauß mitwirkte und sich dadurch die Unterstützung der bayerischen Landesregierung für die Übernahme der Leitung des renommierten Forschungsinstituts »Stiftung Wissenschaft und Politik« in Ebenhausen sicherte. So sah sich Kohl genötigt, sich in einem Interview offiziell von Stürmer zu distanzieren – was nichts daran änderte, dass dieser in der Öffentlichkeit weiterhin, unwidersprochen, als Kanzlerberater bezeichnet wurde. In der Boulevardpresse wurde auch der in seinem eigenen Orden umstrittene und inzwischen verstorbene Dominikanerpater Basilius Streithofen als Kanzlerberater tituliert, was allerdings blanker Unsinn war und das Bundeskanzleramt zu einem Dementi zwang.

Man müsste eigentlich meinen, dass insbesondere der jeweilige Sprecher der Bundesregierung das Ohr des Kanzlers habe, eigentlich
sogar dessen Hauptberater sei. Helmut Kohl aber liebte bei seinen
Entscheidungen das Küchenkabinettsystem. Wer an der Spitze eines
»Hauses« stand (so nennen häufig Behördenchefs und Minister ihre
Ämter, wobei sich Kohl über alle lustig machte, die diesen Begriff ver-
wendeten), war für ihn schon per se verdächtig. Denn der Leiter eines
Amtes könnte von diesem ja »ferngelenkt« gewesen sein. Insgesamt
ist die Geschichte seiner Regierungssprecher ein Desaster hinsichtlich
der Fähigkeit zu richtiger Personalwahl. Die Tatsache, dass es Kohl
in den 16 Jahren seiner Regierungstätigkeit nicht schaffte, das Bun-
despresse- und Informationsamt, das ressortmäßig zum Kanzleramt
gehört, so reorganisieren zu lassen, dass es hätte schlagkräftig werden
können, hängt auch mit seiner völligen Unkenntnis der Methoden
moderner politischer Kommunikation zusammen. Insgesamt sieben
Regierungssprecher verschliss Helmut Kohl (in chronologischer Rei-
henfolge):

Dieter Stolze: Der erste Regierungssprecher Kohls war nur für kurze
Zeit im Amt (von Oktober 1982 bis Mai 1983). Stolze, zuvor ein ge-
achteter Wirtschaftsredakteur der Wochenzeitung ›Die Zeit‹, war das
Gegenbild eines »Normalrepräsentanten« des politischen Betriebs,
feinsinnig, differenziert, kein Mann der Parolen – aber auch politisch
unerfahren. Er wurde als Ratgeber vom Kanzler bald weitgehend
entmachtet, indem dieser für den Journalisten Peter Boenisch im
Konrad-Adenauer-Haus ein Büro zur Wahlkampfunterstützung ein-
richtete. Kohl spielte gegenüber Stolze nicht mit offenen Karten und
beließ ihn nach der Bundestagswahl des Jahres 1983 nur noch wenige
Monate im Amt.

Peter Boenisch: Stolzes Nachfolger wurde im Mai 1983 der frühere
›Bild‹- und spätere ›Welt‹-Chefredakteur Boenisch, dem es, durch
seine Fähigkeit, politische Botschaften »auf den Punkt« zu bringen,
gelegentlich sogar gelang, Regierungserklärungen des Kanzlers zu beeinflussen. Boenisch versuchte denn auch, keinesfalls überraschend,
der Pressepolitik mithilfe von Boulevardzeitungen Breitenwirkung zu

verschaffen. Er stolperte aber über eine Steueraffäre und musste nach etwas mehr als zwei Jahren gehen.

Friedhelm Ost: Dieser folgte Boenisch im Juni 1985 und amtierte relativ lange, nämlich bis zum April 1989. Ost wurde von Kohl wegen seines wirtschaftspolitischen Sachverstands geholt, er war vorher Wirtschaftsredakteur, Moderator und Kommentator beim ZDF. Bei vielen Journalisten hatte er wegen seiner sachlichen Informationspolitik einen durchaus guten Ruf. Kohl wurde aber seiner schließlich überdrüssig, weil die Auftritte Osts wenig Optimismus vermittelten. Der Kanzler war im Jahr 1989 auf dem Tiefpunkt der Zustimmungsrate in der Öffentlichkeit gelandet. Ost wurde zum Sündenbock, was ihn aber nicht daran hinderte, Kohl später mit Gehässigkeiten gegen Schäuble in Interviews dienlich zu sein. 1990 gelang ihm für den Wahlkreis Paderborn der Sprung in den Bundestag.

Hans (»Johnny«) Klein: Nach Ost berief der Kanzler im April 1989 den gelernten Journalisten und CSU-Mann Klein, dem seine Erfahrungen in der politischen Welt zugutekamen. Während alle anderen Regierungssprecher Kohls lediglich beamtete Staatssekretäre waren, erhielt er den Rang eines Bundesministers. Doch dies wurde im Pressekorps und vor allem von der Opposition mit der Begründung kritisiert, einen Presseminister habe es zuletzt in unseligen deutschen Zeiten gegeben. Klein hat als Regierungssprecher die spannende Zeit der Wiedervereinigung erlebt. Er stammte aus dem Sudetenland, kam über den Journalismus zur Politik. Nach mehreren Jahren als Bonner Korrespondent wechselte er 1959 in den Auswärtigen Dienst. 1976 zog er für die CSU in den Bundestag ein. Bevor er Sprecher der Bundesregierung wurde, war »Johnny« Klein von 1987 bis 1989 Bundesminister für wirtschaftliche Zusammenarbeit. Nach seinem Ausscheiden als Regierungssprecher wurde er Vizepräsident des Bundestags. 1996 verstarb er an einem Herzinfarkt.

Dieter Vogel: Auf Klein folgte dann für die gesamte 12. Legislaturperiode des Bundestags (1990 bis 1994) der als FDP-nah geltende Dieter Vogel. Er war 1989 zunächst stellvertretender Regierungssprecher geworden. Den Journalismus und die amtliche Sprechertätigkeit hatte er von der Pike auf gelernt. Nach Engagements bei der Dresdner Bank und der ›Frankfurter Allgemeinen Zeitung‹ war er von 1970 bis 1989

Pressesprecher des Bundeswirtschaftsministeriums. Bei den Journalisten galt Vogel als echter Profi und war nicht nur wegen seiner wirtschaftspolitischen Detailkenntnisse sehr beliebt. Häufig genug musste er allerdings offen zugeben, dass er nicht zu dem »inneren Zirkel« des Kanzlers gehörte. Durch seine jahrzehntelange Erfahrung in der Medienarbeit und im öffentlichen Dienst strahlte er große Kompetenz aus, wobei er sich weitgehend um die eigentliche Pressearbeit kümmerte und die Verwaltung des Amtes seinem Stellvertreter Wolfgang Gibowski überließ.

Peter Hausmann: Schließlich kam im März 1995 Hausmann, früher Journalist des Bayerischen Rundfunks, an die Reihe, ein liebenswürdiger Mann, der sich in München, doch nicht auf dem Bonner Parkett auskannte. Er war von 1988 bis 1992 in der bayerischen Metropole Sprecher der CSU gewesen und konnte bei Kohl schon allein deshalb keine große Beraterrolle spielen, weil dieser fast allen Politikern der Schwesterpartei prinzipiell misstraute. Er wurde in die Pläne des Kanzlers nicht eingeweiht, nicht einmal in solche, die sein eigenes Amt betrafen. Er musste auch unter Andreas Fritzenkötter leiden, denn der Pressebetreuer im Kanzleramt hatte nicht das geringste Interesse daran, dass ihm in der Person des Bayern ein Rivale erwuchs. Das Hauptproblem Hausmanns freilich war, dass ihm von Kohl der wichtige »Stoff« vorenthalten wurde, dass er also keine wirklichen Informationen bekam, die ihn zu einem begehrten Gesprächspartner für Journalisten hätten werden lassen. Ein Regierungssprecher aber, der keine Informationen weitergeben kann, ist bei den Presseleuten nur wenig angesehen. Nachdem Hausmann feststellen musste, dass es ihm unmöglich war, Einfluss auf die Medienpolitik des Kanzlers zu nehmen – er wurde hier von Fritzenkötter genauso gekonnt ausgebremst, wie dieser auch Eduard Ackermann aufs Abstellgleis geschoben hatte –, konzentrierte sich der »verhinderte« Regierungssprecher darauf, seinen klugen Stellvertreter Gibowski im Amt zu entmachten, worin er von Fritzenkötter sogar unterstützt wurde. Der Frust der Uninformiertheit bewegte Hausmann also dazu, sich stärker auf die administrative Leitung des Bundespresseamts zu stürzen und dabei die – inoffizielle – Aufgabenteilung mit Gibowski zu zerstören. Darunter musste aber zwangsläufig die Funktionsfähigkeit dieser Behörde noch mehr leiden. Entnervt und mit großem Bedauern räumte Hausmann schließlich im Mai 1998, also wenige Monate vor der schicksalhaften Bundestagswahl, seinen Bonner Arbeitsplatz. Gerade bei ihm zeigte sich: Wenn das Bundespresseamt vom politischen Kraftzentrum der Republik, dem Kanzleramt, abgekoppelt ist, läuft es mit seiner Arbeit letztlich ins Leere. Er wurde Partner in zwei Beratungsunternehmen; seit dem 1. November 2008 ist er Nachfolger von Peter Schmalz als Chefredakteur des CSU-nahen ›Bayernkurier‹.

Otto Hauser: Auch die Ernennung des von manchen als »Wunderwaffe« gepriesenen Esslinger Bundestagsabgeordneten Hauser konnte in den letzten hundert Tagen vor der Wahl keine Veränderung des desolaten Öffentlichkeitsbildes mehr herbeiführen. Im Gegenteil: Der neue Regierungssprecher wurde selber sofort zum Teil des Problems. Vor seinem Einzug ins Parlament war Hauser für kurze Zeit bei der ›Welt‹ als Redakteur tätig. In der Fraktion hatte er sich vor allem mit Verteidigungspolitik befasst und Einfluss dadurch erlangt, dass er Chef der disziplinierten baden-württembergischen CDU-Landesgruppe wurde. Der Staatsminister Anton Pfeifer schlug ihn dann für das Amt des Regierungssprechers vor. Seine Ernennung musste aber besonders von Wolfgang Schäuble als Affront gewertet werden, da beide heftige Animositäten gegeneinander hatten. Pikant war, dass nach Hausers Dienstantritt der Kanzleramtsminister Friedrich Bohl formal auch die Leitung des Bundespresseamts übernehmen musste, da Hauser nur parlamentarischer Staatssekretär wurde und deshalb die offizielle Leitungsfunktion nicht wahrnehmen konnte. Seine Vorgänger dagegen waren (da beamtete Staatssekretäre bzw. im Falle von Klein Bundesminister) wirkliche Leiter ihrer Behörde geworden. Hauser trat sofort nach seiner Ernennung von einem Fettnäpfchen ins andere: Vor allem sein Interview mit der ›Chemnitzer Freien Presse‹ sorgte für Wirbel. In diesem erklärte er: »Die Westdeutschen unterstützen den Osten weiterhin, auch wenn manche das mit der Faust in der Tasche tun. Die Menschen in Ostdeutschland sollten aber wissen, dass die Hilfsbereitschaft mit der Wahl von Extremisten nicht überstrapaziert werden darf.«[84] Er nahm damit Bezug auf ein mögliches Zusammengehen von SPD und PDS in den neuen Ländern. Mit solchen und ähnlichen Äußerungen brachte Hauser nicht nur seine ostdeutschen Parteifreunde gegen sich auf. Offen ging auch Schäuble auf Distanz zum Regierungssprecher.[85]

Helmut Kohl wusste, wie schlecht die Meinungsumfragen nun waren, doch scheiterte er mit dem Versuch, durch eine personelle Umorganisation des Bundespresseamts eine für ihn bessere Stimmung in der Bevölkerung herbeizuführen. Auch ein zweiter verzweifelter Schachzug des Kanzlers sollte sich als Rohrkrepierer erweisen, nämlich dass er einige Monate vor den Wahlen noch den Medienberater Hans-Hermann Tiedje»einkaufte«. Dieser sollte ihm aus höchster medialer Not helfen, doch geriet der mit niemandem abgesprochene Coup zu einem Desaster. Tiedje ist zwar ein begnadeter Selbstdarsteller, erwies sich aber in Fragen der politischen Kommunikation als blutiger Laie. Nach seinem Ausscheiden bei der ›Bild‹-Zeitung war er Chefredakteur von ›Tango‹ geworden, einem Blatt, das bald sang- und klanglos eingestellt wurde. Mit dieser»Qualifikation«wurde er Kanzlerberater und nahm sogar an Kohls»Morgenlagen« mit engsten Mitarbeitern teil. Offiziell hatte Tiedje sein Büro in der CDU-Bundesgeschäftsstelle. Unter anderem stammte von ihm die Idee, für eine Wahlkampfzeitschrift den Titel der alten DDR-Illustrierten ›NBI‹ wiederaufleben zu lassen, auch wenn dieser Titel für die Wahlkampfausgabe in die Langform – Neue-Bundesländer-Illustrierte – umbenannt wurde. Die Zeitschrift, die als ›NBI‹ zu DDR-Zeiten wegen ihrer Nacktfotos beliebt war, sollte sich speziell an die Bürger Ostdeutschlands wenden. Doch auch diese Idee entwickelte sich zu einem Flop. Die Tatsache, dass ein alter SED-Zeitschriftentitel ausgerechnet für eine CDU-Wahlkampfillustrierte verwendet wurde, führte eher zur Verwirrung der ostdeutschen Bevölkerung und zu ihrer Abwendung von der Union bei den Wahlen.

Warum Helmut Kohls Instinkt bei Tiedje versagt? Dieser hatte, ähnlich wie der Historiker Stürmer, den Kanzler in seiner Überzeugung bestärkt, dass den Menschen in Deutschland seine Bedeutung mehr klargemacht werden müsse, da die Partei sich ihm gegenüber ja undankbar zeige. Kohls Rolle müsse deshalb im Wahlkampf stärker in den Vordergrund gestellt werden. So sehr sein Medienberater den Kanzler mit dieser Argumentation für sich gewinnen konnte, so sehr verschärfte diese Strategie das Wahlkampfproblem der CDU, denn in der Bevölkerung war ein ausgeprägter Überdruss nach einer so langen

Amtszeit Kohls nicht mehr zu übersehen. Der Wunsch nach einem Wechsel war übermächtig geworden.[86]

Der Politikstil Kohls

Helmut Kohl hat, strenggenommen, nichts wirklich Aufregendes an sich. Er ist als Person so seltsam »normal«, dass man sich schwertut, ihn in seiner historischen Größe einzuordnen. Gerade diese »Normalität« war es aber auch, die insbesondere viele Intellektuelle seine Führungsqualitäten lange Zeit in Frage stellen ließ. Der Exkanzler hat unbestreitbar – neben mutigen Teilen der Bevölkerung der einstigen DDR, die den Siegermächten des Zweiten Weltkriegs und den deutschen Politikern die Wiedervereinigung aufgezwungen haben – das Hauptverdienst am Einigungsprozess. Auch seine historische Rolle beim Prozess der europäischen Integration ist ihm nicht abzusprechen: Wer die heutigen EU-Gipfeltreffen mit all den nationalen Egoismen analysiert, erkennt unschwer, dass mit Kohl ein Lotse von Bord gegangen ist, der in Europa bisher noch keinen Nachfolger gefunden hat.

Die enorme psychische wie physische Anspannung, mit der die Spitzenpolitiker der Gegenwart leben müssen, beeinflusst auch ihren politischen Stil. Und die in diesem Umfang und solcher Detailliertheit nie da gewesene gnadenlose öffentliche Beobachtung verursacht zwangsläufig Persönlichkeitsveränderungen. Selbst die kleinste, völlig unbedeutende Geste im Plenarsaal kann in Millionen Haushalte übertragen werden. Die Heerschar von Fotografen, die jeden öffentlichen Auftritt genauestens festhält, führt bei Spitzenpolitikern zu einer fast unmenschlichen äußeren Kontrolliertheit, zu dem permanenten Zwang, sich »im Griff« haben zu müssen. Dies bringt psychische Verwerfungen mit sich, sosehr die öffentliche Aufmerksamkeit dem Ego schmeichelt. Wer als Politiker tagtäglich beim Blick in die Zeitung seinen Namen entdeckt, erlebt einerseits schmerzhaft den Verlust von Privatheit, andererseits aber genießt er es. Wer nicht mehr wie ein Normalbürger einkaufen kann, ohne dass sich eine Menschenmasse ansammelt, ohne dass nach einem Autogramm gefragt wird, erlebt die Welt aus einer anderen Perspektive. Und dies prägt den politischen Stil jedes Toppolitikers. So auch bei Helmut Kohl.

Es gibt viele Gründe, warum sich Helmut Kohl so lange als Bundeskanzler halten konnte. Nicht zuletzt hatte er Glück, ohne das ein Politiker keinen Erfolg haben kann. Die überraschend gekommene deutsche Einheit bewirkte eine Verlängerung seiner Regierungszeit, denn in schwierigen Ausnahme- und Übergangsphasen hat die jeweilige Regierung, wenn sie keine wesentlichen Fehler macht, immer größere Profilierungschancen als die Opposition. So verschaffte die Wiedervereinigung Kohl zwar die staatsmännische Kontur, die ihm bis dahin weitgehend abging, parallel dazu entwickelte sich aber immer mehr ein »anderer« Kohl als der, den man zu Beginn seiner Karriere kannte. Er wurde mit zunehmendem, auch international anerkanntem Erfolg immer unduldsamer, verschlossener und misstrauischer. Er wollte eines – nämlich in die Geschichte eingehen. Dies erklärt nicht nur das Gefühl einer Mission, das er bei der deutschen Einheit empfand, zumal er im Gegensatz zu vielen anderen die Tür zur Wiedervereinigung nie zugeschlagen hatte. Auch sein unverdrossenes Wirken für die europäische Integration sah er in historischer Perspektive. Ohne sein Beharrungsvermögen wäre zum Beispiel der Euro nicht Wirklichkeit geworden, obwohl er in dieser Frage zeitweilig selbst innerlich zu schwanken schien, wusste er doch genau um die Meinung eines großen Teiles der Deutschen, die nur ungern auf die »gute alte D-Mark« verzichten wollten. Hätte aber die Bundesrepublik (trotz der Verpflichtungen aufgrund des Maastricht-Vertrags) die Einführung des Euro weiter hinauszuschieben versucht, wäre die Gemeinschaftswährung EU-weit wie ein Kartenhaus in sich zusammengefallen.

Helmut Kohl ist ein Geschichtsdeuter, was sich in allen seinen Reden niederschlug. So erstrebte er eine dauerhafte Aussöhnung mit Frankreich. Trotzdem setzte er nicht alles auf die französische Karte, sondern war zutiefst von proamerikanischen Empfindungen beseelt. Auch das Verhältnis zu Polen und zu Israel hatte für den Kanzler aus historischen Gründen einen hohen Stellenwert. Sein Politikverständnis war nicht von Extremen, sondern von der Einsicht in die Notwendigkeit des Konsenses geprägt. Bei aller Skepsis, die zahlreiche

Leute seinen Führungsqualitäten entgegenbrachten, war Kohl gerade wegen seiner politischen Konsensfähigkeit wählbar. Zumindest stellte er für viele keinen Grund dar, die Unionsparteien auf Bundesebene nicht zu wählen, denn im Gegensatz etwa zu Strauß war er kein Polarisierer.

Die Führungstechnik des CDU-Kanzlers unterschied sich in erheblichem Ausmaß von der seines kühl-technokratischen Vorgängers Helmut Schmidt. Diesem gelang es zwar, sich in der Öffentlichkeit führungsstark zu zeigen; er sah sich gern als alle belehrender »Weltökonom«. Aber er musste das Amt des SPD-Parteivorsitzenden weiterhin Willy Brandt überlassen. So konnte er sich bei seinen Entscheidungen überwiegend nur auf das Kanzleramt stützen. Schmidt und Kohl sind auch wesensmäßig völlig unterschiedlich und sich in heftiger Abneigung zugetan. Hingegen spricht der Pfälzer in warmen Worten von Willy Brandt. Mit ihm, dem Friedensnobelpreisträger, möchte er eher auf einer Stufe stehen. Kohl agierte häufig hinter den Kulissen. Es wird aber niemand behaupten können, dass er damit weniger erfolgreich als Schmidt war. Es gelang ihm, die vorgegebenen politischen Strukturen durch seinen Politikstil so zu prägen, dass er der am längsten amtierende Kanzler der Bundesrepublik werden konnte.

Visionen liebte Kohl bestenfalls in der Europapolitik. Dazu gehörte auch die Politik gegenüber Polen. Seinem Drängen war es zu verdanken, dass im November 1990 der Deutsch-Polnische Grenzvertrag, der die Oder-Neiße-Linie als definitive Grenze bestimmte, mit nur fünf Gegenstimmen mühelos den Bundestag passieren konnte. Dies war eine Grundvoraussetzung für die Zustimmung der Westalliierten zur deutschen Einheit. In den grauen und kontroversen Fragen der Tagespolitik hingegen hatte er selten eine entschiedene eigene Meinung. Was manche als »konzeptionsloses Durchwursteln« bezeichneten, hieß bei seinen engen Mitarbeitern, er ließe die Probleme »reifen«. Der Kanzler wollte sich bei wichtigen Entscheidungen ungern unter öffentlichen oder gar unter Zeitdruck setzen lassen. Deshalb war auch häufig zu lesen, er würde die Probleme »aussitzen«. Kernelement seines Führungsstiles war jedoch, dass er selten mit klaren inhaltlichen Vorgaben auftrat, sondern in der Regel erst einmal abwartete, in welche Richtung sich der Entscheidungsprozess entwickelte. Sein Votum bestand oft darin, abschließend den Konsens zu verkünden (»Wir machen das so.«). Was aber zeichnete sonst noch seinen unverwechselbaren politischen Stil aus?

Der unbedingte Glaube an sich selbst: Helmut Kohl wurde vielleicht gerade deshalb Bundeskanzler, weil ihm viele diesen Aufstieg nicht zutrauten. Er hatte etwas, das ihn von vielen seiner einstigen Konkurrenten unterschied: absolutes Vertrauen in seine eigenen Fähigkeiten. Dieser Glaube an sich selbst ließ ihn in kleinem Kreis gelegentlich über andere spotten: »Die mögen mich für einen Dorfdeppen halten; das stört mich aber überhaupt nicht.« In seinen Anfangsjahren musste er zunächst Rainer Barzel aus dem Weg räumen, und es gab Franz Josef Strauß, der sich immer für überlegen hielt. Der Einzige aber, der ihm wirklich hätte gefährlich werden können, der schleswig-holsteinische Pastorensohn Gerhard Stoltenberg, galt als Zauderer, den Kohl durch seine Entschlossenheit und hemdsärmelige Robustheit in die Schranken wies, zumal Stoltenberg innerparteilich keine Truppen aufbauen konnte, die ihn zu einer Parteivorsitzenden- oder Kanzlerkandidatur »gerufen« hätten. Kohl hingegen wusste hinsichtlich seiner Pläne zur Machterlangung und Machtsicherung immer sehr genau, was er wollte.

Die Sprache und Ausdrucksweise: Kohls wenig präzise Art des Formulierens ließ ihn lange Zeit keinesfalls als eine zukünftige Figur der Weltgeschichte erscheinen. Sie war das genaue Gegenteil der Ausdrucksweise eines charismatischen, weltläufigen und souveränen Staatsmannes. Ein Beispiel dafür ist sein ›Newsweek‹-Interview vom Oktober 1986, in dem er Michail Gorbatschow mit Goebbels verglich.[87] In einer Regierungserklärung nahm Kohl später von seinen eigenen Worten Abstand: Es sei der »falsche Eindruck vermittelt worden, ich hätte Generalsekretär Gorbatschow persönlich mit Goebbels vergleichen wollen. Das war nicht meine Absicht. Ich bedaure es sehr, dass dieser Eindruck entstehen konnte, und distanziere mich mit Entschiedenheit davon.«[88] (Interessanterweise distanzierte sich der Kanzler nur von dem »Eindruck«.) ›Newsweek‹ veröffentlichte daraufhin auch die vom Regierungssprecher Ost nicht freigegebene ursprüngliche Fassung, in der Kohl über Gorbatschow gesagt hatte: »Er ist ein moderner kommunistischer Führer. Er war nie in Kalifornien und nie in Hollywood, aber er versteht etwas von Public Relations. Goebbels verstand auch etwas von PR. Man muss doch die Dinge auf den Punkt bringen ...«[89]

Helmut Kohl war nur dann ein guter und wirklich mitreißender Redner, wenn er mit dem Rücken zur Wand stand, wenn er kämpfen musste. Wegen der oft verspotteten Schwammigkeit seiner Formulierungen wirkte er einerseits inhaltlich ausgesprochen konturlos, andererseits aber war seine Ausdrucksweise gewissermaßen Programm: Er konnte in der gleichen Rede Vertriebene und ihre Seelenlage genauso »bedienen« wie sich an europäischen Visionen erfreuende Zuhörer. Und er war in der Lage, ehemalige SED-Mitglieder durch seinen Hinweis, er wisse nicht, wie er in einer Diktatur gehandelt hätte, ebenso anzusprechen wie Bürgerrechtler, deren Mut er lobte. Seine Art zu reden vermittelte den Eindruck eines guten »Hausvaters«, der die kleinen Schwächen seiner Familienmitglieder kennt. Er bediente sich trivialer Sprichwörter (»Die Hand, die segnet, wird zuerst gebissen«, womit er natürlich seine eigene meinte) und zitierte in vielen Reden Papst Johannes XXIII.: »Giovanni, nimm dich nicht so ernst«, was Bescheidenheit signalisieren sollte. In Wirklichkeit jedoch stellte er sich dadurch mit einer der größten geistigen Persönlichkeiten des 20. Jahrhunderts auf die gleiche Stufe. Der Kanzler schaffte es, die Brücke zum »einfachen Menschen« zu schlagen – nicht aber zu den Intellektuellen, von denen er sich auch gerne verspotten ließ. Selbst dass er kein Englisch spricht, focht ihn nicht an, und sogar die Witze über ihn ließen Kohl der großen Mehrheit der Bevölkerung als einen der Ihren erscheinen.

Die Kommunikationstechnik: Es war keine natürliche intellektuelle Souveränität, sondern mehr seine joviale Vertraulichkeit mit gleichzeitiger Wahrung der Distanz, die Kohls spezifische Kommunikationstechnik ausmachte. Diese verriet, dass er im Grunde ein unsicherer Mensch ist, was allerdings durch die Art seines Auftretens übertüncht wird. Typisch für ihn ist sein einseitiges Duzen in der Manier eines barocken Fürsten. Der gleiche Mann, der beim Besuch eines Bundeswehrmanövers vor der erstaunten Fernsehöffentlichkeit sagen konnte: »General, komm mal her«, herrschte bei seiner späteren Vernehmung vor dem Untersuchungsausschuss des Bundestags andere mit den Worten an: »Für Sie bin ich immer noch Dr. Kohl.« Seine Technik, Menschen für sich einzunehmen, begann er im Laufe der Zeit zunehmend zu verfeinern. Kohl erzielte zwar Wirkung im Fernsehen, wenn auch bei vielen Reden der Funke einfach nicht überspringen wollte. Dennoch schaffte er es, zu den mit ihm kommunizierenden Personen ein intensives Verhältnis herzustellen. Er verstand es beispielsweise, diejenigen Leute in seiner Partei, die für ihn potentiell wichtig waren, so anzusprechen, dass sie sich als von ihm wahrgenommen empfanden. Sein eigentliches Rezept bestand darin, dass er gerade bei Gesprächen in kleinem Kreis einen ungewöhnlichen, wenn auch burschikosen Charme entfaltete, dass er seinen Gesprächspartnern das Gefühl vermittelte, er wisse um ihre wirkliche Bedeutung. Und man erlebte mit Kohl eine gemeinsame Geschichtsdeutung: Er erzeugte den Eindruck, dass man mit ihm zusammen an einem historischen Aufbruch teilnahm. Es gelang ihm wie keinem anderen, sowohl an die egoistische wie an die idealistische Natur von Politikern zu appellieren. Indirekt, aber wirkungsvoll machte er Gesprächsteilnehmern klar: Ihr habt Anteil an einer großen politischen Idee – und suggerierte gleichzeitig, der gemeinsame politische Erfolg sei auch karrierefördernd.

Kohl liebte es von Anfang an, Menschen nach ihrem persönlichen Hintergrund, etwa nach dem Elternhaus, auszufragen, und schloss hieraus auch auf Charaktereigenschaften. Zudem verband er Landschaften mit Charaktermerkmalen ihrer Bewohner. Und wenn er sich in einer Gegend auskannte, fragte er seine Gesprächspartner nach historischen Daten und genoss es nicht selten, diese dadurch in Verlegenheit zu bringen. Er verbreitete einerseits zwar oft eine kumpelhafte Aura, doch sehr gerne scherzte er auch auf Kosten seines Gegenübers. Wenn Kohl jemandem höchstes Wohlwollen entgegenbringen wollte, redete er ihn mit »Na (dann folgte der Nachname), du alter Gauner!« an. Bei aller Vertraulichkeit wahrte er aber Distanz. Deutsche Politiker, denen er während seiner Kanzlerschaft das Du angeboten hat, gibt es nur wenige. Wichtig war für ihn auch das »Tratschen« über andere Leute. Schon sein früherer Förderer Bruno Heck zeigte sich wenig erfreut, wenn Kohl negativ über andere Leute redete. Damit vermittelte

Kohl aber seinem jeweiligen Gesprächspartner den Eindruck von Gewogenheit nach dem Motto: Wenn »der Kanzler« mir so etwas sagt, dann vertraut er mir, dass ich es für mich behalte; ich werde in seine persönlichsten Ansichten eingeweiht. Da aber Gespräche – und Kohl wusste das ganz genau – selten vertraulich bleiben, waren solche Hinweise des Pfälzers, der häufig seinen Missmut nicht direkt bekunden wollte, auch ein wirksames Instrument zur Disziplinierung der Betroffenen. Vertraulichkeit zu demonstrieren, vermochte er während seiner Kanzlerschaft auch dadurch, dass Besucher gelegentlich in seinem Büro bleiben durften, wenn er mit den Großen der Welt telefonierte. Er machte sich ein Vergnügen daraus, andere an solchen Kontakten teilnehmen zu lassen, statt den oder die Gäste zu bitten, den Raum vorübergehend zu verlassen. So konnten die solcherart Geehrten das gesamte Geschehen – inklusive Einsatz von Dolmetschern und Beamten, die die Telefonate protokollierten – live miterleben. Und Kohl konnte damit rechnen, dass über diese besondere Vertrauensbekundung (die ja auch zu Indiskretionen hätte führen können) von den Betreffenden in ihrem jeweiligen Bekanntenkreis stolz berichtet wurde.

Auch seine beeindruckende körperliche Statur setzte Helmut Kohl bewusst ein. Wenn er in einen Saal mit vielen Menschen kam, sahen diese zunächst die Bewegung um ihn herum, dann ihn selber, weil er fast alle anderen überragte. Und mit wachsendem politischem Gewicht nahm auch sein Körpergewicht zu, was er keineswegs als Manko empfand. Man sah ihm förmlich an, wie er mächtiger wurde. Auch in kleinerem Kreis wirkte er durch seine Statur, die vielleicht sogar einer der Gründe für seine Dominanz war.

Um von eigenen Fehlern abzulenken, entwickelte Kohl eine bemerkenswerte Technik: Er stellte sich nämlich bei aufkommendem Unmut durch die – geradezu absurde, sich in Wirklichkeit gegen ihn selbst richtende – ritualhaft wiederholte Warnung vor dem »Bonzentum«, speziell vor einer »Verbonzung« der eigenen Partei, an die Spitze der Kritik.

Der personalistische Führungsstil: Wir haben gesehen, dass Helmut Kohl in den Jahrzehnten seiner politischen Betätigung ein weitverzweigtes Netzwerk von Vertrauten aufbaute. Insbesondere in der Partei als seiner eigentlichen Machtbasis hatte er in allen Landesverbänden und sonstigen CDU-Gruppierungen zahlreiche Günstlinge in Schlüsselstellungen gebracht. Es konnte sogar vorkommen, dass er mit verdutzten Funktionären auf unterer Ebene telefonierte. Damit erwarb er sich den Ruf der Basisnähe. Zugleich zeigte er dadurch aber den Landesvorsitzenden, wenn sie von solchen Anrufen hörten, dass er an ihnen vorbei in ihrem »Revier« direkten Kontakt aufnehmen konnte. Eine seiner großen Stärken lag in der langjährigen Pflege solcher Kontakte – übrigens weit über seine eigene Partei hinaus, mit allen gesellschaftlichen Gruppen und auch Einzelpersönlichkeiten. Kohls Stil kann man deshalb als personenbezogen-autokratisch bezeichnen. Intensives Aktenstudium liebte der Kanzler nicht; er erwartete von seinen Mitarbeitern knappe und präzise Vermerke. Seine Anweisungen gab er in unzähligen Telefonaten und informellen Gesprächen. Das Bundeskabinett war mehr eine Absegnungsstätte für Entscheidungen als ein Ort echter Beratung. Kohls personalistischer Führungsstil hatte auch zur Folge, dass Entscheidungen sehr häufig zunächst auf inoffiziellem Wege zustande kamen – mit der Konsequenz, dass heute vielfach aus den Akten allein die Ablaufprozesse nicht hervorgehen. Und es scheint manchmal so, als habe er möglichst viele Spuren der konkreten Entscheidungsprozeduren im Dunkeln lassen wollen.

Der paternalistische Stil: Was seiner Partei nutzte, war nach Kohls Auffassung auch für den Staat, für die Demokratie gut. Dazu gehörte auch seine Methode der finanziellen Zuwendungen. Da er die CDU im Stil eines Barockfürsten leitete, lag es nahe, in Not befindliche Verbände oder auch Einzelpersonen, wie er sich gern ausdrückte, »nicht im Regen stehenzulassen«. Vielleicht war das aber nicht nur der Sinn für den eigenen Machterhalt, sondern auch die Auffassung, dass ein »guter Hausvater« Angehörige der Partei-»Familie« in schwierigen Situationen unterstützen müsse. So half er einem inzwischen verstorbenen norddeutschen Landesvorsitzenden aus finanzieller Not – wenngleich mit Geld aus »schwarzen Kassen«, wie wir heute wissen. Mit solchen Geldern, die Kohl als eine Art persönlichen Verfügungsfonds betrachtete, löste er manches finanzielle Problem seiner Partei.

Das Präsidieren als Führungsersatz: Statt kraftvoll zu regieren, verlegte sich der Kanzler mehr und mehr aufs Präsidieren. Zunehmend interessierten ihn nur noch europa- und andere außenpolitische Fragen. So gab er die inhaltliche Gestaltungsmacht immer mehr an den Fraktionsvorsitzenden Wolfgang Schäuble ab, der auch der geistige Vater des Regierungsprogramms für die Jahre 1994 bis 1998 war. Kohls präsidialer Stil führte aber dazu, dass seine eigene Position bei wichtigen, vielfach langwierigen Entscheidungsprozessen erst am Ende sichtbar wurde. Die Teilnehmer an solchen Beratungen mussten sogar damit rechnen, dass er im Verlauf der Gespräche mehrmals seine Meinung änderte. Denn Kohl hatte ein Sensorium für Mehrheiten entwickelt – er wollte in wichtigen Fragen nie zur Minderheit gehören.

Er genoss es auch, wenn die Teilnehmer an solchen Runden differierende Positionen vertraten und wegen unterschiedlicher Aufgaben teilweise ja auch vertreten mussten. In derartigen Fällen konnte er als Moderator und Schlichter auftreten, ohne sich zu Beginn der Sitzungen schon festlegen zu müssen. Diese Methode wiederum verstärkte die Abhängigkeit der Mitberatenden von Kohl, und er konnte damit führende Unionspolitiker gegeneinander ausspielen. Es bereitete ihm Freude, wenn sich diese beharkten. Das beste Beispiel hierfür ist der Dauerstreit zwischen Schäuble und Waigel. Mit dem damaligen CSU-Vorsitzenden und Bundesfinanzminister war der Kanzler innerlich herzlicher verbunden als mit dem Fraktionschef. Kohl und Waigel brauchten einander. Der CSU-Vorsitzende hatte in seiner Partei einen schweren Stand. Zwar war ihm die bayerische Landesgruppe in der Bundestagsfraktion zugetan – und mit gewissen Einschränkungen auch ihr Vorsitzender Michael Glos –, doch mit dem sprunghaften Ministerpräsidenten Edmund Stoiber hatte er ständig Probleme. Dieser sah die bayerischen Interessen in Bonn nicht gut genug vertreten. Insbesondere der Kurs des Finanzministers bei der Schaffung des Euro war nur schwer mit Stoibers Standpunkt zu vereinbaren. Da Waigel den Kanzler in allen wesentlichen EU-spezifischen Fragen auch mit der Bereitschaft, Haushaltsmittel zur Verfügung zu stellen, unterstützte, hatte Kohl in ihm lange Zeit seinen stärksten Kombattanten, einen Mitstreiter, der ihm zugleich lästige Europakritik der bayerischen Staatsregierung vom Hals halten konnte. Insoweit war der CSU-Mann in einem gewissen Sinne für Kohl damals wichtiger als

Schäuble, den er notfalls über das CDU-Präsidium in Entscheidungen einzubinden vermochte. Waigel hingegen brachte das Gewicht der selbständigen Schwesterpartei ein. Die Auseinandersetzungen zwischen Waigel und Schäuble wegen des von Letzterem entworfenen »Zukunftsprogramms« waren gleichwohl für den Kanzler nicht einfach zu handhaben, da er auch den Fraktionsvorsitzenden brauchte und nicht offen für den einen oder den anderen Partei ergreifen wollte. Waigel war mit der frühen Festlegung Kohls auf Schäuble als seinen Nachfolger nicht einverstanden, zumal er wenig Lust verspürte, in einem künftigen Kabinett unter dem drei Jahre jüngeren Badener zu amtieren. Außerdem fühlte er sich von diesem zu sehr zu einer Steuerreform gedrängt, bei welcher der einst in der Finanzverwaltung tätige Fraktionsvorsitzende fachliche Dominanz zu zeigen versuchte.

Die Konfliktscheu: Kohl ging Konflikten möglichst aus dem Weg. Er wusste Menschen an sich zu binden, wenn er sie aber verstieß – aus welchen Gründen auch immer –, beauftragte er häufig Vertraute, ihre Entfernung aus dem Amt zu betreiben. Oder er steckte den Medien vorab die bevorstehende Entlassung. Einige Kabinettsmitglieder – etwa der frühere Minister für innerdeutsche Beziehungen Heinrich Windelen und der Bauminister Oscar Schneider – erfuhren von ihrer bevorstehenden Entlassung aus dem Radio oder von Dritten, bevor der Kanzler sie ihnen offiziell mitteilte. Statt die Betroffenen selber frühzeitig zu informieren, übertrug er das unangenehme Geschäft anderen. Er hätte ja in einem persönlichen Gespräch unter Begründungszwang gestanden. Einem Kanzler der Bundesrepublik Deutschland behagt es aber nicht, sich zur Ratio seiner Entscheidungen äußern zu müssen. Verärgerung löste weithin aus, wie er den verdienten Europäer Egon Klepsch, seinerzeit sogar Präsident des Europäischen Parlaments, von der rheinland-pfälzischen Landesliste für die Europawahlen drängte und seine Wiederaufstellung verhinderte. Kohl wollte ein internes rheinland-pfälzisches Personalproblem mithilfe eines Europamandats für den als CDU-Landesvorsitzender ausscheidenden Werner Langen gelöst sehen. So wurde Klepsch vor vollendete Tatsachen gestellt. Auch in diesem Fall hatte Helmut Kohl nicht den Mumm, den Betroffenen über seine Pläne selbst zu informieren.

Die Missachtung des Institutionellen: Artikel 65 des Grundgesetzes normiert nicht nur die Richtlinienkompetenz des Bundeskanzlers, sondern bestimmt auch, dass jeder Bundesminister»seinen Geschäftsbereich selbständig und unter eigener Verantwortung« leitet. Das Kollegialprinzip kommt darin zum Ausdruck, dass der Kanzler die Geschäfte nach einer Geschäftsordnung führt und dass über Meinungsverschiedenheiten zwischen den Ministern die Bundesregierung in ihrer Gesamtheit entscheidet. Kohl hat diesen Grundgesetzartikel nicht wirklich mit Leben erfüllt. Vielmehr hat er mit zunehmender Amtszeit das Kollegialprinzip durch Koalitionsrunden ersetzt, die in der Geschäftsordnung der Bundesregierung gar nicht vorgesehen sind. Und das Prinzip der Ministerverantwortlichkeit missachtete er – jedenfalls im Falle der der CDU angehörenden Minister – schlicht dadurch, dass er sehr häufig in die Ministerien unmittelbar hineinregierte. Die Geschäftsordnung, die geordnete Abläufe gewährleisten soll, war Kohl immer ein Dorn im Auge, weil sie ganz zwangsläufig sein Bemühen um direkte Einflussnahme einschränken musste. Das galt auch im Rahmen der Partei oder der von ihm intensiv begleiteten Arbeit der Konrad-Adenauer-Stiftung. Kohl ist durch und durch Machtmensch und wollte sich nicht von institutionellen Hürden einengen lassen. Damit beschädigte er aber die Bedeutung der Institutionen – innerhalb der Regierung wie in seiner Partei. Sein einstiger Kanzleramtschef Waldemar Schreckenberger hat später nicht nur die Tatsache beklagt, »dass die Parteien immer mehr in die staatlichen Entscheidungsprozesse schon im Stadium der Konzeption und Vorbereitung einbezogen werden«[90], sondern auch das Durchbrechen formaler, geordneter Abläufe, Kohls Fixiertheit auf Personen statt auf Institutionen, in loyal-feinsinniger Weise kritisiert:»Regierungschefs haben eine höchstpersönliche politische Leistung zu erbringen. Dies scheint zuweilen die Bereitschaft zu verstärken, der anonymen Vorlage der Administration die persönliche Erörterung mit den je nach Thematik sachverständigen Mitarbeitern der Regierungszentrale vorzuziehen. Auf diese Weise bildet sich eine Gruppe von Personen, die einen Sonderstatus gewinnt. Im Rahmen der formalen Organisation kommt eine Art informeller Stab mit unmittelbarem Zugang zum Regierungschef zustande. Die Probleme für einen geordneten Betrieb sind beträchtlich und wenig geeignet, die allgemeine Motivation des

Personals zu steigern. Die Verschränkung einer klassischen Organisation mit einer allgemeinen Stabsorganisation ist bisher nicht gelungen. Die Kommunikationswege und die Zuarbeit sind zu sehr vom persönlichen Arbeitsstil des jeweiligen Regierungschefs abhängig.«[91]

Die Geringschätzung demokratischer Institutionen: Unter Helmut Kohls Leitung war das Bundeskabinett immer weniger der Ort, an dem unterschiedliche Ressortinteressen zur Sprache kamen. Der frühere Postminister Christian Schwarz-Schilling, einer der raren Intellektuellen in den Kohl'schen Bundesregierungen, kritisierte bei seinem Ausscheiden im Dezember 1992, dass im Kabinett eigentlich nie über zentrale Fragen der Politik diskutiert worden sei.[92] Diese Vermeidungsstrategie ist auch als »Marsch aus den Institutionen«[93] beschrieben worden. Sie ist dadurch charakterisiert, dass Bundesminister häufig gar nicht mehr in für sie wichtige Fragestellungen in den alles entscheidenden Koalitionsrunden einbezogen wurden. Ein solcher Politikstil musste sich aber rächen, weil der Regierungsapparat damit teilweise blockiert wurde. Je länger Kohl im Amt war – in der Regierung wie in seiner Partei –, desto mehr verlagerte er die Entscheidungsprozesse aus den dafür vorgesehenen Institutionen. Außerdem erklärte er mit zunehmender Amtszeit im Kabinett immer mehr Angelegenheiten zur »Chefsache«, was nicht nur ein Eingeständnis dafür war, dass die Kooperation der Regierung nicht mehr funktionierte. Er signalisierte damit den Fachleuten unbewusst auch das nahende Ende seiner Kanzlerschaft.

Die gezielte Medienstrategie: Kohl liebte es insbesondere bei Interviews, verdutzte Journalisten dadurch in die Defensive zu bringen, dass er ihnen sofort hinsichtlich ihrer Fragen Unwissenheit unterstellte oder auch sonst abschätzige Bemerkungen über »die Medien« machte, die dann vom Fernsehen brav gesendet wurden. Es ist eigentlich erstaunlich, dass sich viele Journalisten seine häufige Unduldsamkeit und Gereiztheit überhaupt gefallen ließen. In seiner Art des Umgangs mit ihnen erinnerte er an den früheren SPD-Fraktionsvorsitzenden Herbert Wehner, vor dessen Autorität und polternder Reaktion die meisten Interviewer gewaltigen Respekt hatten. Kohls Taktik war es, über die Medien hinweg den direkten Schulterschluss mit der Bevölkerung dadurch anzustreben, dass er ein bei vielen Menschen verbreitetes Misstrauen gegen Journalisten ausnutzte. Außerdem ging er sowieso davon aus, dass die große Mehrheit der bundesdeutschen Presseleute eher »links« orientiert sei.

Zu Anfang seiner Bonner Zeit konzentrierte sich der Pfälzer vor allem auf Journalisten von Presseorganen, die er als seriös empfand. Insbesondere um die ›Frankfurter Allgemeine Zeitung‹ und ›Die Welt‹ bemühte er sich sehr. Bald bildete er kleine Zirkel, an denen stets der hoch angesehene und in seinem Urteil unbestechliche Claus Gennrich von der ›Frankfurter Allgemeinen Zeitung‹ teilnahm, aber auch die Redakteure Heinz Schweden von der ›Rheinischen Post‹ und Peter Hopen vom ZDF. Viele Jahre gehörten Manfred Schell (›Die Welt‹), Willy Zirngibl (›Westdeutsche Allgemeine Zeitung‹), Henning Frank und Günther Henrich (beide Deutschlandfunk) sowie Hans Heckmann (Deutsche Presse-Agentur) ebenfalls dazu. Aber die ständige Gruppe blieb sehr klein, bis sie Fritzenkötter mit seiner Klientel später erheblich erweiterte. Zu der engen Auswahl der Kohl vertrauten Journalisten gehörte auch der jeweilige Korrespondent seiner Lokalzeitung, der in seinem Wahlkreis erscheinenden ›Rheinpfalz‹. Deren Lektüre nahm er sich jeden Tag vor.

Es konnte allerdings vorkommen, dass der Kanzler diejenigen Teilnehmer der Hintergrundzirkel, die er bevorzugt informierte, mit Nichteinladung bestrafte, wenn sie nicht so berichteten, wie er es wünschte. Dem renommierten Bonner ARD-Bürochef Ernst-Dieter Lueg teilte er sein Missfallen sogar brieflich mit. Ein Beispiel für den »ungnädigen« Umgang Kohls mit Journalisten ist auch der Fall des Bonner Korrespondenten verschiedener Tageszeitungen und Buchautors Karl Hugo Pruys. Als einstiger Pressesprecher des CDU-Vorstands hatte er Kohls Agieren aus der Nähe erleben können. In einer fast 600 Seiten umfassenden, sehr anspruchsvollen Biografie zeichnete Pruys dessen Wirken vor allem als »Kanzler der Einheit« in einem würdigen Licht – und dennoch fiel er in Ungnade. Dies erstaunte diejenigen, die das Buch ganz gelesen hatten. Helmut Kohl hatte sich in seiner Eitelkeit über einen einzigen, aus dem Zusammenhang gerissenen Satz erregt. Dieser lautet: »Kohl hat noch keine Idee geäußert, über die sich länger als zwei Minuten nachzudenken lohnte.«[94] Der Biograf wollte damit zum Ausdruck bringen, dass der

Kanzler nicht als großer Theoretiker in die Weltgeschichte eingehen würde, sondern als jemand, der ein untrügliches Gespür für politische Stimmungen – und Macht – hat. Eine andere kleine Begebenheit dokumentiert ebenfalls, welche Konsequenz es haben konnte, das Missfallen Kohls zu erregen. Als sich der ›Bild‹-Klatschkolumnist Mainhardt Graf Nayhauß erdreistete, in der aus der DDR-Konkursmasse übernommenen, im Inneren neu ausgestatteten Kanzlermaschine die persönliche Toilette des hünenhaften Regierungschefs mit dem Zollstock auszumessen, wurde er nicht nur von seinen Journalistenkollegen als »Graf Scheißhaus« verhöhnt, sondern durfte in dieser Maschine zeitweilig nicht mehr mitfliegen. Viel gravierender ist freilich, dass Kohl in Fällen von ihm missfallender Berichterstattung sogar nicht davor zurückschreckte, bei großen Verlagshäusern oder bei den Rundfunkanstalten zu intervenieren. So musste zum Beispiel der ZDF-Journalist Wolfgang Herles den Sendeplatz in Bonn verlassen.

Die absolute FDP-Treue: Helmut Kohl hat nie mit dem Gedanken einer Großen Koalition gespielt, weil ihm die Koalition mit der FDP immer wieder die Mehrheit sicherte. Und unter keinem Bundeskanzler hatte die FDP derart viele Freiheiten wie unter Kohl, der den Koalitionspartner systematisch pflegte. Er wusste, dass ohne die Liberalen eine ihm politisch zusagende Mehrheit im Bundestag nicht möglich war. Die Tatsache, dass die FDP in all den Jahren der Koalition das profitträchtige Auswärtige Amt (am Anfang noch mit den der CDU angehörenden Staatsministern Alois Mertes und später Lutz Stavenhagen) zugesprochen erhielt, zeigt das Entgegenkommen Kohls dem kleineren Partner gegenüber. Viele CDU-Politiker sahen aber auch immer mit Beklommenheit, dass er bei den Koalitionsverhandlungen der FDP neben dem Außenministerium auch das Wirtschaftsministerium überließ, hat doch die Wirtschaftspolitik bei der Wählerentscheidung einen hohen Stellenwert.

Kohl verzichtete bezüglich der von der FDP entsandten Minister völlig auf personelle Einflussnahme (übrigens auch gegenüber der CSU). Dies erleichterte zwar sein Verhältnis zur FDP, doch war es mit dem Grundgesetz kaum vereinbar, dass der Kanzler bei der Nominierung von Kabinettsmitgliedern nicht einmal mehr sein Vetorecht in

Anspruch zu nehmen wagte. Schröder und Merkel folgten als Kanzler ebenfalls diesem Prinzip der Nichteinmischung. Es gab auch bei früheren Koalitionsregierungen das Vorschlagsrecht der jeweiligen Koalitionspartner, doch nie wurde es so absolut gehandhabt wie unter Kohl. So duldete er sogar den nordrhein-westfälischen FDP-Politiker Jürgen Möllemann als zeitweiligen Vizekanzler und Wirtschaftsminister, obwohl er ihn nicht mochte. Die Entscheidung der Liberalen, die beiden Ämter mit dem starken und ausgesprochen schillernden Möllemann zu besetzen, hat aber zum ersten Mal das Kohl'sche »Nichteinmischungsprinzip« vor eine schwere Belastungsprobe gestellt. Der zweithöchste Repräsentant der Regierung war nämlich in den Augen der überwiegenden Mehrheit der Öffentlichkeit eine glatte Fehlbesetzung. Der damalige FDP-Vorsitzende Otto Graf Lambsdorff drängte dann seinen Parteifreund im Januar 1993 zum Rücktritt – unterstützt vom Kanzler. Möllemann hatte auf einem von ihm unterschriebenen amtlichen Blankobriefbogen für in Supermärkten benutzte Einkaufswagenchips geworben, die ein Verwandter von ihm produziert (solche Chips erfreuen sich heute in den Parteien als kleine Werbepräsente großer Beliebtheit).

Die Goodwill-Personalentscheidungen zugunsten der Opposition: Kohls relevantester Einfluss bestand in der Entscheidung über bedeutsame – und gelegentlich auch höchst lukrative – Positionen. Dabei ist die Vermutung keineswegs richtig, er habe bei der Vergabe wichtiger Ämter immer nur Personen aus dem Umfeld der Regierungsparteien bevorzugt. Im Bereich der Nachrichtendienste etwa achtete er stets darauf, die SPD mit einzubinden. Speziell auch im Rahmen der Europäischen Union konnten hochrangige SPD-Mitglieder in Amt und Würden kommen, wie der einstige Juso-Vorsitzende und langjährige Bundestagsabgeordnete Wolfgang Roth, der viele Jahre (bis 2006) im Vorstand der Europäischen Investitionsbank in Luxemburg saß. Ein weiteres Beispiel hierfür war der langjährige Generalsekretär des Europäischen Rates, der höchst umsichtige SPD-Mann Jürgen Trumpf. Und wer denkt, in den Behörden der EU seien in den 16 Jahren der Kanzlerschaft Helmut Kohls vor allem Christdemokraten auf Spitzenpositionen befördert worden, irrt ebenfalls. Für Kohl waren gerade diese Behörden dazu geeignet, der damaligen Opposition manches Entgegenkommen zu zeigen; denn für das Regieren zuhause war das keinesfalls hinderlich. Wenn er einstens sogar Kurt Biedenkopf für Brüssel vorgesehen hatte, dann nicht etwa wegen dessen gestalterischer Qualitäten. Ein »Wegloben« kann unbequeme Personen im eigenen Land aus dem politischen Verkehr ziehen.

Die Entpolitisierung der Parteigremien: Demokratische Gremien waren für Kohl lediglich Mittel zum Zweck. Wenn es ihm passte, wurden sie vergrößert oder verkleinert, je nachdem, welche personalpolitischen Notwendigkeiten sich aus seiner Sicht ergaben. Kampfkandidaturen wollte er meistens vermeiden. Sonst hätte er sich ja auf die Seite des einen oder des anderen Kandidaten schlagen müssen. Alle Erfahrung lehrt, dass mit zunehmender Größe eines Gremiums dessen Entscheidungsfähigkeit abnimmt, zumal bei großen Gremien auch »undichte Stellen« vermutet werden können. Deshalb mussten Entscheidungen woanders, im informellen Rahmen, getroffen werden. So kann es denn auch kaum überraschen, dass selbst Mitglieder des CDU-Präsidiums beklagten, im Prinzip über keine wirkliche Entscheidungsmacht zu verfügen. Im Übrigen verstand Kohl es in wirklich kritischen Situationen ohnehin, die Entscheidungen schon vor den entsprechenden Sitzungen treffen zu lassen. Die Gremiensitzungen, auch wenn er vor diesen häufig ungewöhnlich nervös war, sah er als eine Art Marionettentheater an, bei dem er der Strippenzieher war und die Rollen schrieb. Um unangenehmen Kampfabstimmungen aus dem Weg zu gehen, wurde 1977 die Satzung der Bundes-CDU geändert und die Stellvertreterzahl von fünf auf sieben erhöht. Dies führte zu einer Schwächung des Einflusses der sich gegenseitig beäugenden Stellvertreter. Außerdem war dadurch nur noch in seltenen Fällen eine vertrauliche Behandlung wichtiger Fragen garantiert, was dem Parteivorsitzenden den Hinweis ermöglichte, dass man im Präsidium nicht offen sprechen könne und gewisse Entscheidungen deshalb an anderer Stelle getroffen werden müssten.

Die Missachtung von allgemeinen demokratischen Grundsätzen: Der Kanzler war sich nicht sicher, ob seine eigene Partei – geschweige denn der Koalitionspartner – seinem Wunsch nach einer erneuten Kandidatur bei den Bundestagswahlen 1998 folgen würde. Er hatte gut in Erinnerung, dass die FDP sich einst gegen eine nochmalige Kanzlerschaft Adenauers aussprach. Einem möglichen negativen Votum der Liberalen wollte er deshalb zuvorkommen. So ersann er eine Methode der Überrumpelung von Partei, Fraktion und Koalitionspartner. Seine Selbstnominierung indes ist ein Musterbeispiel für die Missachtung elementarer demokratischer Grundsätze. Kohl setzte seine Interessen durch, obwohl er wusste, dass sich das – ursprünglich auch von ihm selbst öffentlich verworfene – Verlangen nach einer weiteren Amtszeit zwangsläufig negativ auf die Wahlchancen der Unionsparteien auswirken musste. Die damaligen Umfragen zeigen, dass der bereits in großen Teilen der Bevölkerung vorhandene Wunsch nach einer anders gefärbten Regierung durch Helmut Kohls eigenmächtige Entscheidung deutlich verstärkt wurde. Von der Selbstnominierung erfuhren Partei und Öffentlichkeit durch ein ARD-Interview aus Anlass seines 67. Geburtstages am 3. April 1997 – und dies, während er sich zu einer Fastenkur im österreichischen Bad Hofgastein aufhielt. Wolfgang Schäuble sagt heute, dass Kohl ihn vorab telefonisch unterrichtete[95], und es ist davon auszugehen, dass der Fraktionsvorsitzende als der nach dem Pfälzer mächtigste Mann der CDU keinen ernsthaften Versuch unternommen hat, diesen von einer erneuten Kandidatur abzuhalten. Außer Schäuble wurde niemand informiert. Der CSU-Vorsitzende Theo Waigel musste Kohls Ankündigung genauso der Presse entnehmen wie der FDP-Chef Wolfgang Gerhardt. Besonders auch der FDP-Fraktionsvorsitzende Hermann Otto Solms hatte darauf gedrängt, dass mit Kohl über die Kandidatur gesprochen werden müsse. Insofern war dessen Erklärung auch eine Brüskierung des Koalitionspartners. Übrigens gab es bei Kohls »Haussender« ZDF Verbitterung darüber, dass er seine Wiederkandidatur ausgerechnet über die ARD verkündet hatte.

Das Interview traf vor allem die Union also völlig unvorbereitet. Keines ihrer Gremien war mit der Entscheidung Helmut Kohls vorher befasst. Dieser wollte mit der überraschenden Erklärung irreversible Fakten schaffen. »Es ist ja keine einsame Entscheidung auf dem Olymp. Ich habe mir das sehr genau überlegt«[96], erklärte er. Das Ganze ist typisch für das Vorgehen Kohls, der in wirklich grundsätzlichen Fragen Parteipräsidium und Parteivorstand fast immer vor vollendete Tatsachen stellte. Die überwiegende Reaktion auf die erneute Kandidatur aber brachte Claus Gennrich auf den knappen Nenner: »Union und FDP zeigten sich nach einer Pause sprachlosen Erstaunens befriedigt.«[97] Der CSU-Vorsitzende verlautbarte, die Entscheidung Kohls komme »zum richtigen Zeitpunkt«[98], und der bayerische Ministerpräsident Stoiber erklärte: »Mit ihm sind die Wahlchancen für 1998 mit Sicherheit am allerbesten.«[99] Aus Solidarität versuchten alle, aus der Not eine Tugend zu machen, auch wegen starker Zweifel der CSU an Schäubles Eignung. Die CSU befürchtete, dass dieser eine Große Koalition herbeiführen wolle, und sah deshalb Kohl als das kleinere Übel an.

Widerstand aus der Union gegen dieses eigenwillige Nominierungsverfahren war praktisch zwecklos. So wurde die autoritäre Entscheidung Helmut Kohls zähneknirschend, aber nach außen hin mit Loyalität hingenommen. Lediglich zwei innerparteiliche Reaktionen aus der damaligen Zeit verdienten Beachtung: die Haltung des sächsischen Ministerpräsidenten Kurt Biedenkopf und die des nachdenklichen saarländischen Bundestagsabgeordneten Peter Altmaier. Biedenkopf, der die Selbstnominierung Kohls sarkastisch als eine »Wette gegen die Wähler« bezeichnete, verlangte, dass die wirkliche Nominierung des Kanzlerkandidaten auf dem Leipziger Parteitag im Oktober 1997 erfolgen müsse. Obwohl Kohl der Forderung des Ministerpräsidenten zustimmte, wurde jene demokratische Selbstverständlichkeit schlicht nicht beachtet: Auf dem Parteitag wurde dann der Beifall nach der Rede Kohls von ihm einfach als Nominierung interpretiert. Der Saarländer Peter Altmaier hatte sogar offen für einen Wechsel des Spitzenkandidaten plädiert und Wolfgang Schäuble vorgeschlagen, obwohl es auch innerhalb der CDU/CSU-Bundestagsfraktion immer wieder Diskussionen darüber gegeben hatte, ob die Behinderung Schäubles die Übertragung des Kanzleramts, das ganzen körperlichen Einsatz erfordert, überhaupt zugelassen hätte. Der Altmaier-Vorschlag zugunsten Schäubles zu diesem Zeitpunkt war mutig, aber nicht durchsetzbar. Hätten die Bürgerinnen und Bürger in Deutschland hingegen nach einem Rücktritt Kohls im Laufe einer Legislaturperiode des Bundestags Schäuble als Kanzler im Amt erlebt, wären die Vorbehalte bezüglich seiner Behinderung sicherlich sehr viel weniger schwerwiegend gewesen. So sah das auch der Fraktionsvorsitzende selbst.

Es ist erstaunlich, wie wenig im Wahlkampf des Jahres 1998 die Tatsache eine Rolle spielte, dass Kohl kurze Zeit vor den Bundestagswahlen 1994 im thüringischen Flecken Mödlareuth an der einstigen »Zonengrenze« während einer von SAT 1 übertragenen Wahlkampfveranstaltung zur größten Überraschung seiner engen Mitarbeiter angekündigt hatte, es handele sich nun definitiv um seine letzte Kandidatur. Was den Kanzler zu einer solchen Erklärung bewogen haben mag, darüber rätseln seine ehemaligen Mitarbeiter noch heute. Vielleicht war die Mödlareuth-Erklärung rein taktisch begründet; denn Kohl war bereits 1994, wie Meinungsumfragen zeigten, in der Gesamtbevölkerung nicht mehr sehr hoch angesehen. Auch damals gab es schon ein starkes Bedürfnis nach einem Regierungswechsel. Der Grund für diese wie eine Bombe einschlagende Ankündigung während einer Wahlkampfveranstaltung ist freilich viel profaner als gemeinhin vermutet, fast bizarr: Die besonders beschwerliche Veranstaltung fand bei schlechtem Wetter im Freien statt, und zudem war der Kanzler in einen Nagel getreten, weshalb ihn sein Fuß schmerzte. Seine verblüffende Erklärung, er kandidiere definitiv zum letzten Mal, hatte ihre Ursache also in einer momentanen persönlichen Unpässlichkeit. Andererseits aber: Im engsten Kreis neigte Helmut Kohl gelegentlich dazu, in kryptischer Form Andeutungen über eine Beendigung seiner Kanzlerschaft zu machen und sich zur Höhe seiner Pensionsbezüge zu äußern.

Die Entmündigung von Parteitagsdelegierten: Kopfschütteln innerhalb und außerhalb der Union rief auch die Art hervor, in der Kohl Wolfgang Schäuble zu seinem »Kronprinzen« ausrief und dabei die Entmündigung von Parteitagsdelegierten aller Welt vor Augen führte. Denn der Kanzler hatte erst nach dem Abschluss des Leipziger Parteitages in den Medien erklärt, er halte Schäuble für seinen geeigneten Nachfolger (allerdings ohne dafür einen Termin zu nennen). Viele Delegierte waren regelrecht geschockt, als sie diese Meldung bei der Heimfahrt im Autoradio hörten oder von ihrer Missachtung sogar erst abends im Fernsehen erfuhren. Die Form der Proklamierung Schäubles zum Kronprinzen ist in der CDU auf alles andere als auf

Freude gestoßen. Die einhellige innerparteiliche Reaktion auf diesen Coup war eine Mischung aus Ratlosigkeit und Empörung. Zum einen hatte der Parteivorsitzende Kohl das höchste Organ der Partei, den Bundesparteitag, übergangen. Zweitens wurde Schäuble mehr oder weniger zu einem deutschen Prince Charles degradiert, nämlich zu einem Thronfolger mit zweifelhaften Aussichten auf den Thron. Und drittens handelte es sich bei dieser Proklamierung ein Jahr vor den Bundestagswahlen um ein diffuses Niedergangsignal. Kohl hatte sich zwar die Peinlichkeit erspart, dass Schäuble als der eigentliche Retter, der einen Stimmungsumschwung hätte herbeiführen können, gefeiert worden wäre – aber um welchen Preis? Zudem hätte der Kanzler wissen müssen, dass Wähler solche Manöver nicht lieben, denn häufig genug spottete er über den früheren niedersächsischen Ministerpräsidenten Ernst Albrecht, der während des Landtagswahlkampfes 1990 verkündete, er wolle im Falle seiner Wiederwahl nach der Hälfte seiner Amtszeit das Zepter an Rita Süssmuth übergeben. Albrecht wurde abgewählt.

Zwar vermutet Wolfgang Schäuble in seinem Buch ›Mitten im Leben‹, seine Ausrufung zum Nachfolger Kohls sei erfolgt, nachdem der Kanzler die Wirkung seiner, Schäubles, Rede auf dem Parteitag gespürt habe[100], doch ist richtig – und insoweit noch fataler –, dass Kohl dies bereits vor der mit enthusiastischem Beifall aufgenommenen Rede des Fraktionsvorsitzenden geplant hat. Denn es handelte sich hierbei um eine Aktion, die der Kanzler von seinem damaligen Mediensprecher Fritzenkötter schon vorbereiten ließ, bevor Schäuble gesprochen hatte – entgegen den Vermutungen auch des ›Spiegel‹, der später schrieb, der frenetische Beifall für Schäuble habe die sofortige Reaktion Kohls hervorgerufen, ein Fernsehteam zu bestellen, um die Kronprinzen-Erklärung zugunsten des Badeners abzugeben.[101] Zu dem Zeitpunkt nämlich, als Fritzenkötter Journalisten gegenüber davon sprach, der Kanzler habe »etwas ganz Wichtiges« mitzuteilen, und zu einem Pressegespräch nach dem Parteitag einlud, kannte Kohl die Wirkung von Schäubles Rede noch gar nicht. Er hatte aber zu Beginn des Parteitages gespürt, dass seine eigene Rolle, seine Akzeptanz innerhalb der Partei, in Frage gestellt war. Im Hinblick auf die erwähnte Forderung Biedenkopfs nach seiner Nominierung auf dem Parteitag sorgte er dafür, dass dort der Applaus nach seiner eigenen Rede als erneute Ernennung zum Kanzlerkandidaten gewertet wurde. Kohl wollte mit allen Mitteln einer geheimen Abstimmung aus dem Weg gehen. Er wusste, eine Proklamierung Schäubles zu seinem Nachfolger auf dem Parteitag selbst hätte bei den Delegierten orkanartige Beifallsstürme hervorrufen und eine Eigendynamik entfalten können, die von ihm nicht mehr zu kontrollieren gewesen wäre. Kohl erhoffte sich von der – nachträglichen – Ausrufung Schäubles zum Kronprinzen positive Auswirkungen auf das Wahlergebnis. Dem Fraktionsvorsitzenden selbst wollte er nichts Gutes tun, nur seine eigenen Wahlchancen hoffte er zu verbessern. Sein oberstes Ziel auf dem Parteitag war deshalb, nochmaligen Beifall für seinen Konkurrenten zu verhindern, einen Applaus, der so laut geworden wäre, dass er auf dessen Wogen möglicherweise hinweggetragen worden wäre. Helmut Kohl wollte Herr der Wirkung seiner Worte sein. Auf dem Leipziger Parteitag wäre ihm das sonst nicht gelungen.

Wenige Tage nach der Niedersachsenwahl am 1. März 1998 – bei welcher der Ministerpräsident Gerhard Schröder ein so überwältigendes Votum erhielt, dass er bald darauf zum Kanzlerkandidaten der SPD nominiert wurde – erklärte Kohl in den ›Tagesthemen‹ der ARD nochmals:»Ich wünsche mir, dass Wolfgang Schäuble mein Nachfolger wird. [...] Ich bin ja keiner, der an diesem Amt hängt. Ich habe auch nicht mehr die Vorstellung, die manche Politiker haben, ich muss ins Geschichtsbuch. Das ist nicht meine Politik.«[102] Alles in allem war in der Union jetzt nur noch ein leises Murren über die erneute Kanzlerkandidatur des Pfälzers zu hören:»Kohl muss mit sich selbst zu Rate gehen. Er hat den Schlüssel in der Hand«, meinte beispielsweise der damalige stellvertretende Fraktionsvorsitzende Heiner Geißler und fügte noch hinzu:»Richtig ist, dass Wolfgang Schäuble ein hervorragender Kandidat wäre für dieses Amt.«[103] Und der seinerzeitige sachsen-anhaltinische CDU-Vorsitzende und frühere Ministerpräsident Christoph Bergner plädierte für eine Doppelspitze Kohl/Schäuble.[104] Der ›Welt‹-Korrespondent Martin Lambeck allerdings behauptete, der Kanzler habe auf einer CDU-Präsidiumssitzung erbost seinen Rücktritt von der Kandidatur in den Raum gestellt, womit die Führungsfrage aufs Neue thematisiert worden sei.[105] Das war aber falsch und Lambeck nur so erzählt worden. Denn heute ist erwiesen, dass Helmut Kohl im Präsidium nie die Vertrauensfrage stellte.

Als der damalige FDP-Generalsekretär Guido Westerwelle verkündete, die »Nach-Kohl-Ära« habe bereits begonnen[106], hielt sich die Empörung in Unionskreisen trotz pflichtgemäßen Zurückweisens durch Peter Hintze und Wolfgang Schäuble spürbar in Grenzen. Und die auf dem Bremer Parteitag Mitte Juni 1998 in großen Lettern erhobene Forderung »Mach's noch einmal, Helmut« blieb in den Reihen der CDU ebenfalls ohne starke Resonanz.[107] Insofern hat Kohl durch zwei Entscheidungen seinen eigenen politischen Untergang beschleunigt, nämlich durch seine Selbstnominierung zum nochmaligen Kanzlerkandidaten ohne wirkliches Votum der Partei sowie durch die Art und Weise, wie er Schäuble zu seinem Nachfolger in einer unbekannten Zukunft machte. Typisch für seinen Politikstil war, dass er beide wichtigen Erklärungen nicht in den in einer Demokratie dafür vorgesehenen Gremien abgab und diese dort billigen ließ, sondern dass er den Weg über die Medien wählte. Dies tat er später übrigens auch mit seinem Bekenntnis in einer Sendung des ZDF, die Annahme gewisser Gelder sei »ein Fehler«[108] gewesen.

Helmut Kohls Politikstil widersprach den Grundsätzen, die der »frühe« Kohl verkündet hatte. Je länger er im Amt war, desto ausgeprägter zeigten sich seine Züge als Machtmensch. Machtausübung ist per se zwar nicht verwerflich, doch die Art und Weise des Machtgebrauchs lässt sich von den Inhalten nicht trennen.

Ablöseprozesse oder: Scheiden tut weh

Kohl hatte zu Beginn seiner bundespolitischen Karriere das Schicksal des späten Adenauer als Warnung verstanden und im internen Kreis immer wieder sein Unverständnis darüber geäußert, dass es der erste Kanzler der Bundesrepublik versäumt habe, rechtzeitig »aufs Altenteil« zu gehen. Mit solchen Aussagen – sehr wahrscheinlich glaubte er selbst daran – wollte er seine Souveränität dokumentieren. Er beabsichtige nicht, so verkündete er, den richtigen Zeitpunkt seines Ausscheidens aus der aktiven Politik zu versäumen. Und doch vermied er es mit Bedacht, rechtzeitig für eine Nachfolgeregelung zu sorgen.

Für Außenstehende ist es nicht einfach zu verstehen, warum sich Politiker schwertun, die aktive Politik zu verlassen, sich davor fürchten, »zum alten Eisen« zu gehören. Viele Politiker – insbesondere solche, die ihr Privatleben (manchmal ganz zwangsläufig) vernachlässigt und den Kontakt mit der »normalen« Berufswelt verloren haben – sind so auf die politische Szene fokussiert, dass sie sich ein Leben nach der Politik nicht vorstellen können. Die meisten Persönlichkeiten, die Macht verlieren, sind darüber verbittert. Ein politisches Rentnerdasein wird von ihnen nicht als dasselbe Lebenselixier empfunden wie der tägliche, zum Teil äußerst konfrontative Kampf um Mehrheiten, um Ansehen und öffentliche Akzeptanz. Fast alle Politiker verdanken ihren sozialen Status der – ihnen eigentlich vom Volk verliehenen – Macht und ihrem jeweiligen Amt (häufig auch mehreren Ämtern). Viele merken nicht, dass ein Großteil ihres Ansehens ihrem Amt geschuldet ist, und stellen das erst dann schmerzhaft fest, wenn sie den Zustand der verlorenen Bodenhaftung notgedrungen aufgeben müssen, wenn sie ins private Leben zurückkehren. Dies trifft übrigens gerade für solche Leute zu, die schon in frühen Jahren zu Berufspolitikern wurden.

Auffällig ist, dass gerade die meisten älteren Spitzenpolitiker der Union ihren potentiellen Nachfolgern zu suggerieren versuchten, diese müssten »erst einmal einen ordentlichen Beruf erlernen« – so ein Lieblingsspruch Kohls –, also erst noch »flügge« werden. Die Lebensläufe vieler führender Politiker auch der CDU zeigen jedoch, dass deren berufliche Stationen häufig lediglich politiklegitimatorische Durchlauferhitzer waren, auch wenn manche sogar eindrucksvolle akademische Grade aufweisen können. Kurze Zeit oder pro forma ausgeübte Berufe und akademische Titel machen sich zwar gut auf Briefköpfen, verweisen aber kaum auf tatsächliche Berufserfahrung außerhalb der Politik. Denn viele verlieren sehr bald jeglichen Kontakt zur »normalen« Berufswelt, weil sie durch ihr parteipolitisches Dauerengagement schon als Dreißigjährige zu Berufspolitikern und somit von der Politik völlig abhängig werden.

Prototypisch dafür ist Helmut Kohls Lebensweg, wie wir bereits gesehen haben. Die wenigen Jahre seiner beruflichen Tätigkeit (neben dem politischen Mandat) vermittelten ihm keine wirklich prägenden Erfahrungen. Bereits in seiner Jugend hatte er entschieden, Berufspolitiker zu werden. Mit 29 war er Landtagsabgeordneter, mit 39 Jahren jüngster deutscher Ministerpräsident. Wer so lange ausschließlich für die Politik wirkte, musste sich besonders schwertun, von deren Bühne abzutreten. Ein Leben ohne Politik war für ihn nicht denkbar. Der promovierte Historiker Helmut Kohl hatte schon immer einen Sinn für historische Daten. So wollte er zum Beispiel die Jahrtausendwende, deren Faszination er in zahlreichen Reden und Interviews immer wieder beschwor, als Kanzler erleben. Auch über die Amtsdauer seiner Vorgänger in Deutschland wusste er genau Bescheid. Der Pfälzer, der am 1. Oktober 1982 ins Amt kam, sollte dieses 16 Jahre und 26 Tage später – bekanntlich aber unfreiwillig – verlassen. Er war damit knapp zwei Jahre, nämlich 23 Monate und 26 Tage, länger im Amt als Adenauer. Bismarck allerdings übertraf er nicht.

Es gab in der Presse und sogar innerhalb der CDU die Vermutung, Kohl habe in seinen Spättagen als Kanzler ganz bewusst eher einen SPD- als einen CDU-Nachfolger in Kauf genommen, weil ihm der Gedanke »unerträglich« (eines seiner Lieblingswörter) gewesen sei, aus den eigenen Reihen einen Erben zu erhalten. Diese Spekulation ist aber unhaltbar. Für den Historiker Kohl musste der Gedanke, sein Amt durch eine Niederlage zu verlieren, noch viel unerträglicher sein, auch wenn er immer wieder an die Schwächen seiner möglichen CDU-Nachfolger gedacht haben mag. Die Mutmaßung, dass Kohl die Niederlage als für ihn einzig akzeptables Ausstiegsszenario selbst gewählt habe, ist auch deshalb nicht überzeugend, weil er sich so sehr mit diesem Amt gleichsetzte, dass er nur einen schicksalhaften Eingriff in seine Lebensplanung akzeptieren konnte. Er war nicht nur von der Idee beseelt, die Amtszeiten Bismarcks und Adenauers zu übertreffen, er wollte auch der »Kanzler der Jahrtausendwende« sein. Sowenig er die Welt des Internets verstand – typisch seine Antwort auf die Frage von Klaus Bresser im ZDF nach den »Datenautobahnen«, die er als eine verkehrspolitische einschätzte –, so sehr war er doch dem Mythos des neuen Jahrtausends verfallen. Er wollte ganz sicher einen CDU-Sieg, weil er nämlich nur über seine eigene Partei Einfluss auf wichtige Entscheidungen hätte nehmen können. Kohl kannte die demoskopischen Zahlen. Warum hat er dann nicht den Rücktritt, den er in depressiven Phasen intern gelegentlich andeutete, in die Tat umgesetzt? Er konnte sich zuletzt nicht einmal mehr dazu entschließen, der Forderung Theo Waigels nach einem Austausch des gesamten Kabinetts nachzukommen. Der Grund dafür war wahrscheinlich seine Annahme, dass nach einem solchen Verzweiflungsakt die Scheinwerfer umso mehr auf ihn selbst gerichtet gewesen wären. Hätte er nämlich alle Minister ausgewechselt, wäre er möglicherweise in den Medien selber als der Überständigste angesehen worden, als derjenige, der eigentlich als Erster hätte ausgetauscht werden müssen. Da Kohl aber nicht einmal mehr eine solche Notlösung herbeiführen und damit Handlungsfähigkeit demonstrieren konnte, taumelte er mit seinem nicht mehr sehr attraktiven Kabinett in den Wahlkampf – und nahm das in Kauf, was er trotz allen zur Schau gestellten Siegeswillens in seinem tiefsten Inneren befürchtete: seine Abwahl.

Als am 27. September 1998 das Ausscheiden Helmut Kohls aus dem Kanzleramt durch die Bundestagswahlen erzwungen wurde, dachte er keinesfalls daran, sich jetzt aus der Politik wirklich zurückzuziehen. Zwar übernahm er noch in der Wahlnacht die politische Verantwortung für die Wahlniederlage und kündigte seinen Rücktritt vom Parteivorsitz an. Dies wirkte honorig. Etwas anderes wäre ihm aber auch nicht übriggeblieben, dafür war die Niederlage doch zu dramatisch. Nur durch diesen Rücktritt bewahrte er sich einen Manövrierraum, den er zum politischen Überleben brauchte. Denn er wollte wohl noch so lange wie möglich heimlicher Kanzler bleiben. Dies symbolisierte nicht zuletzt sein als denkwürdigste »Hausbesetzung« bespötteltes weiteres Verbleiben im Bonner Kanzlerbungalow. Es schien damals so, als wolle er sich nicht wirklich mit seiner Niederlage abfinden, selbst wenn er wenige Wochen später auf dem Bonner Parteitag der CDU seinem Nachfolger Wolfgang Schäuble die Insignien der Macht in seiner auf die Oppositionsbank gewechselten Partei übergab.

Kohl betrachtete die CDU im wahrsten Sinne des Wortes als seine

»Heimat«. Da er sich aber in all den Jahren angewöhnt hatte, die Partei wie sein Privateigentum zu behandeln, musste ihm der zwar freiwillig erscheinende, gleichwohl zwangsläufige Abschied aus dem Amt des Parteivorsitzenden – nach seinem eigenen Verständnis war dieses Amt die eigentliche Quelle seiner Macht und seiner politischen Identität – besonders schwerfallen. Mit zunehmender Regierungszeit wurde für Kohl Staat und Partei immer mehr identisch. Im Gegensatz zu Adenauer musste er aber fast zeitgleich mit dem Ende seiner Kanzlerschaft auch das Amt des Parteivorsitzenden abgeben. Sein Schmerz über den Verlust dieses Amtes wurde durch die sofortige Übernahme des Ehrenvorsitzes der CDU nur mäßig gelindert. Allerdings erhielt er damit – was Kundige von Anfang an als Problem sahen – das Recht, mit Sitz und Stimme an allen Präsidiums- und Bundesvorstandssitzungen der Partei teilnehmen zu können. Der Ehrenvorsitzende dachte keinesfalls daran, sich innerparteilich zurückzunehmen oder wenigstens einmal eine politische Pause zu machen. Das Vorbild des bescheidenen und souveränen Theo Waigel, der in der CSU nach seiner Ablösung durch Edmund Stoiber ausdrücklich auf den Ehrenvorsitz verzichtete, vermochte Helmut Kohl nicht nachzuahmen. Waigel aber hatte während seiner Mitgliedschaft im Bundestag auch ohne einen solchen Ehrenvorsitz weiterhin einen Ehrenplatz am Fraktionsvorstandstisch, Kohl hingegen musste sich in die Reihe der rheinland-pfälzischen Abgeordneten zwängen; meist saß er zwischen dem Geißler-Gegner Norbert Schindler und dem früheren parlamentarischen Geschäftsführer Joachim Hörster. Ob ein Politiker nach seiner Amtszeit geehrt wird, hängt offensichtlich nicht von Ehrentiteln, sondern von seinem ehrenhaftem Verhalten ab.

Auf seinen Nachfolger Wolfgang Schäuble wirkte Kohl auf Sitzungen der Partei oder in anderen Gremien – bei denen er sich so zu Wort meldete, als wäre er noch Bundeskanzler – wahrhaft »erdrückend«. Er machte weiterhin das, was er mit zunehmender Amtszeit als Kanzler getan hatte, er monologisierte und zog, als wenn nichts geschehen wäre, weiterhin Strippen im Hintergrund. Mit weitaus mehr Zeit ausgestattet, empfing er nun Parteifreunde und pflegte nach wie vor sein weitverzweigtes Netzwerk, auf dem seine Macht immer beruhte. Das »System Kohl« lebte weiter. Schäuble – vom Typ her eher »unterkühlt« und ein nur geringes Wir-Gefühl ausstrahlend – musste schon sehr bald feststellen, wie schwer es ist, die eigenen Parteifreunde und die mit der Union sympathisierenden Bevölkerungsteile auch emotional zu erreichen. Kohl genoss zudem den Fehlstart der neuen Regierung, die anfänglich von einer Schwierigkeit in die andere torkelte. Und nachdem sich 1999 auf Landesebene die ersten Wahlsiege der CDU eingestellt hatten, gab es in der Presse sogar Schlagzeilen, die – halb im Scherz, halb im Ernst – eine Rückkehr Kohls als Bundeskanzler vorhersagten. Diese für die Union überraschend günstigen Wahlergebnisse waren eine wesentliche Ursache dafür, dass die eigentlichen Gründe der bitteren Wahlniederlage des Pfälzers und der Union verdrängt wurden. Schäuble, seiner Generalsekretärin Merkel und der neuen Parteiführung insgesamt gelang es im ganzen Jahr 1999 nicht, ein wirklich eigenständiges Profil zu erwerben. Immer wirkte die wuchtige Gestalt Kohls im Hintergrund, der sich auch nicht scheute, seinen Nachfolger in Gesprächen mit Parteifreunden zu kritisieren und vor allem in der Europapolitik eine aktivere Rolle anzumahnen. Hätte es den ein Jahr nach dem Ende seiner Kanzlerschaft auf die CDU einstürzenden Spendenskandal nicht gegeben, wären sicher bald auch öffentlich inhaltliche Kontroversen zwischen Kohl und der neuen Parteiführung ausgebrochen. Anzeichen hierfür gab es bereits. Erst durch die Ende 1999 aufgekommene Spendenaffäre wurde Kohl, der noch bei den Zehnjahresfeiern im Oktober 1999 aus Anlass der Maueröffnung als »Kanzler der Einheit« gefeiert worden war, auch vom politischen »Thron« seiner Partei gestoßen. Man stelle sich vor, der Spendenskandal hätte sich während der Zeit Helmut Kohls als Kanzler ereignet!

So normal Ablöseprobleme in der Politik auch sind: Die Tatsache, dass Helmut Kohl nicht selber den geeigneten Zeitpunkt seines Ausscheidens aus dem Amt des Bundeskanzlers gewählt hat, sondern sich – sozusagen schicksalsergeben – abwählen ließ, zeigt, dass er sich an seiner Partei, die ihm immer das Maß aller Dinge war, versündigt hat. Denn er hat sehenden Auges mit seinem eigenen Absturz auch den der Partei in Kauf genommen, indem er den Fehler Adenauers in dramatischer Weise wiederholte. Da ihm jede freiwillige Übergabe seines Amtes an einen Nachfolger, jedes freiwillige Abtreten zutiefst zuwider war, gab es für ihn nur die ewige Regentschaft oder das Ende in einer Niederlage, die er in ihrer Schicksalhaftigkeit als seiner geschichtlichen Rolle angemessen empfand. Hatten nicht auch die Briten den großen Churchill abgewählt, und dies nach dem Sieg im Zweiten Weltkrieg? Vielleicht hoffte Kohl sogar, dass ihm wie Churchill schon sehr bald Genugtuung zuteil würde, wenn nämlich die – wie er es vermutlich empfand – »Zwergenhaftigkeit« seines Nachfolgers vor dem großen Schatten des Kanzlers der deutschen Einheit richtig deutlich würde.

Männerbande: Schäuble und Kohl

Kohls politisches Wirken wäre ohne Wolfgang Schäuble so nicht denkbar gewesen. Doch noch nie in der deutschen Politik haben sich bis dahin zwei Männer, die so eng miteinander verbunden waren, öffentlich und in aller Form die Freundschaft aufgekündigt, wie das Kohl und Schäuble taten. Der Rücktritt Kohls vom Ehrenvorsitz der CDU und der Rücktritt Schäubles vom CDU-Parteivorsitz im Jahre 2000 – nach Bekanntwerden des von Helmut Kohl zu verantwortenden Spendenskandals – symbolisierten zugleich den größten Tiefpunkt in der Geschichte der CDU.

Jahrzehntelang hatte Schäuble für Kohl manches heiße Eisen anzufassen. Der Helfer stand in absoluter Abhängigkeit und Loyalität zu seinem Chef, der aufs Engste mit ihm verbunden war. Schäuble hat letztlich alle – auch die »verwerflichen« – Entscheidungen Kohls nicht nur mitgetragen, sondern vielfach sogar exekutiert. Schäuble ist politisch nicht an Kohl zerbrochen, sondern an sich selbst: Obwohl der Jurist das Werkzeug Kohls war und zugleich fast alle seine Finessen kannte, glaubte er, seinen Lehrmeister und Paten stürzen zu können. Dies wurde ihm zum Verhängnis. Schäuble hatte Kohl bei seinem Sturz vom Podest des Ehrenvorsitzenden gezwungen, sich öffentlich schuldig zu bekennen. Der Badener erkannte zunächst nicht – das war sein Fehler –, dass Kohl bei seinem Fall auch ihn, Schäuble, zwangsläufig mit in den Abgrund reißen würde. Auch der Abgrund musste mit dem getreuen Vasallen geteilt werden, man konnte sich so gut an ihm festhalten. Der kluge Gehilfe hatte zu seinem eigenen Schaden verdrängt, was er über Kohls Charakter besser wusste als jeder andere.

Kohl und Schäuble hätten nicht unterschiedlicher sein können: Der wuchtige, katholische, barocke, sich häufig unklar ausdrückende und zugleich dominierende Rheinland-Pfälzer und der sportliche, protestantische, wie gestochen formulierende Baden-Württemberger.

Wolfgang Schäuble, der 1942 in Freiburg geborene Vater von vier Kindern, ist eine der bemerkenswertesten Persönlichkeiten des Deutschen Bundestages, kein großer Volkstribun, doch von manchmal schneidender Rhetorik. Er trägt – wie viele andere auch – eine Politikermaske, die ihn so rätselhaft erscheinen lässt. Es war nie einfach – trotz vieler Reden und Publikationen –, Schäuble politisch einzuordnen. In gewissem Sinn kann man ihn als einen Technokraten der Macht bezeichnen. Während sich Helmut Kohl ohne Scheu über seine politischen Empfindungen, seine Eingebundenheit in ein Wertesystem, seine historischen Bezüge verbreitete, tat sich Wolfgang Schäuble schwer, sein Koordinatensystem offenzulegen. Alles wirkte bei ihm rational, durchdacht. Als eingefleischter Pragmatiker entwickelte er enorme Schachspielerfähigkeiten. Er konnte (und kann) in der Regel besser als alle anderen die jeweils nächsten politischen Züge analysieren und potentielle politische Szenarien darlegen. Dabei kam ihm sein ausgezeichnetes Gedächtnis zugute. Häufig war es in den schwierigen innenpolitischen Fragen einzig und allein Schäuble, der die einzelnen Fäden noch zusammenbinden konnte. Bei all diesen Fähigkeiten blieb er doch eher ein verschlossener Zeitgenosse, der gerade mit Mitarbeitern außerordentlich unduldsam sein konnte. Ihnen fiel an Schäuble ein Wesenszug auf, der ihm hin und wieder zum Verhängnis werden sollte, nämlich der Hang zur Rechthaberei. Gern ließ er andere seine Überlegenheit spüren. Am besten kam er mit Juristen aus, die mit ihm auf gleicher Wellenlänge lagen.

Schäuble ist Jurist – und das aus vollem Herzen. Nach seiner Promotion 1971 arbeitete er in einem kleinen Finanzamt in Baden-Württemberg. Er engagierte sich schon früh in der Politik, beim RCDS und in der Jungen Union, wo er seit 1961 Mitglied war. In die CDU trat er 1965 ein. 1969 bis 1972 war Schäuble Bezirksvorsitzender der Jungen Union Südbaden, 1970 wurde er Mitglied des Bezirksvorstandes der

CDU Südbaden und seit 1982 dessen stellvertretender Vorsitzender. Er gehörte zu den ersten Unterstützern Helmut Kohls – und dies gerade in dem für Kohl nicht ganz einfachen Landesverband Baden-Württemberg. In den Deutschen Bundestag zog er erstmals 1972 ein und wurde 1981 unter Kohl parlamentarischer Geschäftsführer der CDU/CSU-Bundestagsfraktion. Von November 1984 bis April 1989 war er Chef des Bundeskanzleramts. In dieser Zeit erwarb sich Schäuble den Ruf eines effizient arbeitenden Stabschefs der Bundesregierung, zu dem Kohl ein besonders enges Vertrauensverhältnis entwickelte. Schäuble strebte nach einem eigenen Ressort. So wurde er im April 1989 – als Nachfolger von Friedrich Zimmermann (CSU) – Innenminister. Das Amt übte er bis November 1991 aus. In dieser Zeit gelang es ihm, den Koalitionspartner FDP in so heiklen Fragen wie Datenschutz, Ausländer- und Asylgesetzgebung sowie innere Sicherheit einzubinden. Sein politisches Meisterstück gelang ihm bei den monatelangen Verhandlungen zur deutschen Einheit. Der Einigungsvertrag trägt seine Unterschrift. Schäuble ist einer der wesentlichen Architekten dieses historisch bedeutsamen Vertragswerks, zumal er als einstiger für die operative Deutschlandpolitik zuständiger Chef des Bundeskanzleramts vielfältige Erfahrungen mit der DDR gesammelt hatte. Schäuble besaß den größten Einfluss auf die Politik der Koalition, auch weil Kohl ihm die Entscheidung zu vielen prinzipiellen Fragen der Innenpolitik überließ. Schäuble war damit nicht nur der Helfershelfer Kohls, sondern auch Gestalter. Insofern ist die Wahlniederlage 1998 auch sein persönlicher Misserfolg.

Durch ein Pistolenattentat eines geistesgestörten Täters während einer Veranstaltung in seinem Wahlkreis im badischen Oppenau am 12. Oktober 1990 wurde Schäuble querschnittgelähmt; den Rest seines Lebens wird er im Rollstuhl verbringen müssen. Was Kohl und Schäuble in jenen Wochen des Klinikaufenthalts besprachen, darüber haben sich beide Politiker nie öffentlich geäußert. Doch hielt es Schäuble für richtig, sich nicht ins Privatleben zurückzuziehen, sondern ins Innenministerium zurückzukehren. Im November 1991 wurde Schäuble als Nachfolger Alfred Dreggers Vorsitzender der CDU/CSU-Bundestagsfraktion.

Mit seinem im Jahr 1998 erschienenen Buch ›Und sie bewegt sich doch‹[109] wandte sich Schäuble gegen einen Reformstau und plädierte für eine Politik, die den Herausforderungen der Globalisierung gewachsen ist. Das Buch zeigt Schäuble als einen nachdenklichen Politiker, der zudem das Gegenbild zu dem wenig intellektuell wirkenden Kohl abgibt. Kohl konnte es überhaupt nicht leiden, wenn seine Mitstreiter Bücher veröffentlichten. Als Wolfgang Schäuble einem Buch den Titel ›Der Vertrag. Wie ich über die deutsche Einheit verhandelte‹[110] gab, war Kohl darüber wenig erbaut, fürchtete er doch, seine Rolle als Kanzler der Einheit könne dadurch relativiert werden. Früh kamen Gerüchte auf, Schäuble wolle eines Tages Kohl als Bundeskanzler nachfolgen. Ihm wurde immer wieder unterstellt, er wolle die FDP als Koalitionspartner verprellen, um sich den Weg zu einer Großen Koalition mit ihm als Bundeskanzler zu bahnen.

Der Präsidialstil Kohls vergrößerte den Einfluss Schäubles, der zunehmend den Eindruck erweckte, dass ohne ihn in der Regierung nichts mehr laufen würde, zumal er als Fraktionsvorsitzender über einen von der Regierung unabhängigen Apparat verfügte. Hieraus entsprang auch seine Idee eines »Zukunftsprogramms«, das schließlich auf dem Bundesparteitag der CDU am 19. Mai 1998 in Bremen beschlossen wurde. Mit diesem Programm verfolgte Schäuble drei Ziele: Zum einen wollte er selber als ein richtungweisender Kopf angesehen werden (ein durchaus berechtigtes Ziel). Allerdings hatte dies auch zur Konsequenz, dass Kohl als geistig verbraucht dastand – so, als würde er eine Debatte um die Zukunft nicht mehr wirklich mitbestimmen können. Zum zweiten beabsichtigte Schäuble eine ökologische Erneuerung der Gesellschaft, um damit eine der Regierung vorgeworfene Modernitätslücke zu schließen. Zum dritten ging es Schäuble bei diesem Zukunftsprogramm um eine verständliche Sprache, die das übliche Politikerdeutsch hinter sich lassen sollte. Allerdings handelte er sich mit seinem Vorhaben erheblichen Streit mit der CSU ein. Insbesondere verärgerte er mit der Idee einer Ökosteuer die Union, da er eine ähnliche Absicht wie die Grünen hegte. Die besonders starke Konkurrenz zwischen Waigel und Schäuble blieb auch damals Helmut Kohl nicht verborgen. Hier bestätigt sich unsere These erneut: Wenn sich wichtige Personen verfeinden, war das Kohl durchaus recht, weil derartige Spannungen – auch jene zwischen

Waigel und Rühe – den eigenen Spielraum erweiterten. Schäuble kam mit seiner unruhestiftenden Taktik seinem Ziel näher: Er hatte sich immer unersetzbarer gemacht. Nur wenigen Menschen zollte Kohl Respekt, aber Schäuble musste er aufgrund seiner Kenntnisse achten. Je intensiver sich Kohl um die internationale Politik kümmerte, desto mehr überließ er Schäuble faktisch die Verantwortung für die Innenpolitik.

Schäuble – der ewige Kronprinz

Schäuble zählte zu den ganz wenigen, die Kohl gegenüber ein »Nein« herausbrachten. Auch wird er sich mit dem ihm eigenen Zynismus keine Illusionen hinsichtlich der väterlich-freundschaftlichen Gefühle, die Kohl ihm gegenüber an den Tag legte, gemacht haben. Der Entfremdungsprozess zwischen Kohl und Schäuble hatte früh eingesetzt. Schon um die Jahreswende 1996/97 waren dissonante Signale feststellbar, und spätestens der Leipziger Parteitag am 13. und 14. Oktober 1997 vertiefte ihre Schwierigkeiten. Schon damals, so schreibt Schäuble rückblickend, sei er der »festen Überzeugung« gewesen, »dass Kohl letzten Endes niemals freiwillig abtreten würde«.[111] Schäuble musste sich schon zu dieser Zeit in Bezug auf seine Pläne verraten gefühlt haben. Kohl bezweckte mit seinen Kronprinzenversprechungen zweierlei. Zum einen erhoffte er mit einer solchen Ankündigung eine Verbesserung der politischen Atmosphäre zugunsten der Unionsparteien, zum anderen wollte er, dass Schäuble ihm gewogen bleibt.

Wenn es darum ging, wichtige Botschaften über die Öffentlichkeit zu verbreiten, fällt auf, dass ›Der Stern‹ das von Schäuble bevorzugte Presseorgan war, obwohl das Hamburger Magazin an den Unionsparteien sonst kein gutes Haar ließ. Auch der Vorabdruck seines Buchs ›Mitten im Leben‹ erschien in dieser Wochenzeitschrift. Und immer war es der Journalist Hans Peter Schütz, dem Schäuble seine Innenansichten preisgab. Schütz war Augenzeuge des Attentats auf Schäuble. Interessant ist vor allem, dass Schäuble beim ›Stern‹ das Thema anregte, ob ein Behinderter überhaupt in der Lage sein könne, ein so bürdenreiches Amt wie das eines Bundeskanzlers auszufüllen, und sich die Frage stellen ließ, ob sich »der Mann im Rollstuhl« das Amt des Bundeskanzlers überhaupt zutraue.[112] Er fügte hinzu, er wolle gegen Kohl niemals eine Kanzlerschaft anstreben, und sollte die Situation einmal eintreten, dass ihm diese doch angetragen würde, werde er »der Versuchung nicht widerstehen«, denn er könne »im Grunde genommen jedes Amt machen«, und auch Helmut Kohl gehe »davon aus, dass ich es kann«.[113]

In der beginnenden Urlaubszeit machte dann ein Interview mit Ingeborg Schäuble, der Ehefrau Wolfgang Schäubles, Furore. Sie sprach sich im ›Stern‹ gegen eine Kanzlerkandidatur ihres eigenen Mannes aus, weil ein solches Amt »unheimlich viel Kraft kostet« und ihrem Ehemann »noch weniger Spielraum lassen würde«. Und sie fuhr fort: »Ich glaube im Übrigen auch, dass es nicht leicht wäre, der Öffentlichkeit das Bild des Kanzlers im Rollstuhl zu vermitteln. Ich habe da sehr große Bedenken.« Noch deutlicher antwortete sie im Hinblick auf eine mögliche Kanzlerkandidatur: »Mir geht es wie meinem Mann. Ich hoffe, dass die Frage sich gar nicht erst stellt.«[114] Das Interview bleibt rätselhaft. Denn es muss davon ausgegangen werden, dass auch Ehemann Wolfgang das Gespräch vor der Veröffentlichung zu Gesicht bekommen und dem Text zugestimmt hatte. Ganz sicher war dieses Interview der allerletzte Versuch, die Kanzlerfrage zu thematisieren. Ein weiteres Motiv Schäubles mag auch darin bestanden haben, der Öffentlichkeit zu erkennen zu geben, dass er einen Wahlsieg Kohls für unmöglich halte. Jedenfalls dürften Ingeborg Schäubles Aussagen kaum zu Kohls Entspannung beigetragen haben, der gleichwohl kurz darauf der ›Welt am Sonntag‹ gegenüber erneut unterstrich, Schäuble sei ein »Glücksfall für die Union«[115]. Dem Kanzler blieb nichts anderes übrig, als immer und immer wieder zu erklären, dass er an Schäuble als seinem »Wunschnachfolger«[116] festhalten wolle. Allerdings wurde sein Ton dabei zunehmend barscher: »Im Übrigen werden Positionen bei uns nicht verteilt, zwischen der Herren- und Damentoilette hin und her laufend, sondern sie werden verteilt und bestimmt über die Gremien der Partei und der Fraktion, und dabei bleibt es.«[117] Als ob Kohl seine Selbstnominierung mit den Gremien der Partei oder der Fraktion abgestimmt hätte.

Schäuble gab nicht auf und versuchte weiterhin, den Kanzler aus der Reserve zu locken. In einem Interview mit der Zeitung ›Die Woche‹ antwortete Schäuble auf die Frage, wann das Kronprinzendasein ein Ende haben sollte:»Er (Kohl) hat ja gesagt, er tritt für vier Jahre an, aber letzten Endes hat er auch ein Stück weit offengelassen, was innerhalb dieser vier Jahre sein kann. Niemand kann eine Personalentscheidung verfügen, auch nicht ein so starker Bundeskanzler wie Helmut Kohl.«[118] Bei dieser Aussage konnte sich Kohl kaum noch zurückhalten. Nun rückte er mit Äußerungen heraus wie: Schäuble sei ein »hochqualifizierter Mann«, den er sich »etwa im Jahre 2002 als Kanzlerkandidaten vorstellen«[119] könne, oder:»Ich habe gesagt, ich trete an für die vier Jahre. Punkt. Aus.«[120] Und so manche Tageszeitung gab dann auch zu verstehen, es sei »Feierabend« für die Kohl-Regierung. Zu Irritationen führte dann auch noch die Bemerkung des Kanzlers über Voraussetzungen und Möglichkeiten eines schwarzgrünen Bündnisses.[121]

In der Folge stiftete Schäuble mit einem Interview Verwirrung, das wenige Tage vor der Wahl im ›Playboy‹ erschien. Darin äußerte er sich in einer besonders unduldsamen Weise zu seinem Übervater – ein Hinweis auf die eigenen inneren Spannungen. Er habe es für »politisch ungeschickt« gehalten, ließ er die ›Playboy‹-Leser wissen, dass Kohl »schon vor Jahren« verkündete, er solle sein Nachfolger werden; denn es gäbe »in der Demokratie keine Personalentscheidungen auf Vorrat. Sie müssen dann getroffen werden, wenn sie anstehen.« Am Schluss des Interviews verwahrte sich Schäuble gegen die Bezeichnung »Männerfreundschaft« für sein Verhältnis zu Kohl:»Wir kommen aus zwei politischen Generationen, schon deshalb kann das keine Männerfreundschaft sein.«[122] Kohl muss über das Interview besonders entrüstet gewesen sein, da Schäuble ihm ausgerechnet in einem Herrenmagazin die Freundschaft in aller Deutlichkeit aufkündigte.

Offenkundig wurde der Bruch, als der Kanzler Schäuble am Wahlabend nicht in seinen Bungalow einlud. Dieser kam dann doch in Begleitung Volker Rühes.[123] Nach Bekanntwerden der Wahlniederlage betrat Kohl im Konrad-Adenauer-Haus das Podium, um diese einzugestehen und zu verkünden, dass er zu einer Wiederwahl als Parteivorsitzender »nicht zur Verfügung«[124] stehe. Bei diesem Auftritt fiel auf, dass Schäuble nicht mit auf dem Podium war. Schäubles nachträgliche Begründung, er wolle sich »im Rollstuhl das Gedränge ersparen«[125], wirkt nicht ganz überzeugend. Auch Volker Rühe war nicht dabei. Sie blieben der Kohl'schen Kapitulationserklärung mit Sicherheit auch deshalb fern, um zu bekunden, dass sie nicht bereit waren, Mitverantwortung für das desaströse Wahlergebnis zu übernehmen. Jedem sollte sichtbar werden, dass allein Helmut Kohl, von einigen wenigen Getreuen umgeben, für diese Schlappe verantwortlich sei. Auch in den Tagen nach der Wahl kam bei Schäuble wenig Fröhlichkeit auf, da Kohl ohne sein Einverständnis predigte: »Der Wolfgang Schäuble wird natürlich Fraktionsvorsitzender und wird natürlich auch Parteivorsitzender, aber das alles sind keine News, sondern bekannte Sachen.«[126] Kohl wollte weiterhin als »Königsmacher« erscheinen. Schäuble überlegte, wie er seinen potentiellen innerparteilichen Mitbewerber, Volker Rühe, einbinden könnte. Schon am Wahlabend waren Schäuble und Rühe ständig zusammen und berieten sich.

Schäuble verfiel alsbald auf Angela Merkel als neue Generalsekretärin, die bei den Präsidiumswahlen auf dem Bonner Parteitag im Dezember 1998 ein exzellentes Ergebnis erzielte. Für Schäuble stimmten 872 Delegierte, 56 gegen ihn, und 23 enthielten sich, zwei Stimmen waren ungültig. Da ungültige Stimmen und Enthaltungen nicht mitgezählt werden, kam er auf 93,4 Prozent. Angela Merkel erreichte ein nahezu identisches Ergebnis: 874 stimmten für sie, 68 votierten mit Nein, 25 Delegierte enthielten sich, eine Stimme war ungültig. Schäubles Wahl sollte zur Schlüsselentscheidung für den späteren Aufstieg Angela Merkels zur Macht werden.

Den Parteivorsitz hatte Schäuble neu errungen, in seinem bisherigen Amt als Vorsitzender der CDU/CSU-Bundestagsfraktion wurde er wiedergewählt, ebenso Michael Glos als Chef der bayerischen Landesgruppe und damit als sein Stellvertreter. Allerdings ging der Neustart für Schäuble nicht ohne Blessuren ab, schien es doch, als ob er nicht wirklich in der Lage wäre, seine Rolle als ewiger Mann im Schatten zu überwinden. Der Altkanzler nahm die Schwäche Schäubles wahr, besonders auf dem Parteitag am 27. April 1999: »Hier auf dem Parteitag spüre ich ein Grundproblem zwischen Wolfgang und mir, dessen ich mir lange gar nicht bewusst war, das aber womöglich schon seit längerer Zeit existiert: Meine bloße Anwesenheit scheint ihn mehr und mehr zu irritieren.«[127] Allein seine Erscheinung – dies war nicht nur für Schäuble ein Problem – beeindruckte. Wer an Sitzungen teilnahm, an denen Helmut Kohl mitwirkte, musste den Eindruck bekommen, als schere sich »der Alte« (auch »der Dicke« genannt) nicht darum, dass er überhaupt einen Nachfolger hatte. Mühsam versuchte Schäuble bei solchen Gelegenheiten, Kohl – viel zu nachsichtig – in die Schranken zu weisen. Helmut Kohls Agilität hatte aber nicht merkbar nachgelassen. Er, der in seinem Tagebuch großzügig von sich behauptete, er habe »nie das Verlangen nach protokollarischem Abgehobensein als Bundeskanzler« verspürt, dem »die äußeren Embleme der Macht« angeblich »nie so wichtig« waren[128], genoss es weiterhin, mit »Herr Bundeskanzler« angeredet zu werden.

Kohl will weitermachen – als Ehrenvorsitzender

Kohl dachte keineswegs daran, sich aufs Altenteil zurückzuziehen. Noch in der Wahlnacht hatte er erklärt, dass er weiterhin »in der Partei mitarbeite ...«[129] Schäuble muss das wie eine Drohung im Ohr geklungen haben, denn er begriff, dass Kohl die Fäden noch so weit wie möglich in der Hand behalten wollte. Für andere Männer hätte der ruhigere Tageslauf eine Erleichterung bedeutet. Nicht so für den 68-Jährigen. Das Mitmischen in der Politik blieb sein Lebenselixier. Kohl genoss es – trotz des Abschiedsschmerzes von der Macht –, wie sehr seine 16 Jahre während Kanzlerschaft gerade in jener Zeit des Übergangs gewürdigt wurde, in seiner eigenen Partei, in den Medien und in der Welt der Diplomatie. Die Anerkennung fand ihren Höhepunkt in einer Entschließung des Europäischen Rats, jener Zusammenkunft der Staats- und Regierungschefs der damals fünfzehn EU-Mitgliedsstaaten, ihm den Titel »Ehrenbürger Europas« zu verleihen. Vor Kohl hatte ihn bislang nur der Franzose Jean Monnet bekommen, der damit als wichtigster Inspirator des europäischen Gedankens geehrt wurde.

Kohl hatte nach der Wahlniederlage alles darangesetzt, dass ihm der Ehrenvorsitz der CDU übertragen wurde. Es gab in der Partei durchaus Stimmen, denen ein späterer Zeitpunkt willkommener gewesen wäre. Nur so hätte in ihren Augen eine wirkliche Zäsur in der Partei gesetzt werden können. Bezüglich des Ehrenvorsitzes, der mit einem Sitz und einer Stimme im Parteipräsidium verbunden ist, erklärt Kohl, Schäuble selbst habe ihn diesbezüglich angesprochen. Kohls Kommentar dazu in seinem Tagebuch:»Er weiß, dass ich auf Ehrungen dieser Art nicht besonders erpicht bin.«[130] Schäuble hat interessanterweise dieses Thema in seinem Buch ›Mitten im Leben‹ vermieden. Vermutlich hätte er dann beichten müssen, dass er in dieser Angelegenheit aufgrund des gezielten Drängens von Kohl absolut machtlos war. Und Schäuble wollte – wofür es gute Gründe gab – innerparteilich eine Auseinandersetzung über die weitere Bedeutung Kohls vermeiden. Das war Schäubles Kardinalfehler. Fortan ließ er sich in einer Reihe von Fragen durch Kohl förmlich überrollen. So blieb beispielsweise der Vorstand der Konrad-Adenauer-Stiftung auch nach den Wahlen ein Kohl-dominiertes Gremium. Schäuble ging dem einen oder anderen grundlegenden Konflikt mit Kohl aus dem Weg, obwohl er innerlich schäumte und manchem Gesprächspartner anvertraute, wie sehr ihm die permanente Präsenz von Kohl in allen wichtigen Gremien die Kraft zum politischen Agieren nahm. Ein Schwergewicht, das sein einstiges Machtzentrum bewahren will, ist für nahezu jeden Nachfolger eine gefährliche Sache.

Zu ihrem Glück konnte die CDU bei den Landtagswahlen in Hessen am 7. Februar 1999 einen ersten Sieg erzielen. Die Querelen zwischen Schäuble und Kohl traten in der Folge für einige Monate in den Hintergrund. Doch fand immer noch nicht statt, was die Basis einer inhaltlichen wie personellen Erneuerung der CDU hätte sein müssen: Die Auseinandersetzung mit den eigentlichen Gründen des Machtverlusts. Wolfgang Schäuble hatte dann auch dazu eine Ausrede parat:»Doch wenn ich jetzt die Schuldfrage gestellt hätte, wäre dies das Startsignal für ein in jeder Beziehung kontraproduktives ›Gemetzel‹ gewesen. Die Medien hätten sich darüber gefreut, der Neuanfang der CDU wäre dadurch zum Desaster geworden.«[131] In der Tat kam es zu keinem innerparteilichen Streit, zumal ein solcher in der Bevölkerung nicht gut angekommen wäre. Auch wurde zu keinem Zeitpunkt das Wahldesaster parteiintern schonungslos analysiert. Wer immer das provoziert hätte, der Zorn des »Dicken« wäre ihm gewiss gewesen. Klar ist jedenfalls, dass Schäuble nicht aus sich selbst heraus die Kraft fand, sich rechtzeitig von Kohl zu lösen. Schäubles innerer Zorn über Kohl wurde zwar immer mächtiger, aber er war doch so sehr an Kohl gefesselt, dass er nie den Schritt einer wirklichen Emanzipation wagte – bis dieser fast unausweichlich wurde, nämlich im Zusammenhang mit dem Spendenskandal der CDU.

Der Spendenskandal

Ende des Jahrtausends betrat eine Art Mephisto die politische Bühne: Karlheinz Schreiber, der das Kohl'sche Finanzierungssystem einer Versuchung aussetzte. Der bayerische Unternehmer nahm mit seiner 100 000-DM-Spende auf eine noch ungeklärte Weise Einfluss auf das Verhältnis der beiden Machtmänner. Schäuble gab, wenngleich mit Verspätung, zu, dass er von Schreiber auf einer von der damaligen Bundesschatzmeisterin Brigitte Baumeister organisierten Sponsorenveranstaltung am 21. September 1994 »im Nachgang« eine Summe von 100 000 DM erhalten hatte. Schäuble legte bei seiner Darstellung Wert darauf, dass er diesen Betrag »ordnungsgemäß der CDU-Schatzmeisterin Baumeister zur Verbuchung und Verwendung übergeben« habe. Brigitte Baumeister bekräftigte dann, dass Schäuble diesen Betrag »zuständigkeitshalber an mich zur Verbuchung weitergeleitet« hat.[132] Da der Jurist Schäuble möglicherweise um geheime Konten wusste, verlangte er von Brigitte Baumeister im Nachhinein eine schriftliche Bestätigung über den ordnungsgemäßen Verbleib des Geldes. Schäuble muss jedenfalls geahnt haben, dass diese Barspende so etwas wie eine tickende Zeitbombe war. Brigitte Baumeister händigte ihm die Bestätigung »nach langem Zögern« schließlich im Frühjahr 1998 aus.[133] Für Schäuble hatte diese Spendengeschichte ein unrühmliches Ende. Die Tatsache, dass er am 2. Dezember 1999 die Spende und ihre Umstände zunächst vor dem Deutschen Bundestag verschwieg und ihre Entgegennahme erst am 10. Januar 2000 in einem Interview mit der ARD ansprach[134], führte letztlich zu seinem Rücktritt als Partei- und Fraktionsvorsitzender der CDU. Erstaunlich, wie wenige Worte einem zum Verhängnis werden können. Schäuble hatte nämlich vor dem Bundestag ausgesagt:»Auf der damaligen Veranstaltung bin ich Herrn Schreiber begegnet. Das war es.« Und als dann der grüne Abgeordnete Hans-Christian Ströbele»Mit oder ohne Koffer?« dazwischenrief, entgegnete Schäuble:»Ohne Koffer, das heißt, ich habe vielleicht einen Aktenkoffer dabeigehabt. Ich weiß es nicht mehr genau. Es ist jedenfalls im Spätsommer oder im Herbst 1994 weder von Panzern noch von Ähnlichem die Rede gewesen.«Vor dem Bundestag entschuldigte sich Schäuble zunächst in einer bemerkenswerten und bewegenden Rede für die Verstöße der CDU-Führung gegen das Parteiengesetz. Er entschuldigte sich auch für sein Verhalten in der Debatte vom 2. Dezember 1999. Er habe nicht so reagiert,»wie ich hätte reagieren müssen«.[135]

Es ist mit Sicherheit auch keine boshafte Übertreibung zu behaupten, dass Helmut Kohl seinen eigenen Informationsstand ausnutzte, um Schäuble in den kommenden Auseinandersetzungen vorzuführen. Die kämpferischen Wortwechsel gingen dann so weit, dass es zur Abgabe eidesstattlicher Versicherungen zunächst von Schreiber, dann auch von Schäuble und Brigitte Baumeister kam.[136] Kohl wunderte sich öffentlich über das Verhalten seines einstigen Gehilfen, über seine Aussage vor dem Parlament:»Ich verstehe Wolfgang Schäuble nicht.«[137]

Selbst für Insider dürfte das Ausmaß des Spendenskandals überraschend gewesen sein. Hierzu notierte Kohl:»Der Name Karlheinz Schreiber erinnert mich nur an eine Spende über DM 100 000, die Wolfgang Schäuble 1994 von ihm erhielt. Davon hatte ich zunächst nichts erfahren. Erst drei Jahre später, 1997, informierte mich entweder Wolfgang Schäuble oder die Nachfolgerin Kieps, die damalige CDU-Schatzmeisterin Brigitte Baumeister, von dieser Spende.«[138] Kohl muss nachträglich empört darüber gewesen sein, nichts von dieser Spende erfahren zu haben, wo er doch immer alles genau wissen wollte, was in der Partei passierte. Zu jener Zeit zeigte er sich auch darüber»sehr betroffen, dass mir Wolfgang Schäuble von diesem Vorgang 1994 nichts gesagt hatte. Bei unserem damaligen sehr engen persönlichen Verhältnis und unseren außerordentlich häufigen Begegnungen wäre es ein Leichtes gewesen, mich unmittelbar nach Empfang der Spende darüber zu informieren.«[139] Schäuble erklärte hierzu, er habe sich 1997 bei Kohl darüber beschwert,»dass die Schreiber-Spende nicht ordnungsgemäß behandelt worden sei«.[140] Offensichtlich verlangte daraufhin Kohl von Brigitte Baumeister eine Liste mit den Namen, die ebenfalls Gelder von Schreiber erhalten hatten.[141]

Fazit ist jedoch, dass Schäuble eine mögliche Erpressbarkeit aufgrund der Entgegennahme dieser Spende geahnt haben muss, zumal ihn dann Kohl bei Bekanntwerden der Affäre am Morgen des 29. November 1999 mit dem Satz ansprach:»Du hast doch auch von diesem Schreiber Geld bekommen.«[142] Diese Bemerkung war sicherlich nicht als eine Aufforderung zu einer umfassenden Aufklärung zu verstehen, sondern beinhaltete vermutlich Schäuble gegenüber eine verdeckte Drohung. Schäubles Auftreten wirkte in diesen Wochen höchst unsicher, er zeigte sich auf Pressekonferenzen fahrig, argumentierte, als ob er sich schon frühzeitig eine juristische Rückzugsposition aufbauen wollte. Nachträglich ist sein Verhalten einfach zu deuten. Schließlich hatte er zunächst die Entgegennahme einer Spende von Schreiber nicht bestätigt und nur eine einmalige Begegnung mit diesem zugegeben – was aber unrichtig war. Später stellte sich dann heraus, dass Schäuble den spendablen Bayern ein zweites Mal gesehen hatte. Die Umstände dieses Treffens konnten jedoch nie zweifelsfrei geklärt werden.

Schäuble dürfte sich in jenen Tagen vielleicht auch Gedanken über seine Rolle dabei gemacht haben: Wer wie er so viele Jahre mit Kohl zusammengearbeitet hatte, war möglicherweise schon von den Kohlschen Denkmustern geprägt. Eine mentale Befreiung davon erschien schwierig. Indirekt bestätigte der baden-württembergische Innenminister Thomas Schäuble das Dilemma seines Bruders:»Denn das eigentliche Problem ist ja für ihn schon, dass Kohl ohne ihn nicht 16 Jahre Bundeskanzler gewesen und geblieben wäre.«[143] Der Ablösungsprozess im Zusammenhang mit dem Spendenskandal musste sich eruptiv gestalten.

Wolfgang Schäuble war wohl über die Tragweite des von Kohl zu verantwortenden Skandals perplex. Das undurchschaubare System der Kontenführung wurde letztlich nur von drei bis vier verantwortlichen Personen durchschaut, zu denen Schäuble nicht gehörte. Aber muss er nicht doch irgendwelche Ahnungen gehabt haben? War ihm nie bewusst geworden, dass im Kampf mit dem politischen Gegner manches Mittel recht sein konnte, notfalls auch die Installation von Schwarzkonten? War er es nicht gewesen, der sich im Auftrag Helmut Kohls darum bemüht hatte, eine Amnestie in Bezug auf die Flick-Affäre herbeizuführen? Und war er es nicht auch, der beispielsweise im Zusammenhang mit diesem Skandal gegenüber Eberhard von Brauchitsch als Emissär Kohls auftrat? Einem Bericht des früheren Flick-Managers zufolge fand Anfang 1984 ein Gespräch zwischen ihm und Schäuble im Büro des später als Agent der DDR-Staatssicherheit enttarnten Flick-Managers Adolf Kanter statt: »Schäuble redete auf mich ein: Der Kanzler bitte mich inständig, jetzt keinen Fehler zu machen und Michael Kohlhaas zu spielen. Ich brauchte mich doch gar nicht so genau erinnern. Wir stünden unmittelbar vor einer Amnestie, dann sei ohnehin Schluss mit dem ganzen Zirkus. Ich habe meine Verteidigung daraufhin in einigen Punkten zurückgenommen.«[144] Natürlich liegt hier die Version eines tief von Kohl enttäuschten Wirtschaftsmanagers vor. Bislang hat Schäuble – soweit bekannt ist – dieser Aussage nicht widersprochen. Wenn es jemanden gab, der die ganze Palette der Tricks und Kniffe des Altkanzlers kannte, dann war es Wolfgang Schäuble, der seinem Förderer auf fatale Weise verbunden war.

Im Verlauf der nun eskalierenden Auseinandersetzung zwischen dem ehemaligen und dem amtierenden Parteivorsitzenden kam es zu einem heftigen Stellungskampf[145], nachdem durch gründliche Recherchen – vor allem des SZ-Journalisten Hans Leyendecker – immer mehr Einzelheiten über die Geldbeschaffung Kohls bekannt geworden waren. Schäuble rang deshalb Kohl vor dem Präsidium der CDU am 30. November 1999 eine Aussage ab, die Kohl tief gewurmt haben muss, da er diese auch als »an eine Selbstbezichtigung grenzende Erklärung« bezeichnete.[146] Er übernahm darin »die politische Verantwortung für hierbei in meiner Amtszeit entstandene Fehler« und bedauerte, »wenn die Folge dieses Vorgehens mangelnde Transparenz und Kontrolle sowie möglicherweise Verstöße gegen Bestimmungen des Parteiengesetzes sein sollte«.[147]

Vielleicht wehrte sich Schäuble auch deshalb so lange gegen ein »Outing«, weil er genau wusste, dass ihm das geheime Wissen Helmut Kohls im Nacken saß. Doch stattdessen musste sich Schäuble jetzt der Vermutung stellen, er habe sich erst im Januar 2000 dazu durchgerungen, die bis dahin geleugnete Entgegennahme einer Spende zu offenbaren, weil Schreiber aus Kanada Drohungen ausstieß. Schreiber nahm demonstrativ Brigitte Baumeister in Schutz[148] und ließ alle Welt wissen: »Wenn Schäuble im Untersuchungsausschuss den gleichen Quatsch wie zur Zeit erzählt, lasse ich den in ein so tiefes Loch fallen, dass man den Aufprall nicht mehr hört.« Und weiter: »Schäuble lügt. Wenn er will, kann er mich ruhig verklagen. Darauf freue ich mich schon.«[149] Die Situation erschien unerträglich, schon allein deshalb, weil nun die CDU durch den »Kaufmann«, eine ziemlich dubiose Figur, erpressbar wurde. Schreiber selber versuchte mit unterschiedlichsten Darstellungen, Verwirrung zu stiften und sein eigenes Auslieferungsverfahren zu verzögern. Selbst ein gewiefter Taktiker wie Schäuble schien langsam den Überblick zu verlieren.

In jenen Tagen wurde sein politisches Schicksal im Wesentlichen – abgesehen von Kohl – von zwei Frauen bestimmt: von Angela Merkel und der Schatzmeisterin Brigitte Baumeister. Beide Frauen hatten übrigens Wolfgang Schäuble ihre Ämter zu verdanken. Angela Merkel sollte ihren »Scheidebrief« in der ›Frankfurter Allgemeinen Zeitung‹ am 22. Dezember 1999 veröffentlichen, der die CDU zur Emanzipation von Kohl aufforderte. Auf die Wirkung werden wir im späteren Kapitel über Angela Merkel gesondert eingehen. Für Helmut Kohl war es undenkbar, dass ein solcher Artikel von einer Generalsekretärin ohne Wissen des Parteivorsitzenden geschrieben wurde. Doch da irrte er sich. Er organisierte emsig Widerstand und begann, seine alte Rauflust erneut zu entdecken. Ihm ging es darum, sein Bild in der Geschichte zu retten. Auch wenn die Auseinandersetzung der einstigen Männerfreunde beide fundamental herausforderte: Für Kohl hatte sie – so paradox es vielleicht klingen mag – sogar etwas Gutes. Gerade weil er sein Ansehen vor der Geschichte retten wollte, setzte er dafür alle Energien ein. Er war zwar nicht mehr Kanzler, aber die Dynamik seiner Auseinandersetzung mit Schäuble gab ihm in jenen Monaten des Übergangs eine feste Aufgabe, für die er Tag und Nacht kämpfte.

Seine Angriffe gegen Schäuble in der ›Welt‹ und der ›Welt am Sonntag‹ taten das ihrige, um die CDU-Basis weiter zu verunsichern. Es fiel auf, dass die immer wieder zu hörenden Drohungen Schreibers aus Kanada, er werde noch weiter auspacken, sich stets gegen Schäuble – übrigens auch gegen die CSU und Stoiber – richteten, nie aber gegen Kohl. Schäuble wusste auch von einem Fax zu berichten, das Kohl ihm im Dezember 1999 gezeigt hatte. Es war von Schreiber und beinhaltete eine kritische Äußerung zu Stoiber.[150] Schäuble hatte sicherlich den Verdacht, dass Kohl und Schreiber gewissermaßen unter einer Decke steckten, um gegen ihn einen gemeinsamen Vernichtungsfeldzug zu unternehmen. Entsprechende Anrufe vermutete er bei Brigitte Baumeister.

Der Zweikampf zwischen Kohl und Schäuble führte schließlich zu Schäubles Zermürbung – und zu einem Aufstand in der Fraktion. Die Ereignisse überschlugen sich nun förmlich: Die Dramatik der Fraktionssitzung vom 15. Februar 2000, deren explosive Stimmung die Führung offensichtlich falsch eingeschätzt hatte, werden die Teilnehmer so rasch nicht vergessen. Es kam spürbar Unmut auf, als durch Glos der einstimmige Beschluss des Vorstands hinsichtlich eines »Abberufungsverfahrens Baumeister« bekanntgegeben wurde. Sodann verkündete Schäuble, der Fraktionsvorstand inklusive des Fraktionsvorsitzenden solle neu gewählt werden. Da Brigitte Baumeister dem Vorstand angehörte, erstaunte diese separate Behandlung. Der Saarländer Peter Altmaier[151] war es, der den Damm brach: Was denn der Sinn einer vorgezogenen Abwahl von Brigitte Baumeister sei, wollte er wissen. Er traf den Nerv der Fraktion, als er beklagte, Brigitte Baumeister sei wegen der gegen sie gerichteten Anwürfe nicht einmal in der Fraktion gehört worden. Als dann die beiden Schleswig-Holsteiner Peter Kurt Würzbach und Dietrich Austermann die Neuwahl gleich für die kommende Woche forderten, gab es einen derart donnernden Applaus, dass Schäuble begriff, wie massiv ihm die Basis der Fraktion weggebrochen war. In den darauffolgenden Nachtstunden überdachte er auch seine Rolle als Parteivorsitzender. Am 16. Februar erklärte Schäuble, er wolle das Amt des Partei- wie auch das des Fraktionsvorsitzenden niederlegen.

Schäuble war davon überzeugt, dass manche Ereignisse in diesen

Krisenmonaten »nicht allein dem Regisseur Zufall«[152] zugeschrieben werden konnten. Mit seinem Rücktritt verschwand der Druck, seine Verbindung zu Kohl insbesondere in den 80er Jahren erklären zu müssen. Sein Scheitern, so Schäubles Sichtweise, war in der Tatsache angelegt, »dass ich in einer schweren Krise der Union, die mit der vorübergehenden Selbstzerstörung des Ansehens unserer 16 Jahre Regierungsverantwortung einherging, ungeeignet erschien, die Partei aus dieser Krise zu führen, weil ich viel zu eng mit diesen 16 Jahren verbunden war«[153]. Der Jurist erkannte erst jetzt, dass Kohl »seinem Verständnis von politischen Notwendigkeiten, den Erhalt eigener Macht eingeschlossen, immer den absoluten Vorrang eingeräumt«[154] hatte. Eigentlich kam die Erkenntnis reichlich spät für einen Mann, der so lange an der Seite Kohls ausharrte. Es hatte sich in allen Landesverbänden Unmut angestaut, auch in Baden-Württemberg. Schäuble wurde »gestürzt« – so muss man es sagen –, aber nicht durch die Ranküne einzelner führender Unionspolitiker in jenen Tagen. Auch gab es keine organisierten Fronden einzelner Landesgruppen, sondern es war die Verzweiflung der aus ihren Wahlkreisen zurückgekehrten Bundestagsabgeordneten, die die Chancen ihrer Wiederwahl in den Wahlkreisen analysierten. Sie sahen letztlich keinen anderen Ausweg als den einer personellen Änderung. Schäuble blieb keine andere Wahl: Er musste zurücktreten. Letztlich konnte es ihm nur auf diese Weise gelingen, aus dem Schatten Kohls herauszutreten. In jenen dramatischen Tagen, die zum Rückzug Wolfgang Schäubles aus seinen beiden Ämtern führten, bezeichnete Thomas Schäuble den Rücktritt seines Bruders als »zwangsläufig«. Eine Erneuerung der Partei, so der baden-württembergische Innenminister weiter, wäre nur möglich gewesen, wenn sich der Exkanzler Kohl zurückgenommen hätte. »Ich verabscheue Kohl. Und ich kann da für die ganze Familie sprechen.«[155]

Helmut Kohl frohlockte mit Sicherheit über den Rückzug Schäubles aus seinen beiden Ämtern. Doch in seinem ›Tagebuch‹ weist er diesen Gedanken weit von sich, es sei »kein wahres Wort« daran, dass er »große Genugtuung« über diesen Rücktritt empfände. Auch den Vorwurf, er habe gegen Schäuble ein intrigantes Spiel in Gang gesetzt, dementierte er: »Ich weiß nicht, wer gegen ihn intrigieren sollte. Weder kann ich eine Intrige feststellen, noch bin ich an einer beteiligt.«[156]

Zweimal hatte der einst engste Vertraute und Mitverschworene Schäuble versucht, aus der Distanz zu Helmut Kohl Kapital zu schlagen – zunächst am Wahlabend, den er als persönliche Niederlage Helmut Kohls betrachtete, wodurch er sich selbst erhöhte und auf den Thron des Parteivorsitzenden hievte. Bei dem Versuch indes, sich von dem »System Kohl« endgültig und mit Bravour zu befreien, dessen Chefingenieur Schäuble war, ist er dann gescheitert. Aber diese Trennung wurde später, als er Kohls Nachfolger als Parteivorsitzender wurde, mehr von seiner Generalsekretärin Angela Merkel als von Schäuble betrieben. Selbst mit Blick auf die von ihm sicher erwartete Niederlage bei den Bundestagswahlen 1998 hatte er keinen Aufstand gegen Kohl gewagt. Die »Männerfreundschaft« zwischen ihm und Kohl währte etwa dreißig Jahre. Dann trat das »Ende einer Dienstfahrt« ziemlich abrupt ein.

Helmut Kohl hatte es, wie angedeutet, nicht glauben können, dass Merkel ohne Wissen des Parteivorsitzenden diesen Artikel geschrieben hatte. In den folgenden Monaten führte die ›FAZ‹-Veröffentlichung deshalb zu einer Auseinandersetzung, wie es sie zwischen zwei deutschen Politikern, die ehedem befreundet waren, noch nicht gegeben hatte. Nicht einmal die Auseinandersetzung Schröder-Lafontaine hatte diese Dimension, weil beide nie ein so enges Arbeits- und Vertrauensverhältnis hatten. Kohl kämpfte nicht nur um seine politische Existenz, sondern auch um seinen Ruf. Sein Image als Kanzler der Einheit sollte nicht durch einen »Fehler«, wie er seine Verstrickung in den Spendenskandal immer wieder nannte, nachhaltig beschädigt sein, sein Denkmal als einer der großen deutschen Politiker wollte er nicht angekratzt sehen.

Die Auseinandersetzung zwischen Kohl und Schäuble nahm zum Teil skurrile Formen an. Tatsache ist jedenfalls, dass der ›FAZ‹-Artikel Merkels beide Herren so sehr in Rage gebracht hatte, dass sie bei dem Versuch, jeweils den anderen vom Podest zu reißen, sich gegenseitig mitrissen, da sie wie mit einer Nabelschnur miteinander verbunden waren. Als der abwesende Kohl am 18. Januar 2000 vom CDU-Präsidium und vom CDU-Bundesvorstand die Aufforderung erhielt, seinen Ehrenvorsitz bis zur Veröffentlichung der Spendernamen ruhen zu lassen, und noch am gleichen Tag seinen Rücktritt als Ehrenvorsitzender der CDU erklärte, war ein Tiefpunkt in der Geschichte der CDU erreicht.

Die Tiefe von Schäubles Verbitterung ließ langjährige Verwundungen erkennen. Kohl hatte während seiner Amtszeit Schäuble nicht die Nachfolge ermöglicht; Schäuble wurde, auch durch eigene Schuld, in den in erster Linie von Kohl zu verantwortenden Spendenskandal hineingezogen; den CDU-Parteivorsitz musste er niederlegen, weil Kohl ihn, den Mitwisser in vielen Entscheidungen des Alt-Kanzlers, heftig befehdete und weil er merkte, dass Kohl Loyalität nur als eine Einbahnstraße interpretiert hatte. Als der Bruch dann endlich da war, waren bei Schäuble die Dämme nicht zu halten: Oder wie soll man sonst beschreiben, was in dem langjährigen Knappen Helmut Kohls, seinem loyalsten Mitarbeiter und effizienten Mitstreiter vorging, als er in einem bemerkenswerten Interview wenige Tage nach seinem Rücktritt als Fraktionsvorsitzender seiner Empörung Luft machte? Das im April 2000 ausgestrahlte TV-Interview im Nachrichtensender Phoenix schlug ein wie eine Bombe. Noch einige Wochen zuvor, so Schäuble, hätte er sich nicht vorstellen können, wie intensiv mit Schreiber in Kanada telefoniert werde. Dabei würden die Gespräche »aus diesem Gebäude heraus geführt« – womit nicht klar wurde, ob Schäuble damit den im selben Haus agierenden Helmut Kohl oder die Schatzmeisterin Brigitte Baumeister (oder gar beide) meinte. Schäuble weiter: »Und deswegen sage ich ... vielleicht war es kein Machtkampf, vielleicht ist es einfach nur eine Intrige – aber dann war es schon eine ziemlich ordentliche Intrige, ich sage, mit kriminellen Elementen. Das Maß, wie hier gelogen wird, mit Falschaussagen operiert wird, mit Unterstellungen, wie immer neue Fährten aus dem Handbuch der konspirativen Desinformation getrieben werden, das war dann jedenfalls ein Kampf zur Vernichtung mindestens einer Person, die aber nun gleichzeitig Vorsitzender der CDU Deutschlands und der CDU/CSU-Bundestagsfraktion gewesen ist. Vielleicht ist der Begriff Machtkampf dann doch nicht völlig unangemessen. Ich hoffe, dass irgendwann die Wahrheit auf den Tisch kommt.«[157]

Der Krieg zwischen Kohl und Schäuble ging dann auf dem Buchmarkt weiter: Auf Schäubles Werk ›Mitten im Leben‹[158] folgte wenige Wochen später das Kohl'sche ›Tagebuch‹[159], das am 24. November 2000 der Öffentlichkeit vorgestellt wurde. Kohl hatte sicher von den Buchplänen Schäubles erfahren und wollte ihm nicht die Deutungshoheit über den Trennungsprozess überlassen. Beide Bücher sind spannend zu lesen in ihren unterschiedlichen Versionen, und sie zeigen zwei Politiker, die in ihrer Mentalität kaum gegensätzlicher sein können. Beide Bücher sind nachträglich und mit der Intention geschrieben, jeweils die eigene Position besonders deutlich zu vertreten.

Gerade Kohls ›Tagebuch‹ ist die »Apologie eines Gekränkten«.[160] Es hat Rechtfertigungscharakter, da die jeweiligen Tagesnotizen erst nachträglich formuliert worden sind.[161] Beispielsweise trägt Kohl unter dem 28. September 1998 Folgendes ein: »Unsere Pläne für eine Steuerreform, die wesentlich weiter gingen als die Beschlüsse der heutigen SPD-Regierung, wurden umgehend als unsozial diffamiert.«[162] Ein eigentümlicher Eintrag, denn Kohl schreibt bereits einen Tag nach den verlorenen Bundestagswahlen von den Beschlüssen einer »heutigen SPD-Regierung«, die zum Zeitpunkt der angeblichen Niederschrift noch gar nicht existierte! Es hat den Anschein, dass das ›Tagebuch‹ in Wirklichkeit »nachgeschrieben« wurde. Unter dem Datum des 22. November 1999 heißt es: »Heute haben die Koalitionsfraktionen von SPD und Grünen den Antrag für einen parlamentarischen Untersuchungsausschuss beschlossen.«[163] Unter dem 2. Dezember 1999 ist zu lesen: »Mit den Stimmen aller Fraktionen beschließt der Bundestag die Einsetzung eines fünfzehnköpfigen Untersuchungsausschusses.«[164] Ein ehrlich geführtes Tagebuch hätte niemals zwei fast gleichlautende Sätze beinhaltet.

Hätte Kohl tatsächlich ein Tagebuch geführt, dann wären darin gerade auch jene Termine vorgekommen, die wirklich von Interesse sind – beispielsweise die Gespräche mit dem Medienhändler Leo Kirch, mit Kohls Vertrauten im Adenauer-Haus, Hans Terlinden, der auch dort für Finanztransaktionen zuständig war, oder seiner Vertrauten Agnes Hürland-Büning, ehemals parlamentarische Staatssekretärin, oder anderen wichtigen Funktionsträgern der Partei. Kohl hätte durchaus auch ausführlicher über seine Begegnungen mit dem früheren PDS-Fraktionsvorsitzenden Gregor Gysi berichten können, die für ihn keineswegs unbedeutsam zu sein schienen. Kohl vermerkte lediglich in seinem Tagebuch, er habe mit Gysi nach seinem Ausscheiden aus dem Bundeskanzleramt »gelegentlich eine Tasse Kaffee«[165] getrunken. Zudem lobte Kohl ihn unter dem Eintrag vom 20. Juli 2000 für sein Hintergrundwissen bezüglich der DDR – ein nicht ganz überraschender Hinweis. Inzwischen bestätigte Gysi in einem eigenen Buch, diverse Gespräche mit Kohl geführt zu haben.[166] Zu einem »ersten ausführlichen Gespräch« mit Helmut Kohl kam es bereits im Juni 1999[167], also lange vor der Spendenaffäre. So lässt sich erklären, dass Gysi im Plenum zur allgemeinen Verwunderung gelegentlich Partei für Kohl ergriff. Und natürlich verblüffte es, dass ausgerechnet Kohl mit einem Funktionsträger der umbenannten SED so herzlich parlierte. Im ›Tagebuch‹ hätte man sich mehr Informationen zu dieser Beziehung gewünscht. Im Übrigen war es Taktik von Gysi, solche Kontakte zu pflegen. Immerhin rühmte er sich in seinem Buch weiterer Gespräche mit hochrangigen Unionspolitikern – von Baumeister über Merkel bis Schäuble. Die Beziehungen zur CDU sollten Gysi helfen, aus der persönlichen wie der politischen Isolierung herauszukommen.

Im Wesentlichen ging es Kohl in seinem ›Tagebuch‹ darum, die eigene historische Bedeutung zu unterstreichen. Er tut das mit einer seltenen Penetranz. Ein anderer Aspekt war, dass Kohl für seine juristischen Auseinandersetzungen Geld brauchte. Es wird geschätzt, dass die Veröffentlichung etwa eine Million Mark an Einnahmen brachte. Kohls Buch ist deshalb so interessant, weil es offenbart, wie er wirklich denkt: Selbstgerecht, in einfachen politischen Schnittmustern. Es zeigt auch, dass er nur noch wenigen Menschen freundlich gesinnt ist – allen voran sind dies der einstige thüringische Ministerpräsident Bernhard Vogel und der frühere rheinland-pfälzische Landesvorsitzende Christoph Böhr sowie sein langjähriger Adlatus Anton Pfeifer, Staatsminister im Bundeskanzleramt, den er sogar einen »Freund« nennt. Sodann führt er noch den damaligen CDU-Landesvorsitzenden Bernd Neumann auf, der ihn zu einem Zeitpunkt, als er wegen der

Enthüllungen immer mehr gemieden wurde, demonstrativ zu sich nach Bremen einlud. Doch es war um Kohl schon ziemlich einsam geworden.

Kohl rechnet in seinem ›Tagebuch‹ in sehr emotionaler Weise mit seinen innerparteilichen Gegnern ab, was gelegentlich recht peinliche Züge annimmt.

Nicht minder ist Schäubles Publikation von dem Wunsch nach Rechtfertigung durchdrungen, wobei der Jurist sehr viel tiefer in die Materie eindringt und durch eine Fülle von zum Teil auch nebensächlichen Fakten gleichsam die besondere Glaubwürdigkeit seiner Rechtfertigungsschrift belegen will. Die Brillanz von Schäubles Werk beruht nicht zuletzt auf einer genauen Analyse der politischen Verhältnisse. Es wirkt gerade dadurch gefühlsbetont, dass sich der Autor – fast möchte man sagen unterkühlt – zurückgenommen hat; Schäuble lässt schlichtweg die Fakten wirken.

Besonders interessant ist, wie die beiden Ex-Freunde in ihren Büchern den 8. Januar 2000 beleuchten – ein Tag, der in die Geschichte der CDU eingehen sollte: An jenem Morgen um 8.30 Uhr, nur anderthalb Stunden vor einer Präsidiumssitzung der CDU, forderte Schäuble Kohl auf, endlich die volle Wahrheit zu sagen und die Namen der von ihm verschwiegenen Spender zu nennen. Glaubt man Wolfgang Schäuble – und es gibt keinen Anlass zu zweifeln –, begann Kohl das gemeinsame Gespräch »eher frohgemut« mit der Frage: »Trittst du zurück?«[168] Schäuble ignorierte die Frage und versuchte Kohl zu erläutern, wie wichtig eine Offenlegung der Namen für alle sei. Weil Kohl bei seiner starren Haltung blieb, forderte Schäuble ihn auf, sein Bundestagsmandat niederzulegen. Kohl erklärte daraufhin, er sähe sich bei Aufgabe seines Mandats dem Verfahren im Untersuchungsausschuss schutzlos ausgeliefert. »Darauf sagte ich ihm«, so Schäubles Erwiderung, »dass ich dann zurücktreten würde, weil ich die Partei aus der Krise, die er mit der Zerstörung seines Ansehens seiner Regierungszeit verursache, nicht herausführen könne.«[169] Kohl rief dann gereizt aus, lediglich die an ihn, Schäuble, gerichtete Spende von Schreiber »habe diese Affäre zu einer so dramatischen Krise werden lassen«.[170] Schäubles Schlusskommentar zu dieser prekären Situation: »Mit dem Satz, dass ich wohl schon zu viel meiner knapp bemessenen Lebenszeit mit ihm verbracht hätte, beendete ich daraufhin das Gespräch.«[171]

Helmut Kohl hingegen schildert den Bruch in seinem ›Tagebuch‹ mit anderen Worten: »Wolfgang Schäuble sagt dann in höchster Erregung, er frage mich jetzt ein letztes Mal, ob ich die Namen der Spender nennen werde. Als ich darauf mit Nein antwortete, sagt er wörtlich: ›Dann bleibt mir nichts anderes übrig, als meinen Rücktritt zu erklären.‹ Darauf sage ich: ›Das wirst du nicht tun.‹«[172] Schäuble habe ihn »äußerst aufgewühlt« verlassen und ihm noch zugerufen: »Dieses Büro werde ich in meinem Leben nie wieder betreten.«[173] Kohl gibt sich angesichts der Konfrontation traurig: »Diese Szene zählt zu den schlimmsten Erfahrungen meines Lebens. Ich weiß, viele werden sich schwertun, mir dies zu glauben. Aber es tut weh, mir in diesem Moment eingestehen zu müssen, dass eine wichtige Beziehung, eine jahrelange tragfähige und belastbare Freundschaft völlig zerbrochen ist. Aus meiner Sicht war es wirklich so: Zwischen Wolfgang Schäuble und mir hatte sich in den letzten Jahrzehnten eine sehr enge persönliche und wirklich freundschaftliche Beziehung entwickelt. Sie mit dem Verhältnis eines Älteren zu einem Jüngeren zu beschreiben greift zu kurz. Es war viel mehr. Ich kann es natürlich nur für mich sagen: Ich stand zu ihm in einer sehr emotionalen, ja brüderlichen Beziehung. Zwar hätten Wolfgang Schäuble und ich gegensätzlicher nicht sein können, aber vielleicht lag gerade darin das Geheimnis unserer guten Zusammenarbeit.«[174] Diese angebliche Tagebucheintragung für den 18. Januar fällt besonders lang aus, was aufzeigt, wie sehr Kohl sich hinsichtlich seines Verhältnisses zu Schäuble unter einem Rechtfertigungszwang sah. Nicht von ungefähr entsinnt sich Kohl an diesem Tag auch jenes Attentats auf Schäuble: »Gerade jetzt erinnere ich mich an die erschütternden Bilder, als ich ihn im Krankenhaus besuchte. Er lag auf der Intensivstation. Man brauchte kein Arzt zu sein, um die schwere Verletzung zu erkennen, die nicht nur äußerlich spürbar war. Ich wollte ihm nahe sein, suchte tröstende Worte und versuchte, auch schweigend Beistand zu leisten. Als ich die Station verließ, weinte ich wie ein kleines Kind. Die Erinnerung an damals, als er auf Leben und Tod lag, ist mir jetzt wieder gegenwärtig, wo wir endgültig auseinander sind und der Bruch irreparabel scheint.«[175] An dieser Stelle betont Kohl, dass er auch nach dem Attentat Schäuble als den richtigen Mann, als seinen Nachfolger angesehen habe. Zum Schluss wagt er sich an eine Interpretation des großen Streits: »In den letzten Wochen musste ich allerdings lernen, dass mein Bild von ihm falsch war. Es will mir noch nicht wirklich gelingen, bis zur letzten Einsicht vorzudringen, aber ich begreife allmählich, dass das, was ich als Offenheit und als Michkümmern verstanden habe, von ihm offenbar als eine Belastung empfunden wurde.«[176] Und der ehemalige Kanzler weiter: »Vielleicht interpretierte er meine Haltung ihm gegenüber als Eindringen in seine persönliche Sphäre, die er mir gegenüber verschlossen halten wollte. Es gibt viele Zeugen unserer engen Verbindung, die uns bei jeder sich bietenden Gelegenheit beobachteten und sich gerade jetzt fragen, warum dieses besondere Verhältnis zerbrochen ist. Meine eigenen Überzeugungen dazu sind immer noch nicht abgeschlossen. Doch eins ist sicher: Ich habe Fehler gemacht, ohne es zu wollen, vor allem im psychologischen Bereich. Möglicherweise war aber auch meine schiere Existenz für Wolfgang Schäuble eine Belastung.«[177]

An jenem 18. Januar 2000 – dessen Atmosphäre auch dadurch beeinflusst wurde, dass immer mehr Einzelheiten aus dem parallel verlaufenden hessischen Spendenskandal ans Tageslicht kamen – forderte auch das CDU-Präsidium Kohl auf, sein Schweigen hinsichtlich der Spender zu brechen. Andernfalls müsse erwogen werden, ihm seine Rechte als Ehrenvorsitzender abzuerkennen. Auch die anschließende Sitzung des CDU-Bundesvorstandes führte zu einer Stärkung der Position Schäubles, der an diesem Tag offensichtlich ernsthaft überlegt hatte, von seinem Amt als Parteivorsitzender zurückzutreten, nicht aber von seinem Fraktionsvorsitz.[178] Nebenbei bemerkt: Beim Rücktritt Rainer Barzels gab es nahezu eine Parallele – nur umgekehrt. Zunächst aber wandten sich alle anwesenden Präsidiumsmitglieder gegen Schäubles Rücktrittsabsichten und unterstützten vehement das Ansinnen, Kohls Rechte als Ehrenvorsitzender bis zur Namensnennung der Spender ruhen zu lassen (nur zwei Mitglieder stimmten dagegen, ein Mitglied enthielt sich der Stimme).

Die Reaktion Kohls folgte prompt. Noch am Abend – während einer Fraktionssitzung, auf der unter anderem Norbert Blüm das Wort ergriff und erläuterte, warum er den Vorstandsbeschluss trotz seiner früheren engen Bindungen zu Kohl für unausweichlich hielt – erklärte Kohl: »Nach dem Ergebnis der heutigen Bundesvorstandssitzung habe ich mich entschlossen, den mir von den Delegierten des CDU-Bundesparteitages im November 1998 in Bonn übertragenen Ehrenvorsitz der CDU Deutschlands niederzulegen. Ich sehe mich außerstande, mein Versprechen, das ich einigen Persönlichkeiten gegeben habe, die meine Arbeit in der CDU finanziell unterstützt haben, zu brechen. Die Entscheidung, den Ehrenvorsitz niederzulegen, fällt mir nicht leicht. Ich gehöre der Christlich-Demokratischen Union seit fünfzig Jahren an. Sie ist und bleibt meine politische Heimat. Ich habe ihr über vier Jahrzehnte hinweg in wichtigen Ämtern gedient. Dabei habe ich auch Fehler gemacht, zu denen ich mich öffentlich bekannt habe. Ich habe immer versucht, meine Pflicht zu tun.«[179] In seinem ›Tagebuch‹ begründete er seinen Verzicht auf den Ehrenvorsitz: »Zu keiner Zeit ist es mir in den Sinn gekommen, noch einmal einen Machtkampf auszutragen.«[180] Die Tatsache, dass Kohl, der an den Sitzungen dieses Tages nicht teilnahm, kaum noch Unterstützer hatte, muss ihn zusätzlich tief deprimiert haben: »Alte Weggenossen wenden sich von mir ab, zeigen demonstrativ, dass sie mit mir nichts mehr zu tun haben wollen. Norbert Blüm gehört dazu. Ich komme mir manchmal vor wie ein Aussätziger, den man wegen seiner gefährlichen, ansteckenden Krankheit fürchtet und meidet.«[181] Auch bekam er zu spüren, wie seine innerparteilichen Gegner diese Gelegenheit wahrnahmen, alte Rechnungen zu begleichen: »Heiner Geißler beispielsweise wird seinen Hass mir gegenüber wohl mit ins Grab nehmen. Das steht ihm ins Gesicht geschrieben. Gleiches gilt für Kurt Biedenkopf, der es genießt, endlich von oben auf mich herabblicken zu können. Es gibt weitere Persönlichkeiten, die ich jahrelang unterstützt und gefördert habe und die ohne mich niemals dort angelangt wären, wohin ihre politische Karriere sie heute geführt hat. Ihr Rachedurst ist im Laufe der Zeit ungemein gewachsen, und jetzt endlich können sie ihn stillen. Rita Süssmuth fällt mir dazu ein.«[182]

Erst nach Helmut Kohls Ausscheiden als Bundeskanzler kam Kohls Umgang mit Spendengeldern an die Öffentlichkeit – und dadurch stürzte die CDU in die größte Krise ihrer Geschichte. Kohl vermittelte in internen Gesprächen den Eindruck höchster Sensibilität in Geldfragen und forderte, vielleicht im Innersten seine Gratwanderungen ahnend, andere Personen ohne erkennbaren Grund auf, in Finanzfragen mehr als nur »pingelig« zu sein. Kohl machte sich immer lustig über Politiker, die in der Politik Geld – er nannte dies abschätzig »Bimbes« – verdienen wollten. Er war davon überzeugt, dass er einer der ganz wenigen sei, wenn nicht gar der Einzige, der die dienende Verantwortung des Politikers ernst nahm.

Kurze Zeit, nachdem Helmut Kohl – noch im alten Bonner Plenarsaal – als Oppositionspolitiker Platz nehmen musste, wurden zwei Meldungen in den Medien veröffentlicht. Sie wurden viele Monate vor dem Spendenskandal publik, fanden aber seinerzeit kaum Beachtung. Zum einen gab es eine kleine Notiz in der Ludwigshafener Tageszeitung ›Die Rheinpfalz‹ vom 17. März 1999. Darin stand, dass im Handelsregister beim Amtsgericht Ludwigshafen am 23. Februar 1999 die am 15. Februar 1999 gegründete Firma »Politik- und Strategie-Beratung P&S GmbH« (mit einem Stammkapital von 30 000 Euro) mit Sitz in Ludwigshafen, Marbacher Straße 11, eingetragen worden war. Die angegebene Adresse – und hier wird es interessant – ist exakt die Privatanschrift des Altbundeskanzlers. In der Bekanntmachung hieß es weiter, dass der Geschäftsführer Walter Kohl den Aufgabenbereich der Firma mit einer »strategischen Beratung von Unternehmen, wissenschaftlichen Institutionen und Privatpersonen im politischen und wirtschaftlichen Bereich« angab. Walter Kohl ist der ältere und in Köln lebende Sohn des früheren Bundeskanzlers, der nach einem Studium der Volkswirtschaft in den Vereinigten Staaten und Wien eine Tätigkeit beim Handelskonzern Metro angenommen hatte. Welche geschäftlichen Ziele die Beratungsfirma anstrebte, war aus der Meldung nicht ersichtlich.[183] Die zweite Nachricht druckte die ›Frankfurter Allgemeine Zeitung‹ ab. Sie ließ verlautbaren, dass Kohl senior in den internationalen Beirat der Schweizer Großbank Credit

Suisse eingetreten sei.[184] In der Presseerklärung der Bank selbst hieß es:»Diesen neuen Beiräten kommt die Rolle eines Resonanzbodens zu. Sie beraten (…) vor allem in Bereichen, welche die Rahmenbedingungen für die Geschäftsaktivitäten der Gruppe in den einzelnen Ländern wesentlich beeinflussen. Die gewonnenen Erkenntnisse sollen es Verwaltungsrat und Geschäftsleitung ermöglichen, strategische Weichenstellungen frühzeitig vorzunehmen.«[185] Im Zuge des Spendenskandals ließ Kohl dann seine Mitgliedschaft ruhen. Später, nach dem Bekanntwerden des Spendenskandals, erfuhr die Öffentlichkeit, dass Helmut Kohl Vorsitzender des Beirats der Deutschen Vermögensberatung AG (DVAG)[186], des mit 25 000 Mitarbeitern größten eigenständigen Versicherungs- und Finanzbetriebs der Welt, wird.[187]

Zweifellos hat die Spendenaffäre Helmut Kohls Ruf – von dem der CDU ganz zu schweigen – beschädigt, auch wenn sie jetzt mehr und mehr in den Hintergrund tritt. Es ist Helmut Kohl jedoch bislang noch nicht einmal vonseiten der SPD und der Grünen vorgeworfen worden, sich persönlich bereichert zu haben. Kohl hat die ihm zur Verfügung stehenden finanziellen Mittel primär für seine Wiederwahl und zur Machterhaltung innerhalb der eigenen Partei genutzt. Kohl bestreitet zwar, dass er»mit Millionenbeträgen« seine individuelle Macht in der Partei habe sichern wollen:»Mein einziges Motiv als Parteivorsitzender bestand darin, dort zu helfen, wo die Parteiarbeit besonders schwierig war.«[188] Und in der Tat waren die meisten Zuwendungen von kleinerer Art – doch machen nicht diese ebenfalls abhängig? Aber er hat ein Finanzierungssystem außerhalb der Legalität geführt, sich schwarzer Kassen bedient und damit gegen das Parteiengesetz verstoßen. Kohl – das gehörte sicherlich zu seiner eigenen Immunisierung – erzählte in vertrautem Kreis gelegentlich, dass der französische Staatspräsident François Mitterrand einst mithilfe eines Geheimfonds, auch»Reptilienfonds« genannt, über viele Millionen Franc verfügen, sie ohne jegliche Kontrolle verwenden konnte. Was für den französischen Staatspräsidenten recht und billig war, müsste – so vermutlich Kohls Selbstlegitimierung – auch dem deutschen Bundeskanzler zustehen. Glanz und Elend liegen häufig nahe beieinander. Derselbe Kanzler, der durch seine Wiedervereinigungspolitik seiner Partei längere Zeit zum höchsten Ansehen in der deutschen

Bevölkerung und sogar in der Welt verhalf, stürzte durch den von ihm zu verantwortenden Spendenskandal die Christdemokraten in eine lang anhaltende Krise.

Im Schatten der Macht: die Familie

Machtmenschen in der Politik haben kein Privat- oder Familienleben, zumindest kaum. Zu sehr bedrängt sie die Neugier der Medien, der Öffentlichkeit – und zu wichtig ist für Machtmenschen die politische Arbeit. Sie sind häufig unterwegs, gerade am Wochenende, lange im Büro, und sie schalten niemals richtig ab. Wie es im Privatleben von Machtmenschen daher tatsächlich aussieht, kann nur erahnt werden. Nicht nur in der Vergangenheit gehörte die »heile Welt der Familie« zur Botschaft eines Politikers an die Öffentlichkeit. Auch das hat sich geändert. Edmund Stoiber wies als Kanzlerkandidat etwas penetrant darauf hin, er sei schon seit Jahrzehnten mit derselben Frau verheiratet. Andere blicken auf mehrere Ehen zurück.

War Helmut Kohl auch zuhause – wenn er dort war – ein Machtmensch? Ganz zwangsläufig drehte sich in der Familie Kohl alles um den exponierten Beruf des Vaters. Seine Frau und die Kinder hatten darunter zu leiden. Hannelore Kohl trat ab und zu öffentlich auf. Im Dienste ihrer Stiftung für Verletzte mit Schäden des zentralen Nervensystems gab sie gelegentlich Interviews. Sie hatte ihr eigenes Büro, nicht im Kanzleramt, sondern im Konrad-Adenauer-Haus, der CDU-Parteizentrale. Dort wurde sie jahrelang von Michael Roik betreut, der wiederum das volle Vertrauen Helmut Kohls genoss.

Die Leiden Hannelore Kohls, die am 5. Juli 2001 im Alter von 68 Jahren in Ludwigshafen-Oggersheim Selbstmord verübte, sind erst später bekannt geworden und inzwischen hinreichend geschildert worden. Auch ihr Abschiedsbrief an Helmut Kohl wurde zumindest teilweise veröffentlicht – in einem Buch, das der jüngste Sohn Peter zusammen mit der Journalistin Donja Kujacinski verfasst hat. Hannelore Kohl schrieb an ihren Mann: »Zusammen mit Dir habe ich viele gute Jahre gehabt, und auch schlechte Zeiten haben wir durchgestanden. Ich danke Dir für ein Leben mit Dir und an Deiner Seite –

voller Ereignisse, Liebe, Glück und Zufriedenheit. Ich liebe Dich und bewundere Deine Kraft. Möge sie Dir erhalten bleiben. Du hast noch viel zu tun.«[189] Noch immer beschäftigt der Freitod der beliebten Hannelore Kohl viele Menschen. Sie hatte die Hoffnung, dass ihre extreme Lichtempfindlichkeit geheilt werden könnte, aufgegeben. Sie spürte keine Kraft mehr in sich und wollte ihrem Mann »ein langes Siechtum in Dunkelheit« ersparen, »zumal die Unheilbarkeit leider mehrfach bestätigt wurde.«[190]

Der SPD-Politiker Wolfgang Thierse löste auch in den eigenen politischen Reihen Empörung aus, als er in der ›Leipziger Volkszeitung‹ Helmut Kohl den Vorwurf machte, er habe seine schwer erkrankte Frau »im Dunkeln in Ludwigshafen sitzen« gelassen.[191] Thierse musste den Altkanzler »in aller Form um Entschuldigung bitten, denn es lag nicht in meiner Absicht, Sie zu verletzen.«[192] Helmut Kohl nahm die Entschuldigung an.

Das Schicksal von Politikerfrauen kann – wie das Beispiel Hannelore Kohls zeigt – mit vielen Entbehrungen verbunden sein. Ihre Einsamkeit muss riesig gewesen sein: »Mutterseelenallein« war ein Wort, das sie gelegentlich gebrauchte. Manchmal habe sie vor Wut in ihr Kissen gebissen, bekannte sie in einem Fernsehinterview.[193] Und der älteste Sohn erinnert sich daran, dass sein Vater »oft sechseinhalb Tage in der Woche beruflich unterwegs war«.[194] Hannelore Kohl musste viel ertragen – auch wegen der Angriffe auf ihren Mann, insbesondere während der Zeit der Spendenaffäre. Erich Ramstetter, Seelsorger der Familie Kohl, sagte in einem Interview, Hannelore Kohl habe besonders gelitten wegen der Vorwürfe gegen den »Machtmenschen« Kohl: »Immer diese Geschichten vom Machtmenschen Kohl, das ist ja alles dummes Zeug. Das Gegenteil von Macht ist Ohnmacht. Wenn einer Kanzler ist, muss er Macht haben und sie auch ausüben, sonst ist er ohnmächtig. Und das bedeutet Chaos.«[195] Der Freitod einer »Dulderin«[196] erschütterte die Nation, sorgte aber auch für Kontroversen.

Hannelore Kohl war, anders als ihr Mann, Protestantin. Doch beerdigt wurde sie katholisch, und zwar im Dom zu Speyer. Barbara Scheel, die Ehefrau des Altbundespräsidenten Walter Scheel, ging deshalb in einem Leserbrief an den ›Stern‹ mit Helmut Kohl hart ins

Gericht. Hannelore Kohl hatte Barbara Scheel einmal gesagt, dass sie bewusst evangelisch sei, eines ihrer Lieblingskirchenlieder sei ›Geh aus, mein Herz, und suche Freud‹. Barbara Scheel empörte die katholische Beerdigung:»Nicht mal im Tod durfte sie aus dem Schatten des Macht- und Ich-Menschen Helmut Kohl heraustreten, nicht einmal das Recht auf eine schlichte, ehrliche, der Situation angemessene Beerdigung war ihr vergönnt. Der Egomane, der sich für Augenblicke als biblischer Hiob gefühlt haben muss, brauchte den Pomp einer Beerdigung im Dom zu Speyer, mit einer katholischen Aussegnung und Ansprache. Wenig war da von Hannelore Kohl die Rede.« Und Barbara Scheel ergänzte:»Für einen Menschen wie Helmut Kohl gibt es und kann es kein Schuldgefühl geben. Der Schmerz wird in Arbeit erstickt, ihr Tod instrumentalisiert, die Politik wird sich freuen.«[197]

Die britische Journalistin Patricia Clough, die 1998 das Buch ›Helmut Kohl. Ein Portrait der Macht‹ veröffentlicht hatte, schrieb auch über Hannelore Kohl nach ihrem Tod ein Buch – und nicht ohne Bewunderung für diese Frau:»Trotz des traditionellen Bildes von ihr war sie in vielerlei Hinsicht eine unabhängige, moderne Frau. Vor allem ihr leidenschaftlicher und zugleich höchst effektiver Einsatz für die Hirnverletzten bewies unbestreitbar ihren persönlichen Rang.«[198] Clough erwähnt aber auch so etwas wie eine»Obsession« Helmut Kohls,»genau zu kontrollieren, wie er in die Geschichte eingeht, um dieses Bild eifersüchtig vor jenen zu hüten, welche die Dinge anders sehen.« Sie schreibt weiter:»Es ist bedauerlich, dass Hannelore Kohl im Tod wie im Leben dazu benutzt wird, Helmut Kohls Zwecken zu dienen.«[199] Niemand zweifle daran, dass Helmut Kohl wirklich um seine Frau trauert,»aber er wäre nicht der Politiker, der er ist, wenn er nicht die Macht des Mitleidsbonus erkennen würde, um die Gunst der Öffentlichkeit zurückzuerlangen.«[200]

Hannelore Kohl litt zusätzlich daran, dass sie wegen ihrer schweren Krankheit nicht an den Hochzeitsfeierlichkeiten ihres jüngsten Sohnes teilnehmen konnte. Peter Kohl heiratete im Mai 2001 in Istanbul die türkische Bankerin Elif Sözen. Nach einer islamischen Zeremonie fand in der katholischen Kirche San Antonio di Padua im europäischen Stadtteil Beyoglu die kirchliche Trauung statt.[201] In Istanbul dabei waren unter anderem: Peters älterer Bruder Walter Kohl und dessen Frau Ulrike, die Eltern der Braut sowie Helmut Kohls langjährige Sekretärin Juliane Weber. Teile der kirchlichen Zeremonie hörte Hannelore Kohl wohl über das Telefon mit.

Hannelore und Helmut Kohl hatten dafür gesorgt, dass ihre beiden Söhne in der Öffentlichkeit nahezu unbekannt blieben. Welche Belastungen Kinder von Spitzenpolitikern dennoch haben, brachte Walter Kohl in einem Interview im August 2008 zum Ausdruck. Insbesondere seine Schulzeit hat bei ihm tiefe Spuren hinterlassen. Die Söhne gingen in einer Zeit bedeutender innen- und außenpolitischer Entscheidungen zur Schule. Es war die Zeit der Roten-Armee-Fraktion, des NATO-Doppelbeschlusses und der Demonstrationen der Friedensbewegung. Es gab damals »jede Menge Entführungs- und Morddrohungen gegen unsere Familie«, erinnert sich Walter Kohl.²⁰²
Er bekennt freimütig: Die Tatsache, dass er und sein Bruder Peter für die politischen Entscheidungen des Vaters mit in Verantwortung genommen wurden, führte »letztendlich zur zeitweisen Isolation für meinen zwei Jahre jüngeren Bruder Peter und mich«.²⁰³ Die beiden Brüder durften aus Sicherheitsgründen jahrelang nur auf dem Nachbargrundstück in Ludwigshafen und unter Polizeiaufsicht spielen. Sie hatten dabei kaum Spielkameraden, da manche Eltern der Meinung waren, Peter und Walter seien als Umgang ihrer Kinder zu gefährlich; sie waren ja potentielle Entführungsopfer. Regelmäßige Wege, etwa zur Schule, wurden nur unter Polizeischutz gefahren. Walter Kohl berichtet, dass er von Mitschülern auch mehrfach zusammengeschlagen wurde, weil er für die ein oder andere politische Entscheidung seines Vaters »zur Rechenschaft« gezogen wurde. Ein Lehrer habe sogar seinen Vater wegen des NATO-Doppelbeschlusses im Unterricht vor allen Mitschülern als »Massenmörder« bezeichnet. Kohl junior erinnert sich allerdings nicht nur an die Lasten eines Kanzlersohnes, sondern auch an schöne und spannende Momente, etwa an so manches Gespräch mit wichtigen Staatsmännern, darunter US-Präsident George Bush senior, oder auch mit seinem eigenen Vater.

Im Februar 2008 ist Helmut Kohl, inzwischen 78 Jahre alt, gestürzt und soll ein Schädel-Hirn-Trauma erlitten haben.²⁰⁴ Ein halbes Jahr später, im August 2008, wurde eine überraschende Nachricht bekanntgegeben: Helmut Kohl ehelichte in der Kapelle einer Heidelberger Reha-Klinik seine 34 Jahre jüngere Lebensgefährtin Maike Richter; sie arbeitet als Regierungsdirektorin im Bundeswirtschaftsministerium. »Im engsten Freundeskreis« gaben sich Kohl und Richter standesamtlich und kirchlich das Ja-Wort. Kohls Seelsorger Erich Ramstetter war dabei, er vollzog das Sakrament. Trauzeugen waren der Medienunternehmer Leo Kirch und ›Bild‹-Chefredakteur Kai Diekmann. Daher konnte die ›Bild‹-Zeitung auch exklusive Fotos von dieser Veranstaltung veröffentlichen.[205]

Dass Helmut Kohl ein »neues Glück« (so die ›Bild‹-Zeitung) an seiner Seite hatte, war erst im April 2005 bekannt geworden.[206] Der ›Welt-am-Sonntag‹-Journalist Martin S. Lambeck, der zu den journalistischen Kohl-Vertrauen gehört, berichtete, die promovierte Volkswirtin Maike Richter habe für Kohl schon 1998 »Versatzstücke für Reden« geschrieben. »Irgendwann« nach dem Tod von Hannelore Kohl habe Maike Richter dem Altkanzler in seinem Berliner Büro Bücher mit der »Bitte zum Signieren vorbeigebracht«. Und weiter nach Lambeck: »Wahrscheinlich, ohne zu ahnen, was sich später einmal daraus ergeben würde, lebte der alte Kanzler in der Gegenwart der jungen Frau sichtbar auf.«[207] Tatsächlich kennt Kohl Maike Richter seit Langem. Während seiner Amtszeit arbeitete sie in der wirtschaftspolitischen Abteilung des Kanzleramtes. Gegen den massiven fachlichen Rat aller Beteiligten versuchte Kohl, Maike Richter in den für ihn zuständigen Redenschreiberstab zu bugsieren. Offensichtlich wollte er sie in seiner Nähe haben. Da Kohl aber in Privatangelegenheiten eher ein vorsichtiger Mensch ist, wollte er kein Machtwort sprechen und ließ von seinem Plan ab. Offensichtlich hatte er schon früher als später dargestellt, Gefallen an der jungen Beamtin gefunden. Nach der Wahlniederlage der Union 1998 wechselte die aus dem Siegerland stammende Richter[208] zunächst in das Bundestagsbüro von Friedrich Merz, dann ging sie als Redakteurin zur ›Wirtschaftswoche‹[209] und schließlich wurde sie Leiterin eines Referats im Bundeswirtschaftsministerium.

Bevor die Liaison bekannt wurde, überlebte Kohl gemeinsam mit mehreren Begleitern, darunter seinem langjährigen Fahrer Eckhard (»Ecki«) Seeber, die Tsunami-Katastrophe in Sri Lanka.[210] Kohl hatte sich dort über Weihnachten 2004 eine Ayurveda-Kur verordnet. Mit dabei war auch sein Anwalt Stefan Holthoff-Pförtner. Kohl berichtete anschließend in der ›Bild‹-Zeitung exklusiv über seine Erlebnisse im dritten Stock seines Hotels: »Das Meer hatte alles mit sich genommen. Mir kamen Bilder aus dem Krieg in Erinnerung, den ich als Junge erlebte. Es sah aus wie nach einem schweren Bombenangriff.«[211] Schließlich wurde Kohl von der örtlichen Luftwaffe zusammen mit sechs weiteren Personen aus der im Süden der Insel gelegenen Ortschaft zur deutschen Botschaft nach Colombo geflogen.[212] Was damals noch niemand wusste: Auch Maike Richter war dabei. Stefan Holthoff-Pförtner lernte sie in Sri Lanka näher kennen. »Da habe ich schon gespürt, welche große Bedeutung und welch starken, positiven Einfluss sie auf den Altkanzler hat.«[213]

Bei der Hochzeit mit Maike Richter durften Kohls Söhne nicht zugegen sein. Darüber waren sie zutiefst befremdet. Walter Kohl erklärte dazu später: »Trotz unterschiedlicher Auffassung musste ich auch akzeptieren, dass mein Bruder, ich und unsere Familien nicht zu seiner zweiten Hochzeit eingeladen waren. Dass sie stattfinden sollte, wusste ich vorher, allerdings nicht den Termin. Doch erst danach wurde ich über den Vollzug durch ein Drei-Zeilen-Telegramm informiert. Ich gebe zu, dass mich diese Vorgehensweise damals befremdet hat. Aber mein Vater hat es so gewollt und ich kann es heute akzeptieren – obwohl das vielleicht seltsam klingt. In solchen Situationen hilft einem die Kraft der Versöhnung.«[214]

Zur Frage, ob die Macht seinen Vater verändert hat, sagt Walter Kohl heute: »Ich glaube nicht, dass Macht den Menschen verändert, sondern Macht entwickelt und betont lediglich vorhandene Charakterzüge, die sonst verborgen geblieben wären. Meiner Meinung nach ist die größte Gefahr, die mit der großen Macht eines Spitzenpolitikers zusammenhängt, die Einsamkeit und das daraus resultierende Misstrauen anderen Menschen gegenüber«.[215]

III. Gerhard Schröder – die Macht des Aufsteigers

»Ich will hier rein!«, rief Gerhard Schröder irgendwann Anfang der 80er-Jahre. So erzählt es Gerhard Schröder selbst. Gerhard Schröder war von 1980 bis 1986 Mitglied des Deutschen Bundestages, einer von hunderten, aber der Ort, wohin er wollte, war das Bonner Bundeskanzleramt. Nach dem Mythos fielen die besagten Worte nach einem der feucht-fröhlichen Abende in einer Bonner Kneipe gegenüber dem Kanzleramt. Diese war einst so etwas wie eine Nachrichtenbörse der parlamentarischen Linken in Bonn. Dort trafen sich linke SPD- und Grünen-Abgeordnete – und so mancher sympathisierende Journalist. Irgendwann, so heißt es, rüttelte Schröder am Gitter des Kanzleramtes.[1] 1994 sagte er dazu in der ›Wirtschaftswoche‹: »Ich kam 1980 aus der Kneipe ›Alte Provinz‹, und da hat mich wohl einer gesehen, als ich an den Stäben gerüttelt habe.«[2] Die Rüttel-Anekdote wird ohne Zweifel mythisch überhöht, gilt sie doch als Beweis für den hemmungslosen Aufstiegswillen des späteren Bundeskanzlers. Den allerdings hatte Schröder tatsächlich. Wie zur Demonstration trug er besonders gern eine Krawatte mit einem Wolfsbild darauf.[3] Schröder ist ein Machtmensch par excellence.

Über eineinhalb Jahrzehnte nach jener Nacht in Bonn kam Schröder ins Bundeskanzleramt – über den Haupteingang und nach einem fulminanten Wahlsieg, der Helmut Kohl, den »Kanzler der Einheit«, aus dem Amt verbannte. Gemeinsam mit den Grünen und vor allem mit Joseph (»Joschka«) Fischer konnte Schröder auf Bundesebene erstmals eine Regierung führen, die Union und FDP gemeinsam auf die Oppositionsbänke verbannte und zugleich mit »Rot-Grün« eine neue Koalitionskombination in Bonn und Berlin einführte. Für Schröder ging ein Traum in Erfüllung. Er, der bisher nur auf Landesebene Regierungsverantwortung wahrgenommen hatte, muss allerdings am Wahlabend des 27. September 1998 gespürt haben, dass es nun mit der beschaulichen und im Vergleich zur Bundespolitik manchmal operettenhaften Landespolitik vorbei war. Schon während des Wahlkampfes dämmerte ihm, dass er bald eine ganz andere Verantwortung tragen würde. Wie Schröder-nahe Beobachter berichten, war der Wahlsieger zeitweise so etwas wie beklommen. Schröder, der Politik auch spielerisch sah und manchmal alles auf eine Karte setzte, merkte, dass es Ernst wurde.

Obwohl er Bundestagsabgeordneter und Regierungschef von Niedersachen gewesen war, über den Bundesrat an der Bundespolitik mitgewirkt hatte, zeigte sich, beispielsweise in der Europa-Politik, dass Schröder in vielen Themen des Bundes keine vertieften Vorkenntnisse hatte. Im Gegensatz zu anderen Ministerpräsidenten, etwa seinem Gegenkandidaten des Jahres 2002, Edmund Stoiber, war er kein »Aktenfresser«. Schröder ist eher der Typ Politiker, der sich auf die jeweilige Situation einstellt, schnell und pragmatisch, ohne vorab schriftliche Analysen bis in die Details hinein studiert zu haben. Bei aller Angriffslust gegen Kohl und allem Zurschaustellen der eigenen Überzeugtheit wurde Schröder in jener Phase wohl auch von Zweifeln gequält, ob er seinem neuen Amt tatsächlich gewachsen war.

»Acker« in der Nachkriegszeit

Mit Schröders Amtsantritt gelangte der erste Bundeskanzler ins Amt, der den Zweiten Weltkrieg nicht mehr bewusst miterlebt hatte. Wie in vielen deutschen Familien hatten der Zweite Weltkrieg und der Nationalsozialismus auch bei Schröders Familie tiefe Spuren hinterlassen; sein Vater war als deutscher Soldat 1944 in Rumänien gefallen. Aber der 1944 geborene Schröder ist in der Nachkriegszeit aufgewachsen und hat als erster Kanzler seine politische Sozialisation ganz in der Bundesrepublik erfahren. Zugleich war er der erste Bundeskanzler, der – nach dem Hauptstadtumzug von Bonn nach Berlin – in der alten Reichshauptstadt sein Amt ausgeübt hat. Wenn von der »Berliner Republik« gesprochen wird, dann sind sowohl er als auch sein Vizekanzler Fischer die ersten personellen Symbole hierfür. Zudem ist Schröder, im Gegensatz etwa zu Willy Brandt, der ebenfalls aus sehr kleinen Verhältnissen stammte, nicht im organisierten sozialdemokratischen Arbeitermilieu groß geworden, auch wenn das oft suggeriert wurde. Es gibt neben Schröder wohl keinen deutschen Politiker, der seine Lust an der Macht so unverhohlen kundtat wie er. »Das Gejammere von Politikern« über andere Politiker, die robust nach Einfluss streben, hält Schröder »für Pharisäertum«. »Sie können sich nicht durchsetzen in einer Massenpartei, wenn sie nicht ein Bewusstsein für Macht entwickeln und den Willen, diese Macht auch auszuüben«, erklärte der spätere Bundeskanzler schon 1986.[4] Offener als andere gab Schröder auch zu, dass sein Streben nach oben etwas mit seiner Biografie zu tun habe: »Meine politische Karriere, das habe ich einzuräumen, hat auch etwas mit einem soliden Willen zu tun, die eigene Position zu finden und aus dem herauszukommen, was ich ja nicht nur als schön wahrgenommen habe: meine Jugend und die Umgebung, in der ich zu leben hatte.«[5] Hier dürfte es sich um eine der autobiografischen Kernaussagen von Schröder über sein eigenes Politikverständnis handeln.

Wie jeder Politiker nannte Schröder für seine Politik Ziele, die sich auch aus seiner Biografie ergeben. 1986, als Spitzenkandidat der SPD für die Landtagswahl in Niedersachsen, brachte Schröder seinen persönlichen Ehrgeiz in einem Interviewbuch auf den Punkt: »Meine Bereitschaft, mich durchzusetzen und die Fähigkeit dazu, wird von mir gewollt so eingesetzt, dass ich anderen nicht ohne Not auf die Füße trete. Ich will natürlich all das, was ich tue, auch für mich; keiner tut was, ohne selber was davon zu haben. Ich bin kein römischer Heiliger, habe auch nie von mir behauptet, das werden zu wollen. Ich glaube aber, deutlich gemacht zu haben, dass ich über den individuellen Aufstieg hinaus auch noch etwas für andere durchsetzen will, für Leute, die in einer ähnlichen Lage sind oder waren wie ich. Das motiviert mich mehr als meine persönliche Karriere, die ich im Grunde geschaffen habe (...). Es geht mir nicht in erster Linie um mich, aber ich bin auch nicht so verlogen zu behaupten, meine eigenen Interessen gingen mich nichts an.«[6] Diese relativ frühen Aussagen dürften viel von dem politischen Credo Gerhard Schröders enthalten. Viele verzweifelten später, als sie bei dem früher als »links« geltenden Politiker nach einem politischen Standort oder so etwas wie einer politischen Philosophie suchten. Schröder hat letztlich nie etwas von theoretischen Auseinandersetzungen gehalten, auch wenn er Anführer von einer der drei miteinander streitenden Richtungen bei den Jungsozialisten werden sollte. Schröder entwickelte sich im Laufe seines politischen Lebens immer mehr zu einem Tatmenschen, der sich nicht an Ideologien, sondern pragmatisch an der jeweiligen Situation zu orientieren begann und mit zunehmender politischer Verantwortung erstaunlich unideologisch argumentierte. Das brachte ihm ganz zwangsläufig Ärger insbesondere mit dem linken Flügel seiner Partei ein. Schließlich ist er auch daran gescheitert, als Bundeskanzler und SPD-Vorsitzender seine pragmatische Politik nicht erklären zu können. Zu Beginn seiner politischen Karriere aber vertrat er – was dem damaligen »Zeitgeist« entsprach – eher »linke« Positionen. Schon früh hat sich bei ihm auch ein weiteres Karrieremuster herausgebildet: Er wollte sich durch provozierende Einzelpositionen bekannt machen. Deshalb nutzte er schon bald den begrenzten Konflikt innerhalb der eigenen Partei, um aufzufallen. Von Anfang an war entscheidend: Er wollte raus aus dem Milieu, dem er entstammte, weit weg von den Demütigungen seiner Kindheit. Das Mittel dazu war seine politische Karriere.

Schröder kommt aus ärmlichsten Verhältnissen. Gerhard Fritz Kurt Schröder wurde am 7. April 1944 im westfälischen Mossenberg[7] als Sohn des Hilfsarbeiters Fritz Schröder geboren, der nur wenige Monate nach der Geburt seines Sohnes als Wehrmachtssoldat in Rumänien fiel. Dass es ein Grab des Vaters gibt, war lange Zeit nicht bekannt. Erst im April 2001 berichtete die ›Bild am Sonntag‹, Schröders ältere Schwester habe herausgefunden, wo das Grab liegt. Reporter der Zeitung machten es in dem kleinen Dorf Ceanu Mare ausfindig, in der Nähe des früheren Klausenburg.[8] Es sollte aber noch mehr als drei Jahre dauern, bis Schröder aus Anlass eines offiziellen Rumänienbesuchs an das Grab seines Vaters trat.[9] Die ›Bild‹-Zeitung zeigte auf ihrem Titelblatt das Foto eines kurz am Grabe des Vaters weilenden Kanzlers.[10] Der findige ›Bild‹-Reporter Dieter Schlüter fand eine Stelle, von der aus sie mit Teleobjektiven die Szene beobachten konnten, obwohl die Polizei die Gegend ringsum abgesperrt hatte. Schröder wollte nun doch nicht, dass aus dieser persönlichen Geste zu sehr ein öffentliches Ereignis wird.

Schröders Mutter Erika hatte 1947 wieder geheiratet, den Hilfsarbeiter Paul Vosseler, und dessen Namen angenommen. Gerhard und seine Schwester Gunhild behielten den Namen des leiblichen Vaters. Die Mutter musste häufig 14 bis 16 Stunden am Tag arbeiten, um die Familie zu ernähren. In jenen schwierigen Zeiten nach Kriegsende lebte die Familie in einer Notbaracke auf dem Fußballplatz im niedersächsischen Bexten.[11]

Am authentischsten wirkt Schröder, wenn er auf seine Herkunft hinweist, beispielsweise in seinen schnell geschriebenen Memoiren.[12] In liebevoller Weise schreibt Schröder über seine Mutter, die er »Löwe« nennt. »In vielerlei Hinsicht verehre ich meine Mutter. (...) Sie liebte ihre Kinder. Sie machte und macht bis heute keine Unterschiede. Wir alle haben von ihr nur Liebe erfahren. Das mag rührend klingen, ist aber die Wahrheit. Wenn sie selbst einmal verzweifelt war, was selten vorkam, habe ich sie mit dem Hinweis zu trösten versucht, irgendwann würde ich sie mit einem Mercedes abholen.«[13] Der Sohn hat sein Versprechen gehalten: Zu ihrem achtzigsten Geburtstag holte er, mittlerweile Ministerpräsident, sie in ihrem Appartement in Paderborn mit einem Dienst-Mercedes ab und fuhr mit ihr in ein Restaurant.[14]

Sport, vor allem Fußball, war für den jungen Schröder besonders wichtig. Hier konnte er sich mit anderen Jungen messen, auf dem Platz galt nur die Leistung, soziale Unterschiede waren weniger wichtig. Das gab Selbstvertrauen. Ähnlich war es übrigens bei Bundespräsident Horst Köhler, der ebenfalls aus ärmlichsten Verhältnissen stammte und mithilfe seiner sportlichen Leistungen Anerkennung erkämpfte.[15] Es dauerte aber wohl eine Weile, bis die besser genährten Bauernjungen dem lange Zeit zarten und nachkriegsmageren Gerhard Schröder »die so sehnlich erhoffte Frage« stellten, ob er mitspielen wolle.[16] Als der Ministerpräsident Schröder sein damaliges Kabinettsmitglied Karl-Heinz Funke (niedersächsischer Minister für Ernährung, Landwirtschaft und Forsten von 1990 bis 1998, danach Bundeslandwirtschaftsminister) auf dessen über 900 Jahre im Familienbesitz befindlichen Bauernhof in Varel-Dangast (bei Oldenburg in Oldenburg) besuchte, sagte er ihm: »Du kannst dir nicht vorstellen, wie schwer es für mich war, unterprivilegiert in einem Dorf groß zu werden, während du als Sohn eines Bauern groß geworden bist, du damit zu den Privilegierten gehörtest. Ich habe Kitt vom Fenster gegessen.«[17] Einem amerikanischem Diplomaten gestand Schröder später in politisch wenig korrekten Worten:»Ich habe Fußball gespielt, wie Ihre Neger rennen, aus Bedürfnis nach sozialer Anerkennung.«[18] Ein anderes Mal sagte er, er habe als Kind Sport betrieben wie ein»Negerboxer in den Schwarzen-Ghettos von New York«[19], schließlich wollte er aufsteigen. Der Fußballacker vor der Tür des Behelfsheims, in dem er lebte, war sein Boxring. Von den Sportkameraden wurde er wegen seiner Spielweise und wegen seines Einsatzes auf dem Feld»Acker« genannt.[20]

Lehr- und Wanderjahre

Gerhard Schröder ist schon 1963 als 19-Jähriger in die SPD eingetreten. Zuhause jedoch wurde so gut wie gar nicht über Politik gesprochen. Er war auch kein»geborener« Sozialdemokrat, sondern anfangs ein politisch Suchender. Zu seinem Eintritt in die SPD sagte er 1986:»Nicht etwa, dass das von vornherein immer schon klar gewesen wäre: da gehst du hin, mit einer gewissen Zwangsläufigkeit, etwa weil meine Mutter eine geborene Sozialdemokratin war. So war das bei mir nicht.«[21] Auch mit seinem Stiefvater habe er nie über Politik gesprochen – zumal der»die meiste Zeit in einer Lungenheilanstalt«[22] verbringen musste.»Meine Mutter war völlig unpolitisch und zugleich ohne Bildung durch ihr Leben gegangen, das immer nur Kampf um das pure Überleben gewesen war.«[23] Auch die NS-Zeit war zuhause kein Thema. Schröder berichtete später sogar, in seiner Suchphase bei »linken und rechten« Parteien gewesen zu sein,»selbst auf Bubi von Thaddens Parteitag der Deutschen Reichspartei«.[24] »Ein Vierteljahr lang« fand er seinerzeit die FDP ganz interessant[25], wegen der»Idee von der dritten Kraft, dem Zünglein an der Waage«. In die SPD sei er »nicht etwa deshalb eingetreten, weil ich ein sozialistischer Theoretiker gewesen wäre, sondern weil ich, und das wird den einen oder anderen überraschen, Helmut Schmidt gut fand, der damals noch ›Schmidt Schnauze‹ war. Das hat mir gefallen.«[26]

Jedenfalls wollte Schröder in der Politik etwas zur Verbesserung seiner sozialen Lage tun: »Ich muss den Wunsch gehabt haben, nicht nur Objekt von Entscheidungen zu sein, sondern mitmachen zu wollen. Mir war ziemlich früh klar: Da wird etwas entschieden, was dich betrifft, was deine soziale Rolle angeht, deine Familie berührt. Die Verhältnisse, in denen ich lebte, waren ja wirklich mies, und hier ergab sich die Chance, etwas zu tun. Wo, wie und was, das wusste ich natürlich noch nicht und deshalb diese Phase der Sucherei.«[27]

Nach dem Abschluss der Volksschule absolvierte Schröder von 1958 bis 1961 in Lemgo eine Lehre zum Gemischtwarenhändler. Als er in die SPD eintrat und bei den Jungsozialisten mitmachte, arbeitete er in einer Eisenwarenhandlung in Göttingen. Aber ein »Ladenschwengel«, den man herumkommandieren konnte, wollte er nicht bleiben. Er hatte sich auch erfolglos bei der Bundesbahn als Junghandwerker beworben. Schröder wusste, dass er nur mit Abitur und Studium richtig aufsteigen konnte. Deshalb besuchte er in Göttingen neben der Arbeit die Abendschule, an der er 1964 die mittlere Reife nachholte. Danach besuchte er das Siegerland-Kolleg in Weidenau und ab 1965 das Westfalen-Kolleg in Bielefeld. Dort machte er das Abitur – und mit der Hochschulreife ging er an die Universität. Von 1966 bis 1971 studierte er in Göttingen Rechtswissenschaften, 1971 legte er das erste und nach einem Referendariat am Landgericht Hannover 1976 das zweite juristische Staatsexamen ab. In Hannover wurde er als Rechtsanwalt zugelassen. Er gehört zu der Generation jener Sozialdemokraten, die sich den Aufstieg mit eigener Kraft erkämpft haben. Darauf gründet sich bis heute Schröders Stolz – und sein Aufstieg ist in der Tat beeindruckend.

Hier soll nicht die Biografie Schröders neu erzählt werden.[28] Was uns interessiert, sind die Motivation und die Kraft für seinen Aufstieg. Wie und mit welchen Methoden erreichte er das? Und welche Brüche gab es dabei? Zu seinen privaten Bindungen seien hier nur einige Daten angeführt: Schon während des Studiums heiratete Schröder 1968 Eva Schubach, nach seiner ersten Scheidung folgte 1972 Anne Taschenmacher. Die dritte Ehe mit Hiltrud (»Hillu«) Hampel wurde 1984 geschlossen und im Oktober 1997 heiratete er die Journalistin Doris Köpf. Sie hatte sich beim Magazin ›Focus‹ einen Namen gemacht, galt dort als moderat-links. Die damals alleinerziehende Mutter brachte ihre Tochter Klara in die Ehe mit ein. Bemerkenswert ist, dass Schröder bereits als 24-Jähriger erstmals heiratete – vielleicht ein Indiz für seine Suche nach geordneten häuslichen Verhältnissen, die er in seiner Jugend so vermisst hatte.

Juso-Bändiger im »roten Jahrzehnt«

Die politische Karriere Gerhard Schröders war einigermaßen steil: 1969 wurde er Vorsitzender der Jungsozialisten in Göttingen, später in Hannover, 1977 Vorstandsmitglied des SPD-Bezirks Hannover und 1978 Bundesvorsitzender der Jusos. Über Schröder als Jungsozialist kursieren viele Geschichten, die seinen frühen Machtwillen dokumentieren. Als beispielsweise eine Juso-Delegation im Jahre 1972 dem Landwirtschaftsminister Klaus-Peter Bruns in Hannover einen Besuch abstattete, musste er beim Pförtner in einer Spalte seinen Beruf eintragen. »Damals war er noch nichts, er war Rechtsreferendar. Aber er trug ›Staatssekretär‹ ein«, erinnert sich sein langjähriger Mitstreiter Jüttner heute.[29] Seine Genossen beeindruckte Schröder seinerzeit schon mit der massiven, teilweise brutalen Art, wie er nach Macht strebte. Unvergessen ist für viele eine Szene aus dem Januar 1974: Am Vorabend eines Juso-Bundeskongresses beabsichtigte ein Vorstandsmitglied, das am nächsten Tag nicht wieder kandidieren wollte, etwas zum Ablauf der Veranstaltung zu sagen. Da ertönte aus dem Hintergrund eine Stimme: »Was redest du eigentlich noch, du bist doch eine stinkende Leiche.«[30] So sprach Gerhard Schröder, damals 29 Jahre alt und Juso-Vorsitzender des Bezirks Hannover.

In jener Zeit lernte er, durch gezielte Provokationen auf sich aufmerksam zu machen. Auf diesen Mechanismus verließ er sich selbst als Bundeskanzler, auch wenn der Aufwand, die Folgen zu beherrschen, mit der Zeit immer größer wurde. Als Anwalt in Hannover übernahm er Mandate, die ihn bundesweit bekannt machen sollten. So betreute er 1978 den RAF-Terroristen und Anwaltskollegen Horst Mahler, was seinerzeit viele als ein ziemliches Wagnis Schröders interpretierten; in der Haft hatte Mahler sich von der Gewalt losgesagt und sein Anwalt Schröder setzte sich nun für einen Hafturlaub ein.[31] Schröder erstritt vor dem Bundesgerichtshof für seinen Mandanten, der heute einer der wohl bekanntesten deutschen Rechtsextremisten ist, sogar die Wiederzulassung als Anwalt.[32] Weil Schröder damals noch Juso-Bundesvorsitzender war, befassten sich auch das SPD-Präsidium und Willy Brandt mit seinem Mahler-Engagement. Schröder und Mahler trafen sich auch gelegentlich in einer »sozialistischen Weinrunde«. Im Wahljahr 1998 lobte Mahler seinen früheren Anwalt in der ›Süddeutschen Zeitung‹ gar als einen Polittheoretiker, der zur Hegel'schen Philosophie gefunden habe. Der Kanzlerkandidat der SPD habe »neue Töne angeschlagen« und versprochen, »die geistigen Blockaden in Deutschland aufzubrechen.« Mahlers Hymne auf Schröder ging bis zur Prognose, dass Schröder, wenn er die Wichtigkeit erkenne, »Russland geopolitisch zuverlässig in den christlichen Kulturkreis einzubinden«, »zu einem bedeutenden Staatsmann« werden könne.[33]

Während das Engagement für Mahler noch auf gewisse Sympathien im linken Milieu stieß, war Schröders Einsatz für die Begnadigung des NS-Kriegsverbrechers und Hitler-Stellvertreters Rudolf Heß aus alliierter Haft wegen humanitärer Gründe innerparteilich schon etwas heikler, auch wenn er sich dabei auf Richard von Weizsäcker berufen konnte. Schröder übernahm darüber hinaus Mandate von zwei homosexuellen Pastoren, die von der hannoverschen Landeskirche aus dem Dienst entlassen werden sollten. Auch das war damals ein Tabubruch.

Im Jahr 1978 wurde Schröder Bundesvorsitzender der Jusos und sehr bald bundesweit bekannt. Aber auch innerparteilich profilierte er sich immer mehr, polarisierte dabei bisweilen recht heftig. Manche der innerparteilichen Auseinandersetzungen, die er später als Bundeskanzler noch austrug, begannen in jener Juso-Zeit. Damals gab es bei der SPD-Nachwuchsorganisation drei Strömungen, die alle antikapitalistisch ausgerichtet waren.[34] Es gab die »Reformisten« (Refos), die ursprünglich die Mehrheitsfraktion bei den Jusos darstellten. Sie wollten das kapitalistische »System« durch Reformen überwinden und verstanden sich als reformsozialistisch und undogmatisch. Zu ihnen gehörten der damalige rheinland-pfälzische Juso-Vorsitzende

Rudolf Scharping (später SPD-Vorsitzender, Fraktionsvorsitzender und Verteidigungsminister unter Schröder), die aus Hessen stammende Lehrerin Heidemarie Wieczorek-Zeul (Juso-Bundesvorsitzende von 1974 bis 1977, später Entwicklungshilfeministerin unter Schröder und Merkel), Norbert Gansel aus Kiel (später Bundestagsabgeordneter), Ulrich Maurer aus Baden-Württemberg (heute in der Partei »Die Linke«) und Ottmar Schreiner (heute SPD-Bundestagsabgeordneter, Repräsentant des »linken« Arbeitnehmerflügels und ein Freund Oskar Lafontaines).

Zweitens gab es die dezidiert marxistisch orientierte »Stamokap«-Fraktion, die von der Notwendigkeit eines »breiten antimonopolistischen Bündnisses« ausging. Diese Fraktion hielt die CDU für einen »Klassengegner«, mit der man keine Koalitionen eingehen könne, und sah in der DKP lediglich einen politischen Gegner. Ihre Theorie und Strategie bezogen die »Stamokaps« – so eine interne Analyse – »aus allerdings differenzierteren offiziellen Analysen der DDR und der UdSSR zur gesellschaftlichen Realität in den westlichen Industrienationen«[35]. Sie hatten von der DDR die Theorie des »staatsmonopolistischen Kapitalismus« übernommen, daher der Name »Stamokap«. Die SPD-Führung warf ihnen vor, gemeinsame Sache mit den Kommunisten der DKP und der SED zu machen. Bekanntester Repräsentant dieser Richtung war Klaus-Uwe Benneter, von Schröder »Benni« genannt. Benneter wurde auf Betreiben des damaligen SPD-Bundesgeschäftsführers Egon Bahr aus der SPD ausgeschlossen, 1983 mithilfe seines Freundes Schröder aber wieder aufgenommen. Er wurde während Schröders Kanzlerzeit und unter dem Parteivorsitz von Franz Müntefering sogar SPD-Generalsekretär.

Drittens schließlich gab es die Fraktion der »Antirevisionisten«, die sich eher rätesozialistisch und spontaneistisch gerierte und ihre Kritik an reformistischen Vorstellungen mit der Forderung nach weitgehender Selbstorganisation der Betroffenen verband. Schröder schlug sich auf diese Seite, die er heute gerne als eine »eher pragmatisch orientierte Gruppe«[36] bezeichnet. Das allerdings ist eine absolute Untertreibung. Die »Antirevisionisten«, die ihren regionalen Schwerpunkt in Hannover hatten, waren auf den Juso-Kongressen – wie der ›Spiegel‹ einmal schrieb – als »rigorose Kritiker des bürgerlichen

Parlamentarismus«[37] hervorgetreten. Bei Abstimmungen waren sie meistens bei den Stamokaps.

Die Lage bei den Jungsozialisten war damals ziemlich verfahren. Das taktische Geschick von Gerhard Schröder aber kam in dieser Schule voll zur Entfaltung. Im März 1977 hatte sich auf dem Juso-Kongress in Hamburg der Stamokap-Vertreter Benneter den Juso-Bundesvorsitz gegen den Saarländer Ottmar Schreiner mit 149 zu 145 Stimmen erkämpft.[38] 1978 wollte die Stamokap-Fraktion wieder mit einem eigenen Kandidaten antreten, doch Schröder brachte sie dazu, stattdessen lieber ihn zu wählen. Sein Argument: Nur so wäre Schreiner, der Kandidat des SPD-Parteivorstands, von dem falsche Gerüchte sagten, er sei einmal Mitglied der Jungen Union gewesen, zu verhindern.[39] Für Irritation sorgte Schröder allerdings mit seiner Erklärung, er wäre bereit, Schreiner als Vorsitzenden zu akzeptieren, wenn die Bundes-SPD vom Ausgrenzungskurs gegenüber der Stamokap-Fraktion ablasse. Darauf ließ sich der anwesende SPD-Bundesgeschäftsführer Egon Bahr jedoch nicht ein.[40]

Schröders Mitstreiter und Gegner merkten schnell, dass er von langwierigen theoretischen Auseinandersetzungen nicht viel hielt, etwa über die Frage, ob der Staat »ideeller Gesamtkapitalist« (nach Friedrich Engels) »ist« oder ob er bloß als solcher »wirke«.[41] Unter Schröders Vorsitz lösten sich die Fraktionierungen bei den Jusos immer mehr auf und glichen sich einander an. Einer seiner Mitstreiter, Gerd Andres, Maschinenschlosser, später Gewerkschaftssekretär und während der Schröder-Regierung und der zweiten Großen Koalition parlamentarischer Staatssekretär im Bereich Arbeit und Sozialordnung, erinnert sich: »Schröder hat nach seiner Wahl sehr schnell gemäßigte Positionen eingenommen. (…) Die Stamokaps hat er gebraucht, um Juso-Chef zu werden. Er hat mit ihnen gesoffen und sie dann an die Kandare genommen.«[42] Heidemarie Wieczorek-Zeul, sowohl in der Schröder-Regierung als auch bei Merkel Entwicklungshilfeministerin, sagte zu jener Zeit: »Schröder hat seine alten Verbündeten ganz schnell der Reihe nach abserviert, bis von der ganzen Richtung nichts mehr übrig blieb.«[43]

Gerade bei den Jusos wurde der pragmatische Politikstil Schröders, der einst von sich behauptet hatte, er sei »konsequenter Marxist«, sichtbar.[44] Der theorieferne Juso-Vorsitzende brauchte die SPD-Jugendorganisation für seinen Aufstieg und er hat deshalb Brücken zur Mutterpartei gebaut. Und doch war auch Schröder von der sich seinerzeit in der jungen Generation ausbreitenden »linken« Kultur fasziniert. Gefühlsmäßig wandte er sich gegen das Bürgerliche, gegen das, was er als »spießig« ansah. Er hatte für sein Juso-Engagement also insoweit ein kulturelles Motiv, ein linkes Lebensgefühl, gepaart mit seinem Karrierewunsch. Und er war erfolgreich. 1979 wurde er als Bundesvorsitzender wiedergewählt – ohne Gegenkandidaten, mit 253 von 297 Stimmen.[45]

Im Bundestag in Bonn

Die nächste politische Stufe war der Deutsche Bundestag in Bonn. Aber auch diese Kandidatur war ihm nicht einfach in den Schoß gefallen. Er erkämpfte sie innerparteilich gegen die bereits zuvor vorgeschlagene Sozialdemokratin Monika Ganseforth. Am 11. Dezember 1979 nominierte der SPD-Bezirksparteitag in Hannover Schröder zum Bundestagskandidaten für den Wahlkreis 38 (Hannover Land 1). Bei der Bundestagswahl gewann Schröder 1980 schließlich direkt – und er blieb bis 1986.

Richtig glücklich scheint Schröder als Bundestagsabgeordneter in Bonn allerdings nicht geworden zu sein. Denn wie es in einer großen Bundestagsfraktion üblich ist, musste er sich erst einmal hinten anstellen. Er wirkte im Bildungs- und im Bauausschuss mit; in den Rechtsausschuss, in den er eigentlich wollte, kam er nicht. Schröder erlebte in der SPD-Fraktion alles, was ihm während seiner Bundeskanzlerzeit später selber vorgeworfen werden sollte: Ihm wurde überdeutlich, dass er als »einfacher« Abgeordneter nur schwer an Informationen kam, nicht über eigenes »Herrschaftswissen« verfügte. Es störte ihn vor allem, dass er wichtige Informationen aus seiner Partei und aus der Fraktion häufig erst aus den Medien erfuhr. Ziemliches Aufsehen erregte er im Parlament vor allem dadurch – auch das war damals eine Provokation –, dass er ohne Krawatte an das Rednerpult trat. Über politische Initiativen ist indes nicht besonders viel bekannt.

Seine einstige SPD-Bundestagskollegin Sigrid Skarpelis-Sperk, eine der berühmten »Abweichler« der rot-grünen Jahre, sagt heute über Schröders Arbeit im Bundestag: »Er war kaum da, hatte mit dem Bundestag nichts am Hut. Er zeigte einen bemerkenswert geringen Einsatz als Abgeordneter. Wenn man ihn für etwas einspannen wollte, erfuhr man: Fehlanzeige. Sein Blickfeld war allein Niedersachsen.«[46] Immerhin verdiente der Mittdreißiger zum ersten Mal in seinem Leben richtig Geld.

Schröder wurde zum linken Flügel seiner Fraktion gerechnet und war Stammgast in der Bonner Kneipe »Provinz«. Dort trafen sich damals viele »linke« SPD-Parlamentarier, später aber auch einige Grüne wie Joschka Fischer und Otto Schily[47], der noch nicht zur SPD gewechselt war. Der ›Spiegel‹-Reporter Jürgen Leinemann, mit dem Schröder lange befreundet war, schrieb später, Schröder hätte mit der »Nostalgie-Brigade APO«, mit den »APO-Erinnerungen«, in denen seine linken Genossen an der »Theke der gemütlichen Brutstätte des rot-grünen Chaos, gegenüber dem Kanzleramt Helmut Kohls«, schwelgten, wenig anzufangen gewusst: »Er schmiedete beim Bier halb scherzhaft, halb ernsthaft große Pläne für die Zukunft. Der ehemalige Juso-Vorsitzende und Jungabgeordnete der SPD-Hinterbank beschloss, Bundeskanzler zu werden, und entwarf Kabinettslisten für die 90er-Jahre. ›Zuerst aber‹, dröhnte Schröder, ›muss ich Niedersachsen gewinnen‹«.[48]

Schröder war klar, dass er in der SPD-Bundestagsfraktion wenig beliebt war, dass er weit weg vom Entscheidungszentrum seiner Fraktion unter dem Vorsitz Herbert Wehners war. Seine Einflusslosigkeit wurde ihm umso schmerzhafter bewusst, als er 1982 durch den Koalitionswechsel der FDP, weg von Helmut Schmidts SPD, hin zu Helmut Kohls Union, nicht mehr einer Regierungs-, sondern einer Oppositionsfraktion angehörte. Ihm und vielen seiner Altersgenossen wurde bewusst, wie wenig erstrebenswert das Leben eines parlamentarischen Hinterbänklers in Bonn war.

Die Entdeckung der Landespolitik

Eine Wende für Schröders politisches Leben kam durch eine Neupositionierung, konkret: durch seine Hinwendung zur Landespolitik. Schröder wollte lieber Erster in einem Bundesland als unbedeutend in der Hauptstadt sein. Und anstatt ins Bundeskanzleramt zu streben, wollte er nun Ernst Albrecht (CDU) als niedersächsischen Ministerpräsidenten ablösen, der seit 1976 regierte. Albrecht war Niedersachsens erster christdemokratischer Ministerpräsident und erzielte 1982 bei der Landtagswahl sogar 50,7 Prozent der Stimmen. Dass er bei der Abstimmung um die Unions-Kanzlerkandidatur für die Bundestagswahl 1980 gegen Franz Josef Strauß verloren hatte, nützte ihm bei den Niedersachsen eher. Albrecht, Vater der Bundesfamilienministerin Ursula von der Leyen, hatte ein beachtliches Kabinett versammelt und schien lange Jahre nur schwer besiegbar.

Schröders erster Schachzug auf dem Weg in die Landespolitik war im Oktober 1983 die Wahl zum Vorsitzenden des mächtigsten SPD-Bezirks in Niedersachsen, Hannover. Er erhielt bei der Abstimmung 215 von 246 Stimmen.[49] Allerdings war er damit noch nicht automatisch der SPD-Spitzenkandidat für die Landtagswahl 1986. Viele niedersächsische Bundestagsabgeordnete gehörten eher zu den als relativ konservativ geltenden »Kanalarbeitern« als zur Linken, der sich Schröder seinerzeit zurechnete. So bedrängten einige den früheren Bundesfinanz- und Verteidigungsminister Hans Apel, er solle für das Amt des Ministerpräsidenten kandidieren. Dem wollte Schröder zuvorkommen. In einem berühmt gewordenen Interview mit der ›Hessischen/Niedersächsischen Allgemeinen‹ sagte er über die Spitzenkandidatur gegen Albrecht:»Wer das in Niedersachsen werden will, der braucht viel Mut und die Bereitschaft zu arbeiten. Beides ist bei mir vorhanden.« Er werde sich »auf keinen Fall nicht bewerben.«[50] Schröder sagte zu diesem Vorgang, er habe »die Unverfrorenheit besessen«, seinen »Hut ohne vorherige Aufforderung in den Ring zu werfen: ›Ich will es machen!‹«[51]

Aber Schröders innerparteiliche Gegner gaben nicht auf. Der SPD-Vorstand präsentierte sogar die frühere Bundesministerin für Jugend, Familie und Gesundheit, Anke Fuchs. Sie stammt als Tochter des früheren Hamburger Bürgermeisters Paul Nevermann gleichsam aus altem »sozialdemokratischen Adel«. Doch der »Newcomer« Schröder ließ sich dadurch nicht irritieren. Als es im Bezirk Weser-Ems zu einem Aufeinandertreffen mit seiner Konkurrentin kam, stimmten lediglich 38 Mitglieder für Fuchs und immerhin 31 für den Kandidaten Schröder.[52] Eigentlich hätte das Ergebnis dort für Fuchs sehr viel günstiger sein müssen. Entnervt gab sie den Wettstreit auf. Schröder hatte geschickt Bündnispartner gewonnen. Stolz weist er heute darauf hin, dass er den Betriebsratsvorsitzenden der Thyssen-Nordseewerke auf seine Seite zog, der in breitem Platt sagte: »Kollegen, hier ist der Schröder. Ihr habt vorher die Anke gehört. Ich will euch meine Meinung sagen: Wir brauchen in Niedersachsen an der Spitze keinen Rock.«[53]

Schröder gelang zudem ein weiterer kluger Schachzug: Er traf mit dem eher zum rechten Parteiflügel gehörenden, einflussreichen Landtagsabgeordneten Johann (»Joke«) Bruns eine Vereinbarung, die auf eine Ämtertrennung hinauslief: Bruns sollte SPD-Landesvorsitzender werden, Schröder Spitzenkandidat.[54] So kam es schließlich auch: Auf dem SPD-Landesparteitag am 7. Juli 1984 in Osnabrück wurde Bruns zum Landesvorsitzenden gewählt, Schröder zu seinem Stellvertreter – und zum Spitzenkandidaten. Schröders Gegenkandidat Helmuth Bosse, Vizepräsident des Landtages, erhielt lediglich 42, Schröder überwältigende 169 Stimmen.

Vor der Landtagswahl des Jahres 1986 musste zudem eine wichtige strategische Frage beantwortet werden: Wie hielt es die SPD denn nun mit den Grünen? In jener Zeit war innerparteilich eine Koalition mit den Grünen höchst umstritten. Die SPD hatte damals ähnliche Probleme, wie sie sie heute mit der Linkspartei hat. 1985 war es in Hessen zur Bildung der ersten rot-grünen Landesregierung unter Ministerpräsident Holger Börner (SPD) gekommen. Nordrhein-Westfalens Ministerpräsident Johannes Rau, der in der SPD einen enormen Einfluss hatte und 1987 als Kanzlerkandidat gegen Helmut Kohl antrat, war jedoch gegen ein weiteres rot-grünes Bündnis. Er fürchtete, dies könne seinen bundespolitischen Ambitionen schaden. Außerdem knirschte es gewaltig in der hessischen Koalition, was im Februar 1987 dazu führte, dass Joschka Fischer als Umweltminister entlassen und das Bündnis aufgekündigt wurde.

Nun wollten die SPD-Bundesspitze und insbesondere Johannes Rau eine Koalitionsaussage »des Hannoveraners« – wie er stets Schröder bezeichnete – zugunsten der Grünen verhindern. Deshalb standen eines Tages zwei Männer vor der Schröder'schen Haustür in Lehrte-Immensen: Raus Wahlkampfmanager Bodo Hombach und Wolfgang Clement, ein enger Vertrauer von Rau und bis 1986 Sprecher des SPD-Parteivorstands und stellvertretender SPD-Bundesgeschäftsführer.

Hiltrud Schröder beschrieb den Besuch später so: »Ihr Auftrag erinnerte mich an jene Szenen, die in Mafiosi-Filmen das gruselige Prickeln auslösen, wenn einem der Schweiß ausbricht und man genau weiß, gleich passiert was, weil die Schurken so sämig grinsen und Süßholz raspeln, obwohl in ihren Augen pure Mordlust funkelt.«[55] Man merkt sofort: »Hillu«, die über die politischen Angelegenheiten ihres Mannes oft eine klare Meinung hatte und später sogar ein eigenes Büro beim Ministerpräsidenten erhielt, favorisierte eine Bündnisaussage ihres Gatten zugunsten der Grünen. Schröder jedoch gab dem Drängen der SPD-Gesandten nach, sagte später seiner Frau: »Ich kann hier nicht gegen Rau Wahlkampf machen.«[56] Hiltrud Schröder war »furchtbar enttäuscht« und gab später zu Protokoll: »Die nächsten Tage hatte Gerd zuhause nichts zu lachen.«[57] Der Kurswandel von Schröder sorgte aber auch öffentlich für Irritationen. Der frühere Ministerpräsident Alfred Kubel fragte: »Schröder-Kurs, was ist das?«, und meinte, »der sucht sich doch selbst.«[58] Schröder selbst betrachtet das heute als Fehler, dem Drängen der nordrhein-westfälischen SPD nachgegeben zu haben. Er habe wegen seiner Absage an die Grünen »keine Siegesoption mehr« gehabt, aber immerhin daraus gelernt, »dass ein Wahlkampf ohne plausible Koalitionsmöglichkeiten nicht zu gewinnen ist«.[59]

So kam es: Bei der Landtagswahl am 15. Juni 1986 konnte sich Ernst Albrecht noch einmal knapp behaupten, doch die CDU erhielt statt 50,7 Prozent lediglich 44,3 Prozent der Stimmen. Mit der Unterstützung der FDP, die 6 Prozent erhielt, blieb Albrecht weiter Ministerpräsident. Schröder und die SPD hatten aber deutlich zugelegt: Sie erzielten 42,1 Prozent (1982: 36,5 Prozent). Schröder legte daher sein Bundestagsmandat nieder und wurde Oppositionsführer. 1989 gelang ihm auch der Sprung ins SPD-Präsidium.

Der »Enkel« Gerhard Schröder und Willy Brandt

Das Jahr 1987 war für die SPD ein besonders schwieriges: Zum einen wurde das Wahlziel bei der Bundestagswahl am 15. Januar klar verfehlt. Die SPD und Kanzlerkandidat Rau verloren 1,2 Prozent und kamen auf nur 37 Prozent. Bundeskanzler Kohl und die Union verloren zwar noch stärker um 4,5 Prozent und kamen nur noch auf 44,3 Prozent (1983: 48,8), doch sie hatten gemeinsam mit der FDP (9,1 Prozent) weiterhin eine Regierungsmehrheit. Die Grünen erhielten 8,3 Prozent. Zudem wurde die Partei am 23. März 1987 durch den Rücktritt Willy Brandts erschüttert, der 23 Jahre Vorsitzender der SPD gewesen war.[60]

Willy Brandt hatte sich am Vorabend seines Rücktritts mit seinen »Enkeln« im schleswig-holsteinischen Norderstedt getroffen. Mit dabei: Gerhard Schröder, Björn Engholm, Herta Däubler-Gmelin, Heidi Wieczorek-Zeul, Rudolf Scharping und Oskar Lafontaine.[61] Lafontaine galt damals als Brandts »Lieblingsenkel«, als der »aufgehende Stern« der SPD. Das sehr gute, auch private persönliche Verhältnis begann sich aber schon einzutrüben, als der Saarländer mit seiner damaligen Frau Margret und dem damals zweijährigen Sohn im Juli 1984 das Ehepaar Willy und Brigitte Seebacher-Brandt in ihrem Ferienhaus in Gagnière in den südfranzösischen Cevennen besuchte. »Als Lafontaines kamen, währte die Freude nicht lange. Wir fühlten uns wie Gäste im eigenen Haus«[62], erinnert sich Brigitte Seebacher heute. So raumgreifend und wenig rücksichtsvoll nahmen die Lafontaines Besitz, dass die Brandts froh waren, wieder allein zu sein: »Den privaten Verkehr ließen wir auslaufen.«[63] Danach war zwischen Brandt und Lafontaine nichts mehr wie zuvor. Der frühere Saarbrücker Oberbürgermeister hatte im Saarland bei der Landtagswahl am 10. März 1985 mit 49,2 Prozent die absolute Mehrheit im Parlament und damit für die SPD das erste Mal das Amt des Ministerpräsidenten erobert. Brandt bot Lafontaine an, sein Nachfolger als Parteivorsitzender zu werden. Doch Lafontaine enttäuschte Brandt. Er lehnte ab, weil es »zu viele alte Leithammel«[64] in der SPD gebe. An seiner Stelle wurde der damals 61-jährige Hans-Jochen Vogel Parteivorsitzender – kein Zeichen für die von Brandt gewünschte Verjüngung an der Spitze der Partei. Schröder hätte ein solches Angebot wohl nie und nimmer ausgeschlagen – aber er bekam es auch nicht. Vielleicht ist Schröders Erinnerung an dieses Ereignis ein wesentlicher Grund dafür, dass er in Lafontaine einen Zauderer sieht. Das Verhältnis von Schröder und Brandt war recht unterkühlt. In seinen Memoiren lobt Schröder Brandt zwar pflichtgemäß – wie das jeder Sozialdemokrat tun muss – und schreibt, dass ihn »vor allem« sein »Gespür für politische Entwicklungen in unserer Gesellschaft« fasziniert habe. Doch gleichzeitig betont Schröder, er habe Brandt auch als »einen außerordentlich widersprüchlichen Menschen erlebt«: »Gelegentlich unnahbar bis zur Missachtung des Gegenübers, konnte er andererseits mit humorvoller Zuwendung auf andere eingehen.«[65] In anderen Worten: Schröders Verhältnis zur SPD-Ikone war in Wirklichkeit keines. Zwar wurde Schröder als niedersächsischer Oppositionsführer im Oktober 1989 von Brandt nach Moskau mitgenommen – im Vorfeld der Landtagswahlen war das eine günstige Gelegenheit, Schlagzeilen zu machen –, doch bleibt Schröders Memoirenbericht über diese Reise schmucklos und inhaltsleer.[66] Brandt, der 1988 die Forderung nach der deutschen Wiedervereinigung noch als »Lebenslüge der Bundesrepublik«[67] bezeichnet hatte, war als ehemaliger Regierender Bürgermeister von Berlin von dem neuen Willen der DDR-Bevölkerung und von den Leipziger »Montagsdemonstrationen« gerührt und hatte seine Haltung bald korrigiert. Sein Ausspruch »Es wächst zusammen, was zusammengehört«[68] wurde in einem mühsamen Prozess, unter anderem gegen den Willen von Schröder, Lafontaine und Egon Bahr, Wirklichkeit.[69] In Moskau wies Brandt nun im Oktober 1989, mitten in der Umbruchzeit, in einem Vortrag mit dem Titel »Neues Denken – Chancen für Europa und die Welt« darauf hin, dass die protestierenden Ostdeutschen eine europäische Friedensordnung nicht gefährden würden. »Aber sie meinen auch, dass sich das Recht auf die Selbstbestimmung mündiger Bürger und nationaler Zusammenhalt hiermit vereinbaren lassen können muss. Dies mache ich mir ausdrücklich zu eigen.«[70] Brigitte Seebacher, Brandts Witwe, erinnert sich, Brandt habe damals den »Eindruck« gehabt, »dass die Russen den Satz besser verstanden als seine Reisebegleiter, Egon Bahr und Gerhard Schröder«.[71] Wie wenig

Brandt und Schröder sich zu sagen hatten, schildert eine weitere kleine Episode: Brandt und Schröder trafen sich in Bonn auf dem Flur des Bundeshauses, zu jener Zeit Sitz des Deutschen Bundestages und des Bundesrats. Nach dem Hinweis von Brandt, dass man sich doch mal wieder sehen müsse, habe Schröder geantwortet: »Aber ja, melde dich doch. Ich bin jetzt Ministerpräsident von Niedersachsen und habe keine Zeit mehr.«[72] Das waren die letzten Worte, die Schröder an Willy Brandt richtete.

Der Ministerpräsident und die Wiedervereinigung

Kurz bevor Schröder bei der niedersächsischen Landtagswahl am 13. Mai 1990 Ministerpräsident wurde, war es am 25. April 1990 in Köln zu einem Messerattentat einer geistig gestörten Frau auf Oskar Lafontaine gekommen, der nach seinem überzeugenden Wahlsieg bei der saarländischen Landtagswahl am 28. Januar 1990 vom SPD-Vorstand als Kanzlerkandidat nominiert worden war. So zynisch es klingen mag: In Hannover herrschte die Einschätzung vor, dieses Attentat habe Schröder bei den Landtagswahlen noch wenigstens ein Prozent gebracht. Der 13. Mai 1990 wiederum wurde für Schröder zu einem Triumph: Er konnte Ministerpräsident werden. Die SPD erhielt 44,2 Prozent und überholte die CDU, die nur noch auf 42,0 Prozent kam. Schröder konnte zwischen einer Koalition mit der FDP, die 6,0 Prozent erhalten hatte, und den Grünen wählen, die auf 5,5 Prozent kamen. Er entschied sich für die zweite Option. Eine Koalition mit den Grünen hatte ihren Schrecken verloren, zumal sie nur knapp die Fünf-Prozent-Hürde überwunden hatten und für Schröder relativ pflegeleicht waren.

Bei den Koalitionsverhandlungen wurden ihnen lediglich zwei Ministerposten zugesprochen, wobei Jürgen Trittin nicht das von den Grünen erstrebte Umweltressort erhielt (dieses bekam die SPD-Politikerin und ehemalige Greenpeace-Geschäftsführerin Monika Griefahn), sondern Minister für Bundes- und Europaangelegenheiten wurde. Dieses Ressort konnte inhaltlich deshalb nicht ganz selbständig geleitet werden, weil insbesondere die wichtigen bundespolitischen Angelegenheiten mit dem Ministerpräsidenten abgestimmt werden mussten. Die Grüne Waltraud Schoppe wurde Frauenministerin.

Kurzum: Schröders Koalitionspartner musste erkennen, dass der Ministerpräsident ihn ziemlich kleinhielt; die Tatsache, dass eine SPD-Politikerin das Umweltressort erhielt, hatte Schröder von Lafontaine abgekupfert. Dieser holte nämlich den populären Umweltschützer Josef (»Jo«) Leinen ins Landeskabinett, nachdem die Grünen im Saarland im März 1985 gerade einmal 2,5 Prozent erhalten hatten (im Januar 1990 waren es ebenfalls nur 2,6 Prozent).

Schröder wollte sein neues Amt als Ministerpräsident auch dazu nutzen, um sich für höhere Aufgaben auf Bundesebene zu rüsten. Erster Lackmus-Test hierfür war die rasante deutsch-deutsche Annäherung: Noch vor seiner Amtsübernahme war die Mauer gefallen, Deutschland auf dem besten Weg zur Wiedervereinigung. Schröder hingegen hatte sich des Öfteren skeptisch dazu geäußert. Überhaupt hatte er – schon als Abgeordneter in Bonn – wenig deutschlandpolitische Sensibilität an den Tag gelegt. Im Bundestag war er einst angegriffen worden, weil er am 31. Januar 1986 im Anschluss an einen Besuch in der DDR auf ein Schreiben von Egon Krenz, der später der letzte Generalsekretär der SED werden sollte, geantwortet hatte: »Durchstehvermögen, das Du mir wünschst, brauche ich in diesem arbeitsreichen Wahlkampf zur Landtagswahl 1986 ja ganz bestimmt. Aber auch Du wirst für Euren Parteitag und die Volkskammerwahlen sicher viel Kraft und vor allen Dingen Gesundheit benötigen. Beides wünsche ich Dir von ganzem Herzen.« Zudem hatte sich Schröder »besonders« von Erich Honecker »beeindruckt« gezeigt.[73] In seinen Auffassungen zur Deutschlandpolitik war er sich grundsätzlich mit Oskar Lafontaine einig.

Doch 1990 musste Schröder als Ministerpräsident im Zusammenhang mit dem deutsch-deutschen Staatsvertrag zur Wirtschafts-, Währungs- und Sozialunion eine wichtige politische Entscheidung treffen. Im Bundesrat hatte sich das Blatt zugunsten der sozialdemokratisch regierten Länder gewendet, die durch den Schröder-Sieg in Niedersachsen eine Mehrheit von 23 zu 18 Stimmen besaßen. In der Bundes-SPD tobte daher ein Streit darüber, ob sie die vom Kohl-Kabinett mit der DDR-Regierung unter Lothar de Maizière ausgehandelte Wirtschafts- und Währungsunion mittragen oder ob sie sich der deutschen Einheit widersetzen würde.[74] Während der SPD-Vorsitzende Hans-Jochen Vogel und mit ihm die meisten Mitglieder der SPD-Bundestagsfraktion für eine Annahme des Staatsvertrages waren, plädierte der im Januar 1990 nominierte Kanzlerkandidat Oskar Lafontaine leidenschaftlich dagegen. Schröder, der damals mit Lafontaine untergehakt hatte, widersetzte sich der Linie Vogels. In der Folge votierten das Saarland und Niedersachsen im Bundesrat gegen den deutsch-deutschen Staatsvertrag, der freilich mit 37 zu 8 Stimmen, also allen anderen, eine ganz breite Mehrheit fand.[75] Heute übt Schröder milde Selbstkritik:»Das Glück, das ich heute empfinde, wenn ich über die Vereinigung nachdenke, hatte sich damals nicht einstellen wollen.«[76]

Pragmatisch für Niedersachsen

Als Schröder Ministerpräsident geworden war, fiel früh auf, dass der einst»linke«Schröder in seinem Bundesland ein immer unverkrampfteres Verhältnis zur Wirtschaft entwickelte, nicht nur zur Großindustrie. Schon als Ministerpräsident machte er viele Betriebsbesuche, er wollte wissen, was»die Menschen, die jeden Tag brav in den Betrieb gehen«[77] – so seine häufig gebrauchte Formulierung –, denken. Er hatte offenbar auch Respekt vor jenen Handelnden in Industrie und Wirtschaft gewonnen, die in ihren Verantwortungsfeldern relativ autark entscheiden konnten.[78] Schröder musste demgegenüber immer wieder die Schwerfälligkeit politischer Entscheidungsprozesse erleben. Es war aber auch der Respekt eines sozialen Aufsteigers, der »oben« angekommen war und von denen, die er einst als Klassengegner angesehen haben musste, ernst und wichtig genommen wurde. Schröders Biograf Reinhard Urschel berichtet, welch»beinahe kindliche Bewunderung für jene Männer, die ein Mehrfaches von ihm verdienen«, Schröder sich bewahrt habe.»Weißt du, mit wem ich eben telefoniert habe?«, soll er einmal mit leuchtenden Augen einen Mitarbeiter gefragt und die Antwort gleich selbst gegeben haben:»Mit einem richtigen Milliardär.«[79]

Schröders wirtschaftliches Augenmerk gehörte dabei insbesondere der Automobilindustrie. »Automobile sind die Kohle Niedersachsens«[80], brachte er es einmal auf den Punkt. Seine Mitgliedschaft als Ministerpräsident im Aufsichtsrat des Volkswagen-Konzerns – das Land Niedersachsen ist Miteigentümer von VW – konfrontierte ihn ganz zwangsläufig mit den Problemen eines großen Weltkonzerns. »Hustet VW, wird Niedersachsen krank« – diesen Satz aus einem Zeitungsartikel bezeichnete Schröder 1993 als »treffend«.[81] Gerade in der Affäre um den Manager Ignacio López, den VW vom US-Konzern General Motors abgeworben hatte und dem von seinem einstigen Arbeitgeber vorgeworfen wurde, er habe geheime Dokumente mitgehen lassen, stärkte Schröder mit seinem politischen Einfluss dem VW-Konzern den Rücken. Aber er musste sich den Vorwurf gefallen lassen, er missbrauche seine politische Stellung als Ministerpräsident, weil er mit seinen Äußerungen die Darmstädter Staatsanwaltschaft unter Druck gesetzt habe. Schröders Nähe zum VW-Konzern fand bald eine symbolische Erweiterung: 1996 nahmen er und seine damalige Frau »Hillu« eine Einladung von Konzernchef Ferdinand Piëch zum Wiener Opernball an. Nachdem die beiden Ehepaare in der für 25 000 D-Mark gemieteten Loge erkannt worden waren, führte das zu einem enormen Medienwirbel. Schröder, der sich wenige Tage zuvor vor der SPD-Landtagsfraktion für Einschnitte im sozialen Netz ausgesprochen und die von der Automobilindustrie bekämpfte Ökosteuer verworfen hatte, musste sich des Vorwurfes erwehren, er »kungele« mit den Großen. Rasch zahlte Schröder die Kosten für den Flug aus eigener Tasche.[82]

Schröders Politik führte häufig zu Konflikten insbesondere mit dem grünen Regierungspartner. Dem Sozialdemokraten waren Arbeitsplätze wichtiger als die möglichen ökologischen Folgen. Nachdem es beispielsweise dem Mercedes-Konzern nicht gelungen war, im baden-württembergischen Boxberg eine Teststrecke zu bauen, machte Schröder das im emsländischen Papenburger Moor möglich. Er zwang die Grünen förmlich zur Zustimmung und drohte, die Regierung andernfalls platzen zu lassen. Die Grünen stimmten sogar mit einem Parteitagsbeschluss zu. Allerdings wurde Mercedes dazu verpflichtet, Kompensationsmaßnahmen im Bereich des Natur- und

Artenschutzes vorzunehmen.[83] Auch bei anderen umweltrelevanten Themen konnte sich Schröder weitgehend durchsetzen, so beispielsweise bei der Ausbaggerung der Ems im Zusammenhang mit der in Papenburg ansässigen Meyer-Werft, und bei der Verlegung einer Erdgaspipeline von Norwegen durch das Wattenmeer.[84]

Heftigen Streit hatten Schröder und die Grünen zudem in rüstungspolitischen Fragen, da er der Schaffung von Arbeitsplätzen, etwa bei der Produktion des »Eurofighters« oder beim Bau von U-Booten und Fregatten für Taiwan, den Vorrang gab – auch gegenüber Parteibeschlüssen: »Denn als Regierungschef ist einer nicht gewählt, um lediglich Parteitagsbeschlüsse möglichst rasch in die Tat umzusetzen«, sagte Schröder, »sondern er muss das Schicksal derer im Blick haben, deren Nutzen zu mehren und Schaden von ihnen zu wenden er in seinem Amtseid geschworen hat.«[85] Man könne eine Diskussion um den Bau von Kriegsschiffen nicht führen, ohne die Folgen des Ausbleibens solcher Aufträge zu bedenken. So unpopulär das im rot-grünen Milieu gewesen sein mag: In weiten Teilen der Bevölkerung schärfte er so in positiver Weise seinen Ruf, kein ideologischer Partei-Gefolgsmann zu sein. Gerade in der mittelständisch geprägten Wirtschaft war Schröder längst kein sozialistischer »Bürgerschreck« mehr. Sein enormes Selbstbewusstsein ging jedoch vielen Parteifreunden auf die Nerven.

Schröder unterliegt Scharping

Der Ruf Gerhard Schröders, ständig die Parteidisziplin zu verletzen, verfestigte sich 1993 im Zuge des Rücktritts von Björn Engholm als SPD-Vorsitzender und Ministerpräsident von Schleswig-Holstein. Dessen plötzlicher Ausstieg aus der Politik stand im Zusammenhang mit einem der größten deutschen Polit-Skandale, der Jahre zuvor bereits zum Rücktritt des schleswig-holsteinischen Ministerpräsidenten Uwe Barschel (CDU) geführt hatte. Engholm jedoch war am 29. Mai 1991 auf dem SPD-Parteitag in Bremen zum Bundesvorsitzenden der SPD gewählt worden – das war eine »reine Notlösung«[86]. In seiner Partei wurde sein Spruch »Watt mutt, dat mutt« zum Dauerspruch.

Er galt als der designierte SPD-Kanzlerkandidat für die Bundestagswahl 1994. Engholm, der sensible Kulturfreund, musste förmlich in das Amt gebeten werden, nachdem sich Oskar Lafontaine nach seiner Wahlniederlage 1990 geweigert hatte, diese Aufgabe zu schultern. Das erneute Zurückschrecken Lafontaines dürfte Schröder abermals in seiner Einschätzung bestärkt haben, dass Lafontaine ein Zauderer sei. Doch auch Schröder und Engholm waren Antitypen. Während Schröder mehr dem Bild eines robusten Tatmenschen entspricht, war Engholm eher ängstlich und stets auf innerparteilichen Ausgleich bedacht. Wie wenig Schröder von Engholm hält, sieht man daran, dass er ihn in seinen Memoiren nur einmal knapp erwähnt.

1993 aber war die alte »Barschel-Affäre« zu einer »Barschel-Engholm-Affäre« geworden. Was war passiert? Rückblick: Einen Tag vor der Landtagswahl am 13. September 1987 wurde zunächst durch eine Vorabmeldung des ›Spiegel‹ bekannt, dass der CDU-Ministerpräsident Barschel mithilfe seines Medienberaters Reiner Pfeiffer eine Verleumdungskampagne gegen Engholm initiiert hatte. Am Tag darauf verlor die CDU in Schleswig-Holstein, die 1983 noch 49 Prozent der Stimmen bekommen hatte, ihre absolute Mehrheit und wurde mit 42,6 Prozent nur noch zweitstärkste Kraft hinter der SPD, die 45,2 Prozent auf sich vereinigen konnte. Etwas mehr als fünfeinhalb Jahre später musste Ministerpräsident Engholm vor dem zweiten Untersuchungsausschuss des Landtags zu dieser Affäre – entgegen einer früheren Falschaussage – zugeben, von der Bespitzelung durch Pfeiffer bereits vor der Landtagswahl gewusst zu haben. Engholm sah ein, dass er auch als SPD-Vorsitzender nicht mehr haltbar war und trat am 3. Mai 1993 von allen Ämtern zurück. Heute will sich Engholm zu Gerhard Schröder nicht äußern.[87] Vielleicht hängt das damit zusammen, dass am 1. Mai 1993 eine Agenturmeldung veröffentlicht wurde mit der Überschrift »Regierungssprecher Heye bestätigt: Schröder wird antreten«[88]. Insbesondere Johannes Rau wertete das als ausgesprochene Illoyalität: »Es gibt da den einen oder anderen, der mit den Hufen scharrt, obwohl der Startschuss noch nicht gefallen ist.«[89] Rau jedenfalls lud am Tag darauf einige SPD-Politiker zum Gespräch ein. Die Teilnehmer waren Engholm, Scharping, Lafontaine, Fraktionschef Hans-Ulrich Klose und Bundesgeschäftsführer Karlheinz Blessing.

Nur einer war nicht dabei: Schröder. Rau wollte ihn als Engholm-Nachfolger verhindern. Doch Lafontaine wollte wieder einmal nicht Parteivorsitzender werden.

Kurze Zeit danach, am zweiten Maiwochenende und am darauf folgenden Montag, fand eine Sitzung des SPD-Präsidiums statt. Nach intensiver Diskussion wurde beschlossen, in einer Urwahl die Parteimitglieder über den künftigen Vorsitzenden entscheiden zu lassen. So etwas hatte es in der Geschichte der SPD zuvor noch nicht gegeben. Das hintergründige Kalkül der Parteigrößen dabei war, Schröder zu verhindern. Denn auf einem Parteitag hätte Schröder mit seinem rhetorischen Geschick wesentlich bessere Chancen gehabt als bei einer schriftlichen Befragung. Überraschend erklärte die frühere Juso-Vorsitzende Heidemarie Wieczorek-Zeul in dieser Sitzung ihre Kandidatur für den Parteivorsitz. Auch Rudolf Scharping meldete seine Kandidatur an, wobei bei seinen Ausführungen nicht ganz klar wurde, ob er gleichzeitig auch die Kanzlerkandidatur anstrebte. Jedenfalls gab es Genossen, die Scharpings Kandidatur so deuteten, als gehe es ihm nur um den Parteivorsitz. »Wer Oskar will, muss Rudolf wählen«, lautete deshalb das Motto vieler Schröder-Gegner und Lafontaine-Freunde, die auf eine spätere Kanzlerkandidatur des Saarländers hofften. Schröder trat wie selbstverständlich an. Doch der »Siegertyp« musste eine herbe Niederlage einstecken. Im Juni 1993 entschied sich die SPD-Basis in einer Mitgliederbefragung für Scharping, der 40,3 Prozent erhielt. Schröder bekam mit 33,2 Prozent immerhin die zweitmeisten Stimmen, vor Wieczorek-Zeul mit 26,5 Prozent.[90] »Schröder hätte die Abstimmung gewonnen, wenn Heidi nicht kandidiert hätte«, erinnert sich ein früheres Kabinettsmitglied. Scharping, für den nicht einmal die Hälfte der Mitglieder gestimmt hatte, wurde daraufhin am 25. Juni 1993 auf einem Sonderparteitag in Essen gewählt; eine Stichwahl wurde nicht mehr in Erwägung gezogen. Durch die Aussage Scharpings im SPD-Präsidium, er werde auch als Kanzlerkandidat antreten, fühlten sich indes Lafontaine und sein Lager brüskiert.

Der Wahlkalender führte dazu, dass auch 1994 die niedersächsische Landtagswahl wenige Monate vor der Bundestagswahl stattfand, am 13. März 1994. Zwar erhielt Schröders SPD dabei nur 0,1 Prozent mehr als vier Jahre zuvor, jedoch fiel die FDP mit 4,4 Prozent aus dem Landtag heraus. Da die Union nur noch 36,4 Prozent erzielte, konnte die SPD in Niedersachsen alleine die Regierung stellen – allerdings ganz knapp, mit einer Stimme Mehrheit. Die erste rot-grüne Koalition in Deutschland, die eine volle Regierungsperiode überstanden hatte, war damit zu Ende gegangen. Natürlich bestätigte das Wahlergebnis Schröders Selbstbewusstsein, insbesondere gegenüber der Bundespartei und Rudolf Scharping. Das zeigte sich schon daran, dass Schröder sich am Montagmorgen nach der Wahl nicht im SPD-Präsidium in Bonn einfand. Dabei hatte sich im Laufe der Jahre die Tradition entwickelt, dass die Landtagswahlsieger (oder -verlierer) dort einen großen Blumenstrauß überreicht bekamen. Einem Blumengebinde aus Scharpings Hand wollte sich Schröder jedoch entziehen. Vielmehr muss Scharping es als eine Düpierung empfunden haben, dass Schröder stattdessen einen Tag später in Bonn »seinen« Auftritt hatte – vor der Bundespressekonferenz. Diese schien ihm offenbar – so der dpa-Korrespondent Holger Schmale – »das angemessenere Forum« zu sein, um »seine Sicht der Dinge im Bund nach dem Wahlerfolg vom Sonntag kundzutun.«[91] Sein Fehlen in der SPD-Zentrale erläuterte Schröder im Fernsehen mit der ihm eigenen augenzwinkernden Brutalität: »Meine Konkurrenz muss da niemand fürchten. (...) Das beweist sich schon daran, dass ich heute in Niedersachsen bin und nicht in Bonn.«[92] Scharping antwortete später: »Es gibt einige, die tragen die Nase so hoch, dass es reinregnet.«[93] Die ›Bild‹-Zeitung jedoch fragte nach der Landtagswahl in einem Interview des Journalisten Béla Anda, der später Schröders Regierungssprecher wurde: »Träumt er jetzt vom Kanzleramt?«[94] Schröders Antwort: »Ich habe mit dem Kapitel abgeschlossen.« Und Anda bewertete das so: »Doch wer Schröder kennt, weiß: Der gibt nie auf.«[95] Er sollte recht behalten.

Wenige Monate später, am 16. Oktober 1994, wurde der Bundestag gewählt. Schröder musste sich mit Rudolf Scharping als Kanzlerkandidaten abfinden, trotz ihrer gegenseitigen Abneigung. »Der Gerd hat zu viele charakterliche Defizite« – dieses Scharping zugeschriebene Zitat erläutert die damalige Stimmung in der SPD.[96] Dennoch trat Schröder in Scharpings Mannschaft ein, hätte im Falle eines Wahlsieges eine Art »Superministerium« für Wirtschaft, Verkehr und

Energie übernehmen sollen, während Lafontaine als Finanzminister vorgesehen war.[97] Schröders bundespolitische Ambitionen wurden ausgerechnet wenige Tage vor der Wahl besonders deutlich, als er unverhohlen seine Bereitschaft zu einer Amtsübernahme im Rahmen einer Großen Koalition erklärte. Insbesondere Hamburgs SPD-Regierungschef Henning Voscherau kritisierte daraufhin, dass Schröder »Porzellan zerschlagen« habe.[98]

Das Ergebnis der Bundestagswahl von 1994 war für die SPD eine Enttäuschung, gerade weil ein Regierungswechsel damals schon greifbar nahe schien. Die »Rote-Socken«-Kampagne des damaligen CDU-Generalsekretärs Peter Hintze, die sich gegen eine Koalitionspolitik der SPD mit der Partei des Demokratischen Sozialismus (PDS) wandte, dürfte Kohl gerade noch den Wahlsieg gebracht haben. Der »Kanzler der Einheit« konnte trotz Verlusten knapp weiterregieren, auch wenn die SPD 36,4 Prozent und damit 2,9 Prozent mehr als 1990 erhielt. Scharping jedoch wusste, dass er schnell handeln musste, um in der SPD an der Spitze zu bleiben. Er erklärte daher unmittelbar nach der Wahl, »er werde auf jeden Fall 1998 erneut als Kanzlerkandidat antreten«.[99] Selbst Schröder sagte, niemand mache dem Parteichef seine Position streitig; der frühere SPD-Vorsitzende Hans-Jochen Vogel sah Scharpings Position gar »außerordentlich gefestigt«.[100] Scharping fiel es aber schwer, Partei und Bundestagsfraktion zusammenzuhalten. Eine gemeinsame Bundesratsstrategie der SPD-regierten Länder bröckelte, die Fraktion war in der Bosnien-Politik gespalten. Und Schröder selbst konnte es nicht lassen, sich über Scharping lustig zu machen.[101]

Vor dem Mannheimer Putschparteitag

Auch nach der Bundestagswahl 1994 blieb die von Schröder zusammen mit Oskar Lafontaine und Rudolf Scharping gebildete »Troika« der SPD formell zusammen. Schröder ließ sich jedoch nicht von Scharping disziplinieren und benutzte als Wirtschaftssprecher der SPD die Verhandlungen mit der CDU/CSU-FDP-Regierungskoalition über einen Energiekonsens, um sich von Scharping abzusetzen.[102] Zudem wollte er im Bundesrat den Steuerplänen der Bundesregierung nur unter bestimmten Voraussetzungen zustimmen, sprach Scharping gar die Anwartschaft auf die Kanzlerschaft ab und äußerte Zweifel an dessen Führungsqualitäten. Schröder brachte seine Partei und den Parteivorsitzenden Scharping durch seine ständigen Querschüsse zur Verzweiflung, insbesondere während des »Sommerlochs« 1995, als Peter Struck, seinerzeit parlamentarischer Geschäftsführer, deshalb an Schröder gerichtet sagte:»Es ist hohe Zeit, dass dieses Scheißsommertheater beendet wird und sich die SPD der Hauptaufgabe zuwendet, nämlich Alternativen zur Regierungspolitik klarzumachen.«[103] Rudolf Dreßler, seinerzeit stellvertretender Fraktionsvorsitzender, sagte:»Wir sollten uns nicht einen abermaligen Ministerpräsidentenversuch selber aufschwätzen oder aufschwätzen lassen.«[104] Er warb für Scharpings erneute Kanzlerkandidatur. Wie man sieht, hat der nahende SPD-Parteitag in Mannheim diese Auseinandersetzungen ausgelöst. Schröder forderte in einem Interview mit der ›Westdeutschen Allgemeinen Zeitung‹, die SPD solle die Kandidaturentscheidung nicht bereits im November in Mannheim treffen, sondern erst im Wahljahr 1998.[105] Scharping wiederum erklärte in Richtung Schröder:»Ich habe (...) gelernt, dass es Leute gibt, die auf dem Tisch mitspielen und einem unter dem Tisch kräftig ans Schienbein treten.«[106] Und in der Zeitschrift ›Die Woche‹ ging das Interview-Scharmützel zwischen Schröder und seinen Genossen weiter. Weil er einen Satz sagte, der ihm besonders übel genommen werden sollte:»Es geht nicht mehr um sozialdemokratische oder konservative Wirtschaftspolitik, sondern um moderne oder unmoderne.«[107] Wer das so sehe, könne »die Verantwortung für die Wirtschaftspolitik der SPD nicht mehr wahrnehmen«[108], konterte der SPD-Partei- und Fraktionschef Scharping. Zu den Äußerungen Schröders sagte Günter Verheugen, damals SPD-Bundesgeschäftsführer:»Seine Maulerei am Bundesparteitag der SPD ist nicht nur überflüssig, sondern völlig unakzeptabel.«[109]

An der niedersächsischen Küste, auf dem Deich bei Neuharlingersiel, unterwegs zu Krabbenfischern, wurde Schröder am 31. August 1995 von Scharping angerufen, der ihm das Amt des wirtschaftspolitischen Sprechers entzog. Schröder schien dieses Telefonat anders zu interpretieren, in dem Sinne, dass er selber zurückgetreten sei:

»Unter diesen Bedingungen halte ich es nicht für sinnvoll, die Aufgabe eines wirtschaftspolitischen Sprechers weiter auszuüben«[110], hieß es in einem sofort nach Bonn geschickten Fax an Scharping. Dieser wollte Schröder gegenüber Stärke demonstrieren und die SPD-Fraktion wirkte tatsächlich erleichtert über Schröders Ablösung. Man hatte dort genug von dessen Extratouren. Wolfgang Thierse, damals stellvertretender Partei- und Fraktionsvorsitzender, erklärte: »Die Fraktion ist erleichtert.«[111] Und Peter Struck sagte: »Gerhard Schröder ist wohl ein bisschen aufgeregt und verwirrt und hat nicht überlegt, bevor er gesprochen hat.«[112] In einer anderen Äußerung setzte er noch einen drauf: »Der Schröder ist durchgeknallt.«[113] Diese harten Worte zahlte Schröder seinem Parteifreund in gleicher Münze zurück, als er Peter Struck, später immerhin Verteidigungsminister in Schröders Regierung und Fraktionsvorsitzender der SPD, abkanzelte: »Struck, der bei mir in Niedersachsen nicht Finanzminister werden durfte, repräsentiert das, was ich an meiner Partei kritisiere: Er organisiert ein Kartell der Mittelmäßigkeit«.[114] Schröder sah seine Kanzlerkandidatur in weite Ferne gerückt. In seinen Memoiren sollte Schröder Struck gleichwohl als ein »politisches Schwergewicht« bezeichnen.[115] Schröder reagierte damals umso betroffener, mit ätzenden Bemerkungen, die seine inneren Verwundungen belegen: Seine Genossen in Bonn, Rudolf Dreßler, Thierse und Struck, hätten »alle eine große Klappe«, bloß seien es dieselben, die »aber nicht einmal Wahlen gewinnen können. Ich bin es leid, mir von solchen Typen Disziplinlosigkeit vorwerfen zu lassen.«[116]

Die »Enkel« Brandts waren sich also nicht einig, wer 1998 Kanzlerkandidat werden sollte. Scharping jedenfalls wollte wieder antreten, andere versuchten, ihm das auszureden. Der saarländische Ministerpräsident Oskar Lafontaine plädierte für eine Trennung von Parteivorsitz und Kanzlerkandidatur. Denn er wollte sich die Option offenhalten, selber zu kandidieren. Zudem wollte er, dass Schröder wieder in den Kreis der SPD-Führung zurückkehrt. Getreu dem Motto »Der Feind meines Feindes ist mein Freund« waren sich Schröder und Lafontaine einig: Der glücklos agierende Scharping könne es nicht.

Vor diesem Hintergrund geschah auf dem am 14. November 1995

beginnenden SPD-Bundesparteitag in Mannheim etwas, was es vorher in einer großen deutschen Partei noch nicht gegeben hatte: Ein amtierender Parteivorsitzender, der sich zur Wiederwahl stellte, wurde abgewählt – und zwar nach einer flammenden Rede Lafontaines. Als Vorsitzender der Antragskommission war er zu Wort gekommen und er löste bei den Delegierten wahre Begeisterungsstürme aus. Lafontaine hatte sich wohl erst danach, am Morgen des 16. November 1995, zu einer Kampfkandidatur entschlossen. Er erreichte 321 von 513 Stimmen (62,6 Prozent). Scharping musste sich mit nur 190 Stimmen geschlagen geben.[117]

Reinhard Klimmt, ein enger Weggefährte Lafontaines in Saarbrücken, ist sich heute noch sicher:»Der Sturz von Mannheim war nicht geplant.«[118] Scharping habe als Parteivorsitzender eine Rede»wie ein Alien in einer fremden Sprache gehalten«, erinnert er sich. Die Verzweiflung bei den Delegierten sei groß gewesen, weshalb in der Nacht viele»reitende Boten« Lafontaine zur Kandidatur ermuntert hätten. Auch wenn Schröder den»Königsmord« also Lafontaine überlassen hatte, so machten ihn doch manche, gerade Scharping-treue Delegierte für die Situation auf dem Parteitag verantwortlich. Schröder benötigte deshalb einen zweiten Wahlgang, um überhaupt in den SPD-Vorstand zu gelangen. Hans-Jochen Vogel passte der sichtbar gewordene politische Stil nicht, er sprach von einem»gauklerhaften Umgang mit dem Parteivorsitz«[119]. Insbesondere Johannes Rau, der weiter hinter Scharping stand, machte dieser Parteitag zu schaffen. Der Schlag gegen Scharping wurde von Partei-Insidern auch als ein Schlag gegen Rau interpretiert.»Rau merkte, die Geschichte der SPD als solidarische Partei geht zu Ende«, erinnert sich Rüdiger Frohn[120], ein Vertrauter des nordrhein-westfälischen Ministerpräsidenten und später dessen Staatssekretär im Bundespräsidialamt. Dabei war Rau Lafontaine sogar in gewisser Weise zugetan, weil der Angriff der Messerstecherin 1990 eigentlich ihm gegolten hatte. Rau-Kenner bestätigen, dass dieser sich»darin hineingesteigert hat, dass er das Opfer hätte sein können.« Dennoch wollte er nicht die Ablösung Scharpings durch Lafontaine. Rau weinte auf offener Bühne.[121]»In Mannheim war Rau am Boden zerstört«, bestätigt Clement.[122] Rau bekam bei seiner Wahl zum Lafontaine-Vize 82 Gegenstimmen verpasst, so viele wie noch nie in seinem Parteileben. Aber auch Schröder wird wegen seines Wahlergebnisses unzufrieden gewesen sein.

Schröder und Lafontaine waren Alliierte gegen Scharping gewesen, der übrigens als Fraktionsvorsitzender im Bundestag weitermachte. Der niedersächsische Ministerpräsident aber musste mit einem schlechten Parteitagsergebnis für die schwierige innerparteiliche Lage büßen, während der Saarländer Lafontaine zum Liebling der Oppositionspartei avancierte. Er setzte im Bundesrat alles daran, die SPD-geführten Länder mit einem harten Kurs von jeder Kooperation mit der Kohl-Regierung abzuhalten und der SPD so neues Selbstbewusstsein zu geben. Schröder war also auf ein gutes Verhältnis zu Lafontaine angewiesen. Und der zeigte sich auch kooperativ: Er machte Schröder erneut zum wirtschaftspolitischen Sprecher der SPD. Das hieß aber nicht, dass Schröder sich Lafontaine gegenüber gehorsam und loyal verhalten hätte. Wie groß die innerparteiliche Verzweiflung über Schröder damals war, zeigt auch ein ›Spiegel‹-Interview mit Erhard Eppler:»Die Landesfürsten, zumindest einige davon, verwechseln ihre speziellen Interessen mit denen der Partei.« Damit hat Eppler in erster Linie Schröder gemeint. Er warf den SPD-Führungsfiguren einen selbstverliebten »Tanz um das vergoldete Ego«[123] vor:»Ja, das macht eben teamunfähig.«[124] Auf die Behauptung des ›Spiegel‹ hin, Schröder bringe »SPD-Positionen gekonnt rüber«, antwortete Eppler:»Wenn er sie denn vertritt. Schröder – das ist eine reine Lotterie.«[125]

Schröder und Lafontaine – ein Nichtverhältnis

In dieser Zeit, nach Scharpings Sturz, wurden Schröder und Lafontaine immer mehr zu Konkurrenten. Sie sind etwa gleich alt, engagierten sich früh in der Politik – und doch hatten sie sich nichts zu sagen. Beider Väter fielen im Zweiten Weltkrieg; das letzte Lebenszeichen von Lafontaines Vater stammt vom 23. März 1945.[126] Auch Lafontaines Mutter Katharina musste unter schwierigen Umständen für ihre Kinder sorgen. Wie Millionen Deutsche kämpfte sie ums Überleben – im Saarland, wo die französische Besatzungsmacht im Juni 1947 die »Saarmark« einführte und nur wenige Monate später der französische Franc Zahlungsmittel wurde. Katharina Lafontaine fand zunächst eine Anstellung als Schreibkraft in einem Kaufhaus in Saarlouis. Bei der Eisen- und Stahlhütte in Völklingen sollte sie dann 1950 einen sicheren Arbeitsplatz als Sekretärin erhalten: Dort arbeitete sie 26 Jahre in der Abteilung »Kaltprofilierung und Lagertechnik«.[127] Seitdem waren die finanziellen Verhältnisse der Familie zwar bescheiden, aber gesichert – ein deutlicher Unterschied zu Schröder. Lafontaine hat noch einen Zwillingsbruder, Hans, der Rechtsanwalt wurde. Auch ihm gegenüber soll er die Führungsrolle übernommen haben. Lafontaine wurde in kleine, aber gut katholische Verhältnisse hineingeboren, weshalb er das Bischöfliche Konvikt in Prüm in der Eifel besuchen konnte und dort 1962 auf dem Regino-Gymnasium die allgemeine Hochschulreife erwarb. Während der evangelische Schröder das Abitur auf dem zweiten Bildungsweg nachmachte und danach erst Jura studierte, konnte Lafontaine in Bonn und Saarbrücken Physik studieren, als Stipendiat des Cusanuswerks der Katholischen Bischöfe. Schon früh erhielt er zudem einen politiknahen Job bei der Versorgungs- und Verkehrsgesellschaft Saarbrücken.

Lafontaine und Schröder wurden in einem Abstand von nur sieben Monaten geboren: Lafontaine am 16. September 1943 in Saarlouis-Roden, Schröder am 7. April 1944 im lippischen Mossenberg. Beide wuchsen also zur gleichen Zeit auf – Lafontaine im Saarland, das zunächst französisches Protektorat, dann autonome Region war, bis es nach einer Volksabstimmung von 1955 im Jahre 1957 der Bundesrepublik Deutschland beitrat. Im Saarland sind sie stolz auf »de Oskar«, der in der Bundespolitik groß rauskam. Schröder wuchs dagegen unter äußerst bescheidenen Verhältnissen in einem kleinen niedersächsischen Dorf auf. Beide machten etwa zur gleichen Zeit bei den Jungsozialisten mit und traten der SPD bei – und ebenfalls wichtig: Beide studierten zwar zur Zeit der »68er«-Revolte, doch nahmen sie nicht daran teil. Beide machten später in der Landespolitik Karriere, Lafontaine zuvor als Saarbrücker Oberbürgermeister auch in der Kommunalpolitik. Beide hatten politisch jeweils unterschiedliche Phasen, in denen sie sich, je nach Situation, entweder »linker« oder pragmatischer gaben. Peter Glotz, einer der wenigen Intellektuellen, die es in der Politik aushielten, zeitweise SPD-Bundesgeschäftsführer, wies schon vor ein paar Jahren darauf hin, wie wechselhaft Lafontaine sein konnte:»Seine heute zur Schau getragene Attitüde der verlässlichen Solidarität mit dem linken Gewerkschaftsflügel ist natürlich unglaubwürdig: Lafontaine war in den späten 1980ern ein mutiger Kämpfer für Arbeitszeitverkürzung ohne vollen Lohnausgleich.«[128] Eine Konzentration des Sozialstaats »auf die wirklich Bedürftigen« forderte Lafontaine auf dem SPD-Parteitag noch kurz vor den Wahlen des Jahres 1998, eine grundlegende Reform etwa in der Arbeitslosenversicherung sah er als zwingend geboten an, auch eine Senkung der Lohnnebenkosten.[129] Kürzungen des Sozialstaates hielt er in jener Phase also für notwendig. Umso erstaunlicher ist seine heutige Verteufelung der Zusammenführung von Arbeitslosenhilfe und Sozialhilfe (»Hartz IV«). Jedenfalls hatte er sich einst in der SPD als »ein Modernisierer, der sich einst in den 80er Jahren heftige Kämpfe mit Franz Steinkühler von der IG Metall lieferte«, profiliert, wie sich Dieter Spöri, einer der profilierten SPD-Wirtschaftspolitiker, erinnert.[130] Die Konkurrenten teilten also manche biografische und generationelle Erfahrung. Andererseits sind sie grundverschieden Charaktere: Lafontaine ist eher der Nachdenkliche, dabei allerdings auch provozierend – und ein Zauderer. Schröder dagegen poltert gerne geradeheraus und verfolgt seine eigenen Interessen offensiv. Lafontaine zu seinem Verhältnis zu Schröder heute:»Wir hatten ein Zweckbündnis. Da kann man Kumpel sein und sich auch gut verstehen. Aber eine Freundschaft, bei der man auch in wirklich schwierigen Situationen füreinander einsteht, war das nicht.«[131]

Provokationen als Stilmittel

Provokationen und Tabubrüche, das waren in jenen Jahren bevorzugte Mittel Gerhard Schröders, dem die öffentliche Meinung wichtiger war als die in seiner eigenen Partei. Manchmal schien es so, als habe Schröder bei seinen gelegentlich irritierenden Stellungnahmen seine Wortwahl nicht immer ganz bedacht. So verübelten ihm beispielsweise die Gewerkschaft Erziehung und Wissenschaft und die Lehrer seines Landes, dass er sich einmal bei Schülerzeitungs-Redakteuren anbiederte und über Lehrer sagte:»Ihr wisst doch ganz genau, was das für faule Säcke sind.«[132] Nachdem dieser Satz in die Öffentlichkeit gekommen war, hieß es aus der Staatskanzlei, das Gespräch sei ohne Schröders Wissen aufgezeichnet und ohne seine Billigung veröffentlicht worden.[133] Bei dem allgemeinen Lehrerimage in der Bevölkerung dürfte ihm die Geschichte allerdings nicht geschadet haben.

Bei den regelmäßig stattfindenden Ministerpräsidentenkonferenzen fiel Rüdiger Frohn, Staatssekretär bei Johannes Rau, auf, dass sich Schröder»in den Verhandlungen meist an der taktischen Geschicklichkeit des älteren Johannes Rau orientierte.«[134] Mit uneingeschränkter Sympathie bei Rau konnte Schröder nicht rechnen. Andere Insider wussten von Rau, er habe den Verdacht, Schröder arbeite nicht genug. Von den Unionsministerpräsidenten habe Schröder vor allem die Scharfzüngigkeit Kurt Biedenkopfs geschätzt.»Schröder ist eher ein Machtmensch, der die eigene Macht zeigt, Rau zeigte seine Machtposition durch geschickte Aufteilung der Macht mit anderen. Der eine war der bullige Mittelstürmer, der auch im Alleingang nach vorne stürmt, der andere der gewiefte Spielertrainer, der mit der richtigen Aufstellung zum Erfolg kommen wollte«, vergleicht Frohn die beiden unterschiedlichen Politikertypen.[135]

Schröder blieb sich und seinem politischen Stil treu, das heißt: Er blieb pragmatisch, provokant und sprunghaft, sprach sich mal für einen grundlegenden Kurswechsel in der Umweltpolitik aus, forderte ein anderes Mal eine»kontrollierte Verschiebung« des Euro, den er im März 1998 – also bereits als Kanzlerkandidat – als»kränkelnde Frühgeburt«[136] bezeichnete. Das war eine erneute Aufkündigung des Common Sense in der Europapolitik zwischen den demokratischen Parteien, da mit der programmatischen Rede des SPD-Fraktionsvorsitzenden Herbert Wehner 1960 die Adenauer'sche Westintegration zur gültigen Grundlage der deutschen Außen- und Wiedervereinigungspolitik erklärt wurde.[137] Eine weitere Provokation beging Schröder mit der Befürwortung eines härteren Vorgehens gegenüber ausländischen Kriminellen: Im Juli 1997 beklagte Schröder in der ›Bild am Sonntag‹, es schwappe eine Welle von Verbrechen aus dem Osten nach Deutschland. Er nannte dabei den»organisierten Autodiebstahl« durch Polen, die von der»Russen-Mafia« kontrollierte Prostitution und Drogenhändler aus Südosteuropa und Schwarzafrika. Schröder sagte, dass Ausländerkriminalität nicht verschwiegen werden dürfe, und forderte:»Wer unser Gastrecht missbraucht, für den gibt es nur eins: Raus, und zwar schnell.«[138] Die Union war zunächst völlig sprachlos, denn sie hatte eine solche Wortwahl von einem Sozialdemokraten nicht erwartet.»Schröder ist für die Innere Sicherheit so geeignet wie ein Eisbär zum Schutz von Robbenbabys«, konterte CDU-Generalsekretär Peter Hintze.[139] Doch Schröders Image als»law-and-order«-Mann konnte die Union im Endeffekt nicht verhindern. Seine Sätze brachten ihm zwar viele Sympathien in der Bevölkerung ein, nicht jedoch in seiner eigenen Partei, wo man den Populismus seiner Forderung und ihre Formulierung kritisierte.

Aufsehen erregte Schröder auch, als er am Rande der Hannover-Messe im April 1998 auf Bitten der Unternehmen MAN und Continental mit dem weißrussischen Präsidenten Alexander Lukaschenko zusammentraf, der im Westen als Diktator gilt. Im niedersächsischen Landtag musste Schröder sein Gespräch mit Lukaschenko verteidigen.[140] Er habe sich zwischen einer möglichen Aufwertung Lukaschenkos und den wirtschaftlichen Interessen zweier in Niedersachsen engagierter Unternehmen entscheiden müssen, argumentierte Schröder. Dabei habe ihn»die Frage der Beschlüsse nicht so sehr interessiert.« Immerhin hatte die Europäische Union Auflagen für die Beziehungen zu Weißrussland beschlossen, da Lukaschenko jede Opposition in seinem Land unterdrückt. Nun wurde im niedersächsischen Landtag mit der Mehrheit der SPD-Stimmen ein Missbilligungsantrag der Grünen abgelehnt, die Schröder einen»außenpolitischen Tollpatsch« nannten.[141]

Schröder provozierte in erster Linie die SPD, während er sich seinen Wählerinnen und Wählern gegenüber als ein konsensorientierter Politiker profilierte. Schröders schon 1994 geäußertes Motto:»Erst kommt das Land, dann die Partei«[142], kam in der Bevölkerung gut an – allerdings nicht in seiner eigenen Partei. Schröders Handeln richtete sich dabei zunächst vor allem gegen Scharping. Dieser hatte es dadurch zusätzlich schwer, die Haltung der SPD-regierten Bundesländer im Bundesrat auf eine gemeinsame Linie festzulegen. Der Bundesrat, so dozierte Schröder, sei als Verfassungsorgan des Bundes dazu da, dass dort die einzelnen Bundesländer ihre Interessen durchsetzten. Er plädierte zudem für »weniger Sozialstaat«. Man müsse, so Schröder damals, die Bevölkerung mit dem Gedanken vertraut machen, dass viele bisherige staatliche Leistungen nicht mehr finanzierbar seien. In diesem Zusammenhang vertrat er auch die Meinung: »Wer eine angebotene zumutbare Arbeit nicht annimmt, muss mit obligatorischen Leistungskürzungen rechnen.«[143] Seine innerparteilichen Provokationen dienten allesamt seiner öffentlichen Profilierung – und brachten Kohl und die Unionsparteien vielfach in die Defensive. Doch noch war nicht entschieden, wer der künftige Kanzlerkandidat der Sozialdemokraten sein sollte. Zugleich offenbarten Schröders Positionen im Vergleich zu Lafontaine ein anderes politisches Konzept: Letzterer sah in der SPD eine linke Volkspartei, während Schröder sich zur »neuen Mitte« aufmachen wollte.

Wie Schröder Lafontaine austrickste

Gerhard Schröders wichtigste politische Vorzüge waren sein unideologisches, manchmal populistisches Auftreten, sein modernes »Macher«-Image und seine hervorragenden Wahlergebnisse in Niedersachsen. Wäre es aber allein nach der Stimmung in der Bundes-SPD und so manchem aus der niedersächsischen Landespartei gegangen, wäre Schröder wohl nie Kanzlerkandidat geworden. Doch Schröder taktierte geschickter als der Parteivorsitzende Oskar Lafontaine, der als Einziger den forschen Mann aus Hannover hätte aufhalten können. Denn Lafontaine hatte sich zum anerkannten Vormann der SPD entwickelt, dem zwar nicht unbedingt die Herzen der Wähler, aber doch die der Parteiaktivisten zuflogen. Klaus Wirtgen, fast 30 Jahre im Bonner ›Spiegel‹-Büro tätig und vor allem für die SPD-Berichte zuständig, bezeichnet den heutigen Spitzenmann der Linkspartei als »einen der klügsten und konsequentesten Politiker, auch wenn ihn inzwischen die Rachsucht gegenüber Schröder und maßlose Polemik gegen dessen Agenda-Politik übermannt.«[144]

Schröder hingegen ist, wie wir gesehen haben, vielen Genossen, trotz seiner Herkunft, immer fremd geblieben. Sein offenes Bekenntnis zur Macht war für das sozialdemokratische Milieu eher ungewöhnlich. Auf dem Weg nach oben musste er nicht zuletzt deshalb auch Niederlagen einstecken – insbesondere als er 1993 in der Urwahl für den Parteivorsitz gerade einmal ein Drittel der Stimmen der SPD-Mitglieder bekam. Fast alles, was Schröder politisch geworden ist, erstritt er sich im Kampf – häufig zugunsten seines öffentlichen Ansehens, aber zu Lasten seiner Partei. Letztlich kam er dadurch an die Spitze, dass er seine eigenen Ansprüche stets selbstbewusst und frühzeitig anmeldete und damit seine zurückhaltenderen Mitbewerber in die Defensive drängte. Sein pragmatischer, wirtschaftsfreundlicher Politikstil wurde innerparteilich häufig als opportunistisch beargwöhnt. War Oskar Lafontaine der Liebling der Partei, verfügte Gerhard Schröder über das höhere Ansehen im gegnerischen politischen Lager und vor allem bei den Wechselwählern.

Lafontaine hatte sich über seine Ambitionen als Kanzlerkandidat für das Wahljahr 1998 nie klar geäußert. Wir erinnern uns: Er hatte schon einmal als Kanzlerkandidat verloren, unmittelbar nach der deutschen Einheit, bei der ersten gesamtdeutschen Wahl 1990. 1994 hatte er sich gar nicht erst ins Rennen begeben, auch wenn er eigene Ambitionen gehabt hatte.[145] In einer Mitgliederbefragung 1993 entschied sich die SPD für Scharping. Nachdem dieser jedoch die Bundestagswahl verloren hatte, wirkte sich seine eruptive Ablösung durch Lafontaine auf dem SPD-Parteitag im November 1995 wie ein Befreiungsschlag auf den Kampfeswillen der Sozialdemokraten aus.

Lafontaine sorgte – wenngleich in ziemlich autoritärer Weise – dafür, die SPD nicht in ihre Flügel auseinanderfallen zu lassen. Selbst die SPD-Ministerpräsidenten ordneten sich seiner Macht unter. Lafontaine war ein Parteiführer, der seine Partei disziplinierte. Er verpflichtete die SPD-regierten Bundesländer und die (von Scharping geleitete) SPD-Bundestagsfraktion auf eine strikte Ablehnung jeder Zusammenarbeit mit der schwarz-gelben Bundesregierung. Die von ihm verordnete Blockade der geplanten Steuerreform (»Petersberger Modell«) zwang die SPD-regierten Bundesländer, im Bundesrat trotz eigener landesspezifischer Interessen keine Kompromisse mit der Union einzugehen. Diese Blockade war ein wesentlicher Grund dafür, dass die Kohl-Regierung im wahrsten Sinne des Wortes »alt«

und ohnmächtig aussah. Vor aller Augen schienen Union und FDP nicht mehr in der Lage zu sein, irgendeine Reform hinzubekommen. Und nicht der Blockierer, sondern der Blockierte sollte später durch die Wähler bestraft werden. Lafontaine sorgte als Parteivorsitzender mit eiserner Hand aber auch dafür, dass die Frage der SPD-Kanzlerkandidatur für die Bundestagswahl 1998 bis zur niedersächsischen Landtagswahl im März 1998 offengehalten wurde. Seine Begründung dafür war, dass erst Klarheit über das Wahlprogramm bestehen müsse. Und dem damaligen SPD-Bundesgeschäftsführer (heute heißt diese Funktion »Generalsekretär«) Müntefering gelang es, binnen drei Jahren aus der »mausgrauen (...) SPD eine hübsch bunt und geschlossen daherkommende Partei zu machen« (Eckart Lohse).[146]

Der SPD-Bundesparteitag in Hannover, der vom 2. bis zum 4. Dezember 1997 stattfand, sollte nach dem Mannheimer »Putschparteitag« demonstrieren, dass in der Partei Ruhe eingekehrt sei. Das gelang Lafontaine auch weitgehend. Nur Schröder konnte er nicht einfangen. Der konnte es nicht lassen, beharrlich auf seine Absicht für die Kanzlerkandidatur hinzuweisen. Lafontaine selber erwähnte auf dem Parteitag mit keinem Wort, wer Kanzlerkandidat werden soll. Seine Integrationskraft zahlte sich aber insoweit aus, als er bei der Wahl zum Parteivorsitz 463 Ja-Stimmen erhielt (93,2 Prozent). Johannes Rau blieb mit 89,8 Prozent stellvertretender Parteivorsitzender, ebenso der zwei Jahre zuvor von Lafontaine aus dem Vorsitz verdrängte Scharping, der 92,3 Prozent der Stimmen erhielt – eine Art Wiedergutmachung. Franz Müntefering wurde mit 97,4 Prozent als Geschäftsführer bestätigt.[147]

Gerhard Schröder gelang dieses Mal bereits im ersten Wahlgang der Sprung in den Parteivorstand: Er erhielt 342 Ja-Stimmen. Streng genommen war das kein sonderlich berauschendes Ergebnis, da insgesamt 476 Stimmen (davon 18 ungültige) abgegeben wurden. Die meisten Stimmen bekamen bei dieser Wahl die brandenburgische Sozialministerin Regine Hildebrandt (394 Ja-Stimmen) und die bei den Wahlen zur stellvertretenden Vorsitzenden unterlegene Herta Däubler-Gmelin (384 Ja-Stimmen). Letztere sollte später unter Schröder Bundesjustizministerin werden. Andere Ministerpräsidenten erzielten ebenfalls ein besseres Ergebnis als Schröder, so Reinhard Höppner (Sachsen-Anhalt) mit 361 Stimmen und Manfred Stolpe (Brandenburg) mit 351 Stimmen. Der weithin anerkannte Sozialpolitiker Rudolf Dreßler erhielt 379 Stimmen. Die Wahlen waren durchaus ein Seismograph für die innerparteiliche Stimmung gegenüber Schröder, der in der Partei mit großer Skepsis beäugt wurde. Das wird besonders deutlich, wenn man den politischen Kontext einbezieht. Denn jeder im Saal wusste, dass Schröder große Ziele hatte. Normalerweise haben Ministerpräsidenten bei solchen Wahlen zudem einen Bonus; die Parteitagssolidarität gilt insbesondere dann, wenn wenige Monate später Landtagswahlen stattfinden. Für Schröder war daher nur ein Aspekt positiv: Wenigstens gab es diesmal für ihn bei der Vorstandswahl keine Probleme wie noch in Mannheim. Die Rede, die Schröder hielt, wurde freundlich aufgenommen, allerdings ohne frenetischen Beifall. Auch er vermied in seinen Reden auf dem Parteitag, seinen Anspruch auf die Kanzlerkandidatur zu erheben. Er sagte lediglich: »Wir werden ein tolles Mannschaftsspiel liefern.«[148] Gleichwohl gab es auf dem SPD-Parteitag eine breite Zustimmung zu einem maßgeblich von Schröder miterarbeiteten Wirtschaftsprogramm (»Innovationen für Deutschland«), auch wenn er sich nicht in allen Fragen (Kombilohn, Arbeitszeitverkürzung) durchsetzen konnte.[149] In jener Zeit merkte Schröder, dass er Johannes Rau – von einem Parteiinsider als »ewiger Übelnehmer«[150] bezeichnet – brauchte und bemühte sich um dessen Unterstützung.

Lafontaine schien in jener Phase (wieder einmal) unentschlossen. Wie also würde er sich in der Frage der Kanzlerkandidatur entscheiden? Hätte der SPD-Vorsitzende nur einmal gesagt, dass er selbst kandidieren wolle: die Partei wäre ihm gefolgt. Das sah auch Gerhard Schröder so und er hatte deshalb kein Interesse daran, dass sich Lafontaine früh festlegte. Schröder im Rückblick: »Niemand hätte ihm 1998 eine Kandidatur streitig machen können. Und ich schon gar nicht. Auf jedem Parteitag wäre er mit satter Zweidrittelmehrheit zum Anwärter auf das Kanzleramt gewählt worden.«[151]

Lafontaine gehört zu jenem Politikertyp, der alle Optionen ausgiebig prüft und sich möglichst lange alles offenhält. Wie die meisten Politiker versucht er, unumkehrbare Entscheidungen möglichst spät zu treffen. Im konkreten Fall wollte Lafontaine testen, ob sich die

Stimmung in der Bevölkerung auch zu seinen Gunsten entwickeln würde. Lafontaine, der nach Überzeugung seines Freundes Ottmar Schreiner eigentlich bereits 1994 Kanzlerkandidat werden wollte, war 1998 hinsichtlich seiner Ambitionen »unschlüssig, weil er schon mal eine Wahl verloren hatte, die von 1990«.[152] Er hatte also sicherlich Angst vor einer zweiten Niederlage. Schröder kam dieses Zögern gerade recht, weil sich ihm so die Möglichkeit eröffnete, Kanzlerkandidat zu werden. Die meisten wichtigen Funktionsträger in der SPD waren allerdings davon überzeugt, dass Lafontaine letzten Endes kandidieren würde. Das schien nur logisch, auch aus der Psyche eines Politikers heraus, der vieles, auch persönliche Entbehrungen nicht auf sich nimmt, um dann kurz vor dem Ziel stehen zu bleiben. Andererseits, das Messerattentat hatte Lafontaine verändert: Nach einem solchen Anschlag nehme man die Politik im Verhältnis zum Leben und Überleben weniger wichtig, dachten viele. Lafontaine heute zum Attentat: »Daraus resultierte aber keine Scheu vor Verantwortung.«[153] Doch zugleich hielt sich Lafontaine Schröder gegenüber intellektuell und politisch für überlegen.

Schröder und seine Umgebung gingen jedenfalls klar vom Ehrgeiz Lafontaines aus. Das sah Bundeskanzler Kohl genauso, der sich schon auf eine für ihn vermeintlich leichtere Konfrontation mit dem Saarländer gefreut hatte. In den Medien verbreitete sich ebenfalls der Eindruck, dass Lafontaine die Kanzlerkandidatur für sich beanspruchen wollte. Lafontaine-Kenner Wirtgen ist auch heute noch davon überzeugt, dass sich der SPD-Vorsitzende die Möglichkeit einer Kandidatur so lange wie möglich offenhalten wollte. Auch der gut informierte Journalist Günter Bannas schrieb noch im Januar 1998, damals in der ›Süddeutschen Zeitung‹, Lafontaines Haltung mache »deutlich, dass er festgelegt ist. Wenn irgend möglich, will er seinen Anspruch auf die Kanzlerkandidatur durchsetzen.«[154] Es stellt sich also die Frage: Hat Lafontaine bis zur letzten Minute seine eigene Überzeugung nicht preisgegeben? Wollte er vielleicht gar seinen späteren Einfluss auf die Regierungsbildung dadurch hochtreiben, dass er die Möglichkeit seiner Kandidatur insinuierte? Das ist kaum zu vermuten. Zu vermuten ist, dass der bei wichtigen Fragen immer zögernde Lafontaine tatsächlich kandidieren wollte, jedoch immer wieder Zweifel bekam;

ihm kam entgegen, dass Schröder ihn nicht unter Zeitdruck setzte. Lafontaine täuschte sich aber mit seiner Vermutung, er hätte nach den Niedersachsen-Wahlen noch seine Entscheidungsfreiheit. Er hat die Niedersachsen über sein Schicksal entscheiden lassen. Schröders Streben ins Kanzleramt hingegen war unbändig und ungebrochen. Interessant ist, wie Schröder Lafontaine letztlich täuschte und austrickste. Bereits im Oktober 1996 hatte Schröder in einem – angeblich nicht autorisierten[155] – Interview mit dem Magazin der ›Süddeutschen Zeitung‹ gesagt, die »Idee, der Wunsch, der Plan oder die Hoffnung, doch irgendwann Kanzlerkandidat der SPD zu werden, ist ja nicht aufgegeben«.[156] Denn er traue Lafontaine durchaus zu, für einen Wahlerfolg der SPD »die Optimierung der Chancen vor seinen eigenen Interessen rangieren zu lassen«. Indirekt waren die Sätze eine Kampfansage und sie führten innerparteilich zu einiger Empörung. Schröder wusste, dass sich Lafontaine stets geweigert hatte, sich zu seinen eigenen Ambitionen zu äußern. Lafontaine sah seine Aufgabe zuerst darin, die zerstrittene Partei zu einen. Er reagierte eher diszipliniert auf Disziplinlosigkeiten Schröders, zumal er wusste, dass die SPD voll hinter ihm stünde, wenn er sich selbst zum Kandidaten ausrufen würde. So antwortete er im September 1997 auf eine Journalistenfrage, ob er angesichts der für Schröder sehr viel günstigeren Meinungsumfragen sagen müsse, »der Schröder wird es«: »Da spricht einiges dafür. Aber Sie müssen sich trotzdem gedulden.«[157]

Zwar kann man nicht in die Seele häufig auch taktisch argumentierender Politiker hineinschauen, doch war Schröder offenbar von der prinzipiellen Bereitschaft Lafontaines zu kandidieren überzeugt und hat deshalb eine Verhinderungsstrategie geplant. Wie konnte der unberechenbare »Napoleon von der Saar«, wie ihn viele Parteifreunde sahen, dazu gebracht werden, von einer frühen Ankündigung einer eigenen Kandidatur abzusehen? Schröder wusste, wie sehr die Partei und viele ihrer Führungsmitglieder darauf brannten, nach 16 Jahren in der Opposition endlich wieder im Bund regieren zu können. Er wusste auch, dass Lafontaine in wichtigen Fragen zögerlich war. Deshalb ließ Schröder keine Gelegenheit aus, auf seine guten Umfragewerte hinzuweisen und damit die eigenen Ansprüche anzumelden. Und er überlegte, wie er Lafontaine dazu bringen konnte, die niedersächsische Landtagswahl im März 1998 zum Plebiszit über die SPD-Kanzlerkandidatur zu machen.

Für Schröders Plan war die Vereinbarung mit Lafontaine, den Kanzlerkandidaten erst nach der Landtagswahl zu bestimmen, essentiell. Deshalb machte er ihn schon im April 1997 öffentlich.[158] Ein solches Vorgehen, so seine (vorgeschobene) Begründung, erlaube es der SPD, zunächst die inhaltliche Profilierung voranzutreiben. Auch das Parteipräsidium sollte am 7. April über die Beibehaltung des Fahrplans für die Aufstellung des SPD-Kanzlerkandidaten entscheiden.[159] Überlegungen in der SPD für eine erneute Urabstimmung der Parteimitglieder lehnte Schröder in einem ›Zeit‹-Interview klipp und klar ab.[160] Die Entscheidung liege beim SPD-Vorsitzenden Lafontaine, er werde sich dessen Vorschlagsrecht beugen, erklärte Schröder. Er wollte eine erneute Urabstimmung und eine Kampfkandidatur auf jeden Fall vermeiden – gerade gegen Lafontaine, der bei den Parteimitgliedern ein hohes Ansehen genoss. Gegen Lafontaine gewinnen könnte er nur, wenn er die Wahl in Niedersachsen zu einem Plebiszit für die Kanzlerkandidatur stilisierte und wenn ihn ein großer Wahlsieg an die Spitze brachte. Deshalb musste jede Kandidatenfestlegung auf dem SPD-Bundesparteitag im Dezember 1997 vermieden werden. Das war Schröders klare taktische Ausgangslage.

Lafontaine hingegen wusste, dass seine Umfragewerte in der Bevölkerung nicht sonderlich gut waren. Auch deshalb war er sich in manchen Phasen selbst unsicher – was von Schröder genutzt wurde. Lafontaine hielt sich zurück; ja er widerstand sogar der Aufforderung nach einem Vorziehen der Kandidatenfrage auf dem Hannoveraner Parteitag. Sieben SPD-Bundestagsabgeordnete versuchten noch im Januar 1998, also während des Niedersachsen-Wahlkampfes, mit einem Thesenpapier Lafontaine zu einer schnelleren Entscheidung zu drängen. Die sieben waren Wolfgang Thierse, Ottmar Schreiner, Michael Müller, Gernot Erler, Eckart Kuhlwein, Detlev von Larcher und Ludwig Stiegler. Sie warnten vor der Annahme, dass hohe Popularitätswerte für einen Kandidaten bereits den Wahlsieg garantieren würden.[161] Lafontaine aber zögerte und Schröder ließ einfach nicht locker. Auch indirekt kündigte er sein Interesse am Kanzleramt an. Er werde, so sagte er gut eine Woche vor dem Parteitag, nur als

Kanzler und nicht als Bundesminister nach Bonn gehen.[162] Schröder spielte mit dieser Argumentation seine Popularität aus, die im Falle einer Kandidatur Lafontaines nicht zum Einsatz gebracht werden könnte.

Wie aber gelang es Schröder konkret, die Wahlen in Niedersachsen zu einem Plebiszit für seine Kanzlerkandidatur zu machen, ohne dass Lafontaine dies von vornherein durchschaute? Schröder fand einen besonderen Trick, auf den der Saarländer hereinfiel. Im März 1997 erklärte Schröder in der Zeitung ›Die Woche‹ des ihm freundschaftlich verbundenen Chefredakteurs Manfred Bissinger, er mache die Frage seiner Kandidatur vom Ergebnis der niedersächsischen Landtagswahl abhängig: »Wer immer Spekulationen an meine Person knüpft, bei minus zwei Prozent ist jede Spekulation überflüssig.«[163] Aber natürlich, so Schröder, habe Lafontaine das erste Zugriffsrecht. Im Mai 1997 erklärte er in einem Interview mit dem Norddeutschen Rundfunk, dass niemand mehr über seine politische Zukunft außerhalb der Landespolitik spekulieren müsse, wenn die SPD in Niedersachsen mehr als zwei Prozent verlieren würde.[164] Diese Zielvorgabe wiederholte er in den folgenden Wochen und Monaten gebetsmühlenartig. Er unterstrich dabei immer wieder die Entscheidungsfreiheit des SPD-Vorsitzenden Lafontaine.[165]

Schon im April 1997 hatte »Forsa«-Chef Manfred Güllner, der Schröder bei Landtagswahlen beriet, öffentlich verkündet, dass Lafontaines Chancen gegen Kohl nicht sonderlich gut stünden; er sei in der Wählerschaft »wenig beliebt« und werde auch »nicht als sonderlich kompetent angesehen«. Nur ein SPD-Kandidat, der die seit 1982 abgewanderten Wähler des ehemaligen Bundeskanzlers Helmut Schmidt zurückgewinne, hätte Chancen gegen Kohl. Das, so Güllner, »kann nur jemand schaffen, der als modern, sympathisch, kompetent gilt und genügend Distanz zur Bonner Führungsriege hat.«[166] Diesem Image entspreche Schröder mehr als Lafontaine, nicht nur bei den Wählern insgesamt, sondern auch bei den SPD-Anhängern. Im Vorfeld des SPD-Parteitags wurden alle Meinungsumfragen besonders aufmerksam beachtet – mit Sicherheit auch von Lafontaine. Nach einer vom Fernsehsender RTL in Auftrag gegebenen Erhebung des Instituts »Forsa« sprachen sich 56 Prozent der Befragten für Schröder als Kanzlerkandidaten aus, nur 17 Prozent für Lafontaine. Von den SPD-Anhängern zogen nach dieser Umfrage sogar 67 Prozent Schröder und nur 22 Prozent Lafontaine vor.»Infratest dimap« kam für die ARD zu dem Ergebnis, 44 Prozent der Befragten seien für Schröder und 22 Prozent für Lafontaine.[167] Nach außen hin zeigten sich die beiden SPD-Spitzenmänner harmonisch. So inszenierten sie im August 1997 einen »Männerbund«.[168] Für Fotografen und Kameras posierten Lafontaine und Schröder (zusammen mit Christa Müller und Doris Köpf) in legerer Sommerkleidung vor der pittoresken Kulisse der Saarschleife. Zwei Tage verbrachten sie zusammen und sollen etwa zehn Kilometer gewandert sein. Viel wurde dem aufgeregten Medientross allerdings nicht mitgeteilt, von Lafontaine immerhin so viel:»Wir haben über alles gesprochen, was anliegt, nicht nur über Personalfragen.«[169] Der Satz, zwischen ihn, Schröder, und Lafontaine passe »kein Blatt Papier«, ist inzwischen in das Standard-Repertoire politischer Diskussionen eingegangen. Dieses Ereignis erinnerte an die Wanderungen von Helmut Kohl und Franz Josef Strauß, die sich dabei stets als »Männerfreunde« bezeichnet hatten – und danach wieder zünftig stritten.[170] Was konkret zwischen Schröder und Lafontaine vereinbart wurde, ist nur zu erahnen. Schröder gelang es jedenfalls, Lafontaine davon zu überzeugen, hinsichtlich der Kandidatennominierung die Niedersachsenwahl abzuwarten.

Lafontaine hatte sich nicht festgelegt – weder für noch gegen die eigene Kandidatur. Dies bestätigte auch Schröder wenige Tage vor dem SPD-Parteitag in Hannover in einem Interview mit dem ›Stern‹: Kanzler zu werden sei sein »Traum«, sagte er damals. Über die Frage zwischen Lafontaine und Schröder heißt es in dem Artikel weiter: »Nur darüber, wie sie ihr politisches Problem nach der Niedersachsenwahl auflösen, darüber ist bisher nicht geredet worden, und darüber wird nicht geredet, auch nicht unter vier Augen. ›Wenn wir es zwischen uns beiden geklärt hätten‹, sagt Schröder, ›dann würde sich irgendwann einer von uns verplappern‹.«[171] Da Schröder und seine Berater wussten, dass Lafontaine insbesondere den ›Stern‹ aufmerksam beobachtete, brachte Schröder dort noch die Botschaft unter, Schröders SPD werde in den Meinungsumfragen zwischen 43 und

45 Prozent gehandelt. Da sie 1994 44,3 Prozent erzielt hatte, konnte Schröders Zwei-Prozent-Aussage für Lafontaine durchaus plausibel sein. Tatsächlich erhielt Schröder später 47,9 Prozent – bis dato das beste Ergebnis, das je eine Partei in Niedersachsen erzielt hatte.

»Guten Tag, Herr Kandidat!« Mit diesen Worten begann angeblich am Nachmittag des niedersächsischen Wahltages, dem 1. März 1998, ein Telefongespräch zwischen Lafontaine und Schröder. Letzterer atmete auf. Spitzenpolitiker und Medien hatten bereits am Nachmittag der Wahl die ersten Prognosen der Meinungsforschungsinstitute erfahren, die sogenannten »Exit-Polls«. Das sind Umfragen, die bei den Wählern unmittelbar nach ihrem Gang zur Wahlurne gemacht werden. Ein überwältigender Sieg Schröders zeichnete sich ab. Und so kam es auch: Mit 47,9 Prozent der Wählerstimmen gewann die SPD im Landtag an der Leine die absolute Mehrheit der Sitze. Die FDP kam mit nur 4,9 Prozent erneut nicht ins Parlament; die Grünen verloren leicht (0,4 Prozent) und kamen auf 7,0 Prozent. Sie wurden für die Regierungsbildung nicht mehr benötigt. Die Union verschlechterte sich um 0,5 Prozent und erzielte nur 35,9 Prozent.

»Herr Kandidat« – diese Anrede aus Lafontaines Mund besiegelte für Schröder den Sieg. Er wusste nun, dass das Duell um die Kandidatur geschlagen war. Und er wird auch innerlich seinen Triumph über Lafontaine ausgekostet haben, dem gegenüber er seine Siegchancen in Niedersachsen vor der Wahl heruntergespielt hatte. Lafontaine gab denn auch am Wahlabend zu Protokoll: »In dieser Höhe haben wir das nicht erwartet.«[172] Lafontaine präsentierte sich den Journalisten vor seinem damaligen Privathaus in Saarbrücken als gut gelaunter SPD-Vorsitzender, der seine eigenen Ambitionen dem Wohl seiner Partei untergeordnet habe. Die Last der Entscheidung, die ihn monatelang beschäftigt hatte, war ihm letztlich – und genauso hatte es Schröder geplant – von den Wählern in Niedersachsen abgenommen worden.

Noch von Saarbrücken aus verkündete Lafontaine: »Ein solches Ergebnis ist natürlich ein ganz großer Erfolg. Gerhard Schröder ist jetzt der Kanzlerkandidat. Ich werde ihn morgen vorschlagen.«[173] Am nächsten Tag trafen sich Präsidium und Vorstand der SPD. Nicht alle SPD-Granden wirkten dabei besonders glücklich. Manche, wie der

Sozialexperte Rudolf Dreßler, wären unter einem Kanzler Lafontaine vermutlich Minister geworden; sie wussten, dass Schröder andere personelle Vorstellungen hatte. Manche Mitglieder des 13-köpfigen Präsidiums und des 46-köpfigen Parteivorstands sahen sich bei der Kandidatenkür auf die Zuschauertribüne verbannt. Sie fühlten sich zudem noch übergangen, weil einige Medien bereits den Entwurf des SPD-Regierungsprogramms für die Jahre 1998 bis 2002 in den Händen hielten, bevor sie es überhaupt gesehen hatten.[174] Nach der Sitzung von Vorstand und Präsidium traten Schröder und Lafontaine gemeinsam vor der Bundespressekonferenz auf. Dabei demonstrierten sie eine »enge Tuchfühlung«.[175] Beide Spitzenleute versprachen, künftig mit einer Stimme zu sprechen. In der Realität zeigte sich aber, dass Schröder immer wieder »ausbüxte« und Lafontaine versuchen musste, ihn im Sinne der SPD-Programmatik einzufangen. Schröder forderte schon am Montag nach der Wahl, dass er als Spitzenkandidat die politische Richtlinienkompetenz haben müsse. Er sei »derjenige, der diese Partei führen soll, natürlich in diesem Fall mit dem Parteivorsitzenden zusammen«, sagte er dem ›Stern‹. Zudem kündigte er an, sich keinesfalls ausschließlich an der aktuellen Beschlusslage seiner Partei orientieren zu wollen: »Der Spitzenkandidat muss deutlich machen, dass er Vorstellungen davon hat, wohin die Reise geht. Er darf nicht als Parteisoldat die Befehle nur ausführen. Er muss welche geben.«[176] Umgekehrt unterstrich Lafontaine seinen Anspruch, im Falle eines Wahlsieges die Regierungspolitik mitzugestalten. In der Führungsspitze der SPD würden wichtige Fragen in »einer partnerschaftlichen Zusammenarbeit« entschieden.[177]

Schon direkt nach der Landtagswahl und der Vor-Nominierung durch SPD-Präsidium und Parteivorstand war am 4. März 1998 in mehreren überregionalen Zeitungen eine große SPD-Anzeige erschienen. Sie zeigte ein Foto von Schröder und den Satz: »Ich bin bereit«.[178] Die »Kampa«, die Wahlkampfzentrale der SPD unter dem SPD-Geschäftsführer Franz Müntefering und seinem Vertrauten Matthias Machnig, hatte den Wahlkampf früh gezielt vorbereitet.

Schröders Nominierung auf dem außerordentlichen SPD-Bundesparteitag in Leipzig war dann nur noch Formsache. Er erhielt von 513 Delegierten 479 Ja-Stimmen, 24 Nein-Stimmen und 10 Enthaltungen. Über das zwischen Lafontaine und Schröder vereinbarte SPD-Wahlprogramm »Arbeit, Innovation und Gerechtigkeit«[179] wurde in Leipzig nicht mehr diskutiert. Dieses war zwischen Lafontaine und Schröder vereinbart worden. Die damalige Juso-Bundesvorsitzende Andrea Nahles zeigte sich derart frustriert, dass sie pflichtgemäß ihr Unwohlsein in der Kölner Boulevardzeitung ›Express‹ öffentlich machte: Das Schlimme an diesem durchaus erfolgreich inszenierten Parteitag sei, dass sämtliche Initiativen zum Wahlprogramm in einem einzigen Abstimmungsritual vom Tisch gewischt worden sind und das sei »undemokratisch«.[180]

Der Hauptverfasser war ein langjähriger Mitarbeiter Lafontaines, Joachim Schwarzer, der unter Lafontaine Haushalts-Abteilungsleiter im Finanzministerium wurde und heute deutscher Exekutivdirektor bei der Osteuropabank in London ist. Schwarzer erinnert sich: »Lafontaine hatte sich wirklich in den Dienst der Partei gestellt. Das mag manche überrascht haben. Aber er wollte den Wahlsieg der SPD. Ohne das Funktionieren des Duos wäre der Wahlsieg nicht zustande gekommen.« Und er erinnert sich weiter, dass »die Weichenstellungen für das erste Sparpaket der Regierung Schröder bereits unter Lafontaine entschieden wurden.« Ferner sagt er: »Die SPD ist nicht von ihrem Wahlprogramm abgerückt, das gilt übrigens auch für die heftig kritisierten Arbeitsmarktreformen.«[181] Beispielsweise gehörte zu dem in Leipzig verabschiedeten Steuerkonzept die Forderung nach einer »Senkung des Spitzensteuersatzes von jetzt 53 Prozent auf 49 Prozent«, auch die »Senkung der Körperschaftssteuersätze auf ein international vergleichbares Niveau«.[182]

Lafontaine hatte sich auf dem Parteitag gegenüber dem Kanzlerkandidaten sehr zurückgenommen, zum Beispiel eine sehr viel kürzere Rede gehalten, die mit dem Appell endete: »Und führt keine Personaldebatten zum falschen Zeitpunkt. Das gilt für alle Funktionen, die zu vergeben sind. Es gilt dieser alte Grundsatz: zuerst den Bären erlegen und dann das Fell verteilen, nicht umgekehrt, liebe Genossinnen und Genossen; zuerst muss der Bär erlegt werden. Dann lasst uns von diesem schönen Fernsehabend am 27. September träumen: Die ersten Hochrechnungen kommen über die Bildschirme, wir sind vorne, Gerhard Schröder wird Bundeskanzler, und Kohl tritt vor die

Kameras und sagt: Haben regiert wie Flaschen leer, haben fertig.«[183]
Der Parteivorsitzende benutzte Trapattoni-Deutsch.[184]

Wahlkämpfer Schröder

Der in der eigenen Partei ungeliebte Schröder erhielt auf dem Nominierungsparteitag 93,4 Prozent der Stimmen. Er war nun der offizielle und sehr ernst zu nehmende Herausforderer Kohls. Nach seiner Nominierung legte Schröder einen grandiosen Wahlkampf hin. Die SPD hatte, vielleicht zum ersten Mal, mit dem Konzept der »neuen Mitte« – offensichtlich inspiriert durch den Slogan »New Labour«, mit dem Tony Blair 1997 die Unterhauswahlen in Großbritannien gewonnen hatte –, ein Angebot an die Wähler, das für fast alle, von den Unternehmern über die Arbeitnehmer bis hin zu den Rentnern, attraktiv erschien. Das Programm erzielte allerdings auch deswegen den gewünschten Erfolg, weil die Kohl-Regierung angesichts steigender Arbeitslosenzahlen ihr Scheitern offen demonstrierte. Mit dem nebulösen Begriff der »Innovation« beantwortete die SPD-Wahlkampfführung alle Fragen, wie ihre Arbeitsmarktstrategie konkret aussehen würde. Die Bevölkerung wurde mit dem Angebot gelockt, diesmal auf einen Wechsel zu setzen, zumal Vorbehalte gegen Veränderungen durch beruhigende Kontinuitätsversprechen abgemildert wurden: »Wir werden nicht alles anders machen. Aber vieles besser.« Mit diesem Versprechen gelang Gerhard Schröder im Wahlkampf ein rhetorisches Kunststück: Er begegnete der Sorge der deutschen Bevölkerung vor schnellen politischen Umbrüchen und verhieß gleichzeitig Erneuerung, vor allem die Ablösung Kohls, den die meisten Deutschen nicht mehr sehen wollten. Kohl, der sich ganz auf einen Kandidaten Lafontaine eingestellt hatte, war zudem der Personalisierung des Wahlkampfes nicht gewachsen.

Manchmal wird ein Wahlkampf mit einem Leichtathletik-Wettlauf verglichen. Doch bleibt bei dieser Analogie ein fundamentaler Unterschied auf der Strecke. Während jeder Läufer beim Start die gleiche Ausgangsposition hat, beginnen Wahlkämpfe nicht an einer festen Startlinie, sondern mit Stimmungslagen, die sich längst gebildet haben. Oft verschaffen sie der Regierung, manchmal – so bei der Bundestagswahl 1998 – der Opposition die bessere Ausgangslage. Treffender wäre also ein Vergleich mit der Formel 1, wo das Rennen auf verschiedenen Startplätzen beginnt – im besten Falle von der Pole-Position aus.

Die besondere Professionalität des SPD-Wahlkampfs begann schon damit, dass die eigentliche Wahlkampfzentrale aus der »Baracke« (wie die frühere SPD-Zentrale in Bonner Kreisen hieß) ausgelagert wurde – und zwar dorthin, wo einst der Verfassungsschutz seine Bonner Verbindungsstelle unterhalten hatte: Die neue »Kampa« löste den eigentlichen Wahlkampfapparat aus den Fesseln der Parteizentrale und nahm den im SPD-Präsidium tonangebenden Ministerpräsidenten ihren Einfluss. Die Annahme des klugen Wahlkampfmanagers Matthias Machnig, der später SPD-Geschäftsführer wurde und heute Staatssekretär bei Umweltminister Sigmar Gabriel ist, war: »Viele Köche verderben den Brei.« Und sein Gegenkonzept ging auf. Ungehindert von Gewerkschaften und Altfunktionären rührte die Kampa die Werbetrommel für die »neue Mitte«, und zwar den ganzen Wahlkampf hindurch. Die Kampa wirkte wie ein sichtbarer Beweis für das neue Denken der SPD. Daran änderte auch die Tatsache nichts, dass das Gebäude selbst zum Abriss bestimmt war und die Räume dieser vermeintlich modernsten Wahlkampfzentrale der Welt eher trostlosen Stuben glichen.

Kohls Ausrichtung auf Lafontaine (Freiheit statt Sozialismus) hätte einen Links-Rechts-Lager-Wahlkampf in altbekannter Form ermöglicht. Schröder hingegen war politisch nicht in der gleichen Weise festzulegen; er erschien pragmatischer, moderater und wenig ideologisch. Das kam gut an. Darüber hinaus gelang es auch den SPD-kritischen Medien nicht, in der kurzen Zeit zwischen der Nominierung des Kanzlerkandidaten und dem Wahltag im September das Image des niedersächsischen Ministerpräsidenten zu demontieren. Je länger aber der eigentliche Wahlkampf gedauert hätte – dies legen jedenfalls die Meinungsumfragen von damals nahe –, desto angreifbarer wäre Schröder geworden. Die späte Kür des Kandidaten zeigte auch, dass die SPD als Partei interessant blieb, zumal für die Medien, denn die Rivalität zweier Politikergrößen war immer ein Thema. Die CDU mit

Helmut Kohl an der Spitze erschien demgegenüber unspektakulär und langweilig.

Der Aufsehen erregende Schlusspunkt des niedersächsischen Wahlkampfs war eine anonym geschaltete Werbekampagne, die in allen niedersächsischen und überregionalen Tageszeitungen erschien.»Ein Niedersachse muss Bundeskanzler werden« war ihre zentrale Forderung. Wahlkampfberater Bodo Hombach meinte damals, die Anzeigenkampagne sei so etwas»wie das Glockenläuten zum Kirchgang«[185] gewesen. Als Urheber vermutete man zunächst VW-Chef Ferdinand Piëch. Dann stellte sich aber heraus, dass die kostspieligen Anzeigen von Carsten Maschmeyer geschaltet wurden, dem Chef des Finanzdienstleisters»Allgemeiner Wirtschaftsdienst« (AWD), dessen Methoden zur Kundengewinnung als äußerst fragwürdig galten.[186] Maschmeyer verbarg sich dabei hinter dem Decknamen»Kuratorium zur Förderung von Gerhard Schröder«. Der Name Maschmeyer soll uns im Übrigen während und nach der Kanzlerschaft Schröders noch öfter begegnen.[187] Über die»Pro-Schröder-Werbung« war zunächst behauptet worden, Auftraggeber sei»eine Gruppe von politisch interessierten Privatpersonen aus Niedersachsen«; die Auftraggeber seien mit dem Werbeagentur-Chef Jean-Remy von Matt (»Jung von Matt«) bekannt.[188] Insgesamt 650 000 D-Mark sollen die Anzeigen in der niedersächsischen Lokalpresse gekostet haben.[189]

Schröder ging Kohl gegenüber früh in die Offensive. Als beispielsweise hinsichtlich der wirtschaftlichen Entwicklung in Deutschland, die der schwarz-gelben Koalition zu schaffen gemacht hatte, Besserung erwartet wurde, erklärte Schröder ohne Umschweife,»der Aufschwung ist mein Aufschwung«, und machte die Regierung sprachlos. Der Wahlerfolg der SPD ist aber auch darauf zurückzuführen, dass Schröder gegenüber seiner eigenen Partei Distanz zu zeigen versuchte, denn das kommt in der Öffentlichkeit zumeist gut an. Nicht politische Inhalte machten Schröder zum Publikumsliebling (zumal die Medien auch nicht sonderlich daran interessiert zu sein schienen, solche in das Zentrum ihrer Berichterstattung zu rücken[190]), sondern die Tatsache, dass er in bestimmten Fragen eine klare Haltung zeigte.

Häufig wurde der Wahlkampf von 1998 mit dem diffusen Schlagwort»Amerikanisierung« kommentiert. Mit diesem plakativen Begriff wird meistens ein personalisierter Zweikampf verbunden, der inhaltlich weitgehend entleert, also bloß Show ist und grundsätzliche politische Fragen vernachlässigt. Dabei steht im Mittelpunkt, wie sich die Kandidaten in den Medien einprägsam darstellen. Natürlich müssen sie dabei optisch wie menschlich um Vertrauen werben. Die Annäherung der beiden großen Volksparteien bei den Wahlkampfthemen (trotz der manchmal polarisierend wirkenden Rhetorik) führte in Deutschland das herbei, was präziser als »Entpolitisierung« zu bezeichnen wäre. Gleichwohl wurde in den Medien die angebliche »Amerikanisierung« des Wahlkampfs in Deutschland beklagt, ohne dass eigentlich Klarheit darüber bestand, was unter diesem Begriff zu verstehen ist.[191] Zumindest wird in den bundesdeutschen Wahlkämpfen zunehmend »personalisiert«: Diskussionen über politische Sachfragen und über die grundlegende Entwicklung der Gesellschaft werden immer mehr zugunsten einer Konzentration auf die jeweiligen Spitzenkandidaten verdrängt. Übrigens versuchte Helmut Kohl erst gar nicht, eine Fokussierung auf seine Person zu vermeiden. Als man überlegte, Kohl auf CDU-Wahlplakaten mit Schäuble oder sogar im Team abzulichten, wusste er dies zu verhindern. Denn die Konzentration auf einen jeweiligen Spitzenkandidaten ist in Deutschland kein neues Phänomen. Schon bei Adenauer, Brandt, Schmidt, Strauß oder früheren Wahlkämpfen von Kohl war dies zu beobachten. Der bis in weite Kreise der Unionswählerschaft hineinreichende Verdruss über eine mögliche weitere Amtszeit Kohls erleichterte der SPD ebenfalls die Personalisierung. »Danke, Helmut, 16 Jahre sind genug« war ein sehr eingängiger Slogan, der große Zustimmung finden konnte. Allerdings sorgt das deutsche Wahlsystem dafür, dass Koalitionen die Regel sind, so dass auch die Spitzenkandidaten kleinerer Parteien (etwa Joschka Fischer) in der Wahlkampfauseinandersetzung ihre Bedeutung haben. Da die SPD den Kohl-Überdruss umfangreich thematisieren konnte, spielten 1998 inhaltliche Fragen im Wahlkampf eine relativ kleine Rolle. Das besondere Charakteristikum des Wahlkampfs von 1998 war indessen tatsächlich das emotionale Styling. Allein die Inszenierung auf dem SPD-Nominierungsparteitag machte einer Broadway-Show alle Ehre.[192] Wichtig war die Verpackung des Produkts »Kanzlerkandidat«, nicht sein Inhalt.

Die SPD verstand es, die modernen Gesetzmäßigkeiten der Medienwirklichkeit zu nutzen. Beispielsweise spannte sie das Fernsehen durch spezifische Ereignisse in die eigene Wahlkampagne ein. Und gerade das Fernsehen benötigt immer wieder neue Bilder zur Visualisierung politischer Vorgänge. Dabei setzte die SPD auf eine Methode, die CDU-Generalsekretär Peter Hintze vier Jahre zuvor erfolgreich vorgeführt hatte: Wahlplakate, von denen nur ein einziges Exemplar (oder nur wenige) existierte, wurden vor der Parteizentrale publikumswirksam für das Fernsehen und die Fotografen aufgebaut. Vorbild war ein Plakat der CDU aus dem Jahre 1994, das Helmut Kohl – ohne Slogan oder CDU-Logo – inmitten einer Menge jubelnder Menschen zeigte. Das Plakat machte damals Furore, weil es begierig von den TV-Stationen und Printmedien aufgegriffen wurde. Der Effekt war, dass überall über das Jubel-Plakat diskutiert wurde. Manche Journalisten behaupteten sogar, es hänge auf jedem deutschen Marktplatz. In Wirklichkeit gab es von diesem Kohl-Poster nur ein einziges Exemplar. Das allerdings war am Konrad-Adenauer-Haus werbewirksam enthüllt worden und dort wochenlang zu sehen. Solche im Fernsehen visualisierten Großplakate – in der Fachsprache »Reframing« genannt – sind für eine Partei wichtige und zugleich (fast) kostenlose Werbeträger. Dieser Praxis, abgekupfert von den amerikanischen Wahlkämpfen[193], bediente sich nun auch die SPD mit Erfolg. Wahlkampftaktiker nutzen das »Reframing« nicht nur wegen des kostenlosen Transports von politischen Botschaften, sondern auch, weil die Medienberichterstattung dem eigenen Anliegen eine vermeintliche »Objektivierung« verleiht.[194] Die SPD verwendete 1998 Sujets auch von Filmplakaten und stellte Kohl und Finanzminister Theo Waigel als ein vom Winde verwehtes Paar oder – dem Untergang geweiht – auf der Titanic dar.

Rot-grüne Koalition – ein historisches Projekt?

Schröders Sieg war auch deshalb möglich, weil Kohl nach 16 Jahren Kanzlerschaft viele potentielle Unionswähler nicht mehr mobilisieren konnte. Helmut Kohl hatte sich unter anderem deshalb an seiner Partei versündigt, weil er keinen Nachfolger aufgebaut hatte. Die SPD wurde nicht deshalb gewählt, weil die Deutschen einen prinzipiellen Politikwechsel wollten, sondern einen anderen Kanzler. Der Wunsch nach einem Personalwechsel war so groß, dass vermutlich selbst Lafontaine Chancen gehabt hätte, diesen herbeizuführen. Allerdings war zuvor noch nie eine Bundesregierung durch einen direkten Entscheid des Wählers aus dem Amt gedrängt worden. Bis dato waren Regierungswechsel durch Koalitionswechsel zustande gekommen.

Der Wahlsieg der SPD war so eindeutig, dass bereits wenige Stunden nach Schließung der Wahllokale eine rot-grüne Koalition ausgerufen wurde. In dem Fünf-Fraktionen-Bundestag von 1998 gab es eine klare Mehrheit für die SPD (40,9 Prozent, 1994: 36,4 Prozent) und die Grünen (6,7 Prozent, 1994: 7,3 Prozent). Die Unionsparteien kamen nur noch auf 35,1 Prozent (1994: 41,4), die FDP auf 6,2 Prozent (1994: 6,9). Die PDS erhielt mit 5,1 Prozent Fraktionsstärke. Schröders Traum ging in Erfüllung.[195]

Die rot-grüne Koalition wurde von den Koalitionspartnern als historisches Projekt, als Durchbruch für die gesellschaftliche und politische Veränderung Deutschlands gefeiert. Die Wahrheit ist aber: Schröder wäre eine Große Koalition – etwa mit dem CDU-Politiker und bisherigem Verteidigungsminister Volker Rühe – lieber gewesen. Schröders Wahlkampfmanager Bodo Hombach erinnert sich, wie Schröder ihm gegenüber am Wahlabend das nicht mehr zu verhindernde Zusammengehen mit den Grünen kommentierte: »Ach du Sch…!«[196] »Eine Koalition mit Volker Rühe hätte er sich wohl durchaus vorstellen können«, bestätigt heute Thomas Steg.[197] »Eine knappe rot-grüne Mehrheit erschien ihm nicht unproblematisch. Aber er wusste auch: Wenn es für eine rot-grüne Mehrheit reicht, dann muss man rot-grün machen.«[198]

Bereits im Wahlkampf hatte Schröder eine Große Koalition nie ganz ausgeschlossen – wenngleich unter seiner Führung. Zwar hatte sich Schröder mehrfach – etwa unmittelbar nach seiner Nominierung durch Präsidium und Parteivorstand – für eine rot-grüne Regierung ausgesprochen, aber immer nur unter besonderen Bedingungen. Rot-Grün sei die »wahrscheinlichste Ablösungsperspektive«, schließlich gehe es ihm um einen »Machtwechsel und um einen Politikwechsel in Bonn.«[199] »Für den Fall, dass Rot-Grün schon rechnerisch nicht geht oder politisch nicht, wonach es allerdings nicht aussieht, dürfen wir die Option einer Großen Koalition nicht verbauen. Man kann sie nicht als strategisches Ziel ausgeben. Aber man darf sie auch nicht als nationale Katastrophe an die Wand malen«, sagte er im März 1998 in einem ›Stern‹-Interview.[200] Er ließ sich alle Optionen offen – und das nicht nur, um die Grünen unter Druck setzen zu können. Anders als nach außen hin favorisierte Schröder im engsten Kreise eindeutig ein Bündnis mit der Union.

An Rot-Grün war also aufgrund des Wahlergebnisses nicht mehr zu rütteln. Der SPD-Parteivorsitzende Lafontaine – und nicht der eigentlich angekündigte Schröder[201] – ernannte in der sogenannten »Elefantenrunde« im Fernsehen die Grünen zu Wunschpartnern. Ein etwa 45 Minuten langes Gespräch mit Grünen-Fraktionschef Joschka Fischer und den Vorstandssprechern Gunda Röstel und Jürgen Trittin in der niedersächsischen Landesvertretung symbolisierte bereits am Wahlabend das kommende Bündnis.[202] Fischer traf sich außerdem in der Nacht in der saarländischen Landesvertretung nochmals allein mit Lafontaine, dem er »persönlich und emotional« sehr viel näher stand als Schröder.[203] Sie besprachen schon den Ablauf der Koalitionsverhandlungen, den Zeitplan bis zur Kanzlerwahl, die kritischsten Inhalte und auch die wichtigsten Personalien.[204]

Dass Schröder innerlich eher auf eine Große Koalition »gepolt« war, belegt auch ein Interview, das er mit dem ihm gut bekannten, wenn nicht gar befreundeten ›Zeit‹-Journalisten Gunter Hofmann wenige Monate vor der Bundestagswahl 2005 führte. Das »eigentliche Problem« seiner Regierungszeit bestand aus Schröders Sicht nämlich darin, dass die Kombination Rot-Grün zu der »gesellschaftlichen Situation« in Deutschland nicht wirklich gepasst habe. Es habe ihn in den vergangenen Jahren immer mehr Kraft gekostet, das zusammenzuhalten, was quer zu den Bedürfnissen der Republik gestanden hätte. »Sagt Schröder«, so Hofmann.[205] In einem Interview im Oktober 2006 weist Schröder knapp auf eine Zeitungsmeldung – vermutlich auf dieses mit Hofmann geführte Hintergrundgespräch zu Beginn des Wahlkampfes bezugnehmend – hin: »Die rot-grüne Gemeinsamkeit ist vielleicht nicht mehr so groß, wie sie sein müsste, wenn man eine Neuauflage im Sinn hat. Da ist etwas dran.«[206] Schröder weist darauf hin, dass sein niedersächsisches Beispiel, die erste rot-grüne Koalition auf Landesebene, von manchen als Vorbereitung für ein rot-grünes Bündnis auf Bundesebene gesehen wurde. Dem widerspricht Schröder:»Derart zielgerichtet war das niedersächsische Regierungsbündnis nicht.«[207] Seine Neigung zu einer Großen Koalition umschreibt er daher so:»Ich wäre auch kein Gegner einer Großen Koalition gewesen. Im Gegenteil, der Berg von Problemen, den uns die Kohl-Regierung hinterlassen hatte, die Notwendigkeit von Reformen legten den Gedanken an eine Große Koalition nahe.«[208]

Der »Koch« und der »Kellner«

Auch aus anderen Gründen war Rot-Grün für Schröder offenbar keine reine Wunschkoalition. So war insbesondere das Verhältnis von Schröder und Fischer belastet, nicht zuletzt durch das berühmte »Koch-und-Kellner«-Zitat aus einem gemeinsamen ›Stern‹-Interview. Im Februar 1997 wurden Fischer und Schröder (ursprünglich war Lafontaine vorgesehen, doch der hatte abgesagt) gemeinsam befragt – und das Interview dürfte für Fischer wohl so etwas wie ein »Urerlebnis« gewesen sein. Fischer fühlte sich offensichtlich durch die von ihm so nicht erwartete Aggressivität Schröders gelinkt. Zwar hatten sich beide bei früheren Gelegenheiten schon öfter getroffen, etwa während der 80er Jahre in der Bonner Kneipe »Provinz«, doch wirklich nahe gekommen waren sie sich dabei nie. An jenem 3. Februar 1997 nun war Schröder »schon so wie der Kanzler persönlich«[209] zum Interviewtermin im »Blauen Salon« des Frankfurter »Literaturhauses« gekommen, wie sich der ›Stern‹-Redakteur Hans Peter Schütz erinnert. Auch das mag Fischer gestört haben. Der hatte sich damals schlank gelaufen, er trug einen Siegelring am Mittelfinger, drehte daran herum und trank nur Wasser. Fischer selbst erinnert sich so an den Beginn des Interviews: Schröder »saß, in der einen Hand ein Glas Weißwein, in der anderen eine dicke Havanna, in seinem Sessel und legte nach der ersten Frage auch sofort los, und zwar mit einem schweren rechten Aufwärtshaken, der mich völlig überraschte.«[210] Schröder provozierte schon mit der ersten Antwort:»In der rot-grünen Konstellation muss klar sein: Der Größere ist Koch, der Kleinere ist Kellner. Dies nicht zu akzeptieren ist eine typische Form grüner Überheblichkeit.«[211] Die Rolle des eigentlichen Gestalters, des Kochs, sollte nach Schröder also ihm und der SPD zufallen, während es die Aufgabe des grünen Kellners war, die dargebotene Speise aufzutragen. Das hatte bei Fischer wohl gesessen.›Stern‹-Redakteur Schütz schildert, dass Fischer, nachdem Schröder das Gespräch verlassen hatte, außer sich gewesen sei:»So ein arroganter Arsch, echt das Letzte.« Und:»So was mache ich nicht mit.«[212] Damit meinte er die Veröffentlichung des Interviews, das erst noch autorisiert werden musste. Es dauerte, bis Fischer den Interviewtext doch für den ›Stern‹ freigab. Einen an Schröder gerichteten Vorwurf ließ Fischer jedoch streichen:»Mann, gleich gehe ich hoch. Nun hör doch mal zu, wie ich dir zugehört habe. Ist ja furchtbar mit dir!« Der Satz von Koch und Kellner war also in der Welt.

Doch Fischer wäre nicht Fischer, wenn er Schröder dessen Presseprügelei nicht heimgezahlt hätte. Und so gab es wenige Monate später in einem ›Spiegel‹-Interview die Retourkutsche. Dort kündigte Fischer an, dass die Grünen in einer rot-grünen Regierung der Reformmotor wären. Auf Schröder bezogen spottete er:»Wenn die Mehrheit es morgen erfordert, dass er sich zu Kaiser Wilhelm stilisiert, würde er sich einen wunderbaren Zwirbelbart zulegen. Und wenn es notwendig wäre, als bayerischer König Ludwig II. ins Kanzleramt zu kommen, würde er im Starnberger See schwimmen und einen Schwan küssen.«[213]

Man sieht: Dass Schröder und Fischer anderthalb Jahre später eine gemeinsame Regierung bildeten, lag sicherlich nicht an der innigen Sympathie, die beide füreinander empfanden. Fischers anfängliche Skepsis bezüglich seiner Zusammenarbeit mit Schröder stützte sich gerade auf das ›Stern‹-Interview, bei dem er den Eindruck gewinnen musste, Schröder wolle die Grünen auf Bundesebene genauso klein halten, wie er es bereits während seiner ersten Legislaturperiode als niedersächsischer Regierungschef getan hatte. Außerdem war Fischer in der Bevölkerung beliebter als Schröder, was beim Kanzler mit Ingrimm gesehen wurde. Auch in der SPD hatte Fischer hohe Beliebtheit: Als er nach der für manche überraschend gewonnenen Wahl noch abends am 22. September 2002 zur SPD-Wahlparty kam, erhielt er einen deutlich größeren Jubel als Gerhard Schröder, was Letzteren gewurmt hatte. Zwischen Schröder und Fischer gab es kein wirkliches Vertrauen. In seinen Erinnerungen an die rot-grünen Jahre schreibt Fischer:»Und eines hatte ich mir während dieses Interviews innerlich geschworen – dass es mit mir im Bund niemals niedersächsische Verhältnisse geben würde. Niemals!«[214] Aber Schröders Strategie, so vermerkt Fischer in seinen Memoiren, sei bei der Regierungsbildung tatsächlich darauf hinausgelaufen, die Grünen»lediglich auf die Rolle des Mehrheitsbeschaffers zu reduzieren«, der»ohne wirklichen Einfluss« sein sollte.[215]

Schröder wusste zudem, dass der grüne Wahlmagnet»Joschka« ein ziemlich gutes Verhältnis zu Oskar Lafontaine hatte. Fischer war schon vor seiner Regierungszeit und ohne Parteivorsitzender zu sein so etwas wie eine Legende. Die spätere Ministerin Andrea Fischer konstatierte:»Die Tatsache, dass Joschka Fischer formal keine Macht hatte, hatte zu seiner Macht beigetragen.«[216] Die Regierungsfähigkeit hätten die Grünen ihrem Vormann Fischer zu verdanken. Auch Krista Sager, von 2002 bis 2005 zusammen mit Katrin Göring-Eckardt Fraktionsvorsitzende Bündnis 90/Die Grünen, anerkennt Fischers Leistung:»Er hat erwartet, dass wir – die Fraktion – das Geschäft auch ohne ihn hinkriegen; er spielte keine große Rolle im Alltagsbetrieb, nur dann, wenn es wirklich schwierig wurde. Er hat sich oft Sorgen gemacht, dass sich ein Teil der Fraktion um einer guten Medienpräsenz willen sich zu weit von der Partei entfernt und die Nähe zur Basis verliert.«[217]

Der stets machtpolitisch denkende Schröder aber musste vermuten, dass die guten Beziehungen zwischen Fischer und Lafontaine seine Stellung schwächen könnten. Zudem war Fischer eher auf den intellektuelleren Lafontaine ausgerichtet als auf den superpragmatischen und manchmal rüpelhaft auftretenden Schröder. Der hatte seit 1994 als Regierungschef in Niedersachsen mit absoluter Mehrheit schalten und walten können, fast wie er wollte. Jetzt aber musste er sich nicht nur auf einen Koalitionspartner einlassen, den er nicht liebte, sondern sogar noch den eigenen Parteivorsitzenden und für ihn gefährlichsten Rivalen ins Kabinett holen: Oskar Lafontaine.

Der Seiteneinsteiger Jost Stollmann und die Profis

Am Wahlabend erkannte Schröder bei aller Freude über die Erfüllung seines »Traumes«, dass es nun ernst wurde. Viel Zeit für ausgelassene Feiern hatte er daher nicht. Bereits wenige Stunden nach Schließen der Wahllokale telefonierte der künftige Kanzler mit dem amerikanischen Präsidenten Bill Clinton. Mit Frankreichs Präsidenten Jacques Chirac wurde ein Treffen noch vor der eigentlichen Kanzlerwahl vereinbart, das am 1. Oktober 1998 in Paris stattfand. Selbst der Präsident des Bundesverbandes der Deutschen Industrie, Hans-Olaf Henkel, kam noch am Abend in die niedersächsische Landesvertretung, um der neuen politischen Führung seine Aufwartung zu machen.

Der Spitzenkandidat Schröder sollte Bundeskanzler werden. Aber unmittelbar nach der Wahl war er nicht Herr des Verfahrens. Denn es war der SPD-Parteivorsitzende Oskar Lafontaine, der die Koalitionsverhandlungen führte. »Schröder darf sich auf das Kanzleramt freuen, während Lafontaine – ob als Superminister oder als Fraktionschef – die Richtlinien der Politik bestimmt«, meinte etwa das ›Handelsblatt‹.[218] Es schien so, als ob der designierte Kanzler die Verhandlungen mit den Grünen Lafontaine überlasse. Durch seine Vorstellungsreisen bei den Mächtigen der Welt war Schröder zudem zeitlich ziemlich eingespannt. Vielleicht fand er es sogar ganz angenehm, mit Lafontaine nicht zu viel zu tun zu haben. Denn zunächst einmal war es wichtig, Bundeskanzler zu werden. Der Koalitionsvertrag als solcher sollte für Schröder später sowieso nur eine untergeordnete Rolle spielen. Nur in wenigen Politikfeldern (Energiepolitik, Verhältnis zur Wirtschaft) zeigte Schröder daher bei den Verhandlungen ein sichtbares Interesse. Ansonsten überließ er die Verhandlungen dem Saarländer.[219]

Doch kurz vor Abschluss der Koalitionsverhandlungen sorgte eine Personalnachricht für Aufregung. Der designierte parteilose Wirtschaftsminister Jost Stollmann zog, fast in letzter Minute, die Reißleine und stieg aus. Zuvor war Stollmann eine der wirklichen Überraschungen Schröders im Bundestagswahlkampf gewesen. Stollmann personifizierte Schröders These von der »Neuen Mitte«. Denn der am 17. Januar 1955 in Düsseldorf geborene Stollmann entsprach vielem, nur nicht dem Bild eines klassischen Sozialdemokraten. Sein Vater war ein hoher Beamter gewesen und in den Ruhestand entlassen worden, als die SPD 1966 in Düsseldorf an die Macht kam. Der Vater hatte seine politischen Überzeugungen an seinen Sohn Jost weitergegeben, der schon als Gymnasiast in Düren in der Jungen Union und auch in der CDU Mitglied wurde. Nach seiner Bundeswehrzeit studierte er in Frankreich und erhielt 1981 an der Harvard Business School in Boston den Titel »Master of Business Administration«. Stollmann ist mit einer Griechin verheiratet und hat fünf Kinder. Nach einer Zeit als Unternehmensberater begann er als IBM-Händler und gründete in Köln die CompuNet Computer Vertriebs-GmbH. Diese Firma verkaufte er später an den größten amerikanischen Elektrokonzern General Electric, wodurch er Millionär wurde.

Zum ersten Treffen zwischen Schröder und dem gelegentlich als »Bill Gates Deutschlands« apostrophierten Stollmann kam es während einer Talkshow im Fernsehen des Hessischen Rundfunks. Dort forderte Stollmann die seiner Meinung nach notwendige technologische Modernisierung Deutschlands. Er begann für den Standort Deutschland zu werben (»Dieses Land ist gut für den Erfolg. Lasst uns machen«) und setzte sich im Rahmen einer speziellen Initiative für nachschulische Kinderbetreuung ein. In jener Fernsehsendung, an der auch Walter Riester (IG Metall) und Günter Rexrodt (FDP) teilnahmen, dominierte Stollmann, was Schröder nicht unbedingt gefallen, aber beeindruckt haben mag.

Einige Monate später rief der SPD-Bundestagsabgeordnete Klaus Lennartz den in Griechenland urlaubenden Stollmann auf dem Mobiltelefon an. Er erreichte ihn auf der Athener »Plaka« und informierte ihn von einem Gesprächswunsch Schröders. Beide trafen sich kurze Zeit darauf. Stollmann beurteilt diese Unterhaltung heute so: »Gerhard Schröder vertrat in diesem Gespräch sehr überzeugend die Notwendigkeit der Restrukturierung Deutschlands und der Modernisierung. Deshalb habe ich auf seine Anfrage hin, ob ich Wirtschaftsminister werden wolle, sofort Ja gesagt. Die Idee, einen Unternehmer in die Regierung zu holen, fand ich elektrisierend. Man kann als Unternehmer nicht immer nur die Politik kritisieren und sich dann als zu fein erklären, wenn man gerufen wird.«[220] Wenige Tage später, am 19. Juni, fand in der saarländischen Landesvertretung ein 90-minütiges Gespräch mit Lafontaine, Schröder und Müntefering statt.[221] Lafontaine gab, wie Stollmann das sieht, der Personalie seine Zustimmung und Schröder wollte möglichst schnell Fakten schaffen; er wollte auf keinen Fall die nächste SPD-Präsidiumssitzung drei Tage später abwarten. Hastig wurde Stollmann in Düsseldorf zum Wirtschaftsministerkandidaten ausgerufen,»Gerhard Schröders Kandidat für die Laptop-Generation«[222] schien gefunden. Das SPD-Präsidium konnte die Nominierung nur noch zur Kenntnis nehmen. In der Wahlkampfsituation wäre eine Ablehnung des Seiteneinsteigers eine katastrophale Bloßstellung des Kandidaten gewesen.

Stollmann veröffentlichte im September 1998 unter der Überschrift »Unser Land ist gut für Erfolg« in wichtigen deutschen Zeitungen ganzseitige Werbeanzeigen – auf eigene Kosten.»Rechtes und linkes Lagerdenken« müssten überwunden werden, forderte er dabei. Ziel sei ein»neues Wirtschaftswunder«, das durch den Ausgleich von wirtschaftlicher Leistungsfähigkeit und sozialer Gerechtigkeit geschaffen werden könne. Ferner bildete Stollmann ein»Back Office«, das ihn aus dem Stand heraus wirtschaftspolitisch beriet, und heuerte die Düsseldorfer PR-Agentur Abels & Grey an. Das kostete mehrere Millionen D-Mark – wie viel genau, will Stollmann auch heute nicht sagen. »Mein Wahlkampf hat die SPD keinen Pfennig gekostet«, betont der Unternehmer.[223]

Auf gestandene Sozialdemokraten wirkte er etwas ungewöhnlich, weil er auf Schreiben, die ihn als»Genossen« anredeten, nicht reagierte. Er verstand sich als Mann Gerhard Schröders und nicht einer Partei. Kopfschütteln rief im SPD-Lager auch seine Aussage hervor, er hätte auch bei einer Anfrage Helmut Kohls positiv reagiert, den er außerdem noch als»Staatsmann«lobte, der»Großtaten vollbracht«[224] habe. Als schließlich die Kunde verbreitet wurde, Stollmann habe bis 1986 Mitgliedsbeiträge an die CDU bezahlt – seine Mutter hatte ohne sein Wissen für eine Dauerüberweisung des Mitgliedsbeitrags gesorgt –, war für viele SPD-Aktivisten die politische Welt nicht mehr in Ordnung.[225]

Aber auch die Union und die FDP waren wegen Stollmann sprachlos. Einer der »Ihren« – ein selbständiger Unternehmer, ein moderner Reformer – wollte für »die anderen« arbeiten. CDU-Fraktionschef Wolfgang Schäuble war überzeugt, dass es nicht einen einzigen Punkt des SPD-Programms gebe, der mit Äußerungen Stollmanns übereinstimmte. Genauso gut, so Schäuble damals, hätten die Sozialdemokraten das Top-Model Claudia Schiffer engagieren können.[226] Auch der FDP-Generalsekretär Guido Westerwelle bezeichnete Stollmann als einen »Exoten« in der SPD, der seine vernünftig klingenden Reformvorstellungen mit der SPD nicht durchführen könne. Stollmann passe in die SPD so gut wie »ein Pinguin in die Sahara«.[227]

Mit Schröder hatte Stollmann vereinbart, im Wahlkampf nicht direkt für die SPD aufzutreten. Aber nach gewonnener Wahl würden sie »die besten Leute zusammenbekommen und eine Zukunftsvision für Deutschland entwickeln«, so Stollmann damals.[228] Das war genau die Argumentationslinie, mit der Schröder gerade in Kreisen, die der SPD sonst kritisch gegenüberstanden, interessant wurde. In der SPD jedoch stiftete das bei den Traditionskompanien Verwirrung. Der Bremer linke Ökonom Rudolf Hickel schrieb an SPD-Geschäftsführer Franz Müntefering einen »Hilferuf«, dass sein »Frust« so groß sei, dass er »ab sofort alle Hilfe im Wahlkampf einstelle«.[229] Zuvor hatte Stollmann in einer Rede in Hamburg erklärt, Deutschland benötige »eine neue Politik und keine sozialdemokratische Träumerei«.[230] Stollmann äußerte zudem Zweifel am langfristigen Bestand des herkömmlichen Rentensystems. Auch mit seinen Äußerungen zum Kindergeld, zum Betriebsverfassungsgesetz, zum Ladenschlussgesetz sowie zur Fortsetzung der Kohlesubventionen stieß er auf Kritik. In einem vertraulichen Telefonat soll Lafontaine Stollmann deshalb gebeten haben, bei öffentlichen Äußerungen mehr Rücksicht auf die SPD zu nehmen.[231] Und die stellvertretende DGB-Vorsitzende Ursula Engelen-Kefer sah sogar die Gefahr, dass die sozialen Sicherungssysteme durch solche Ziele kaputt gemacht werden könnten.[232] Der stellvertretende SPD-Fraktionsvorsitzende Rudolf Dreßler argumentierte ähnlich.

Noch während der Koalitionsverhandlungen beschwichtigte Schröder, Stollmann solle nicht jede inhaltliche Aussage im künftigen Koalitionsprogramm auf die Goldwaage legen. Erst einmal gehe es darum, dass er Bundeskanzler und Stollmann Wirtschaftsminister werde. Auch Mitte Oktober 1988 wurde in Bonn damit gerechnet, dass Stollmann das ihm zugedachte Amt auch antreten würde. Doch der beobachtete mit Unbehagen, wie Kompetenzbereiche des Wirtschaftsministeriums dem Finanzministerium zugeschlagen werden sollten, das für Lafontaine vorgesehen war, unter anderem die wichtige Grundsatzabteilung und der überwiegende Teil der Europa-Abteilung. Der Lafontaine-Flügel in der SPD bemühte sich, Stollmann zu verhindern. Ein »einflussreicher« Politiker wurde anonym in der ›Bild‹-Zeitung zitiert:»Es wäre am besten, wenn er sich darauf beschränken würde, die Internet-Homepage des Ministeriums zu gestalten. Wenn er das nicht will und die Brocken hinschmeißt, weint auch niemand.«[233] Stollmann erkannte, dass er nicht mehr gebraucht wurde. Kurz vor Toresschluss sagte er am Vormittag des 20. Oktober 1998 in einem Telefonat mit Schröder ab. Der künftige Bundeskanzler machte wohl auch keine größeren Anstalten mehr, seinen Wahlkampfschlager – das war Stollmann zweifellos in den wirtschaftlich orientierten Kreisen der Bundesrepublik – zu halten. Der sprichwörtliche Mohr hatte seine Schuldigkeit getan.

In einem Interview mit der ›Zeit‹ kritisierte Stollmann vor allem den Einfluss Lafontaines:»Ich war und bin fasziniert von der Modernisierungsidee des künftigen Kanzlers Gerhard Schröder und seiner Vorstellung der Neuen Mitte. (…) Zu sehen bekommen habe ich eine nach wie vor sehr geschlossene Welt, hierarchisch strukturiert, geführt von einem Parteivorsitzenden, der eindeutig auch den inhaltlichen Prozess dominiert. Mich macht das sorgenvoll.«[234] Trotz der Irritationen, die Stollmann mit manchen seiner Wahlkampfäußerungen ausgelöst hatte, symbolisierte er den von Schröder versprochenen politischen Aufbruch. Nicht zuletzt hatte er mit seinem damals jungenhaften Charme den weit verbreiteten Unmut darüber kanalisiert, wie Politik gemacht wird. Seine»Anti-Politiker-Attitüde« (und seine Unternehmer-Aura) kamen gut an. Immerhin hatten sich im Juli 1998 in einer Umfrage 55 Prozent der Bevölkerung für Stollmann als

Wirtschaftsminister ausgesprochen, wohingegen lediglich 36 Prozent gegen ihn waren.[235]

Die SPD hat die Wahl 1998 auch wegen ihrer Integrationsfähigkeit in wirtschaftlichen und sozialen Fragen gewonnen: Für die Modernisierung standen auf der einen Seite Schröder, Stollmann und der spätere Kanzleramtsminister Bodo Hombach, während Lafontaine und der stellvertretende Fraktionsvorsitzende Dreßler für Gerechtigkeit und Sicherheit bürgten. Beide Optionen gleichzeitig zu bedienen, das hatte den Erfolg des Wahlkampfs ausgemacht. Insoweit war Stollmann – trotz aller Risiken, weil er sich nicht in die SPD-Programmatik einbinden ließ – für Schröders Wahlerfolg maßgeblich. Hätte Stollmann tatsächlich den Posten des Wirtschaftsministers wahrgenommen, wäre er vermutlich politisch nicht glücklich geworden. Denn er hatte ausschließlich auf die Unterstützung des Kanzlers gesetzt. Doch ohne Vernetzung in einem Parteiapparat ist Politik fast unmöglich. Diese Einsicht kam bei Stollmann erst spät, aber noch rechtzeitig.[236] Heute betreibt Stollmann im australischen Sydney eine Firma für Kreditkartenabrechnungen.

Am 20. Oktober 1998 gegen 11.30 Uhr beorderte Schröder den Unternehmensberater Werner Müller von seinem Wohnort Mülheim an der Ruhr nach Bonn, ohne ihm zu sagen, dass er an Stollmanns Stelle Wirtschaftsminister werden sollte. Müller, ebenfalls parteilos, erfuhr das erst während eines Staus am Kölner Ring: In den Radionachrichten war zu hören, dass er das Amt übernehmen werde und bereits am Nachmittag eine Pressekonferenz mit ihm stattfinden solle.[237]

Dem späteren Vorstandsvorsitzenden des Industriekonzerns Evonik[238] war das Ministeramt schon im Frühjahr 1998 von Schröder angeboten worden. Müller hatte damals abgesagt, wohl weil er in der Wirtschaft mehr Geld verdienen konnte. Jetzt sah er sich allerdings durch die von Schröder geschaffenen Fakten zur Annahme des Angebots genötigt. Müller sagte damals auf der Pressekonferenz zu diesem»Coup«:»Ich wäre lieber die graue Eminenz im Hintergrund geblieben.«[239] Hätte Müller Nein gesagt, wäre das Schröder nicht gut bekommen; denn ein zweites Mal hätte ihm kein parteiloser Wirtschaftsminister»von der Schippe springen«dürfen.

Allerdings konnte Schröder Müller gut einschätzen. Dessen berufliches Leben hatte bis dahin der Energiewirtschaft gegolten: Der 1946 in Essen geborene Müller arbeitete ab 1973 beim Energiekonzern RWE, wechselte 1980 zur VEBA und machte sich 1997 als Wirtschaftsberater selbständig. Schröder kannte ihn von Müllers Tätigkeit für den VEBA-Konzern her. Als der als Atomkraft-Gegner bekannte Schröder Ministerpräsident von Niedersachsen wurde, unterbreitete die VEBA, der in diesem Bundesland alle Kernkraftwerke gehörten, das Angebot einer gemeinsamen Kommission zu Fragen der Energiepolitik mit der Landesregierung. Vonseiten der VEBA gehörten zu dieser Kommission Ulrich Hartmann, heute EON-Aufsichtsratsvorsitzender, und Werner Müller. Für die niedersächsische Staatskanzlei nahmen Alfred Tacke und Christel Möller[240] an der Kommission teil. Möller wurde mit dem Regierungswechsel 1998 Abteilungsleiterin für Energie und Umwelt im Bundeswirtschaftsministerium. Schröder, der noch im Wahlkampf 1980 verkündet hatte, im Fall seines Wahlsieges werde er die Atomkraftwerke in Niedersachsen abschalten[241], stieß im Spätsommer 1980 zu diesen Kommissionsrunden der niedersächsischen Landesregierung. Seit dieser Zeit kennen und schätzen sich Schröder und Müller.

Die Machtarchitektur: Schröder, Lafontaine und die Minister

Endlich: Schröder wird Kanzler. Nach den Mühen der Koalitionsverhandlungen kam das Ritual der Parteitage, auf denen die Koalitionsvereinbarung von SPD und Grünen förmlich beschlossen werden musste. Auf dem außerordentlichen SPD-Parteitag, der am 25. Oktober 1998 in Bonn stattfand, war die Rivalität zwischen Lafontaine und Schröder zumindest für Insider greifbar. Doch die Botschaft lautete: eitel Sonnenschein. Die Delegierten stimmten der Koalitionsvereinbarung mit 508 Ja-Stimmen, einer Nein-Stimme und drei Enthaltungen zu.[242] Und die beiden Spitzenpersönlichkeiten demonstrierten Gemeinsamkeit. Der Parteivorsitzende Lafontaine erklärte vor den versammelten Genossen:»Natürlich gilt unser Dank zuallererst Gerhard Schröder. Lieber Gerhard, mit deinem Namen bleibt dieser historische Wahlsieg der SPD verbunden. Du hast ihn durch einen großartigen Wahlsieg in Niedersachsen vorbereitet. Du hast praktisch ein ganzes Jahr lang Wahlkampf durchgestanden. Die ganze Partei ist dir großen Dank schuldig, und die ganze Partei bringt dir für deine Arbeit Vertrauen und Unterstützung entgegen.«[243] Und der so Angesprochene entgegnete artig, er wisse, dass der Wahlerfolg »das Ergebnis einer gemeinsamen Anstrengung, einer Anstrengung in erster Linie unserer Partei« sei, und ergänzte: »Ich weiß, dass unser Wahlsieg auch das Ergebnis einer großen Anstrengung von Oskar Lafontaine ist. Ich bin ihm dankbar für die erwiesene Freundschaft in der Zeit, in der wir zusammen für diesen Wahlsieg gesorgt haben. Über eines darf sich jeder im Klaren sein: Diese Form der Zusammenarbeit, dieses Zusammenstehen in schwierigen Zeiten, das ist keine Eintagsfliege; das wird dauern. Das war die Basis unseres Wahlerfolges, und das wird die Basis des Erfolges unserer Regierung sein, liebe Genossinnen, liebe Genossen.«[244] Doch die zur Schau gestellte Harmonie hielt nicht lange an.

Zwei Tage später wurde Schröders »Traum« jedoch zunächst auch formal erfüllt: Am 27. Oktober 1998 wählte ihn der Deutsche Bundestag zum siebten Kanzler der Bundesrepublik. Er erhielt 351 von 666 abgegebenen Stimmen – deutlich mehr, als es eigentlich dem Stimmenanteil von SPD und Grünen entsprach. 335 hätte Schröder mindestens bekommen müssen (Kanzlermehrheit), da dem neuen Bundestag 669 Mitglieder angehörten.

Schröders Basis war am Anfang seiner Kanzlerschaft allein das Bundeskanzleramt. Die SPD war unter Lafontaine sein eigentlicher Gegenpol, die Bundestagsfraktion trat insgesamt eher gespalten auf. Zwar sollte Schröder nach dem Abgang von Lafontaine im April 1999 auch den Parteivorsitz übernehmen, doch bestätigte sich dann, dass Schröder kein wirklich tiefes Verhältnis zu seiner Partei entwickelt hatte. Nach seiner Wiederwahl als Bundeskanzler am 22. Oktober 2002, manchen Niederlagen bei Landtagswahlen und innerparteilichen Schwierigkeiten gab Schröder am 6. Februar 2004 den Vorsitz an den damaligen SPD-Fraktionsvorsitzenden Franz Müntefering ab. Während es Kohl gelungen war, Partei, Fraktion und Kanzleramt als die drei Säulen seiner Macht auszubauen, war Schröder in seiner Machtsicherung weniger virtuos, kein Architekt, der feste Burgen baute. Schröders Aufstieg ist zwar mithilfe der SPD geschehen, doch die nahm seinen Aufstieg oftmals mehr ächzend und gedrängt hin. Schröder liebte es, sich am Parteiapparat vorbei direkt ans Volk zu wenden, vor allem über »Bild, BamS und Glotze«[245].

Hintergründe der Regierungsbildung und warum Schröder Lafontaine als Fraktionsvorsitzenden verhindern wollte

Zurück zur Regierungsbildung: Schröders Hauptproblem bei der Regierungsbildung 1998 war weniger die Einbindung der Grünen in die Koalition. Schröder hatte ja schon in Niedersachsen mit einer rotgrünen Koalition regiert und wusste, was auf ihn zukommen würde. Das eigentliche Risiko für seinen Machterhalt waren nicht Probleme mit dem Koalitionspartner, sondern vielmehr mit Teilen der eigenen Partei. Lafontaine wollte nicht mehr Ministerpräsident im Saarland bleiben, was ihm eine große Unabhängigkeit als SPD-Vorsitzender gegeben hätte. Die für Schröder machtpolitisch ungünstigste Entwicklung wäre dann eingetreten, wenn Lafontaine in Bonn Fraktionsvorsitzender geworden wäre, wozu ihm viele rieten. Denn dann hätte Lafontaine zwar nicht das Kanzleramt, aber doch zwei der drei Machtsäulen, nämlich Partei und Bundestagsfraktion, kontrolliert. Und genau deswegen wollte Schröder Lafontaine in die Kabinettsdisziplin einbinden, ihn in die von Schröder mit Richtlinienkompetenz geführte Regierung holen. Das erklärt übrigens auch, warum Schröder Lafontaines Wünsche zu Lasten des Wirtschaftsministeriums und seines Kandidaten Stollmann erfüllen musste, denn er wollte Lafontaine locken.

Umgekehrt gab es einige in der SPD, darunter etwa Johannes Rau, die Lafontaine sogar nahe legten, in die Regierung zu gehen: »Wir brauchen jemanden, der aufpasst, dass Schröder handwerklich keine Fehler macht«, hieß es. Andererseits spöttelte Rau gut und gerne über den Saarländer und die Größe dieses Bundeslandes: »Ich habe den Oskar bei den Ministerpräsidentenkonferenzen immer beneidet, wenn es um das Damenprogramm[246] ging: 14 bis 16 Uhr ›Besichtigung des Saarlandes‹, anschließend ›Kaffetrinken‹.«[247] Die meisten ahnten schon, dass das Regieren eines kleinen Saarlandes und die Leitung des Bundesfinanzministeriums einer der wichtigsten Wirtschaftsnationen der Welt eine erhebliche Steigerung der politischen Verantwortung mit sich brachte. Aber auch Lafontaine selber war auf ein neues Staatsamt aus, wohl auch auf Drängen seiner Frau Christa Müller, der ein hohes Maß an Einfluss auf ihren Gatten zugeschrieben wird. Gemeinsam hatten sie ein Buch zur internationalen Wirtschafts- und Finanzpolitik geschrieben.[248]

Nach der Geschäftsordnung der Bundesregierung hat jeder Finanzminister durch sein Vetorecht in haushaltspolitischen Fragen eine herausragende Stellung. Lafontaine wollte daher lieber ein mit zusätzlichen Kompetenzen ausgestatteter Finanzminister als Fraktionsvorsitzender werden. Ihm schwebte das Beispiel des machtvollen britischen Schatzkanzlers vor.[249] Vielleicht dachte Lafontaine auch an eine angebliche Vereinbarung, die zwischen Blair und seinem Schatzkanzler Gordon Brown getroffen worden sein soll.[250] Jedenfalls sind manche Parallelen zu den Briten offensichtlich: Auch wenn diese Vereinbarung bestritten wurde, so führte doch die Wahl von Blair zu einem Bruch innerhalb der Partei, die Spannung zwischen den beiden Politikern wuchs in der Regierungszeit Blairs stetig. Schon bei der Besetzung der Kabinettsposten übte Brown ungewöhnlich viel Einfluss aus und versuchte, Anhänger zu positionieren. Es wurde sogar von zwei sich rivalisierenden Machtzentren ausgegangen, die zu der Bezeichnung »dual premiership« führte.[251] So hielt Brown die wirtschaftliche Kompetenz von Blair für begrenzt und weigerte sich, Eingriffe in seine Kernkompetenzen hinzunehmen. Jedenfalls erhielt das Bundesfinanzministerium in den Koalitionsverhandlungen eine Fülle zusätzlicher Kompetenzen. Die Entscheidung, dem Wirtschaftsministerium die wichtige Europaabteilung wegzunehmen, kam fast einer Revolution gleich. Denn schon seit den Zeiten des Bundeswirtschaftsministers Ludwig Erhard hatte diese Abteilung insbesondere die wirtschaftspolitischen Fragen der Europapolitik koordiniert. Lafontaine bekam nun das, was er wollte: ein »Superministerium«.

Die hoch brisante Frage des Fraktionsvorsitzes geriet für Lafontaine und Schröder allerdings zeitweilig außer Kontrolle: Rudolf Scharping, seit 1994 achter Fraktionsvorsitzender in der Nachkriegsgeschichte der SPD, wollte partout nicht weichen. Er war in der eigenen Fraktion ziemlich beliebt, denn er hatte sowohl die Unterstützung des konservativen »Seeheimer Kreises« als auch die der parlamentarischen Linken.[252] Als Lafontaine selber Interesse am Fraktionsvorsitz angedeutet hatte, wurden bei Scharping offenbar Erinnerungen an »Mannheim« wach. Er kündigte an, dass er notfalls zu einer Kampfkandidatur gegen Lafontaine bereit wäre.[253] Lafontaine warf Scharping daraufhin vor, er wolle ihn mit seinen Ambitionen auf den Fraktionsvorsitz hintergehen. Das Bemühen von Lafontaine und Schröder, Scharping vom Fraktionsthron zu stoßen, wurde von vielen Abgeordneten als ziemlich unerträgliche »Kungelei« interpretiert. In der SPD-Fraktion entstand einiger Unmut über Lafontaine, der den SPD-Bundesgeschäftsführer Franz Müntefering als seinen Favoriten für den Fraktionsvorsitz auserkoren hatte. Die ostdeutschen SPD-Politiker dachten, über die Fraktionsführung hätten die Abgeordneten selber zu entscheiden und nicht »wie früher in der DDR« die Parteiführung. Den Ärger der SPD-Fraktion brachte der parlamentarische Geschäftsführer Wolf-Michael Catenhusen auf den Punkt: Scharping habe sich in den vier Jahren als Fraktionschef bei vielen hohe Anerkennung erworben und die »letzten Tage« seien »kein Ruhmesblatt in der Personalpolitik der SPD«[254] gewesen. Lafontaine, Liebling seiner Partei, war über den unerwarteten Widerstand der Fraktion irritiert. Der gegen Scharping in Stellung gebrachte Müntefering erklärte schließlich am 12. Oktober definitiv, dass er für das Amt nicht mehr zur Verfügung stehe. In dieser Gemengelage »hätte Lafontaine die Reputation verloren, wenn er Scharping nicht verhindert hätte«, meint heute der SPD-Abgeordnete Ottmar Schreiner.[255] Es musste an diesem Tag eine Sondersitzung des Parteivorstandes einberufen werden, um Scharping zum Verzicht auf den Fraktionsvorsitz und zur Übernahme des Verteidigungsministeriums zu überreden. Scharping erklärte sich schließlich zum Eintritt in die Regierung bereit, als ihm zwei »Bedingungen« erfüllt wurden: erstens, dass der Bundeswehretat nicht gekürzt wurde, und zweitens, dass es zur Einsetzung einer Wehrstrukturkommission kommen würde. Die Haushaltszusage wurde aber nicht eingehalten.[256] Der Wortbruch des Kanzlers kostete die Bundeswehr 18,6 Milliarden

Mark. Dadurch war es Scharping auch erheblich erschwert, sein Amt erfolgreich zu führen.

Ehemalige Fraktionsmitglieder sind heute der Meinung, dass Scharping die Machtprobe hätte gewinnen können, weil er in der Fraktion als guter Manager und Organisator geschätzt worden war. Zudem habe er sich seit seiner Zeit als rheinland-pfälzischer Ministerpräsident von einem »Linken« langsam hin zur »technokratischen Mitte« entwickelt und sei deshalb nicht als Flügelmann gesehen worden. Aber aller Zuspruch half nichts: Vielleicht sah Scharping doch ein »zweites Mannheim« auf sich zukommen. Wäre außerdem Müntefering in einer Kampfkandidatur gegen ihn angetreten, hätte ihm ein starker Block nordrhein-westfälischer Abgeordneter, die in der SPD bei Eigeninteressen immer eine ausgeprägte Disziplin gezeigt haben, gefährlich werden können.

Im Endeffekt waren es wohl zwei Gründe, warum Lafontaine und Schröder Scharping in der Regierung haben wollten: Zum einen hätte der Rheinland-Pfälzer versuchen können, der Bundestagsfraktion ein allzu eigenständiges Gewicht zu geben bzw. diese sogar gegen die Regierung oder die Partei in Stellung zu bringen. Insbesondere Willy Brandt hatte in seinen Regierungsjahren erfahren müssen, wie machtvoll ein Fraktionsvorsitzender sein kann. Der alte, grantelige und autoritäre »Zuchtmeister« Herbert Wehner besaß von 1969 bis 1983 einen immensen Einfluss. Das Verhältnis zu Brandt (»Der Herr badet gern lau«[257]) war daher immer sehr angespannt. Helmut Schmidt hingegen betonte später, dass er sich auf Herbert Wehner verlassen konnte.[258] Doch es gab wohl noch einen zweiten Grund, warum Scharping ausgerechnet Verteidigungsminister werden sollte. Die offizielle Begründung war zwar, dass (neben der Entwicklungspolitik) das Verteidigungsministerium von einem einflussreichen Sozialdemokraten geleitet werden müsse, weil das Außenministerium in grüne Hände fiel. Vielleicht wollten Lafontaine und Schröder, in dieser Frage einig, Scharping aber auch einfach nur »kaputtmachen«, so ein früherer SPD-Bundestagsabgeordneter. Denn jeder Verteidigungsminister der SPD muss damit rechnen, als Nachfolger von Gustav Noske, dem ersten Reichswehrminister der Weimarer Republik, angesehen zu werden. Der hatte 1919 in Berlin einen gewaltsamen linken Aufstand mit

Waffengewalt beendet.[259] Das bei den Sozialdemokraten ungeliebte Verteidigungsressort kann leicht zu einer politischen Endstation werden. Schon so manche Verteidigungsminister vor Scharping waren, aus verschiedenen Gründen, unfreiwillig zurückgetreten (etwa der in der Truppe sehr beliebte Sozialdemokrat Georg »Schorsch« Leber). Nachdem Scharping aber für das Verteidigungsministerium zugesagt hatte, schälte sich immer mehr heraus, dass Peter Struck, bislang parlamentarischer Geschäftsführer, Fraktionsvorsitzender werden würde. Damit war – neben dem Lafontaine-Anspruch auf ein »Superministerium« – die schwierigste Hürde genommen.

Das »Kabinett Schröder I« war vom 27. Oktober 1998 bis zum 22. Oktober 2002 im Amt und sollte so manche Turbulenzen erleben. In dem 15-köpfigen Kabinett gingen drei Ministerien an die Grünen: Joschka Fischer wurde Außenminister und zugleich Vizekanzler. Die dem Realo-Flügel zuzurechnende Andrea Fischer erhielt das Gesundheitsministerium, Umweltminister wurde der »Parteilinke« Jürgen Trittin. Fischer musste sich damit abfinden, dass ihm ein sozialdemokratischer »Staatsminister« – so lauten die Titel der parlamentarischen Staatssekretäre im Kanzleramt und im Auswärtigen Amt – zur Seite gestellt wurde. Anfangs war das Günter Verheugen (SPD), der dann im September 1999 in die EU-Kommission nach Brüssel ging. Ein Minister, Werner Müller, war parteilos. Alle anderen Minister gehörten der SPD an: Otto Schily (Inneres), Herta Däubler-Gmelin (Justiz), Oskar Lafontaine (Finanzen), Karl-Heinz Funke (Landwirtschaft), Walter Riester (Arbeit und Sozialordnung), Rudolf Scharping (Verteidigung), Christine Bergmann (Familie, Senioren, Frauen und Jugend), Franz Müntefering (Verkehr, Bau und Wohnungswesen), Edelgard Bulmahn (Bildung und Forschung) sowie Heidemarie Wieczorek-Zeul (Wirtschaftliche Zusammenarbeit und Entwicklung). Der Chef des Kanzleramtes (»ChefBK«), Bodo Hombach, wurde zugleich Bundesminister für besondere Aufgaben. Diese Personalwahl hat im Lafontaine-Lager, aber auch insbesondere bei Frank-Walter Steinmeier für Irritationen gesorgt. Steinmeier, Schröders Amtschef in der niedersächsischen Staatskanzlei, hatte eigentlich fest damit gerechnet, dass er nun auch Kanzleramtschef werden würde. Jedenfalls war er über Schröders Entscheidung sehr enttäuscht.

In Schröders erstem Kabinett[260] – die Sitzungen waren in der Regel relativ kurz – sollten sich sehr rasch Minister herauskristallisieren, die besonders stark und bei den Kabinettssitzungen oft auch tonangebend waren: Neben Lafontaine waren das – häufig im Wettstreit miteinander – vor allem Joschka Fischer und Schröders Anwaltskollege Otto Schily. Fischer hatte allein schon als Vormann des grünen Koalitionspartners eine besondere Stellung und demonstrierte seine innere Unabhängigkeit von Schröder gerne. Ein Kabinettsmitglied, das Fischers Belesenheit bewunderte, sagte: »Fischer fühlte sich im Kabinett jedem überlegen, selbst wenn Einstein Mitglied der Bundesregierung gewesen wäre.« Otto Schily hatte zweifelsohne eine Sonderrolle. Er stammt aus einer großbürgerlichen, anthroposophisch orientierten Familie. Bundesweit bekannt wurde er als Strafverteidiger von Mitgliedern der Rote-Armee-Fraktion (RAF). Der Mitbegründer der Partei »Die Grünen«, der früh für eine Koalition mit der SPD eintrat, beendete im November 1989 seine Mitgliedschaft bei den Grünen und trat zugleich aus der Grünen-Fraktion aus. Neben der aus der Anthroposophie hergeleiteten ökologisch-philosophischen Strömung hatte er große Bewunderung für die Sozialdemokraten Carlo Schmid, Adolf Arndt und Gustav Heinemann.[261] Schröder hatte Respekt vor dem Weg von Schily, der aus einem großbürgerlichen Elternhaus stammt und sich als Strafverteidiger von Terroristen einen Namen gemacht hatte, der wegen der Klarheit seiner politischen Haltung starken Eindruck machte. Es gab kaum eine Kabinettssitzung, bei der es nicht eine »persönliche Adresse Schröders an Schily gab«, erinnert sich Wolfgang Clement.[262] »Immer, wenn es schwierig war, hat Otto Schily Beistand geleistet«, schmunzelt auch der Journalist Manfred Bissinger, ein Vertrauter Schröders.[263] Schröder bezeichnet Schily in seinen Memoiren als eine »überragende Figur« im Kabinett. Er hatte manches, was Schröder abging: »Ein Großbürger mit profunder Bildung, ein anspruchsvoller Klassik- und Literaturkenner, der selbst musiziert und belesen ist wie kaum ein anderer.«[264] Er war für Schröder fast so etwas wie ein väterlicher Freund. »Gerhard Schröder war ein beratungsfähiger, willensstarker und instinktsicherer Kanzler, manchmal vielleicht etwas sprunghaft, aber er wusste, wohin er wollte, er hatte eine realistische Betrachtungsweise«, erinnert sich Schily.[265] Er agierte im Kabinett wie ein »Doyen«. Michael Naumann:»Otto Schily war unabhängig; das gefiel Schröder. Schily wiederum machte aus seiner Bewunderung von Schröder keinen Hehl. Das gefiel Schröder auch.«[266] Dies musste sich auf das Verhältnis zu seinem einstigen grünen Mitstreiter Joschka Fischer auswirken, mit dem er »in aller Regel sehr gut zusammengearbeitet« habe. Manchmal seien Spannungen aufgekommen, was aber »eher die Ausnahme« war.»Mich nervte manchmal das Gehabe von Fischer im Kabinett: Der musste uns nicht immer die Weltgeschichte erklären!«, erinnert sich Schily[267], der übrigens bei der Bildung der Großen Koalition selber gerne Außenminister geworden wäre.

Eine starke Rolle hatte am Anfang auch Verteidigungsminister Scharping, denn im März 1999 kam es zum Einsatz der Bundeswehr im Kosovo-Krieg. Damit rückte die Verteidigungspolitik automatisch in den Vordergrund.[268] Zwei Ministerinnen, Herta Däubler-Gmelin und Heidemarie Wieczorek-Zeul, waren ein Zugeständnis Schröders an den linken Flügel seiner Partei. Christine Bergmann, deren Ressortzuschnitt von Schröder als Ministerin »für Gedöns«[269] verspottet wurde, stammte aus Ostdeutschland. Zwei weitere Minister brachte Schröder aus Niedersachsen mit: Karl-Heinz Funke und Edelgard Bulmahn. Die meisten strittigen Themen waren vorbesprochen. Ein früheres Kabinettsmitglied erinnert sich:»Schröder hatte eine diktatorische Kabinettsführung. Er liebte nicht den Widerspruch.« Karl-Heinz Funke wiederum sagt:»Schröder verlangte im Kabinett volle Sachkenntnis. Man musste gut vorbereitet sein, schnell zur Sache kommen. Man konnte ihm begründet widersprechen.«[270] Ein anderer Minister fragt sich heute noch verwundert, warum in den Kabinettssitzungen kaum strategische Fragen behandelt wurden.

Mit der Wahl von Walter Riester und Bodo Hombach wollte Schröder auch ein politisches Zeichen an die SPD senden: Riester, ein sehr besonnener und nachdenklicher Mann aus der IG Metall, galt als Schröder-Mann und Reformer. Bereits im März 1998 hatte ihn Schröder angerufen und ihn um Mitwirkung in seiner Mannschaft gebeten. Bis dahin hatten sie so gut wie keinen Kontakt.[271] Mithilfe dieses reformorientierten Gewerkschaftsmannes, der eine große Ausstrahlungskraft weit über die IG Metall hatte, wollte Schröder das »Bündnis für Arbeit« neu beleben. Eine weitere Funktion sollte gleichwohl sein, die Berufung des langjährigen, in Fraktion und in Partei sehr beliebten Sozialexperten Rudolf Dreßler zu verhindern, der die geplante Riester-Benennung erstmals aus der Presse erfahren hatte.[272] Politiker können sehr konfliktscheu sein: Schröder ging Dreßler in den folgenden Wochen »konsequent aus dem Weg«.[273] Dreßler wurde dann im Jahr 2000 (nach ursprünglicher Anregung Lafontaines[274]) als deutscher Botschafter nach Israel entsandt. An Riesters Berufung kann man aber vor allem sehen, dass es Schröder von Anfang an darum ging, die traditionalistisch ausgerichtete sozialpolitische Komponente der SPD-Sozialpolitik zurückzudrängen.

Eine ähnliche Botschaft hatte auch die Berufung von Bodo Hombach als Kanzleramtschef. Hombach war ein erfahrener Wahlkampfstratege, der schon früh auf Schröder als Bundeskanzler gesetzt hatte. Der 1952 geborene ehemalige Fernmeldehandwerker studierte nach dem zweiten Bildungsweg Sozialwissenschaften. Anschließend war er beim DGB-Landesbezirk Nordrhein-Westfalen und bei der Gewerkschaft Erziehung und Wissenschaft tätig, bevor er 1979 Landesgeschäftsführer der SPD in Düsseldorf, 1990 Landtagsabgeordneter und 1991 Geschäftsführer bei der Preussag (Salzgitter) wurde. Unter dem früheren NRW-Ministerpräsidenten Wolfgang Clement war er für kurze Zeit Minister für Wirtschaft, Mittelstand, Technologie und Verkehr. Zu Beginn der rot-grünen Jahre empfahl sich Hombach in einem Buch als unabhängiger Geist, der das Erbe Ludwig Erhards für eine modernisierte SPD beanspruchte.[275] Die Schrift löste bei den traditionell orientierten Parteigenossen manche Unruhe aus. Deshalb fügte Gerhard Schröder in einem Nachwort hinzu, dass er es dem »Querdenker« Hombach, der loyal zur SPD stehe, gerne gestatte, »Ideen in die Debatte zu werfen, die ich selber nicht in allen Facetten teile«.[276] Von Hombach inspiriert hatte Schröder eine Strategie gegen Lafontaine ausgeklügelt und sich mit seiner Berufung wohl auch versprochen, einen strategisch erfahrenen Mann als »Coach« um sich zu haben. Außerdem brauchte Schröder einen robusten Kampfgenossen, der ihm in der von ihm erwarteten Auseinandersetzung mit Oskar Lafontaine beistehen konnte. Hinzu kommt, dass Hombach (ebenso wie

Müntefering) aus Nordrhein-Westfalen stammte. Schröder brauchte die Unterstützung dieser größten Landesgruppe in der Bundestagsfraktion.

Zweikampf, Mobbing und Verbitterung: Der Rücktritt Lafontaines

Der verschlossene Umschlag mit der Aufschrift »Für den Herrn Bundeskanzler – persönlich«, am 11. März 1999 per Kurier im Laufe des Nachmittags im Kanzlerbüro abgegeben, hatte es in sich: Es war das Rücktrittsschreiben von Oskar Lafontaine. »Sehr geehrter Herr Bundeskanzler, ich trete hiermit als Bundesminister der Finanzen zurück. Mit freundlichen Grüßen.«[277]

Diktiert hatte Lafontaine den Text seiner langjährigen Sekretärin Hilde Lauer im Bonner Finanzministerium, wohl gegen 11 Uhr.[278] Daraufhin verabschiedete er sich hastig. Selbst seine engsten Mitarbeiter waren fassungslos. Manche rangen mit Tränen. Was Lafontaines Freunde irritierte, war auch die Tatsache, dass er nicht einmal seine Frau[279] oder seine engsten Mitarbeiter, wie die beiden Staatssekretäre Heiner Flassbeck, den »Spiritus rector der ökonomischen Konzeption des Ministers«[280], und Claus Noé, vorher informiert hatte. Noé wurde von der Nachricht während einer Sitzung im Kanzleramt überrascht. Flassbeck hatte es unmittelbar von Lafontaines Sekretärin telefonisch erfahren.[281] Beide hatten sich aber in den Tagen danach telefonisch ausgetauscht. Lafontaines Pressesprecher im Finanzministerium, Thorsten Albig, war ebenfalls ahnungslos, denn am Vormittag hatte Lafontaine sich sogar noch bereit erklärt, dem ›Focus‹ ein Interview zu geben.[282] Nie zuvor hatte sich ein hochrangiger Politiker in der Bundesrepublik unter solchen Umständen ins Privatleben abgesetzt – wie wir heute wissen, ins vorläufige Privatleben.

So sehr Schröder erleichtert gewesen sein dürfte, den Konkurrenten losgeworden zu sein, überrascht war er mit Sicherheit. Denn Lafontaine trat gleich dreifach zurück: als Finanzminister, als SPD-Vorsitzender und als Bundestagsabgeordneter. Nachdem der Brief im Bundeskanzleramt Schröders abgegeben worden war, erreichte Sekretärin Marianne Duden den scheidenden Genossen am Autotelefon, aber der sagte ihr bloß:»Mit dir, Marianne, spreche ich gern, aber mit ihm nicht mehr.«[283] Schröder war anfänglich noch nicht klar, ob der Saarländer nur vom Staatsamt oder auch vom SPD-Vorsitz zurücktrat. Kurze Zeit später wurde ihm auch eine weitere Erklärung bekannt. Der Rücktritt des siebten SPD-Parteivorsitzenden seit 1946 wurde von Lafontaines Medienberaterin Dagmar Wiebusch ins Ollenhauer-Haus, den Sitz des Parteivorstands, gebracht.[284] Sie telefonierte auch mit dem Lafontaine-Vertrauten und damaligen SPD-Bundesgeschäftsführer Ottmar Schreiner. Er war ebenfalls wie vom Donner gerührt, als er beim Mittagessen mit Arbeitsdirektor Karlheinz Blessing (einst IG Metall-Funktionär, von 1991 bis 1993 SPD-Bundesgeschäftsführer) im Kasino der Dillinger Hütte den Anruf erhielt.[285] In seinem Schreiben dankte Lafontaine den»Parteifreunden«sowie den»Mitgliedern der Sozialdemokratischen Partei Deutschlands für die freundschaftliche Zusammenarbeit und das Vertrauen«und wünschte ihnen »für die Zukunft eine erfolgreiche Arbeit für Freiheit, Gerechtigkeit und Solidarität«.[286] In einem Brief an Bundestagspräsident Wolfgang Thierse legte Lafontaine auch sein Abgeordnetenmandat nieder.[287]

In einem kurzen Statement erklärte Schröder noch am gleichen Tag:»Sie werden verstehen, dass mich diese Entscheidung betroffen macht. Mich verbindet mit Oskar Lafontaine eine lange Phase einer erfolgreichen Zusammenarbeit, für die ich ihm Respekt und auch Dank schulde.«[288] Während in Bonn bei der SPD Ratlosigkeit, Entsetzen und Verwirrung herrschten, bei den damaligen Oppositionsparteien hingegen überraschte Freude einkehrte, fuhr Lafontaine ins Saarland. Er wohnte damals noch nicht auf der linken Saarseite gegenüber in Wallerfangen-Oberlimberg. Sein heutiges Haus in dem kleinen Ort wird im Volksmund spöttisch als»Palast der sozialen Gerechtigkeit«bezeichnet. Damals wohnte Lafontaine im Saarbrücker Stadtteil Rotenbühl in einem zartlila gestrichenen Haus. Dort kam Lafontaine an jenem Tag kurz vor 18 Uhr an. Am Abend ließ er nur zwei alte Mitstreiter zu einem mehrstündigen Gespräch herein: Hans-Georg Treib, ehemals Leiter der saarländischen Staatskanzlei, und seinen mit ihm in freundschaftlicher Distanz[289] verbundenen Nachfolger als Ministerpräsident, Reinhard Klimmt.[290] Wer vermutet, dass an diesem Abend über die Gründe des Rücktritts diskutiert worden wäre, der irrte sich. Der emotional stark aufgewühlte Lafontaine wollte das nicht.[291] Diskutiert wurde nur darüber, ob noch gleich eine Stellungnahme gegenüber den zahlreichen Journalisten, die vor dem Haus versammelt waren, abgegeben werden sollte. Treib riet ihm, abzuwarten und zur Ruhe zu kommen.[292] Auch die nächsten Tage hüllte Lafontaine sich in Schweigen, während überall sonst spekuliert und gemutmaßt wurde. Übrigens war eine der für die SPD unerfreulichen Wirkungen des Rücktritts auch die knappe Wahlniederlage im Saarland am 5. September 1999: Klimmt musste sein Amt an Peter Müller übergeben.[293]

Was Schröder in jenen Minuten, als er das Demissionsschreiben in seinen Händen hielt, wirklich dachte, steht wohl nicht in seinen Memoiren. Seine offizielle Deutung legt manche Fährte: etwa dass Lafontaine vor allem zur Opposition begabt sei.[294] Zudem erwähnt Schröder vor allem die psychischen Folgen des Attentats auf Lafontaine. Worüber Schröder nichts sagte, ist die Vermutung, dass er trotz aller »Betroffenheit«, die in solchen Situationen angemessen ist, sogar über Lafontaines Rücktritt erleichtert war. Ein früherer Bundesminister spricht sogar davon, dass »im Kanzleramt die Pullen aufgemacht wurden«. Andererseits muss es Schröder auch etwas mulmig geworden sein. Er hatte zwar seinen alten Widerpart verloren, doch das machte die Situation auch nicht viel einfacher. Würde es nicht weiterhin Probleme mit der SPD geben?

Schon zu Beginn der rot-grünen Regierung hatte Schröder sich mit Lafontaine angelegt und ihr Streit hatte die ersten Monate geprägt. Insbesondere am Tag vor dem Rücktritt war es zu einer Auseinandersetzung im Kabinett gekommen, die alsbald in die Medien getragen wurde. Doch dass Schröder mit dem Dreifachrücktritt wirklich gerechnet hat, ist zu bezweifeln.[295] Wie es weitergehen sollte, konnte Schröder nicht klar sein. Er war zwar Lafontaine los, der sich ihm gegenüber intellektuell überlegen gefühlt hatte; »Lafontaine hat in Schröder einen Kretin gesehen«, so ein Beamter, der ihn aus der Nähe kannte. Aber die Folgen des Rücktritts konnte er nicht abschätzen. Hektische Beratungen im Kanzleramt, zu denen er auch Vizekanzler Fischer hinzugebeten hatte, legten Schröder nahe, jetzt selbst SPD-Vorsitzender zu werden.

In der Rückschau hatten sich alle Vorahnungen bestätigt, dass es zwischen Schröder und Lafontaine nicht gut gehen konnte. Dafür gab es inhaltliche Gründe, weil die Finanz- und Steuerpolitik Lafontaines nicht mit den Plänen Schröders, Hombachs und der weiteren Umgebung des Kanzlers übereinstimmte.[296] Lafontaines Versuch, Schröder mithilfe einer Art Oberkanzleramtes in Gestalt seines Ministeriums zu kontrollieren, musste scheitern. »Lafontaines Trugschluss war zu meinen, er habe Schröder in der Hand«, erinnert sich Manfred Bissinger.[297] Schröder schreibt zu Recht: »Gegen das Amt des Bundeskanzlers ist kein Kraut und auch kein noch so großes Ministerium gewachsen.«[298] Lafontaine, der sich in seiner Stellung an dem Vorbild des britischen Schatzkanzlers orientierte[299], musste scheitern, weil sein Modell einer Oberaufsicht des Kanzlers nicht ins deutsche politische System passt.

Hochrangige Beamte des Finanzministeriums erinnern sich zudem, Lafontaine habe einerseits fleißig und belastbar gewirkt, sei keinesfalls »Rotwein trinkend« durch die Lande gezogen. Andererseits sei er »jenseits aller Beratungsfähigkeit« gewesen: Er »verweigerte sich dem Hause, zeigte sich auch nicht an inhaltlichen Abstimmungen mit anderen Ministerien, geschweige denn mit dem Kanzleramt, interessiert. Er schirmte sich mit seinen beiden Staatssekretären Heiner Flassbeck und Claus Noé von der Arbeitsebene seines Ministeriums ab, was zu einem Kollaps geführt hat.« Sichtbar wurde sein zwiespältiges Verhältnis zu seinen Beamten bei einem Auftritt Lafontaines vor der Bundespressekonferenz am 10. Februar 1999 zum Thema »Informationen zum Steuerentlastungsgesetz«. Obwohl die Fachleute des Ministeriums neben ihm saßen, auch der zuständige Abteilungsleiter für Steuerpolitik, war Lafontaine nicht willens, die Fragen an die Fachleute weiterzureichen. Die Mitglieder der Bundespressekonferenz wurden immer ungehaltener. Eine Journalistin verlangte in scharfen Worten konkretes Zahlenmaterial mithilfe ausführlicher Tabellen, daran sei sie interessiert, nicht an den nur »allgemeinen Ausführungen« des Ministers. Der antwortete, wenn er drei Seiten vortrage, wäre das aus seiner Sicht angemessen gewesen, sagte dann aber die Zuleitung des umfänglichen Zahlenwerkes zu. Was er nicht wusste, ist, dass das Mikrofon des Senders Phoenix seine ausfälligen Bemerkungen gegenüber seinem neben ihm sitzenden Sprecher Thorsten Albig mit aufzeichnete:»Das hätte man doch wissen müssen, dass das kommt. Die verreißen mich wegen eurer Blödheit.« Sicher hätten die neben ihm sitzenden Beamten kompetent Auskunft geben können.

Die ersten Regierungsmonate waren für Schröder sowieso nicht gut gelaufen: Wochenlange Debatten über die künftige Besteuerung von »630-Mark-Jobs«, die Rente mit 60 und den Atomausstieg vermittelten ein ziemlich chaotisches Bild der Regierungsarbeit. Vor allem einige umweltpolitische Entscheidungen Trittins führten zu Zwist in der Regierung. Rot-grüne Gesetze zur Steuer-, Sozial- und Gesundheitspolitik führten im Dezember 1999 außerdem zu einem Ärztestreik. Hinzu kamen noch die Äußerungen von Verkehrsminister Müntefering, sich ein »Höchstalter« für Autofahrer vorstellen zu können, die zu dem Bild der Unzufriedenheit beitrugen. Und auch Außenminister und Vizekanzler Fischer sorgte für Irritationen: Am 21. November 1998 stellte er die aus dem Kalten Krieg stammende Nato-Option für einen Atomwaffen-Erstschlag in Frage, was bei den Verbündeten heftige Kritik hervorrief[300] – besonders bei Verteidigungsminister Scharping, der sich gerade auf einer Amerikareise befand und nichts von dem Vorstoß wusste.[301] Nach dieser Serie von Pannen sanken die Umfragewerte für die Regierungsparteien deutlich, auch wenn die schlechte Benotung der Regierungsarbeit weiterhin im Gegensatz zur großen Popularität Schröders und Fischers stand.[302] Hinzu kam am 7. Februar 1999 die rot-grüne Wahlniederlage in Hessen, die Roland Koch ins Ministerpräsidentenamt katapultierte. Die CDU gewann 4,2 Prozent, kam auf insgesamt 43,4 Prozent und konnte mit der FDP eine Koalition bilden. Hans Eichel musste die hessische Staatskanzlei verlassen.

Schlechter noch als für die Koalition waren die ersten Regierungsmonate für Lafontaine gelaufen. Der Machtverlust in Hessen wurde vor allem ihm angelastet. Er war sein Regierungsamt mit dem Ziel angetreten, »auf eine Neuordnung der Weltfinanzmärkte hinzuwirken, um die Währungsspekulation zu bekämpfen«.[303] Damit holte er sich allerdings eine blutige Nase. Lafontaines finanzpolitische Gesamtkonzeption stieß überall in der Welt auf Ablehnung. In den

Medien wurde er als »Buhmann«, »Spalter«, »Besserwisser« oder als »Möchtegern-Ökonom« bezeichnet.[304] Das britische Massenblatt ›Sun‹ stellte am 25. November 1999 sogar die Frage, ob Lafontaine nicht der gefährlichste Mann ganz Europas sei.[305] Die in London beheimatete ›Financial Times‹ schrieb am 9. März 1999, also zwei Tage vor Lafontaines Rücktritt: »Es klappt nur wenig bei Herrn Lafontaine. Das Wirtschaftswachstum ist plötzlich zurückgegangen. Sein Streit mit der Europäischen Zentralbank hat sich gerächt, die EZB hat die Zinsen letzte Woche unverändert gelassen. Und während sich Lafontaine und die EZB öffentlich streiten, verliert der Euro seit Wochen an Wert.«[306]

Bei seinem ersten Auftritt als Finanzminister in Washington im Dezember 1998 genoss er zwar große Aufmerksamkeit, aber die Reise entwickelte sich zu einem Desaster. Der einflussreiche US-Finanzminister in der Regierung Clinton, Lawrence »Larry« H. Summers, ließ ihn auflaufen. Rüdiger Dornbusch vom Massachusetts Institute of Technology (MIT) verglich das Auftreten von Lafontaine mit dem des Hunnenkönigs Attila in der westlichen Zivilisation.[307] Ein hochrangiger Beamter, der in Washington mit dabei war, sprach von »skurrilen internationalen Finanzdiskursen« Lafontaines, die »in der Attitüde des Klassenbesten« vorgetragen wurden und überall nur Kopfschütteln ausgelöst hätten. Er sei zu einem »diplomatischen Risiko für Deutschland« geworden. Einzig bei seinem französischen Finanzministerkollegen Dominique Strauss-Kahn konnte der frankophile Lafontaine auf Verständnis hoffen. Im Finanzministerium wird das jedoch auch heute noch so interpretiert, dass Lafontaine der »Chuzpe eines Strauss-Kahn« nicht gewachsen war. Mit anderen Worten: Lafontaine war ziemlich isoliert – in der Welt, in der eigenen Regierung und selbst im eigenen Ministerium.

Neben den persönlichen Differenzen gab es zwischen Kanzleramt und Finanzministerium also auch inhaltliche. Schmerzen musste Lafontaine die Tatsache, dass der »Sherpa« des Kanzlers, der als dessen persönlicher Beauftragter die Weltwirtschaftsgipfel vorbereitete, nicht – wie unter Kohl üblich – im Finanzministerium angesiedelt war.[308] Aber auch die alltägliche Zusammenarbeit zwischen Bundeskanzleramt und Finanzministerium gestaltete sich schwierig. So wurden häufig Termine kurzfristig verschoben oder so spontan mitgeteilt, dass Lafontaine unmöglich selber an wichtigen Sitzungen teilnehmen konnte.[309] Im Finanzministerium kam sogar der Verdacht auf, dass einige wichtige Sitzungen extra auf solche Termine gelegt wurden, an denen Lafontaine verhindert war (etwa durch seine Teilnahme am »Ecofin«-Finanzministerrat in Brüssel).

Die immer wiederkehrenden Konflikte zwischen Lafontaine und Schröder wurden von Lafontaine in der Öffentlichkeit jedes Mal heruntergespielt. Im November 1998 sprach er sogar noch von einer »Freundschaft«, die ihn mit dem Kanzler verbinde: »Die letzten Jahre haben gezeigt, dass wir keine Show aufführen. Ohne unsere Freundschaft hätte vieles in den vergangenen Jahren nicht funktioniert.«[310] Selbst zwei Wochen, bevor er alles hinschmiss, erklärte Lafontaine in einer ZDF-Sendung: »Die Inhalte stimmen. Deshalb bin ich mit dem Start zufrieden.«[311] Und in der höchst umstrittenen Frage einer möglichen Annäherung der SPD an die PDS sagte der Parteichef noch drei Tage vor seinem Rücktritt, auch in dieser Hinsicht passe zwischen ihn und den Regierungschef »kein Blatt«.[312]

Andererseits wurde jedoch bekannt, dass sich Lafontaine auf einem internen Treffen der parlamentarischen Linken im Februar 1999 ziemlich kritisch zum Erscheinungsbild der Regierung geäußert hatte. Nicht nur der Koalitionspartner, sondern auch er erfahre von wichtigen Regierungsvorhaben erst aus der Presse, so zum Beispiel auch beim Beschluss zur Verschiebung der Atomnovelle.[313] Einige seiner Genossinnen und Genossen, darunter die »Linke« Sigrid Skarpelis-Sperk, warfen Lafontaine vor, er lasse als SPD-Vorsitzender nicht mehr genügend vom Parteiprofil in der Regierung erkennen.[314] Auch war es im Februar 1999 in der SPD-Fraktion zu einem Wutausbruch des Saarländers gekommen. Er war aufgebracht über einen Zeitungsbericht, nach dem die Regierung plante, die Unternehmenssteuern erheblich zu senken. Laut einem Bericht der ›Süddeutschen Zeitung‹ sagte er vor der Fraktion: »So kann man eine Regierung nicht führen.«[315]

Bei politischen Konflikten muss immer zwischen dem Grund und dem Anlass unterschieden werden. Der Grund für die Verstimmung war ziemlich eindeutig: Lafontaine muss sich in so ziemlich jeder

Beziehung von Schröder ausgebremst gefühlt haben. Seine ursprüngliche Vermutung, er könne als Parteivorsitzender Einfluss auf die Politik Schröders nehmen, musste er bald als Trugschluss erkennen. Schröder nahm nur selten an den Präsidiumssitzungen der SPD teil: Bis zum 11. März 1999 fanden 13 davon statt, bei lediglich fünf davon war der Bundeskanzler anwesend.[316] Schröder ließ Lafontaine ins Leere laufen. Ein Blick in die Protokolle dieser Sitzungen zeigt, dass der Streit zwischen Schröder und Lafontaine dort so gut wie keine Rolle spielte. Das ist allerdings nicht verwunderlich, denn in Parteigremien kommt es häufig vor, dass die eigentlichen Konflikte »ausgeschwiegen« werden, selbst wenn sie von den Teilnehmern latent wahrgenommen werden. Es gab in diesen Wochen im Präsidium nur eine in den Protokollen nachlesbare Kontroverse, und zwar zwischen dem Parteivorsitzenden und Justizministerin Däubler-Gmelin: Im Zusammenhang mit Kurdenkrawallen in Deutschland hatte Lafontaine die sofortige und erleichterte Abschiebung der Gewalttäter in die Türkei gefordert. Trotz der »Ruhe« im Präsidium war allerdings nicht zu übersehen, dass es zwischen dem Kanzler und dem Parteivorsitzenden rumorte – so beispielsweise, als Schröder über die von Lafontaine ausgehandelte Koalitionsvereinbarung sagte, dass sei »keine Bibel«[317]. Vor der am 16. Juni 1999 stattfindenden Europawahl wollte Kanzleramtsminister Hombach sogar verhindern, dass Lafontaine groß- und weitflächig plakatiert wurde, denn alles sollte auf Schröder konzentriert sein.

In der Rückschau erklärte Lafontaine, er habe »aus falsch verstandener Solidarität« zu lange geschwiegen. Er habe bei seinem Rücktritt nicht vermitteln können, dass Gerhard Schröder bereits ein Jahr lang »einen Vertrauensbruch nach dem anderen« begangen hatte. Schröder habe sich seit seiner Ausrufung zum Kanzlerkandidaten an keine Verabredung gehalten. »Insofern stand ich vor der Wahl, den Kanzler zu stürzen oder zu gehen.«[318] Claus Noé indes interpretierte den Bruch politisch: Die Arbeitsteilung zwischen Lafontaine und Schröder habe bei der »verabredeten Modernisierungspolitik« nicht funktioniert. Und weiter: »Lafontaine hatte sich geirrt und dann, als er das erkannt hat, gelitten wie ein Hund.«[319]

Es war auch den Lafontaine-Unterstützern in der Fraktion klar, dass das Verhältnis Lafontaine-Schröder einer Auflösung bedürfe.

Seine Vertrauten rieten ihm, nun doch das höchste Fraktionsamt zu übernehmen, so unter anderem am Rande einer Bundestagsdebatte die SPD-Parlamentarier Ludwig Stiegler und Sigrid Skarpelis-Sperk wenige Tage vor Lafontaines Rücktritt.[320] Laut Lafontaine wäre Struck, der damals dieses Amt innehatte, für einen Ministerposten zu einem Tausch bereit gewesen. Selbst Schröder schlug angeblich vor, dass Lafontaine Fraktionsvorsitzender werden sollte.[321] Dass Schröder dies tatsächlich gewollt hat, ist aber nicht sehr wahrscheinlich, weil eine solche Aufgabe für Lafontaine in Kombination mit seinem Parteivorsitz Schröders Macht stark eingeschränkt hätte.

Bei allen Sektkorken, die im Kanzleramt geknallt haben mögen: Ob mit dem Rücktritt Lafontaines gerechnet werden konnte, ist zu bezweifeln. Der konkrete Anlass ergab sich – trotz aller vorherigen Spekulationen – erst am 10. und 11. März 1999. Ein offensichtlich wirkungsvolles Mittel, gegen Lafontaine vorzugehen, waren Indiskretionen. Der hierfür ausgewählte Ort war die ›Bild‹-Zeitung. Insgesamt hat es wohl nie in einer Bundesregierung so viele Indiskretionen aus Kabinettssitzungen gegenüber der Presse und insbesondere der ›Bild‹-Zeitung gegeben wie in den Monaten, als Lafontaine noch Minister war. Nach aller Erfahrung geschieht so etwas nur, wenn sich die Boten der Indiskretion von oben gedeckt fühlen. Diese Methode kann man durchaus auch als »Mobbing« bezeichnen.

Im konkreten Fall war Folgendes passiert: Am 11. März wurden präzise Indiskretionen zur Kabinettssitzung vom Vortag in verschiedenen Zeitungen veröffentlicht, vor allem in ›Bild‹. Die Zeitung hatte schon einige Tage vorher zu einem Frontalangriff auf Lafontaine geblasen. Über den SPD-Vorsitzenden machte sie mit der Schlagzeile »Der Buhmann« auf, von einem »Sturmlauf gegen Lafontaine« war die Rede.[322] Am Tag des Rücktritts von Lafontaine selbst lautete der ›Bild‹-Titel: »Schröder droht mit Rücktritt!« Und in der Unterzeile war das Zitat zu lesen: »Ich lasse mit mir keine Politik gegen die Wirtschaft machen … Es wird einen Punkt geben, wo ich die Verantwortung für eine solche Politik nicht mehr übernehmen werde.«[323] Diese durchgestochenen Zitate aus der Kabinettssitzung, wie das im Jargon heißt, waren für Lafontaine der sprichwörtliche Tropfen, der das Fass zum Überlaufen brachte.

Am Vortag, dem 10. März, hatte Lafontaine nach der Kabinettssitzung jedenfalls noch keine Amtsmüdigkeit gezeigt. Das bestätigen die Parteilinken, die sich noch am Abend vor dem Rücktritt mit ihm im Chefzimmer des Ministeriums getroffen hatten (Michael Müller, Gernot Erler, Ludwig Stiegler, Andrea Nahles, zeitweilig mit Ottmar Schreiner). Das kam auf deren Wunsch zustande, weil sie den Eindruck hatten – so erinnert sich heute Ludwig Stiegler –, dass sich Lafontaine »zunehmend in der eigenen Fraktion tief isolierte«, sich von ihr »entfremdet« hatte.[324] Lafontaine machte bei dieser vierstündigen Begegnung, die bis 23 Uhr dauerte, keinerlei Andeutung, dass er politisch resignieren wolle. Das Gespräch fand im Bonner Ministerzimmer statt und wurde zeitweise heiter, als Lafontaine seinen Parteigenossen das hinter dem Ministerzimmer gelegene unwirtliche, fensterlose »Kabuff« zeigte, in dem der als »Geizkragen« betrachtete sparsame Lafontaine-Vorgänger Theo Waigel zumindest zeitweise zu nächtigen pflegte – auf einem als Matratzenlager bezeichneten Militärbett. Die Betrachtung dieser spartanischen Bleibe vermittelte den Genossen eine »höchste Gaudi«. Auch ansonsten fand die Unterredung in einer »entspannten Atmosphäre«[325], so Erler, statt, die Gäste erinnern sich an ein »gutes, auf Zukunft gerichtetes Gespräch«, das zwischendurch kurz durch Dagmar Wiebusch unterbrochen wurde, die jene Vorabmeldung der ›Bild‹-Zeitung hereinreichte, die am nächsten Tag so viel Wirbel auslösen sollte. Lafontaine hat sich kaum etwas anmerken lassen.[326] Doch Stiegler fiel auf: »Der hat in der Zeit mindestens vier Bier reingezischt, und das immer zusammen mit einem Glas Cognac, und immer ein Aspirin dabei«, erinnert sich Stiegler. »Da stimmt was nicht«, war sein Urteil, als er sich danach noch mit Gernot Erler, heute Staatsminister im Auswärtigen Amt, über seinen damaligen Parteivorsitzenden unterhielt. Der versuchte ihn zu beruhigen, da er die Trinkgewohnheiten von Lafontaine durch gemeinsame Reisen etwa nach Russland kannte, wo er auch »viel getrunken« habe, der das also nicht als außergewöhnlich ansah.[327] Michael Müller, heute parlamentarischer Staatssekretär im Umweltministerium, erinnert sich ebenfalls, dass es »nicht den geringsten Hinweis« auf eine politische Resignation gab. Lafontaine wollte wissen, »was er als Parteivorsitzender tun solle«.[328] Er wies darauf hin, er sei »nicht auf

Krawall gebürstet«, wie sich Müller erinnert. Die Parteilinken gingen um 23 Uhr.

Nach 23 Uhr trafen dann noch Lafontaine und Peter Struck, seit wenigen Monaten SPD-Fraktionsvorsitzender, zusammen. Struck will heute zu dem Gespräch, das vermutlich in der saarländischen Landesvertretung stattfand, keine Auskunft geben.[329] Dritten gegenüber vermeldete er aber, auch er habe bei Lafontaine keinerlei Anzeichen von Resignation festzustellen vermocht. Kundige SPD-Thebaner gehen davon aus, dass bei diesem Gespräch ordentlich dem Rotwein zugesprochen wurde. Politikerabende können bis weit nach Mitternacht gehen. Denn es soll noch ein weiteres Treffen in der saarländischen Landesvertretung gegeben haben, an dem der saarländische Staatssekretär Pitt Weber und wohl auch der frühere saarländische Landtagsabgeordnete Leo Petry, heute Vorstandsmitglied des zur RWE gehörenden saarländischen Energieversorgers VSE in Saarbrücken, teilgenommen haben sollen.[330] Jedenfalls ist ziemlich wahrscheinlich, dass bei einem unausgeschlafenen Lafontaine am nächsten Morgen Katerstimmung herrschte.

Das letzte Gespräch von Lafontaine im Kanzleramt fand am Vortag des Rücktritts statt. Bodo Hombach empfing den Finanzminister zu einem Gespräch, das offensichtlich abrupt endete. Lafontaine ließ in seiner Erregung eine angerauchte, qualmende Zigarre zurück, und auch Hombach war wohl aufgebracht: Nach der Rückkehr in sein Büro rauchte er versehentlich Lafontaines Zigarre weiter und ließ sich, als er dies erkannte, erst einmal einen Cognac bringen. Hombach lässt sich aber auch heute nicht entlocken, was der Gegenstand dieser heftigen Auseinandersetzung war.

Spielte bei diesem Gespräch vielleicht ein Sachverhalt eine Rolle, der die Vorgänge des Tages noch in einem anderen Licht erscheinen ließ? Jedenfalls wurde darüber in der Presse spekuliert.[331] Hombach hatte zuvor im Februar in den USA[332] mit jüdischen Organisatoren und der US-Regierung über die Zwangsarbeiter-Entschädigung verhandelt, aber auch mit amerikanischen Sicherheitsbehörden gesprochen. Bei Letzteren ging es darum, die von amerikanischen Geheimdiensten in den Wirren des DDR-Zusammenbruchs und der Implosion der UdSSR erbeuteten Stasi-Akten zu erhalten, die ratenweise der Bundesrepublik übergeben wurden.[333] Diese Dokumente enthielten, so das damals in Bonn kursierende Gerücht, auch umfängliches und belastendes Material über private Aspekte westdeutscher Politiker. In der Presse tauchten Berichte von Lafontaines Ausflügen ins Rotlichtmilieu auf. Ein überraschendes Zeichen von Wahrheitsliebe offenbarte Lafontaine mit seinem feinsinnigen Dementi hinsichtlich kompromittierender Fotos in einem Nachtclub:»Mir ist über solche Fotos nichts bekannt.«[334] Am Vortag der ›Bild‹-Veröffentlichung von Schröders Rücktrittsdrohung, am 10. März 1999, wurde der stellvertretende Regierungssprecher, Béla Anda, früher Redakteur bei ›Bild‹, von seinem Chef Uwe-Karsten Heye, dem Regierungssprecher, auf diese sehr präzise Indiskretion angesprochen. Anda erlitt daraufhin einen Ohnmachtsanfall.[335] Das Verhältnis der beiden war nicht besonders herzlich. Die Vermutung jedoch, dass die Indiskretion mit wörtlichen und zutreffenden Zitaten»von weit oder sogar von ganz oben«kam, wird heute durch Joschka Fischer bestätigt:»Das hätte kaum ein Mitarbeiter aus eigenem Antrieb gewagt.«[336] Lafontaine hörte bereits am Vorabend der Veröffentlichung von Vorabmeldungen in der Presse – beim erwähnten Besuch der Parteilinken in seinem Ministerbüro. Er ließ sofort seine bei der SPD beschäftigte Medienberaterin Dagmar Wiebusch bei Heye anrufen. Dieser erklärte allerdings, dass auf»allen Kanälen« dementiert werde.[337] Dessen ungeachtet rückte eine ungewöhnlich stürmische Kabinettssitzung in das Zentrum der öffentlichen Aufmerksamkeit.

Doch was war dort wirklich passiert? Schröder widmet dem in seinen Memoiren kaum eine Zeile. Es ist allerdings bekannt, dass Schröder seinem Kabinett an diesem Tag gleich zu Beginn und vor Eintritt in die Tagesordnung eine ziemliche Standpauke hielt. Zunächst traf es die eher bedächtige und daher umso überraschtere Familienministerin Christine Bergmann, die wegen ihrer Pläne für eine verbesserte Frauenförderung und längere Erziehungszeiten geradezu »niedergemacht« worden sei.[338] Sie war wohl eine Art Blitzableiter. Gemeint war diesmal wohl auch nicht der ebenfalls kritisierte Jürgen Trittin, über dessen Pläne zur Verschärfung der Sommersmogverordnung sich der Kanzler ebenfalls massiv erregte.[339] Dass Schröder mit seiner Schelte eigentlich auf Lafontaine zielte, bestätigt heute Joschka Fischer:»Immer, wenn es innerhalb des sozialdemokratischen Teils der Regierung nicht stimmte, attackierte der Kanzler den grünen Umweltminister. (…) Jürgen Trittin, der damals, zu Beginn von Rot-Grün, gewiss nicht frei von Ungeschicklichkeiten gewesen war, wurde hier vom Kanzler zu Unrecht als Sack benutzt (wie auch später noch des Öfteren), auf den er einhieb – gemeint war in Wirklichkeit aber jemand ganz anderes, nämlich sein Parteivorsitzender und Bundesfinanzminister Oskar Lafontaine.«[340] Dem von Schröder nicht beim Namen genannten Finanzminister wurde vorgeworfen, mit der Besteuerung von Rückstellungen der Energiewirtschaft einen strategischen Fehler gemacht zu haben.[341] Es war nicht klar, ob der Satz des Kanzlers, es könne einen Punkt geben,»wo ich die Verantwortung für eine solche Politik nicht mehr übernehmen werde«, ernst gemeint war. Jedenfalls war die Kanzlerintervention kein spontaner Akt, er hatte sie bei einem Vorgespräch Joschka Fischer angekündigt.[342]

Donnerstags trat Lafontaine zurück, erst am Sonntag brach er sein Schweigen. Vor seinem Haus in Saarbrücken erklärte er, er habe erst einmal»Abstand von den Dingen« schaffen wollen,»vor allen Dingen« wolle er»vermeiden, dass aus der Erklärung eine Selbstrechtfertigung wird«. Er ging vergleichsweise schonend mit Schröder um. Zwar sagte er:»Der Grund meines Rücktritts ist das schlechte Mannschaftsspiel, das wir in den letzten Monaten geboten haben. Ohne ein gutes Mannschaftsspiel kann man nicht erfolgreich arbeiten.« Aber er fügte auch hinzu,»die Fehler, die gemacht wurden, haben wir ja alle gemacht«.[343] Der Rücktritt sei ihm nach 33-jähriger Mitgliedschaft in der SPD nicht leichtgefallen. Er habe sich aber jetzt für sein Privatleben entschieden. Er schloss mit dem Satz:»Ich gehöre zu dieser Partei, und eines soll sie nicht vergessen: Das Herz wird noch nicht an der Börse gehandelt, aber es hat einen Standort – es schlägt links.«

Lafontaine sagt heute, die einzig mögliche Lösung zwischen ihm und Schröder, ihren unterschiedlichen politischen Auffassungen und Arbeitsmethoden sei die gewesen,»wenn einer von uns beiden seine Ämter aufgab«.[344] Das klingt logisch. Aber musste er auch den Parteivorsitz niederlegen? Und schiebt er heute nicht politische Argumente nach, die bei seinen ersten Einlassungen und offensichtlich auch innerhalb des Kabinetts überhaupt keine Rolle spielten? Heute argumentiert Lafontaine, die Kosovo-Entscheidung und der Einsatz der Bundeswehr seien ein wesentlicher Motor für seinen Ausstieg gewesen. Kein vom Verfasser interviewtes ehemaliges Kabinettsmitglied kann sich erinnern, dass es darüber Streit gegeben habe – auch nicht Ex-Außenminister Fischer:»Oskar Lafontaines angebliche Opposition gegen die Kosovo-Politik der Bundesregierung hat es, zumindest für mich nicht wahrnehmbar, niemals gegeben.«[345] Und Otto Schily hierzu:»Auch wenn ich sonst nicht aus Kabinettssitzungen berichte: Kein Sterbenswörtchen zum Balkaneinsatz war von Lafontaine zu hören. Wenn er es heute anders behauptet, ist das schlicht eine Lüge.«[346] Mit ihm spricht er »kein Wort mehr«.[347] Verschiedene Kabinettsmitglieder erinnern sich sehr wohl, wie Lafontaine im Kabinett zustimmend den Kosovo-Einsatz begleitete:»Fischer leitete die Kabinettssitzung. Ausgerechnet Otto Schily stellte die Frage: ›Was machen wir, wenn Milosevic sich dem Ultimatum nicht beugt? Müssen wir dann bombardieren?‹ Lafontaine, der links von Schily saß, wies Schily zurecht: ›Wenn die europäische Sozialdemokratie in den Krieg gegen einen Tyrannen zieht, wird die deutsche Sozialdemokratie nie wieder abseits stehen‹. Worauf Fischer die Diskussion mit dem Hinweis abbrach, das sollte in Anwesenheit des Bundeskanzlers diskutiert werden.«[348] Franz Müntefering erinnert sich so:»Er war nie der Fleißigste und hat auch keine Auseinandersetzung um den richtigen Weg gesucht. Da lag kein Gegenprogramm auf dem Tisch. Bei den außenpolitischen Fragen, beim Balkankrieg – wenn er dagegen war, dann hat er das ziemlich leise gesagt. Ich kann mich nicht erinnern, dass es irgendeinen Kampf darum gegeben hätte mit ihm.«[349]

Als es nach der Bundestagswahl 1998 – Kohls alte Regierung war formal noch im Amt – zu Übergabegesprächen im Bonner Kanzleramt mit dem designierten Kanzler Schröder, mit dem SPD-Vorsitzenden Lafontaine und dem designierten Außenminister Fischer kam, wurde aus außen- und sicherheitspolitischen Gründen die Mobilisierungsentscheidung der militärischen Kräfte (ActOrd) der NATO getroffen. Die alte Regierung hätte noch aus eigener Verantwortung entscheiden können. Doch Kohl, sein Verteidigungsminister Volker Rühe und auch Außenminister Klaus Kinkel wollten einen Konsens mit Rot-

Grün, die ihre Koalitionsverhandlungen noch nicht abgeschlossen hatten. Schröder brachte in diesem wichtigen Gespräch klar zum Ausdruck, dass er sich der Haltung der alten Regierung anschließen und zustimmen wolle. Fischer schreibt in seinen Erinnerungen über diese Situation: »Ich blickte zu Oskar Lafontaine, aber der rührte sich nicht.«[350] Fischer schloss sich daraufhin Schröder an: »Mein Traum war nicht, in den Krieg zu ziehen, es war eher ein Albtraum.«[351]

Fischer erklärt den Rücktritt damit, dass Lafontaine sich »übernommen« habe. »Oskar Lafontaine in Ehren, aber es wuchs ihm alles über den Kopf.«[352] Er sei »international isoliert« gewesen und durch die täglichen Streitigkeiten auch »psychisch unter Druck«.[353] Fischer geht mit Lafontaine noch härter ins Gericht: »Egomanen sind wir alle, die in der Politik sind. Es gibt aber zwei Typen von Politikern: Die einen engagieren sich mit großem Glück für die Politik, um am Ende ihrem eigenen Ego zu dienen. Die anderen bemühen ihr Ego für den politischen Erfolg. Lafontaine gehört zur ersten Gruppe.«[354] Zu welcher Gruppe sich Fischer zählt, ist wohl leicht zu erraten: zur zweiten.

Lafontaine war immer wieder für Überraschungen gut. Zweimal hatte er den ihm angetragenen SPD-Vorsitz ausgeschlagen, um ihn später handstreichartig auf dem berüchtigten Mannheimer Parteitag zu übernehmen. Genauso spontan zog er sich 1999 aus der Regierungs- und SPD-Politik zurück. Lafontaines Rücktritt vom 11. März ähnelt seiner Reaktion auf Vorwürfe von Willy Brandt unmittelbar nach der verlorenen Bundestagswahl vom 2. Dezember 1990. Die Vorgeschichte dazu begann schon am 3. Oktober 1990 bei den Einheitsfeiern im Berliner Reichstagsgebäude, als Willy Brandt, nachdem die Nationalhymne verklungen war, allen Umstehenden, dem Bundespräsidenten Richard von Weizsäcker, Bundeskanzler Helmut Kohl, Gerhard Stoltenberg, Norbert Blüm und Heiner Geißler die Hand gab, um zur Einheit zu gratulieren. Einer wartete vergebens auf diese Geste: Lafontaine. »Demonstrativ verweigerte er mir als Einzigem den Handschlag«[355], schrieb Lafontaine später tief getroffen. Als Willy Brandt auf der Vorstandssitzung am Tag nach der Bundestagswahl, am 3. Dezember 1990, den Kanzlerkandidaten Lafontaine wegen seines deutschlandpolitischen Kurses heftig anging, verließ der Kritisierte die Sitzung Hals über Kopf.[356] Diese abrupte Reaktion ist ein ähnlicher Rückzug wie neun Jahre später, als Lafontaine alles hinwarf.

Interessant sind die Deutungen des Lafontaine-Rücktritts durch zwei Saarländer, die mit Lafontaine eng zusammengearbeitet haben: Reinhard Klimmt sagt heute:»Schröder hatte Lafontaine nie vermittelt, dass er ihm die Kanzlerschaft zu verdanken hatte.«[357] Lafontaines Hinschmeißen sei aber ein »Blackout« gewesen. Klimmt ist sich zudem sicher:»Lafontaine kann nur Erster sein. Er ist ein Machtmensch.«[358] Auch der Lafontaine-Intimus Ottmar Schreiner, der weiterhin in der SPD-Bundestagsfraktion ausharrt, vermutet eine »Bauchentscheidung, mit der er wahrscheinlich schon längere Zeit schwanger ging«.[359] Hinzu kommt eine vielleicht überraschende persönliche Deutung in Bezug auf den Hauptstadtumzug im Sommer 1999:»Lafontaine hatte Angst vor Berlin. In der Hauptstadtentscheidung war er für Bonn. Er hielt auf dem Parteitag eine leidenschaftliche Pro-Bonn-Rede.« Insgesamt habe dem SPD-Vorsitzenden die ganze politische Entwicklung nicht gefallen, so Schreiner:»Lafontaine war überfordert, schwer für jemanden, der sich für einen ganz Großen hält und ständig mit handwerklichen Fehlern der Regierung konfrontiert wurde. Auch hatte er mit dem Bundestag keine Erfahrung.«[360] Das Berlin-Argument Schreiners bestätigt der Parteilinke Michael Müller: Lafontaine sei so oft als möglich, teilweise noch spät in der Nacht, nach Saarbrücken gereist.»Der bevorstehende Berlin-Umzug hat ihn schwer belastet. Wann immer er konnte, fuhr er nach Hause«, so Müller.[361] Die Parteilinken, die sich Lafontaine besonders verbunden fühlten, konnten lange Zeit seinen Rücktritt kaum verwinden, weil er ihnen gegenüber auch niemals den Versuch einer Begründung vorgenommen hat.»Lafontaine lebt davon«, so Michael Müller heute,»dass er stets überschätzt wurde.« Alle hätten ihm abgeraten, Finanzminister zu werden,»er wollte aber der Keynes der Globalisierung werden«, so Müller.»Aber er hat sich selbst überschätzt, auch hinsichtlich seiner ökonomischen Kenntnisse«, argumentiert Müller.»Sein missionarischer Hass« gegen die SPD »begründet sich durch die eigene Schwäche«, denn:»Er ist von seinem Arbeitsplatz geflohen.«[362] Er sei klar gescheitert. Der damalige Regierungssprecher Heye interpretiert den Abgang Lafontaines als »Flucht, auch weil er als Fachminister unter Feuer stand, vielleicht war es auch ein angstgesteuerter Reflex vor dem Hintergrund des Attentats«.[363] Der Parteilinke Gernot Erler glaubt nicht an einen »Blackout«: »Dafür war sein Rücktritt viel zu zielstrebig, er hat ja alles, nicht nur den Minister, hingeschmissen, mit seiner Verantwortung komplett gebrochen. So etwas ist ein Prozess, der gereift ist.«[364]

In Lafontaine hatten sich – psychologisch verständlich – viele Frustrationserfahrungen aufgestaut: die Angriffe der (internationalen) Presse, die Isoliertheit auch in Teilen der SPD sowie die Erkenntnis, dass Schröder jeden Entfaltungsspielraum einzuengen versuchte, weil sich dessen Politik inhaltlich fundamental von Lafontaines Auffassungen unterschied. Hinzu kamen die enormen physischen wie psychischen Belastungen eines Finanzministers, der zugleich Parteivorsitzender war. Lafontaine litt zudem unter dem Alleinsein in Bonn. Auf die Frage, ob er Angst habe, sich in der Öffentlichkeit zu bewegen, antwortete er heute: »Heute nicht mehr. Anfangs war das so.«[365] Die Überlegung, dass Ehefrau Christa zumindest zeitweilig nach Bonn ziehen sollte, wurde nicht realisiert. Deshalb fuhr Lafontaine abends oft nach einem anstrengenden Arbeitstag noch über zwei Stunden von Bonn nach Saarbrücken – und am frühen Morgen zurück nach Bonn. Die Belastung als Ministerpräsident in einem kleinen Land war im Vergleich zur Tätigkeit des Bundesfinanzministers ein Kinderspiel gewesen. Die ihm durch Schröder und seine Helfer beigebrachten Demütigungen wollte und konnte er nicht länger ertragen. Seine Verachtung gegenüber Schröder als Menschen kannte keine Grenzen mehr. Lafontaine musste selber erkennen: Er war gescheitert, an Gerhard Schröder und an sich selbst.

Vielleicht hegte Lafontaine insgeheim auch die Hoffnung, mit seiner dramatischen Handlung die SPD aufzurütteln. Sollte das der Fall gewesen sein, dann hatte er sich ebenfalls überschätzt. Als die SPD am 23. Mai 2003 ihr 140-jähriges Jubiläum feierte[366], hatte die Partei ihren einstigen Parteivorsitzenden zwar nicht vergessen, doch sein Name kam überhaupt nicht mehr vor. Weder der Bundeskanzler und Parteivorsitzende Gerhard Schröder noch sein Generalsekretär Olaf Scholz erwähnten Lafontaine bei ihren Festansprachen mit einem einzigen Wort. Nicht einmal der frühere Vorsitzende Hans-Jochen

Vogel wollte am Morgen des Jubiläumstages in einem Radiogespräch den Namen Lafontaine aussprechen; seine Bezeichnung war bloß: »dieser Herr«.[367] Die Verbitterung Lafontaines kann man sich leicht vorstellen. Guten Freunden gegenüber verglich Lafontaine seine Lage mit der des sowjetischen Revolutionärs Leo Trotzki, der von den offiziellen Fotos wegretuschiert wurde, nachdem er bei Stalin in Ungnade gefallen war.[368] »Es hat ihm schwer zu schaffen gemacht, dass er aus der Ahnenreihe der Partei getilgt war«, sagt heute Reinhard Klimmt.[369] Jedenfalls gab es keine ernsthaften Versöhnungsversuche mit dem Mann, den viele lange Jahre als die »Seele der Partei« ansahen, für den sich viele SPD-Mitglieder ganz persönlich engagierten.

Lafontaine machte es seiner eigenen Partei in der Folge aber auch schwer. Seine regelmäßigen Kolumnen für die ›Bild‹-Zeitung erzürnten viele Sozialdemokraten. Sie symbolisierten zugleich auch, dass er sich mit der Privatmann-Rolle nicht abfinden wollte. Als er im November 2002 in der ›Bild‹ schrieb, Deutschland drohten Verhältnisse wie am Ende der Weimarer Republik, war die Empörung nicht nur in seiner damaligen Partei groß.[370] Es wurde in der SPD rund um Lafontaine immer einsamer.

Als sich Lafontaine nach seinem Rücktritt erstmals vor seinem Haus in Saarbrücken zeigte, wurde manchen Beobachtern eine parallele Bildhaftigkeit gewahr: Lafontaine hatte sich 1990 nach dem auf ihn verübten Attentat mit seinem Sohn Carl Maurice auf der Schulter gezeigt. Neun Jahre später kam es zu einer ähnlichen Bildkomposition. Doch der politische Rahmen hatte sich inzwischen geändert: 1990 rief die gesamte SPD ihrem Oskar zu, dass die Partei ihn weiterhin brauche. Wie bereits angedeutet: Vielleicht dachte er nun 1999, dass der von ihm ausgelöste Rücktrittsschock zumindest große Teile der Partei so aufrüttele, dass er auch dieses Mal wieder gerufen würde. Doch Lafontaines Traum, noch einmal von seiner eigenen Partei geholt zu werden, war ausgeträumt. Die meisten sahen es als unanständig an, wie er gehandelt hatte: Dass er das Ministeramt hinschmiss, konnten viele noch verstehen. Denn Lafontaine hatte den Kampf zweier »Alpha-Tiere« verloren. Dass er aber so einfach das Amt als SPD-Vorsitzender aus der Hand gab, wurde ihm nicht verziehen. Sein

Einstieg bei der Partei »Die Linke« ist auch ein Reflex auf den Liebesentzug durch seine einstige Partei, der er zu dienen glaubte.

Bodo Hombachs Weggang nach Ende des Kosovo-Krieges und Ministerrücktritte

Bald sollte es zu einer »Hinrichtung ohne Blutvergießen« (Hans-Ulrich Jörges)[371] kommen: Ende Juni 1999 entschieden die Staats- und Regierungschefs der EU, dass Bodo Hombach als EU-Sonderkoordinator tätig werden sollte.[372] Er war inzwischen in die Schlagzeilen geraten, weil ihm vorgeworfen wurde, beim Neubau seines Eigenheims Preisvergünstigungen in sechsstelliger Höhe erhalten zu haben. Hombach wies diese Verdächtigungen stets zurück und bekam auch vor Gericht recht.[373] Aber für Schröder war er dennoch untragbar geworden; außerdem war seine »Hauptaufgabe«, Lafontaine in Schach zu halten, erledigt. Seit Februar 2002 ist er Geschäftsführer der größten deutschen Zeitungsgruppe, der WAZ-Mediengruppe in Essen. Nach dem Weggang Hombachs wurde jedenfalls der Versuch einer Schröder'schen Politik »aus einem Guss« ad acta gelegt, das »Schröder-Blair-Papier« geriet alsbald in Vergessenheit.

In keiner Bundesregierung der deutschen Nachkriegsgeschichte kam es zu so vielen Rücktritten und Entlassungen wie im ersten Schröder-Kabinett. Auf Lafontaine folgte als Finanzminister Hans Eichel, der zuvor in Hessen die Landtagswahl verloren hatte. Im Ministerium für Verkehr, Bau- und Wohnungswesen gab es innerhalb kurzer Zeit sogar gleich drei Veränderungen: Am 29. September 1999 trat zunächst Franz Müntefering zurück. Er übernahm zunächst kommissarisch die Aufgaben des SPD-Bundesgeschäftsführers Ottmar Schreiner, bevor er im Dezember 1999 den neu geschaffenen Posten des SPD-Generalsekretärs antrat. Müntefering sollte Schröder in der Partei den Rücken freihalten, nachdem der nach Lafontaines Rücktritt SPD-Vorsitzender geworden war. Erstaunlicherweise lehnte Schröder das Angebot des Lafontaine-Vertrauten Schreiner, sein Amt als Bundesgeschäftsführer sofort zur Verfügung zu stellen, zunächst ab. Einige Wochen später rief Schröder jedoch bei Schreiner an, der sich erinnert: »Müntefering fühlt sich doch nicht so richtig wohl im Verkehrsministerium. Ich habe mit ihm einen Deal gemacht und konnte sein Angebot, zurück zur Partei zu gehen, nicht ablehnen.«[374] Bis zum 16. November 2000 übernahm der bibliophile Saarländer Reinhard Klimmt das bisherige Müntefering-Ressort. Doch er war in eine Finanz-Affäre um den 1. FC Saarbrücken und die Caritas Trägergemeinschaft Trier verwickelt, so dass er bald wieder seinen Hut nehmen musste. Ihm folgte Kurt Bodewig.

Am 12. Januar 2001 erschütterte das Kabinett sogar ein Doppelrücktritt: Andrea Fischer (Gesundheit) und Karl-Heinz Funke (Landwirtschaft) schieden aus der Regierung aus. Funke konnte sich wegen der BSE-Krise nicht mehr halten. Zu seiner Verwunderung hatte Schröder in einer Bundestagssitzung eine »Agrarwende« angekündigt, ohne dass sein Landwirtschaftsminister etwas davon wusste.[375] Funke, der gerne Landwirtschaftsminister in Niedersachsen geblieben wäre und sich nach zwei Absagen erst nach der von Schröder gewonnenen Bundestagswahl dann doch noch zum Bundeslandwirtschaftsminister verpflichten ließ, wusste seitdem, dass sein Stuhl gefährdet war. Nach einem Krisengespräch mit den Grünen rief Schröder seinen langjährigen niedersächsischen Gefolgsmann an und eröffnete ihm, dass man sich wohl trennen müsse, was von Funke sofort akzeptiert wurde. Er wusste, dass die von Schröder gewollte Agrarwende von ihm nicht glaubwürdig vertreten werden könnte. In der Bundesregierung musste sich dann die Grüne Renate Künast mit den Landwirten in einem neu gebildeten Ministerium für Verbraucherschutz, Ernährung und Landwirtschaft herumschlagen.

Gleichzeitig trat die von Joschka Fischer wenig geliebte grüne »Reala« Andrea Fischer zurück. Sie hatte es mit dem Gesundheitsressort besonders schwer, weil ihr ein Aufgabenfeld übertragen worden war, das eigentlich als klassisches SPD-Ministerium angesehen wurde. Sie hatte ein modernes, aus Australien kommendes Abrechnungssystem für die Krankenhäuser durchgesetzt, was in der SPD-Fraktion auf geringe Freude gestoßen war. Im Zuge einer Ressortumbildung holte sich die SPD die Gesundheit zurück und Ulla Schmidt wurde neue Ministerin. Ausweislich seiner Memoiren musste Schröder sie »erst überreden, das Gesundheitsressort zu übernehmen«.[376] Noch heute wird dieser Schritt als »zynische Personalentscheidung« interpretiert. Schröder dachte wohl, die aus Proporz-Gründen ernannte Politikerin aus Nordrhein-Westfalen würde scheitern. Darin sollte er sich allerdings irren, denn Schmidt blieb lange, auch in der Großen Koalition unter Merkel Gesundheitsministerin.

In den Rücktrittsreigen reihte sich außerdem noch der Staatsminister für Kultur und Medien, Michael Naumann, ein. Er wurde im Januar 2001 Herausgeber der Wochenzeitung ›Die Zeit‹.[377] In der deutschen Kulturszene hatte die Ernennung des Schöngeists Naumann einen großen Jubel ausgelöst. Naumann war damals Verleger in New York. Schröder kannte er bis dahin nur flüchtig.[378] Endlich werde man von der Politik verstanden, meinten damals Schriftsteller und andere Kulturschaffende. Ausgeheckt wurde die Idee wohl in einer illustren Runde des Journalisten Manfred Bissinger, der »Grappa-Connection«, die in Bissingers Landhaus nahe Stade tagte. Dazu gehörten Günter Grass, Marius Müller-Westernhagen, Erich Loest, Jürgen Flimm, Oskar Negt[379] sowie Schröder mit seinen Helfern Hombach und Uwe-Karsten Heye.[380] So wurde Naumann nach dem Wahlsieg Schröders – mit dem Titel »Staatsminister« ausgestattet – »Beauftragter der Bundesregierung für Angelegenheiten der Kultur und der Medien«. Allerdings musste zuvor noch das Gesetz über die parlamentarischen Staatssekretäre geändert werden, so dass auch ein Nichtparlamentarier ein solches Amt bekleiden kann. Schröder hatte bei der Ankündigung, Naumann werde Staatsminister, nicht gewusst, dass dieser Titel ursprünglich nur einem Parlamentarier zugedacht werden konnte, da es sich bei den Staatsministern eigentlich um parlamentarische Staatssekretäre handelte, die im Kanzleramt und Auswärtigen Amt einen schmuckvolleren Titel tragen dürfen. Im Wesentlichen handelte es sich bei der neuen Institution um die alte Kulturabteilung des Bundesinnenministeriums, die auch heute noch weitgehend in der »Bundesstadt« Bonn ist. Zweifellos gehörte Naumann zu den wenigen, die Einfluss auf Schröder hatten. Umso mehr muss es Schröder geschmerzt haben, dass Naumann bald die Herausgeberschaft der ›Zeit‹ dem Staatsamt in seiner Nähe vorzog. Naumann hatte in relativ kurzer Zeit zwei Nachfolger: den Philosophen Julian Nida-Rümelin ab dem 10. Januar 2000 und die parteilose

Literaturwissenschaftlerin und ehemalige Hamburger Kultursenatorin Christina Weiss schließlich ab dem 7. Oktober 2002. Ein weiterer Staatsminister, Rolf Schwanitz, war Beauftragter der Bundesregierung für Angelegenheiten der neuen Länder. Nach dem Ausscheiden Hombachs kam der SPD-Abgeordnete Hans Martin Bury als Staatsminister ins Bundeskanzleramt.

Die letzte Eruption im ersten Kabinett Schröder gab es schließlich im Juli 2002: Verteidigungsminister Rudolf Scharping wurde kurz vor der Bundestagswahl entlassen. Dabei hatte Scharping – wie selbst der ›Spiegel‹ schrieb – als Verteidigungsminister einen »fulminanten Einstieg«.[381] In manchen chaotischen Wochen in der Regierung Schröder dürfte er sich selber für den besseren Kanzler gehalten haben. Aber schließlich waren es verschiedene Vorwürfe, die Scharping das Amt kosteten. So ließ er sich auf der Ferieninsel Mallorca für die Illustrierte ›Bunte‹ mit seiner Lebensgefährtin Kristina Gräfin Pilati-Borggreve in einem Swimmingpool ablichten[382], während gleichzeitig der Einsatz der Bundeswehr in Mazedonien unmittelbar bevorstand. Dazu kam noch die Affäre um den Frankfurter Unternehmensberater Moritz Hunzinger, in die Scharping beispielsweise durch Honorarannahmen verwickelt war. Bundespräsident Johannes Rau überreichte Scharping am 19. Juli 2002 in Anwesenheit von Schröder die Entlassungsurkunde, Peter Struck erhielt unmittelbar danach seine Ernennung als Verteidigungsminister. Scharping blieb anschließend noch 40 Minuten bei Rau. Beide dürften sich an den Mannheimer Parteitag erinnert haben. Dann verließ Scharping das Schloss Bellevue und flog zum letzten Mal mit der Flugbereitschaft der Bundeswehr – nach Lahnstein, wo seine Mutter ihren 80. Geburtstag feierte.[383] Heute ist er neben seinem Ehrenamt als Präsident des Bundes Deutscher Radfahrer als Unternehmensberater in Frankfurt tätig.

Im »Kabinett Schröder II«, das wegen der vorgezogenen Bundestagswahl nur drei Jahre (genauer: vom 22. Oktober 2002 bis zum 22. November 2005)[384] im Amt war, gab es hingegen keinen einzigen Ministerrücktritt.[385] Als Minister neu hinzu kamen die von Schröder aus Niedersachsen »mitgebrachte« frühere parlamentarische Staatssekretärin Brigitte Zypries (Justizministerin), Renate Schmidt (Familie, Senioren, Frauen und Jugend) und der ehemalige brandenburgische Ministerpräsident Manfred Stolpe (Verkehr, Bau- und Wohnungswesen). Das Machtgewicht im Kabinett verschob sich zugunsten Wolfgang Clements, der bis dahin Ministerpräsident von Nordrhein-Westfalen gewesen war und nun als Minister für Wirtschaft und Arbeit in die Regierung eintrat. Schröder hatte wohl nicht damit gerechnet, dass er seine Offerte annehmen würde.[386] Selbst der ›Spiegel‹ schrieb bewundernd, Clement sei »zum neuen Star des Kabinetts aufgestiegen«.[387] Grundbedingung für seinen Eintritt in die Bundesregierung war für Clement, dass ihm das bisher selbständige Arbeitsressort zugeschlagen wurde.[388] Das kam für die SPD einer Revolution gleich. Schweren Herzens musste Walter Riester daher von seinem Ministeramt Abschied nehmen. Es wird berichtet, dass sich Schröder und Riester im Kanzleramt zum Abschied weinend in den Armen lagen. Schröder konnte – trotz aller Härte – bisweilen sehr sentimental werden. Er hatte den Gewerkschafter Riester als Symbol für eine neue Politik geholt, doch jetzt sollte mit dem »Superminister« Clement eine neue Reform-Symbolik ins Kabinett einziehen.

Hans Eichel, lange Zeit als der »sparsame Hans« oder als »Sparminator« tituliert, musste ein zunehmendes Schwinden seines Einflusses bei Gerhard Schröder konstatieren. »Schröder hat bis 2002 die Haushaltskonsolidierung hochgehalten«, erinnert sich Hans Eichel.[389] Aber ab 2003 setzte der Kanzler andere Prioritäten. Er ließ zwar gönnerhaft verlauten: »Der Hans hat es schwer.«[390] (Der Satz: »Hans, nun lass' mal gut sein«[391], stammt nicht von Schröder, sondern von Müntefering.[392]) Eichel wurde jedoch vom Kanzler vorgeworfen, zu sehr haushalterisch und viel zu wenig politisch zu agieren. In seinen Memoiren übt Schröder – nach seinem Hinweis, er habe »es nie bereut«, Hans Eichel als Finanzminister geholt zu haben[393] – milde Kritik: »Hätte er in seinem Ressort eine weniger fiskalische Tradition vorgefunden, dann wäre es ihm vermutlich leichter gefallen, die unflexiblen und wachstumshemmenden Maastricht-Kriterien mit der Verschuldungsgrenze von drei Prozent zu hinterfragen.«[394] Eichel sagt heute: »Ich war halt bei den Haushaltsberatungen mit den Kabinettskollegen nicht sehr geschmeidig, denn wenn man lange genug Nein sagt, fällt dem anderen eine Lösung ein. Neue Prioritäten erfordern auch neue Posterioritäten.«[395] Die Autorität Eichels schwand, selbst

Rücktrittsgerüchte wurden lanciert. In der Tat hatte Eichel seinen Rücktritt angeboten, als ihm der schwindende Rückhalt beim Kanzler im Zusammenhang mit der Aufstellung des Haushalts für 2003 klar wurde.[396] Erst durch die vermittelnden Bemühungen Schilys, dass alle Ressorts einen Beitrag zum Kürzen der Haushaltsvoranschläge leisten, sah sich Eichel zum Bleiben in der Lage. Er stand wegen der Maastrichter Defizitgrenze, nach der die Neuverschuldung eines Landes nicht über drei Prozent des Bruttoinlandsprodukts liegen darf, und wegen Artikel 115 des Grundgesetzes unter einem gewaltigen Druck. Auch ansonsten fühlte er sich düpiert. Als der Präsident der Deutschen Bundesbank, Ernst Welteke, zurücktreten musste, vertröstete Schröder seinen Finanzminister auf den kommenden Montag, um eine Entscheidung herbeizuführen. Noch am gleichen Tag erfuhr Eichel von Clement, Schröders Wahl sei schon auf den Würzburger Ökonomen Peter Bofinger, der als »Keynesianer« gilt, gefallen. Eichel legte sich quer. »Sein« Kandidat wurde es: Axel A. Weber, heute noch im Amt. Von ihm erwartete er sich eine stärkere Durchschlagskraft in der Bundesbank und der Europäischen Zentralbank. Spätestens 2003 wurde immer offensichtlicher: Das Ziel, 2006 einen ausgeglichenen Haushalt vorlegen zu können, würde nicht eingehalten werden können. Noch am 29. November 2002 hatte er gesagt: »Wir werden keinen Deut von unserem Ziel abweichen, 2006 einen ausgeglichenen Haushalt vorzulegen.«[397] Dieses Ziel, so Eichel später, sei im Boomjahr 2000 formuliert worden. Damals seien alle internationalen Experten davon ausgegangen, dass der Aufschwung weitergehen würde. 2003 erklärte Eichel deshalb dazu: »Das war ein Irrtum. Wir haben jetzt drei Jahre Wachstumsschwäche in allen wichtigen Industriestaaten erlebt.«[398] Und auch Gerhard Schröder verabschiedete sich von Eichels Versprechen: »Für ein Budget 2006 ohne Neuverschuldung bräuchten wir Wachstumsraten, die ich nicht erwarten kann.«[399] Eichels starke Rolle war dahin, der Kanzler hatte ihm die Unterstützung entzogen. Ein ehemaliger Ministerkollege erinnert sich: »Hans Eichel wurde nicht immer fair behandelt.« Neben Clement blieben Fischer und Schily weiterhin die starken Figuren des Kabinetts.

Frank-Walter Steinmeier fand sich zu Anfang der Schröder-Regierung zunächst zurückgesetzt. Er hatte gehofft, zweiter Mann im Kanzleramt zu sein. Er wurde zwar »Staatssekretär des Bundeskanzleramtes« und zugleich Beauftragter für die Nachrichtendienste des Bundes. Aber zu seiner Überraschung und zu seinem Missmut wurde ihm als Chef des Bundeskanzleramts Bodo Hombach, der den Titel eines Bundesministers für besondere Aufgaben trug, vor die Nase gesetzt. Seinen legendären Ruhm als effizienter und verschwiegener Zuarbeiter des Bundeskanzlers erwarb Steinmeier sich in erster Linie nach dem Ausscheiden Hombachs. Es sind zum Teil 200 oder mehr Vorlagen, die täglich den Chef des Kanzleramtes erreichen. Schröder las (etwa im Gegensatz zu Angela Merkel) nur ungern Akten und erwartete sogar, dass er nur mit den allerwichtigsten Fragestellungen konfrontiert wurde. Insofern hatte Steinmeier eine zentrale Funktion für den Informationsfluss im Amt, auch als unmittelbarer Vorgesetzter der Mitarbeiter im Kanzleramt. In den Medien wurde er häufig mit Lobeshymnen überschüttet. Die ›Zeit‹ bezeichnete ihn beispielsweise als »Dr. Makellos«.[400] Michael Naumann erinnert sich: »Steinmeier war eine politische Verarbeitungsmaschine von Kanzler-Impulsen jeglicher Art. Er war die Unverzichtbarkeit in Person. Und daraus erwuchs auch seine Gestaltungsmacht – die er loyal und kreativ zu nutzen wusste.«[401] Steinmeier war der Typ des stillen, effektiven und »Akten fressenden« Zuarbeiters, der nicht gern selbst im Rampenlicht steht. Darin unterschied er sich auch von Bodo Hombach, dessen Amtsführung als »ChefBK« seinem Ego entsprach. Erst nach dem Abgang Hombachs wurde Steinmeier als beamteter Staatssekretär Chef des Bundeskanzleramtes. Schon in Hannover war er Schröders engster Mitarbeiter gewesen. Der Tischlersohn Steinmeier und Gerhard Schröder waren beide im Westfälischen aufgewachsen, in nicht weit voneinander entfernten Orten. Allerdings fanden sie erst 1991 zueinander, als sich Steinmeier nach seiner Promotion in Hannover bei der niedersächsischen Staatskanzlei bewarb. Innerhalb von drei Jahren stieg er zu Schröders Büroleiter auf, 1996 wurde er dann Leiter der Staatskanzlei.[402]

Auch seine Büroleiterin Sigrid Krampitz hatte Schröder aus Niedersachsen mitgebracht. Eigentlich hatte sie nicht mehr damit gerechnet, überhaupt nach Bonn mitgenommen zu werden. Denn sie hatte sich schon um eine Lehrerstelle in Nordhorn beworben, als Schröder sich doch noch dazu entschied, sie mitzunehmen. Krampitz war als Leiterin des Kanzlerbüros für alle Angelegenheiten zuständig, die mit Terminen und anderen organisatorischen Fragen zu tun hatten. Die studierte Lehrerin (Deutsch und Geschichte) war zunächst nach einigen Zwischenjobs beim niedersächsischen Landesamt für Verfassungsschutz untergekommen, bevor sie bei der niedersächsischen Frauenbeauftragten tätig war. Schließlich wurde sie Referentin des Chefs der niedersächsischen Staatskanzlei und leitete seit 1994 Schröders Büro, erst in Hannover, dann in Bonn und schließlich in Berlin.[403] Ihre Rolle nur als oberste Terminmanagerin des Kanzlers zu interpretieren, hieße, Krampitz zu unterschätzen. Sie hat zweifellos erhebliches politisches Gespür. Mehr als andere war sie in der Lage, Schröder inhaltlich zu widersprechen. Insoweit ging sie über die wichtige Rolle Juliane Webers hinaus, der Kohl ebenfalls voll vertraute und die ähnlich effizient agierte. Denn Weber hatte mit ihrem Berufsbild »Sekretärin« nicht den gleichen intellektuellen Hintergrund wie die Lehrerin Krampitz.

Ebenfalls aus Hannover brachte Schröder den promovierten Sozialwissenschaftler Thomas Steg mit. Bevor dieser nach Bonn bzw. Berlin kam, war er Redakteur der ›Braunschweiger Zeitung‹ gewesen und hatte sich danach als Pressesprecher beim DGB-Landesbezirk Niedersachsen/Bremen und bei der niedersächsischen SPD-Landtagsfraktion politisch profiliert. Mit der Kanzlerschaft Schröders avancierte er zum stellvertretenden Leiter des Kanzlerbüros, wo er für »Verbindungen zu gesellschaftlichen Gruppen« zuständig war. 2002 wurde er schließlich stellvertretender Sprecher der Bundesregierung. Steg gilt als guter Analytiker mit schneller Auffassungsgabe. Von der Vorgängerregierung im Kanzlerbüro übernommen wurde Ulrich Gundelach, der schon unter Helmut Kohl für Eingaben und Petitionen zuständig war.

Die Regierungssprecher

Regierungssprecher während des ersten Schröder-Kabinetts war der 1940 geborene Uwe-Karsten Heye. Zuvor war er unter anderem Redenschreiber Willy Brandts gewesen. Nach seiner Tätigkeit als Regierungssprecher ging er von 2003 bis 2005 als Generalkonsul nach New York. Heute ist er Chefredakteur der traditionsreichen SPD-Parteizeitung ›Vorwärts‹ und veröffentlicht Bücher, etwa zum Glück des Älterwerdens. In der Reihe der Regierungssprecher, die mit Ausnahme des CSU-Politikers und Bundesministers für besondere Aufgaben Hans Klein (1989 bis 1990) alle beamtete Staatssekretäre waren, gab es nicht nur sehr unterschiedliche Naturelle, sondern auch immer eine unterschiedliche Nähe zum jeweiligen Kanzler. Im Idealfall ist der Regierungssprecher, der den Kanzler oft bei seinen vielen Terminen begleitet, ein ganz enger politischer Berater. Heye hatte dabei zunächst das unbedingte Vertrauen von Schröder, zumal er schon in Niedersachsen sein Sprecher gewesen war. Doch das Verhältnis der beiden kühlte sich nach und nach ab. Der eher bedächtig wirkende Heye musste spüren, dass Politiker eine »schlechte Presse« häufig ihren Sprechern, den Kommunikatoren anlasten.

Dies musste neben Heye vor allem der deutlich jüngere, 1963 in Bonn geborene Béla Anda erfahren. Er war zunächst Heyes Stellvertreter, doch das Verhältnis zwischen den beiden war ziemlich frostig. Nach der Ablösung Heyes im Jahr 2002 war Anda bis zum Ende der Kanzlerschaft Schröders Regierungssprecher. Anda hatte bei der ›Welt am Sonntag‹ volontiert, war dort bis 1986 politischer Redakteur gewesen und arbeitete nach Beendigung eines politikwissenschaftlichen Studiums an der FU Berlin bis 1998 für die ›Bild‹-Zeitung. Er fiel Schröder mehrfach positiv auf. So schrieb er bereits 1993 für ›Bild‹ ein Schröder-Portrait mit dem verheißungsvollen Titel ›Auf dem Weg ins Kanzleramt‹.[404] Verstärkt wurde Schröders Aufmerksamkeit, als Anda gemeinsam mit dem Leiter des ›Bild‹-Hauptstadtbüros Rolf Kleine eine Biografie über Schröder[405] verfasste. Schröder erhoffte sich durch Anda wohl auch besonders gute Kontakte zur ›Bild‹-Zeitung und generell zur Springer-Presse. Andas Kollegen gingen jedoch nicht sehr gnädig mit dem Regierungssprecher um. Der ›Stern‹-Journalist

Hans-Peter Schütz bezeichnete ihn als »begabten Sagenichts«[406], der ›Spiegel‹ als »sprachloses Sprachrohr«.[407] Der stets elegant gekleidete Anda, Schwiegersohn des eher konservativen SPD-Politikers und späteren Lufthansa-Vorstandsvorsitzenden Heinz Ruhnau, dürfte nach Meinung mehrerer Insider keinen großen strategischen Einfluss auf Schröder gehabt haben. Allerdings war ihm sicherlich eine besondere Sympathie von Schröders Frau Doris hilfreich.

Anda hatte noch zwei Stellvertreter: Erster stellvertretender Sprecher wurde der 1965 im thüringischen Eisfeld geborene Hans H. Langguth, er folgte auf die von den Grünen nominierte Charima Reinhardt, die jedoch weitgehend konturlos blieb. Zweiter stellvertretender Sprecher wurde 2002 Thomas Steg, bis dahin stellvertretender Leiter des Kanzlerbüros. Ähnlich wie beim Verhältnis zwischen Heye und Anda war auch die Beziehung zwischen Anda und Steg angespannt. Langguth hatte es insoweit einfacher, als er durch seine Zugehörigkeit zu den Grünen »geschützt« war. In der Kanzlerumgebung galt er zunächst als »U-Boot« von Joschka Fischer. Doch an seiner Loyalität, auch zu Regierungschef Schröder, wurde nie wirklich gezweifelt. Anda schied mit der Großen Koalition aus seinem Amt aus und wurde bei dem »Finanzdienstleister« AWD Kommunikationsdirektor für Presse, Marketing und Sponsoring. Zur Erinnerung: Der AWD-Chef Carsten Maschmeyer hatte Schröder 1998 durch großflächige Zeitungsanzeigen im Wahlkampf in Niedersachsen unterstützt. Thomas Steg hingegen wurde erster stellvertretender Regierungssprecher für das Merkel-Kabinett.

Die »politischen Beamten« im Kanzleramt

Die Abteilungsleiter im Kanzleramt sind für die Politikkoordinierung innerhalb der Bundesregierung von entscheidender Bedeutung. Sie sind »politische Beamte«, die wegen ihrer Nähe zum Regierungschef jederzeit und ohne Angabe von Gründen in den einstweiligen Ruhestand versetzt werden können.[408] Das Kanzleramt unter Schröder war zunächst in fünf Abteilungen untergliedert. Die Abteilung I wurde von Ministerialdirektor Ernst H. Hüper (SPD) geleitet. Er war für den Gesamtbereich Innen und Recht sowie für das Bund-Länder-Verhältnis zuständig. Gleichzeitig kümmerte sich Hüper als Zentralabteilungsleiter um die Personalangelegenheiten der Bundesregierung sowie des Kanzleramts. Selbstverständlich muss jeder Personalchef das Vertrauen der Leitung haben. Daher fällt auf, dass Hüper mit der Wiederwahl Schröders 2002 als Abteilungsleiter ins Bundesinnenministerium versetzt wurde. Sein Nachfolger wurde Ewold Seeba, der bis dahin Steinmeiers Büro im Kanzleramt geleitet hatte.

Der Berufsdiplomat Michael Steiner war im Bundeskanzleramt für die Auswärtigen Beziehungen und die Entwicklungspolitik zuständig. Er war deshalb besonders einflussreich, weil er Schröder auch auf seinen Auslandsreisen begleitete und der Bundeskanzler in den ersten Monaten manchmal auf dem diplomatischen Parkett noch etwas unbeholfen wirkte. Doch der umtriebige und nicht eben »diplomatische« Steiner wurde zur Belastung: Am 2. November 2001, während eines Tankstopps auf einem Flughafen in Moskau vor dem Ende einer langen Asienreise, bezeichnete er einen deutschen Oberfeldwebel und zwei weitere Soldaten mehrfach als »Arschloch«. Zu allem Überfluss – angeblich als Scherz gemeint – verlangte er zudem nach Kaviar.[409] Zwar wollte Schröder zunächst an seinem außen- und sicherheitspolitischen Berater festhalten.[410] Doch zu Steiners Unglück fand vom 19. bis 22. November 2001 ein SPD-Parteitag statt, auf dem der Parteivorsitzende Schröder den Druck der eigenen Basis spürte. Von Nürnberg aus rief Schröder Dieter Kastrup, den Ständigen Vertreter der Bundesrepublik Deutschland bei den Vereinten Nationen, in New York an.[411] Für Kastrup, der schon unter Außenminister Genscher als Staatssekretär gedient hatte, musste es nicht immer Kaviar sein. New York sollte eigentlich die letzte diplomatische Station vor der Pensionierung des damals 64-Jährigen sein. Doch den Wunsch des Kanzlers konnte und wollte der Sozialdemokrat nicht abschlagen. Kastrup, der auch heute noch die »außerordentlich entspannte Arbeitsatmosphäre« im Kanzleramt hervorhebt, wurde dann wenige Monate nach seinem 65. Geburtstag durch Bernd Mützelburg ersetzt, der heute Botschafter in Indien ist. Steiner hingegen ist heute als Botschafter in Rom gelandet.

In der zweiten Amtszeit Schröders verlor die außenpolitische

Abteilung – keinesfalls zur Freude des Außenministers Fischer – die Unterabteilung Europapolitik, die in eine neue, eigenständige Abteilung Europapolitik umgewandelt wurde. Sie stand unter der Leitung des versierten Diplomaten Reinhard Silberberg, heute unter Steinmeier Staatssekretär im Auswärtigen Amt. Mit diesem Schritt sollte die gewachsene Bedeutung der Europapolitik unterstrichen werden. Da dafür eine Planstelle benötigt wurde, wurde Wolfgang Nowak, heute Chef der Alfred-Herrhausen-Stiftung, am 22. Oktober 2002 in den Ruhestand versetzt. Er galt als »Chef-Reformer im Kanzleramt«[412] und war noch von Bodo Hombach als Leiter der Abteilung Politische Analysen und Grundsatzfragen installiert worden. Nowak, der zuvor in der von der CDU geführten sächsischen Landesregierung trotz seines SPD-Parteibuchs Kultur-Staatssekretär gewesen war, war einer der stärksten Befürworter einer Modernisierung der Sozialdemokratie im Sinne von »New Labour.«[413] Für Soziales, Umwelt, Verkehr und Agrarpolitik war der Sozialdemokrat und Diplom-Verwaltungswissenschaftler Heinrich Tiemann zuständig, ein sehr gut vernetzter Schwabe, der das Vertrauen der Gewerkschaften besaß und heute im Auswärtigen Amt die Aktivitäten von Vizekanzler Steinmeier koordiniert. Er war der natürliche Widerpart der Wirtschaftsabteilung im Kanzleramt.

Als Schröders Chefökonom war dort für einige Monate der weltläufige Ökonomieprofessor Klaus Gretschmann tätig. Er war Leiter der Abteilung 4, also zuständig für den komplexen Bereich der Wirtschafts- und Finanzpolitik. Er galt als Entdeckung Bodo Hombachs, als Pragmatiker, der sich mit der von Schröder und Hombach propagierten »Neuen Mitte« identifizierte. Politisch pikant war Schröders Entscheidung, dass Gretschmann auch der »Persönliche Beauftragte« des Bundeskanzlers für die wirtschaftspolitischen Gipfeltreffen, etwa der G8-Industriestaaten, werden sollte. Das war nicht nur eine gewaltige Herausforderung für einen Professor mit relativ geringer Verwaltungserfahrung, sondern auch eine Kampfansage an Finanzminister Oskar Lafontaine. Denn in der Vergangenheit war es guter Brauch gewesen, dass der für internationale Finanzbeziehungen zuständige Staatssekretär im Bundesfinanzministerium gleichzeitig diese sogenannte »Sherpa«-Funktion für den Kanzler wahrnahm. Horst

Köhler beispielsweise war über mehrere Jahre als Staatssekretär des Finanzministers Theo Waigel auch im Auftrag Helmut Kohls tätig.[414] Mit Gretschmann wurde aber im Kanzleramt niemand so richtig glücklich, so dass dieser 2001 Generaldirektor für Binnenmarkt, Industriepolitik, Energie und Forschung wurde. Gretschmanns Nachfolger wurde Bernd Pfaffenbach. In der Presse wurde das als »gezielte Provokation« gewertet.[415] Denn der parteilose Pfaffenbach war schon zu Kohls Zeiten im Kanzleramt stellvertretender Abteilungsleiter gewesen, bloß hatte Kohl seine Fähigkeiten wohl nicht so recht erkannt. Durch seine ruhige und argumentative Art konnte der Diplom-Volkswirt offensichtlich Schröders Vertrauen gewinnen. Der Kanzler nahm Pfaffenbach bereits vor seiner Ernennung zum Abteilungsleiter immer häufiger zu wichtigen Terminen mit, etwa zu Gesprächen mit dem französischen Staatspräsidenten Jacques Chirac. Allerdings löste die Berufung dieses in der Wolle gefärbten Marktwirtschaftlers in der SPD-Fraktion neue Unruhe aus. Im Dezember 2004 stieg Pfaffenbach schließlich nochmals auf: Unter Wolfgang Clement wurde er beamteter Staatssekretär im Bundeswirtschaftsministerium. Diese Aufgabe nimmt er in der Großen Koalition unter den Wirtschaftsministern Michael Glos und zu Guttenberg weiterhin wahr.

Die »Sherpa«-Funktion übernahm nach Gretschmanns Ausscheiden allerdings der beamtete Staatssekretär im Bundeswirtschaftsministerium, Alfred Tacke, den Schröder aus Niedersachsen kannte. Der promovierte Diplom-Volkswirt war in der niedersächsischen Staatskanzlei Referatsleiter im Bereich Wirtschafts- und Strukturpolitik, von 1991 bis 1998 Staatssekretär im niedersächsischen Wirtschaftsministerium und von 1998 bis 2004 beamteter Staatssekretär im Bundesministerium für Wirtschaft und Technologie (ab 2002: Bundesministerium für Wirtschaft und Arbeit).

Ernst Uhrlau, Diplom-Politologe und Hamburger Polizeipräsident, wurde Leiter der Abteilung V (später VI), zuständig für den Bundesnachrichtendienst (BND) und insgesamt für die Koordinierung der Nachrichtendienste des Bundes (neben dem BND sind dies das Bundesamt für Verfassungsschutz und der Militärische Abschirmdienst). Heute ist Uhrlau Präsident des BND mit Sitz in Pullach und Berlin. Sein Amtsvorgänger im Kanzleramt, August Hanning, war ebenfalls als Präsident zum BND gewechselt, bevor er in der Großen Koalition Staatssekretär unter Bundesinnenminister Wolfgang Schäuble wurde.

»Doris sagt ...«

Neben den festen, in die Hierarchie der Bundesregierung eingebundenen Mitarbeitern gibt es informelle Strukturen, Kontakte und Berater, die nicht im Geschäftsplan der Bundesregierung stehen. Bei Schröder gehörte – auch wenn sie in Hannover bei den Kindern war – seine Frau Doris dazu, die insbesondere viele und lange Telefonate mit Sigrid Krampitz führte. Die am 5. August 1963 in Neuburg an der Donau geborene Doris Köpf kannte als Journalistin das Mediengeschäft von innen. Ihren Beruf hatte sie bei der ›Augsburger Allgemeinen‹ als Volontärin und Redakteurin gelernt, bevor sie 1987 zur ›Bild‹-Zeitung ging und Parlamentskorrespondentin in Bonn wurde. 1992 wechselte sie zum Magazin ›Focus‹ ins Ressort Innenpolitik. Sie weiß also, wie Journalisten ticken, und kennt viele der politischen Journalisten – früher in Bonn und heute in Berlin. Mit vielen ist sie per Du. Sie war früher mit dem ›ARD‹-Korrespondenten Sven Kuntze liiert, mit dem sie 1990/91 in New York lebte. Dort wurde auch die gemeinsame Tochter Klara geboren. Doris Köpf und Gerhard Schröder lernten sich 1995 auf dem Mannheimer »Putsch-Parteitag« abends in der Hotelbar des »Maritim« kennen. Die ›Focus‹-Journalistin »quetschte« sich dort mit auf ein schwarzes Ledersofa, auf dem Gerhard Schröder mit Johannes Rau zusammen saß. Beide Politiker wetteiferten mit Erzählungen. Wie es das Schicksal wollte: Erst am nächsten Tag war Schröders Frau Hiltrud auf dem Parteitag. Der spätere Regierungssprecher Béla Anda berichtete in ›Bild‹ schließlich als Erster davon, dass sich Doris und »Gerd« Anfang des Jahres 1996 wiedersahen: »Ein heftiger Flirt beginnt.« Anonym wurden Freunde zitiert: »Bei ihr findet er die Wärme und Geborgenheit, die er bei Hillu vermisst hat.«[416] Ihr früherer ›Focus‹-Kollege Stefan Reker sagt heute über Doris Köpf: »Sie ist ein politischer Kopf, sie weiß, was sie will, als Kollegin konnte man sich auf sie verlassen.«[417]

Auf die Frage nach dem »verlässlichsten Freund« antwortete Schröder 2004 in einem Interview: »Meine Frau ist immens wichtig für mich und im Kanzleramt meine Büroleiterin Sigrid Krampitz und Kanzleramtsminister Frank-Walter Steinmeier.«[418] Überhaupt dürfte die ehemalige Journalistin in bestimmten Fragen (vor allem im Umgang mit den Medien) mehr Einfluss als die Regierungssprecher gehabt haben.

Welche Rolle hatte Doris Schröder-Köpf beispielsweise 2005 auf die Entscheidung des Kanzlers, im Bundestag die Vertrauensfrage zu stellen und vorgezogene Neuwahlen einzuleiten? Der ›Stern‹ meinte das im Juni 2005 zu wissen: »Plötzlich wirft Doris den Begriff ›Vertrauensfrage‹ und die Idee von den ›vorgezogenen Wahlen‹ in die Runde. Der klägliche Abgang Helmut Schmidts 1982 steht ihr noch gut vor Augen, sie war damals 21 Jahre alt und Schmidt der Kanzler ihrer Jugend.« Es spreche viel dafür, dass Kanzlergattin Doris Schröder-Köpf diese Idee gehabt habe. Gegen diese Behauptung klagte Schröder-Köpf und bekam recht: Das Hamburger Oberlandesgericht wies im Februar 2007 die Berufung des Magazins gegen eine Entscheidung der Vorinstanz zurück. Erstaunlich ist allerdings, dass sich die Klage gegen einen Artikel richtete, den die Journalistin Ulrike Posche geschrieben hatte, die im Wahljahr 1998 sogar ein ›Stern‹-Buch über Schröder veröffentlicht hatte, das ihn und seine Frau in sehr sympathischer Weise beschreibt.[419] Vielleicht haben sich die Schröders aber weniger über den Satz »die Idee mit den Neuwahlen« geärgert, bei dem die Autorin nicht juristisch belegbar nachweisen konnte, dass ihre Informationen aus dem engen Vertrautenkreis der Schröders stammten. Selbst Müntefering musste vor dem Berliner Kammergericht aussagen und die Schröder-Version bestätigen.[420] Aber lohnt sich eine Klage wegen der strittigen Frage, wer jetzt den Kanzler tatsächlich auf die Neuwahlen hingewiesen hatte? An sich ist das nicht sonderlich wichtig. Möglicherweise waren es andere Sätze in diesem Artikel, die Doris Schröder-Köpf und ihren Mann gestört haben, denn dort heißt es auch, vielleicht etwas grell: »Gerhard Schröder ist kein verträumter Liebesvogel, nein, sicher nicht. Kein Professor Unrat, dem junges Blut das Hirn überflutet. Oder einer der anfällig wäre für intrigantes Pompadour-Geflüster. Aber er hatte immer schon diese sentimentale Leidenschaft für Frauen, die leidenschaftlich und mafiös zu ihm stehen. Für Frauen, die für ihn kämpfen, die den Verrat wittern, den Feind. «Auch die Vorgängerin von Doris Schröder-Köpf,»Hillu«, hatte einen starken, sogar sehr sichtbaren Einfluss auf ihren Mann. Sie sprach gelegentlich in der »Wir«-Form, wenn sie sich zur Politik in Niedersachsen äußerte. Einmal beendete sie sogar ein Interview ihres Mannes mit dem stellvertretenden ›Bild‹-Chefredakteur Paul C. Martin.»Hillu« unterbrach das Gespräch in der Staatskanzlei mit den Worten:»Hopp, hopp, hopp, meine Herren. Jetzt bin ich hier.«[421] Beide Herren mussten andernorts weiterreden.

Trotz des juristischen Sieges der Schröders in dem konkreten Fall wird man behaupten können, dass Ehefrau Doris einen enormen Einfluss auf ihren Mann gehabt hat. Schließlich bezog der sich selbst bisweilen auf Äußerungen seiner Gattin:»Doris sagt immer ...«[422] Sie war eine wichtige Ratgeberin, auch wenn sich das in den Einzelheiten der Tagespolitik nur erahnen lässt. Im Vergleich zu ihren Vorgängerinnen hatte sie wohl den größten Einfluss. Denn die meisten Ehefrauen der Bundeskanzler blieben im Hintergrund, waren gelegentlich bei Auslandsreisen dabei, arbeiteten für karitative Zwecke oder stellten sich für Heile-Familienwelt-Fotos zur Verfügung, so etwa Hannelore Kohl mit ihrem Helmut am Wolfgangsee. Sie hielten sich aber eisern aus der aktuellen Politik heraus. Doris Schröder-Köpf feilte dagegen, wie Meinhardt Graf Nayhauß in der ›Bild‹-Zeitung berichtete, an Kanzlerreden mit. Gemeint war vor allem die »Alles-oder-nichts-Rede zur Lage der Nation, die Agenda 2010«.[423] Doris wollte augenscheinlich nicht nur das »Heimchen am Herd« sein, das vom fernen Hannover ab und zu mit ihrem Mann telefoniert. Sie wollte auch eingreifen – und das sicher in Absprache mit ihrem Mann.

Sie nahm ihren Mann gegen Angriffe in Schutz. Immer, wenn er angeblich verunglimpft wurde, war sie zur Stelle. Das oftmalige Vor-Gericht-Ziehen begründete sie 2002 wie folgt:»Man muss eine Grenze ziehen, weil sonst immer weitere Wälle eingerissen werden.«[424] Wohl kaum ein Kanzler zuvor hatte sich so sehr der Justiz zum Schutz der eigenen Privatsphäre bemüht wie Gerhard Schröder[425], auch in »haarigen Angelegenheiten«.[426]

Als »Schröders schnelle Eingreifpuppe«[427] verspottete die linke

›tageszeitung‹ die Kanzlergattin, die einen »monarchisch anmuten-
den Anspruch« erhebe und sich von ihrem Mann »vorschicken« lasse.[428] Doris Schröder-Köpf war zudem die Stimme ihres Mannes in
der Familienpolitik. So gab sie zu Erziehungsfragen genauso Auskunft wie zu ihrer Deutung über den Sinn des Weihnachtsfestes.[429]
Werbewirksam gab die Kanzlergattin ein Kinderbuch mit dem Titel
›Der Kanzler wohnt im Swimmingpool‹ heraus.[430] Darüber hinaus
bezeichnete sie sich selbst als »besorgte Mutter«[431] und erläuterte in
einem Interview mit der ›Frankfurter Rundschau‹ ausführlich ihre
Erziehungslinien gegenüber ihrer Tochter Klara. Allerdings nutzte
sie solche Interviews auch, um Giftpfeile gegen eine andere Politiker-
gattin abzuschießen: gegen Karin Stoiber, die Gattin des damaligen
Unions-Kanzlerkandidaten Edmund. Sicher war das auch ein Reflex
darauf, dass Edmund Stoiber ziemlich penetrant darauf hinwies, wie
lange er mit der gleichen Frau glücklich verheiratet sei. Schröder-Köpf
ließ daher verlauten, dass sie von Karin Stoiber zu Frauen- und Erziehungsfragen »bislang noch wenig« gehört habe.[432] Ihre Rolle als politische Angreiferin fand Doris Schröder-Köpf auch bei den Bundestagswahlen 2005 wieder: Zur Kanzlerkandidatin Angela Merkel stellte
sie die Frage: »Was hat sie denn in ihrer Zeit als Frauenministerin 1991
bis 1994 in der Regierung Kohl wirklich bewegt?«[433] Überhaupt wurde
die Liebe der Schröders immer wieder zelebriert, beispielsweise als
der Kanzler vor zwanzig Millionen Zuschauern in einem Fernsehduell
mit Merkel sagte: »Meine Frau hat das gute Recht, die Wahrheit zu
sagen und sich zu äußern, wann immer sie das für richtig hält. Sie lebt
das, was sie sagt. Und ich füge hinzu, das ist nicht zuletzt der Grund,
warum ich sie liebe.«[434]

Gegen das Frauen- und Familienbild von Doris Schröder-Köpf
gab es allerdings Widerspruch – auch von einigen Frauen. Einerseits
wurde sie dafür gelobt, dass sie die gegenwärtigen Lebensumstände
einer Mutter kennt. »Doris Schröder-Köpfs Aufruf zu Werten, zu
Strenge und Regeln, gewinnt seinen Reiz daraus, dass man spürt:
Hier kennt eine mehr als nur eine Lebenswelt«, schrieb beispielsweise die Journalistin Tissy Bruns.[435] Andererseits wurden die Angriffe
gegen Merkel, eine kinderlose Politikerin, zurückgewiesen. In der
›Zeit‹ hatte Schröder-Köpf Merkel angegriffen: »Ihre Politik war nie

frauen- oder familienfreundlich, obwohl sie als Ministerin jahrelang genau dafür zuständig war. Ihre Politik von damals ist mit schuld an den fehlenden Kindern heute. Frau Merkel verkörpert mit ihrer Biografie nicht die Erfahrungen der meisten Frauen. Die sind beschäftigt, wie sie Familie und Job unter einen Hut bekommen, ob sie nach der Geburt für mehrere Jahre aussteigen wollen oder wie sie ihre Kinder am besten erziehen. Das ist nicht Merkels Welt.«[436] Vermutlich wurden solche harschen Worte nicht ohne Abstimmung mit Schröder in die politische Landschaft gestreut. Alice Schwarzer, die sich von Zeit zu Zeit mit Merkel trifft, meinte dazu:»Ich halte es für unverantwortlich, dass die Kanzlergattin es wagt, die Kanzlerkandidatin deswegen anzugreifen.«[437] Schröder-Köpf habe Merkel indirekt ihre Kinderlosigkeit vorgehalten. Sie propagiere damit ein Frauenbild aus dem 19. Jahrhundert, das weit hinter die praktische Frauenpolitik der SPD und auch hinter die der CDU zurückfalle.[438] In der ›Süddeutschen Zeitung‹ schrieb Nina Poelchau über Schröder-Köpf:»Am Ende wirkte sie altmodischer als Hannelore Kohl.«[439] Die Autorin vermutete, dass Doris Schröder-Köpf, die sich eigentlich an keinem Vorbild habe orientieren wollen, dann doch in den Fußstapfen ihrer Vorgängerinnen landete. Grund dafür: Vielleicht sei»die Anziehungskraft der traditionellen Rolle zu stark« gewesen.[440] Das erwähnte TV-Duell kurz vor der Bundestagswahl sah die Journalistin als»erschütterndes Beispiel«:»Man muss sich mal ausmalen: Der Kanzlergatte, Professor Sauer, würde etwa in der Zeitung ›Bunte‹ erklären, wie der perfekte Katzenbaum konstruiert wäre oder wenn Angela Merkel eine Vielzahl ihrer Sätze so einleiten würde:›Joachim sagt ...‹ Doris Schröder-Köpf hat nie gemerkt, was für ein bedauernswertes Vorbild sie für Deutschlands Frauen abgab.«[441]

Berater und die »Friends of Gerd« (FROGs)

Eine weitere Persönlichkeit, die von Zeit zu Zeit unmittelbaren Zugang zu Schröder hatte, war der Herausgeber und Chefredakteur der Zeitung ›Die Woche‹, Manfred Bissinger, der seit 2002 Geschäftsführer im Hamburger Verlag Hoffmann & Campe ist. Zuvor war er unter anderem stellvertretender Chefredakteur des ›Stern‹ gewesen, Sprecher des Hamburger Senats sowie Chefredakteur der Magazine ›konkret‹, ›Natur‹ und ›Merian‹. Wer während der frühen rot-grünen Jahre wissen wollte, welche Themen den Regierungschef bewegten, war gut beraten, die ›Woche‹ zu lesen. Aus finanziellen Gründen wurde ihr Erscheinen 2002 eingestellt.

Neben Bissinger muss zumindest für den Beginn seiner Kanzlerzeit auch Manfred Güllner genannt werden, Gründer und Chef des Meinungsforschungsinstituts »Forsa«. Er hatte Schröder schon als Ministerpräsident beraten, denn der hielt Meinungsumfragen für »eine Art kontinuierliches Plebiszit«.[442] Hierzu muss man anmerken, dass die meisten Politiker »umfragegläubig« sind. Helmut Kohl hatte Elisabeth Noelle-Neumann und später Renate Köcher vom Institut für Demoskopie Allensbach, und so informierte das SPD-Mitglied Güllner eben Schröder. Güllner hatte damit für Schröders taktisches Vorgehen einen nicht zu unterschätzenden Einfluss. Heute allerdings ist das Verhältnis des »Forsa«-Chefs zur SPD ziemlich frostig. So kam etwa Kurt Beck während seiner zwei Jahre als SPD-Vorsitzender in den »Forsa«-Umfragen eigentlich immer ziemlich schlecht weg.

Ansonsten blieb die Zahl der »Teilzeit-Berater« klein, auch wenn sie in den Medien immer wieder genannt wurden. Der Historiker Heinrich August Winkler von der Berliner Humboldt-Universität (›Der lange Weg nach Westen‹[443]) war gelegentlich in einer Ratgeberposition, aber meist ohne eine wirkliche politische Resonanz, etwa in der Frage der Türkeipolitik. Andere wurden schon genannt, wenn sie den Kanzler nur einmal auf einer Reise nach Asien begleiteten, wie der Schriftsteller Tilman Spengler, der in Anspielung auf seinen Roman ›Lenins Gehirn‹ im Feuilleton der ›Frankfurter Allgemeinen Zeitung‹ gar zu »Schröders Gehirn« stilisiert wurde.[444] Gelegentlich lud Schröder auch einige ihm wohlgesinnte Intellektuelle ins Kanzleramt ein, darunter neben Spengler die Schriftsteller Günter Grass, Martin Walser, Christa Wolf, Peter Rühmkorf und Ingo Schulze, den Maler und Bildhauer Markus Lüpertz und den Regisseur Jürgen Flimm. Laut Spengler sei Schröder bei einem solchen Treffen im Kanzleramt vor Ausbruch des Irak-Krieges aufgrund der Argumentation seiner Gäste »richtig nachdenklich«[445] gewesen.

Spöttisch war in den Medien gelegentlich auch von den »Friends of Gerd« (FROGs) die Rede. Damit waren vor allem die zahlreichen Wirtschaftsbosse gemeint, die im Kanzleramt ein und aus gingen.[446] Es kam dabei häufig zu intensiven Rotwein- und Skatrunden, die bis spät in die Nacht dauern konnten. Insbesondere die Energiewirtschaft war und ist im Schröder'schen Freundeskreis gut vertreten, was wegen seiner heutigen Aufgabe als Vorsitzender des Aktionärsausschusses der Nord Stream AG, die für den Bau einer »Ostseepipeline« verantwortlich ist, sicherlich nicht uninteressant ist. Ein enger Freund von Schröder ist Jürgen R. Großmann, seit dem 1. Oktober 2007 Vorstandsvorsitzender der RWE AG. Sie kennen sich seit 1993, als Großmann die marode Georgsmarienhütte GmbH (ehemals Klöckner Edelstahl GmbH) für einen symbolischen Preis von zwei D-Mark übernommen hatte. Großmann ist Mitglied in zahlreichen Aufsichtsratsgremien und Beiräten verschiedener Unternehmen. Zum Netzwerk Gerhard Schröders gehörten und gehören ferner Ekkehard Schulz (Vorstandsvorsitzender der ThyssenKrupp AG), Schröders früherer Minister Werner Müller (bis Ende 2008 Vorstandsvorsitzender des Mischkonzerns Evonik[447]) sowie der ehemalige Staatssekretär Alfred Tacke. Letzterer hatte im Jahr 2002 in Vertretung des sich für befangen erklärenden Wirtschaftsministers Müller eine sogenannte »Ministererlaubnis«[448] bei der Übernahme der Ruhrgas AG durch EON erteilt. Brisant war die Angelegenheit, weil Tacke nach der Aufgabe seiner Staatssekretärsposition im Jahr 2004 Vorstandsvorsitzender des Stromversorgungsunternehmens STEAG in Essen wurde. STEAG ist eine 100-prozentige Tochter der seit Juni 2003 von seinem ehemaligen Minister Müller geleiteten RAG Aktiengesellschaft, an der EON beteiligt ist. Aus dem Reich der Energieindustrie wurde Schröder zudem ein besonders enges Verhältnis zu Utz Claasen zugeschrieben, dem geschassten Vorstandchef des drittgrößten deutschen Energieversorgers, der Energie Baden-Württemberg (EnBW).[449] Aber auch Schröders Beziehung zu Michael Frenzel, Vorstandsvorsitzender der TUI AG, ist sehr eng.[450]

Ein Ministerialbeamter, der Schröder und die Szene der Wirtschaftskapitäne sehr gut kennt, sagt: »Alle, die sich hochgearbeitet haben, haben Schröder imponiert. Jeder CEO hat ihm imponiert, weil er eine Aura von Macht und Privilegien verbreitet hat. Schröder hat deren exklusive Lebensweise imponiert, ihr Komfort und ihr Lebensstil, ihr ›Glamour‹.« Er sei zum Gourmet geworden, auch wenn er eine große Spannbreite beibehalten habe:»Heute Austern, morgen Currywurst.«

Pragmatismus als Regierungsstil

Nach Lafontaines Rückzug 1999 konnte Schröder schalten und walten, wie er wollte – so hoffte er zumindest. Allerdings musste der Bundeskanzler mit einiger Sorge einem außerordentlichen SPD-Parteitag entgegensehen, auf dem Schröder zum SPD-Vorsitzenden gewählt werden sollte, der sich aber auch mit der umstrittenen Kosovo-Entscheidung der Bundesregierung befasste.[451] Alles in allem verlief der Parteitag für Schröder aber gut. Am 12. April 1999 erklärte Schröder in knappen Worten:»Liebe Genossinnen und Genossen, was auch immer die Motive für Oskars sehr persönliche und überraschende Entscheidung gewesen sein mögen: Für seine Arbeit schulden wir ihm Respekt und Dank. Ich sage ohne jede Einschränkung, gerade auch in Oskars Abwesenheit: Oskar, ohne deine Arbeit wären wir am 27. September nicht so weit gekommen.«[452] Der SPD-Vorsitz bedeutete mehr Arbeit, andererseits aber auch die Möglichkeit, die Partei auf Schröder-Kurs zu bringen. Auch wenn schon damals eine stille Verweigerung von Parteimitgliedern begann, konnte Schröder sich auf den Parteitagen immer wieder Mehrheiten für seine Politik sichern. Denn Schröders Partei war nach 16 Jahren Opposition duldungsfähig.

Selbst wenn Schröder als Ministerpräsident über den Bundesrat an der Bundespolitik mitwirken konnte, so war er bis zum Amtsantritt als Kanzler im Wesentlichen doch Landespolitiker geblieben. Seine Stärken waren seine Popularität in der Bevölkerung und das vermeintliche Beherrschen der Medien, weshalb ihm schnell der Ruf eines»Medienkanzlers« anhaftete. In den ersten Monaten von Schröders Kanzlerschaft wurde ein erheblicher Teil der Regierungsarbeit darauf verwendet, die politischen Mitentscheidungsansprüche Lafontaines abzuwehren.

Schröders erster Chef des Kanzleramtes, Bodo Hombach, organisierte den Kampf gegen den Saarländer, er hatte – in der von Schröder geschätzten Fußballsprache – eine »Vorstopperfunktion« (Béla Anda)[453]. Zugleich verstand sich Hombach als Inspirator einer Politik für die »neue Mitte«. Sein Buch ›Aufbruch. Die Politik der Neuen Mitte‹[454], das kurz vor dem Regierungswechsel 1998 erschien, sollte diese Annäherung an Tony Blair unterstreichen. Lafontaine indes schäumte: »Wir brauchen keine neuen Rezepte, wir haben ein Regierungsprogramm.«[455] Häufiger Gesprächspartner von Hombach war Blairs Berater Peter Mandelson, der als einer der Architekten des Umbaus der britischen Labour Party hin zu »New Labour« galt; er war bis zu seiner Rückkehr ins britische Kabinett unter Gordon Brown im Oktober 2008 einflussreicher Handelskommissar der Europäischen Kommission. Das »Schröder-Blair-Papier« – in Großbritannien »Blair-Schröder-Papier« genannt – war der Versuch einer Modernisierung der europäischen und insbesondere der deutschen Sozialdemokratie, die als Oppositionspartei mit staunenden Augen den Erfolg Tony Blairs verfolgt hatte. »Hätten wir diesen Kurs durchgezogen, wäre die Agenda 2010 nicht so spät gekommen, wir hätten vier Jahre makroökonomisch gewonnen«, erinnert sich heute der ehemalige und profilierte SPD-Wirtschaftspolitiker Siegmar Mosdorf,[456] der als einer der wenigen in der SPD-Fraktion sich offen hinter das Schröder-Blair-Papier gestellt hatte. Viele deutsche Sozialdemokraten, anfänglich auch Schröder, orientierten sich am britischen Premier. »Am Anfang war es Bewunderung Blairs, später Zerwürfnis«, erinnert sich Wolfgang Nowak.[457] »Ein Zyniker wie Chirac hat ihm besser gelegen.«[458] Chirac bemühte sich sehr, Schröder von der Blair-Schiene wegzubringen – mit so kleinen Gesten eines Charmeurs, dass »Schack« – Schröder hatte etwa die gleiche Aussprache wie Kohl bei der Nennung des Vornamens des Staatspräsidenten – auf Schröders Handy dessen Frau Doris anrief. Blairs überwältigender Wahlsieg im Jahr 1997 gab auch der SPD einen kräftigen Schub. Dass Schröder selber einen wichtigen inhaltlichen Impuls für das deutsch-britische Dokument eingebracht hat – eigentlich hätte es »Mandelson-Hombach-Papier« heißen müssen –, ist indes zu bezweifeln. Wie auch immer: Das Schriftstück schockierte die Traditionsgenossen, auch wenn es der Versuch war, den Christdemokraten klassische Themenfelder wegzunehmen.[459] Schröder und Hombach hätten an Überlegungen Willy Brandts anknüpfen können, der am 22. September 1972 eine Umformung der SPD zu einer Partei der »neuen Mitte« proklamiert hatte.[460] Auch der frühere SPD-Geschäftsführer Peter Glotz hatte in zahlreichen Reden und Diskussionsbeiträgen diesen Begriff verfochten. Mit dem Ausscheiden Hombachs war der bei der SPD-Linken höchst umstrittene programmatische Versuch der »Neuen Mitte« hinfällig geworden. Hatte Schröder eine politische Strategie? Neu im Amt, profilierte er sich als Modernisierer. Wie schon seine Politik in Niedersachsen gezeigt hatte, regierte er prinzipiell wirtschaftsfreundlich und war am Erfolg der Industrie sowie am Erhalt beziehungsweise an der Schaffung neuer Arbeitsplätze interessiert. Diesen Zielen ordnete er vieles unter. Außenpolitische oder moralische Rücksichten waren ihm – etwa bei Panzerlieferungen oder in Bezug auf China – zweitrangig. Die Tatsache, dass er mit Walter Riester zwar einen Gewerkschafter, aber einen Reformer als Arbeitsminister in sein erstes Kabinett berief, unterstrich Schröders Absicht, den traditionalistisch-sozialstaatlich ausgerichteten Flügel der SPD zurückzudrängen.

Mit dem Rücktritt Lafontaines veränderte sich Schröders politisches Koordinatensystem. Sein politischer Widerpart war verschwunden und ein Nachfolger von ähnlichem Gewicht nicht zu sehen. Zu einer inhaltlich-ideologischen Neuformulierung einer politischen Strategie kam es jedoch nicht, gerade weil Schröder nie in grundsätzlichen politischen Konzeptionen dachte, sondern sich situativ-pragmatisch auf neue Herausforderungen einstellte. Eine eigene politische Kontur hat Schröder insoweit nie entwickelt. Seine Fähigkeit bestand darin, die täglichen Aufgaben abzuarbeiten – in der ersten Phase an Blairs Vorstellungen von der »neuen Mitte« ausgerichtet, die ihm von Bodo Hombach intellektuell vermittelt worden waren. Später orientierte er sich zeitweilig an den Vorgaben des Finanzministers Hans Eichel. Die SPD aber hatte sich immer als Programmpartei verstanden – Schröder wusste damit so gut wie nichts anzufangen. Mit Ausnahme der Wirtschaftspolitik hat sich Gerhard Schröder nie mit innerer Überzeugung am richtungspolitischen Streit in der SPD beteiligt. Zu den

Referenzpositionen, gegen die sich Schröder profilierte, gehörte darüber hinaus auch die Politik der Grünen. Die Grünen versuchte Schröder insbesondere in umweltpolitischen Fragen heftig auszubremsen. Aber auch in der Außen- und Sicherheitspolitik brachte er sie dazu, ihren einstigen Pazifismus endgültig zu verabschieden. Gleichwohl nutzte er den Koalitionspartner, um – zum Beispiel auf dem Nürnberger SPD-Parteitag 2001 oder beim Bundestagswahlkampf 2002 – die ökologische Herausforderung als ein Thema zu benennen, das von ihm unterstützt wurde.

Schröder brauchte Beratung eigentlich immer nur ad hoc, wenn politische Probleme auftraten. Wolfgang Nowak bezeichnet ihn als einen »Situationisten«[461], dem langfristige Überlegungen nicht wichtig sind, er sei ein »Meister des Augenblicks«, der »wie ein Schwamm« Strömungen in sich aufzunehmen vermag, bevor andere sie wahrnehmen, er habe ein »Gespür für das Jetzt«. Der Politikwissenschaftler Karl-Rudolf Korte bezeichnete Schröder als »Pragmatiker des Augenblicks«.[462] Der frühere stellvertretende Regierungssprecher Hans H. Langguth bezeichnet Schröder als einen »Politiker mit ausgeprägtem Instinkt und Gefühl für den Augenblick«.[463] Bezeichnend für Schröder ist, dass im Bundeskanzleramt die 1998 neu gegründete Abteilung »Politische Analysen und Grundsatzfragen« unter der Leitung von Wolfgang Nowak 2002 wieder in der Versenkung verschwand – die frei gewordene Ministerialdirektorenstelle in der Besoldungsstufe B 9 wurde anderweitig besetzt. »Die Sorge der Beliebigkeit hatte jeder, der Schröder näher kannte«, attestiert heute ein früherer SPD-Spitzenpolitiker. Norbert Seitz, viele Jahre verantwortlicher Redakteur der von der Friedrich-Ebert-Stiftung herausgegebenen ›Frankfurter Hefte‹, ein scharfsinniger Intellektueller, sieht in Schröders Regierungspraxis so etwas wie eine »Antithese« zu Kohl: Während sich hinter dessen zum polemischen Klischee seiner Gegner geronnenen »Aussitzen« politischer Probleme in Wahrheit »seine schier unumstößliche Stärke« verbarg, nämlich die Kunst, »die sterilen Aufgeregtheiten des politischen Alltags an sich abprallen zu lassen«[464], war Schröder eher ein »Pragmatiker«, dem Typus eines »Situationisten« zuzurechnen, der auf kurzfristige Ereignisse schnell reagieren wollte. Er bewegte sich dabei in einer »populistischen Grauzone«.[465] Ein Beispiel für »situationistisches Regieren« ist der Fall der in die Insolvenz gerutschten Firma Holzmann, der nur kurzfristig eine positive Wirkung erzielte, Schröder aber das Image des zupackenden Machers vermittelte. 2002 musste der Konzern dann endgültig Insolvenz anmelden.»Holzmann saniert Schröder« lautete eine Titelüberschrift in der ›tageszeitung‹.[466] Mit der Holzmann-Krise hatte der Kanzler seinen ersten politischen Erfolg eingefahren. Der ›Stern‹:»Er galt schon als erledigter Fall. Dicke Zigarre, nix dahinter.«[467] Und weiter ganz euphorisch:»Ein neuer Schröder ist zu besichtigen. Einmal durch den großen Wolf gedreht und geläutert wieder herausgekommen.«[468] Ein weiteres Beispiel ist die»Green Card«, die Ende Februar 2000 auf der Messe»Cebit« in Hannover angefangen hatte. Die im Prinzip begrüßenswerte Initiative, dass dringend benötigte Computer-Fachkräfte etwa aus Indien oder aus Osteuropa leichter nach Deutschland einreisen und eine Arbeitserlaubnis erhalten können, sollte sich als ein Flop erweisen. »Florida-Rolf« ist ein weiteres Beispiel für die hektische Betriebsamkeit des Kanzlers, der in der ›Bild‹ unter der Überschrift»Er lacht uns alle aus!« lesen musste, dem 64-jährigen Sozialhilfeempfänger Rolf J. zahle das Sozialamt eine Wohnung in der Collins-Avenue in Miami.[469] Kurze Zeit später konnte ›Bild‹ berichten, der Kanzler nehme sich jetzt »persönlich« dieses Sozialmissbrauchs an.[470] »Sozialhilfe unter Palmen wird es künftig nicht mehr geben«, hatten daraufhin die Öffentlichkeitsarbeiter der Sozialministerin Ulla Schmidt ins Manuskript geschrieben, als sie bereits Anfang September 2003 eine entsprechende Gesetzesänderung ankündigte.[471] Das»süße Leben auf Stütze«[472] sollte bald der Vergangenheit angehören. Ein weiteres Beispiel für die schnelle und direkte, zugleich medienwirksame Reaktion des Kanzlers ist die Kampfhunde-Thematik. Auch der Verbotsantrag der NPD war mit heißer Nadel gestrickt worden; er entsprach keinesfalls einer lang gehegten Strategie des Kanzlers. Das Verbot wurde zuerst vom damaligen bayerischen Innenminister Günther Beckstein Anfang August des Jahres 2000 gefordert.[473] Die Bundesregierung wies zunächst in Gestalt der parlamentarischen Staatssekretärin im Bundesinnenministerium Cornelie Sonntag-Wolgast diese Forderung zurück, es sei»nicht angeraten, Verbote zu beschließen«.[474] Noch am 7. August 2000 erklärte Regierungssprecher Heye eher defensiv:»Wenn die Beweise und der Abgleich der Unterlagen der Sicherheitsbehörden in Bund und Ländern ausreicht, dann wird man sehen, ob ein Verbotsantrag formuliert werden kann.«[475] Landesinnenminister und manche Fachleute waren uneins, ob der Verbotsantrag politisch sinnvoll ist und ob genügend gerichtsfestes Material vorliegt. Doch sah der Kanzler offensichtlich, dass jetzt Zeit zum Handeln gekommen ist. Es konnte ihm nicht schmecken, dass ausgerechnet die CSU die Vorreiterrolle im Kampf gegen den Rechtsextremismus übernahm. Schon am 13. September 2000 sprach er sich in der Generalaussprache des Bundestags klar für ein NPD-Verbot aus, wenn die Voraussetzungen dafür vorliegen.[476] Der Verbotsantrag der Bundesregierung wurde am 30. Januar 2001 beim Bundesverfassungsgericht eingereicht. Aus verfahrensrechtlichen Gründen scheiterte der Antrag.[477] Als dann der Kanzler eine »Politik der ruhigen Hand« ankündigte, war das genau der Versuch, dem Vorwurf der spontanen Politikentscheidung zu entgehen. Aber diese Formulierung war den Deutschen auch nicht recht, sie wurde als Stillstand gedeutet, weswegen er Mitte Januar 2002 begann, sie aus dem politischen Verkehr zu ziehen.[478]

»Ich war nicht in der Lage, den Ort kollektiver Willensbildung wenigstens von Teilen der Regierung zu erkennen«, so beschrieb damals ein parlamentarischer Staatssekretär das strategische Durcheinander der Bundesregierung. Da Schröder Entscheidungen immer im Lichte der jeweiligen Situation traf und zwar nicht zuletzt mit Blick auf die Börsenkurse der Machtpolitik, wirkten seine Entscheidungen gelegentlich sprunghaft. Sie wurden mit keiner Strategie, Ideologie, Philosophie in Verbindung gebracht. In der Politikwissenschaft wird Gerhard Schröder als »Beispiel für Führung ohne Richtung bezeichnet«.[479] Schröder hat sogar in seinen Memoiren einen ideologischen Überbau für seine Politik gar nicht erst beansprucht, sondern seinen Pragmatismus selbst bestätigt. Immerhin erwähnt er das Ende des Ost-West-Konflikts, an dessen Stelle die Globalisierung als Konkurrenzkampf international agierender Unternehmen getreten sei. Auch konstatiert er einen verschärften Wettbewerb zwischen ganzen Volkswirtschaften, der dem »rheinischen Kapitalismus« der alten Bundesrepublik die Basis entzogen habe. Er schreibt: »So gesehen waren die gesamten sieben Jahre rot-grüner Regierung auch ein Nachholen dessen, was uns zu Beginn unserer Arbeit nicht zur Verfügung stand – ein umfassendes reformerisches Programm.«[480] Dieses fehlende Programm sei »vielleicht sogar« ein »Segen« gewesen, so Schröder. Denn er stellt die Frage, wie wohl »das Design eines Reformprogramms ausgesehen« hätte, »das intellektuell auf die politischen Erfahrungen der achtziger und neunziger Jahre gegründet gewesen wäre.«[481] Wir sehen: Schröders Fähigkeiten lagen nicht im konzeptionellen Bereich – wovon er auch gar nichts hielt –, sondern im politischen Reagieren auf tagespolitische Herausforderungen und den Kampf um die Macht. Schröders Biograf Reinhard Urschel verweist darauf, dass Schröder von den Anfangsmonaten seiner Kanzlerschaft an bei allen politischen Vorhaben »zuerst darauf geachtet« habe, »wie die Konstellationen waren. Er hat sich gefragt, wo er Verbündete findet, im Umfeld, bei der Wirtschaft, bei den Gewerkschaften, den Verbänden. Dann hat er die politische Durchsetzbarkeit seiner Vorhaben erwogen und erst danach im Einzelnen festgelegt, was und wie viel er erreichen wollte«.[482] Erst beim Feststellen von Fehleinschätzungen galt das Prinzip von Versuch und Irrtum.

Doch Schröders Politikverständnis passte nicht zur SPD. Während die Union, auch mit dem »C« im Namen, im Kern eine bürgerlich-pragmatische Partei ist, die sich zuerst am Machterhalt orientiert, gibt es in der fast 150 Jahre alten Traditionspartei SPD eine Sehnsucht nach Konzepten, Utopien und Visionen. Diesem Bedürfnis konnte Schröder nicht entsprechen. Seine spätere Agenda-Politik scheiterte in der SPD auch deshalb, weil er rein pragmatisch argumentierte und weder ein ideologischer Überbau noch ein ideelles Ziel sichtbar wurden. Die »Agenda 2010« war insofern nur ein Terminplan – eben abzuarbeiten – und kein politisches Programm. Schröder wurde mit der Agenda schließlich immer weniger glücklich. Der eifrigste Agenda-Befürworter Wolfgang Clement wurde im Dezember 2004 von Schröder im ›Stern‹ darauf hingewiesen, dass die Verantwortung für die Umsetzung der Arbeitsmarktreformen »eindeutig beim Bundeswirtschaftsminister liegt.«[483] Dies konnte man durchaus als ein sanftes Sich-Absetzen Schröders von der Agenda 2010 interpretieren.

Hinzu kommt: Der Koordinierungs- und Politikstil Gerhard Schröders war wenig systematisch – jedenfalls was die tägliche Politikkoordinierung anging. Gab es bei Kohl (und auch später bei Merkel) jeden Morgen im Kanzleramt zusammen mit den wichtigsten Vertrauten eine »Morgenlage«, so verzichtete Schröder weitgehend auf dieses Instrument der Informationsgewinnung und Entscheidungsvorbereitung. Aber es gab zahllose Runden eher informeller Natur mit dem Kanzler, die oft genug bis Mitternacht reichten. Ihre Zusammensetzung bestimmten die täglich neuen »Sachzwänge«. Und da wurde nicht gesellig geplaudert, sondern diskutiert um der Sache willen, erinnert sich Michael Naumann.[484] Schröder überließ die regelmäßige Morgenlage seinem Kanzleramtschef (»Steinmeier-Kreis«[485]).

Gerhard Schröder neigte nicht zu hitzigen Temperamentausbrüchen, worin er sich von Helmut Kohl unterschied; viele ehemalige Mitarbeiter loben auch heute noch die gute Arbeitsatmosphäre im Kanzleramt. Es konnte sogar vorkommen, dass Schröder die Büros seiner Mitarbeiter betrat, was bei seinem Vorgänger so gut wie undenkbar war. Allerdings schien Schröder bei vielen Terminen in früher Morgenstunde eher gereizt. Er liebte es (auch bei Rotwein, und das gelegentlich nicht zu knapp), am Abend Gespräche zu führen, dann ohne Zeitdruck. Ein Diplomat des Auswärtigen Amtes erinnert sich, wie er zur Vorbereitung einer Reise abends zu einer Besprechung ins Bundeskanzleramt gebeten wurde – und zu seiner Überraschung zum Abendessen, ohne Zeitdruck, eingeladen war.

Schröder war das Gegenteil eines »Aktenfressers«. Auch schon vor seiner Kanzlerzeit irritierte es die Teilnehmer wichtiger parteiinterner Besprechungen, dass er meist ohne Notizen kam und sich vor allem selber nie Notizen machte, wenn es um die Umsetzung von Besprechungsinhalten gehen sollte. »Der schreibt nichts auf, bringt kein Papier mit«, erinnert sich ein SPD-Spitzenpolitiker. Schröder ist ein Intuitivtyp, der sich seine Meinung meist durch den persönlichen Vortrag bildet. Er selbst beschrieb schon 1991 seinen Arbeitsstil wie folgt: »Meine analytischen Fähigkeiten sind begrenzt. Ich bin niemand, der ein Problem kühl und präzise in seine Komponenten zerlegt. Aber ich kann sehr schnell die Schwächen und Stärken einer Konzeption erkennen, sehe schnell den Kern eines Problems und finde die Lösung eher emotional. Mein Führungsstil sieht so aus, dass die Leute mir erklären müssen, worum es geht – und wenn sie es mir nicht erklären können, dann ist die Entscheidung, die getroffen werden soll, mutmaßlich falsch.«[486] Michael Naumann erinnert sich an einen »dialogischen Führungsstil«[487] Schröders, »der viel gefragt und aufmerksam zugehört hat«, der ein »enormes Gedächtnis« habe.

Politischer Instinkt spielt bei Schröder eine wichtige Rolle. Bei schriftlichen Vorgängen, die einen Bundeskanzler in großer Zahl erreichen, auch wenn sie vorher vom »ChefBK«»gefiltert« werden, legte Schröder immer Wert auf eine stark verdichtete Zusammenfassung. Im Laufe der Zeit hat er die Fähigkeit entwickelt, sich an kurzen und knappen argumentativen Leitlinien zu orientieren. Intuitivpolitiker sind jedoch der Gefahr ausgesetzt, dass bei einem starken zeitlichen Entscheidungsdruck der jeweils letzte Ratgeber oder Besucher den Ausschlag geben kann, was damals bei so manchem Beamten große Befürchtungen ausgelöst hat.

Als Reaktion auf ein ziemliches Politchaos in den ersten Regierungsmonaten beschloss die Bundesregierung im März 1999 ein Maßnahmenbündel zur Verbesserung ihrer Entscheidungsprozesse. Es wurden wieder regelmäßige Koalitionsrunden angesetzt.[488] Dabei waren Schröder Absprachen mit den Grünen ziemlich lästig. Er wollte lieber, was es in der Koalition zu besprechen gab, direkt mit seinem »Vize« Fischer abmachen, doch der war nicht Parteivorsitzender. Mit ihm gab es gleichwohl vor den Kabinettssitzungen kurze Vorbesprechungen. Es kam zeitweilig auch zu einem informellen Zusammentreffen in einem Viererkreis, an dem Schröder und Lafontaine sowie aufseiten der Grünen Fischer und Trittin teilnahmen.[489] Doch das störte die grüne Parteiführung, weil sie dabei nicht eingebunden war. Die deshalb von Zeit zu Zeit durchgeführten Koalitionsrunden litten aber unter der großen Zahl ihrer Teilnehmer: Durch die Tatsache, dass die Grünen jeweils zwei Parteivorsitzende und zwei Fraktionsvorsitzende haben, wurden die Koalitionsrunden sehr viel größer und bestanden beidseitig aus jeweils mehr als zwölf oder dreizehn Personen, schließlich nahmen parlamentarische Geschäftsführer oder Minister auch noch daran teil. Auch stellte sich bald heraus, dass Sitzungen in dieser Teilnehmergröße praktisch öffentlich waren. Vieles konnte nicht vertraulich gehalten werden. Schröder regte zudem an, dass die Fraktionschefs von SPD (Peter Struck) und Grünen (Rezzo Schlauch) auch an den Kabinettssitzungen teilnehmen sollten. Beide erklärten jedoch, nur dann anwesend sein zu wollen, wenn »wichtige Dinge« auf der Tagesordnung stünden.[490] Sie befürchteten offensichtlich, zu stark in eine indirekte Kabinettsdisziplin eingebunden zu sein.

Wenn es zwischen den Grünen und Schröder hakte, dann wurde gelegentlich der Fraktionsvorsitzende Rezzo Schlauch als Feuerwehrmann eingesetzt. »Wenn nichts mehr ging, musste der Rezzo Schlauch mit dem Kanzler sprechen«, sagt Fischer heute.[491] (Schlauch selbst kann sich daran erinnern, dass Fischer einmal zu ihm gesagt hat: »Wenn die K… richtig heiß wird, musst du zu ihm gehen.«[492]) Der hohenlohesche Pfarrerssohn aus Bächlingen im fränkischen Teil Württembergs war nicht nur von derselben Hebamme in demselben Kreißsaal in Gerabronn ins Leben geholt worden wie Joschka Fischer[493], sondern Schlauch hatte auch eine jovial-kumpelige Art, die mit dem Stil Schröders besonders kompatibel war. »Das konnte der am besten«, heißt es.[494]

Richtig heiß wurde es bei der zwischen Schröder und den Grünen umstrittenen Frage einer Panzerlieferung vom Typ Leopard 2 A5 an die Türkei.[495] Im Oktober 1999 warnten die Grünen sogar vor einem Scheitern der Koalition.[496] Denn die Menschenrechtslage erlaube keine Panzerlieferungen, argumentierten die Grünen. Ihr Bundesgeschäftsführer Reinhard Bütikofer brachte sogar eine Unterschriftenkampagne gegen das Projekt ins Gespräch.[497] In dieser Situation wurde Schlauch zum Kanzler geschickt, zumal der Vertreter des von Fischer geleiteten Auswärtigen Amtes im Bundessicherheitsrat, der über Waffenlieferungen zu entscheiden hat, angeblich nicht Stopp gerufen hatte.[498] »Wenn wir nicht liefern, dann werden das die Amis tun«, blaffte Schröder den grünen Haudegen an. Es waren wohl bis zu 1000 Panzer im Gespräch, die die Türkei begehrte. Der Kanzler war sichtlich geladen, doch am Ende des Gesprächs, nachdem auch einiges an Rotwein geflossen war, vertrugen sich Schröder und Schlauch: Es blieb bei einem Testpanzer. »Wir haben die 1000 Panzer unter den Tisch getrunken«, schmunzelt Schlauch.[499]

Probleme zwischen Schröder und den Grünen gab es auch, als Schröder der Führung in Peking versprach, er werde sich im Rahmen der EU für eine Aufhebung des Waffenembargos einsetzen.[500] Dann wurde auch noch bekannt, dass Schröder dem chinesischen Wunsch, die aufgrund grünen Drucks stillgelegte Plutoniumfabrik aus Hanau zu kaufen, positiv gegenüberstand. Trittin weist gleichwohl darauf hin, dass der Kanzler bei dieser Reise vom Staatssekretär des Auswärtigen Amtes begleitet wurde. Dieser verwies Schröder bei dessen Rückfrage, ob man diese Zusage machen könne, auf einen zwischen dem Auswärtigen Amt und dem Kanzleramt abgestimmten Vermerk, der dies bejahte[501]. Die Schröder-Entscheidung führte zu einer heftigen Regierungskrise, beinahe zu einer »rot-grünen Kernspaltung« (›Die Welt‹).[502] Insider wissen zu berichten, dass zu diesem Zeitpunkt die Gesprächsfähigkeit zwischen dem Kanzler und seinem Vize ziemlich eingeschränkt war. Im April 2005 wurde schließlich bekannt, dass das Atomgeschäft scheiterte.[503]

Auch wenn es Zeiten gab, in denen Fischer überhaupt nicht gut auf Schröder zu sprechen war, so ordnete sich der Außenminister laut Nico Fried, dem »Grünen-Beobachter« der ›Süddeutschen Zeitung‹, immer dem Führungsanspruch Schröders unter.[504] Immerhin war der Bundeskanzler auch Vorsitzender der SPD. Gelegentlich bewunderte Fischer ihn sogar, auch wenn er sich – ähnlich wie dies bei Lafontaine der Fall war – intellektuell für befähigter gefühlt haben dürfte. So schreibt Fischer über ein Zusammentreffen zur Kosovo-Frage am 21. April 1999 im Kanzleramt: »Und seit jenem Abend im Kanzlerbungalow wusste ich auch, was letztendlich einen Kanzler ausmacht. Gerhard Schröder hatte es uns allen an diesem Abend demonstriert.«[505] Anerkennend sagt Fischer: »Der Kosovo-Krieg machte Schröder zum Kanzler.«[506] Intern hatte hinsichtlich dieser Entscheidung selbst Otto Schily Skepsis, vor allem wegen der »rhetorisch überhöhten Auschwitz-Rhetorik« Fischers.[507] Um die Bombardements im Kosovo zu rechtfertigen – erstmals hatte sich Deutschland am 24. März 1999 wieder im Krieg befunden, und das ohne die einst auch von Fischer für notwendig erachtete Legitimation durch die Vereinten Nationen – bemühte Fischer das folgende Argument: »Ich habe nicht nur gelernt: nie wieder Krieg. Ich habe auch gelernt: nie wieder Auschwitz.«[508] Hätte Fischer jedenfalls die grüne Basis nicht von der Notwendigkeit dieses Krieges überzeugt, wäre vermutlich die Koalition geplatzt – oder gar nicht erst zustande gekommen.

Schwierig war das Verhältnis von Schröder und Fischer gleichwohl, besonders als Schröder erkennen musste, dass insbesondere das gute Ergebnis der Grünen bei der Bundestagswahl 2002 seine weitere Kanzlerschaft ermöglichte. »Ich habe im Verhältnis zu Schröder nie ein Rollenproblem gehabt ... Jede Rivalität ist von ihm ausgegangen«, konstatiert Fischer kühl.[509] Die Wahlen 2002 hätten vor allem die Grünen gewonnen, während das Wahlergebnis von 1998 stärker das Verdienst der SPD gewesen sei. Denn Schröders »Achillesferse« sei gewesen, »von anderen abhängig zu sein. Er konnte kein Defensivspiel organisieren.«[510] Und weiter: »Natürlich gab es in der Außen- und Europapolitik auch manche inhaltlichen Meinungsunterschiede. Schröder war kein Pro-Europäer, aber Schröder hat die Europapolitik mehr und mehr begriffen. Alles in allem hat Schröder in der Außenpolitik keine falsche Entscheidung getroffen, wenn man sein Pipeline-Engagement für Nord Stream einmal weglässt«, sagt Fischer heute.[511] Offensichtlich hatte Fischer aber auch gelegentlich Lust, aus der deutschen Politik »auszubüxen« und in den Jahren 2003/2004 Hoher Repräsentant der EU für Außen- und Sicherheitspolitik zu werden.[512] Bütikofer hatte in einer Analysesitzung mit Sozialwissenschaftlern in Berlin darauf hingewiesen, Fischer wolle mit Schröders Unterstützung im Jahr 2004 als Nachfolger von Romano Prodi als EU-Kommissionspräsident nach Brüssel gehen.[513] Bei den internen Diskussionen der Grünen wurde sogar Trittin als Fischer-Nachfolger gehandelt. Fischer wäre sicher der richtige Mann gewesen, die Spaltung der europäischen Staaten in »altes« und »neues Europa« überwinden helfen zu können, war ein Argument. Aber gerade die deutsche Haltung zum Irak erschwerte die Präsentation eines deutschen Kandidaten. Im Endeffekt siegte aber auch bei den Grünen die Vorstellung: »Wir brauchen Joschka für den Wahlkampf.«[514] Andererseits: »Joschka war immer ein Mensch des Erfolges. Die Vorstellung, mit der SPD gemeinsam die Wahl zu verlieren, war ihm zuwider.« (Jürgen Trittin)[515]

Schwieriger war Schröders Verhältnis zu Trittin, der ja unter Schröder in Niedersachsen bereits Bundesratsminister war. Im ersten Jahr der Regierungszeit kriselte es mehrfach um Trittin. Insbesondere der »Atomstreit«[516] warf ein grelles Licht auf die Kohärenz der Koalition. Schröder weigerte sich im Dezember 1998, den für diese Fragen zuständigen Umweltminister Jürgen Trittin zum Sondierungsgespräch über den Atomausstieg mit Wirtschaftsminister Müller und Managern der Stromwirtschaft einzuladen:»Wenn ich einlade, dann lade ich ein.«[517] Am 16. Dezember 1998 stoppte Schröder im Kabinett Trittins Entwurf für einen Atomausstieg. Vorausgegangen war eine Auseinandersetzung zwischen Müller und Trittin über die Eckpunkte dieser Gesetzesänderung.[518] Als Trittin wiederum die Atomkommission ohne Absprache auflöste[519], wies ihn Schröder öffentlich zurück:»Die Machtverhältnisse sind geklärt.«[520] Für Unmut sorgte die Befreiung vieler Industriebetriebe von der geplanten Höherbesteuerung von Öl, Gas und Strom, was auf rechtliche Bedenken der EU stieß. Der Kanzler hatte schon im Februar 1999 verlangt, die Grünen bräuchten für ihre Politik»mehr Fischer, weniger Trittin«.[521] Der so Attackierte konterte:»Die Grünen würden sich sicherlich manchmal mehr Lafontaine und weniger Schröder wünschen.«[522] Schröder soll sogar mit Entlassung gedroht haben.[523] Anlass der Auseinandersetzung war der schon lange schwelende Streit über die EU-Verordnung zur kostenlosen Entsorgung der Altautos. Am 24. Juni 1999 scheiterte im EU-Umweltministerrat zunächst die Altauto-Richtlinie. Im März 1999 – offensichtlich auf Betreiben von Ferdinand Piëch – war schon einmal ein Beschluss im Ministerrat verschoben worden. Trittin sagt heute rückblickend:»Später, im Oktober, hatten wir allerdings dann den Kompromiss durch, dem zuzustimmen Schröder im Juni noch blockiert hatte.«[524] Offensichtlich hatte der Kanzler von seiner Richtlinienkompetenz Gebrauch gemacht und die Zustimmung zum Kompromiss zunächst verboten. Ein vergleichbares Beispiel einer konkreten Anweisung eines Kanzlers gibt es nicht.

An Trittin schieden sich immer wieder die Geister. Einerseits konnte er politische Erfolge aufweisen – so die Tatsache, dass die Bundesregierung im Juni 2001 zusammen mit der Energiewirtschaft einen Atomkonsensvertrag unterschrieb –, doch war von Zeit zu Zeit sein Verbleib im Kabinett in Frage gestellt, als er etwa im März 2001 den damaligen CDU-Generalsekretär Laurenz Meyer mit einem Skinhead verglich.[525] Dafür musste er sich entschuldigen. Fritz Kuhn, Vorstandssprecher von Bündnis 90/Die Grünen, erklärte nach ausgiebiger Diskussion im Parteirat:»Trittin bleibt Umweltminister.« Offensichtlich wollte der Realo Fischer den linken Trittin als Ministerkollegen loshaben.[526] Fischer nutzte Trittin-Äußerungen zum Irak-Krieg – das eigentliche Motiv für die Haltung der amerikanischen Regierung seien »geostrategische und Rohstoff-Interessen«[527] –, um sich von ihm zu distanzieren. Andererseits wurde in der Bundesregierung daran erinnert, es gehöre zur Mentalität Schröders, mit »geschwächten Ministern« zusammenzuarbeiten.[528] Heute sagt Trittin: »Schröder und ich hatten nach einem streitbaren Beginn am Ende ein vertrauensvolles Verhältnis.«[529] Fischer ergänzt über Schröder und Trittin: »Beide hatten ein eigenes Binnenverhältnis.«[530] Streit gab es auch zwischen Clement und Trittin. Otto Schily äußert sich hierzu: »Schröder wollte sich die Wirtschaftskompetenz nicht durch Trittin kaputtmachen lassen.«[531] So gab es im März 2004 heftigen Streit zwischen Clement und Trittin bezüglich der Verteilung handelbarer Abgasrechte für Unternehmen.[532]

In den Regierungsfraktionen entwickelte sich schon frühzeitig ein starker Unmut über Schröders Regierungsstil. Ein Kreis junger SPD-Abgeordneter beklagte vor allem den »absurden Druck«, der bei Veränderung der Lohnfortzahlung, des Kündigungsschutzes und bei der Rente, bei der Steuerreform und beim Staatsbürgerschaftsrecht auf sie ausgeübt wurde.[533] Doch die Abgeordneten wollten sich nicht einer reinen Abstimmungs- und Unterstützungsmaschinerie unterordnen lassen. Viel Erfolg hatten sie mit ihrer Klage aber nicht. Da die Mehrheitsverhältnisse im Bundestag ziemlich knapp waren, war der von oben ausgeübte Fraktionszwang groß.

Ein besonderes Charakteristikum des Regierungsstils von Gerhard Schröder war das »informelle Regieren«[534]: Mit diesem Begriff wird in der Politikwissenschaft die zunehmende Tendenz beschrieben, Entscheidungen außerhalb der dafür vorgesehenen Institutionen so vorzubereiten, dass die eigentlichen Entscheidungsgremien sie nur noch absegnen können. So verkümmerte in den letzten Jahren die politische Gestaltungsmacht des Deutschen Bundestages immer mehr. Diese Tendenz war zwar auch schon zu Kohl-Zeiten deutlich sichtbar[535], sie wurde unter Schröder aber immer stärker – und das, ohne dass es einen Aufschrei des Bundestages oder seines Präsidenten Wolfgang Thierse (SPD) gegeben hätte.

Auch das Bundeskabinett war nur selten der Ort, in dem grundsätzlich die Linie der Gesamtregierung festgelegt worden wäre. Die Sitzungen des Kabinetts dauerten meist nicht lange; Schröder mochte dort keine intensiven Diskussionen. Und die schwierigen Fragen waren längst vorher geklärt worden. Das Grundgesetz geht nicht nur von der Richtlinienkompetenz des Kanzlers und der Ressortverantwortlichkeit der einzelnen Minister aus, es kennt auch das Kollegialprinzip des Kabinetts, das als Gesamtgremium über wichtige Fragen entscheiden soll. Sicher sind informelle Besprechungen selbstverständlich; es hat sie bereits in der Adenauer-Ära gegeben. Bei Schröder war jedoch die Tendenz vorhanden, Kommissionen, Gesprächsrunden oder ähnliche Institutionen einzuberufen, deren Beratungsergebnisse zum Maßstab seiner Entscheidungen gemacht wurden. Diese Tendenz führte zu einer verschärften »Entparlamentarisierung« der deutschen Politik. Scherzhaft wurde auch von einer »Rätedemokratie« gesprochen. Es hatte zwar schon in früheren Zeiten Regierungskommissionen gegeben, etwa den Sachverständigenrat zur Begutachtung der gesamtwirtschaftlichen Entwicklung. Aber dessen Arbeit basiert auf einer gesetzlichen Ermächtigung.[536] Während der ersten Großen Koalition (1966 bis 1969) kamen auf Anregung des damaligen Wirtschaftsministers Karl Schiller (SPD) Vertreter der Regierung, der Gewerkschaften, der Arbeitgeberverbände und der Gebietskörperschaften im Rahmen einer sogenannten »konzertierten Aktion« zusammen. Eine Art Neuauflage dieser konzertierten Aktion war während der Kanzlerschaft Kohls das 1996 ausgerufene »Bündnis für Arbeit und Standortsicherung«, das jedoch wegen der Kritik der Gewerkschaften an der Sparpolitik der Regierung rasch scheiterte. Unter Gerhard Schröder nahm die Bundesregierung schon im Dezember 1998 die Gesprächsrunden für ein »Bündnis für Arbeit, Ausbildung und Wettbewerbsfähigkeit« auf, das auch noch in Schröders zweiter Amtsperiode zusammentrat, dann aber im Frühjahr 2003 – im Vorfeld der »Hartz-Reformen« – scheiterte. Darüber hinaus gab es kaum ein Thema, mit dem sich Schröder nicht mithilfe einer Regierungskommission auseinandersetzte.

Das bekannteste Gremium wurde die Hartz-Kommission, deren Empfehlungen teilweise umgesetzt wurden. Im Februar 2002 berief

Schröder die Kommission »Moderne Dienstleistungen am Arbeitsmarkt«. 15 Persönlichkeiten aus Politik, Wirtschaft, Gewerkschaften und Wissenschaft sollten versuchen, eine neue Ordnung für den Arbeitsmarkt zu entwerfen. Hauptaufgabe der nach ihrem Vorsitzenden benannten »Hartz-Kommission« war es, Vorschläge zu unterbreiten, wie die Zahl der Arbeitslosen in drei Jahren halbiert werden könne.[537] Die Existenz dieser Kommission hatte Schröder schon während des Wahlkampfes in die Lage versetzt, hinsichtlich konkreter Fragen, was er zur Bekämpfung der Arbeitslosigkeit zu tun gedenke, von der quälenden Frage der Arbeitslosigkeit abzulenken, zumal ihm die Elbe-Flut half, sich als exekutive Kraft zu bewähren und er in der Irak-Frage die Kriegsangst vieler Deutscher zu nutzen wusste. Vorsitzender der Kommission[538] war der Personalvorstand von Volkswagen, der Saarländer Peter Hartz. Ihm war von der Universität Trier 1994 die Ehrendoktorwürde verliehen worden. 2004 erhielt er vom saarländischen Ministerpräsidenten Peter Müller (CDU) sogar den Ehrentitel »Professor«. Heute wird der damals geläufige Begriff »Hartz-Kommission« nicht mehr gern verwendet. Denn Peter Hartz musste aufgrund eines Ermittlungsverfahrens wegen des Verdachts auf Untreue und wegen einiger schmuddeliger Geschichten von seinem VW-Vorstandsposten zurücktreten. Das Landgericht Braunschweig verurteilte Hartz schließlich am 25. Januar 2007 wegen Untreue und Begünstigung des VW-Betriebsratschefs Klaus Volkert zu einer Freiheitsstrafe von zwei Jahren auf Bewährung. Er gilt damit als vorbestraft. Zudem musste Hartz eine Geldstrafe von rund 576 000 Euro zahlen.[539]

Für die Opposition war es zudem ein Ärgernis, dass Schröder führende Repräsentanten von Union oder FDP zu Beauftragten der Bundesregierung ernannte. So konnte er den erfahrenen FDP-Politiker Otto Graf Lambsdorff für die Verhandlungen über die Zwangsarbeiterentschädigung gewinnen. Richard von Weizsäcker erklärte sich bereit, die Leitung einer Kommission zur Sicherheit und Zukunft der Bundeswehr zu übernehmen. Ein besonderer Coup war die Übertragung der Leitung einer »Unabhängigen Kommission Zuwanderung« an Rita Süssmuth (CDU), weil die frühere Bundestagspräsidentin in der Zuwanderungsfrage sehr viel liberaler dachte als die Mehrheit ihrer Partei. Vorsitzender einer Regierungskommission »Corporate

Governance« wurde im September 2001 der Aufsichtsratschef von Thyssen-Krupp und Siemens, Gerhard Cromme. Dem Wirtschaftswissenschaftler Bert Rürup wurde die Leitung der »Kommission für die Nachhaltigkeit in der Finanzierung der sozialen Sicherungssysteme« (»Rürup-Kommission«) übertragen, die am 28. August 2003 ihren Abschlussbericht übergab. Es gab so viele Kommissionen, dass auch frühere SPD-Politikern bedacht werden konnten: Die »Kommission Aufbau Ost« leitete Klaus von Dohnanyi, früher Erster Bürgermeister von Hamburg, und den Rat für nachhaltige Entwicklung der ehemalige Bundesforschungsminister Volker Hauff.

Eine besondere Konkurrenzsituation schuf die Einsetzung eines »Nationalen Ethikrates«, weil es zur Stammzellenfrage bereits eine eigene parlamentarische Enquetekommission des Bundestages gab. Zur Erläuterung: Der Ethikrat wurde am 2. Mai 2001 durch Beschluss der Bundesregierung eingesetzt. Bereits am 24. März 2000 hatte aber der Deutsche Bundestag die Einsetzung der Enquetekommission »Recht und Ethik der modernen Medizin« beschlossen, welche am 15. Mai 2000 unter dem Vorsitz der Juristin Margot von Renesse (SPD) ihre Arbeit aufnahm.[540] Die Kommission stand ab Mai 2001 plötzlich ganz im Schatten des Nationalen Ethikrates (heute: »Deutscher Ethikrat«).

Die Zusammenkünfte der Beratungsgremien wurden nicht selten zeremoniell überhöht, denkt man zum Beispiel an die Übergabe der arbeitsmarktpolitischen Empfehlungen durch Peter Hartz am 16. August 2002 im Berliner Dom.[541] Etwa 500 geladene Gäste strömten zum Gendarmenmarkt, um zu hören, wie Walter Riester dem »lieben Peter« für seine Arbeit dankte. »Der Rohdiamant ist geschliffen. Damit haben wir ein gutes Stück Zukunft in den Händen.«

Der linke SPD-Abgeordnete Ottmar Schreiner sieht in den zahlreichen Kommissionen die versuchte »Entmachtung des Parlaments«, er spricht von einer »weiträumigen Entparlamentarisierung des Parlaments.«[542] Die langjährige SPD-Bundestagsabgeordnete Sigrid Skarpelis-Sperk, die zum linken Flügel der Partei gehört, spricht sogar von dem »Versuch der Etablierung eines autoritären Korporatismus«[543]. Unter »Korporatismus« wird in der Politikwissenschaft das Bemühen verstanden, unterschiedliche Interessengruppen in gemeinsam getroffene Vereinbarungen und Strukturen einzubinden. Wenn dies tatsächlich ein von Schröder bewusst verfolgtes Unterfangen war, ist ihm dieser Versuch nicht völlig gelungen. Den Kommissionen wurde jedoch die Aufgabe zugewiesen, in Konfliktfeldern (Gesundheitsreform, Sozialpolitik, Arbeitsmarktpolitik) das Parlament zu ersetzen. Vor allem die Regierungsfraktionen wurden durch die Kommissionsempfehlungen, gerade bei den »Hartz«-Reformen, vor vollendete Tatsachen gestellt. Schröder, der wegen der Mehrheitssituation im Bundesrat in Fragen des damaligen europäischen Verfassungsentwurfs die Opposition brauchte, nutzte auch eine Spitzenkonferenz der Bertelsmann-Stiftung unter der Leitung des Münchener Politikwissenschaftlers Werner Weidenfeld im Oktober 2003 zum inhaltlichen Dialog insbesondere mit der damaligen Oppositionsführerin Angela Merkel, aber auch mit Edmund Stoiber.

Die Bosse von Wirtschaft und Gewerkschaft

»Willy Brandt hat sich gesehnt nach dem Kontakt mit den Bürgerlichen, Schröder sehnte sich nach dem Kontakt mit den Mächtigen der Wirtschaft.« Diese Beobachtung eines früheren SPD-Spitzenpolitikers bestätigt die oft zitierte Wendung, Gerhard Schröder sei der »Genosse der Bosse«, auch bei seinen engsten Unterstützern als präzise Charakterisierung. Wie schon als Ministerpräsident in Niedersachsen hatte er auch als Bundeskanzler immer ein offenes Ohr für die Wirtschaft – auch für den Mittelstand, vor allem aber für die Großindustrie. In diesem Zusammenhang sind zwei Branchen besonders wichtig: die Automobilindustrie und die Energieindustrie. Schröders Einsatz für die Automobilindustrie rührte nicht nur aus seinen niedersächsischen Erfahrungen mit dem Wolfsburger VW-Konzern, obwohl VW-Chef Piëch über einen besonderen Zugang zum Kanzler verfügte. Auch Daimler-Chrysler-Chef Jürgen Schrempp[544] war öfter bei abendlichen/frühmorgendlichen Runden im Kanzleramt zu Gast. Mitarbeiter erinnern sich, wie beide Herren ironisch diskutierten, wer über mehr Macht verfüge: der Boss eines weltweit agierenden Automobilkonzerns oder der deutsche Regierungschef. Doch auch die Zahl der Energiefreunde des Kanzlers war groß.»Was für Cheney und Bush die Öl-Mafia ist, war für Schröder die Energie-Mafia«, hieß es in führenden Gewerkschaftskreisen. Noch heute schwärmen einige Großindustrielle, welche Möglichkeiten zur unmittelbaren Einwirkung sie damals hatten. Schröder konnte jedoch, wenn er es für nötig hielt, zumindest rhetorisch nach Klassenkampf klingen, so zum Beispiel kurz vor der Bundestagswahl am 22. September 2002. Weil er einsehen musste, dass das hochgelobte »Bündnis für Arbeit« nicht funktionierte, lehnte er ein weiteres Treffen ab und fügte hinzu:»Wenn die Arbeitgebervertreter ein warmes Mittagessen umsonst haben wollen, kriegen sie das auch. Das gibt der Bundeshaushalt noch her.«[545]

Anders als die »Bosse« fühlten sich die Gewerkschaften von Schröder äußerst stiefmütterlich behandelt. Insbesondere Ursula Engelen-Kefer war dabei eine Art Zielscheibe des Kanzlers, auch bei Sitzungen mit dem Gewerkschaftsrat der SPD. Im Kanzleramt konnte sie ungestraft als »Engelen-Keifer« verspottet werden. Sie selbst erinnert sich:»Schröder wurde patzig, wenn Dinge angesprochen wurden, die ihm nicht passten.«[546] Einzig auf Hubertus Schmoldt, den Vorsitzenden der IG Bergbau, Energie, Chemie, seinen »Lieblingsgewerkschafter«[547], konnte er sich verlassen. Trotz mancher Kritik an der Agenda 2010 erklärte Schmoldt:»Auch wenn es einige meiner Kollegen nicht gern hören: Wir Gewerkschafter haben gleich nach der Kanzler-Erklärung betont, dass wir den Reformkurs grundsätzlich mittragen.«[548] Der Unmut der Gewerkschaften ist auch auf Schröders berühmtes »Basta«-Wort zurückzuführen: In einer Rede vor den Delegierten des 14. Bundeskongresses der Gewerkschaft Öffentliche Dienste, Transport und Verkehr (ÖTV), die später in ver.di aufging, verteidigte Schröder die Pläne seiner Regierung zur Rentenreform. Der Aufbau einer privaten kapitalgedeckten Altersvorsorge als zweite Säule sei erforderlich, um die Tragfähigkeit des gesetzlichen Umlageverfahrens zu sichern:»Das ist notwendig, und wir werden es machen. Basta.«[549] Auf die Verwerfungen, die wegen der Agenda 2010 zwischen Schröder und der SPD einerseits und den Gewerkschaften andererseits entstehen sollten, werden wir später noch eingehen.

Der Kosovo-Krieg im Frühjahr 1999 hat gezeigt, wie die rot-grüne Koalition in der Außen- und Sicherheitspolitik gefordert, ja belastet wurde. Die Grünen haben bekanntermaßen eine pazifistische Tradition[550], aber auch viele SPD-Abgeordnete taten sich sehr schwer mit den ersten Kriegseinsätzen deutscher Soldaten seit dem Zweiten Weltkrieg. Der Farbbeutelwurf auf Joschka Fischer auf dem Grünen-Sonderparteitag in Bielefeld am 13. Mai 1999 ist Symbol und Beleg für die Heftigkeit der außenpolitischen Neupositionierung.[551] Fischer sagt zu seinen Parteitagsauftritten: »Ich agierte auf Parteitagen immer aus einer Minderheitensituation heraus. Ich hatte oft an Austritt aus den Grünen gedacht. Es waren mehrere Parteitage, bei denen ich mir sagte: Wenn die sich anders entscheiden, dann gehe ich.«[552] Er war sich aber durchaus seines Wertes für die Grünen bewusst: »Ich hatte einen Vorteil. Ich konnte Wahlen gewinnen.« Seinen politischen Erfolg führt er letztlich darauf zurück, dass er aufgrund seiner »Sponti«-Vergangenheit – »Spontis« taten sich in der Nach-68er-Revolte schwer, sich auf Parteistrukturen und -programme zu fixieren – »nie ein Parteimensch« war, der sich als »Hinterzimmer-Parteikader« berufen gefühlt hatte.

Ähnlich angespannt war die Situation, als es um die politische Afghanistan-Entscheidung ging. Nach den Terroranschlägen des 11. September 2001 entschied die Bundesregierung, dass die Bundeswehr an der von den USA angeführten Militäroperation in Afghanistan und beim Wiederaufbau eingesetzt werden sollte. Spontan hatte Schröder die Betroffenheit der westlichen Welt auf den Punkt gebracht. Die Terroranschläge auf das World Trade Center und das Pentagon kosteten über 3000 Menschen das Leben und zeigten, wie verwundbar eine offene Gesellschaft durch den internationalen Terrorismus sein kann. Schröders Wort von der »uneingeschränkten Solidarität«[553] schloss dabei deutlich militärischen Beistand gegen die Urheber des Terrors mit ein.[554] Die Entsendung deutscher Truppen nach Afghanistan wurde zum Härtetest für die deutsche Regierung, passierte aber letztlich doch den Bundestag.

Schröder verband die dafür notwendige Abstimmung im Bundestag mit der Vertrauensfrage. Dreimal hatte bis dahin ein Bundeskanzler in der Geschichte der Bundesrepublik im Bundestag die Vertrauensfrage gestellt, aber nie in Kombination mit einer spezifischen Sachfrage.[555] Nach seinem Angebot für eine »uneingeschränkte Solidarität« sah sich Schröder unter Zugzwang. Diesen Druck gab er an Skeptiker und Abweichler in den Regierungsfraktionen weiter. Denn in der deutschen Politiktradition gehen Koalitionspartner immer von einer »eigenen Mehrheit« aus. Nur ganz selten – etwa bei ethisch heiklen Themen wie der Abtreibungsproblematik – wird die Entscheidung des einzelnen Abgeordneten »freigegeben«.

Schröder hätte sich in der Afghanistan-Frage bei einer offenen Abstimmung im Bundestag der Unterstützung zumindest der Unionsfraktion und auch der FDP sicher sein können, also einer breiten Mehrheit, vielleicht aber keiner »eigenen Mehrheit« der rot-grünen Koalition. Doch durch die Verknüpfung der Vertrauensfrage mit einer politischen Frage mussten die Oppositionsparteien mit Nein stimmen, um nicht Schröder auch als Person zu unterstützen. Schröder wiederum wollte demonstrativ auf die Hilfe von Union und FDP verzichten, auch wenn die Mehrheiten in den Regierungsfraktionen denkbar knapp waren. Schröder wusste, dass die von ihm gestellte Vertrauensfrage insbesondere die Grünen, aber auch die eigene Fraktion in große Bedrängnis brachte. Die Abgeordnete Christa Lörcher, Unterrichtsschwester aus Baden-Württemberg, trat aus der SPD-Fraktion aus.[556] Auch sonst war das Unbehagen unübersehbar. Das Murren über Schröders Taktik wurde in der entscheidenden Abstimmung am 16. November 2001 mit zahlreichen Erklärungen zu Protokoll gegeben.[557] »Eine andere Regierungskoalition würde die politische, soziale und wirtschaftliche Lage für die Arbeitnehmerinnen und Arbeitnehmer sicher verschlechtern und sie zu den Leidtragenden einer nach rechts rückenden politischen Konstellation machen«, hieß es beispielsweise in einer Erklärung von sozialdemokratischen Gegnern des Militäreinsatzes.[558] Der Kölner Sozialdemokrat Konrad Gilges, ein bekennender Pazifist, stimmte dem Vertrauensvotum mit folgender Begründung zu: Es gehe eben nicht nur um den Afghanistan-Einsatz, sondern auch um die »Machtfrage«. Nur in der Regierung könne die SPD eine Politik für die kleinen Leute machen.[559]

Am schwierigsten war aber die Lage für den Koalitionspartner. Acht grüne Abgeordnete waren als Gegner des militärischen Einsatzes bekannt: Vier von ihnen (Annelie Buntenbach, Winfried Hermann, Christian Simmert und Hans-Christian Ströbele) blieben bei ihrem Nein. Vier andere Gegner wurden aus dem Block der Neinsager »herausgebrochen«. Nur so konnte auf die Stimme genau die notwendige Kanzlermehrheit im Bundestag erzielt werden. Bis um drei Uhr in der Nacht vor der Abstimmung hatten die Grünen mit sich gerungen.[560] Die Sprecherin der Achtergruppe, Steffi Lemke, trug im Bundestag vor, man habe sich dazu entschieden, die Machtfrage »strategisch« mit einem Ja, die Frage nach dem Bundeswehrmandat dagegen mit einem Nein zu beantworten. Deshalb habe man die acht Stimmen halbiert. Mit der Fraktionsgeschäftsführerin Lemke stimmten Irmingard Schewe-Gerigk, Monika Knoche sowie Sylvia Voss mit einem gequälten Ja.

Mit seinem brutalen Vorgehen ging es Schröder auch darum, seine eigene Partei in der Afghanistan-Frage auf Kurs zu zwingen. Auf dem folgenden Nürnberger Parteitag stellte sich übrigens die SPD geschlossen hinter die Politik der Bundesregierung. Neunzig Prozent der abstimmenden Delegierten unterstützten die Leitlinien des Vorstands zur Außen- und Sicherheitspolitik.[561] Ähnlich verhielten sich auf dem Rostocker Parteitag die Grünen, die »überraschend deutlich«[562] eine Neuausrichtung ihrer Außen- und Sicherheitspolitik beschlossen. Fischer verband diese Zustimmung mit der Vertrauensfrage um seine Person. Was aber war Schröders Motiv, mit einer solchen Brachialgewalt insbesondere den grünen Partner unter Druck zu setzen? Zum einen wollte er gegenüber der Opposition demonstrieren, dass hinter ihm eine eigene Mehrheit stand. Zum anderen wollte er die Regierungsfraktionen – auch um den Preis großer innerer Verwerfungen – zur Unterstützung seiner Person zwingen. Er wollte eine Bestätigung seiner Macht auch innerhalb der eigenen Reihen. Er pokerte schon damals dabei mit dem Argument vorgezogener Wahlen.

Die unmittelbar nach dem 11. September 2001 verkündete »uneingeschränkte Solidarität« der Bundesrepublik Deutschland mit den USA hatte ihre Grenze: Ein Jahr später präsentierte sich Schröder als entschiedener Kritiker des Irak-Krieges von George W. Bush. Dass die amerikanische Regierung auch über den Krieg gegen die afghanischen »Taliban« hinaus den Einmarsch in den Irak plante, muss Schröder schon nach dem Besuch Joschka Fischers in Washington und New York am 18. und 19. September 2001 klargeworden sein. Fischer hatte nach den Terroranschlägen die USA als erster deutscher Politiker besucht und einen Brief Schröders an Präsident Bush übergeben.[563] »Bereits damals war es eine essentielle Frage für die Amerikaner: Ist Deutschland für den Irak-Einmarsch?«, erinnert sich Joschka Fischer.[564]

Einige Monate später, am 28. Januar 2002, sprach Bush in einer »Rede an die Nation« von der »Achse des Bösen«, die es zu bekämpfen gelte.[565] Gemeint waren Länder wie Nordkorea, Iran und der Irak. Für diese recht einfache Formel des US-Präsidenten gab es in Deutschland viel Widerspruch. Direkt nach dieser Rede kam Schröder nach Washington. Dieser Besuch verlief atmosphärisch sehr gut. Das Eis zwischen Schröder und Bush sei gebrochen, hieß es.[566] Von dem bislang eher distanzierten Verhältnis[567] zwischen dem US-Präsidenten und dem deutschen Kanzler war offensichtlich nichts mehr zu spüren. Mit freudiger Überraschung wurde auf deutscher Seite die hochkarätige Zusammensetzung des Abendessens registriert: Neben Bush nahmen auch Vizepräsident Dick Cheney, Außenminister Colin Powell und Sicherheitsberaterin Condoleezza Rice an dem Dinner teil. Es gab Florida-Krabben, Couscous, Wild mit Waldpilzen sowie zum Dessert einen Kuchen mit Pfirsichbaiser, dazu kalifornische Weine. Bush spielte seinen ganzen Charme aus, sprach sogar von »meinem Freund Gerhard«.[568] Aus der deutschen Delegation hieß es: »Beide haben menschlich zueinandergefunden«, eine »geradezu herzliche und freundschaftliche Atmosphäre« habe geherrscht.

Deutschland war für die Amerikaner zusätzlich wichtig geworden, weil es ab dem 1. Januar 2002 für zwei Jahre dem Sicherheitsrat der

Vereinten Nationen angehörte und im Februar 2002 einen Monat lang den Vorsitz übernahm.[569] Anlässlich dieser Schröder-Visite wurde nun öffentlich erklärt, es lägen keine konkreten Angriffs- oder Interventionsabsichten in den Ländern »der Achse des Bösen« vor.[570] Aber die deutsche Delegation erkannte, dass Bush ihre Haltung im Falle einer militärischen Intervention im Irak erkunden wollte. Auf der Rückreise erklärte Schröder gegenüber mitreisenden Journalisten, er sei sich bewusst, wie schwierig es sei, konkreten amerikanischen Wünschen in der Terrorbekämpfung – wozu auch die Irak-Frage gezählt wurde – auszuweichen. Doch muss Schröder die Entschlossenheit des amerikanischen Präsidenten gespürt haben, ungeachtet der Ergebnisse der UN-Waffeninspektoren das Regime Saddam Husseins zu stürzen, um eine damals behauptete Bedrohung mit Massenvernichtungswaffen zu verhindern.

Auch beim Besuch des amerikanischen Präsidenten wenige Monate später, am 22. Mai 2002 in Berlin, schien die Atmosphäre besonders herzlich. In den Gesprächen zwischen Schröder und Bush – immerhin noch zehn Monate vor dem Beginn der Bombardierung Bagdads am 20. März 2003 – spielten Kontroversen in der Irak-Frage in den öffentlichen Statements keine Rolle. Die beiden Regierungschefs plauderten über die Fußballweltmeisterschaft. Vor der Presse schwärmte Bush: »Was ich an Gerhard so mag, ist die Tatsache, dass er immer bereit ist, in ganz offener Weise Probleme anzugehen, und dass er jemand ist, der Probleme löst – genau wie ich.«[571] Ein Imbiss im Literatur-Café »Tucher« am Pariser Platz, an dem auch Berlins Regierender Bürgermeister Klaus Wowereit teilnehmen durfte, verlief höchst harmonisch: Der gemeinsam mit Bush Apfelstrudel essende Wowereit – Schröder aß Currywurst – verkündete stolz, Bush habe ihn gleich als »Mister Mayor« angesprochen, ohne dass er ihm vorgestellt werden musste, und sagte: »Mich hat das Verhältnis zwischen dem amerikanischen Präsidenten und dem Bundeskanzler beeindruckt, zwischen zwei Staatsmännern, die sich gut verstehen und vor allem großes Vertrauen zueinander haben.«[572] Als der Kanzler am Mittwochabend des 22. Mai Bush am Brandenburger Tor begrüßte, »reicht er ihm nicht nur die rechte Hand, er wirft gleich auch noch seinen linken Arm um den Hals des Amerikaners.« Bush zögerte einen Moment, »doch dann erwidert er die freundschaftliche Geste, lässt sich an die Kanzler-brust ziehen, und ein bisschen sieht es aus der Entfernung so aus, als schmiegten die beiden Staatsmänner ihre Wangen aneinander.«[573] Atmosphärisches ist bei solchen Besuchen immer wichtig. Na-türlich wurden nicht nur öffentliche Liebkosungen ausgetauscht, es wurde auch über die »große Politik«, über die Irak-Frage, gespro-chen. Doch gab es überhaupt eine offizielle Anfrage seitens der USA, die Deutschen mögen sich am Kampf gegen den irakischen Diktator Hussein beteiligen? Eine offizielle Erkundigung gab es offensichtlich nicht. Dieter Kastrup, damals Abteilungsleiter für Außenpolitik im Kanzleramt und bei den Gesprächen zwischen Bush und Schröder dabei, bestätigt, dass es keine offizielle Anfrage der Amerikaner gab, ob deutsche Truppen mit in den Irak ziehen würden.[574] Aber bei den bi-lateralen Gesprächen war klar, dass George W. Bush genau das wollte.

Die Irak-Frage ist insofern ein Lehrbeispiel dafür, wie in der Diploma-tie Gegensätze häufig unkenntlich gemacht werden. Gespräche dieser Art werden oft nicht mit aller Klarheit zu Ende geführt, da ein offen-sichtlicher Dissens vermieden werden soll. Der ebenfalls an den Ge-sprächen beteiligte Joschka Fischer erinnert sich: »Schröder hatte auch in Washington keine Zusage einer Unterstützung der amerikanischen Irak-Politik gemacht. Keine der beiden Seiten hat aber präzise gesagt, was sie wollte. Man schlich wie eine Katze um den heißen Brei.«[575] Die Tatsache, dass Schröder auch seinerseits nicht in voller Klarheit seinem amerikanischen Gesprächspartner ein »Nein« zu einer nicht gestellten Frage zum Ausdruck brachte, die Dinge offenließ, führte später dazu, dass Washington verstimmt war, weil die amerikanische Regierung sich getäuscht sah oder getäuscht sehen wollte. Bush ge-genüber hatte Schröder wohl versprochen, »das Irak-Thema aus dem Wahlkampf herauszuhalten«, wie ein Insider ausführt. Umgekehrt hatte, so der Eindruck in der deutschen Regierungsspitze, Bush ver-sprochen, das Irak-Thema »flach zu halten«. Einerseits stand Schröder gegenüber Bush im Wort, andererseits löste eine Rede des amerikani-schen Vizepräsidenten Richard Bruce (»Dick«) Cheney Sorge in Ber-lin aus. Cheney hatte erstmals zu erkennen gegeben, dass aus Sicht der amerikanischen Regierung nicht die UN-Waffeninspektionen im Irak von Interesse sind, sondern dass einzig der Regimewechsel in Bag-

dad in den Vordergrund gerückt wurde.[576] Im RTL-»Nachtjournal«
bezeichnete Schröder diese amerikanische Position als einen Fehler,
da jemand, der mit einer militärischen Intervention beseitigt werden
solle, schwerlich dazu bewegt werden könne, Inspekteure ins Land
zu lassen.[577] Die Cheney-Rede kann aber von Schröder heute nicht
als Argument genutzt werden, die amerikanische Seite hätte zuerst
die gemeinsame Geschäftsgrundlage verlassen. Denn in Washington
hatte schon längst eine Rede Schröders für Unmut gesorgt, die dieser
bereits am 5. August 2002 in Hannover gehalten hatte: »Wir sind zur
Solidarität [mit den USA] bereit, aber dieses Land wird unter meiner
Führung für Abenteuer nicht zur Verfügung stehen.«[578] Druck auf
Saddam Hussein, das sei schon möglich, »aber Spielerei mit Krieg und
militärischer Intervention – davor kann ich nur warnen. Das ist mit
uns nicht zu machen«.[579] Schröders Worte verfehlten im Wahlkampf
und am 22. September 2002 nicht ihre Wirkung. Neben der tatkräf-
tigen Bekämpfung der Oderflut war es gerade die Absage an eine deutsche Beteiligung an einem (noch nicht begonnenen) Irak-Krieg, die
Schröder nach allen Umfrageanalysen den Wahlsieg brachte.

Das deutsch-amerikanische Verhältnis wurde zudem durch einen
angeblichen Nazi-Vergleich der damaligen Justizministerin Hertha
Däubler-Gmelin belastet. Die Ministerin hat diese im ›Schwäbischen
Tagblatt‹ veröffentlichten Äußerungen stets bestritten. Dort wurde
sie mit den Worten zitiert: »Bush will [mit der Kriegsdrohung gegen
den Irak] von seinen innenpolitischen Schwierigkeiten ablenken. Das
ist eine beliebte Methode. Das hat auch Hitler schon gemacht.«[580]
Trotz des Dementis von Däubler-Gmelin[581] wurde die profilierte Justizministerin entlassen. Schröder fühlte sich sogar verpflichtet, Bush
einen Brief zu schreiben, in dem er die »angeblichen Äußerungen«
bedauerte.

Die Ablehnung des Irak-Krieges wurde von Schröder und seinem SPD-Generalsekretär Franz Müntefering außerdem mit dem
Argument eines »deutschen Weges« begründet. Am 2. August 2002
erläuterte Müntefering vor der Presse, was mit dem »deutschen Weg«
gemeint sein sollte: »Die Menschen wollen im Wandel Sicherheit
haben, und dazu gehört auch die Sicherheit vor Krieg.«[582] Diese nationale Tonart bewegte selbst die SPD-Legende und Friedensikone Er-

hard Eppler zu einer milden Kritik.[583] Als Außenminister Fischer von dieser Wortschöpfung hörte, soll er getobt haben, weil er eine weitere Verschärfung des deutsch-amerikanischen Verhältnisses befürchtete. Der damalige Verteidigungsminister Peter Struck (SPD) wiederum rechtfertigte den Begriff in einem Interview mit der ›Frankfurter Rundschau‹: »Es ist eine Beschreibung der Tatsache, dass wir national souverän sind – und dass wir auch im nationalen Interesse entscheiden können, wie wir uns in bestimmten Situationen verhalten.« Uneingeschränkte Solidarität heiße nie, »dass man allen Maßnahmen, die in Washington erwogen werden, folgt«.[584] Nicht nur Außenminister Fischer war irritiert, sprachlos war auch die Opposition. Mit dem deutschen Weg zog Schröders SPD die nationale Karte, so wie übrigens schon 1972, als Bundeskanzler Brandt bundesweit plakatieren ließ: »Deutsche, wir können stolz sein auf unser Land.« Im Jahr 2002 aber störte die Tatsache, dass der »deutsche Weg« historisch für nationale Alleingänge, für einen Sonderweg zwischen Ost und West steht, die sozialdemokratischen Wahlkämpfer kaum. Dabei war der deutsche Weg im 19. und 20. Jahrhundert der Versuch gewesen, Deutschland von den westlichen Demokratien zu unterscheiden.[585] Bush fühlte sich dennoch von Schröder getäuscht, da dieser die Irak-Frage in den Bundestagswahlkampf hineinzog.[586] Deshalb gratulierte er ihm auch nicht zur Wiederwahl als Bundeskanzler.[587]

Der Tiefstand der deutsch-amerikanischen Beziehungen war aber noch nicht erreicht. Den sollte die berühmte Goslar-Rede des Bundeskanzlers markieren. Ein Vorspiel hierzu war ein nur für Insider verständlicher Interview-Krieg zwischen Schröder und Fischer: In einem ›Spiegel‹-Interview äußerte sich der Außenminister zur Irak-Frage, Deutschland habe »stets klargemacht, dass wir keine Soldaten schicken werden«.[588] Auf die Frage aber, ob Deutschland im UNO-Sicherheitsrat gegen einen Irak-Krieg stimmen werde, sagte Fischer: »Das kann niemand vorhersagen.« In der spezifischen Frage, wie Deutschland im Sicherheitsrat abstimmen werde – im Falle einer UN-Resolution, die ein militärisches Vorgehen gegen den Irak legitimierte, ohne in der Konsequenz eigene Truppen zu senden –, gab Fischer keine klare Antwort. Deutschland stehe an der Seite der USA im Bündnis gegen den Terrorismus, und die deutsche Regierung wollte,»dass dieses Bündnis fortbesteht«. Der Chefdiplomat hielt sich mehrere Möglichkeiten offen: Ein»Ja« sei deshalb nicht auszuschließen,»weil es hier um eine konkrete Entscheidung im Sicherheitsrat geht, deren faktische Grundlage heute noch keiner kennt, und wir immer noch die Hoffnung auf eine friedliche Lösung haben.«[589] Fischer war diese Position wichtig, weil er nicht wollte, dass sich der irakische Diktator Hussein hinsichtlich der deutschen und westlichen Haltung in Sicherheit wiegte.

Dieses Interview führte hinter den Berliner Kulissen zu einer schweren Auseinandersetzung zwischen Schröder und seinem Vizekanzler.[590] Schröder rief selber erbost nicht etwa Joschka Fischer, sondern Gunter Pleuger an, den damaligen deutschen Vertreter bei den Vereinten Nationen in New York, um sich quasi stellvertretend bei ihm über die Fischer-Position zu beklagen.[591] Der hat das dann an Fischer weitergeleitet. Und schon in der nächsten ›Spiegel‹-Ausgabe relativierte Schröder Fischers Aussage, dass Deutschlands Haltung im UNO-Sicherheitsrat»niemand vorhersagen« könne.[592] Das hat im politischen Berlin viel Wirbel ausgelöst und wurde als Kritik am Außenminister gewertet. Fischer tobte über Schröders Aktion. Der Außenminister wollte den Druck auf den Diktator Saddam Hussein aufrechterhalten – und möglichst lange im Einvernehmen mit den USA bleiben.

Während des Landtagswahlkampfes in Niedersachen – Sigmar Gabriel (SPD) sollte bei der Auszählung der Stimmen sein Amt als Ministerpräsident an Christian Wulff (CDU) verlieren – traf Schröder am 21. Januar 2003 im Odeon-Theater von Goslar, in dem etwa 900 SPD-Unterstützer anwesend waren, eine nachgerade feierliche Festlegung. Er habe, so Schröder, besonders der französischen Regierung gesagt: »Rechnet nicht damit, dass Deutschland einer den Krieg legitimierenden UN-Resolution zustimmt.« Und wie zum Schwur wiederholte er: »Rechnet nicht damit.«[593] Es war schon außergewöhnlich, dass das unter den Verbündeten noch nicht abgestimmte Abstimmungsverhalten Deutschlands in der UNO durch eine öffentliche Wahlkampfrede bekannt gemacht wurde:»Wer immer was entscheidet, der Folgen wegen und der Bedingungen wegen, wird sich Deutschland unter meiner Führung an einer militärischen Intervention im Irak nicht beteiligen.«[594]

In den Medien wurde zwar behauptet, die Schröder-Rede sei »offensichtlich« mit Fischer »abgestimmt«.[595] Das traf aber nicht zu. Fischer hat parteiintern, wie sich führende grüne Politiker erinnern, gelegentlich angemerkt: »Der Schröder hat keine Planung. Er lebt von der Hand in den Mund.« Die Goslar-Rede empfand er als »einen Hammer«. Renate Künast erinnert sich deshalb: »Es gab eine Zeit, da haben Fischer und Schröder kaum miteinander geredet.«[596] Fischer war gerade in Paris, als ihm die Kunde von Schröders Goslar-Rede übermittelt wurde. »Fischer rastete aus«, erinnert sich ein Weggefährte Fischers.[597] Schröder hatte sich damit zum Vorreiter der Ablehnungsfront in Europa gemacht. Noch war aber die Haltung insbesondere der Franzosen, sogar der Russen, nicht endgültig geklärt. Der Dissens über das deutsche Abstimmungsverhalten ist für Fischer heute noch »die härteste Konfrontation« zwischen ihm und Schröder.[598] Und sie steht im Zusammenhang mit einer Reise des russischen Präsidenten Wladimir Wladimirowitsch Putin nach Berlin und Paris. Der französische Präsident »Chirac blieb lange Zeit hinsichtlich der französischen Haltung im Ungefähren«, erinnert sich Fischer.[599] Schröder aber war wegen seiner Wahlkampfäußerungen geradezu auf eine Achse mit Paris angewiesen. Doch als sich Frankreich und Russland gegen die UNO-Resolution entschieden hatten, Deutschland also nicht mehr allein blieb, war die Gefahr der außenpolitischen Isolierung vorbei. »Der Impuls für eine Koalition mit den Franzosen und den Russen ging von Schröder aus«, so der damalige Regierungssprecher Hans H. Langguth.[600] Schröder muss deshalb erleichtert gewesen sein, dass Frankreich und Russland, zwei Veto-Mächte im Sicherheitsrat, zusammen mit Deutschland am 5. März 2003 in Paris eine Erklärung veröffentlichten, in der es hieß: »Wir werden einen Resolutionsentwurf nicht durchgehen lassen, der die Anwendung von Gewalt erlaubt.«[601]

Die folgende Krise der deutsch-amerikanischen Beziehungen entstand weniger durch die Weigerung der Bundesregierung, sich der »Koalition der Willigen«[602] anzuschließen. Übel nahm die US-Regierung Schröder vor allem, dass er seine Ablehnung des Irak-Krieges im Bundestagswahlkampf mit amerikakritischen Reden verknüpft hatte. Ein früherer SPD-Spitzenpolitiker merkt dazu an: »Schröder ist nach 53 Jahren des Bestehens der Bundesrepublik der erste Kanzler, der eine antiamerikanische Stimmung erzeugt hat, um Wahlen zu gewinnen – auch wenn Bush und Cheney ihm das leicht gemacht haben.« Je mehr Schröder seine Ablehnung an einer militärischen Beteiligung ausdrückte, desto mehr stellte er die enorme emotionale Bedeutung dieses Themas bei der teilweise pazifistisch gesinnten Wählerschaft der SPD und überhaupt in der Bevölkerung fest. Schröder hatte in einem schwierigen Wahlkampf ein Thema gefunden, das über die schwierigen innenpolitischen Fragen, vor allem die Arbeitslosigkeit, hinausging – und das ihn mit Teilen der SPD aussöhnte. Er thematisierte die Alternative Krieg oder Frieden und kritisierte Bush indirekt als Kriegstreiber, was angesichts des latent vorhandenen Antiamerikanismus bei Teilen der deutschen Bevölkerung auf fruchtbaren Boden fiel.[603] Allerdings ging Schröder in der Ablehnung des Irak-Kriegs nicht so weit, dass er etwa Überflugrechte für amerikanische Militärmaschinen unmöglich gemacht hätte.[604]

Schröder und die Medien

»Bild, BamS und Glotze« – mit diesem häufig zitierten Satz begann für Gerhard Schröder schon recht früh der Niedergang seines Ansehens bei den Journalisten.[605] Denn alle Medien, die nicht zu diesem Dreiklang gehörten, waren damit von ihm indirekt für unwichtig erklärt worden. Dabei war der Ruf Schröders als »Medienkanzler« lange legendär. Schon als Bundestagsabgeordneter hatte er intensive Kontakte zu den Medien geknüpft. Er duzte viele Journalisten, auch manche Chefredakteure. Vielleicht vermutete er, dass die in der Bonner Kneipe »Provinz« gepflegte Kumpelhaftigkeit von Journalisten auch nach dem Beginn seiner Kanzlerschaft geschätzt werden würde – also auch in einer Situation, in der er nicht mehr ein Informant, sondern der wichtigste politische Akteur auf Bundesebene war. Aber er sollte sich irren.

Er überwarf sich nicht nur mit dem renommierten ›Spiegel‹-Reporter Jürgen Leinemann, mit dem er früher fast befreundet gewesen ist.[606] Er mag gedacht haben: »Ich komme mit eurer Hilfe da gegenüber ins Kanzleramt rein«[607], so der Korrespondent der ›Leipziger Volkszeitung‹, Dieter Wonka. Der aufstrebende Schröder war journalistisch betrachtet eine interessante Figur,»bei Kohl ging so langsam der Stoff aus«, resümiert Wonka weiter.[608] Immerhin wurden in der»Provinz«, die auf der anderen Seite der B 9 gegenüber dem alten Bundeskanzleramt in Bonn lag, häufig zehn bis fünfzehn Journalisten gesichtet, ein»Biotop als Fluchtmöglichkeit«, als Alternative zu den»Kohl-Teekränzchen«[609], zu denen manche Journalisten, wie die des ›Spiegel‹, gar nicht eingeladen waren. Irgendwann gab es aber bei Schröder einen Zeitpunkt, wo er wusste: Ich bin mit den Pressekumpels nach oben gekommen. Ich habe es denen gezeigt. Ich habe jetzt einen Anspruch auf respektvollen Umgang.[610]

Mit der Zeit begannen sogar manche Journalisten, die Zeiten Kohls in einem positiveren Licht zu sehen. Kohl hatte sich – einmal abgesehen von wenigen Ausnahmen wie etwa der ›Frankfurter Allgemeinen Zeitung‹ – gar nicht erst um ein vernünftiges Verhältnis zu den Medien bemüht. Er fiel vielmehr in Interviews und Reden offensiv über »die Journalisten« her. Obwohl er oft genug von manchen Blättern hämisch niedergeschrieben wurde und der ›Spiegel‹ mehrfach seinen bevorstehenden politischen Abschied auf den Titel hob, konnte Kohl die Republik 16 Jahre lang regieren. Schröder, der bei vielen Medien anfänglich sehr viel Kredit hatte, hatte diesbezüglich am Ende seiner Kanzlertage abgewirtschaftet. Er gab ihnen sogar die Mitschuld für seinen Abstieg.

Unbestreitbar hat Schröder seinen Aufstieg auch den Medien zu verdanken. Insbesondere Medienorgane aus Hamburg wie ›Der Spiegel‹ und ›Der Stern‹ schrieben ihn »nach oben«.[611] Die Medien zeichneten das Bild des Machers, der als einziger SPD-Politiker in der Lage sei, Helmut Kohl abzulösen. Denn das Verhältnis vieler Journalisten zum SPD-Vorsitzenden Oskar Lafontaine war eher angespannt:»Der Saarländer kommt ihnen zu arrogant und besserwisserisch daher. Wer zu ihm reist, fühlt sich zu einer Strafexpedition verurteilt, ab in die Folterkammer der Staatskanzlei«, schrieb einst die ›Stuttgarter Zeitung‹.[612]

Gerhard Schröder dagegen hatte ein untrügliches Gespür für die Bedürfnisse der Mediengesellschaft. Gerade die Hamburger Medien liebten ihn so, weil er ihnen das gab, was Helmut Kohl ihnen verwehrte: Interviews. Auch bemühte sich Schröder darum, den Traum des ›Spiegel‹-Chefredakteurs Stefan Aust, einmal ein Interview mit Fidel Castro zu führen, zu unterstützen.[613] Dem ›Spiegel‹ wollte der »maximo lider« in Havanna aber offensichtlich kein Interview gewähren.

Schröder war nicht nur in den Printmedien präsent, sondern auch fernseh-affin. Als das noch neu und selten war, habe ihn seine Mutter ganz aufgeregt zuhause empfangen: »Gerd, du warst ja gestern im Fernsehen«, rief sie ihm schon im Treppenhaus entgegen. »Sag mal, wie kommst du da eigentlich rein? Kennst du da einen?«[614] Die Geschichte stammt übrigens von Schröder selbst. Er liebte den großen Auftritt – und das nicht nur im Zusammenhang mit politischen Stellungnahmen. Er nutzte vor allem als Ministerpräsident jede Möglichkeit, sich einem großen Publikum zu zeigen.

Gerne gab er auch den volksnahen Schauspieler: So spielte er sich 1993 in der Fernsehserie »Der große Bellheim« selbst. 1995 trat er gemeinsam mit seiner damaligen Frau Hillu bei »Wetten, dass …?« auf. Im Wahlkampfsommer 1998 spielte er in der 1500. Folge der RTL-Seifenoper »Gute Zeiten, schlechte Zeiten« einen Politiker auf Wahlkampftour: Laut Regieanweisung geriet er zufällig auf einen Polterabend und gratulierte mit den Worten: »Herzlichen Glückwunsch zur Hochzeit, ich weiß, wie schwer das ist.« Immerhin sechs Millionen Zuschauer ließen sich das nicht entgehen.[615] Später wurde er gar als »Staatsschauspieler« bezeichnet.[616]

Als er jedoch, nun als Bundeskanzler, am 20. Februar wieder zu »Wetten, dass …?« ging, wurde er als »Spaßkanzler« gescholten. So viel Selbstdarstellung war offensichtlich selbst seinen Beratern zu viel. Sie vermittelten Schröder, dass solche Auftritte eines Bundeskanzlers nicht würdig seien. Die Medienkommentare zu seinen Spaßauftritten waren vernichtend – zumal sich Schröder zu dieser Zeit gerne im Brioni-Anzug und mit Cohiba-Zigarre zeigte, also mit Aufstiegs- und Wohlstandsinsignien. Er wurde deshalb auch als »Kaschmir«- oder »Brioni«-Kanzler verspottet. Schlagzeilen wie »Dressman Schröder« oder »Der Kanzler als Model«[617] waren die Folge: Dieses Image hatte er sich vor allem durch eine Fotostrecke im Magazin ›Life & Style‹ verdient, einem Ableger der Zeitschrift ›Gala‹: Aufnahmen des Modestarfotografen Peter Lindbergh, zu dessen Motiven sonst Topmodels wie

Naomi Campbell oder Linda Evangelista gehören, zeigten Schröder im edlen Brioni-Anzug mit Cohiba-Zigarre. Der Artikel fasste zusammen:»Exquisites Schuhwerk, elegante Garderobe, jugendliche Lockerheit in Bonn – das ist der Lifestyle des Gerhard Schröder.«[618] Der Starfotograf und Freund Schröders pries gar die »neue Entspanntheit«[619] in der Politik. Und:»Das Steife ist plötzlich weg.« Das öffentliche Zurschaustellen von Nobelmarken unterließ er aufgrund der wenig erfreulichen Schlagzeilen später, seinen Lebensstil behielt er aber bei. So führte er weiterhin in seinem Auto drei verschiedene Größen von Zigarren mit sich.»Guten Wein hat er gerne mit anderen geteilt«, erinnert sich sein Freund Manfred Bissinger, so den »wunderbaren Château Haut-Brion (Bordeaux), der ihm von Chirac geschenkt worden war«.[620] Auch die Saumagen-Ära des Helmut Kohl war ganz offensichtlich endgültig vorbei.

Doch auch der Spott der Medien war anfangs Ausdruck ihrer Liebe. Zu Beginn seiner Amtszeit lief für Gerhard Schröder im Verhältnis zu den Medien alles gut. 2001 erhielt er sogar den undotierten »Deutschen Medienpreis«. Nach Ansicht der »aus namhaften Chefredakteuren bestehenden Jury« habe er eine »neue Form im Umgang mit Menschen, Medien und Macht« bewiesen und wurde dafür ausgezeichnet.[621] ›FAZ‹-Mitherausgeber Frank Schirrmacher erklärte, Schröder habe ungeachtet der politischen Irrtümer eine neue Modernität ins Land gebracht.

Es hatte zuvor noch nie einen Kanzler gegeben, der so sehr die Medien zum Maßstab seines Handelns machte wie Schröder: Richard Meng schrieb zum Typus eines »Medienkanzlers«:»Der Medienerfolg wurde nun endgültig zum alleinigen Maßstab für den Erhalt politischer Macht.«[622] Schröder wollte auffallen, gefallen, sich selbst gefallen und einfach populär sein. Der Journalist Christoph Schwennicke beobachtete:»Keiner hing zeit seiner politischen Laufbahn so sehr an der Nadel der Demoskopie, keiner richtete seine Politik so sehr an diesem Seismografen aus wie Gerhard Schröder.«[623] Die Medienarbeit machte er faktisch selbst, oder um es mit den Worten des Grandseigneurs der deutschen Regierungssprecher, Klaus Bölling, zu sagen:»Schröder ist eigentlich sein eigener und bester Regierungssprecher.«[624] Allerdings sprach er letztlich nicht mit den Journalisten, sondern er wollte sich über die Medien unmittelbar an die Bevölkerung wenden – möglichst ungefiltert durch die Journalisten. Doch diese haben es (wie wohl die meisten Menschen) nicht gern, wenn sie nicht ganz ernst genommen werden.

Besonders vertraute Journalisten spürten mit der Zeit, dass Schröder ihnen gegenüber seine einstige Kumpelhaftigkeit immer mehr verlor und dass er empfindlich auf Kritik reagierte. Christoph Schwennicke, früher bei der ›Süddeutschen Zeitung‹ und nunmehr Korrespondent des ›Spiegel‹, sagt heute:»Zu Beginn seiner Kanzlerschaft hat Schröder viel von den Medien profitiert. Doch wenn ein Kanzler sein Amt zu kumpelhaft führt, verliert das Amt an Distanz.«[625] Später verklagte er einige Medien – beispielsweise wegen Berichten über sein Privatleben oder die Frage, ob seine dunklen Haare echt, gefärbt oder getönt seien.

Schröder wurde immer dünnhäutiger und nachtragend. Zu seinem 60. Geburtstag etwa, den ihm die SPD in Hannover ausrichtete, lud er Stefan Aust nicht ein. Mehrere Chefredakteure warfen dem Regierungssprecher Béla Anda vor, Mitarbeitern von ›Bild‹ und ›Stern‹ sei der Mitflug in die USA und in die Türkei verweigert worden.[626] Schröder wollte der ›Bild‹-Zeitung keine Interviews mehr geben. Zur Begründung sagte Regierungssprecher und früherer ›Bild‹-Redakteur Anda, dass man den Kakao, durch den man gezogen wird, nicht auch noch trinken müsse.[627] Er wies allerdings die Behauptung zurück, die ›Bild‹-Zeitung sei wegen ihrer Berichterstattung von den Kanzlerreisen ausgeschlossen worden.

Viele Journalisten solidarisierten sich immer mehr mit der Boulevard-Zeitung, nicht aus plötzlicher Sympathie mit dem Hause Springer, sondern weil sie prinzipiell die Informationsfreiheit eingeschränkt sahen. Schröder hatte sich im Februar 2004 in der SPD-Fraktion Springer und die ›Bild‹-Zeitung vorgeknöpft. Eine unerträgliche Kampagne hätten die Blätter dieses Medienhauses gegen ihn angezettelt. Und sie habe nun ein Maß erreicht,»das nicht mehr zu tolerieren ist«. Er sei insbesondere nicht bereit hinzunehmen, dass seine Familie da mit hineingezogen werde.»Ich lasse mich nicht kaputtmachen!«, rief Schröder. Das müsse jeder wissen, wenn er mit »denen redet und sich zum Stichwortgeber macht«.[628] Einige Abgeordnete, so der ›Tagesspiegel‹, wollen sogar dem Sinn nach gehört haben:»Ich erwarte, dass ihr mit denen nicht mehr redet.«[629] ›Bild‹-Chefredakteur Kai Diekmann wies die Anwürfe zurück:»Es ist nicht die Aufgabe von ›Bild‹ und anderen Medien, Politikern zu gefallen. Das hätte Béla Anda in seiner Zeit als ›Bild‹-Redakteur gelernt haben müssen.«[630] Diekmann erinnerte zudem an den Duisburger Parteitag der Grünen von 1987. Als man dort eine ›Bild‹-Reporterin aus dem Saal werfen lassen wollte, habe sich Joschka Fischer damals dagegen verwahrt. Diekmann:»Die Journalistin hieß übrigens damals Doris Köpf, die heutige Frau des Kanzlers.«[631]

Die Nerven lagen bei Schröder in seiner zweiten Amtszeit besonders blank, nachdem der Bundeskanzler den Parteivorsitz 2004 an Franz Müntefering abgegeben hatte. Die ›Bild‹-Zeitung ließ damals Oskar Lafontaine regelmäßig als Kolumnist schreiben und etwa die Frage beantworten:»Ist die SPD noch zu retten? Und wenn ja, von wem?«[632] Manche Journalisten erinnerten sich nun an Helmut Kohl, der»mit seiner bräsigen Arroganz gegenüber der Atemlosigkeit der Mediengesellschaft« ganz gut gefahren sei, so Axel Vornbäumen in der ›Frankfurter Rundschau‹.[633] Auch innerhalb der SPD mehrten sich die Stimmen, die Schröders Suche nach Schlagzeilen immer schon für riskant gehalten hatten. Wer sich zu sehr an den Massenblättern orientiere, könne nur Ruhelosigkeit in der Politik ausstrahlen, hieß es. Schröder musste erkennen, dass sein kumpeliger Stil, der bei den Bossen der Wirtschaft so gut funktionierte, bei Journalisten gerade nicht zog – auch weil Medien eine andere Funktion haben und nach einer anderen Logik arbeiten.

Alle Bundeskanzler vor Schröder sind in gewisser Weise Medienkanzler gewesen. Auch sie wussten sich zu inszenieren.[634] Konrad Adenauer etwa buk Pfannkuchen und spielte Geige – für die Fotografen.[635] Doch die Tatsache, dass Schröders Politik so sprunghaft erschien, ist auch darauf zurückzuführen, dass er so gerne auf den Nachrichten-hunger von Journalisten einging. Der Medienwissenschaftler Lars Rosumek interpretierte Schröder als»Tageskanzler«,»der jedes medienrelevante Thema aufgreift, mit einem Statement versieht und es so zu seiner eigenen Angelegenheit macht.«[636] Dahinter stecke eine bereits in Großbritannien erprobte Strategie: Schröder habe sich von

Tony Blair und seinem Berater Peter Mandelson empfehlen lassen, so zu regieren, als sei jeden Tag Wahlkampf. Diese Taktik führte zu vielen mediengerechten Bildern, beispielsweise als der VW-Manager Peter Hartz im August 2002 kurz vor der Bundestagswahl im Französischen Dom zu Berlin vor allen Mikrofonen verkünden konnte:»Heute ist ein schöner Tag für die Arbeitslosen«, um dem Bundeskanzler vor allen Kameras das hochgejubelte Reformprogramm auf einer CD-ROM zu übergeben.

Der Abstieg in fünf Akten

Am 22. September 2002 hat Gerhard Schröder doch noch die Bundestagswahlen gewonnen – gegen viele, ja fast alle Erwartungen.[637] Geistig waren viele Regierungsschreibtische bereits geräumt. Aber Schröder gewann die Wahl, weil wieder einmal seine rhetorische Kraft obsiegte, diesmal gegen den bayerischen Unionskandidaten Edmund Stoiber. »Wir hatten nicht mit dem Wahlsieg gerechnet«, gesteht Hans Eichel. Die Bundesregierung schien ausgelaugt, politische Konzepte für die zweite Amtszeit lagen nicht vor. »Steinmeier und ich wollten«, so Eichel weiter, »die Wahlkämpfer wären erst einmal in den Urlaub gefahren und dann aufgetankt zurückgekommen.«[638] Nur schwer kam die Koalition nach der unverhofft gewonnenen Bundestagswahl wieder in die Gänge. Sie machte den »Eindruck einer chaotischen Regierung« (›Die Zeit‹)[639]. Selbstkritisch merkte Schröder an: »Wir hatten lange genug Zeit, uns auf die Neuauflage der Koalitionsverhandlungen vorzubereiten.«[640] Aber die Regierung »Schröder II« begann uninspiriert und sie hielt nur drei Viertel der Legislaturperiode durch.

Schon im Dezember 2002 glaubte etwa ein Drittel der Bevölkerung, dass Schröder die Legislaturperiode nicht durchsteht.[641] Im ZDF-»Politbarometer« sank die SPD Mitte November 2002 im Vergleich zum Vormonat um zehn Prozentpunkte auf nur noch 26 Prozent, während die Union auf 55 Prozent zulegte.[642] Der »Steuersong« des Parodisten Elmar Brandt stand seit dem 13. November an der Spitze der deutschen Single-Charts.[643] Trotz knapp gewonnener Wahl wurden Schröder und seine Minister im ›Spiegel‹ als »Verzweiflungstäter«[644]

charakterisiert. Diese Zeitschrift sprach im Zusammenhang mit der Haushaltssituation des Bundes von »tricksen, tarnen, täuschen«[615]. Statt als »eisernen Hans« sprach die ›Bild am Sonntag‹ Hans Eichel als »Blutsauger« an.[646] Der einstige Polit-Superstar Eichel saß in der Schuldenfalle, die Steuereinnahmen waren weggebrochen. Von der ›Frankfurter Rundschau‹ (Richard Meng: »So schnell so planlos standen Wahlsieger selten da.«[647]) über die ›Süddeutsche Zeitung‹ (Kurt Kister: »Dies ist eine Regierung der Enttäuschung.«[648]) bis hin zur ›Frankfurter Allgemeinen Zeitung‹ (Christian Schwägerl: »Räuberstaat«[649]) machte sich unisono Ratlosigkeit über die frisch-gebackene Regierung breit.

Die Unions-Mehrheit im Bundesrat zwang Schröder, sich mit der Opposition zu arrangieren. Das sollte auch für das Zuwanderungs-gesetz gelten, da das Bundesverfassungsgericht angesichts des Ab-stimmungsverhaltens des damaligen Bundesratspräsidenten Klaus Wowereit in der Sitzung der Länderkammer am 22. März 2002 des-sen Zustandekommen als verfassungswidrig entschieden hatte. Sechs unionsgeführte Bundesländer hatten geklagt.[650] Das Urteil des Verfas-sungsgerichts führte aber zu Streit innerhalb der Koalition.[651] Auf die in Berlin kursierenden Spekulationen, Clement könne den Kanzler in seinem Amt beerben, sagte Schröder: »Der Kanzler wird nicht das Schiff verlassen.«[652] Clement ging in einem Interview mit der ›Süddeutschen Zeitung‹ auf Konfrontationskurs zu Fraktionschef Franz Müntefering und anderen SPD-Spitzenpolitikern, die mehr Geld für die öffentliche Hand forderten.[653] Es war ein für Schröder dramatischer Monat, zumal der Bundestag am 19. Dezember 2002 ein Kompromisspaket von Regierung und Union über die Reformen auf dem Arbeitsmarkt verabschiedet hatte.[654] Damit war der Weg für die »Hartz-Reform« (u. a. zu Minijobs und Ich-AG) frei gemacht.[655] Wei-tere Gesetze auf der Basis von Hartz-Vorschlägen sollten folgen; etwa die Hartz IV-Vorschläge, die zum 1. Januar 2005 in Kraft traten und insoweit fast ein Jahrhundertereignis wurden, weil sie zur Zusam-menführung von Arbeitslosenhilfe und Sozialhilfe zum Arbeitslosen-geld II führten. Schon wenige Wochen nach Schröders Wiederwahl war der Lack ab. Es folgte ein Drama eines kontinuierlichen Abstiegs in fünf Akten – und es begann mit der »Agenda 2010«.

Das Hauptprojekt der zweiten Amtszeit – die Agenda 2010 – war weder im Wahlkampf angekündigt noch in den Koalitionsverhandlungen vereinbart worden.[656] Nach dem Verrauchen des Pulverdampfes der Bundestagswahlen, nach seinem zweiten und unverhofften Wahlsieg, hielt sich Schröder für stark genug, dass er glaubte, sich für ein unpopuläres Maßnahmenpaket entscheiden zu können. Die immer schwieriger werdende ökonomische Situation zwang ihn zum Handeln. »Man wird klarmachen müssen, dass der berühmte Satz Lampedusas im ›Leopard‹, wonach sich alles ändern muss, damit es bleiben kann, wie es ist, die Leitlinie von Politik werden muss.« Das sagte Gerhard Schröder im November 2002 kurz nach der Regierungsbildung in einem ›Zeit‹-Interview.[657] Damals wurde der Bundeskanzler immer stärker zu einer »Blut-Schweiß-und-Tränen-Rede« aufgefordert, um Deutschland wieder wirtschaftlich fit zu machen. Er reagierte darauf mit der »Agenda 2010« vom März 2003, die besonders von den Gewerkschaften kritisiert wurde.

Aber er wusste, dass er sich nach dem unverhofften Wahlsieg für ein unpopuläres Maßnahmenpaket entscheiden musste. Die knapp gewonnene Bundestagswahl und die Unions-Mehrheit im Bundesrat waren keine komfortable Ausgangssituation für seine Regierungsarbeit. Schröder war jedenfalls zum Handeln entschlossen. Im ›Handelsblatt‹ schrieb er im Dezember 2002: »Es geht nicht mehr um die Verteilung von Zuwächsen. Neue Ansprüche sind nicht zu erfüllen. Vielmehr werden wir – wenn wir soliden Wohlstand, nachhaltige Entwicklung und neue Gerechtigkeit bewahren wollen – manche Ansprüche zurückschrauben und Leistungen einschränken oder gar streichen müssen, die vor einem halben Jahrhundert berechtigt gewesen sein mögen, heute aber ihre Dringlichkeit und damit auch ihre Begründung verloren haben.«[658] Wolfgang Clement heute: »Wegen der ökonomisch zugespitzten Situation hat Schröder sich zu einem härteren Kurs entschieden, als ich erwartet hatte. Er hat – typisch für seinen Politikstil – einen Befreiungsschlag versucht.«[659]

Vor den Weihnachtstagen 2002 wurde zunächst der Presse durch gezielte Indiskretion ein Strategiepapier aus dem Kanzleramt bekannt.

Dadurch sollte die Reaktion in den Medien ausgelotet werden. Als erste Zeitung hatte der Berliner ›Tagesspiegel‹ am 20. Dezember 2002 berichtet, dass das Kanzleramt »radikale Reformen« plane.[660] Das war ein »Testballon des Kanzleramtes für Schröders spätere Agenda-Politik«.[661] In dem entsprechenden Strategiepapier wurde die Absicht beschrieben, dass Rentner, Arbeitslose und Sozialhilfeempfänger mit Einschnitten zu rechnen hätten oder dass Krankenversicherte in Zukunft die Wahl von Tarifen mit Selbstbeteiligung haben sollten. Andere Zeitungen zogen nach und berichteten ebenfalls über die Pläne. Das 24-seitige Papier war von der Arbeitsgruppe »Strategie 2010« unter der Leitung von Kanzleramtschef Frank-Walter Steinmeier erarbeitet worden. Offensichtlich waren weder Gesundheitsministerin Ulla Schmidt (SPD) noch die SPD-Bundestagsfraktion in die Beratungen eingebunden.[662] Besonders verärgert war man in der Fraktion aber vor allem darüber, dass das Kanzleramtspapier direkt an den stellvertretenden Unions-Fraktionschef Horst Seehofer (CSU) gegangen war, während die SPD-Abgeordneten nichts davon erfuhren. Die ›Süddeutsche Zeitung‹ kommentierte das Strategiepapier mit den Worten, es lese sich wie ein »Koalitionsangebot an die Union«.[663] Was damals noch niemand ahnen konnte, war die Tatsache, dass es sich hier um eine taktische Vorbereitungsmaßnahme für die »Agenda 2010« handelte. In den folgenden Wochen führte der Kanzler viele Gespräche mit den Gewerkschaften, mit der SPD-Bundestagsfraktion und mit den Grünen. Die politische Lage des Kanzlers sollte sich noch verschärfen, als am 2. Februar 2003 in Niedersachsen, Schröders eigenem Land, Christian Wulff Ministerpräsident wurde und die CDU dort nur knapp die absolute Mehrheit verfehlte und zudem auch Roland Koch in Hessen mit 48,8 Prozent der Wählerstimmen die absolute Parlamentsmehrheit erhielt, während die SPD über zehn Prozent verlor und nur noch auf 29,1 Prozent kam.

Am 14. März 2003 war es so weit. Schröder verkündete im Bundestag die »Agenda 2010«, die in der ›Frankfurter Allgemeinen Sonntagszeitung‹ von Nils Minkmar als »Blut-, Schweiß- und Zahnersatz«-Rede[664] bezeichnet wurde. Schröders Regierungserklärung im Bundestag hatte die Überschrift »Mut zum Frieden und Mut zur Veränderung«[665]. »Die Agenda 2010 war eine Rede, kein ausgereiftes Programm«, wird heute in der SPD kritisch angemerkt. An der Rede wurde offenbar bis tief in die Nacht gearbeitet. In die Entwicklung der »Agenda« sei kaum jemand eingeweiht worden. »Eingeweihte« bezeichnen das als »Bonapartismus«. Die Agenda fand keine ungeteilte Zustimmung – weder in den Medien, dort war sie zu wenig offensiv, noch in der eigenen Partei, dort ging sie zu weit. So sprach Uwe Vorkötter in der ›Berliner Zeitung‹ von »Schröders Reform-Defensive«.[666] »Herzblut war da nicht erkennbar«, formulierte Richard Meng in der ›Frankfurter Rundschau‹.[667] Die ›Süddeutsche Zeitung‹ konstatierte »eingefrorene Mienen bei der SPD-Fraktion«[668] und nach Auffassung der ›tageszeitung‹ war die Rede »ein gut getarnter Offenbarungseid«.[669] Auch die CDU-Vorsitzende Angela Merkel übte Kritik: »Der große Wurf für die Bundesrepublik Deutschland ist das mit Sicherheit nicht.«[670] Es war wohl die wichtigste Rede des erst wenige Monate zuvor wiedergewählten Bundeskanzlers Schröder – und sie markierte doch den Beginn seines schleichenden politischen Abstiegs und Machtverlusts.

Für die Gewerkschaften war die Agenda eine Provokation, was sich in den Mai-Feierlichkeiten des Jahres 2003 lebhaft niederschlagen sollte. Immerhin nahm Schröder eine Einladung zu einer Mai-Kundgebung in Hessen an. Doch als er an das Rednerpult trat, konnte er Spruchbänder und Slogans lesen wie »Arbeitsdienst ohne uns« oder »Leiharbeit, Arbeitszwang, Hungerlohn«. Direkt vor der Bühne hieß es auf einem Transparent, Schröder sei ein »asozialer Desperado«.[671] Am 6. Mai schließlich beschloss der DGB-Bundesvorstand nach einer fünfstündigen Diskussion, seine Teilnahme an der für den Abend geplanten Sitzung des SPD-Gewerkschaftsrates abzusagen. Der DGB-Vorsitzende Michael Sommer erklärte, dass man sich momentan über die Reformen nicht verständigen könne.[672] Vor allem Verdi-Vorsitzender Frank Bsirske und IG-Metall-Chef Klaus Zwickel hielten an ihrem Konflikt-Kurs fest; gerade diese beiden Organisationen stellten zwei Drittel aller DGB-Mitglieder. Lediglich Hubertus Schmoldt erklärte: »Wir haben eine Chance, Einfluss zu nehmen, vertan. Ich hoffe, dass sich das alle gut überlegt haben.«[673] Die DGB-Funktionäre gaben bald auf und zeigten sich auch wieder zu Gesprächen mit Schröder bereit. Doch der hatte ihnen in der Tat viel zugemutet: erst die Auflösung des Arbeitsministeriums, dann die Lockerung des Ladenschlusses und schließlich die Kürzungen bei Arbeitslosengeld und -hilfe. Für viele Gewerkschafter war die SPD ihr »natürlicher« Ansprechpartner in der Politik. Schröder war es jedoch nicht mehr.

Aber auch Schröder wusste, was er dem linken Flügel seiner Partei zumutete, und er machte das, was er schon immer gut konnte: er kämpfte, insbesondere auf Regionalkonferenzen der SPD. Ein Mitgliederbegehren missglückte. Die Agenda 2010 war längst verabschiedet, als am 1. Juni 2003 in Berlin ein außerordentlicher Parteitag stattfand, auf dem der Beschluss »Mut zur Veränderung« herbeigeführt wurde. Diesem Leitantrag zur »Reformagenda 2010« stimmten über 90 Prozent der Delegierten zu. Aber was hätten sie auch tun sollen? Alles andere hätte den Bundeskanzler beschädigt. Der Kanzler hatte sich aber erst an die Agenda getraut, nachdem die Bundestagswahl vorüber war. In der Rückschau sollte es sich für die SPD als besonders verhängnisvoll erweisen, dass die Agenda 2010 zum Zeitpunkt ihrer Verkündung nicht intensiv mit den Parteigremien abgestimmt war. Sie war eine Art Überfall, politisch auch so kalkuliert von Schröder und dem SPD-Vorsitzenden Franz Müntefering: Ob sie die SPD vorab für solche einschneidenden Maßnahmen hätten gewinnen können, darf bezweifelt werden. Es ist auf jeden Fall bemerkenswert, dass die Agenda-Reformen nicht im Koalitionsvertrag angekündigt worden waren[674] – auch weil Schröder Koalitionsvereinbarungen ohnehin nicht besonders wichtig waren. Hätte die »Agenda 2010« in der Koalitionsvereinbarung gestanden, so hätte am 20. Dezember 2002 der außerordentliche Bundesparteitag der SPD in Berlin darüber abstimmen und entscheiden können. Schröder machte stets das, was er von der Situation her als geboten erachtete – und zwang seiner Partei den politischen Kurs auf. Im Gegensatz zu seiner Nachfolgerin Merkel arbeitete er sich nicht systematisch am Koalitionsvertrag ab. Seit der »Agenda 2010«, auch wenn sie nicht für alles ursächlich ist, hat die SPD den massivsten Mitgliederrückgang in ihrer Geschichte erlebt: Sie verlor zahlreiche ihrer aktiven Mitglieder und Funktionäre. Außerdem ist ein starker Aderlass des SPD-Einflusses bei den Gewerkschaften zu verzeichnen. Matthias Krupa brachte in der ›Zeit‹ den damaligen inneren Zustand der SPD auf den Punkt: »Sie regiert noch, aber sie lebt nicht mehr.«[675]

»Bochum« sollte zu einem Fanal der Machterosion Schröders werden. Der innerparteiliche Unmut wurde wenige Monate später offensichtlich, auf dem SPD-Parteitag in Bochum vom 17. bis 19. November 2003. Er richtete sich gegen den Kanzler, auch gegen Generalsekretär Olaf Scholz und den Wirtschafts- und Arbeitsminister Wolfgang Clement. Die regulären Wahlen zum Parteivorsitz waren für Schröder alles andere als ein Triumph: Von 506 gültigen Stimmen wurde er mit nur 409 Ja-Stimmen wiedergewählt. 77 Delegierte votierten gegen ihn, 20 enthielten sich ihrer Stimme. Damit bekam der SPD-Vorsitzende im Bundeskanzleramt gerade einmal eine innerparteiliche Zustimmung von rund 81 Prozent der Anwesenden – nicht gerade ein berauschendes Ergebnis. Noch stärker »gerupft« wurde der stellvertretende Parteivorsitzende Clement, der von 499 gültigen Stimmen nur 283 Ja-Stimmen erhielt (169 Nein-Stimmen und 47 Enthaltungen). Damit wurde der vehementeste Agenda-Verfechter geradezu abgestraft. Und noch heftiger traf es Generalsekretär Olaf Scholz. Von 502 gültigen Stimmen erhielt er gerade einmal 264 Ja-Stimmen (201 Nein-Stimmen und 37 Enthaltungen). Als er auf einem außerordentlichen Parteitag der SPD am 20. Oktober 2002 in Berlin zum Generalsekretär gewählt worden war, hatte er 91,3 Prozent erhalten.[676] Wie sehr deshalb die Nerven beim Kanzler blank lagen, zeigt seine nächtliche Beschimpfung des niedersächsischen SPD-Landesvorsitzenden Jüttner[677] an der Hotelbar: »Euch mache ich fertig«, soll Schröder gedroht haben, worauf Jüttner geantwortet haben soll: »Das hast du schon am 2. Februar getan.«[678] Gemeint waren damit die niedersächsischen Landtagswahlen, die Gabriel das Amt gekostet hatten. Auch Gabriel, damals neuer Fraktionsvorsitzender im Landtag, wurde unterstellt, er sei an der »Intrige« gegen Scholz beteiligt. Hubertus Heil, damals noch nicht SPD-Generalsekretär, erklärte trocken: »Was da abläuft, ist doch nur der Versuch der Parteispitze, uns und Gabriel die Wahlniederlage in die Schuhe zu schieben.«[679]

Gerhard Schröder war der SPD-Vorsitzende mit der größten Distanz zur eigenen Partei. Nach Bochum kam bei Schröder die Überlegung auf, den Parteivorsitz an Müntefering »abzugeben«.[680] Das erfolgte dann auf einem außerordentlichen SPD-Parteitag am 21. März 2004 in Berlin. Schröders Weggefährte Klaus Uwe Benneter erklärt: »Schröder hatte weniger Schwierigkeiten mit der Partei als die Partei mit ihm. Er wusste immer, was er seiner Partei verdankte. Doch waren für ihn die Parteigremien die schlimmste Zumutung.«[681] Gernot Fritz, der als Beamter gelegentlich Kabinettssitzungen beiwohnte[682], formulierte es drastisch: Schröder »war nie Kopf der Partei – eher ihre Perücke, unter der es juckt und durch die sie sich verkleidet fühlt.«[683] Dennoch brach es wie aus heiterem Himmel über die SPD herein, als am 6. Februar 2004 bekannt wurde, dass Schröder vom Parteivorsitz zurücktreten werde und Franz Müntefering Parteichef werden solle. »Wenn Müntefering nicht Parteivorsitzender geworden wäre, hätte sich alles auf Schröder konzentriert«, verteidigt Benneter die Personalrochade.[684] Doch sollte sich die Abgabe des Parteivorsitzes in der Abwägung des Pro und Kontra für Schröders Macht eher als verhängnisvoll erweisen, denn in der Linken der SPD reifte die Erkenntnis: Schröder ist zu treffen, er zeigt Schwächen. Es war wohl geplant, den SPD-Vorstand erst am 16. Februar zu informieren, doch häuften sich die für Schröder unerfreulichen Meldungen. So forderte Niedersachsens SPD-Chef Wolfgang Jüttner in der ›Financial Times Deutschland‹ eine Kabinettsumbildung: »Einige der Gesichter im Kabinett sind verbraucht (...). Mit dieser Mannschaft kann man keinen Aufschwung organisieren.«[685] Der frühere SPD-Vorsitzende Rudolf Scharping kritisierte in ›Cicero‹: »Die SPD droht zu erfrieren.«[686] Die Sozialdemokratie habe »in einem Ausmaß und mit einem Tempo an Verankerung in der Gesellschaft und an Macht, an Kompetenz und Glaubwürdigkeit verloren wie noch nie.«[687] Die Kritik an der Agenda 2010 wurde immer lauter. Die Parteiaustritte häuften sich. Dem Kanzler lief die Basis davon. Schröder wusste mit seiner eigenen Partei nicht mehr weiter.

Außer Müntefering (und Steinmeier) hat Schröder niemand über seinen Rücktritt als Parteivorsitzender informiert. Noch am Vortag vor der Bekanntgabe seiner Entscheidung hatte Schröder mit Wirtschaftsminister Clement zu Abend gegessen und keinerlei Andeutungen gemacht.[688] Clement erreichte die Nachricht während einer Zugfahrt zur Messe Hannover. Er wurde dann per Hubschrauber sofort ins Kanzleramt gebracht; er befürchtete »das Ende der Reformpolitik«.[689] Auch Heidemarie Wieczorek-Zeul und Wolfgang Thierse, beide stellvertretende SPD-Vorsitzende, wussten nichts vom Rücktritt.

Clement war wütend und überlegte, ob er nicht aufgeben solle; sein Verhältnis zum neuen Vorsitzenden Müntefering war seit vielen Jahren angespannt. Am Rande einer Fraktionssitzung am 10. Februar 2004 schloss Clement einen Rücktritt von seinem Amt als stellvertretender Parteivorsitzender nicht aus.[690] Er fürchtete Korrekturen an der »Agenda 2010«. Und in einem gewissen Sinne musste er sich getäuscht fühlen: Schröder hatte ihn nach der Bundestagswahl 2002 bedrängt, das Amt eines »Superministers« für Arbeit und Wirtschaft zu übernehmen, und dafür hatte er sein einflussreiches Ministerpräsidentenamt in Nordrhein-Westfalen aufgegeben. Clement fürchtete, dass seine Rolle als Modernisierer der Partei fortan durch Müntefering, der als Parteivorsitzender auch eine Integrationsfunktion wahrzunehmen hatte, in Frage gestellt werden könnte. Dass er in Schröders Pläne nicht eingeweiht worden war, muss Clement geschmerzt haben. Schröder und Müntefering erklärten ihre Heimlichtuerei nämlich damit, dass man solche Pläne nicht im Parteipräsidium erörtern könne, schließlich sei dort die Diskretion nicht gewährleistet. Das konnte nur heißen, dass der Kanzler auch Clement nicht ausreichend vertraute. Auch sein schlechtes Wahlergebnis auf dem Bochumer Parteitag lag Clement wohl noch auf dem Herzen. Der wahrscheinlichere Grund für die Nichtinformation war, dass Schröder von den Animositäten zwischen Clement und Müntefering wusste. Auch Kanzler tun sich trotz vermeintlicher Führungsstärke schwer, ihren Mitstreitern Unangenehmes selber zu verkünden.

Die Rücktrittsankündigung von Schröder steht eindeutig im zeitlichen Zusammenhang mit »Bochum«. Nur einmal, etwa zehn Tage vor dem Bochumer SPD-Bundesparteitag, hatte Schröder im November 2003, in einem kleinen Kreis, ohne dass dies nach außen drang, Überlegungen zu einer Übergabe des Vorsitzes, etwa an Müntefering, geäußert. Er tat das während eines Mittagessens in der Kanzlerwohnung mit den drei linken SPD-Abgeordneten Gernot Erler, Michael Müller und Ludwig Stiegler.[691] Er habe, so sagte Schröder zu seinen Gästen, die Anforderungen des »außenpolitischen Zeitbudgets« unterschätzt. Er erläuterte ihnen seine Arbeitsbelastung und deutete nur ungefähr an, dass es zu einem »gegebenen Zeitpunkt« zu einem Wechsel an der Parteispitze kommen könnte. Doch die Abgeordneten glaubten nicht an eine rasche Verwirklichung, zumal Schröder zugleich betonte, dass er am Amt des SPD-Vorsitzenden hänge. Schließlich hatte Schröder im Laufe des Jahres 2003 mehrfach gesagt: »Der Parteivorsitz ist wichtiger als die Kanzlerschaft.«[692]

Klaus Harpprecht, einst Redenschreiber Willy Brandts, bewertete den »vermeintlichen Rückzug« von Schröder als »die klassische Flucht nach vorn«.[693] Eigentlich sei es Kohls historische Pflicht gewesen, die Reformaufgaben einer deutschen Margret Thatcher auf sich zu nehmen. Jetzt habe Schröder nichts mehr zu verlieren. Er müsse zudem manchen seiner Kabinettsmitglieder »und dem quasi nicht existenten Bundespressechef (…) ohne Zögern die Tür weisen«.[694] Doch Schröder wollte sein Kabinett nicht umbilden. Dazu hatte er nicht mehr die Kraft. Michael Naumann, einst Staatsminister für Kultur unter Schröder, analysierte den Rückzug Schröders als »persönliches Drama«.[695] Schröder, der einst als »Macher«, als Kraftmensch angetreten war, musste jetzt, so Naumann, »lernen, dass Helmut Schmidts Selbstbeschreibung als ›leitender Angestellter der Republik‹ keine Bescheidenheitsformel war, sondern Ausdruck der strukturellen Machtlosigkeit des Bundeskanzlers«.[696]

Auf dem außerordentlichen SPD-Bundesparteitag am 21. März 2004 in Berlin erhielt der damals 64-jährige SPD-Generalsekretär Franz Müntefering 95,1 Prozent der gültigen Stimmen – das beste Ergebnis eines SPD-Vorsitzenden seit 1991. Müntefering stellte sich unbedingt hinter Schröders Reformagenda. »Opposition ist Mist. Lasst das die anderen machen – wir wollen regieren«, rief er den Delegierten zu.[697] Er wollte für einen Neuanfang stehen, seiner Partei »Hoffnung im Jammertal«[698] vermitteln. Viele SPD-Genossen hofften auf einen »Münte-Effekt«. Der sollte ausbleiben. Müntefering las in seiner geliebten Fußballmetaphorik seinen Genossen die Leviten: Manche würden »schon in der 80. Minute daran denken, mit wem sie duschen wollen, anstatt alles dafür zu tun, dass noch in der 90. Minute ein Tor fällt.«[699]

Obwohl Schröder sich stets gegen seine Partei profiliert und viele seiner Genossen verletzt hatte, ging ihm der Abschied vom SPD-Vorsitz auf dem Parteitag doch sehr nahe. Für seine Rede erhielt er gewaltigen Applaus. Rührung griff um sich, bei ihm und bei vielen Delegierten, als er sagte: »In der Nachfolge von August Bebel und Willy Brandt zu stehen, das war für mich eine große Ehre. Ich habe es als eine Verpflichtung verstanden und es so gut zu machen versucht, wie ich es konnte. Ja, ich kann sagen – ich möchte, dass ihr das wisst: Ich war stolz darauf, Vorsitzender dieser größten, ältesten demokratischen Partei sein zu dürfen.«[700] Die Aufgabe eines Bundeskanzlers erfordere aber »die ganze Kraft eines Menschen – übrigens gestützt auf die, die ich liebe und die mich lieben.« Als die Kamera für die Leinwandübertragung auf Schröders Ehefrau Doris zoomte, sah man, wie ihre Augen feucht wurden. Und wer genau hinschaute, so wie Axel Vornbäumen von der ›Frankfurter Rundschau‹, »der wird auch die Träne im Augenwinkel des Kanzlers sehen, der gerade sein Parteiamt niederlegt. (…) Am Ende, ganz am Ende, da hat Gerhard Schröder irgendwie doch noch einmal jenes Pathos entdeckt, das sie so gern öfter gehabt hätten, das ihm fünf Jahre lang so fremd war. Und das Bedürfnis, die Nähe zu seiner Partei zu dokumentieren, die für ihn immer auch ›Heimat‹ gewesen sei und bleibe, wie es Hans-Jochen Vogel später nennen wird.«[701]

Franz Müntefering ließ in den folgenden Monaten als Parteivorsitzender nicht einen Millimeter Differenz zu Gerhard Schröder erkennen. Das, was einst Lafontaine und Schröder versprochen hatten, dass zwischen sie kein Blatt Papier passe, das war im Verhältnis zwischen Schröder und Müntefering tatsächlich der Fall. Es gibt kein Beispiel dafür, dass Müntefering den Bundeskanzler einmal öffentlich oder halböffentlich kritisiert hat. Er folgte nicht dem Hinweis des SPD-Vordenkers Erhard Eppler, der geraten hatte: »Gerade wenn Müntefering Schröder helfen will, muss er ihm gelegentlich widersprechen. Die SPD lässt sich nicht nur von oben belehren. Sie braucht den Ein-

druck, dass ernst genommen wird, was von der Basis kommt.«[702] Die
›Zeit‹ nannte Franz Müntefering und Gerhard Schröder sogar »Synchronschwimmer im Kanzlerpool«.[703]

Mit Müntefering trat jemand das höchste Parteiamt an, der als
»Urgestein« der SPD gilt. Er gehört zu einem auch in der SPD rarer
werdenden Typus des »Herkömmlings« aus dem Arbeiter- und land-
wirtschaftlichem Milieu. Sein Vater war Landwirt, seine Mutter Haus-
frau. Den Vater lernte er erst mit 6 1/2 Jahren kennen, als dieser aus der
Kriegsgefangenschaft zurückkehrte. Nach seinem Volksschulbesuch
in Sundern absolvierte der am 16. Januar 1940 im sauerländischen
Neheim-Hüsten geborene Müntefering eine Ausbildung zum Indus-
triekaufmann, war von 1957 bis 1975 kaufmännischer Angestellter in
der Metall verarbeitenden Industrie. Er ist römisch-katholisch, was
wohl auch seine Begeisterung erklärte, der SPD-Parteivorsitz sei »das
schönste Amt neben Papst«.[704] 1966 wurde Müntefering Mitglied der
SPD, machte dann politische Karriere in Nordrhein-Westfalen, etwa
als Vorstandsmitglied des SPD-Bezirks Westliches Westfalen, dessen
Vorsitzender er ab 1992 war. Zudem war er in Nordrhein-Westfalen
von 1992 bis 1995 Minister für Arbeit, Gesundheit und Soziales, von
1995 bis 1998 gehörte er dem Landtag an. Von 1998 bis 2001 leitete er
die Geschicke seiner Partei als Landesvorsitzender. Zuvor (von 1995
bis 1998) war er SPD-Bundesgeschäftsführer, von Dezember 1999 bis
Oktober 2002 Generalsekretär der Bundespartei. Von September 2002
bis November 2005 führte er die SPD-Fraktion im Bundestag. Müntefering sagt heute, die Übernahme des Parteivorsitzes sei ihm nicht
»leichtgefallen«: »Ich wusste, das verändert die Statik. Letztendlich
wurde ich aber doch zu gerne Parteivorsitzender der Sozialdemokratischen Partei Deutschlands, als dass ich mich verweigert hätte.«[705]
Durch seine kurzen Sätze, die kein großes intellektuelles Flair ver-
sprühen, erzielte er fast so etwas wie einen Kultstatus.

Franz Müntefering galt ursprünglich als Mann Lafontaines. Er
mauserte sich erst mit der Agenda 2010 zum Reformer.[706] Rudolf
Dreßler kommentiert das folgendermaßen:»Müntefering hatte damit einen Schwenk um 180 Grad gemacht; er hat sich durch Schröder
auf eine neue Position festnageln lassen. Für Schröder war die SPD
nur Mittel zum Zweck, er hatte nichts Identitätsstiftendes an sich;

jetzt brauchte er Müntefering.«[707] Was er als Parteisoldat aber einmal für notwendig erachtete, vertrat Müntefering stets mit ziemlicher Überzeugungskraft. Als wirklicher Stratege wird er gleichwohl von niemandem eingeschätzt, der mit ihm intensiver zusammenarbeitete. Zugleich gilt er als erstaunlich scheu, als jemand, der nur wenige an sich heranlässt, etwa seinen Vertrauten Kajo Wasserhövel.

»Ich hätte ihn gern zum Freund«, bekannte Schröder offenherzig in einem Interview mit dem ›Tagesspiegel‹[708], bei dem auch der derart wertgeschätzte Müntefering anwesend war. Müntefering entgegnete trocken:»Ich weiß, wovon Gerd Schröder hier spricht. Ich bin kein Kumpel.« Außerdem ergänzte er:»Ich kenne meine eigene Distanziertheit, und ich weiß, wie Menschen darauf reagieren. Ich find' das sehr schön, ich freue mich darüber, dass Gerd Schröder das jetzt sagt. Ich bin mit solchen Dingen sehr vorsichtig.« Erfahrene Parteifreunde erinnern sich, dass Müntefering einen ähnlichen Satz auch einmal zu Lafontaine gesagt hatte, was in etwa signalisieren sollte: Ich lasse mich nicht vereinnahmen, ich vertrete die Interessen der SPD. Diese sichtbar gemachte Unnahbarkeit Münteferings haben auch einige andere seiner Parteifreunde erfahren.

In diesem bemerkenswerten Interview[709] wurde außerdem deutlich, dass Müntefering eigentlich der ewige Zweite ist. Vielleicht kann man auch sagen: der ewige Generalsekretär.»Bundeskanzler sein. Ich könnte das überhaupt nicht, Bundeskanzler. Das ist ganz klar«, sagte Müntefering freimütig. Er sei für dieses Amt »nicht geeignet«.»Man muss seine Stärken und Schwächen kennen. Ich habe in den vergangenen Jahren viele Situationen mit Gerd Schröder erlebt, ich habe aus nächster Nähe erfahren, was es bedeutet, in diesem Amt zu sein. Und ich gucke heute mit großem Respekt auf diese Momente zurück und weiß: das würde ich nicht schaffen.« Franz Müntefering, der als »Oberorganisator«[710] gilt, war stets zur Stelle, wenn ihn die SPD und ihre Chefs riefen.

Er wurde Parteivorsitzender, weil Gerhard Schröder sich von diesem Amt zurückziehen musste. Das war der Anfang vom Ende des Kanzlers, dessen Siegerprofil eine heftige Delle bekam. Müntefering stand als Parteivorsitzender zwar absolut loyal hinter Schröder, so dass in der SPD jeder Unmut gegen die Politik des Kanzlers weiterhin unterdrückt wurde und sich teilweise auch gegen Müntefering richtete. Aber dennoch lag die Zukunft des Kanzlers in den Händen von Müntefering. Dieser konnte, bei aller Loyalität, den Niedergang Schröders jedoch nicht aufhalten.

Zur Überraschung der Partei schlug der frisch gekürte Parteivorsitzende Müntefering Klaus Uwe Benneter als Scholz-Nachfolger im Amt des Generalsekretärs vor. Der heute sehr ruhig wirkende, besonnene Benneter ist ein Mann mit dunkelroter Vergangenheit, der zu Juso-Zeiten wegen seiner DKP-nahen »Stamokap«-Positionen aus der SPD ausgeschlossen worden war. Es war aber nicht Schröder, sondern offenbar Müntefering, der ihn als Generalsekretär ins Gespräch brachte. Benneter beharrt darauf, dass der Vorschlag, ihn zum Generalsekretär zu machen, eine originäre Idee des neuen Parteivorsitzenden war.[711] Vielleicht wollte der Machtmensch Müntefering Schröder gegenüber signalisieren, dass er einen Mann seines Vertrauens in dieser Position akzeptierte – eine vertrauensbildende Maßnahme gegenüber Schröder. Zudem hatte Müntefering mit dem Bundesgeschäftsführer Karl Josef (»Kajo«) Wasserhövel bereits einen Mann seines absoluten Vertrauens in einer zentralen Parteiposition. Die Berufung Benneters war jedenfalls eine Überraschung. Schröders Freund »Benni« wurde als Aufpasser von Münteferings Gnaden interpretiert, seine Benennung löste in den eigenen Reihen wenig Begeisterung aus. Der SPD-Abgeordnete Hans Peter Bartels bezeichnete ihn sogar als »das allerletzte Aufgebot«.[712] Benneter trat aber für Schröders Reformkurs ein.

Vierter Akt: Vorgezogene Bundestagswahlen als
Einstieg in den Ausstieg

Am 22. Mai 2005 verlor die SPD in dramatischer Weise die Regierungsmehrheit in Nordrhein-Westfalen – nach 39 Jahren. Auch wenn die Union in dem bevölkerungsreichsten Bundesland mit Karl Arnold und Franz Meyers bis 1966 fast immer den Ministerpräsidenten gestellt hatte (von 1956 bis 1958 leitete der SPD-Politiker Fritz Steinhoff die Landesregierung), galt Nordrhein-Westfalen doch seit Mitte der

60er Jahre als »Stammland« bzw. als »Herzkammer« der SPD. Im Mai 2005 kletterten Jürgen Rüttgers und seine CDU – auch dank der höheren Wahlbeteiligung (sie stieg von 56,7 Prozent auf 63,0 Prozent) – von 37,0 Prozent auf 44,8 Prozent. Er konnte mit der FDP, die Stimmen verlor (von 9,8 Prozent auf 6,2 Prozent), eine Regierung bilden. Die SPD, die unter Johannes Rau 1985 mit 53,1 Prozent ihr bestes Landtagswahlergebnis in NRW erzielt hatte, kam nur noch auf 37,1 Prozent und verlor damit gegenüber der vorigen Wahl 5,7 Prozentpunkte. Doch nicht nur wegen dieses Wahlergebnisses ging der 22. Mai 2005 in die Geschichte der Bundesrepublik Deutschland ein: Sensationeller war die Ankündigung des SPD-Parteivorsitzenden Franz Müntefering, der eine halbe Stunde nach dem Schließen der nordrhein-westfälischen Wahllokale im Berliner Willy-Brandt-Haus an die Öffentlichkeit trat. Im Fernsehen sah man gerade, wie der abgewählte Ministerpräsident und heutige Finanzminister Peer Steinbrück (SPD) Jürgen Rüttgers zum Wahlerfolg gratulierten. Ungefähr zur selben Zeit trat Müntefering in Berlin ans Mikrofon. Er schaute, wie häufig in schwierigen Situationen, erst nach oben, als ob er den Kontakt zum Herrgott herstellen wollte. Die rot-grüne Koalition habe, sagte Müntefering stattdessen, den schwierigen Weg »der Erneuerung beschritten« und dieser sei auch immer noch richtig: »Wir werden ihn weitergehen.«[713] Doch spätestens die nordrhein-westfälische Landtagswahl habe gezeigt: »Es ist nötig, dass in Deutschland die Verhältnisse geklärt werden.« Er habe deshalb mit Gerhard Schröder besprochen, schon für diesen Herbst Bundestagswahlen anzustreben. »Wir wollen um die Entscheidung kämpfen. Die Menschen sollen das Patt auflösen, sie sollen sagen, von wem sie regiert werden wollen«, überraschte der SPD-Parteivorsitzende. Mit dieser Bombe hatte in Berlin niemand gerechnet. Es war eines der seltenen Beispiele, bei denen eine politische Entscheidung bis zur letzten Sekunde geheim blieb.

Der Coup von Schröder und Müntefering erklärt sich aus niederschmetternden Wahlergebnissen: Auch wenn Schröder 2002 die Bundestagswahl noch einmal ziemlich knapp gewonnen hatte, so waren doch alle Landtagswahlen als Absage an Schröder und Rot-Grün zu verstehen. Landtagswahlen sind in den vergangenen Jahren – auch wegen der zunehmenden Bedeutungslosigkeit der in den Bundesländern selbst zu treffenden politischen Entscheidungen – immer mehr zu Stimmungstests über die Bundespolitik geworden. Seit Gerhard Schröder regierte, hatte die SPD elf Landtagswahlen hintereinander verloren. Sieben SPD-Ministerpräsidenten verloren ihr Amt: Reinhard Höppner (Sachsen-Anhalt), Reinhard Klimmt (Saarland), Hans Eichel (Hessen), Sigmar Gabriel (Niedersachsen), Ortwin Runde (Hamburg), Heide Simonis (Schleswig-Holstein) und Peer Steinbrück (Nordrhein-Westfalen). Es war schon erstaunlich: Es kam zu diesen Regierungswechseln, obwohl Eichel populärer war als sein Nachfolger Koch. Gleiches galt für Gabriel und Wulff sowie für Heide Simonis und Peter Harry Carstensen. Den Wählern ging es also nicht um die Landespolitik, sondern vor allem um die Bundespolitik.[714] Schröder musste sich eingestehen, dass er an der Basis der SPD und ihrer Wähler gescheitert war, dass seine zweifelsohne vorhandene persönliche Popularität nicht mehr ausreichte, um die Machtbasis im Lande zu halten. Seine Partei dümpelte in den Umfragen nur noch bei rund 28 Prozent dahin. Er hatte am 29. März aus Anlass des 50. Jahrestages der Bonn-Kopenhagener Erklärungen, die im deutsch-dänischen Grenzgebiet die Minderheitenfrage klärten, im Schloss Sonderburg (Sønderborg) (Dänemark) nochmals die als »Pattex-Heidi« verspottete Simonis getroffen, doch ihre Nichtwahl in Kiel muss ihm in den Knochen gesteckt sein. Jemand aus seiner Umgebung formulierte: »Er wollte kein Pattex-Kanzler« sein, der sichtbar an seinem Sessel klebte. »Wenn ich schon aus dem Kanzleramt rausgehen muss, dann durch den Vorderausgang«, dürfte er gedacht haben. Begründet wurden die vorgezogenen Wahlen damit, dass es angesichts der starken Stellung der Union im Bundesrat kaum möglich gewesen wäre, den Bundeshaushalt durch die Länderkammer zu bringen. Eine weitere Befürchtung war, dass die Regierung täglich mit Rücktrittsforderungen konfrontiert, dass sie praktisch zerrieben worden wäre.

Der Ankündigung Münteferings war an diesem 22. Mai ein Gespräch im Kanzleramt etwa um 15 Uhr vorangegangen. Schröder wollte die Wahlen, doch ein Nein Münteferings hätte Schröder davon abhalten können. Im Laufe des Abends erklärte sich auch Schröder in der Öffentlichkeit: »Mit dem bitteren Wahlergebnis für meine Partei in Nordrhein-Westfalen ist die politische Grundlage für die

Fortsetzung unserer Arbeit in Frage gestellt. Für die aus meiner Sicht notwendige Fortführung der Reformen halte ich eine klare Unterstützung durch die Mehrheit der Deutschen gerade jetzt für erforderlich. Deshalb betrachte ich es als Bundeskanzler der Bundesrepublik Deutschland als meine Pflicht und Verantwortung, darauf hinzuwirken, dass der Herr Bundespräsident von den Möglichkeiten des Grundgesetzes Gebrauch machen kann, um so rasch wie möglich, also realistischerweise für den Herbst dieses Jahres, Neuwahlen zum Deutschen Bundestag herbeizuführen.«[715]

Die Entscheidung für vorgezogene Bundestagswahlen trafen Schröder und Müntefering in ihrer »zweisamen Einsamkeit« natürlich nicht spontan erst am Wahltag in Nordrhein-Westfalen. Sie wussten zwar schon am Nachmittag durch die »Exit-Polls«, wie katastrophal das Ergebnis in Nordrhein-Westfalen sein würde. Doch beide waren spätestens nach den schleswig-holsteinischen Landtagswahlen vom 20. Februar 2005 mit dem Gedanken an Neuwahlen schwanger gegangen. Kanzleramtschef Steinmeier plädierte gegen diese Überlegungen. Hätte Müntefering zu den Neuwahlen ebenfalls Nein gesagt, wäre es anders gekommen. Das Fazit der Unterredungen muss jedenfalls in etwa so geklungen haben: Wenn wir bei den Wahlen in NRW verlieren, machen wir Neuwahlen. Am 22. Mai selber fand um 15 Uhr ein Gespräch im Kanzleramt statt:»Wir machen es«, lautete das Motto. Müntefering stimmte zu, auch wenn er bis zuletzt Bedenken gehabt haben dürfte. Schröder wird zu ihm gesagt haben:»Du musst das auch wollen.« In einem ›Zeit‹-Interview vom Oktober 2006 antwortete Müntefering auf die Frage»Ist das nicht im Grunde Ihr politisches Kalkül gewesen: Neuwahl im Hebst 2005 und dann eine Große Koalition, damit die SPD wenigstens nicht in die Opposition kommt?«: »An dieser Mutmaßung ist eines richtig: Ich wollte, dass die SPD nicht in die Opposition kommt.«[716]

Interessant ist die Begründung, die der geschäftsführende Bundeskanzler Schröder am 4. November 2005 in einem vertraulichen Kreis von Wirtschaftsleuten für die vorgezogenen Wahlen gab. Das Mittagessen fand nach der Wahl, aber noch in den Tagen vor der Übergabe seines Amtes an Angela Merkel statt. Als Begründung für die vorgezogenen Wahlen sagte Schöder: Er habe gewusst, dass die Parteibasis mit seinem Reformkurs unzufrieden sei. Er hätte erwartet, dass bei dem nächsten Parteitag der SPD im Herbst Beschlüsse gefasst würden, die ihn praktisch zum Rücktritt gezwungen hätten. Das wäre dann aber ein »Kanzlermord« geworden, was die Partei nicht überstanden hätte. Er habe sich deshalb gesagt, es sei besser »durchzumarschieren«, nur sei es schade gewesen, dass zu wenig Zeit zum Wahlkampf gewesen sei.[717]

Der Kanzler spürte an diesem 22. Mai, dass er der Getriebene war. Steinmeier, eher ein Defensivspieler, war gegen die Neuwahlen – wohl getreu dem alten Sport-Motto: Die Offensive gewinnt Spiele, doch die Defensive Meisterschaften. Schröder ist von seiner ganzen Natur her ein instinktgetriebener Offensivspieler. Er hat es nie richtig gelernt, ein Defensivspieler zu sein. Im Schachspiel kann man lernen, dass man beides sein muss, Offensivspieler und Defensivspieler zugleich. Ein guter Schachspieler weiß, dass man auch die Fähigkeit entwickeln muss zu warten, bis man die besseren Züge machen und den gegnerischen König schachmatt setzen kann. Ähnlich gilt in der Politik: Ein kluger Politiker ist immer beides in einem, Offensiv- und Defensivspieler, und sucht sich die jeweilige Methode je nach Situation aus. Schröder hatte nicht die innere Kraft, das zu machen, was bei Kohl häufig und spöttisch mit dem Begriff »Aussitzen« charakterisiert wurde. Er wollte vorgezogene Wahlen, weil er wusste, dass es mit der Politik weiter bergab gegangen wäre. Schließlich verfügte er im Bundesrat nicht mehr über eine Mehrheit. Gegen Neuwahlen sprach, dass die innerparteiliche Opposition gar nicht die Kraft gehabt hätte, ihn aus dem Amt zu drängen. Ein Wirtschaftsaufschwung hatte sich zudem bereits abgezeichnet. Die gute Stimmung der Fußballweltmeisterschaften hätte er im Vorfeld des regulären Wahltermins gut zu nutzen gewusst. Niemand weiß, wie die Wähler tatsächlich abgestimmt hätten. Schröder hatte gegen die Regel verstoßen, dass Abwarten auch eine Tugend sein kann. Meinungsforscher Manfred Güllner (»Forsa«) sagt: »Schröder hätte 2006 die Wahlen dann gewinnen können, wenn die SPD zusammengeblieben wäre.«[718]

Schröder hatte aber im Mai 2005 sein Amt innerlich wohl schon aufgegeben. Er sah nicht nur die schwindende Unterstützung seiner Partei, sondern auch ganz handfeste politische Probleme: Seine Befürchtung war, dass die Regierung zerrieben worden wäre. Wolfgang Clement sieht das heute so:»Im Bundesrat hatten wir keine Mehrheit. Wir standen wie ein Boxer in der Ecke. Wir konnten die Haushaltslage nicht verbessern. Wir brauchten eine Mehrwertsteuer-Erhöhung. Wir hätten ein ganzes Jahr lang eine politische Hängepartie gehabt. Die Große Koalition konnte anfänglich eine andere Psychologie schaffen. Sie hat uns ein Jahr Lähmung erspart.«[719]

Der ›Spiegel‹-Reporter Jürgen Leinemann, der Schröder besonders gut kennengelernt hatte, analysierte in Bezug auf Schröders Neuwahlentscheidung, er sei»ganz der junge Schröder von einst, der jederzeit für öffentliche Aufmerksamkeit die gute alte Tante SPD zu verkaufen bereit war. So ist er, der politische Zocker Schröder, und so bleibt er auch.«[720] Mit der Neuwahlentscheidung wollte Schröder selber den Kurs bestimmen und nicht zum Getriebenen werden. Wie Kohl auch, der es 1998»noch einmal wissen wollte«, wollte Gerhard Schröder sein politisches Schicksal in die Hände des Volkes legen. So wenig, wie Kohl das Bundeskanzleramt seinem ewigen Kronprinzen Schäuble überlassen wollte, so wenig war Schröder bereit, darüber nachzudenken, ob er nicht zurücktreten und einem anderen – aber wem? – aus der SPD den Vortritt lassen sollte. Das wäre von ihm als politische Schmach empfunden worden und hätte eigenes Versagen signalisiert. Der einkalkulierte Verlust auf der offenen Feldschlacht der Wahl: aus diesem Stoff sind die wahren»Helden« der politischen Moderne.

Die einsame Entscheidung löste auch in den eigenen Reihen Empörung aus. Die Lebensplanung vieler Abgeordneter wurde durcheinandergewirbelt. Manche wussten, dass sie damit ein Jahr früher das Hohe Haus wieder würden verlassen müssen.»Es gibt viele bei uns, die darüber sauer sind, dass ihr Mandat nun frühzeitig endet. Ein ganzes Jahr ist schließlich kein Pappenstiel«, formulierte es der SPD-Bundestagsabgeordnete Rolf Stöckel.[721] Der nordrhein-westfälische Abgeordnete Hans-Peter Kemper nannte den Umgang mit den SPD-Abgeordneten»eine Unverschämtheit«. Insbesondere die Art und Weise der Unterrichtung und Nichtbeteiligung der Fraktion sei nicht in Ordnung.[722]

Die Grünen waren in diesen Entscheidungsprozess überhaupt nicht involviert – auch Vizekanzler Joschka Fischer nicht. Als er erstmals von Schröders Überlegungen hörte, wurde ihm klar:»Rot-Grün ist zu Ende.«[723] Fischer wurde erst am 7. April 2005 informiert, an Schröders Geburtstag, am Vorabend der Beerdigung von Johannes Paul II. im Hotel-Restaurant in Rom – in dem gleichen Hotel, in dem damals auch Horst Köhler nichtsahnend nächtigte. Fischer erinnert sich:»Ich hielt das für Quatsch und unnötig.«[724] Aber so war die rotgrüne Realität: Als es mit der Koalition zu Ende ging, wurde Fischer nur in Kenntnis gesetzt. Er wusste, dass immerhin Kanzleramtschef Steinmeier auch gegen die Idee war, und hoffte, Schröder würde seine mit Müntefering abgesprochene Entscheidung doch noch ändern. Selbst am Tag der Verkündung, am 22. Mai 2005, beruhigte Steinmeier Fischer noch am Telefon:»Mach dir keine Sorgen: Das ist weg.«[725] Doch offensichtlich betätigte Schröder angesichts der»Exit-Polls«aus Nordrhein-Westfalen, die ihm am Nachmittag vorlagen, den Schleudersitz. Fischer betont indes: Der Bundeskanzler war»überzeugt, die Wahl zu gewinnen.«[726]

Als nicht nur Fischer, sondern auch die grüne Partei- und Fraktionsführung am Wahlsonntag von der Schröder-Müntefering-Entscheidung hörte, war die Stimmung trübe. Die Grünen spürten, dass es Schröder nur noch um sein eigenes politisches Überleben ging und dass sie dadurch politisch an die Wand gedrückt würden. Ihre Befürchtung sollte sich rasch bestätigen: Schröder erwähnte die Grünen am folgenden Tag, als er der Presse seine wahlkampfstrategischen Fragen beantwortete, mit keinem einzigen Wort. Erst nach mehreren Anfragen ließ er sich zu der kühlen Bemerkung herab, man werde wohl einen Koalitionspartner brauchen:»Da bietet sich die Fortsetzung an von dem, was man hat.«[727]

In den Medien wurde mehrere Tage nach dem 22. Mai berichtet, dass Schröder schon am Nachmittag, das heißt vor Schließung der Wahllokale, den Bundespräsidenten angerufen und ihn über seine Absicht informiert habe.[728] Wegen dieser Falschinformation sah sich Horst Köhler zu dem ungewöhnlichen Schritt genötigt, im Gespräch mit der ›Westdeutschen Allgemeinen Zeitung‹ eine Woche später die Abläufe richtigzustellen. Mehr beiläufig, aber dennoch gezielt, erzählte Köhler in diesem Interview, die Ankündigung des SPD-Chefs Müntefering habe auch ihn uninformiert getroffen. Köhler kritisierte,»dass der Bundespräsident in einer so wichtigen Frage überrascht wird, ist schon bemerkenswert.«[729] Nach der ursprünglichen, in den Medien verbreiteten Version war es am Wahltag bereits kurz nach 17 Uhr zu einem Gespräch zwischen Schröder und Köhler gekommen. Richtig scheint allerdings zu sein, dass es um 18 Uhr einen Versuch des damaligen Kanzleramtschefs Steinmeier gab, den Staatssekretär im Bundespräsidialamt, Michael Jansen, zu erreichen. Dies gelang aber nicht sofort. Tatsächlich erfuhr der Bundespräsident erst abends von den Kanzlerplänen. Kurz vor 20 Uhr sprach Schröder persönlich mit Köhler. Wenige Minuten später ging der Kanzler dann selber vor die Presse. Die Neuwahlen öffentlich anzukündigen, ohne den Bundespräsidenten rechtzeitig konsultiert zu haben, das war eine ziemliche Brüskierung des Staatsoberhauptes. Denn nach den Bestimmungen des Grundgesetzes entscheidet er nach verlorener Vertrauensfrage über eine Auflösung des Bundestags – eine der wenigen autonomen Entscheidungen, die der Bundespräsident allein zu treffen hat.

Schröder stellte schließlich am 1. Juli 2005 im Deutschen Bundestag die Vertrauensfrage. Diese begründete er damit, dass seit dem Ausgang der Landtagswahl am 22. Mai »negative Auswirkungen für die Handlungsfähigkeit im parlamentarischen Raum« unabweisbar geworden seien.[730] Für Schröder lag nach den Landtagwahlen in Nordrhein-Westfalen »die Frage offen auf dem Tisch, ob bei diesem Wahlausgang eine volle Handlungsfähigkeit für mich und meine Politik noch gegeben war, zumal die Mehrheit für diese Regierung im Deutschen Bundestag von Anfang an denkbar knapp war. Diese Mehrheit hat sich durch den Verlust nicht nachzubesetzender Überhangmandate weiter reduziert und beträgt nur noch drei Stimmen, wenn die sogenannte Kanzlermehrheit erforderlich ist.«[731] Grundvoraussetzung für Regierungspolitik seien aber »Planbarkeit und Verlässlichkeit«, wobei die Bundesregierung auf die »Geschlossenheit der Koalitionsfraktion angewiesen ist. Auch hier sind vermehrt abweichende, jedenfalls die Mehrheit gefährdende Stimmen laut geworden.«[732] Schröders Vizekanzler Fischer, obwohl intern gegen die vorgezogenen Wahlen, erklärte, dass er »die politische Entscheidung unseres Koalitionspartners« billige, wenn der Bundeskanzler »zu der Überzeugung kommt, dass seine Mehrheit in diesen Zeiten nicht mehr voll belastbar ist«.[733]

Der grüne Abgeordnete Werner Schulz hingegen, mutiger Aktivist in der DDR-Bürgerrechtsbewegung, sah in der Abstimmung »ein inszeniertes, ein absurdes Geschehen (…). Hier läuft eine fingierte oder, wie die Juristen sagen, eine unechte Vertrauensfrage.«[734] Schröder wolle gar nicht das Vertrauen ausgesprochen bekommen, zumal er selbst verkündet habe, sich der Stimme zu enthalten. Das »Vertrauen« sprachen dem Bundeskanzler bei 595 abgegebenen Stimmen dann nur 151 Abgeordnete aus, mit Nein stimmten 296. Es gab 148 Enthaltungen. Der Antrag des Bundeskanzlers, ihm das Vertrauen auszusprechen, erreichte also nicht die erforderliche Mehrheit von mindestens 301 Ja-Stimmen. Das Ergebnis kam wie folgt zustande: Mit Ja stimmten weite Teile der SPD-Fraktion und auch der Grünen. Allerdings enthielten sich zahlreiche Abgeordnete der SPD, unter anderen Gerhard Schröder selbst sowie führende Persönlichkeiten der Grünen, darunter die Minister Joschka Fischer, Renate Künast, Jürgen Trittin sowie der heutige Fraktionsvorsitzende Fritz Kuhn. Dass der Bundeskanzler sich selber nicht das Vertrauen aussprach, sondern sich enthielt, belegte für viele die unübersehbaren taktischen Momente dieser »Vertrauensabstimmung«.

Die Tatsache, dass Schröder Neuwahlen verkündet hatte, ohne dass dies vorher mit dem Bundespräsidenten abgestimmt worden wäre, war eine Missachtung der Institution des Bundespräsidenten.[735] Der musste nun die Auflösung des Bundestages vor allem juristisch prüfen. Auch musste ihm Schröder – unangenehm genug – erläutern, warum die Zustimmung zu seiner Politik in der SPD-Fraktion angeblich nicht mehr gewährleistet war. Indirekt bestätigte Schröder sogar, dass in seinem Gespräch mit dem Bundespräsidenten das Wort »Erpressungspotential« gefallen ist.[736] Nach Schröders Meinung konnte auch der SPD-Vorsitzende Müntefering ihn vor Abweichlern in den eigenen Reihen nicht mehr schützen: »Die Frage an den Parteivorsitzenden war doch damals die: Kannst du garantieren, dass alle zusammenstehen, und zwar fest auf dem Boden der Agendapolitik? Als ein Nein kam, waren wir beide der Meinung: Es muss jetzt sein.«[737] Schröder weist heute vehement jede Form von Illoyalität Müntefering ihm gegenüber zurück: »Ich weiß: Es gibt dieses Gerücht, er hätte meinen Sturz betrieben. Ich versichere Ihnen: zu keinem Zeitpunkt!«[738]

Nach intensiver Prüfung teilte der Bundespräsident am 21. Juli 2005, unmittelbar nach der 20-Uhr-»Tagesschau« in der ARD, tatsächlich mit, dass er den Bundestag aufgelöst und über Neuwahlen am 18. September entschieden habe. Theoretisch hätte er das Neuwahlbegehren des Kanzlers auch stoppen können. Nach Artikel 68 Absatz 1 des Grundgesetzes konnte er den Bundestag auflösen, musste das aber nicht. In seiner Fernsehansprache erklärte Köhler indes: »Unser Land steht vor gewaltigen Aufgaben. Unsere Zukunft und die unserer Kinder stehen auf dem Spiel. Millionen von Menschen sind arbeitslos, viele seit Jahren. Die Haushalte des Bundes und der Länder sind in einer nie dagewesenen kritischen Lage. Die bestehende föderale Ordnung ist überholt. Wir haben zu wenig Kinder und wir werden immer älter. Und wir müssen uns im weltweiten, scharfen Wettbewerb behaupten.«[739] Köhler begründete die Auflösung des Bundestages also weniger juristisch, was er eigentlich hätte tun müssen, sondern politisch, ja fast mit einem Untergangsszenario der Bundesrepublik.

Schröder hätte auch zurücktreten können, doch das wollte er nicht. Deshalb trat er bei den vorgezogenen Wahlen wieder als Spitzenkandidat an. Auch wenn die Situation nicht völlig vergleichbar war: Als Helmut Schmidt 1982 durch ein Misstrauensvotum von Kohl gestürzt worden war, war er nicht mehr bereit, bei den wenige Monate später stattfindenden Bundestagswahlen als Spitzenkandidat zur Verfügung zu stehen. Schröder dagegen wollte es noch einmal wissen. Wem hätte er denn auch sein Amt übergeben wollen? Schröder wird sich wie Kohl gedacht haben, es sei angemessener, wenn das Volk über sein Schicksal entscheidet – und nicht etwa die eigene Partei oder er selber durch ein Eingeständnis seines Scheiterns. Ähnlich hatte schon Kohl gedacht, der ja zumindest mit Wolfgang Schäuble einen veritablen Nachfolger noch während der Regierungszeit hätte aufbauen können. Schröder wollte in die deutschen Geschichtsbücher nicht als Getriebener eingehen, sondern als jemand, der das Heft des Handelns bis zuletzt selber in der Hand hatte. Kohl hätte wohl versucht, die schwierige Situation »auszusitzen«. Schröder dagegen wollte mit seiner Entscheidung nicht mehr warten, auch wenn er hätte wissen müssen, dass eine sich langsam erholende Weltkonjunktur seinen Chancen zur Wiederwahl genauso zugute gekommen wäre wie die optimistische

Stimmung, die sich 2006 im Hinblick auf die Fußballweltmeisterschaft in Deutschland entwickeln sollte. Aber er vermutete, dass er die Fliehkräfte in seiner eigenen Partei nicht mehr einfangen konnte. Es war eine einsame Entscheidung der beiden Hauptmatadore Schröder und Müntefering.

»Einer der Gründe für die Neuwahlen war der Versuch, einer entstehenden Linken frühzeitig das Wasser abzugraben«[740], deutet Ottmar Schreiner einen zentralen Impuls für Schröders gewagten Schritt. Damit dürfte er recht haben. Offensichtlich war das vor allem das Motiv von Müntefering. Im Januar 2005 hatte sich die »Wahlalternative Arbeit und Soziale Gerechtigkeit« (WASG) als Partei konstituiert. Sie wurde von enttäuschten SPD-Mitgliedern, vor allem Gewerkschaftsfunktionären, gegründet. Das wurde zwar als Begründung für den Wahltermin nie thematisiert oder gar genannt. Doch war es vor allem Müntefering, der einen weiteren Parteiaufbau der WASG durch vorgezogene Wahlen behindern wollte. Müntefering und Schröder rechneten nicht damit, dass es gerade der Zeitdruck sein würde, der erst recht zu einem Zusammenschluss zwischen der (westdeutschen) WASG und der Partei PDS/Die Linke führte – insbesondere, als sich Ex-SPD-Chef Lafontaine zum Mitmachen entschied.

Die Opposition konnte Schröder dankbar sein, vor allem Angela Merkel. Sie hatte wieder einmal Fortune – eine unabdingbare Voraussetzung, um an die Macht zu kommen. Die Schröder-Entscheidung zwang nämlich die Unionsparteien, hinsichtlich der Kanzlerkandidatur schnell zu einer Einigung zu kommen. Da die Unionsparteien zwei selbständige Parteien sind, muss über die Kanzlerkandidatur auch durch die CSU entschieden werden. Ihr Kandidat Edmund Stoiber, der 2002 knapp gegen Schröder verloren hatte, sah sich manchmal wohl immer noch als Kanzlerkandidat im Wartestand. Am 30. Mai 2005 rief er aber Angela Merkel öffentlich in Berlin zur Kanzlerkandidatin aus. »Ich will Deutschland dienen«, erklärte sie, nachdem die Präsidien von CDU und CSU »einmütig und einstimmig« für sie votiert hatten.[741] Sogleich gab sie der ›Bild‹-Zeitung ein Exklusivinterview: »Dazu gehört Mut zur Ehrlichkeit. Es geht im Amt des Bundeskanzlers nicht um Selbstdarstellung. Politik sollte den Menschen dienen. Ich habe keinen Zweifel: Wenn die Menschen das spüren, dann werden sie dem Land auch etwas wieder zurückgeben.«[742] Merkel musste Schröder eigentlich in ihr Herz geschlossen haben. Normalerweise wäre sie wohl frühestens im Herbst, ein Jahr vor den regulären Wahlen, nominiert worden. Und die CSU hätte sie bei einem normalen zeitlichen Verfahren stark unter Druck setzen können.

Die Ausgangslage für Merkel, Schröder aus dem Amt zu drängen, schien hervorragend. Nach einer »Eurobarometer«-Umfrage, die am 10. Juni 2005 veröffentlicht wurde, kam die SPD nur noch auf 29 Prozent, die Union auf 44 Prozent, die Grünen auf 8 Prozent, die FDP auf 7 Prozent und die PDS auf 5 Prozent.[743] Für viele war Merkel zu diesem Zeitpunkt bereits so etwas wie die »gefühlte« Bundeskanzlerin. »Angela Merkel zieht wohl bald in die Waschmaschine gegenüber dem Reichstag«, prophezeite etwa die ›Zeit‹ wenige Tage vor der Wahl.[744] Selbst eher linksliberale Medien traten direkt oder indirekt für einen Wechsel ein – wohl auch aus Enttäuschung über Gerhard Schröder.[745] Zeitweilig schien selbst eine absolute Mehrheit von CDU und CSU möglich. Manche zerbrachen sich schon den Kopf darüber, ob dies gut für eine Reformregierung sei: Brauche Merkel nicht die FDP, »um Bremser in der eigenen Partei und die Egoismen der Landesfürsten ausbalancieren zu können?«, fragte das ›Handelsblatt‹.[746]

Währenddessen besann sich Schröder auf das, was er am besten kann: kämpfen. Er dürfte selber nicht mit einem Wahlsieg gerechnet haben. Aber seine Kämpfernatur erwachte wieder einmal. Er wollte einfach nicht, dass Angela Merkel der Wahlsieg so ohne Weiteres in den Schoß fiel. Und tatsächlich gelang ihm eine atemberaubende Aufholjagd. Merkel war es im Laufe des Wahlkampfes nicht gelungen, die allgemeine Unzufriedenheit mit der waidwunden Schröder-Regierung in einen eigenen Wahlsieg umzumünzen.[747] Dass viele Menschen unsicher waren, was sie von Merkel, der Union und einer »Reformregierung« halten sollten, nützte Gerhard Schröder. Er war in den entscheidenden Wahlkampfwochen in der Lage, an das interessegeleitete Denken der Wählerinnen und Wähler zu appellieren. Ironischerweise wurde das durch eine politische Neuentdeckung Angela Merkels unterstützt: Paul Kirchhof. Dessen Benennung als möglicher Finanzminister war in der Union umstritten. Als der ehemalige Bundesverfassungsrichter bei der Vorstellung des Merkel'schen

Kompetenzteams am 17. August 2005 einer erstaunten Öffentlichkeit präsentiert wurde, reagierte die zunächst noch positiv. Doch Schröder sah gerade in der Nominierung von Kirchhof seine entscheidende Chance für eine Gegenoffensive. Er sprach spöttisch von dem »Professor aus Heidelberg« und warf ihm vor, die Renten wie eine Kraftfahrzeugversicherung organisieren zu wollen. Kirchhof hatte in der ›Süddeutschen Zeitung‹ den Umstieg vom heutigen Umlagesystem zum Kapitaldeckungsprinzip, bei dem Geld zurückgelegt und fürs Alter angespart wird, als eine »langfristige Option« bezeichnet.[748] »Daraus spricht ein Menschenbild, das wir nicht akzeptieren können: Menschen sind keine Sachen, und sie müssen anders behandelt werden.«[749] Auch wenn der Ex-Verfassungsrichter darauf hingewiesen hatte, dass seine Überlegungen nur langfristig umsetzbar seien, kam es zu bewusst verkürzten Wiedergaben. Schröder verstand es meisterhaft, Sorgen in der Bevölkerung anzusprechen und zu seinen Gunsten umzulenken.

Bald wurde Kirchhof unberechenbar. So kündigte er am 21. August 2005 in der ›Frankfurter Allgemeinen Sonntagszeitung‹ bereits für den 1. Januar 2006 eine »ganz wesentliche Etappe einer großen Steuerreform« an. Zudem wagte er für das Steuerrecht im Jahr 2007 eine glasklare Prognose: »Alle 418 Subventionen und Ausnahmezustände im Einkommen- und Körperschaftssteuerrecht werden so weit als möglich abgeschafft.«[750] Schröder forderte Kirchhof daraufhin massiv auf, seine »Streichliste« vorzulegen. Doch dieser weigerte sich beharrlich. Angesichts der nie veröffentlichten »Streichliste« fragten sich Millionen von Wählern mit Blick auf den eigenen Geldbeutel: Was bedeutet die Abschaffung der Entfernungspauschale oder der steuerfreien Nachtzuschläge? Was die Abschaffung der Steuerminderung für den heimischen Schreibtisch des Freiberuflers oder ein Ende der zahlreichen Steuersparmodelle für manch »betuchte« Bürger? Arbeitnehmer und besonders auch mittelständische Selbständige sorgten sich vor der Umsetzung der Kirchhof'schen Liste. Ihre ureigenen persönlichen Interessen sahen sie ganz konkret bedroht. Die politische Wirkung Kirchhofs war der Kontrolle seiner Entdeckerin entglitten – und Schröder nutzte diese Schwäche.

Dadurch gelang Schröder das politische Meisterstück, dass er die

»Agenda 2010« im Wahlkampf fast vergessen ließ. Er setzte ganz auf die vermeintliche »soziale Kälte« der Union, die nach ihrem sicheren Wahlsieg gnadenlos walten würde. Er brachte es fertig, die Unionsparteien als die eigentlichen Verfechter der Reformagenda 2010 erscheinen zu lassen. Demgegenüber garantierte er einen sozialen Kurs. Manchmal hatte man im Wahlkampf den Eindruck, als mache Schröder Opposition zur eigenen Regierungspolitik und als sei Merkel die Urheberin der Agenda 2010. Die Union ließ sich von Schröder allzu sehr in die Ecke einer wirtschaftsliberalen Partei treiben. Eine große Volkspartei wie die CDU ist jedoch für große Teile der Bevölkerung nur dann wählbar, wenn sie auch die soziale Dimension berücksichtigt. Dieses eherne Gesetz einer Volkspartei, die auf die Unterstützung der Arbeitnehmer angewiesen ist, hat Merkel verletzt. Jedenfalls legte Schröder erneut einen furiosen Wahlkampf hin, obwohl oder gerade weil alle Meinungsumfragen ein miserables Ergebnis prognostizierten.[751]

Fünfter Akt: Das letzte Aufbäumen in der »Elefantenrunde«

Die Bundestagswahlen vom 18. September 2005 endeten für die CDU-Vorsitzende Angela Merkel in einem Desaster. Schröders SPD erzielte mehr Stimmen, als es alle Forschungsinstitute vorhergesagt hatten. Die Unionsparteien erreichten gerade einmal schlappe 35,2 Prozent, während die SPD 34,2 Prozent erhielt. Drittstärkste Fraktion wurde die FDP mit 9,8 Prozent, gefolgt von der Partei »Die Linke« mit 8,7 Prozent und den Grünen mit 8,1 Prozent. Während Merkel am Wahlabend sichtbar geschockt war, ging Schröder in die Offensive. In der sogenannten »Elefantenrunde« im Fernsehen sah er sich nach den Monaten harten Kampfes, in denen er insbesondere von den Medien bereits abgeschrieben worden war, als der eigentliche Sieger: »Glauben Sie im Ernst, dass meine Partei auf ein Gesprächsangebot von Frau Merkel bei dieser Sachlage einginge, in dem sie sagt, sie möchte Bundeskanzlerin werden? Die Deutschen haben doch in der Kandidatenfrage eindeutig votiert, das kann man doch nicht ernsthaft bestreiten.«[752]

Schröders machohaftes Auftreten gegenüber Angela Merkel wurde allerdings in fast allen Medien als ziemlich ungehörig thematisiert.[753] So schrieb die ›tageszeitung‹, Schröder sei »ein arroganter, geifernder, fast wirr brabbelnder Besserwessi mit unerträglicher Macho-Attitüde«.[754] Während sein Auftritt in der »Elefantenrunde« von Millionen deutscher Fernsehzuschauer vor allem mit Staunen betrachtet wurde, sprach Schröder sich am Wahlabend für eine rot-gelb-grüne Ampelkoalition aus. Aber auch wenn er ein sehr viel besseres Ergebnis eingefahren hatte, als erwartet worden war, war die SPD dennoch nur die zweitstärkste Fraktion. Er selber stilisierte sich jedoch zum eigentlichen Wahlgewinner. Der Stil seiner Argumentation deutete auf höchste, euphorisierte Erregung hin. Schröder hatte die generelle Linie seines Auftritts wohl in einer kleinen Runde im Zimmer des Partei- und Fraktionschefs Franz Müntefering ausgeheckt. Otto Schily war mit dabei, auch Doris Schröder-Köpf.[755] Was waren die Gründe, warum Gerhard Schröder sich an diesem Abend offensichtlich nicht unter Kontrolle hatte?

Erstens: Der Wahlkampf hatte ihm höchste körperliche wie psychische Anstrengungen abverlangt. Wenig Schlaf, viele Tausende von Kilometern unterwegs, Entbehrungen noch und noch und kein geregelter Arbeitsablauf – all das kennzeichnete die Wahlkampfwochen. Bis zum Tag vor der Wahl war gekämpft worden. Der Körper eines jeden öffentlichen Redners ist auf Höchstleistungen trainiert, was aber zugleich mit psychischen Spannungen verbunden ist. Erst am Wahlsonntag begann sich die körperliche Anspannung langsam zu legen. Thomas Steg, stellvertretender Regierungssprecher, bezeichnete die Reaktion Schröders als eine »menschlich verständliche Reaktion«.[756] Sie sei aus einem Moment heraus entstanden, in dem die Anspannung der vergangenen Wochen von ihm abgefallen sei.

Zweitens: Das Wahlergebnis der SPD war weit besser als erwartet. Alle Meinungsforschungsinstitute lagen daneben. Das relativ günstige Ergebnis führte Schröder allein auf seine Wirkung als Wahlkämpfer zurück, durchaus zu Recht, was ihn mit Stolz erfüllt haben dürfte. Offensichtlich hatte es in den letzten Tagen vor der Wahl einen Umschwung gegeben, der in den Umfragen nicht widergespiegelt wurde. Erst am Wahlnachmittag, als dem Kanzler gegen 15 Uhr die

»Exit-Polls« mitgeteilt wurden, wurde ihm klar, dass es ein Kopf-an-Kopf-Rennen mit Angela Merkel geben würde. Offensichtlich hoffte Schröder, dass – bedingt durch Überhangmandate – sich die Zahl der Parlamentssitze zugunsten der SPD noch verschieben könnte. Offensichtlich raunte ihm noch jemand (Béla Anda?) eine entsprechende Information zu, bevor er zur »Elefantenrunde« ging. Bei einem Spielertypen wie Schröder war das eine Versuchung, alles auf eine Karte zu setzen.

Drittens: Schröder hatte nach sieben Jahren der Kanzlerschaft ein Feindbild entwickelt, das Helmut Kohl schon zu Beginn seiner Kanzlerschaft in sich aufgenommen hatte: Nun machte auch Schröder vor allem die Medien dafür verantwortlich, dass er kein besseres Wahlergebnis hatte. Die Besonderheit der Wahl 2005 war, dass so liberale Medien wie der ›Spiegel‹, der ›Stern‹ oder die ›Zeit‹ – fast alles Presseorgane, die traditionell als eher SPD-nah gelten – einem politischen Wechsel zur CDU/CSU positiv gegenüberstanden. Ein Leitartikel des Chefredakteurs der ›Süddeutschen Zeitung‹, Hans Werner Kilz, am Vorabend der Wahl wurde beispielsweise so gedeutet: »Erst ein überzeugender Wahlsieg Merkels wird Nörgler wie Stoiber davon überzeugen, dass sie letztlich die bessere, weil erfolgreichere Kandidatin war.«[757] Schröder vermutete eine »Verschwörung« der Medien, die es so aber nicht gegeben haben dürfte. Ihm wird von der Abschiedsrede von Gabor Steingart, Chef des ›Spiegel‹-Hauptstadtbüros, berichtet worden sein, der zur Schröder-Regierung sinngemäß gesagt hatte: »Wir hatten von Rot-Grün die Faxen dicke«, wie sich mehrere Gäste erinnern. Selbst dem anwesenden Chefredakteur Stefan Aust ging diese Aussage zu weit: So etwas denkt man, sagt man aber nicht – wird er gedacht haben. Schröder hatte jedenfalls während des Wahlkampfes eine gehörige Wut auf »die Medien« angesammelt. Er hatte jetzt das erleben müssen, was für Kohl in all seinen Kanzlerjahren selbstverständlich war: dass viele wichtige überregionale Medien gegen ihn waren. Politiker glauben in solchen Situationen gerne an eine »Verschwörung«. Wer so denkt, macht es sich allerdings zu einfach. Medien haben ihre eigene Logik. Formale Absprachen gab es sicherlich nicht. Wohl waren sich viele Journalisten darin einig, dass Schröder mit seiner Politik am Ende war, dass er seine Partei nicht mehr hinter sich hatte. Jene journalistische Elite der Kommentatoren – Christoph Schwennicke nennt sie das »Kommentariat«[758] – war sich einig, auch ohne Absprachen. Vielen schien es endlich an der Zeit, dass Schröder gehen sollte. Das sah ja schließlich, wie die Umfragen sagten, der Rest der deutschen Bevölkerung auch so – bis kurz vor der Wahl. Schröders Aufholjagd bei den Wählern zeigt indes die Begrenztheit des Einflusses der Medien. Das hat ihn am Wahlabend zusätzlich in eine besondere Stimmung versetzt.

Viertens: Die Autosuggestion des Wahlkampfes hatte Nachwirkungen. Die Aufholjagd hatte ihn euphorisiert. Er wollte so etwas wie einen inneren Kick, einen vollständigen Triumph über seine Widersacherin haben. »Ich oder sie« (vergleichbar zum »Ich oder er« im Zweikampf Schröder/Stoiber) – so konnte er im Wahlkampf nicht agieren, das hätte als sexistisch gegolten. Überhaupt: Gegen eine Frau Wahlkampf zu machen, war für Schröder schwerer als gegen einen Mann. Jetzt, in der Wahlnacht, brauchte er sich nicht mehr zurückzuhalten. Offenbar hatte er ein Interview von Peter Hahne, dem stellvertretenden Leiter des ZDF-Hauptstadtbüros, kurz nach Schließung der der Wahllokale gesehen (oder es wurde ihm berichtet). Hahne hatte Merkel beim ZDF um 18.45 Uhr willkommen geheißen: »Wir begrüßen hier die künftige Bundeskanzlerin, die erste Bundeskanzlerin der Bundesrepublik Deutschland.« Auch wenn Hahne im weiteren Gespräch Zweifel daran äußerte, ob diese Anrede zutreffen werde, so mag das Schröder in Rage gebracht haben. Schröders Freund Bissinger berichtet: »Das hat Schröder furchtbar aufgeregt.«[759] Bei Hahne hatte Merkel verkündet: Sie habe »als Vorsitzende der stärksten Kraft« den Auftrag, eine Regierung zu bilden. »Diesen Auftrag hat die SPD und Gerhard Schröder nicht.«

Fünftens: Hinzu kam der konkrete Ablauf des Wahlabends: Zuerst wurde Schröder im Willy-Brandt-Haus jubelnd empfangen.[760] Das euphorisierte ihn bereits stark. Anschließend fuhr er zum ZDF-Hauptstadtstudio, wo er ungefähr um 19.45 Uhr zur »Elefantenrunde«, wohl etwas früher als angekündigt, eintraf. Dann muss er sich geärgert haben, als er beim Eintreffen feststellte, dass das übliche Empfangskomitee ihn nicht abholte: Der Hauptstadtchef des ZDF, Peter Frey, war im Willy-Brandt-Haus; vom gastgebenden ZDF war bis auf zwei Redakteure niemand da, um ihn zu begrüßen. Jemand flüsterte:»Die Herren sind gerade mit Frau Merkel hochgegangen.«[761] Schröder wird sich gedacht haben: Bei denen bin ich schon abgeschrieben, während sie die Merkel bereits hofieren. Bislang war er immer stilgerecht durch ein Begrüßungskomitee empfangen worden. »Die beiden haben ihn nicht – wie sonst üblich – am Eingang abgeholt«, erinnert sich auch Béla Anda.[762] Damit waren die beiden Moderatoren der»Berliner Runde«, ARD-Chefredakteur Hartmann von der Tann und sein ZDF-Kollege Nikolaus Brender, gemeint, die schon in der»Maske«waren.»Ihre Rechtfertigung, sie hätten ›in der Maske‹ gesessen, klang bemüht«, so Anda weiter.[763] All das mag Schröder provoziert haben: Er war schließlich immer noch Kanzler, doch er schien nicht mehr so behandelt zu werden. Schröder ging in den ersten Stock des ZDF, wo ihn dann von der Tann, Brender sowie der mit Verspätung eingetroffene ZDF-Intendant Markus Schächter (sein Flugzeug hatte Verspätung) begrüßten.

Schröder war also»auf Krawall gebürstet«, als er in die Elefantenrunde trat. Vor einem Millionenpublikum warf er den Medien Parteinahme vor. Dem widersprachen die beiden Journalisten. Gleich zu Beginn der Show blaffte er den ZDF-Chefredakteur Brender an. »Herr Bundeskanzler«, brachte Brender noch eben über die Lippen, als Schröder schon dazwischenging:»Ist ja schön, dass Sie mich schon so ansprechen.«»Sind Sie jetzt schon zurückgetreten?«, konterte Brender einigermaßen gefasst und nahm einen zweiten Anlauf für seine Frage:»Herr Bundeskanzler, denn das sind Sie ja noch …«Und wieder Schröder:»Das bleibe ich, auch wenn Sie dagegenarbeiten.«[764] In der Steigerung der Auseinandersetzung führte das dazu, dass dann Brender Schröder nicht mehr beim Titel nannte:»Ich sage jetzt Herr Schröder zu Ihnen.«[765] Von den anwesenden Politikern ging allein Guido Westerwelle (FDP) richtig mit in den Ring. Er fragte den aufgeputscht wirkenden Bundeskanzler:»Was haben Sie vor der Sendung gemacht?«Grußlos soll Schröder die Runde verlassen haben. Brender sagte später:»Der Kanzler ist raus, hat schnell gewunken, die anderen mussten auch weg. Das war ein deutlicher Schlagabtausch, aber mehr gab's dazu auch nicht zu sagen. Ich hatte überdies keine Zeit, darüber nachzudenken.«[766]

Schröder, ein »trotziger Berserker«[767], trieb durch seinen Auftritt die Preise bei den späteren Verhandlungen für die Große Koalition sicherlich in die Höhe. Doch war das Ganze nun Taktik oder Entgleisung? »Sein in Emotionen verpackter Auftritt schaffte eine gute Ausgangslage für die Koalitionsverhandlungen«, rechtfertigt Anda den Auftritt des Noch-Kanzlers.

Ein Rückblick: Schröder und die SPD

Schon in der Wahlnacht wurde Bilanz über Schröders Regierungszeit und -stil gezogen. Es war eine Tragik von Schröder, dass er auch deshalb die Wahl verloren hat, weil er etwas Richtiges unternommen hat: den Versuch, Deutschland zu reformieren. Als im Oktober 2008 Schröders Amtsübernahme zehn Jahre zurücklag, waren die Pläne einer großen Feier der SPD ad acta gelegt worden. Eine alte neue Generation der SPD muss jetzt vorsichtig darüber wachen, dass nicht ein Zuviel an Schröder das Bild der SPD formt: Sein einstiger Chefmitarbeiter Steinmeier wurde nach einem Putsch gegen den SPD-Vorsitzenden Kurt Beck, der auf Müntefering und dessen Nachfolger Platzeck folgte, auf einem außerordentlichen SPD-Parteitag in Berlin am 18. Oktober 2008 zum Kanzlerkandidaten seiner Partei ausgerufen – und Müntefering wurde erneut Parteivorsitzender. Ist die alte Agenda-2010-Schröder-SPD wieder da? Diesen Eindruck werden Müntefering und Steinmeier vermeiden müssen. In einer Pressemitteilung gratulierte Müntefering dem Altkanzler und erinnerte an »Deine mutige Entscheidung gegen die Beteiligung Deutschlands am Irak-Krieg, die Agenda 2010 mit ihren unbestrittenen und wirkungsvollen Teilen und mit einigen bekämpften Akzenten in der Arbeitsmarktpolitik, die gleichwohl hilfreich waren und sind«.[768] Die gegenwärtige Parteiführung muss großes Interesse daran haben, sich von Schröder, dem manche unterstellten, er wäre der eigentliche Strippenzieher in der Ablösung Becks gewesen, freizuschwimmen. Die gegenwärtige SPD tut sich schwer mit dem politischen Erbe Schröders.

Zwar war die rot-grüne Koalition mehr als nur eine Episode, aber doch keine Epoche, wie dies etwa bei Konrad Adenauer, Willy Brandt und Helmut Kohl der Fall war. Man merkte bei Schröder zu sehr das Taktische. Als er sich in seiner Zeit als Bonner »Hinterbänkler« als »Linker« profilierte, war ihm eines sicher: der Kontrast zu Helmut Schmidt (auch zu Helmut Kohl). Wenn er in Brokdorf an einer Anti-Kernkraft-Demonstration teilnahm oder sich gegen die Nato-Nachrüstung engagierte, dann legte er sich mit Helmut Schmidt an und provozierte Teile seiner eigenen Partei. Trotzdem orientierte er sich wohl in seinem politischen Stil stärker an Schmidt als an Brandt. »Für ihn war Helmut Schmidt der Macher, er hat den jungen Schröder sehr beeindruckt. Sein heimliches Vorbild war der Hamburger«, erläutert jemand, der Schröder intensiv beobachten konnte. Schmidt und Schröder hatten am Ende ihrer Amtszeit ihre eigene Partei nicht mehr hinter sich. Schmidt nahm, je länger er im Amt war, die Rolle eines »elder statesman« ein. Am Ende wurde er von seiner Partei verlassen. Sie folgte ihm in grundsätzlichen außenpolitischen und sicherheitspolitischen Fragen nicht mehr. Bei Schröder war es seine Wirtschafts- und Sozialpolitik. Aber er wollte nicht die Agonie eines Helmut Schmidt innerhalb einer laufenden Legislaturperiode erleiden. Er suchte die Entscheidung in Neuwahlen. Schmidt stellte sich nach seiner Abwahl durch ein konstruktives Misstrauensvotum nicht mehr seiner Partei als Spitzenkandidat zur Verfügung, Schröder hingegen blieb Wahlkämpfer. Durch die vorgezogenen Wahlen konnte Schröder – zumindest kurzzeitig – im Gegensatz zu seinem Vorgänger Helmut Schmidt noch einmal die Reihen seiner Genossen hinter sich scharen. Mit Helmut Schmidt ist Schröder aber insoweit zu vergleichen, als beide eher Pragmatiker denn Programmatiker waren. Als SPD-Vorsitzender, was Schmidt nie war, war Schröder insoweit eine sozialdemokratische Ausnahmeerscheinung. Er war – gerade wegen seiner Sprunghaftigkeit, wegen seines Pragmatismus – weniger kalkulierbar als alle seine sozialdemokratischen Vorgänger, von Erich Ollenhauer über Willy Brandt bis hin zu Hans-Jochen Vogel. Selbst Oskar Lafontaine schien vielen kalkulierbarer, weshalb ihn Helmut Kohl 1998 auch gerne als Gegenspieler gehabt hätte. Im kollektiven Gedächtnis einer Nation wird Helmut Schmidt als »Macher« verklärt, als ein äußerst erfahrener Manager von Krisen. Doch dieses Image stammt weitgehend aus seiner Zeit als Innensenator von Hamburg, als es 1962 zu einer großen Flutkatastrophe kam. Auch ging Schmidt insbesondere im Jahre 1977 entschieden gegen den Terrorismus vor. Aber insgesamt kann er keine stolze politische Bilanz aufweisen. So konnte er sein Rentenversprechen nach der Wahl von 1976 nicht halten, er wurde der »Rentenlüge« geziehen.[769] Außen- und sicherheitspolitisch scheiterte er an seiner Partei.

Politiker neigen sich selbst gegenüber selten zu ehrlichen Bilanzen, auch Parteien als Kollektive sind dazu nicht imstande. Beide Regierungen Schröders starteten chaotisch. Einen Plan zur Regierungsgestaltung hatte er nicht. Ohne den Spendenskandal der CDU und Helmut Kohls hätte das Chaos seiner Regierung 1999/2000 noch intensivere Formen angenommen. So aber gab es damals keine kraftvolle Opposition der Unionsparteien; sie waren mit inneren Aufräumarbeiten beschäftigt. Und er kann Joschka Fischer insbesondere für die Anfangszeit dankbar sein, der dem außenpolitisch unerfahrenen Schröder die außenpolitische Flanke freigehalten hatte. Schröder musste schmerzhafte Sozialreformen anpacken und erkennen, dass er diese zu spät angegangen hatte. Je länger er im Amt war, umso mehr war er ein Getriebener. Aber er zeigte dann auch Mut zum Handeln. Die »Agenda 2010« wird mit seinem Namen verbunden bleiben. Er hat diese Entscheidungen sicher auch in dem Bewusstsein getroffen, dass er handeln musste – um den Preis des Zusammenbruchs seiner eigenen Macht. Er hatte den Optimismus des politischen Kämpfers so verinnerlicht, dass er meinte, die damit verbundenen Risiken eingehen zu können.

Wie alle Bundeskanzler bzw. überhaupt alle Regierungschefs profitierte auch Schröder von Krisen am meisten. In Krisenzeiten schlägt die Stunde der Exekutive – etwa im Irak-Krieg, während der Elbeflut im Sommer 2002 oder beim Anti-Terror-Kampf nach dem 11. September 2001. Um deutsche Truppen nach Afghanistan zu schicken, setzte Schröder alle Mittel ein, riskierte auch den Machtverlust. Er konnte und wollte kämpfen. In der Innenpolitik ist Schröders politische Spur jedoch insgesamt weniger deutlich. Das rot-grüne Projekt war aus seiner Sicht eigentlich gar keines. Er hatte keine Koalition mit den Grünen gewollt, konnte aber nicht anders. Trotz einer Mystifizierung von Rot-Grün blieben manche Reformen unvollendet: Hans Werner

Kilz formulierte in diesem Zusammenhang in der ›Süddeutschen Zeitung‹: »Gerhard Schröder hatte sieben Jahre Zeit, einen von Rot-Grün gestalteten Aufbruch in das neue Jahrtausend mit einer durchdachten Reformpolitik zu verbinden. Es ist ihm bei den Staatsfinanzen und auf dem Arbeitsmarkt misslungen: Einiges, vom Kündigungsschutz bis zum Ladenschluss, blieb zu starr geregelt, anderes blieb Stückwerk, wirkte lähmend und widersprüchlich.«[770] Schröders Handlungsspielraum wurde mit zunehmender Amtszeit enger – eine Erfahrung, die bisher noch jeder Kanzler machen musste.

Schröder wird sich vor allem die Frage stellen müssen, inwieweit er für den Niedergang der SPD verantwortlich ist. Bei Amtsantritt von Gerhard Schröder gab es in der EU kaum noch christdemokratische oder konservative Regierungschefs. Auch die deutschen Bundesländer wurden mehrheitlich von Sozialdemokraten regiert. Je länger Schröder im Amt war, umso mehr erlahmten die Antriebskräfte seiner eigenen Partei, die er nicht zu inspirieren vermochte. Seinen Aufstieg erkämpfte er sich mit viel Chuzpe, Selbstvertrauen und Stehvermögen – sogar gegen den Mehrheitswillen seiner eigenen Genossen. Schröder hatte einen ungewöhnlichen Machtinstinkt und hervorragende Fähigkeiten, sich in Machtkämpfen und Kungeleien durchzusetzen. Was ihm fehlte, war aber das Gespür, wann man zu moderieren, zu diskutieren und auch zuzuhören hat. Er erkannte nicht, dass man dringende Innovationen nicht so einfach von oben herab verordnen kann. Es war die Troika und hierbei allen voran Schröder und Lafontaine, die den Niedergang der einst so stolzen Sozialdemokratie durch ihre Taktiererei und ihre Machtbesessenheit beschleunigt haben. Ein langjähriger journalistischer Beobachter, der frühere ›Spiegel‹- und ›Stern‹-Journalist Klaus Wirtgen, der an so manchen journalistischen Attacken gegen Kohl mitgewirkt hatte, charakterisiert Schröder wie folgt: »Schröder ist immer ein begnadeter Straßenfußballer geblieben, der seine Selbstbehauptung mit Witz, Charme, Rücksichtslosigkeit, Respektlosigkeit und Geschmacklosigkeit verbunden hat.«[771]

Schröder pochte zwar immer darauf, auch er benötige eine emotionale Nähe zu seiner Partei. Doch letztlich hat er die Seele seiner Partei nie richtig verstanden. Darin war er das Gegenteil zu seinem unmit-

telbaren Amtsvorgänger Helmut Kohl und auch zu Willy Brandt.
Schröders wichtigstes Reformprojekt, die »Agenda 2010«, wurde nicht
eingebettet in eine soziale Programmatik, die den »kleinen Leuten«
verständlich war. Schröder war – so Michael Naumann – ein »Wachs-
tumssozialdemokrat mit einer starken Sensibilität gegenüber armen
Leuten«.[772] Schröder hatte nichts, aber auch gar nichts Visionäres an
sich. Mit der rot-grünen Koalition ging die zweite sozialdemokratisch geführte Regierung der bundesdeutschen Geschichte zu Ende.
Fünfzehn Jahre Opposition hatte der legendäre SPD-Fraktionschef
Herbert Wehner 1982 nach dem Machtverlust der Sozialdemokraten vorhergesagt. Niemand vermochte damals allerdings wirklich zu
glauben, dass Helmut Kohl sogar 16 Jahre Kanzler bleiben würde. Die
derzeitige Krise der SPD dürfte noch weit schwerer als 1982 sein. Das
gegenwärtige Parteiensystem befindet sich in einem Umbruch. Als
Gerhard Schröder Bundeskanzler wurde, war seine Partei 135 Jahre
alt. In der Nach-Schröder-Ära ist die Zukunft der SPD ungewisser
denn je.

Epilog – Das Leben eines Ex-Kanzlers

Die beiden Machtmenschen Schröder und Fischer waren nicht Freunde, sondern Konkurrenten. Fischer dürfte gedacht haben: »Ich kann es
besser.« Schröder dachte wohl: »Ich kann es besser, aber warum ist er
so beliebt?« Beide wollten aufsteigen, der Metzgersohn aus einer un-
garndeutschen Flüchtlingsfamilie und der Sohn einer armen Kriegerwitwe. Die Triebfeder Fischers war zwar auch eine »grüne«, aber auch:
Ich will's den anderen, auch den »Konservativen«, zeigen! Schröder
war noch weniger sozialdemokratisch überzeugt. Er wollte vor allem
Macht, um ganz oben anzukommen. Beide waren gemeinsam am
Zenit angekommen und wollten – zumindest hatten sie das so intern
verkündet – 2008 oder spätestens 2010 mit der Politik aufhören. In
einem Interview mit der ›Bild am Sonntag‹, etwa ein Jahr nach Amtsantritt, machte Schröder klar: »Ein gutes Maß für einen Kanzler sind
acht oder zehn Jahre, zumal die Anspannung in diesem Amt so groß
ist. Was mich selbst angeht, so habe ich mit meiner Frau entsprechend

eine klare Lebensplanung abgesprochen.«[773] Schröder zog nach der Bildung der Großen Koalition die Konsequenz und legte sein Mandat im Bundestag nieder. Ähnliches tat sehr bald auch Joschka Fischer. Beide hatten erkannt, dass das Hinterbänkler-Dasein eines Helmut Kohl von 1998 bis 2002 etwas Unwürdiges an sich hatte. Doch der Post-Politik-Weltentwurf Fischers war ein anderer als der Schröders. Fischer war immer schon von der Bürgerlichkeit fasziniert. Er hatte beispielsweise bei aller Gegnerschaft immer ein gutes Verhältnis zu Wolfgang Schäuble bewahrt, der ihm manche parlamentarischen Kniffe beigebracht hatte. Fischer machte eine eigene Consulting-Firma auf, wie Helmut Kohl. Im September 2008 wurde zudem bekannt, dass er als »Senior Strategic Counsel« für die »The Albright Group LLC« und zugleich als »Strategic Counsel« für das »Albright Capital Management LLC« tätig ist.[774] Letztere Firma steht, laut ›Spiegel‹, unter »Heuschreckenverdacht«.[775] Es handelt sich hier um Beratungsfirmen seiner früheren amerikanischen Außenminister-Kollegin Madeleine K. Albright. Die beiden hatten ein sehr vertrauensvolles Verhältnis entwickelt. Fischer ging auch für einige Zeit als Gastprofessor nach Princeton in die USA. Doch alles in allem zielte er auf ein wahrlich bürgerliches Leben – seine Villa in Dahlem symbolisiert das. Schröder hingegen setzte alles daran, unmittelbar nach seinem erzwungenen Ausscheiden aus der Politik in die Welt des Kapitals einzutauchen und möglichst bald zu Geld zu kommen – nicht in der Rolle eines »elder statesman«, sondern eher eines »elder salesman«.[776]

Gerhard Schröder bleibt sich treu – auch nach seinem Ausscheiden aus dem Amt des Bundeskanzlers. Für ihn war der gesellschaftliche Aufstieg immer ein sehr persönliches Anliegen, zu dem er sich offen bekannte. Es war und ist für ihn kaum vorstellbar, dass er sich nur noch als Privatmann ins Hannoveraner Zooviertel zurückzieht: »Wer ein solches Berufsleben gelebt hat, kann nicht einfach zuhause sitzen«.[777] Doch ist er der erste Bundeskanzler, der nach seinem Amt so offensiv aufs Geldverdienen setzte.[778] Zwar hatte auch Helmut Kohl nach seinem Ausscheiden eine Beratungsgesellschaft gegründet (schon das war ein Novum), aber Schröder hat inzwischen ein ganzes Portfolio von Aufgaben, die sich lohnen: Wenige Wochen nach dem Auszug aus dem Kanzleramt wurde bekannt, dass er Vorsitzender des

Aktionärsausschusses der heutigen Nord Stream AG werden sollte, die eine Pipeline durch die Ostsee von Russland nach Norddeutschland baut.[779] Neben der russischen Gazprom, die 51 Prozent hält, und den beiden deutschen Firmen Eon und BASF-Wintershall ist auch die niederländische Gasunie daran beteiligt. Ein jährliches Einkommen von 250 000 Euro ist dem »Gasmann« Schröder damit sicher. Im Januar 2009 wurde bekannt, dass Schröder als unabhängiger Verwaltungsrat in das oberste Aufsichtsgremium des im Ölgeschaft tätigen russischbritischen Gemeinschaftsunternehmens TNK-BP einzieht.[780] Ferner sitzt er im Beirat des französischen Bankhauses Rothschild. Außerdem hat Schröder einen Beratervertrag mit dem Schweizer Verleger Michael Ringier abgeschlossen. Dessen Konzern hat insbesondere in Osteuropa und Asien große ökonomische Interessen. Schröder spielt dort für seinen schweizerischen Freund eine Art Türöffner, so etwa auf einer zehntägigen Reise nach Vietnam und China.[781]

Schließlich kann man Gerhard Schröder als Vortragsredner buchen. Von der New Yorker Agentur »Harry Walker Agency« wird er in einem Lebenslauf als »vigorous modernizer« und »self-made man« beschrieben. Zudem steht er dort auf einer illustren Liste zusammen mit den beiden ehemaligen UNO-Generalsekretären Kofi Annan und Boutros Boutros Ghali, den früheren amerikanischen Präsidenten Jimmy Carter und Bill Clinton, Ex-Vizepräsident Al Gore, dem früheren US-Außenminister Henry Kissinger und: Helmut Schmidt.[782] In der PR dieser Agentur zu einem Auftritt in der Wiener Hofburg, an dem 900 Gäste teilgenommen haben sollen, heißt es: »Chancellor Schröder's lecture was really excellent.« Ein anwesender Investor namens Fred Bleakley verkündete hinterher stolz: »He was with us for about two hours. Nice guy to boot.«[783] Das hieß so viel wie: Nicht nur, dass er etwa zwei Stunden bei uns war, er ist obendrein sogar ein netter Kerl. Viel Geld hat Schröder wohl auch mit der Veröffentlichung seiner Memoiren verdient. Erstaunlich ist dabei, dass ein alter Unterstützer Schröders, der Finanzdienstleiter Carsten Maschmeyer (AWD) und nicht der Hoffmann und Campe Verlag, wo die Erinnerungen erschienen, mit dem ›Spiegel‹ über die Vorabdruckrechte verhandelte.[784] Darüber hinaus ist Schröder Ehrenvorsitzender des Nah- und Mittelostvereins, eines Dienstleisters, der bilaterale Wirtschaftsbeziehungen zwischen Deutschland und den Ländern des Nahen und Mittleren Ostens unterstützt. Auch das dürfte vermutlich von ökonomischem Interesse sein. Schröder hat freimütig erklärt, für ihn gebe es keine Rückkehr in die Politik.[785] Aber in seine Pläne eines Lebens in der Wirtschaft will er sich nicht hineinreden lassen. Er hält es für »vordemokratisch«, wenn man bei ihm entsprechende Maßstäbe anlegt: »In dem Moment, wo ein Bundeskanzler aus dem Amt scheidet, wird er auch wieder Privatperson, zumal wenn er in einem Alter ist, wo man noch etwas arbeiten muss und Anwalt ist. Dann ist er auch den Interessen seiner Mandanten verpflichtet und nicht nur denen des Staates. Ihre Vorstellung von einem ehemaligen Regierungsmitglied ist vordemokratisch.«[786] Damit rechtfertigt er sein Engagement bei der Nord Stream AG, die im schweizerischen Zug residiert, einem weltweit bekannten Steuerparadies. Über die Frage, ob sein dortiger Aufsichtsratsvorsitz im deutschen Interesse ist oder nicht, darüber wurde und wird in der Öffentlichkeit und in der Politik heftig gestritten. Selbst wer ein deutsches Interesse vermutet, wird aber nicht bestreiten können, dass die Überraschung im politischen Berlin doch ziemlich groß war, als die Übernahme des Postens bekannt wurde, ohne dass er etwa mit seiner Nachfolgerin darüber gesprochen hätte. Offensichtlich wollte Schröder die ihm zugetragene Aufgabe nicht von Merkels Gnaden wahrnehmen. Sie hätte nur schlecht Nein sagen können, auch wegen der Tatsache der Koalition mit der SPD. Dann wäre das Engagement »staatsmännisch« politisch abgefedert worden, viel öffentlicher Ärger wäre ihm erspart worden.

Noch nie gab es darüber hinaus einen Kanzler, der sich so sehr in die aktuelle Politik einmischte wie er. Hin und wieder hat auch Helmut Kohl auf »die Sozis« geschimpft, auch der »Staatsmann« Helmut Schmidt konnte Kritik beispielsweise selbst an Gerhard Schröder nicht völlig unterlassen. Aber alles in allem war das moderat – vor allem aber haben beide nicht die internationale Bühne für ihre Kritik gesucht. Schröder, der seine Aussage, Putin sei ein »lupenreiner Demokrat«[787], immer noch kategorisch und vehement verteidigt, kritisierte von Russland und China aus die Politik seiner Nachfolgerin heftig. So missfiel ihm einerseits, dass Merkel den religiösen Führer

Tibets, den Dalai Lama, zu einem Gespräch im Kanzleramt empfangen hat. Andererseits kritisierte er allgemein die Haltung des Westens in dem Konflikt zwischen Georgien und Russland. Er bezeichnete – fast im Sprachjargon der russischen Regierung – den georgischen Präsidenten als »Hasardeur« und ließ keinerlei Kritik an der russischen Politik erkennen. Die Art und Weise, wie er auf internationalem Boden – zum Beispiel auf einer Konferenz in Jalta Anfang Juli 2007 – für russische Interessen wirbt[788], lässt tatsächlich die Frage berechtigt erscheinen, ob Schröder noch im Interesse der Bundesrepublik Deutschland agiert oder nur noch in seinem eigenen Interesse.[789]

Gerhard Schröder räsonierte 1991: »Ich sage mir immer: Was du jetzt machst, ist ja sehr schön, aber was kommt danach? Wie geht es weiter? Ich glaube, diese Haltung dem eigenen Leben gegenüber, diese ständige Suche nach etwas Neuem, unterscheidet mich von Personen, die aus einer großbürgerlichen Familie stammen. Solchen Leuten bleibt immer etwas, weil sie es immer schon hatten, während ich immer nach etwas suchen muss. Das hört nicht auf.«[790]

IV. Angela Merkel – die Macht der Sphinx

Angela Merkel – ein Machtmensch? Ehemalige Schulfreunde, Lehrer und Freunde der Pfarrerstochter aus Templin haben sie niemals so gesehen. So fern und unwahrscheinlich vielen die Vorstellung der deutschen Wiedervereinigung schien (nicht nur in der DDR), so wenig hätte man Merkel zu DDR-Zeiten mit der Politik und dann ausgerechnet auch noch mit der Christlich-Demokratischen Union in Verbindung gebracht. Sie ist vielen ihrer ehemaligen Weggefährten deshalb immer noch ein Rätsel.

Sie war zwar eine extrem gute Schülerin, doch ist sie nie als Anführerin aufgefallen – etwa wie Helmut Kohl, der als Junge Kardinal spielte, dem andere die Schleppe tragen mussten. Sie hat sich nicht, wie Gerhard Schröder, durch besondere sportliche Leistungen und Rauflust die Anerkennung anderer verschafft – höchstens durch ihre schulischen Leistungen. Sie war im DDR-System eher unauffällig, letztlich angepasst. Zwar hatte sie Führungsaufgaben auf ihrer jeweiligen Ebene im Rahmen der Freien Deutschen Jugend (FDJ) wahrgenommen, doch nie in einer Weise, dass sie eine »Nummer eins« werden sollte. Sie hatte sich auch nie um eine Mitgliedschaft in der SED oder einer der zugelassenen Blockparteien bemüht. Sie wollte sich raushalten aus der Politik, gehörte auch weder zu den Unterstützern noch zu den Protestierern etwa bei der Biermann-Ausweisung. Sie wusste, dass eine in der DDR übliche »Kaderakte«, die über ihr weiteres berufliches Leben entschied, auch über sie existierte. Sie war aber auch klug genug, etwa einem Anwerbeversuch der Staatssicherheit aus dem Weg zu gehen.

Nach der Wende scheiterten viele politikunerfahrene Ostdeutsche mit und an der Politik. Die Politikerinnen und Politiker der einstigen Sozialistischen Einheitspartei Deutschlands (SED), der späteren Partei des Demokratischen Sozialismus (PDS), der umgewandelten heutigen Linkspartei, konnten hingegen in der DDR politische Erfahrungen sammeln, wenngleich nicht in der Demokratie. Vergleichbare Erfahrungen konnten Systemoppositionelle oder »Neutrale« in der DDR nicht machen. Viele aus der DDR stammende nicht-sozialistische Politiker scheiterten – wohl wegen mangelnder Erfahrung in der Politik. Warum scheiterte Angela Merkel nicht?

Einer der Gründe liegt in ihrer Sozialisation in einem evangelischen Pfarrhaus: Jede Familie eines Pfarrers war insoweit »politisch«, als sie sich gegen die Einflüsse eines atheistischen Staates abschirmen musste. In einem Pfarrhaus wurde auch sehr viel stärker das deutschdeutsche kulturelle Erbe gepflegt. Zwangsläufig wurde viel über Politik diskutiert. Das galt auch für Angela Kasners Elternhaus, wobei ihr Vater Horst Kasner seit den 60er Jahren im Sinne des DDR-Regimes die Kirchenspaltung der Berlin-Brandenburgischen Landeskirche vorantrieb und als »roter Kasner« bezeichnet wurde.[1] Der Kirchenmann agierte zwar ziemlich regimefreundlich, dennoch stand auch er wie jeder Pfarrer unter besonderer Beobachtung des Staates. In ihrem Herzen war die in Hamburg geborene Angela Merkel mehr als alle ihre Alterskameradinnen und -kameraden gesamtdeutsch orientiert. Nicht, dass sie noch in nationalen Chiffren gedacht hätte. Mit einer raschen Wiedervereinigung hatte man in der DDR nach dem Bau der Mauer 1961 nicht mehr gerechnet. Aber allein schon das kulturelle Milieu eines Pfarrhauses vermittelte etwas Gesamtdeutsches, zumal die Kasners gelegentlich westdeutschen Besuch erhielten – familiären[2] oder auch von Kirchenleuten, die in dem Pastoralkolleg, das der Vater leitete, auftauchten. Für die junge Angela war bei aller Trennung Deutschlands in zwei Staaten das Gesamtdeutsche stärker im Blick als bei den meisten Ostdeutschen. Sie »tickte« schneller westdeutsch, sie durchschaute schneller das westdeutsche politische System, auch wenn ihr anfänglich die CDU noch ziemlich fremd war. Das ermöglichte ihren raschen Aufstieg in einer westdeutsch geprägten Parteikultur, allerdings um den Preis, dass die Ostdeutschen sie nicht als eine der ihren betrachteten.

Vor den Anzeichen der Wiedervereinigung hatte sie sich in ihrer Nische als Physikerin in der »Akademie der Wissenschaften« einigermaßen eingerichtet. Sie war innerlich nicht auf Karriere fokussiert. Nichts deutete auf einen fulminanten Aufstieg in der DDR hin. »Weit hast du es noch nicht gebracht«[3], sagte ihr Vater, als er sie aus Anlass ihres dreißigsten Geburtstages nach ihrer Trennung von ihrem ersten Mann in ihrer provisorischen Bleibe in Berlin besuchte. Sie schien sich mit der Unaufgeregtheit ihres Lebens abgefunden zu haben. Auch am Abend der Maueröffnung schien ihr die politische Dimension noch nicht ganz klar gewesen zu sein; sie ging nicht gleich in den Westteil der Stadt, sondern – sozusagen routinemäßig – mit einer Freundin in die Sauna. Danach war sie noch in der Nacht kurz in West-Berlin. In den Tagen danach fuhr sie erst einmal in die damalige Tschechoslowakei zu einer Konferenz. Ausländische Teilnehmer machten ihr klar, dass die DDR zusammenbrechen werde.

Viele DDR-Bürger, insbesondere einflussreiche Bürgerrechtler, wollten damals nur eine demokratisierte DDR, doch die Forderungen etwa der Leipziger Montagsdemonstrationen (»Wir sind das Volk«) symbolisierten den immer stärkeren Willen in der DDR-Bevölkerung, sich rasch mit der Bundesrepublik Deutschland zu vereinen. Nach der Maueröffnung wusste freilich niemand, ob das durch die Demonstrationen und einzelne Bürgerrechtsbewegungen erzwungene Tauwetter der DDR-Führung anhalten würde. In dieser Situation entschied sich Angela Merkel erstmals, in der gebotenen Vorsicht, freiwillig für ein politisches Engagement – das aber zu einem Zeitpunkt, als die DDR-Staatsgewalt schon entscheidend geschwächt war und für sie keine echte Gefährdung mehr entstehen konnte. Das war mehr als einen Monat nach der Maueröffnung. Wohl kurz vor Weihnachten 1999 klopfte sie bei der Bürgerrechtsbewegung »Demokratischer Aufbruch« (DA) an.

Angela Merkel wurde, wie wir schon gesehen haben, von allen Bundeskanzlern am wenigsten in die Wiege gelegt, einmal in die Politik zu gehen. Das Ungewöhnliche an Merkels Karriere – so möglich nur in Umbruchzeiten – besteht darin, dass sie gerade einmal etwa ein Jahr lang – und das nicht einmal in der CDU – politisch aktiv gewesen war, als sie 1991 als 36-jährige Bundesministerin zu den führenden deutschen Politikern aufstieg. Im Gegensatz zu Kohl und Schröder hatte sie in keiner Basis- oder Jugendorganisation einer Partei politische Erfahrungen sammeln und ein Netzwerk von Unterstützern aufbauen können. Vielleicht war das sogar ein nicht ganz unwichtiger Baustein für ihren raschen Aufstieg in der CDU. Denn Merkel, die wegen ihres Auftretens und ihrer geringen Vernetztheit immer unterschätzt wurde, musste nicht mit den persönlichen Verwundungen der Vergangenheit leben, die sich Konkurrenten im innerparteilichen Kampf gerne zufügen.

Nicht exakt geklärt ist die Frage, wann genau die heutige CDU-Bundesvorsitzende eigentlich in ihre heutige Partei eingetreten ist. Nach einem Interview mit Merkel schrieb eine Journalistin, Merkel sei im August 1990 in die CDU eingetreten.[4] Im »Kürschner«-Handbuch, dem die Kurzlebensläufe der Bundestagsabgeordneten auf der Grundlage eigener Angaben zu entnehmen sind, hieß es noch 2003 lapidar: »Seit Dezember 1990 Mitgl. der CDU.«[5] Dieser Eintrag ist deshalb bemerkenswert, weil Merkel in genau diesem Dezember für die CDU in den Deutschen Bundestag gewählt wurde. Also wäre sie mehrere Monate zwar Bundestagskandidatin, aber noch nicht Mitglied der CDU gewesen. Nach Recherchen des Verfassers behauptet Merkel inzwischen, die CDU-Mitgliederdatei führe sie »seit dem 1. Oktober 1990«, Mitglied der gesamtdeutschen CDU sei sie vor dem Fusionsparteitag[6] der CDU am 1./2. Oktober 1990 in Hamburg geworden.[7] Am 16. September 1990 war sie jedoch bereits zur CDU-Bundestagskandidatin nominiert worden. Offensichtlich war Angela Merkel vorher bereits in die Ost-CDU eingetreten, wann und wie war aber nicht zu ermitteln. Jedenfalls sagte sie in einer kurzen Rede auf dem CDU-Vereinigungsparteitag am 1./2. Oktober 1990: »Ich habe mir heute vor einem Jahr nicht vorstellen können, Mitglied der CDU Ost zu sein. Das war deshalb so, weil ich keinen Spielraum für eigene politische Tätigkeit sah. Ich konnte mir aber ebenso wenig vorstellen, Mitglied der CDU West zu sein, weil ich in meiner Verzagtheit dachte, dass die Mauer unüberwindlich hoch ist.«[8]

Nachdem sie bei den Bundestagswahlen am 2. Dezember 1990 den nordöstlichsten Wahlkreis in Mecklenburg-Vorpommern gewonnen hatte und von Helmut Kohl wenige Wochen später zur Bundesministerin für Frauen und Jugend gemacht wurde, staunte sie selbst: »Plötzlich saß ich mit all den Leuten an einem Tisch, die ich mein Leben lang im Fernsehen gesehen hatte.« Dann hat sie sich Mut zugesprochen: »Du kannst Integrale lösen, da wirst du dich auch mit Norbert Blüm unterhalten können.«[9]

Pfarrerstochter und Physikerin in der DDR – Kindheit, Jugend, Wissenschaft

Angela Merkel wurde am 17. Juli 1954 in Hamburg geboren. Zum Zeitpunkt ihrer Geburt lebten ihre Eltern noch in Hamburg, von wo die Mutter stammt. Doch während viele Menschen in den 50er Jahren die damalige DDR verließen, entschied sich der aus Berlin-Pankow stammende Vater Horst Kasner, sofort nach der Geburt der Tochter in die DDR zurückzugehen. Er hatte in Hamburg zuvor sein Theologiestudium abgeschlossen und der Hamburger Pfarrer und spätere Bischof Hans Otto Wölber hatte ihn angesprochen, dass Kasner gebraucht werde – in der evangelischen Landeskirche von Berlin-Brandenburg, wo Pfarrer fehlten. Horst Kasner entschied sich also freiwillig für ein Leben in der Diktatur. Aus offiziellen DDR-Unterlagen geht hervor, dass er von den Behörden als Gegner des »Arbeiter- und Bauernstaates« eingestuft worden war.[10] Angela Merkel kam dann wenige Wochen nach ihrer Geburt nach Quitzow bei Perleberg, wo ihr Vater seine erste Pfarrstelle erhalten hatte.[11] In diesem Dorf hielt es Horst Kasner nur drei Jahre lang. Er wurde nach Templin in die Uckermark berufen. Dort erfuhr Angela die wichtigste Prägung ihrer Jugend, wie auch ihre beiden jüngeren Geschwister Marcus und Irene.

Ihr Vater übernahm 1957 mit dem Umzug nach Templin den Aufbau eines Seminars für kirchliche Dienste, das spätere »Pastoralkolleg«, eine kirchliche Ausbildungsstätte, die im »Waldhof«, einer evangelischen karitativen Einrichtung am Rande von Templin, untergebracht war. Dort verbrachte Angela Kasner alles in allem eine glückliche Jugend. Allerdings war sie als Pfarrerstochter in einem atheistischen Staat in ihrer Schulklasse etwas Besonderes, da ihr Elternhaus so etwas wie die bekämpfte bürgerliche Kultur repräsentierte. Sie wurde von den Lehrern mit mehr Aufmerksamkeit betrachtet, was übrigens insgesamt ihren schulischen Leistungen zugute gekommen sein dürfte. Die Situation einer Pfarrerstochter war nicht immer ganz einfach, erinnert sich Angela Merkel heute, zum Beispiel, dass sie deshalb weniger Freunde hatte:»Sie haben als Kind immer Phasen, wo Sie es auch mal als Beschwernis empfinden, dass Sie immer in besonderer Weise angeschaut oder angesprochen werden. Diese Phasen waren aber viel kürzer als die Phasen, in denen ich völlig mit mir im Reinen war und oft gemerkt habe, dass andere Mitschüler durchaus neugierig waren. Ich hab auch nie darunter gelitten, deshalb keine Freunde zu haben. Also unterm Strich: Diese Phase war viel positiver als dass sie beschwerlich war.«[12] Ihr Vater war in Templin in der Uckermark eine echte Respektsperson. Angelas Mutter Herlind Kasner wäre sicherlich lieber im Westen geblieben. Die Mutter hätte als Lehrerin gerne ihre Fächer Englisch und Latein unterrichtet, durfte jedoch als Ehefrau eines Pastors nicht im staatlichen DDR-Schulwesen tätig sein, obwohl sie dies mehrfach beantragt hatte. Auch diese Schikane der Diktatur führte zu einem von der DDR unbeabsichtigten Nutzen. Angela profitierte hiervon: die Mutter hatte mehr Zeit für ihre Kinder. In der DDR waren fast alle Frauen berufstätig. Die Familie Kasner war also nicht auf die staatliche Erziehung in Krippe und Hort angewiesen.»Jeden Tag nach der Schule habe ich bei meiner Mutter ein bis zwei Stunden alles ›abgesprochen‹, wie ich es immer genannt habe. Ich bin meinen Eltern heute noch dankbar, dass wir zuhause die Möglichkeit dazu hatten«, berichtete Angela Merkel auf dem CDU-Bundesparteitag am 6. Dezember 2004.[13]

Ob Angela ihrem strengen Vater innerlich Vorwürfe gemacht hat, dass sie in der DDR leben musste? Merkel selbst bestreitet das:»Nein, Vorwürfe habe ich ihm nicht gemacht. Ich habe aber in Gesprächen mit meinen Eltern für mich immer reklamiert, dass ich mir die Freiheit nehmen würde, wenn ich in der Bredouille bin, umgekehrt in den Westen auszureisen. Ich habe keine Aufgabe für mich darin gesehen, in der DDR zu sein. Ich habe meinen Eltern gesagt: Ihr habt eure Entscheidung getroffen, die ich auch in Ordnung fand, denn ich konnte verstehen, dass Christen in der DDR auch Pfarrer brauchen, das ist eine Aufgabe. Aber ich habe für mich daraus gar nicht abgeleitet, dass ich in dieser Tradition irgendwie auch eine Aufgabe in der DDR finden muss.«[14]

Angela wurde von ihren Eltern mit auf den Weg gegeben, dass sie als Pfarrerstochter besser sein müsse als alle anderen; sie hätte sonst in dem atheistisch geprägten »Staat der Werktätigen« nicht studieren dürfen. Herlind Kasner berichtet heute, dass sie die schulischen Kämpfe ihrer Kinder doch schon belastet hätten.[15] Das waren sicher nicht die einzigen seelischen Schmerzen der Mutter. Als im Jahre 1961 die Mauer gebaut wurde, weinte sie oft. Die deutsche Teilung hat das Leben der Familie Kasner immer besonders überschattet. Angela war damals gerade sieben Jahre alt. Angela Merkel kann sich heute noch sehr gut erinnern, dass ihre Mutter am 13. August 1961 in der Kirche saß und weinte.[16]

Angela Merkel wurde 1961 eingeschult, besuchte zunächst die Goethe-Schule, die später nach dem SED-Spitzenfunktionär Hermann Matern benannte erweiterte Oberschule (EOS). Wie sich Klassenkameraden erinnern, war sie »mit Abstand die beste Schülerin«.[17] Das bestätigen heute auch ehemalige Lehrer: »Sie war im Normalfall ständig unterfordert«[18]. Die ehemaligen Pädagogen weisen auch heute darauf hin, dass Angela zwar unter der Tatsache, dass sie Pfarrerstochter war, »gelitten« habe, dass sie aber im Klassenverband nicht isoliert gewesen sei.[19] Ihr früherer Physik- und Astronomielehrer Siegfried Kinzel sagte, sie habe »Lehrer weder provoziert noch geärgert«, sei »keine Streberin« gewesen, »selbstbewusst« und »ruhig«, mithin eine »Idealschülerin«. Er fügte hinzu: Einerseits war sie »mit sich selbst im Reinen«, andererseits war sie »nicht unbekümmert, sie konnte nie locker werden«, sie war »nie ein albernes Mädchen«. Sie sei das »Inbild eines jederzeit beherrschten und gefassten Menschen« gewesen.[20] Ihr zeitweiliger Mathematiklehrer und Klassenlehrer Wolf Donath, der später zum EOS-Direktor aufstieg und danach Kreisschulrat wurde, berichtet heute noch euphorisch über seine einstige Schülerin: Sie war nach seiner Erinnerung »herrlich«, »wunderbar«, »ruhig«, »logisch«, »einsatzbereit«: »Da macht das Lehrersein Spaß.«[21] Donath war trotz seiner SED-Mitgliedschaft ein von seinen Schülern anerkannter und motivierender Lehrer.

Als Pfarrerstochter durfte sie zunächst auch nicht zu den Jungen Pionieren (JP). Ihre Eltern hatten ihr in der ersten Klasse verboten, dieser Vorfeldorganisation der FDJ, die als »Kampfreserve der Partei«

betrachtet wurde, beizutreten. Die Kasners ließen dann aber zu, was in vielen anderen Pfarrfamilien nicht erlaubt wurde: dass die Kinder Mitglied der Jungen Pioniere und später der Freien Deutschen Jugend (FDJ) werden konnten. Deshalb gibt es Fotos, die Angela Kasner in der blauen Bluse der FDJ zeigen. Der jüngere Bruder nahm sogar an der »Jugendweihe« teil, was zu einer offiziellen Beschwerde von Amtsbrüdern beim Landesbischof führte. Schon in der ersten Klasse gehörte Angela Merkel zu den Besten. Mit dem Auftrag und dem Anspruch, als vermeintliche Außenseiterin immer die Beste sein zu müssen, verlief ihre Schulkarriere insgesamt erfolgreich. Sie lernte besonders gern die russische Sprache, aber auch Naturwissenschaften, die sie alle überdurchschnittlich gut bewältigte. Nur in den praktisch orientierten Aufgaben Zeichnen, Werken oder Sport hatte sie Defizite, für deren Ausgleich sie sich richtig anstrengen musste. Besonders im Sport hatte sie ihre Not. Die heutige Bayreuth-Besucherin Merkel sagte bei einem im ZDF inszenierten Klassentreffen, in Musik sei sie nicht »spitze« gewesen: »Singen ging noch so, ansonsten sehr traurig.«[22] Angesichts der guten Zensuren trug es zu ihrem Ansehen bei den Mitschülern bei, dass sie andere bei sich abschreiben ließ und bereit war, den eigenen Wissensvorsprung weiterzugeben. Außer im Hinblick auf die Leistungen galt für die Schülerin Angela ansonsten das Gebot der Unauffälligkeit. Merkels Anlagen als Machtmensch kamen – anders als bei Kohl – während ihrer Schulzeit nicht zum Vorschein, wohl aber die eines Leistungsmenschen. Und dieser genügt sich zuerst einmal selbst.

Die Pfarrerstochter Angela Merkel sagt heute über ihre Eltern: »Ohne mein Elternhaus in Templin in der Uckermark hätte ich den Sozialismus nicht so überleben können. Auf der einen Seite gab es das System der DDR, das unser Leben wie eine Krake vollständig erfassen wollte, auf der anderen Seite gab es das eigene Elternhaus.«[23] So dankbar sich Merkel heute ihrem Elternhaus gegenüber in öffentlichen Reden zeigt, sie dürfte zu ihrem Vater doch ein recht differenziertes Verhältnis haben. Ihr Vater gehört nicht zu denjenigen, die dazu beigetragen haben, dass der um das SED-Regime konstruierte Staat implodierte. Kasner hatte zwar, wie ein Blick in die aktenkundigen Vermerke zeigt[24], in der Frühzeit seines pfarrlichen Wirkens eine sehr negative Einstellung zum DDR-Sozialismus. Aber insbesondere nach dem Mauerbau 1961 arrangierte er sich zunehmend mit den Organen des Staates. Er gehörte zum Leiterkreis des sogenannten »Weißenseer Arbeitskreises«, der sich für die Trennung der noch gesamtdeutschen kirchlichen Einheit im Rahmen der Evangelischen Kirche in Deutschland (EKD) aussprach. Dieser weitgehend aus Pfarrern bestehende Kreis zeichnete sich durch in sich differenzierte Positionen aus, er wurde jedoch von dem Theologieprofessor Hanfried Müller geleitet, der nach Meinung von Ehrhart Neubert, Experte für DDR-Oppositionsgruppen, »stets der verlängerte Arm der SED in der Synode«[25] war. Den Arbeitskreis selbst schätzt Neubert als »opportunistisch« ein.[26] Aufgrund der Aktenlage kann mit Fug und Recht gesagt werden, dass Horst Kasner aktiv an der Spaltung der Berlin-Brandenburgischen Kirche mitgewirkt hat (der Bischofsitz war in West-Berlin!).

Zweifellos ist das Leben Angela Merkels in besonderer Weise von ihrem Verhältnis zu ihrem Vater geprägt, der die Familie dominierte. Sein »unnahbares« Wesen, seine Strenge, sein Absolutheitsanspruch haben die Tochter, die die Liebe des Vaters suchte, besonders gezeichnet. Wenn man einen Grund sucht, warum Angela Merkel ausgerechnet bei der CDU landete, dann stellt das heutige Leben Angela Merkels auch eine politische Emanzipation von ihrem in das DDR-System tief verstrickten Vater dar. Sie arbeitet sich an ihrem Vater ab, will es ihm und ihrer Familie gegenüber beweisen.[27]

Angela Kasner nahm im Jahr 1973 das Physikstudium in Leipzig auf. Auf die Frage, ob sie sich bewusst »vom Elternhaus abnabeln« wollte, erklärt sie: »Ja, aber ich wollte vor allem auch raus aus der Kleinstadt.«[28] Ein Studium in Berlin wäre ihr »einfach noch zu nah am Elternhaus und an Templin gewesen«. Für DDR-Verhältnisse war Leipzig sehr weit weg von der Uckermark – so weit, dass sie fern von der Heimat und dem dominanten Elternhaus ein »unabhängiges« Leben beginnen konnte: »Das Studium war zunächst der erste bewusste Schritt weg von zuhause. Ich hätte ja sehr viel heimatnaher in Berlin studieren können. Ich wollte das aber nicht, sondern ich wollte gerne ein Stück weiter weg und auch selbständig werden. Mich haben damals im Grunde verschiedene Aspekte geprägt. Das eine ist das harte Lernen im Physikstudium – ich hatte mich in der Schule nicht so anstrengen müssen, aber das Physikstudium hat mich durchaus an die Grenzen meiner Erkenntnisfähigkeit gebracht. Ich war keine schlechte Studentin, aber ich musste oft auch viel arbeiten.«[29] Hinzu kamen zwei weitere Aspekte, die Angela Merkel hinsichtlich ihres Studiums als wichtig herausstellt:»Zweitens war für mich die Evangelische Studentengemeinde prägend. Das war der Ort, an dem man auch sehr viel Freiheit hatte und auch gute Diskussionen, dies fakultätsübergreifend, führen konnte. Eines der für mich prägendsten Erlebnisse war ein Wochenende auf Schloss Mansfeld mit Reiner Kunze zusammen, der nach der Biermann-Ausweisung während meines Studiums eine sehr große Rolle spielte. Er verließ dann später selber die DDR. Er sprach ganz leise und war erkennbar bedrückt, aber trotzdem wiederum voller Hoffnung.«[30] Angela Merkel ging damals auch von Zeit zu Zeit zu Veranstaltungen der Evangelischen Studentengemeinde (ESG). Allerdings lehnte sie die Anfrage des Studentenpfarrers ab, Vertrauensstudentin werden zu sollen.[31]

Angela Merkel weiter:»Und das Dritte war natürlich, dass ich meinen damaligen Mann kennenlernte, also zum ersten Mal auch eine feste Bindung eingegangen bin. Und damit ändert sich ja auch das eigene Leben.«[32] Dreiundzwanzigjährig heiratete sie 1977 den aus dem Vogtland stammenden, ein Jahr älteren Physikstudenten Ulrich Merkel, Sohn eines enteigneten Unternehmers. Er war in der parallelen Seminargruppe und studierte ebenfalls Physik. Die Ehe währte nur vier Jahre. Ein Privileg wurde ihnen zuteil: Sie erhielten schon vor ihrer Eheschließung im Jahre 1976 die Genehmigung, in eine kleine, äußerst bescheidene Wohnung in einem Wohnheim einzuziehen. Dort mussten sie sich den sogenannten »Sanitärtrakt« mit drei anderen Parteien teilen. Das junge Paar ließ sich in Templin kirchlich trauen. Nach dem Abschluss des Studiums zog das Ehepaar in eine kleine Wohnung in Berlin-Mitte, nahe der Mauer. Doch 1981 zerbrach die Ehe in Berlin – ziemlich abrupt und für Ulrich Merkel offensichtlich einigermaßen überraschend:»Eines Tages packte sie ihre Sachen und zog aus unserer gemeinsamen Wohnung aus. Sie hatte das mit sich selbst ausgemacht und dann die Konsequenzen gezogen. Aber wir trennten uns schließlich friedlich. Wir waren ja wirtschaftlich unabhängig voneinander. Aufzuteilen gab es auch nicht übermäßig viel – sie nahm die Waschmaschine, ich behielt die Möbel. Manche Teile davon besitze ich sogar heute noch.«[33] Die kinderlose Ehe wurde 1982 geschieden.

Auf die Frage, warum sie statt Physik nicht Theologie studiert hatte, antwortet sie:»Ja, Sie könnten genauso fragen, warum ich nicht den Weg meiner Mutter gehen und Lehrerin werden wollte? Denn der lag mir sogar fast näher. Man kann sich ja für einen Weg seiner Eltern entscheiden. Ganz ehrlich gesagt: Ich hab den Beruf meines Vater immer schön gefunden, aber ich hab es auch angenehm empfunden, als Christ außerhalb des amtlichen Christentums tätig zu sein. Sehr viele Pfarrerskinder wurden Theologen. Sie studierten Theologie, weil sie zum Beispiel kein Abitur machen konnten. Wenn ich Pfarrer geworden wäre, hätte ich das aus eigenem Impetus heraus gemacht, und da war mir die Berufswahl meiner Mutter innerlich näher.«[34]

Wie schon an der Schule in Templin war sie während des Studiums Mitglied der Freien Deutschen Jugend (FDJ). Während ihrer Leipziger Zeit hatte sie insbesondere Kontakt zu solchen Dozenten, die als eher regimekritisch galten. Ihre früheren akademischen Lehrer sprechen mit großer Wärme über Angela Merkel. Im Fach Physik lehrten in Angela Merkels Studienjahren Hochschullehrer, die weniger Wert auf marxistisch-leninistische Indoktrination denn auf Fachwissen legten. Der Physikprofessor Reinhold Haberlandt war so einer.[35] Ihre Diplomarbeit lautete:»Der Einfluss der räumlichen Korrelation auf die Reaktionsgeschwindigkeit bei bimolekularen Elementarreaktionen in dichten Medien«. Die Arbeit war im Juni 1971 im Rahmen der Karl-Marx-Universität Leipzig, Sektion Physik, angefertigt worden.

Nach ihrem Studium ging sie an das Zentralinstitut für Physikalische Chemie (CIPC) der Akademie der Wissenschaften in Berlin-Adlershof. Dort bleibt sie in den zwölf Jahren ihrer Tätigkeit eine kleine Wissenschaftlerin, ohne wirkliche Perspektive. Das Zeug zu einer Führungskraft sah damals niemand in ihr. Ihre Doktorarbeit reichte sie erst am 8. Januar 1986 ein. Das Thema lautete»Untersuchung des Mechanismus von Zerfallsreaktionen mit einfachem Bindungsbruch und Berechnung ihrer Geschwindigkeitskonstanten auf der Grundlage quantenchemischer und statistischer Methoden«. Neben ihrem Doktorvater (Lutz Zülicke) und anderen dankte sie in dieser Arbeit

»Herrn Dr. J. Sauer ... für die kritische Durchsicht des Manuskripts.«
Dieser Joachim Sauer wurde ihr zweiter Ehemann.

Aber auch in der Akademie der Wissenschaften trug sie die blaue Bluse der FDJ. Nach ihrer eigenen Auskunft machte sie FDJ-Kulturarbeit im Institut[36], sie habe »Theaterkarten besorgt und Buchlesungen organisiert, zum Beispiel die Bücher jüngerer sowjetischer Schriftsteller, Vorträge, auch alles, was zwischen den Zeilen kritisch gegenüber der DDR war, hat uns interessiert«.[37] Hans-Jörg Osten, zu Angela Merkels Institutszeit FDJ-Sekretär, heute Professor an der Technischen Universität Hannover, weist darauf hin, dass Angela Merkel kein »einfaches Mitglied« war, sondern zum FDJ-Sekretariat des Instituts gehörte.[38] Osten kann sich nicht an die genaue Funktion seiner damaligen Kollegin erinnern, wohl aber, dass sie in dem vier- bis fünfköpfigen Leitungskreis unter anderem für das »Studienjahr« verantwortlich war, worunter »politische Bildung« und die Vermittlung des Marxismus-Leninismus verstanden wurde. Er kann sich nicht mit Sicherheit daran erinnern, aber auch nicht ausschließen, dass Angela Merkel die Funktion eines Sekretärs für Agitation und Propaganda wahrgenommen habe.[39] Dem Sinne nach habe es sich jedenfalls beim »Studienjahr« darum gehandelt. Das bestreitet aber Angela Merkel massiv. »Agitation und Propaganda? Ich kann mich nicht erinnern, in irgendeiner Weise agitiert zu haben. Ich war Kulturbeauftragte«[40], sagt sie heute. Aus dieser Funktion kann man nicht herauslesen, dass sie sich als eine Führungskraft verstand. Bekanntermaßen hatte die FDJ eine Monopolstellung als Jugendorganisation. Wer studieren wollte, musste in der Massenorganisation der SED Mitglied gewesen sein. Anwerbeversuchen der Stasi hat Angela Merkel widerstanden.[41] Es gibt Stimmen, die ihr FDJ-Engagement auch darauf zurückführten, dass sie insbesondere nach ihrer Trennung von ihrem Mann neue Kontakte suchte.[42] In der Akademie schloss sie sich zwar der FDJ, nicht aber der SED an.

Welche politischen Überzeugungen hatte Angela Merkel während der DDR-Zeit? Der Leipziger Hochschullehrer Ralf Der, zu dessen erweitertem Freundeskreis Angela Merkel während ihres Studiums gehörte, sagte auf die Frage, welches »Vaterland« denn Angela Merkel nach seiner Erinnerung hatte: »Wir mussten uns in dem System einrichten, aber Mensch bleiben.« Und:»Von der deutschen Einheit redete damals niemand, präsent war vielmehr der sozialistische Grundgedanke.« Generell gab es in seinem Freundeskreis intensive »Kritik am Kapitalismus« (»Ich denke, wir waren alle kapitalismuskritisch«), »wir wollten Sozialismus, aber einen geänderten«, führt er heute weiter aus. Er beschreibt die Skepsis in seinen Kreisen gegen Adenauer und seine Politik. Ralf Der hat keine politische Meinung seiner Examenskandidatin in Erinnerung, die von dem »Mainstream« seiner Diskussionsfreunde abgewichen sei. Umso erstaunter war er, als er dann nach der Wende Angela Merkel bei der CDU »angekommen« sah. Als er sie 1995 traf, rief sie gleich aus:»Nicht, dass auch du mir gleich die Leviten dafür liest ...«[43] Eigentlich alle ihre Freunde aus der Leipziger und der Berliner Zeit waren über Merkels politischen Weg erstaunt. Das Image von Konrad Adenauer, auf den sich die CDU-Vorsitzende heute so häufig beruft, war in der DDR insgesamt, wie auch in oppositionellen Kreisen, nicht besonders gut, galt er doch als jemand, dem das Schicksal der Ostdeutschen nicht sehr am Herzen gelegen habe. Heute sagt sie zu Adenauer:»Adenauers Amtszeit war zu Ende, als ich in die Schule kam. Insofern habe ich mich jetzt nicht mein ganzes Leben lang mit Konrad Adenauer beschäftigt. Ich hatte aber den Eindruck, dass durch seine Kanzlerschaft für Deutschland die richtigen Weichenstellungen vorgenommen wurden. Ich habe die Teilung als etwas von der Sowjetunion verursachtes Ungerechtes empfunden.«[44]

Wie die ganz überwiegende Mehrheit ihrer Altersgenossen hatte sie schon früh, auch mithilfe ihrer Eltern, einstudierte Verhaltensmuster erworben, die eine formale Loyalität zur DDR dokumentieren sollten. Ihre für Pfarrerskinder keineswegs selbstverständliche Mitgliedschaft bei den Jungen Pionieren und in der FDJ zeigte dies. Angela Merkel war zwar auch in leitenden Funktionen in der Freien Deutschen Jugend, aber mehr eine Mitläuferin, keine überzeugte Kommunistin. Ihr Freundeskreis war meist kritisch zum DDR-System eingestellt, auch einige ihrer akademischen Lehrer. Merkel lernte, was jeder in einer Diktatur zum Überleben brauchte, das Tricksen und Täuschen. Das heißt, dass sie nichts tat, was etwa als eine Quasi-Rebellion zum DDR-Sozialismus hätte interpretiert werden können (außer kurz vor

Verlassen der Oberschule, als sie zusammen mit anderen, allerdings auch Genossenkindern, im Rahmen einer »sozialistischen Kulturstunde« für Aufruhr sorgte).[45] Renitent war sie jedenfalls nicht, auch wenn sie das suggerierte.[46] Über Anpassungsprozesse in der DDR sagt sie heute:»Ich habe mein Leben so geführt, dass ich wirklich keine aktive Widerstandskämpferin war, den Eindruck habe ich auch nie erweckt. Ich habe aber, glaube ich, klug agiert und entschieden, mich nicht über die Maßen zu verbiegen. Das implizierte aber, dass ich an manchen Stellen auch geschwiegen habe, wo man mühelos gegen den Stachel hätte löcken können oder aus Sicht mancher auch hätte müssen.«[47]

Merkel hat sich selbst nie als eine Widerständige zum DDR-System beschrieben. Sie ging zwar während des Studiums gelegentlich zu Veranstaltungen der Evangelischen Studentengemeinde, aber sie trieb ihr Engagement nie so weit, dass ein Hauch einer wirklichen Opposition spürbar gewesen wäre. Als einer ihrer besten Leipziger Freunde, Reinhard Wulfert, in den Westen abgeschoben wurde, wollte sie von ihm keine Briefe mehr aus dem »nichtsozialistischen Ausland« erhalten. Sie befürchtete, in den Verdacht der Zusammenarbeit mit »staatsfeindlichen Elementen« zu kommen.[48] Niemand in der einstigen DDR hat gedacht, dass es 1989/1990 zu einer Wiedervereinigung kommen sollte und dass das westdeutsche Parteiensystem (mit der Besonderheit der SED/PDS) auf Ostdeutschland übergestülpt würde. Im Rückblick und aus der Perspektive des gesamtdeutschen Parteiensystems lassen sich keine Aussagen darüber treffen, wie Angela Merkel damals politisch zu verorten war.

Der demokratische Aufbruch: Merkel entdeckt die CDU

Spannend ist bei Angela Merkel die Frage, wie sie überhaupt zur Politik und speziell zur CDU kam. Michael Schindhelm, einer ihrer engen Freunde aus der Zeit der Akademie der Wissenschaften[49], deutete an:»Merkel mochte manchmal weniger Helmut Kohl als vielmehr Richard von Weizsäcker interessant finden – aber für die CDU interessierte sie sich nach meinem Eindruck nicht besonders.«[50] Doch gerade Helmut Kohl sollte derjenige sein, der sie entdeckte und den sie entdeckte.

Merkel landete nicht sofort bei der CDU. Die Ost-CDU war als DDR-»Blockpartei« für sie verdächtig, sie hatte im elterlichen Pfarrhaus keinen guten Ruf. Zur gesamtdeutschen CDU kam sie über verschiedene Umwege. Auf die Frage, wie die Reaktion ihres Elternhauses auf ihren Eintritt in die CDU war, antwortete sie mit einem vielsagenden knappen »tolerant«[51]. Und auf eine weitere Nachfrage hin ergänzte sie: »Also tolerant, aber nie irgendwie himmelhoch jauchzend, man ging damals in Parteien, meine Mutter ging in die SPD, ich ging in die CDU und das war o.k.«[52] Ihr Bruder ging in eine grüne Bewegung.

Merkel war zwar in einem ethisch gebundenen, christlichen Elternhaus aufgewachsen, aber eben nicht in einem »klassischen« christlich-demokratischen Milieu. Die meisten ihrer Familienangehörigen bekundeten deshalb nach der Wende ihre distanzierte Einstellung zur CDU und zeigten sich hinsichtlich der politischen Entwicklung Angela Merkels eher überrascht. In jenen dramatischen Tagen des Zusammenbruchs der DDR bot jede Biografie Überraschungen. Beispielsweise hätte der evangelische Theologe Richard Schröder, einst SPD-Fraktionsvorsitzender in der frei gewählten »Volkskammer«, von seinen politischen Grundpositionen her auch CDU-Mitglied werden können. Frühe Beobachter des widerständigen und eher linksgerichteten Pfarrers Rainer Eppelmann wären nie auf die Idee gekommen, dass dieser eines Tages Präsidiumsmitglied der Bundes-CDU hätte werden können. Ähnlich verhält es sich mit dem früheren Bündnis-90-Fraktionsvorsitzenden Günter Nooke, der später stellvertretender CDU/CSU-Fraktionsvorsitzender im Bundestag werden sollte.[53] Wie Eppelmann und Nooke ging Merkel nicht sofort in die CDU. Bei ihr (wie bei Eppelmann) spielte der »Demokratische Aufbruch« – einst geleitet von Wolfgang Schnur, der später als Stasi-Agent entlarvt wurde – eine Art Katalysatorenrolle. Dort war sie auf dem Weg zur CDU erst einmal politisch »geparkt«. Wäre sie sofort etwa in die SPD-Vorläuferorganisation der noch existierenden DDR, die SDP, eingetreten, hätte sie sich schneller für eine der westdeutschen Parteien entscheiden müssen.

Bevor Merkel den DA entdeckte, hatte sie allerdings auch bei der

DDR-SPD reingeschaut, die sich damals noch SDP nennen musste.[54] Die westdeutsche SPD hatte zunächst auf ihrem Namensrecht beharrt. Merkel war mit ihrem damaligen Chef in der Akademie, Klaus Ulbricht, »auf Parteiensuche« gegangen.[55] Der gemeinsame Besuch bei der SDP mit Angela Merkel fand am 14. Dezember 1989 in der Bekenntniskirche, Plessnerstr. 4 statt.[56] »Wir beide interessierten uns für die SDP, weil diese ein Programm hatte«[57], erinnert sich Ulbricht heute. Er trat dann spontan in die SDP ein und wurde 1992 Bezirksbürgermeister in Berlin-Köpenick (heute Treptow-Köpenick). Merkel und Ulbricht saßen in der Kirchenbank nebeneinander. Merkel meinte, sie könne sich nicht sofort entscheiden, sondern brauche noch Zeit. Damit kam ein Wesenszug von ihr zum Vorschein, sich nämlich bei persönlichen Entscheidungen nicht spontan, sondern rational-überlegt zu entscheiden. Heute sagt sie dazu: »Ich war mir sicher, dass ich auf keinen Fall bei der SDP bleiben wollte.« Auf die Frage: »Und warum? Da waren doch teilweise sehr vernünftige Leute!«, antwortete sie: »Ja, da war etwa Angelika Barbe, aber zum Beispiel eines der Hauptthemen, die Kommunalpolitik, war nicht mein Metier. Dann haben sich alle, die von West-Berlin zur Unterstützung rübergekommen waren, mit ›Du‹ angeredet. Ich wollte so etwas nicht. Es sind ja manchmal auch Stimmungssachen in solchen entscheidenden Augenblicken.«[58]

Ja, die »Stimmungssachen«! Sie sei beim »Demokratischen Aufbruch« »hängengeblieben«, so ihre Wortwahl, denn: »›Demokratie Jetzt‹ war mir zu links und das ›Neue Forum‹ passte mir organisationsmäßig überhaupt nicht.«[59] Ihr DA-Eintritt, der in einer Merkel gewogenen Biografie auf »Ende November/Anfang Dezember 1989« datiert wird[60], kann also frühestens in der zweiten Dezemberhälfte 1989 stattgefunden haben, da sie ja zuvor am 14. Dezember erst die Sozialdemokraten besucht hatte. Heute scheint Merkel der Zeitpunkt ihres Eintritts beim DA nicht so wichtig zu sein: »Ich kann es Ihnen wirklich nicht mehr auf den Tag genau sagen. Das mag für Sie wichtig sein. Wir dagegen waren in den damaligen Umbruchtagen erfüllt von dem Gedanken, wir müssen jetzt irgendwas tun.«[61] Der Zeitpunkt des Mitwirkens beim DA bzw. des Eintritts ist aber deshalb wichtig, weil Tag für Tag die Fähigkeit der SED, die demokratische Entwicklung zu stoppen, nachließ. Damit wurde der Grad der eigenen Gefährdung im Falle eines gegen die SED gerichteten Engagements kleiner. Ein Beitrittsformular, das in manchen Fällen ausgestellt wurde, ist trotz intensiver Recherchen nicht aufgefunden worden.[62] Eine Mitgliedschaft konnte allerdings mündlich erklärt werden.

Wichtig ist jedenfalls, dass Merkel mit ihrem Eintritt in den DA noch keine Klarheit über ihre spätere parteipolitische Orientierung signalisierte. Sie trat dem DA zu einem Zeitpunkt bei, als noch nicht klar sein konnte, dass sich diese selbständige Partei bei den Volkskammerwahlen im März 1990 unter das Dach der von der westdeutschen CDU betriebenen »Allianz für Deutschland« begeben würde. Dem ging innerhalb der DA ein sehr kontrovers verlaufender Prozess voraus, weil in dieser »Allianz« auch die alte Ost-CDU und die Deutsche Soziale Union (DSU) des Pfarrers Hans-Wilhelm Ebeling mitwirkten. Alle drei Parteien sollten dann später faktisch mit der Bundes-CDU verschmelzen.

In den ersten Monaten nach ihrem DA-Eintritt spielte Merkel keine einflussreiche Rolle. Doch sie bekam die Entwicklungen aus nächster Nähe mit, etwa als der DA-Gründer Schnur als Stasi-Agent enttarnt wurde.[63] Sie machte dort mehr und mehr Pressearbeit und gehörte nach eigener Aussage zu denjenigen, die sich innerhalb des DA für eine stärkere Zusammenarbeit mit der CDU entschieden (dieser Flügel wurde durch Rainer Eppelmann repräsentiert), während sich ein anderer Flügel um den Kirchenmann Friedrich Schorlemer, Prediger an der Schlosskirche in der Lutherstadt Wittenberg, an der SPD orientierte. Merkel erinnert sich heute: »Es kam ganz schnell die Frage der Bildung der ›Allianz für Deutschland‹ auf, das war Anfang Februar 1990. In den Bundesvorstandssitzungen des Demokratischen Aufbruchs habe ich sehr gut die Auseinandersetzung verfolgt, die es zum Thema schnelle deutsche Einheit, Währungsunion, soziale Marktwirtschaft gab. Ich war klar bei dem Flügel, der der CDU-West zuneigte. Mit der Bildung der Allianz für Deutschland Anfang Februar war ja auch vollkommen klar, dass man sich natürlich auch vorstellen konnte, später zur CDU-West zu gehören.«[64]

Jedenfalls brachte sie sich in jener Umbruchzeit in die Arbeit der Geschäftsstelle des DA ein. Sie konnte sogar mit Computern umgehen: Damals gab es eine große Hilfsbereitschaft aus dem Westen, solche Bürgerrechtsparteien zu unterstützen. Sie wurden mit elektronischem Material überschüttet. Doch außer Merkel konnte kaum jemand mit einem PC umgehen. Viele Kartons blieben deshalb lange unausgepackt. Ein Helfer aus dem Westen, Claus Detjen, Medienfachmann und später Herausgeber der ›Märkischen Oderzeitung‹, ist heute noch voll des Lobes, wenn er über das Engagement Angela Merkels in der Geschäftsstelle des DA spricht: In dem Chaos, das in der DA-Geschäftsstelle ganz zwangsläufig herrschte, war sie »die Unentbehrliche, die im Zweifelsfalle wusste, wie es geht – und das hat sie mit großer Freundlichkeit gemacht«[65], sie war von »mädchenhafter Art«, »unauffällig und zugleich fern von jeder modischen Versuchung«.[66] Angela Merkel, die in jenen hektischen Tagen immer eine braune Cordhose zu tragen pflegte, völlig leger gekleidet war und immer noch einen »studentischen Eindruck« machte, wuchs in die Rolle einer Pressesprecherin des DA hinein – auch wenn dies nur auf einem aus der Situation heraus gegebenen persönlichen Auftrag des Vorsitzenden Wolfgang Schnur beruhte und nicht auf einen Vorstandsbeschluss zurückging.[67] Sie wurde nie offiziell mit der Aufgabe einer Pressesprecherin beauftragt.[68] In den ersten Monaten ihres Engagements war sie vielmehr eine »einfache Mitarbeiterin, die zwar dabei war, von der aber keine dezidierte Haltung bekannt war, die aber von ihr auch nicht erwartet wurde«.[69] Für ihre Tätigkeit in der DA-Geschäftsstelle ließ sie sich im Februar 1990, also vor der ersten freien Volkskammer-Wahl, von ihrem Chef beurlauben. Sie hatte sich in die DA-internen Grabenkämpfe nicht eingemischt, hatte wohl in den ersten Wochen auch zu wenig Einfluss, machte sich dann aber als Mitarbeiterin durch Fleiß und Präzision unentbehrlich.

Das Wahlergebnis für den DA, der als selbständige Partei antrat, aber in der »Allianz für Deutschland« mit der Ost-CDU und der insbesondere in Sachsen starken DSU verbunden war, war ein Desaster. Die DA erhielt bei den Wahlen zur Volkskammer am 18. März 1990 gerade noch 0,92 Prozent der Stimmen (eine Fünf-Prozent-Klausel gab es nicht). Die CDU hatte 40,8 Prozent erhalten, die DSU 6,3 Prozent, die aus der SDP hervorgegangene SPD erreichte lediglich 21,9 Prozent, die SED-Nachfolgepartei kam auf 16,4 Prozent, ferner gab es die Liberalen mit 5,3 Prozent, das Bündnis 90 mit 2,9 Prozent und weitere kleinere Parteien. Schnell muss Merkel am Wahlabend erkannt haben, dass für ihre weitere Karriere die CDU wichtiger wäre als der DA. Weil es keine Fünf-Prozent-Klausel gab, zog der DA in das nun demokratische DDR-Parlament ein. Doch war nach dem verheerenden Wahlergebnis klar, dass er sich kaum als eigenständige Kraft würde behaupten können. Sie wird sich gefragt haben: Hat sich ihr eigener demokratischer Aufbruch gelohnt?

Aber immerhin verdankte sie ihrem DA-Engagement, dass sie unter Lothar de Maizière als Ministerpräsident stellvertretende Regierungssprecherin wurde. Mit ihrer Berufung wollte de Maizière vor allem verhindern, dass der stellvertretende Regierungssprecher an den Koalitionspartner SPD ginge. Er argumentierte, man brauche eine Frau, außerdem musste der DA berücksichtigt werden, der als selbständige Partei mit Rainer Eppelmann als Verteidigungsminister in die Große Koalition eintrat. Lothar de Maizière ist heute noch angetan von der präzisen Pressebetreuung seiner damaligen Mitarbeiterin. Einst schätzte er sie sehr. Stets sprach er mit warmherziger Stimme von »Angela«. Sie machte dort nach Erinnerung aller Journalisten, die mit ihr zu tun hatten, eine gute Figur, begleitete gelegentlich Lothar de Maizière bei seinen Auslandsreisen, so nach Moskau. Und sie war als stellvertretende Regierungssprecherin beim Aushandeln des am 31. August 1990 unterzeichneten Einigungsvertrages (»Vertrag über die Herstellung der staatlichen Einheit Deutschlands«)[70] dabei. Günther Krause verhandelte für die DDR mit dem damaligen Innenminister Wolfgang Schäuble. Auch von ihm konnte Merkel damals viel lernen. Überhaupt sah sie, wie die westdeutsche Politik funktionierte.

Schon damals muss sie sich – wie viele Ostdeutsche – Gedanken um ihre berufliche Zukunft gemacht haben. Sehr wahrscheinlich ist es, dass bei ihrer späteren Entscheidung, in die CDU einzutreten, auch rationales Kalkül eine große Rolle gespielt hat. Wer wie sie nach der Wende beruflich oder politisch heimatlos wurde, musste sich – verständlicherweise – einen neuen Ort suchen. »Was wird aus mir?« Diese Frage stellten sich damals viele (Noch-)DDR-Bürger.

Helmut Kohl entdeckt Angela Merkel

Angela Merkel hatte in jener Wendezeit 1990 ihren eigenen politischen Ehrgeiz entdeckt. Noch war sie DA-Mitglied, wenngleich schon Bundestagskandidatin für die CDU und wusste, dass sie vollends in die CDU gehen musste, wenn sie etwas werden wollte. Ihr Ehrgeiz wurde schon sichtbar, als sie sich auf der letztmals tagenden Hauptausschusssitzung des Demokratischen Aufbruchs am 31. August 1990 darum bemühte, seitens des DA für den CDU-Bundesvorstand vorgeschlagen zu werden. Sie traute sich bereits eine Verantwortung auf der CDU-Bundesebene zu, erhielt allerdings in der ersten Wahlrunde nur drei Stimmen. In der dritten Abstimmungsrunde obsiegte dann der sächsische DA-Politiker Hans Geisler über Rainer Eppelmann.[71] Geisler wurde auf dem Vereinigungsparteitag tatsächlich in den CDU-Bundesvorstand gewählt.

Merkel aber war wenigstens eine der drei DA-Delegierten auf dem Hamburger Vereinigungsparteitag. Er wurde für Merkels weiteres Leben entscheidend. Sie hatte nämlich fieberhaft nach einem Weg gesucht, an Helmut Kohl heranzukommen, der sie, wenn überhaupt, als ein »kleines Licht« gesehen haben muss. Von ihrem DA-Kollegen Hans Geisler wusste sie, dass er immerhin einer der Vertrauensleute Kohls war, denn der Kanzler telefonierte gelegentlich in den CDU-nahen Parteien der neuen Länder herum und erkundigte sich nach der Stimmung. »Kannst du mich einmal dem Helmut Kohl vorstellen?«[72], so etwa lautete Merkels Bitte, erinnert sich Geisler.

Die Möglichkeit für ein erstes Zusammentreffen der Jungpolitikerin mit dem Kanzler der Einheit ergab sich am Vorabend des Parteitags, bei einem Presseempfang im Hamburger »Ratskeller«. Kohl und Merkel zogen sich zu einem relativ langen Gespräch zurück, das ihn offensichtlich beeindruckt hat. Er lud nämlich Merkel im November 1990, bereits kurz vor der ersten gesamtdeutschen Bundestagswahl vom 2. Dezember 1990, zu sich ins Kanzleramt nach Bonn ein. Sie erinnert sich an diese zweite Zusammenkunft mit Helmut Kohl im Rückblick emotionslos: »Ich weiß noch, dass ich nach Bonn gefahren bin, in seinem Vorzimmer bei Juliane Weber gewartet habe, bis ich empfangen wurde (…). Wir haben noch ein bisschen über den

Wahlkampf geplaudert und Helmut Kohl war offenbar zufrieden mit dem Gespräch.«[73] Kohl indes bestellte Personen nie ohne Grund ein. Insofern kann man davon ausgehen, dass damals in ihm bereits der Gedanke reifte, Angela Merkel als seine neue Entdeckung im nächsten Bundeskabinett zu präsentieren. Allerdings dürfte zu diesem Zeitpunkt noch nichts endgültig entschieden gewesen sein. Er wartete noch auf ihre Stasi-Unterlagen, die ihn aber schließlich überzeugten. Der Einsatz Merkels, der Mut, um einen Kanzlertermin zu bitten, ist jedenfalls beeindruckend. Sie hatte erkannt, wie zentral der Kanzler für Personalentscheidungen ist. Sie wollte weiterkommen. Ob sie damals schon daran gedacht hat, dass Kohl sie zur Ministerin macht, ist fraglich. Vermutlich dürfte sie dieses Selbstbewusstsein noch nicht gehabt haben. Auf jeden Fall wollte sie aber nicht mehr untergehen, Abschied nehmen müssen von der Politik.

Merkel war zwar Wahlkreiskandidatin, doch natürlich musste sie diesen Wahlkreis erst einmal gewinnen. Allerdings hätte sie im Falle einer Niederlage schon eine Auffangposition gehabt. Sie hatte eine Planstelle als Ministerialrätin (Besoldungsstufe A 16) im Bundespresse- und Informationsamt der Bundesregierung. Diese Absicherung verdankte sie Günther Krause, der später Bundesverkehrsminister werden sollte. Obwohl Merkel Bundestagskandidatin war, wollte sie auf Nummer sicher gehen. Angela Merkel, die sich um das Bundestagsmandat aus der sicheren Position einer Bediensteten der Bundesregierung bemühte, sprach am Freitag vor der Bundestagswahl am 2. Dezember 1990, also formal an ihrem letzten Arbeitstag, bei der Leitung des Bundespresse- und Informationsamtes in Bonn vor, um sich nochmals vertraglich die Sicherheit ihres Arbeitsplatzes garantieren zu lassen.[74] Das Mindeste, was ihr sicher war, war eine Planstelle im Presse- und Informationsamt. Aber sie wollte mehr. Sie war am 27. September 1990 im äußersten Nordosten Mecklenburg-Vorpommerns im Wahlkreis Stralsund-Rügen-Grimmen nominiert worden. Das war nicht ganz ohne Komplikationen verlaufen. Denn in einem Wahlakt Wochen zuvor hatte dort bereits ein Westdeutscher obsiegt. Doch sorgte ihr Förderer Günther Krause, Unterhändler der DDR für den Staatsvertrag und Landesvorsitzender der CDU in Mecklenburg-Vorpommern, dafür, dass diese Wahl angefochten wurde. Dadurch erst konnte Merkel kandidieren – und knapp gewinnen. Bei der ersten gesamtdeutschen Bundestagswahl am 2. Dezember 1990 gewann sie mit 48,5 Prozent diesen Wahlkreis direkt.

»Kohls Mädchen« als Ministerin

Der weitere politische Weg von Angela Merkel ist bekannt: Am 18. Januar 1991 wurde sie als Bundesministerin für Frauen und Jugend vereidigt. Sie konnte bis dahin schon ahnen, dass Kohl im Falle eines Wahlsieges irgendetwas mit ihr vorhatte. Dem damaligen ›Welt‹-Journalisten Detlev Ahlers, der Merkel als Korrespondent seiner Zeitung in Ost-Berlin wegen ihrer Arbeit als stellvertretende Regierungssprecherin schätzte, vertraute sie Ende Dezember 1990 an, sie wisse zwar relativ zuverlässig, dass sie für Aufgaben in der neuen Bundesregierung in Betracht gezogen würde, allerdings nicht für welche. Und mit einer fast gefährlichen Ehrlichkeit fügte Merkel hinzu, dass sie an Themen wie Familie oder Frauen überhaupt nicht interessiert sei.[75] Glücklicherweise für Merkel blieb der Journalist diskret und berichtete zum Zeitpunkt ihrer Ernennung nicht über ihr absolutes Desinteresse an solchen Themenstellungen, die sie als künftige Ministerin in den kommenden Jahren zu verantworten hatte. Verständlicherweise schlug Angela Merkel das Angebot nicht aus, das Ministerium zu übernehmen:»Es war einfach keine Zeit, über solche Fragen zu meditieren. Die Ereignisse überrollten einen doch. Mir war klar, dass die Konstellation durchaus günstig war: Frau, aus dem Osten und auch noch jung, das alles war kein Schaden (…). Mit dem Ressort selbst hatte ich mich zuvor nicht beschäftigt – das Thema Frauen und Jugend hatte in der Wendezeit nicht im Zentrum meines Interesses gelegen.«[76] Für Kohl war zudem der konfessionelle Proporz wichtig: Angela Merkel ist evangelisch.

Merkel gehörte damals zu den treuen Fans Helmut Kohls – kein Wunder, er war es doch, der sie entdeckt hatte. Sie sah in ihm einen starken Mann. Ihm gegenüber agierte sie auch wie eine Musterschülerin: sie wollte es ihm recht machen. Doch mehrfach wollte Kohl, altväterlich und manchmal rüde, es seiner jungen Ministerin einmal zeigen. Die ersten Jahre als Bundesministerin waren Lehrjahre. Ihr kam sogar zugute, dass das neue Ministerium relativ arm an Kompetenzen war, eher »weiche« politische Themen zu behandeln hatte. Angela Merkel hierzu: »Für mich lag gerade in dieser Aufgabe eine große Chance. Ich konnte mich einarbeiten, ich konnte die Mechanismen kennenlernen, lief aber nicht Gefahr, bei etwaigen Schwierigkeiten daran zu zerbrechen. Günther Krause zum Beispiel ist zum Teil auch an seiner Mammutbehörde, dem Verkehrsministerium, gescheitert. Das war ein riesiger Apparat, wo auch viel Geld zu vergeben ist und in dessen Umfeld es ein Geflecht von Lobbyisten gibt.«[77] Mit Akzeptanzproblemen hatte die einzige ostdeutsche Frau im Kabinett Kohl fortan trotzdem zu kämpfen. Sie galt im Haifischbecken des Bonner Politikbetriebs zunächst nur als »Kohls Mädchen«. »Der manchmal etwas müde Blick, das Faible für zu weit schwingende Röcke sowie biedere Blusen und die Abneigung gegen Make-up ließen besonders viele männliche Beobachter alsbald das Wort von der ›grauen Maus‹ formulieren«, stellte beispielsweise die ›Stuttgarter Zeitung‹ fest.[78] Die ›Frankfurter Allgemeine Zeitung‹ stellte sogar ein wenig verwundert fest: »Sie raucht noch in der Öffentlichkeit!«[79]

Merkels steiler Aufstieg bis an die Spitze eines Bundesministeriums wurde als eine Karriere von Kohls Gnaden wahrgenommen. Das ärgerte Merkel, wenngleich sie Kohl in diesen Jahren auch bewunderte. Die starke Protektion durch Kohl empfand sie für die eigene Profilbildung indes als wenig hilfreich. Andererseits genoss sie den besonderen Schutz und das Wohlwollen des »Dicken«, wie er in Bonn genannt wurde: »Es ging einem, gelinde gesagt, schon auf den Geist, immer nur als abgeleitete Figur eines anderen Menschen gesehen zu werden. Ich musste anfangs schon kämpfen, als eigenständige Person wahrgenommen zu werden. Nicht bei Helmut Kohl, aber in der Wahrnehmung der Leute. Mich hat auch die ganze Kommentierung, mit der man mich anfangs begleitet hat, gestört. Die Schubladen waren fest vergeben, auch wenn sie hinreichend unpassend waren (…). Quotenfrau, linkes Spektrum der CDU, von Kohl gesteuert und anderes mehr (…). Im Grund war das unpassend. Ich konnte diese Position kaum auf Anhieb ausfüllen, wollte aber auch etwas daraus machen (…). Es war durchaus ein gewisser Schutz, aber dennoch bleibe ich auch dabei, dass mir das Schubladendenken auf die Nerven ging.«[80] Gegenüber anderen Seiteneinsteigern hatte sie andererseits wegen ihrer Biografie einen Aufmerksamkeitsvorsprung. Im Kabinett dürfte sie überhaupt bald gemerkt haben, dass auch die »big shots« der Politik bloß mit Wasser kochen. An ihren ersten Interviews fällt übrigens auf, dass sie, wenn sie von der CDU sprach, immer »die« sagte und nicht die »Wir«-Form verwandte und sich ein Stück weit abgrenzte: »Die brauchen so etwas wie mich.«[81]

Kohl stellte ihr als parlamentarischen Staatssekretär den evangelischen Theologen Peter Hintze zur Seite. Wie Merkel wurde er im Dezember 1990 Bundestagsabgeordneter. Als ehemaliger Bundesbeauftragter für den Zivildienst kannte er ihr neues Ministerium und die Bundesverwaltung sehr gut und verfügte als stellvertretender Vorsitzender der CDU Nordrhein-Westfalen über ein großes Maß an politischer Erfahrung. Hintze war von Heiner Geißler in die Politik geholt worden und stand politisch auch Rita Süssmuth und Norbert Blüm nahe. Sein Wahlkreis war Wuppertal, wo er mit Rudolf Dreßler (SPD) und Hans-Dietrich Genscher (FDP) prominente Mitbewerber hatte. Als beamteten Staatssekretär behielt sie den wegen seines enormen Fleißes und Sachverstandes bekannten Werner Chory, der aber infolge eines Krebsleidens nach wenigen Monaten verstarb. Als Nachfolger wählte sie den Ministerialdirigenten Willi Hausmann aus dem Bundesinnenministerium als neuen Staatssekretär. Ihn kannte sie von den Verhandlungen zum Einigungsvertrag und sie vertraute ihm von Anfang an, was Hausmann auch für seine spätere »Verwendung« als CDU-Bundesgeschäftsführer zugute kommen sollte. Hausmann ist der eher unscheinbare Typ eines Staatsdieners, der sich selbst nicht ins Rampenlicht bringen will.

Als Hintze zum neuen CDU-Generalsekretär gewählt wurde, folgte ihm die Lüdenscheider Bundestagsabgeordnete Cornelia Yzer, die 1961 geboren und damit sehr viel jünger als Merkel war. Beide Frauen verstanden sich mehr schlecht als recht, weil hier zwei Welten von Weiblichkeit aufeinanderprallten: durchgestylte Kleidung auf der einen Seite, »weite Sachen, weite Röcke«, alles nicht sehr modisch, auf Merkels Seite. »Man musste denken, dass sie sich in der Kleidung verbergen wollte«, meint eine frühere Mitarbeiterin. Den sie umgebenden Angehörigen des »Leitungsbereichs« fiel auf, wie wenig Wert Merkel auf Kleidung und Aussehen legte. Alle Versuche, sie darauf hinzuweisen, wie sehr in einer stark durch Medien bestimmten Öffentlichkeit das Aussehen gerade einer Politikerin beachtet werde, schlugen damals fehl. Ihre zeitweiligen morgendlichen Joggingversuche stellte die junge Ministerin schnell ein. Ihr Arbeitstag begann immer schon sehr früh.

Während die Ministerin im Ministerium rasch klarmachte, dass sie das Sagen hat, suchte sie immer noch eine Hausmacht in der CDU. Denn sie hatte bald gelernt, dass sie ohne ein zusätzliches Amt zu sehr von Helmut Kohl abhängig war. Ihr erster Versuch zur Bildung einer Hausmacht fand – obwohl sie Bundestagsabgeordnete aus Mecklenburg-Vorpommern war – im benachbarten Brandenburg statt. Im Herbst des Jahres 1991 schien sich eine für Merkel günstige Konstellation für eine Kandidatur um den dortigen Landesvorsitz zu ergeben: Lothar de Maizière war kurz zuvor, im September 1991, aufgrund von Stasi-Vorwürfen von allen politischen Ämtern zurückgetreten, auch vom brandenburgischen CDU-Landesvorsitz. Merkel sollte zwar die Stelle de Maizières als einzige stellvertretende CDU-Vorsitzende einnehmen, doch auch das war eine Position von Kohls Gnaden. Er wollte sie aber zusätzlich in eine weitere politische Position platzieren: eben als Nachfolgerin de Maizières im CDU-Landesvorsitz.

Um die Parteispitze in Brandenburg bemühte sich der zum Arbeitnehmerflügel zählende Westdeutsche Ulf Fink, damals Vorsitzender der CDU-Sozialausschüsse (CDA) und stellvertretender DGB-Bundesvorsitzender. Bevor er sich anzutreten entschloss, war ihm berichtet worden, Angela Merkel sei zur Kandidatur aufgefordert worden, habe dies aber abgelehnt. Umso erstaunter war Fink, später in einem Anruf von Angela Merkel das Gegenteil erfahren zu müssen. Volker Rühe, damals CDU-Generalsekretär, hatte sie ermutigt – sicherlich im Einvernehmen mit Helmut Kohl. Der Bundesvorsitzende äußerte denn auch, dass es für die »innere Entwicklung« der Partei »von großer Bedeutung« wäre, wenn eine Kandidatin aus den neuen Bundesländern die Nachfolge de Maizières übernehme.[82] Fink war ein langjähriger Mitarbeiter des schon vor der Wiedervereinigung in Ungnade gefallenen ehemaligen Generalsekretärs Heiner Geißler. Kohl wollte nicht zulassen, dass ein Geißler-Vertrauter einen Landesvorsitz übernimmt. Fink hatte die Delegierten im Vorfeld der Abstimmung besser »bearbeitet«. Ihm gelang es, die Abstimmung auf dem Landesparteitag der brandenburgischen CDU in Kyritz an der Knatter am 23. November 1991 mit 121 zu 67 Stimmen klar zu seinen Gunsten zu gewinnen. Angela Merkel war damals über diese, zumal in dieser Höhe so nicht erwartete Schlappe äußerst konsterniert. Das war ihre erste und bisher einzige Abstimmungsniederlage in der Politik. Fink war einfach professioneller vorgegangen. So war es ihm mit dem Hinweis, er sei nicht der »Liebling des Adenauer-Hauses«[83], gelungen, die Bonn-kritischen Stimmen auf sich zu vereinigen. Außerdem hatte er ein klares Personalkonzept.

Wenige Wochen später, im Dezember 1991, kandidierte sie in Dresden auf dem CDU-Parteitag für das Amt des damals einzigen stellvertretenden Bundesvorsitzenden der CDU, und sie wurde mit 621 von 719 Stimmen (86 Prozent der Stimmen, 32 Enthaltungen) gewählt. Doch auch wenn sie stellvertretende Parteivorsitzende war, war ihr Einfluss auf Helmut Kohl doch ziemlich marginal. Als es in Schwerin nach dem Rücktritt des Ministerpräsidenten Alfred Gomolka zu einer Regierungskrise kam, die am 16. März 1992 zu einer Krisenbesprechung im Bundeskanzleramt führte, nahmen neben Gomolka noch Bernd Seite, Generalsekretär der CDU in Mecklenburg-Vorpommern und kurze Zeit danach neuer Ministerpräsident, Bundesverkehrsminister Krause und der Fraktionsvorsitzende im Schweriner Landtag, Eckhardt Rehberg, teil. Angela Merkel wurde zu den Beratungen gar nicht erst hinzugezogen. »Die CDU, das ist in Krisenfällen derzeit der Parteivorsitzende und Bundeskanzler Kohl – und sonst niemand, auch nicht seine erste und einzige Stellvertreterin, die Ministerin für Jugend und Gesundheit, Frau Merkel«, vermeldete die ›Frankfurter Allgemeine Zeitung‹.[84]

Nach ihrer Wahl zur einzigen stellvertretenden CDU-Bundesvorsitzenden im Dezember 1991 hatte Angela Merkel das Problem der fehlenden Hausmacht noch nicht gelöst. Nach der Schlappe in Brandenburg sollte der Bundesvorsitz einer der CDU-Vereinigungen Abhilfe schaffen. So nahm sie im September 1992 gerne das Angebot an, sich zur Bundesvorsitzenden des Evangelischen Arbeitskreises

(EAK) der CDU als Nachfolgerin des zum CDU-Generalsekretär aufgerückten Peter Hintze wählen zu lassen. Ihr Vorgänger in diesem Amt, Peter Hintze, hatte sie zur Wahl vorgeschlagen. Der EAK hatte für die Union bedeutende Persönlichkeiten an seiner Spitze wie Bundestagspräsident Hermann Ehlers, Bundesaußenminister Gerhard Schröder, den späteren Bundespräsidenten Roman Herzog und den rheinland-pfälzischen Landtagspräsidenten Albrecht Martin. Der EAK verfügt zwar nicht über einen großen Delegiertenblock, gehört aber zum Traditionskern der CDU und gab damit Merkel etwas, was für Machtausübung von großer Bedeutung ist, nämlich das Gefühl, zur »Unionsfamilie« zu gehören.

Auf dem Düsseldorfer CDU-Parteitag im Oktober 1992 wurde Merkel in ihrem Amt als stellvertretende Bundesvorsitzende der CDU mit 762 von 968 Stimmen (76 Prozent) bestätigt. Dieses Wahlergebnis honorierte zwar ihre politische Arbeit und ihre Position als herausgehobene Vertreterin der ostdeutschen CDU-Politiker, es verdeutlichte zugleich aber auch einen gewissen Popularitätsrückgang und signalisierte, dass in der Konkurrenzsituation mit westdeutschen Mitbewerbern – jetzt sollte es wieder mehrere Stellvertreter geben – gute Ergebnisse schwieriger zu erzielen waren als bei einer Alleinwahl wie im Dezember 1991, bei der sie noch 86 Prozent der Stimmen erhalten hatte. Der fehlende Rückhalt in einem Landesverband machte sich zum ersten Mal bemerkbar. In dieser Situation kam Merkel abermals der Zufall zu Hilfe. Ihr langjähriger Förderer Günther Krause musste aus dem Amt des Bundesverkehrsministers zurücktreten und sah sich im Mai 1993 gezwungen, auch den Landesvorsitz der CDU Mecklenburg-Vorpommern niederzulegen.[85] Eine Nachfolgekandidatin war mit Angela Merkel schnell gefunden. Allerdings musste noch der damalige Ministerpräsident Mecklenburg-Vorpommerns, Bernd Seite, überzeugt werden. Danach stand ihrer erfolgreichen Wahl zur neuen Landesvorsitzenden nichts mehr im Weg. Mit 135 von 159 Stimmen (85 Prozent) wurde Angela Merkel im Juni 1993 zur Landesvorsitzenden befördert. In jener Zeit wollte sie das Image abstreifen, sie wäre zu weich, zu wenig durchsetzungsfähig. Verblüffend offen gestand sie deshalb dem ›Spiegel‹-Reporter Jürgen Leinemann Ende 1993: »Ich muss härter werden, sonst läuft gar nichts.«[86]

In jener Zeit ihres schnellen Aufstieges immerhin zur stellvertretenden CDU-Bundesvorsitzenden war es zu Entfremdungen mit ihren einstigen Förderern gekommen, sowohl mit Krause als auch mit Lothar de Maizière, der sie immerhin als stellvertretende Regierungssprecherin eingestellt hatte. So beklagte sich de Maizière im November des Jahres 2002, wie sehr sich Angela Merkel seiner Meinung nach durch ihren CDU-Aufstieg verändert habe. Seine Nachfolgerin gehe ihm aus dem Wege, zumal Merkel mit ihrem heutigen Ehemann in dem Haus wohne, in dem de Maizière seine Rechtsanwaltskanzlei hatte:»Ich habe ihr zwei Mal angeboten: Wenn du Zeit hast, komm vorbei, eine Tasse Kaffee kriegst du immer. Aber sie ist leider noch nicht ein Mal hier gewesen. (…) Ich habe das Gefühl, dass Angela Berührungsängste hat mit allen Leuten, die sie in ihrer Karriere gefördert haben oder mal wichtig waren (…). Sie ist wie eine Westpolitikerin geworden. Sie hat Spaß daran wie jemand, der eine Marionette bewegt: Wenn ich an dieser Strippe ziehe, dann wackelt's da. Es ist der Spaß an der Herrschaft über die Mechanik, aber auch an der Herrschaft über Menschen.«[87] Trotz dieser bitteren Worte hat sich inzwischen das Verhältnis der beiden wieder verbessert.

Nach der Bundestagswahl 1994 wurde Angela Merkel – wieder überraschend – Umweltministerin im Kabinett Kohl. Statt der bisherigen »weichen« Themen übernahm sie nun ein Ressort, das im Zentrum des ordnungspolitischen Streites stand und dessen Entscheidungen große ökonomische Auswirkungen haben konnten. Die wichtigsten umweltpolitischen Maßnahmen waren bis dahin bereits durch ihren profilierten Vorgänger, den CDU-Politiker Klaus Töpfer, auf den Weg gebracht worden. Trotzdem war das eine Herausforderung. Wie schon in ihrem ersten Ministeramt – dort hatte sie ihr missliebige Mitarbeiter wie den früheren Geißler-Mitarbeiter Warnfried Dettling, und das sicherlich auf Druck von Kohl, oder die Abteilungsleiterin für Frauenpolitik Beate Schöpp-Schilling-Redmann in den Ruhestand entlassen – setzte die neue Umweltministerin zur eigenen Autoritätssteigerung ein ähnliches Zeichen: Schon nach wenigen Wochen entließ sie den profilierten, sachkundigen und zugleich machtbewussten Staatssekretär Clemens Stroetmann, der mit Töpfer acht Jahre lang eng und vertrauensvoll zusammengearbeitet hatte.

Sie fürchtete die Vermutung, Stroetmann sei der Herr im Hause. Als dessen Nachfolger benannte Merkel den anerkannten Verwaltungsfachmann Erhard Jauck, der aus dem Innenministerium in das Umweltministerium wechselte. Nichts deutete darauf hin, dass Merkel nach ihrem Amtsantritt Töpfer noch einmal um seinen Rat und seine Expertise gebeten hätte. Sie wollte unmissverständlich zeigen, wer das Sagen hat. Spätestens seitdem konnte am Machtinstinkt Merkels kein Zweifel mehr bestehen.

Die Leitung des Umweltministeriums stellte andere Anforderungen als das Frauen- und Jugendministerium. Das zeigte sich beim Berliner Klimagipfel 1995, der für Merkel zu einer echten Bewährungsprobe auf internationaler Ebene wurde. Nach zweiwöchigen Verhandlungen konnte sie den Gipfel Anfang April 1995 in einer nächtlichen Marathonsitzung schließlich mit der Verabschiedung des sogenannten »Berliner Mandats« zur Reduzierung von Treibhausgasen zu einem in dieser Form nicht unbedingt vorhersehbaren Erfolg führen. Wie aber so häufig bei internationalen Konferenzen schien tagelang jeder Fortschritt unmöglich, weil manche Staaten auf einem Nein beharrten. Merkel wusste, wie sehr ihre weitere politische Karriere von einem Erfolg auf diesem Klimagipfel abhing. Bei einer nächtlichen Sitzung kurz vor Ende der Konferenz und zu vorgerückter Stunde war Angela Merkel schließlich am Ende ihrer physischen wie psychischen Kräfte angelangt. Auf einmal kamen ihr die Tränen. Sie wollte schon alles hinschmeißen. Es war ihre engste Mitarbeiterin Beate Baumann, die ihr in größerer Runde harsch zuraunte: »Nun reißen Sie sich mal zusammen!« Die deutsche Delegation zuckte zusammen, doch die Aufforderung wirkte. Wenige Stunden später wurde die Konferenz zu einem Erfolg. Angela Merkel konnte zufrieden sein. Die Tatsache, dass die in umweltpolitischen Fragestellungen als unerfahren geltende Ministerin es fertiggebracht hatte, gleich zu Beginn ihrer Amtszeit die unterschiedlichen Interessen von etwa 1000 Delegierten aus gut 130 Staaten zusammenzuführen, belegt, dass es ihr schnell gelungen war, sich in das komplexe Feld des Klimaschutzes einzuarbeiten.

Sie hatte es aber mit ihren umweltpolitischen Anliegen im Bundeskabinett nicht ganz einfach. Das erklärt auch einen weiteren Tränenausbruch im Mai 1995. Anlass war die Diskussion um eine von ihr geforderte Sommersmogverordnung und hiermit verbundene Fahrverbote und Tempolimits für Kraftfahrzeuge. Der Handlungsdruck, der auf Merkel lastete, war durch entsprechende Forderungen der Öffentlichkeit und der Opposition enorm. Allerdings musste sie in der Kabinettssitzung feststellen, dass die Initiative in der von ihr gewünschten Fassung bei den Ministern keine Mehrheit finden würde. Trotz der Vorbereitung durch ihr Ministerium und vorherigen Absprachen mit den besonders betroffenen Kollegen Matthias Wissmann (Verkehr) und Günter Rexrodt (Wirtschaft) war Merkel im Kabinett allein auf sich gestellt. Als Helmut Kohl schließlich erklärte, er erkenne sehr wohl die ökologische Bedeutung und die Ängste der Bevölkerung, aber doch bezweifelte, ob die Koalitionsfraktionen einer eilig verkündeten Maßnahme so kurz vor der Sommerpause noch zustimmen würden und darauf hinwies, dass eine sorgfältigere Abstimmung zwischen den Ministern und Fraktionen notwendig sei[88], was Merkel anscheinend bisher nicht bewerkstelligt habe, kamen ihr die Tränen. Sie sah sich von ihren Kabinettskollegen im Stich gelassen und schlimmer noch: Sie lief bei ihrem Lehrmeister Kohl auf. Sie konnte ihre Emotionen nicht mehr zurückhalten, ihre aufgestaute Frustration und Enttäuschung.

Merkel kann sich an ihr persönliches Empfinden während der Kabinettssitzung noch ziemlich genau erinnern: »Nach langem Drängen, kurz vor Beginn des Sommers, kam das Thema (...) auf die Tagesordnung des Kabinetts. Dort wurde deutlich, dass Helmut Kohl (...) zuvor noch nicht viel über das Thema gehört hatte. Er fragte dann, ob ich mein Vorgehen schon mit CSU und FDP, also mit Michael Glos und Hermann Otto Solms, abgestimmt hätte. Das waren ungefähr die Einzigen, mit denen ich noch nicht gesprochen hatte. Um es kurz zu sagen: Ich fühlte mich reingelegt (...). Nun musste ich befürchten, dass rechtzeitig bis zum Sommer keine Regelung mehr zustande zu bringen sein würde. In einer solchen Situation hätte ein Mann vielleicht geschrien. Ich aber brach in Tränen aus.«[89] Merkels Tränen führten nachträglich aber doch zum Durchbruch. Wenige Tage nach der erwähnten Kabinettssitzung einigte sie sich mit ihren Kabinettskollegen auf einen Kompromissentwurf.

Das »Mädchen« zeigt gegen Schäuble und Kohl Zähne

Nach der Wahlniederlage Kohls 1998 wurde Angela Merkel vom frisch gewählten Parteivorsitzenden Wolfgang Schäuble zur CDU-Generalsekretärin vorgeschlagen. Das war eine Überraschung. Die Position des Generalsekretärs ist eine der wenigen profilierten Aufgaben, die eine Oppositionspartei zu vergeben hat. Es waren wohl drei Gründe, die Schäuble zur Berufung Merkels bewogen haben.

Zum einen hatte sich der Jurist Schäuble mit der Naturwissenschaftlerin Merkel bereits in ihrer Zeit als Umweltministerin inhaltlich gut verstanden. Die politische Wesensverwandtschaft zeigte sich beispielsweise in politisch so umstrittenen Fragen wie der Erhöhung des Benzinpreises und der Einführung einer »Ökosteuer«. Der Beschluss der Grünen auf ihrem Magdeburger Parteitag im März 1998, den Benzinpreis durch Steuerzuschläge mittelfristig auf fünf D-Mark anzuheben, war im Wahlkampf das einzige Ereignis gewesen, das den Unionsparteien genutzt hatte. Die Sympathien für die Grünen reduzierten sich in der Bevölkerung ganz stark innerhalb kurzer Zeit. Doch auch Schäuble und Merkel wollten sich die Möglichkeit einer höheren Ökosteuer offenhalten.

Zweitens kann davon ausgegangen werden, dass Merkel rechtzeitig den Abstieg ihres einstigen Förderers Kohl erkannt und sich dem ewigen »Kronprinzen« Schäuble angenähert hatte. Vertrauten Journalisten sagte Merkel schon vor der Wahl, die Dominanz der »alten Männer« in der CDU müsse überwunden werden. Kohl, aber nicht nur er, war damit gemeint. Kohls angebliches »Mädchen« hatte sich innerlich schon seit Jahren schrittweise emanzipiert. Gleichzeitig hatte sich bei Schäuble, der als einstiger Chefarchitekt des »Systems Kohl« dessen Leistungen und Irrungen besser kannte als jeder andere, ein tiefer Groll gegen Kohl eingenistet. 1998 wollte er als neuer Vorsitzender und mit Merkels Hilfe eine radikale Abkehr von Kohl versuchen.

Drittens dürfte Schäuble in Angela Merkel eine »pflegeleichtere« Generalsekretärin gesehen haben als etwa in Volker Rühe, dem er zeitweilig wohl die Rolle eines Generalsekretärs angeboten hatte. Doch der wollte nicht mehr eine Aufgabe wahrnehmen, die er bereits unter Helmut Kohl innegehabt hatte.

In den ersten Oppositionsmonaten lief es für die CDU und damit für die Generalsekretärin sehr gut. In Hessen konnte Roland Koch am 7. Februar 1999 Hans Eichel aus dem Amt verdrängen. Zu einem Regierungswechsel kam es auch im Saarland am 5. September 1999. Die CDU-geführten Regierungen in Sachsen und Thüringen wurden mit 56,9 bzw. 51 Prozent bestätigt. Die CDU in Brandenburg konnte (auf einem niedrigen Niveau) deutlich zulegen (26,5 Prozent). Die Europawahlen vom 13. Juni 1999 wurden für die Union zu einem echten Triumph (sie steigerte sich um 10.1 Punkte auf 48,7 Prozent!). Fast schien es so, als habe der Wähler ein schlechtes Gewissen, im Bund zuvor Rot-Grün gewählt zu haben. Die blendenden Wahlergebnisse hatten, wie im Kohl-Kapitel schon erwähnt, jedoch zur Folge, dass die Unionsparteien die Gründe für den dramatischen Wahlverlust des Jahres 1998 nicht analysiert haben – übrigens auch deshalb, weil ja dann die Mitverantwortung Schäubles festgestellt worden wäre.

Doch dann geschah etwas Unvorhergesehenes: der von Helmut Kohl ausgelöste CDU-Spendenskandal (siehe Kapitel II über Helmut Kohl), der am 5. November 1999 mit einem Haftbefehl durch das Amtsgericht Augsburg gegen Walther Leisler Kiep, CDU-Schatzmeister von 1971 bis 1992, seinen Anfang nahm.[90] Eine Enthüllung nach der anderen rollte wie eine Lawine über die CDU hinweg und verschüttete die Partei unter Bergen der Empörung. Jetzt schlug sozusagen die »große Stunde« Angela Merkels. Sie nutzte in den folgenden Tagen und Wochen jedes Mikrofon, um sich als die Sauberfrau der Union zu profilieren. Helmut Kohl geriet immer mehr in die Kritik.

Es verdichteten sich die Vermutungen, unter Kohls Parteivorsitz sei ein undurchsichtiges Kontensystem angelegt worden. Am 26. November 1999 wird der Ehrenvorsitzende getobt haben, als sein langjähriger Generalsekretär Heiner Geißler zum Erschrecken der Partei – und vielleicht zu seiner eigenen Entlastung – öffentlich sagte:»Es gab den Etat der Bundesgeschäftsstelle und daneben gab es auch andere Konten.« Und weiter:»Diese Konten standen ausschließlich unter der Verantwortung des Bundesvorsitzenden und der Schatzmeisterei.«[91] In einem Interview mit dem ZDF gestand dann Kohl am 16. November 1999 ein, bei seinem viele Jahre währenden Umgang mit Spenden einen »Fehler« gemacht zu haben. Die Summe, die er von 1993 bis

1998 angenommen hatte, bezifferte Kohl auf einen Betrag »zwischen anderthalb bis zwei Millionen D-Mark«.[92] Er weigerte sich, die angeblichen Spender zu benennen. Jeden Tag kamen neue Ungereimtheiten an den Tag. Es war immer deutlicher erkennbar, wie sehr Helmut Kohl gegen das Parteiengesetz verstoßen hatte, zumal er sich weigerte, die Spender zu benennen. Wer die Stellungnahmen der damaligen Generalsekretärin nachliest, wird feststellen müssen, dass sie alles unternahm, um Kohl herauszufordern. Sie tat das mit dem Versprechen einer lückenlosen Aufklärung. Die CDU beschäftigte sich infolge dieses Spendenskandals nur mit sich selbst – auch einer der Gründe, warum Gerhard Schröder lange Zeit als Bundeskanzler ungestört von einer Opposition regieren konnte.

Da schlug ein »Scheidebrief« der Generalsekretärin Merkel in der ›Frankfurter Allgemeinen Zeitung‹ wie eine Bombe ein, der am 22. Dezember 1999 veröffentlicht wurde. Mit ihrem Beitrag zerstörte Angela Merkel das Verhältnis zwischen Schäuble und Kohl endgültig. Ihre Botschaft lautete, die Zeit Kohls sei endgültig vorbei: »Die Partei muss also laufen lernen, muss sich zutrauen, in Zukunft auch ohne ihr altes Schlachtross, wie Helmut Kohl sich oft selbst gerne genannt hat, den Kampf mit dem politischen Gegner aufzunehmen. Sie muss sich wie jemand in der Pubertät von zuhause lösen, eigene Wege gehen.«[93] Merkel benannte klar den Schaden, den »die von Kohl eingeräumten Vorgänge« der Partei zugefügt hätten. Und zu Kohls »Ehrenwort« bezüglich der Spender schreibt sie: »Ein Wort zu halten und dies über Recht und Gesetz zu stellen, mag vielleicht bei einem rechtmäßigen Vorgang noch verstanden werden, nicht aber bei einem rechtswidrigen Vorgang.« Angela Merkel forderte die eigene Partei zu einer Emanzipation von Helmut Kohl auf.

Dieser Namensbeitrag war der Auftakt einer kühlen und klaren Strategie Merkels: Am 21. Dezember hatte Angela Merkel persönlich bei dem über zwei Jahrzehnte über die CDU berichtenden und kommentierenden Karl Feldmeyer in der Berliner ›FAZ‹-Parlamentsredaktion angerufen. Sie biete zum Spendenskandal einen Namensartikel an, wäre aber auch zu einem Interview bereit. Da die ›FAZ‹ damals nur wenige Wortlautinterviews abdruckte, erklärte sich Feldmeyer mit einem Eigenbeitrag Merkels einverstanden. Der Artikel war, wie sich zeigen sollte, bereits geschrieben, denn schon fünf Minuten später ratterte der Faxapparat Feldmeyers. Merkel hatte den Artikel nicht mit Schäuble abgestimmt, obwohl sie als Generalsekretärin in einer so prinzipiellen Frage dazu verpflichtet gewesen wäre. Merkel dazu: »Ich bin davon ausgegangen, dass er den Artikel nicht für richtig hält.«[94] Schäuble war ziemlich erbost. Er sei diesbezüglich »völlig ahnungslos« gewesen: »Ich rief Frau Merkel an und gab ihr meine Überraschung und mein Befremden darüber zu verstehen, dass sie diesen Beitrag veröffentlicht hatte, ohne mich zu informieren.«[95]

Was war das Motiv Angela Merkels, diesen Artikel zu publizieren, der die Union zur Emanzipation von Kohl aufforderte und zugleich eine Illoyalität gegenüber Schäuble war? Mit der Veröffentlichung hat Angela Merkel nicht nur das Verhältnis Schäuble-Kohl in einen noch heilloseren Zustand gebracht, sondern sie spitzte auch den Kampf Schäuble gegen Kohl in einer Weise zu, dass Kohl keine andere Wahl hatte, als sich mit allen Kräften gegen die Attacke zu wehren, hinter der er Schäuble vermutete. Kohl konnte den Artikel nur dahin gehend interpretieren, »dass es sich offensichtlich um ein abgesprochenes Spiel mit verteilten Rollen zwischen der Generalsekretärin und dem Parteivorsitzenden handelt. Ich weiß jetzt, auf was ich mich einzurichten habe«.[96] Jedenfalls muss Kohl über die Weihnachtsfeiertage Rachegedanken geschmiedet haben, trotz eines – traditionsgemäßen, jedoch frostig verlaufenen – Anrufes von Schäuble bei Kohl am ersten Weihnachtsfeiertag.

Es ist zu vermuten, dass sich Angela Merkel damals Gedanken über ihre politische Zukunft gemacht hat und auch darüber, Schäubles Nachfolgerin zu werden. Denn eines war klar: Würde es einen neuen Parteivorsitzenden geben, wären vermutlich auch ihre Tage als Generalsekretärin gezählt. Es gibt nämlich das ungeschriebene Gesetz, dass ein Generalsekretär, obzwar für vier Jahre gewählt, sein Amt einem neuen Vorsitzenden zur freien Verfügung stellen muss. In den Wochen vor ihrer öffentlich gemachten Aufforderung zur Loslösung von Kohl hatte Angela Merkel derart viel über das Ausmaß des Spendenskandals und letztlich auch über die direkte oder indirekte Verstrickung Schäubles mitbekommen, dass sie instinktiv spürte: Dieser Mann war auf Dauer als Parteivorsitzender nicht zu halten.

Denn Angela Merkel wusste zu diesem Zeitpunkt etwas, was bis dahin nicht bekannt war, nämlich dass Wolfgang Schäuble mindestens eine Spende von 100 000 D-Mark aus den Händen des zwielichtigen »Kaufmannes« Schreiber entgegengenommen hatte. Schäuble hatte diesbezüglich am 2. Dezember 1999 im Deutschen Bundestag die Unwahrheit gesagt; die Annahme des Geldes bestätigte er erst am 10. Januar in einem ARD-Interview[97] und entschuldigte sich auch im Bundestag. Merkel wusste also zum Zeitpunkt dieses »Scheidebriefes« an Helmut Kohl um die unwahre Aussage Schäubles – und dass er nicht mehr zu halten war. Sie wusste, dass Schäuble durch die Entgegennahme einer Schreiber-Spende durch Kohl faktisch erpressbar war. So antwortete sie der ›Süddeutschen Zeitung‹ auf die Frage, ob Kohl mit seinem Wissen über die 100 000-DM-Spende Schäuble unter Druck gesetzt habe: »Ja, ich denke schon. Kohl hat immer versucht, alles auszureizen, was er an Erpressungspotential gegen andere hatte.« Wenig später zog sie ihre Aussage zurück, dieses Zitat gelte »jetzt nicht mehr«.[98] Diese Reaktion bestätigt aber auch, dass Merkel viel getan hat, um den Streit zwischen Schäuble und Kohl zu vertiefen, wenngleich unter dem Anschein höchster Loyalität gegenüber Schäuble.

Helmut Kohl wiederum konnte und wollte es nicht glauben, dass Merkel ohne Wissen des Parteivorsitzenden diesen Artikel geschrieben hatte. In den folgenden Monaten führte die ›FAZ‹-Veröffentlichung deshalb zu einer Auseinandersetzung, wie es sie zwischen zwei deutschen Politikern, die ehedem befreundet gewesen waren, noch nicht gegeben hatte. Nicht einmal die Auseinandersetzung Schröder-Lafontaine hatte diese Dimension, weil beide nie ein so enges Arbeits- und Vertrauensverhältnis gehabt hatten. Kohl kämpfte nicht nur um seinen Ruf, sondern um seine gesamte politische Existenz. Sein Denkmal als Kanzler der Einheit sollte nicht durch seinen »Fehler« beschädigt werden, sein Denkmal als einer der großen deutschen Politiker wollte er nicht angekratzt sehen. Der »Krieg« fand öffentlich über die Zeitungen statt. So erschienen besonders häufig Angriffe gegen Schäuble in ›Die Welt‹ und ›Welt am Sonntag‹. Immer wieder waren Drohungen Schreibers aus Kanada zu hören, er werde mit weiteren Details auspacken, die sich stets gegen Schäuble, nie jedoch gegen Kohl richteten.

Schäuble hatte sicherlich den Verdacht, Kohl und Schreiber steckten gewissermaßen unter einer Decke, um ihn politisch zu vernichten.

Welch emotionale Wirkung Kohls Verteidigungskampf bei Schäuble hinterließ, brachte ein bei Phoenix ausgestrahltes Interview zum Ausdruck, das gleichwohl erst einige Wochen nach dem Aufnahmedatum, nämlich am 7. April 2000 gesendet wurde. Schäuble sagte, noch einige Wochen vorher hätte er sich nicht vorstellen können, wie intensiv mit dem Kaufmann Schreiber in Kanada telefoniert werde. Solche Gespräche würden »aus diesem Gebäude heraus geführt« – womit nicht klar war, ob er damit den im selben Haus agierenden einstigen Ehrenvorsitzenden Helmut Kohl oder die ehemalige Schatzmeisterin Brigitte Baumeister (oder beide) meinte. Schäuble kam zum Schluss: »Und deswegen sage ich, es ist hier jedenfalls – vielleicht war es kein Machtkampf – vielleicht ist es einfach nur ein Intrige – aber dann war es schon eine ziemlich ordentliche Intrige, ich sage, mit kriminellen Elementen. Das Maß, was hier gelogen wird, mit Falschaussagen operiert wird, mit Unterstellungen, wie immer neue Fährten aus dem Handbuch der konspirativen Desinformation getrieben werden, das war dann jedenfalls ein Kampf zur Vernichtung mindestens einer Person, die aber nun gleichzeitig Vorsitzender der CDU Deutschland und der CDU/CSU-Bundestagsfraktion gewesen ist.«[99]

Es stellt sich die Frage des Motivs, warum Merkel den Artikel in der ›FAZ‹ ohne Absprache mit ihrem Vorsitzenden geschrieben hatte. Dass das ein Zeichen der Illoyalität war, ist nicht zu bestreiten – Illoyalität gegenüber Schäuble. Der Partei gegenüber konnte der Artikel als Zeichen der Loyalität verstanden werden, weil es wichtig war, die volle Wahrheit ans Licht zu bringen. Merkel musste aber – wie dargelegt – wissen, dass ein Sturz Schäubles auch ihre Position als Generalsekretärin gefährden könnte. Sie hätte gegebenenfalls ihren Stuhl räumen müssen. Als dann Schäuble am 31. Januar 2000 in einem ARD-Interview auch noch zugeben musste, den Lobbyisten Schreiber mindestens noch ein weiteres Mal getroffen zu haben, waren die Überraschung und der Schaden besonders groß. Auch nahm das Zerwürfnis zwischen Schäuble und seiner damaligen Schatzmeisterin Brigitte Baumeister immer bizarrere Formen an. Merkel erschien in jenen Tagen nicht als die Gehilfin ihres Parteivorsitzenden, sondern als eine Generalsekretärin, die alles daransetzte, die Aufklärung der schmuddeligen Geschichten voranzubringen. Sie tat es aber auch in einer Weise, die Schäuble nicht schonte, der dann mit den Worten »Die CDU befindet sich in der schwersten Krise ihrer Geschichte«[100] seinen Rücktritt als Partei- und Fraktionsvorsitzender erklärte. Ob Angela Merkel zum Zeitpunkt des Artikels bereits wusste, welche Folgen dieser haben würde, ist zwar fraglich, dass sie aber ein wahres Beben auslösen würde, musste ihr bekannt sein. Sie hat sich mutig an die Spitze einer Erneuerungsbewegung gestellt – wohl auch, um dadurch ihre Unersetzbarkeit in der Krise zu dokumentieren.

Noch wenige Wochen vor seinem Rücktritt erklärte Wolfgang Schäuble: »Ich finde, dass Frau Merkel eine großartige Generalsekretärin ist. Sie hat eine eigenständige Rolle. Wir arbeiten sehr vertrauensvoll zusammen.«[101] Ob Schäuble ihre Eigenständigkeit nicht mittlerweile verfluchte? Kam ihr sein Sturz nicht ganz gelegen? Hat sie nicht vielleicht sogar ab einem bestimmten Zeitpunkt auf diesen Fall hingearbeitet? Sah sie nicht darin die Chance, endlich die Anerkennung zu bekommen, die ihr »die alten Männer« der CDU bisher verwehrt hatten? Während der für die Partei belastenden Monate eines Machtkampfs zwischen Kohl und Schäuble war sie es, die das Drama des Parteispendenskandals nicht nur als ein läuterndes, gefährlich aufloderndes Feuer interpretierte, sondern es durch den folgenreichen Artikel in der ›FAZ‹ auch mit angeheizt hatte. Zu dieser Erkenntnis muss man in einer nüchternen Rückschau kommen. Sie erreichte erstaunlicherweise sogar, dass der Vorwurf des allenthalben in der Partei kritisierten schlechten Krisenmanagements nicht mit ihrer Funktion als Generalsekretärin in Verbindung gebracht wurde. Nur Schäuble war diesen Anschuldigungen ausgesetzt.

Angela Merkel hatte Mut bewiesen. Sie wusste nicht, wie die Operation »Scheidebrief« für sie selbst ausgehen würde.

Glücklose Vorsitzende

Dass ausgerechnet eine ostdeutsche, protestantische Frau ohne Hausmacht einmal CDU-Vorsitzende sein würde, hätte noch wenige Monate vor ihrer Wahl niemand zu prognostizieren gewagt. Nach der Ankündigung Schäubles, den Partei- und Fraktionsvorsitz niederzulegen, folgten turbulente Wochen des Übergangs, wobei keineswegs klar war, wer in den CDU-Vorsitz aufrücken würde. Dann wurde Angela Merkel am 10. April 2000 auf dem CDU-Bundesparteitag in Essen zur Nachfolgerin Schäubles gewählt. Fast 96 Prozent (897 Delegierte) stimmten mit Ja, es gab nur 38 Gegenstimmen und acht Enthaltungen.[102] Damit war sie die erste Frau an der Spitze einer Volkspartei. Sie war einzige Kandidatin und gerade einmal etwas mehr als zehn Jahre Mitglied in ihrer Partei. Allerdings gab es damals keine Forderungen, Merkel zugleich zur Fraktionsvorsitzenden zu machen. Diesen Vorsitz übernahm – zunächst – Friedrich Merz.

Die Politikerin erhielt dieses Amt durch besondere Umstände, die sie zu nutzen wusste. Erinnert man sich, wie zurückhaltend sich das CDU-Establishment ihr gegenüber in den Tagen ihrer Nominierung zur Parteivorsitzenden zeigte, so lässt sich sagen, dass sie einzig und allein durch die orientierungslos gewordene CDU-Basis nach oben getragen wurde. Warum fiel die Wahl ausgerechnet auf Angela Merkel? Und wie hat sie es überhaupt geschafft, dieses Ziel zu erreichen? Vor allem drei Faktoren begünstigten diesen Umstand:

Zum einen befand sich die CDU in einer unerwartet verzweifelten Situation. Als der von Helmut Kohl ausgelöste Spendenskandal immer breitere Kreise zog, war die Basis der CDU nahezu fassungslos. Das sorgsam von Kohl gepflegte Image der bürgerlichen Solidität war mit einem Male zerstört. Durch die Äußerungen des Lobbyisten Schreiber und die unglückliche Reaktion Schäubles schien Letzterer selber im Spendensumpf zu versinken. Es gab kein funktionierendes Machtzentrum, nachdem sich Ehrenvorsitzender und Bundesvorsitzender gegenseitig kampfunfähig gestritten hatten. Die CDU war es aber in den langen Jahren der Kanzlerschaft Kohls gewohnt, durch den Parteivorsitzenden geführt zu werden. So verlief die Transformationsphase für die Union ungewohnt anarchisch.

Zum zweiten hatte Angela Merkel das, was man Fortune nennt: In den Wochen nach Schäubles Rücktrittserklärung fanden bundesweit Regionalkonferenzen der Partei statt. Diese bis dahin unüblichen Zusammenkünfte waren noch von Schäuble angesetzt worden. Sie sollten zur Beruhigung der aufgewühlten CDU-Mitglieder dienen. Eine nicht durch ein Delegiertensystem gefilterte Basis entwickelte sich frühzeitig und verstärkt zu einem Akklamationsorgan für Merkel – noch bevor sich potentielle Mitbewerber überhaupt als solche erklären konnten. Später wagten sie sich dann auch nicht mehr aus der Reserve.

Und Merkel hatte – drittens – in der kritischen Situation der Partei Mut bewiesen, als sie in ihrem Artikel in der ›Frankfurter Allgemeinen Zeitung‹ erklärte, dass die Zeit Helmut Kohls »unwiederbringlich vorüber« sei und die jetzt in der CDU Verantwortlichen nicht umhin kämen, »die Zukunft selbst in die Hand zu nehmen«.[103]

Die meisten Führungsmitglieder der Union hielten sich in den Tagen nach der Rücktrittsankündigung von Schäuble mit öffentlichen Festlegungen zurück. Sie wollten abwarten, bis sich der Pulverdampf legte. Wer zu früh – so hatten sie aus langjährigen politischen Gefechten gelernt – die Nase nach oben reckte, konnte schnell um einen Kopf kürzer gemacht werden. Als einer der ersten sprach sich Christian Wulff beherzt für Angela Merkel aus; manche erwogen, den damaligen sächsischen Ministerpräsidenten Kurt Biedenkopf zum Parteivorsitzenden zu nominieren. Vielleicht hätte er diese Gelegenheit, obschon wie Kohl zu diesem Zeitpunkt bereits siebzig Jahre alt, auch gerne ergriffen – aber nur auf einem goldenen Tablett serviert, also ohne Kampfkandidatur. Wäre es dazu gekommen, der alte Politrecke hätte seinen Duz- und Jugendfreund Helmut Kohl in der CDU-Bundespartei politisch überlebt.[104] Angela Merkel wurde also der Parteivorsitz in einem emotionalen Überschwang quasi plebiszitär übertragen. Die Parteitagsdelegierten folgten dem ›Stern‹, der frühzeitig ausrief: »Frau General, übernehmen Sie!«[105] In »normalen« CDU-Zeiten hätte eine solche Aufforderung gerade in diesem Magazin innerparteilich eher das Gegenteil bewirkt.

Wussten die Delegierten auf dem Essener Bundesparteitag, für wen sie sich da entschieden? Ihre im Wesentlichen von ihrem damaligen

Planungschef Klaus Preschle formulierte, rhetorisch meisterhafte Rede brachte die Sehnsüchte einer nach Hoffnung dürstenden Partei auf den Punkt. Das politische Profil Angela Merkels war den Parteitagsdelegierten weitgehend unbekannt. Sie gewann die Stimmen nicht, weil sie für eine spezifische inhaltliche Position stand. Für Angela Merkel sprach in erster Linie, dass sie in Bezug auf Helmut Kohl als eine mutige Kämpferin erschien. Eine in ihren inneren Grundfesten erschütterte Partei wollte eine Politikerin an ihrer Spitze haben, die vom Spendenskandal selber nicht betroffen, also »sauber« war. Ihre Nominierung war insoweit nicht das Ergebnis eines politischen Richtungskampfs verschiedener Flügel, sie brauchte sich nicht mit einem politischen Standpunkt zu profilieren. Von Helmut Kohl hatte sie zudem gelernt, dass Integrationsfähigkeit voraussetzt, sich, was innerparteilich kontroverse Positionen angeht, nicht zu genau festzulegen. Dies erleichtert in wichtigen Fragen das Moderieren und trägt dazu bei, dass man sich einen Überblick über die Mehrheiten innerhalb der Partei bzw. der Koalition verschaffen kann. Angela Merkel ist also in einer sehr spezifischen Situation, in einer Art Ausnahmezustand Vorsitzende geworden. Es ist leichter, Profil in einer außergewöhnlichen Lage zu entwickeln als in der Normalität des politischen Alltags.

Als Generalsekretär wurde auf Vorschlag Merkels der münsterländische Bundestagsabgeordnete Ruprecht Polenz mit 781 Stimmen (104 Nein-Stimmen, 52 Enthaltungen) berufen. Als Merkel Polenz nominierte, war das Erstaunen groß. Viele kannten den 1946 geborenen Offizierssohn nicht, weil er seit seiner Mitgliedschaft im Bundestag relativ wenig Aufhebens um seine Person machte, sondern lediglich durch sehr fundierte Analysen in seinen Schwerpunktthemen – hier handelte es sich vor allem um die deutsch-amerikanischen Beziehungen und um die Verteidigungspolitik – auf sich aufmerksam machte. Der Jurist Polenz tat sich mit dem neuen Amt schwer, man merkte es ihm an. Er bekam zu spüren, dass die Entscheidungsfreiheit eines Generalsekretärs dann begrenzt ist, wenn die Parteivorsitzende hauptamtlich ihrer Aufgabe nachgeht, also nicht gleichzeitig Fraktionsvorsitzende oder gar Bundeskanzlerin ist. Angela Merkel kennt natürlich die prinzipiell starke Stellung, die die CDU-Satzung dem Generalsekretär verleiht. Als sie diese Position unter Schäuble innehatte, achtete dieser mehr als später Merkel im Verhältnis zu ihren Nachfolgern in diesem Amt darauf, dass seine Generalsekretärin auch ihre Kompetenzen wahrnehmen konnte; doch Schäuble war zugleich auch Fraktionsvorsitzender. Der in Grundsätzen denkende, bescheiden auftretende Polenz aber liebte den Wirbel um seine Person nicht. Polenz hatte mit seinem zurückhaltenden Stil im eigenen Wahlkreis Münster Erfolg. Von allen Unionsdirektkandidaten erzielte er bei den Bundestagswahlen das beste Erststimmenergebnis im Verhältnis zu den Zweitstimmen seiner Partei. Die Erwartungshaltung der CDU/CSU an ihren General war jedoch, dass täglich Erklärungen und Aktionen »mit Biss« produziert werden sollten.

Der Entscheidungsspielraum von Polenz wurde zusätzlich noch dadurch eingeschränkt, dass ein alter Vertrauter von Angela Merkel, der promovierte Jurist Willi Hausmann, Bundesgeschäftsführer der CDU war. Hausmann, ein eher unauffällig wirkender Beamtentyp, war bereits ihr Staatssekretär im Bundesministerium für Frauen und Jugend. Er hatte sich im Zusammenhang mit der Aufarbeitung der Spendenaffäre großes Ansehen in der Partei erworben. Die wichtigen internen Entscheidungen wurden folglich ohne Einschaltung von Polenz direkt von Angela Merkel an Hausmann in die Bundesgeschäftsstelle gegeben. Somit befand sich Polenz in einer Art »Sandwich«-Situation. Polenz schien geradezu erleichtert, als sich Merkel im Oktober 2000 von ihm trennte. Dabei bestellte sie den Juristen kurzerhand zu sich und teilte ihm ihren Entschluss mit. Der loyale Polenz fügte sich in die »Bitte« seiner Vorsitzenden, obwohl er für vier Jahre gewählt worden war. Nicht sehr stilvoll war dann der weitere Umgang mit dem Mann, »der durch Integrität und Bescheidenheit beeindruckt«.[106] Polenz hatte große Mühe, wieder in den Auswärtigen Ausschuss zurückkehren zu können. Friedrich Bohl machte ihm kollegialerweise Platz. Und stillos war auch, dass Polenz sofort seinen designierten Nachfolger Laurenz Meyer im Hause agieren sah, obwohl dieser erst einige Wochen später für dieses Amt gewählt wurde. Aber inzwischen kann Polenz mit dem Segen der Parteivorsitzenden als Vorsitzender des ZDF-Fernsehrates eine wichtige medienpolitische Rolle spielen. Das war eine späte Wiedergutmachung.

Angela Merkel und der Polenz-Nachfolger Laurenz Meyer kannten sich schon seit geraumer Zeit. Meyer machte Karriere als Energiemanager bei VEW. Politisch dürfte er eher als ein Wirtschaftsliberaler einzuordnen sein, wenngleich auch bei ihm die Frage nach seiner politischen Verortung schwer zu beantworten ist. Er agierte in seiner kurzen Amtszeit als CDU-Fraktionsvorsitzender in Nordrhein-Westfalen durchaus mit Erfolg. Warum fiel die Wahl auf Meyer? Angela Merkel muss Meyers burschikose Art gefallen haben. So suchte sie sich mit ihm einen Politiker aus, von dem sie sich erhoffte, dass er durch sein Auftreten der Union in kürzester Zeit neue, allerdings vorwiegend positive Schlagzeilen einbringen würde. Vermutlich war Angela Merkel anfänglich von der Furcht geplagt, es könnte jemand Generalsekretär werden, der sie politisch wie intellektuell in den Schatten stellte. Meyer ist zweifellos ein Meister des schnellen Wortes. Im Unterschied zu dem seriösen, eher stillen Ruprecht Polenz gelang es Laurenz Meyer, binnen weniger Wochen einen großen Bekanntheitsgrad zu erhalten. Er griff an, wo er nur konnte. Er überraschte auch, als er eine mittelfristige Koalitionspräferenz mit den Grünen erkennen ließ.[107] Ein ziemlich geschmackloses »Fahndungsplakat« mit dem Foto von Gerhard Schröder löste ein große Welle inner- und außerparteilicher Empörung aus. Auch der Umgang mit der »Kiep-Million« zeigte wenige Wochen später, dass ein funktionierendes Frühwarnsystem in der CDU-Parteizentrale kaum entwickelt war.[108] Die Schwarzgelder waren Angela Merkel so lange für eine radikale Haltung gut, wie sie zur scharfen und endgültigen Trennung von Kohl – und später auch von Schäuble – gebraucht wurden. Nachdem beide Ziele erreicht waren, änderte sich ihr Umgang mit diesem Problem. Sie wollte mit Sicherheit nicht die Öffentlichkeit hinters Licht führen, aber in dieser Hinsicht fehlte auch ihr die nötige Sensibilität. Gerade weil sie mithilfe der Spendenaffäre ans Ruder kam, hätte sie die Bedeutung der Kiep-Million rechtzeitig erkennen müssen. Dann wäre ihr eine umfassende Rückendeckung der Partei gewiss gewesen.

Laurenz Meyer ist der bisher einzige CDU-Generalsekretär, der wegen einer Affäre zurücktreten musste: Am 12. Dezember 2004 war gemeldet worden, Meyer habe verbilligten Strom vom Energiekonzern RWE erhalten. Der geldwerte Vorteil wurde auf 1400 Euro im Jahr beziffert, die er aber ordnungsgemäß versteuere.[109] Sein früheres Unternehmen VEW war von der RWE übernommen worden.[110] Noch am 20. Dezember 2004 hielt Merkel an Meyer fest, obwohl sich dann herausstellte, dass Meyer neben »begünstigten Energiebezügen« und Darlehen seines einstigen Arbeitgebers sowie »Ausschüttungen« weitere von ihm bis dahin bestrittene Zahlungen erhalten hatte. Ein Bericht der ›Bild am Sonntag‹ meldete, Meyer sei »unter Aufsicht« des Fraktionsvizes Ronald Pofalla gestellt worden.[111] Interessant an diesem Bericht ist, wer außer Merkel als Teilnehmer an dieser Krisensitzung genannt wurde, weil das Aufschluss über die Berater Merkels gibt. Hierzu gehörten neben Meyer sein Vor-Vorgänger Peter Hintze, der Saarländer Peter Altmaier, Eckart von Klaeden, Volker Kauder und Ronald Pofalla. Meyer gestand dabei »Fehler« ein.[112] Doch er war nicht mehr zu halten. Am 22. Dezember 2004 gab er seinen Rücktritt bekannt, es war ein »würdeloser, weil erzwungener Abtritt«, so Susanne Höll in der ›Süddeutschen Zeitung‹.[113]

Stärke hatte Merkel bei dieser Bewältigung der Krise nicht gezeigt. Es war wohl nicht nur die dünne Personaldecke, die sie zögern ließ, vielleicht wollte sie, wie Höll vermutet, »nicht neuerlich als politische Männermörderin dastehen, als jemand, der Getreue, selbst sehr Getreue, in schwieriger Lage schwuppdiwupp fallen lässt, und das noch vor dem Weihnachtsfest«. Das Image einer zupackenden, in schwierigen Situationen rasch reagierenden Politikerin war schon zuvor in der sogenannten »Hohmann-Affäre« angekratzt worden: Der damalige CDU-Bundestagsabgeordnete aus Fulda, Martin Hohmann, hatte sich in einer erst später bekannt gewordenen Rede zum 3. Oktober 2003 nicht nur gegen den NS-Generalverdacht gewandt, die Deutschen seien ein »Tätervolk«, sondern er hatte noch einen kruden Vergleich mit dem Judentum gezogen.[114] Auch damals hatte Merkel einen ziemlichen Zickzackkurs vollzogen. Schließlich wurde Hohmann doch auf Betreiben Merkels aus Fraktion und Partei ausgeschlossen.

Nachfolger von Laurenz Meyer wurde der Baden-Württemberger Volker Kauder, der von Merkel als Generalsekretär zunächst nur designiert werden konnte; durch Entscheidung des Bundesausschusses der CDU kam er in sein neues Amt am 25. Januar 2005. Er ist seit 1990 Mitglied des Deutschen Bundestages, war von 2002 bis Januar 2005 Erster Parlamentarischer Geschäftsführer der CDU/CSU-Bundestagsfraktion. Kauder ist beileibe keine rhetorische Lichtgestalt, er ist aber ein »Schaffer«, ein höchst loyaler dazu, der sich gerne in den Dienst seiner Partei stellen lässt, ein »Konservativer«. Es war nicht zu erwarten, dass durch ihn die CDU eine besondere Profilierung erfahren würde. Nach einigem Hin und Her rückte der aus dem Rhein-Sieg-Kreis stammende nordrhein-westfälische Bundestagsabgeordnete Norbert Röttgen zum Geschäftsführer der Unionsfraktion auf. Merkel war damals ja bereits Fraktionsvorsitzende, der Erste Parlamentarische Geschäftsführer ist so etwas wie die »rechte Hand« des Fraktionsvorsitzenden.

Ihre ersten Jahre als Parteivorsitzende dürfte Angela Merkel selber im Rückblick nicht als besonders glückliche sehen. So gab es – Angela Merkel war noch keine hundert Tage im Amt – im Zusammenhang mit der Steuerreform schwerste Verwerfungen innerhalb der Unionsparteien, die das taktische Geschick von Schröder und seinem Finanzminister Eichel unterschätzt hatten. Die Tatsache, dass die unionsgeführten Bundesländer im Bundesrat die Mehrheit hatten, sollte sich als Fluch erweisen. Die im Bundesrat verabschiedete Steuerreform – in der Wochenzeitung ›Die Zeit‹ wurden die Vorgänge hierzu als »eine Schmierenkomödie des Föderalismus«[115] bezeichnet – kam in dieser Form nur zustande, weil das stattfand, was man als »Länderkauf« bezeichnete: Schröder und Eichel gelang es, jeweils durch spezifische Zusagen Länder, in denen seinerzeit die CDU als Partner an der Regierung beteiligt war (Bremen, Berlin, Brandenburg), aus einer Ablehnungsfront herauszubrechen. Ein Einknicken einiger von Bundesunterstützung besonders abhängiger Länder, insbesondere von Berlins Regierendem Bürgermeister Diepgen und von Brandenburgs stellvertretendem Ministerpräsident Schönbohm, wurde nicht erwartet, während der CDU-Koalitionspartner in Bremen frühzeitig ein Einlenken signalisiert hatte.

Merkel musste auch in der Folgezeit dem Vorwurf entgegentreten, sie verfüge als CDU-Vorsitzende nicht über ein klares inhaltliches Profil. Ähnlich wie die Steuerreform brachte die rot-grüne Koalition die Rentenreform mithilfe der SPD/CDU-regierten Länder Berlin und Brandenburg durch die Länderkammer. Auch hier musste die Union am 11. Mai 2001 eine Schlappe entgegennehmen. Zudem kam es noch hinsichtlich des Bundeswehreinsatzes in Mazedonien in der Unionsfraktion zu einer inhaltlichen Spaltung. Gegen den Willen der Führung lehnten 68 Abgeordnete eine Militärintervention ab, obwohl der Fraktionsvorsitzende Friedrich Merz in dieser Frage mit Angela Merkel an einem Strang zog. Aber auch sie wurde für dieses uneinheitliche Abstimmungsverhalten mit verantwortlich gemacht. Die Stellung Merkels schien nicht gesichert.

Das Frühstück von Wolfratshausen

Solange die Frage der Spitzenkandidatur für die nächste Bundestagswahl nicht entschieden war, blieb Merkels Stellung in der Union ziemlich schwach. Sie arbeitete unverdrossen auf das Ziel hin, Kanzlerkandidatin für die kommenden Bundestagswahlen am 22. September 2002 zu werden. Sie wusste immerhin, dass der bayerische CSU-Ministerpräsident Edmund Stoiber, den die innerparteilichen Gegner Merkels als Kandidaten ausgeguckt hatten, eher zögerlich war. Stoiber zierte sich lange Zeit zu sagen, was er wirklich wolle. Noch im November 2000 hatte er »definitiv« ausgeschlossen, für die Union als Kanzlerkandidat ins Rennen zu gehen: »Sie wissen, dass ich dafür nicht zur Verfügung stehen werde, weil ich Ministerpräsident bin und ich es gerne noch ein bisschen bleiben würde, wenn ich 2003 wiedergewählt werde.«[116] Gleichzeitig war für Merkel die innerparteiliche Gemengelage in der CDU wenig erfreulich. Unterstützung für ihre Kandidatur fand sie im Endeffekt nur beim nordrhein-westfälischen Landesvorsitzenden Jürgen Rüttgers und dem Hamburger Ole von Beust. In allen anderen Landesverbänden gab es eine klare Stimmung zugunsten Stoibers, dem man den Erfolg eher zutraute. CSU-Landesgruppenchef Michael Glos brachte aus taktischen Gründen Wolfgang Schäuble als Kanzlerkandidaten ins Spiel. Er machte diesen Vorschlag in dem Moment, als die Staatsanwaltschaft ihr Ermittlungsverfahren gegen Schäuble wegen des Verdachts der uneidlichen Falschaussage über eine 100 000 D-Mark-Spende des »Kaufmannes« Schreiber eingestellt hatte. Der Vorschlag war nicht besonders ernst gemeint, auch wenn Schäuble sich gefreut haben mag und auch wenn Heribert

Prantl von der ›Süddeutschen Zeitung‹, der stets ziemlich positiv über Schäuble als Politikerpersönlichkeit schrieb, meinte:»Stoibers Ausweg heißt Schäuble.«[117] Der Vorschlag von Glos sollte aber dazu führen, dass der Druck auf Stoiber, sich endlich zu entscheiden, erhöht wurde. Es war vor allem die Riege der CDU-Ministerpräsidenten, die sich offen für ihren bayrischen Kollegen aussprach. Der saarländische Ministerpräsident Peter Müller hatte in einem durch eine Indiskretion bekannt gewordenen Hintergrundgespräch mit Journalisten geäußert, eine Reihe führender Unionspolitiker wollten Merkel zum Aufgeben bewegen.[118]

Die innerparteiliche Lage der Union war gespannt. Niemand konnte sich sicher sein, dass es gelingen werde, den Zauderer Stoiber zur Kandidatur zu bewegen. Und wenn doch, so wollte er eine solche Kandidatur gleichsam auf dem goldenen Tablett angetragen bekommen. Da Merkel jedoch über ziemlich gute Nerven verfügt, suggerierte sie, sie wolle auf jeden Fall kämpfen. Ihr Kalkül war, Stoiber könnte die Konkurrenz scheuen und einen Rückzieher machen. Stoiber gehört nämlich zu jenem Politikertypus, der bis zur letzten möglichen Minute abwartet, um dann, beim Abwägen aller Eventualitäten, eine Entscheidung zu treffen. Anders Merkel:»Ich bin bereit zu einer Kanzlerkandidatur«[119], erklärte sie noch am 6. Januar 2002 in der ›Welt am Sonntag‹, in der Hoffnung, Stoiber zum Aufgeben zu bewegen.

Die Zeit wurde knapp. Eine Entscheidung sollte spätestens am 11. Januar 2002 getroffen werden. An diesem Tag versammelten sich nämlich im»Herrenkrug« in Magdeburg das CDU-Präsidium und der CDU-Bundesvorstand. Vor allem die Ministerpräsidenten – von Roland Koch über Erwin Teufel bis hin sogar zu Christian Wulff und unter Einschluss des stellvertretenden Ministerpräsidenten Jörg Schönbohm – wollten dort eine grundsätzliche Entscheidung für Stoiber herbeiführen. Ein Alarmsignal für Merkel war, dass der hessische Ministerpräsident Koch, dessen intensive Abneigung ihr damals hinreichend bekannt war, seinen Urlaub unterbrechen wollte. Kein Zweifel: Gegen die CDU-Vorsitzende war so etwas wie ein Putsch in Vorbereitung. Denn wäre sie auf jener Sitzung von der eigenen Partei im Falle einer von ihr selbst angestrebten Kandidatur nicht zur Kanzlerkandidatin nominiert worden, wäre ihre Autorität irreversibel beschädigt worden. Vermutlich hätte sie zurücktreten müssen. Ihre riskante Strategie »Augen zu und durch« war nicht aufgegangen. Kurzfristig lud sie sich bei Edmund Stoiber zu einem Frühstück in dessen Privathaus im bayrischen Wolfratshausen ein. Stoiber war darüber zunächst ziemlich irritiert, weil er nicht wusste, was mit diesem Besuch bezweckt war. Und dann überraschte sie den verdutzten Bayern mit ihrer Bereitschaft, zu seinen Gunsten von der Kandidatur abzusehen. Damit hatte Merkel noch in letzter Minute ihren Kopf gerettet. Sie konnte nach Magdeburg fliegen und den erstaunten Präsidiums- und Vorstandsmitgliedern verkünden, sie habe sich mit Stoiber geeinigt. Damit bestimmte sie wieder das Geschehen, sie blieb immerhin CDU-Vorsitzende. Im Wahlkampf 2002 verwandte sie dann ihre ganze Energie darauf, Stoiber zu unterstützen.

Stoiber scheitert

So bitter es für Merkel gewesen sein mochte, Stoibers Kandidatur zu unterstützen, es gab eine Parallele zu Helmut Kohl: Der hatte beim Wahlkampf 1980 – nach einer fraktionsinternen Kampfkandidatur zwischen dem niedersächsischen Ministerpräsidenten Ernst Albrecht und dem CSU-Vorsitzenden Franz Josef Strauß – seinen eigenen Kopf dadurch gerettet, dass er – obwohl CDU-Vorsitzender – selber nicht antrat. Kohls Stellung als damaliger CDU/CSU-Fraktionsvorsitzender wäre gefährdet gewesen, wenn er in einer Kampfkandidatur gegen Strauß verloren hätte. Und als Strauß 1980 die Wahlen verlor, lief die nächste Kandidatur fast automatisch auf Kohl zu. Er hatte sich so etwas wie einen moralischen Anspruch erworben, zumal ihm die Wahlniederlage nicht angelastet wurde.

Ähnlich verlief es mit Merkel. Sie hat – wie Kohl – bei den Bundestagswahlen 2002 in jeder erdenklichen Weise Edmund Stoiber unterstützt, sie hat im Wahlkampf keine Spannungen zwischen den beiden Unionsparteien erkennen lassen. Auf dem CDU-Bundesparteitag am 17. Juni 2002 in Frankfurt am Main, der die heiße Wahlkampfphase der Union einleitete und auf dem sie selbst und der Kanzlerkandidat Stoiber gleichermaßen gefeiert wurden, sagte sie pathetisch: »So viel

Union wie heute war nie.«[120] Das war übrigens der Parteitag, bei dem Helmut Kohl – wie er es sicher formuliert hätte – in die CDU-Familie zurückkehrte. Er konnte sogar seine Verdienste in der Deutschland-politik in einer dreißigminütigen Rede hervorheben. Merkels Regie klappte: Der Beifall war so, dass er weder den Kanzlerkandidaten Stoiber noch die Parteivorsitzende Merkel in den Schatten stellte, er war »mäßig«.[121] Gleichzeitig war so etwas wie ein Schlussstrich unter die Spendenaffäre gezogen. Allerdings: Der Ehrenvorsitz wurde Kohl nicht mehr angeboten, auch wenn er dies liebend gerne angenommen hätte.

Trotz aller Bemühungen war das Wahlergebnis für die Unionspar-teien außerordentlich frustrierend. Sie hatten zwar am 22. September 2002 ein Plus von 3,4 Prozentpunkten erzielt, kamen aber nur auf ganze 38,5 Prozent. Es war nicht einmal gelungen, die Prozentpunkte (6,3 Prozent), die Helmut Kohl 1998 gegenüber 1994 verloren hat-te, zurückzuholen. Die Union hatte ihr drittschlechtes Ergebnis seit 1949 erreicht. Vor der Wiedervereinigung lag die Union immer über 44 Prozent. So waren Stoiber und die CSU auf Normalmaß zurecht-gestutzt – und Merkel obenauf. Denn einen Unterschied gab es im Verhältnis zu den Wahlen des Jahres 1980, als Strauß kandidiert hatte. Der damalige Strauß-Adlatus Edmund Stoiber, seinerzeit CSU-Ge-neralsekretär, hatte der norddeutschen Union und dem linken Flügel der Partei Schuld für das schlechte Ergebnis gegeben. Diesmal gab es in der CSU niemanden, der Merkel und die CDU wegen mangelnder Unterstützung verantwortlich gemacht hätte.

Der Griff nach dem Fraktionsvorsitz

Unmittelbar nach der für die Unionsparteien verlorenen Bundes-tagwahl 2002 wollte Merkel jetzt auch den Fraktionsvorsitz im Bun-destag. Bisher hatte Friedrich Merz die gemeinsame Unionsfraktion recht erfolgreich geführt, war in der Fraktion auch ziemlich beliebt und hoffte auf eine Fortführung dieser Arbeit. Sein Problem sollte jedoch nicht eine mangelnde Unterstützung der Bundestagsabgeord-neten sein, sondern die Fraktionsordnung. Diese sieht nämlich vor, dass der Vorsitzende der CDU/CSU-Fraktion von den beiden Parteivorsitzenden von CDU und CSU gemeinsam vorgeschlagen wird. Nun fühlte Merz sich von Stoiber hintergangen. Denn der begnadete Redner Merz hatte auf Zusagen Stoibers vertraut, man würde sich nach der Wahl zu dritt zusammensetzen und eine gemeinsame Lösung suchen; es würde, so dachte Merz, nichts gegen den Willen eines der Beteiligten entschieden werden. Doch Merkel blieb hart und hatte seit dem Frühstück von Wolfratshausen etwas gut bei Stoiber. Sie wusste, dass sie ihre Macht durch den gemeinsamen Vorsitz von Partei und Bundestagsfraktion so verstärkte, dass ihre Kanzlerkandidatur bei den nächsten Wahlen dadurch ziemlich sicher würde. Sie erkannte zudem: Während eine Partei nur die langfristigen politischen Linien festlegt, agiert die Fraktion demgegenüber kurzfristig-operativ. Hier musste die Parteivorsitzende in der Vergangenheit häufig mit dem zufrieden sein, was Merz und die von ihm geführte Fraktion sagten und taten. Merz warb weiterhin für die Ämtertrennung, er stellte auch Merkels Fähigkeit zur Führung der Fraktion in Frage, hatte jedoch die schlechteren Karten. Auch wurden ihm manche Brücken gebaut, doch es half nichts. So hatte der hessische Ministerpräsident Koch den Vorschlag unterbreitet, für Merz die Funktion eines »Ersten Stellvertretenden Fraktionsvorsitzenden« einzurichten, doch war dieser Vorschlag schon daher irreal, weil der erste Stellvertreter des Fraktionsvorsitzenden immer der Chef der CSU-Landesgruppe ist. Als Stoiber schließlich in Berlin eintraf und Merkel als neue Fraktionsvorsitzende vorschlug, war das bitter für Merz. Doch der Wahlverlierer Stoiber, der sich weiterhin als Kanzlerkandidat im Wartestand – etwa im Falle unvorhergesehener Ereignisse – fühlte, brauchte Merkel mehr als Merz.

Das Ziel Merkels, um ihre Macht zu sichern und zu erweitern, war der Bundesparteitag der CDU am 11. und 12. November 2002 in Hannover. Parteitagstermine werden in der Regel immer unter taktischen Gesichtspunkten gewählt. Zwar muss nach den Statuten der Partei der Bundesvorstand (mit Ausnahme des auf vier Jahre gewählten Generalsekretärs) alle zwei Jahre gewählt werden, doch jetzt ging es darum, dass Merkel mit einem ordentlichen Ergebnis wiedergewählt würde. In Essen war sie ja wegen der Spendenaffäre in einer Art »Ausnahmezustand« der Union gewählt worden. Je näher ein Parteitag an den Bundestagswahlen liegt, umso größer ist erfahrungsgemäß die Loyalität der Delegierten gegenüber der Parteiführung. Entsprechend erhielt Merkel bei ihrer Wahl 746 Ja-Stimmen (von 796) und damit 93,7 Prozent. Dabei war die Parteitagsrede Merkels alles andere als inspirativ. Der Kommentator Karl Feldmeyer meinte dazu, ein Politiker müsse willens und fähig sein, »den Bürgern die Frage zu beantworten, wie er die Zukunft des Landes gestalten will. Gelegenheit dazu hätte Merkels Rede in Hannover geboten. Sie hat diese Möglichkeit nicht genutzt ...«[122] Aber es wäre für eine so bürgerliche Partei wie die CDU untypisch gewesen, wenn es kurz nach der Bundestagswahl Putschüberlegungen gegeben hätte.

In jenen Zeiten, in denen die knapp wiedergewählte und wenig inspirierend wirkende Regierung Schröder II schwach war und in der Öffentlichkeit die Forderung nach Reformen laut wurde, strotzte Merkel vor Kraft. Sie, die einstige Klassenbeste, wollte auch auf dem Felde der Reformpolitik ihre Qualitäten beweisen. Den Einstieg dazu bildete ein Jahr nach der Bundestagswahl eine Rede Merkels unter dem Titel ›Quo vadis Deutschland‹, gehalten am 1. Oktober 2003. Ihre Rede war eine klare Absage an jede Form der Blockadepolitik im Bundestag wie Bundesrat. Die Union dürfe sich bei den anstehenden Reformthemen nicht verweigern, sie fürchte sich auch nicht vor einer »Konsensfalle«. Diese Rede war der Versuch Merkels, Antwort auf die Frage zu geben, wofür sie inhaltlich steht. Sie befasste sich nicht nur mit dem Entwicklungsstand der deutschen Einheit, sondern sie sprach auch grundsätzlich zum Verhältnis der drei Grundwerte Freiheit, Gerechtigkeit und Solidarität. »Unser Gemeinwesen braucht alle drei Werte«, führte sie aus, aber wahr sei: »Unser Gemeinwesen braucht eine Neujustierung dieser drei Werte in ihrem Verhältnis zueinander, und zwar zugunsten der Freiheit. Oder anders gesagt: Damit Solidarität und Gerechtigkeit wieder gelebt werden können, muss die Freiheit in unserer Wertehierarchie wieder deutlich von unten nach oben kommen.«[123]

Ein weiteres wichtiges Datum war der sogenannte Reformparteitag der CDU am 1./2. Dezember 2003 in Leipzig, wo, vorbereitet durch eine Kommission unter Vorsitz des früheren Bundespräsidenten Roman Herzog, ein radikaler Kurswechsel in den sozialen Sicherungssystemen gefordert wurde. Zugleich beschloss die CDU ein neues Steuermodell nach Ideen des auf diesem Parteitag ebenfalls gefeierten Friedrich Merz; dieser hatte sich nach seinem erzwungenen Abschied vom Fraktionsvorsitz inhaltlich als »Bierdeckel-Steuerpolitiker« profiliert. Nicht gefeiert wurde hingegen Edmund Stoiber. Nur noch knapp 90 Sekunden applaudierten die rund 1000 Delegierten dem Gast von der bayrischen Schwesterpartei. Viele waren sauer auf die CSU. Vor allem die Kritik Horst Seehofers an den sozialpolitischen Plänen der CDU und der Herzog-Kommission hatte die Basis erzürnt. CSU-Generalsekretär Markus Söder nannte den verhaltenen Empfang Stoibers »kindisch«.[124] Eine deutliche Botschaft hatte der spärliche Applaus: Stoiber hatte als »Kanzlerkandidat im Wartestand« ausgedient. Merkel wird sich darüber gefreut haben. Allerdings zeigten die Leipziger Beschlüsse auch, dass Merkel die CSU nicht auf diesen Weg zur Reformunion »mitgenommen«, nicht überzeugt hatte. Dadurch kam es schließlich zu Änderungen am Steuerkonzept von Friedrich Merz, der sich nun auch inhaltlich von Merkel im Stich gelassen fühlte.

So schwierig es war, sich in sozial- und steuerpolitischen Fragen mit der CSU zu einigen, so sehr wurde die Entscheidung über den Unionskandidaten für das Bundespräsidentenamt zu einem Triumph für Merkel, die abermals Stoiber (und den Hauptinteressenten Wolfgang Schäuble) ausbootete. Das war ein Meisterstück Merkel'scher Machtpolitik, in enger Abstimmung mit Guido Westerwelle. Eigentlich hatte sich die Union bereits auf Wolfgang Schäuble festgelegt.[125] Auch die CSU hatte Schäuble für dieses Amt vorgesehen – symbolisiert durch seine Einladung nach Wildbad Kreuth zur jährlichen CSU-Klausur. Dies wurde als Vorentscheidung zugunsten des Badeners gehandelt. Der Illustrierten ›Bunte‹ sagte Stoiber, Schäuble sei »unter den genannten Kandidaten der beste.«[126] Und es gab noch weitere Interessenten, etwa den erfahrenen Ex-Ministerpräsidenten Bernhard Vogel. Doch Merkel wollte sich nicht festlegen. Als sie gemeinsam in die Türkei reisten, brachte Merkel es fertig, während dieses Aufenthaltes mit Schäuble, der gerne Bundespräsident geworden wäre, keine Silbe zu wechseln. Sie wollte sich ihm gegenüber nicht verpflichten.

Denn für Merkel war die Besetzung dieses Amtes eine zentrale strategische Frage: Wenn es ihr gelänge, gemeinsam mit dem FDP-Vorsitzenden Westerwelle einen Kandidaten zu bestimmen, könnte dies als ein wichtiges Koalitionssignal für die Bundestagswahl gedeutet werden, die ja regulär für 2006 vorgesehen war. An Schäuble als erstem Mann im Staate hatte sie aus zwei Gründen kein Interesse. Bundespräsidenten können in schwierigen Zeiten eine staatspolitisch entscheidende Rolle spielen. Schäuble hatte ihre Illoyalität ihm gegenüber im Zusammenhang mit dem ›FAZ‹-Artikel vom 22. Dezember 1999 nicht vergessen. Sie fürchtete, dass seine große politische Erfahrung dazu führen könnte, dem Bundespräsidentenamt ein größeres Gewicht zu geben. Ebenso war ihr klar, dass es schwierig werden dürfte, Schäuble schon im ersten Wahlgang zu wählen, weil er zumindest von Teilen der FDP wegen seiner Rolle im CDU-Spendenskandal abgelehnt würde.

Merkel dürfte sich also schon frühzeitig entschieden haben – gegen Schäuble. Am 2. März 2004 wurde jedoch zunächst aus der CSU bestätigt, Merkel und Stoiber hätten sich auf Schäuble verständigt. Solche lancierten Meldungen sind ein in der Politik beliebtes Mittel, um Entscheidungen vorwegzunehmen. Merkel machte das Spiel nicht mit. Sie dementierte die Meldung. Offiziell sollte sie aber in ihrer Eigenschaft als CDU-Vorsitzende Schäuble vorschlagen, doch wusste sie definitiv von Westerwelle, dass der FDP-Vorsitzende diesen Vorschlag ablehnen würde. Man kann sogar davon ausgehen, dass Merkel und Westerwelle ihre Haltung abgesprochen haben. Jedenfalls kam es in der Nacht vom 3. auf den 4. März 2004 im CDU-Präsidium zu einer regelrechten Entscheidungsschlacht. Die Mehrheit der Präsidiumsmitglieder war eindeutig für Schäuble. Die Gegner einer Schäuble-Entscheidung wiesen darauf hin, dass Schäuble wegen seiner Spendenannahme durch Schreiber für große Teile der FDP nicht wählbar sei und eine Wahl von Schäuble im ersten Wahlgang unsicher wäre.[127] An diesem Abend tagten parallel auch das CSU-Präsidium in München und das FDP-Präsidium in Berlin. Mehrfach wurden die Sitzungen unterbrochen, damit die drei Vorsitzenden Merkel, Stoiber und Westerwelle bei Telefonkonferenzen die jeweilige Entscheidungslage besprechen konnten. Im Einvernehmen mit Westerwelle hatte Merkel durchgesetzt, dass nur die Vorsitzenden per Telefon die Verhandler sind. Formal verwendete sich Merkel bei Westerwelle für Schäuble und musste im Beisein des Mittelefonierers Stoiber (im stillen Einvernehmen mit Westerwelle) von diesem ein deutliches Nein der FDP erfahren. Nach langem Hin und Her verließ am Abend Schäuble die Sitzung – er musste sich geschlagen geben. Die Ministerpräsidenten Koch und Georg Milbradt, auch Friedrich Merz und andere waren mit ihrem Bemühen gescheitert, Schäuble durchzusetzen.

Wie setzte Merkel aber Horst Köhler durch? Aufgrund seines (damaligen) wirtschaftspolitischen Profils war er den Vorstellungen der FDP am nächsten. Merkel präsentierte im CDU-Präsidium, nachdem Schäuble geschlagen war, eine Dreier-Liste, die sie mit den beiden anderen Parteipräsidien zu verhandeln hatte. Auf Platz 1 der Liste im CDU-Präsidium gelangte Klaus Töpfer, auf Platz 2 Annette Schavan und Horst Köhler erst auf Platz 3. Nach einer in Berlin verbreiteten Version führte dabei Merkel Stoiber aufs Glatteis. Sie tat so, als ob sie Schavan favorisierte, doch die war für Stoiber nicht akzeptabel, und gegen Töpfer war die FDP, da sie ihm zu »grüne« Neigungen nachsagte. So blieb Stoiber nichts anderes übrig, als sich im Endeffekt mit der Nominierung Köhlers einverstanden zu erklären.

Interessanterweise war es von den Tageszeitungen vor allem die linksliberale ›Süddeutsche Zeitung‹, die in Gestalt ihres Kommentators Heribert Prantl die Durchsetzung Köhlers durch Merkel in ungewöhnlich scharfer Form kritisierte. Er bezeichnete Merkel als »Angela Machiavelli«. Sie habe Schäuble »so schäbig, so unehrlich und gemein behandelt, dass ihr das auch diejenigen in der Partei, die nicht zu den Mitgliedern des Fanclubs Schäubles zählen, lange nachtragen werden.«[128] Trotzdem stand Angela Merkel damals im Zenit ihres Ansehens. Sie hat sich als durchsetzungsstark erwiesen und aus der Opposition heraus das formal höchste Staatsamt nach ihren Vorstellungen besetzt. Und nichts ist erfolgreicher als der Erfolg. Tatsächlich wurde Köhler bereits im ersten Wahlgang in der Bundesversammlung des Jahres 2004 gewählt. Doch die zweite Jahreshälfte von 2004 wurde für Merkel weniger schön.

Sie saß zwar sicher im Sattel, doch allzu strahlend sollte sie mit ihrem Partei- und Fraktionsvorsitz in der folgenden Zeit nicht wirken. In einem ›Spiegel‹-Interview direkt zu Parteitagsbeginn in Düsseldorf am 6. und 7. Dezember 2004 sprach ein verbitterter Schäuble sogar von einem für die Unionsparteien »verlorenen Jahr«.[129] Bei den Europawahlen am 13. Juni 2004 begann der Sinkflug der Unionsparteien in der Wählergunst. Kaschiert wurde dieses Ergebnis nur durch die Tatsache, dass die Wahlverluste für die SPD noch höher waren. Auch bei den am gleichen Tag stattfindenden Landtagswahlen in Thüringen verlor die Union acht Prozentpunkte, sie erhielt nur noch 43 Prozent, behielt allerdings die absolute Mehrheit der Sitze. Nur im Saarland hatte sie am 5. September ein leichtes Plus erzielen können. Die erfolgsverwöhnte Sachsen-Union musste am 19. September 2004 dramatische Verluste hinnehmen: Statt 56,9 Prozent erzielte sie lediglich 41,1 Prozent. Sie konnte sich nur dadurch trösten, dass die SPD auf 9,8 Prozent sich verschlechterte. Insgesamt zogen sechs Fraktionen in das sächsische Parlament ein – die NPD eingeschlossen. Monatelang hatten sich die Unionsparteien – und dies unmittelbar vor der Sachsenwahl am 19. September 2004! – über die Sozialpolitik gestritten. Einer der Gründe für die Wahlverluste dürfte auch in der Uneinigkeit in Fragen der Sozialpolitik liegen, die sich nach dem Leipziger Reformparteitag zwischen CDU und CSU ergeben hatte: Es war insbesondere der CSU-Sozialexperte Horst Seehofer, der die sozialpolitischen Positionen von Merkel massiv ablehnte. Die CDU wirkte in der Öffentlichkeit immer mehr, als ob sie in sozialpolitischen Fragen die Nöte der »kleinen Leute« nicht mehr im Blick hätte.

In der CDU und zwischen den Unionsparteien wurden Merkels Überlegungen zur gesetzlichen Krankenversicherung kontrovers diskutiert. Denn die CDU hatte auf ihrem Leipziger Reformparteitag Ende des Jahres 2003 nichts weniger als einen kompletten Systemwechsel beschlossen. Allein der Begriff »Kopfpauschale« war kommunikationspolitisch verheerend und weckte in der Öffentlichkeit Erinnerungen an die von Margret Thatcher in Großbritannien durchgesetzte Kopfsteuer. Damit hatte die glücklose Regierung Schröder eine direkte Steilvorlage für den Vorwurf, die Union betreibe soziale Demontage. Das wurde noch durch ein meisterliches Auftreten von Gerhard Schröder verstärkt, der immer wieder suggerierte, eine von Angela Merkel geführte Bundesregierung würde noch härtere Maßnahmen ergreifen als die von SPD und den Grünen verabschiedeten

»Hartz«-Gesetze. Mitten in die Querelen der Union zur Sozialpolitik folgte sodann noch ein Überraschungscoup von Friedrich Merz. Er sollte in einem am 12. Oktober 2004 veröffentlichten Brief an die »liebe Angela« seinen Rückzug aus der Partei- und Fraktionsführung ankündigen.

Merkel – eine Sphinx?

In ihren Reden betont Angela Merkel immer wieder, die CDU benötige einen »inneren Kompass«. Doch welcher »innere Kompass« leitete sie auf dem Weg zur Kanzlerschaft? Helmut Kohl, an dem Merkel noch lange Zeit gemessen wurde, hatte es immer verstanden, den Eindruck zu vermitteln, er habe einen solchen inneren Kompass. Er wurde nie müde darauf hinzuweisen, die Union vereinige in sich die soziale, die liberale und die konservative Tendenz – und dies vor dem Hintergrund eines christlich geprägten Weltverständnisses. Kohl wurde zwar oft inhaltliche »Schwammigkeit« vorgeworfen, weil er sich bei politischen Entscheidungen nicht früh festlegen ließ, doch weckte er allein durch sein immer wieder bemühtes Welt- und Menschenbild Vertrauen. Befasst man sich mit den Reden, Statements und strategischen Beschlüssen von Angela Merkel auf dem Wege zur Kanzlerschaft, bleibt der Eindruck ihrer Sphinxhaftigkeit. Sie bleibt in vielem rätselhaft. Wer sie über sich selbst reden hört, spürt die Grenzen ihrer Mitteilungsbereitschaft. Welche politische Philosophie vertrat und vertritt die CDU-Bundesvorsitzende?

Zum einen ist sie liberal eingestellt, weil sie in der DDR die Begrenzung der Freiheit selber fundamental erlebt hat und von daher einengenden Regelungen prinzipiell kritisch gegenübersteht. Ein Beispiel hierfür ist ihre offene Einstellung zur Frage von Lebensgemeinschaften Gleichgeschlechtlicher. »Im Zweifel für die Freiheit« könnte ihr Motto lauten. Neue gesellschaftliche Entwicklungen sind für sie Ausdruck der Freiheit. Allerdings sprach sie sich zugleich dezidiert gegen eine vollständige rechtliche Gleichstellung mit der traditionellen Ehe aus. Auch in Fragen der Familienpolitik ist sie »reformfreudiger« als die Mehrheit ihrer eigenen Partei. In Bezug auf die Einwanderungspolitik gehörte sie zu den Ersten in der CDU, die von dem Leitsatz abrückten, Deutschland sei kein Einwanderungsland. Inzwischen bezeichnet das im Dezember 2007 verabschiedete neue CDU-Grundsatzprogramm Deutschland als ein »Integrationsland«.

Die zweite Konstante liegt in ihrem naturwissenschaftlichen Weltverständnis begründet. Sie betrachtet politische Fragen nach ihren logischen Zusammenhängen, ohne zunächst ideologische Prädispositionen zum Maßstab ihrer Überlegungen zu machen. Die Politik funktioniert jedoch häufig gar nicht nach den Gesetzen der Logik, so dass mit diesem Denken die Gefahr »unpolitischer« Entscheidungen vorprogrammiert ist. Angela Merkel ist in naturwissenschaftlichen Fragen wie der Kernenergie argumentativ viel sicherer als in allgemeinen Themen oder gar philosophischen Themen, sie kann auch mit hoher Überzeugungskraft gegen politische Strömungen innerhalb der Gesellschaft antreten, wie ihre Auseinandersetzung mit den Grünen im Zusammenhang mit den »Castor«-Transporten zeigte.

Was zudem auffällt, ist Merkels Umgang mit der Religion. Weder im Eingangsbereich des Berliner Konrad-Adenauer-Hauses noch in seinen Versammlungsräumen fand sich lange Zeit ein Kreuz. Dies ist für eine christlich-demokratische Partei überraschend. Für Angela Merkel hat Religiosität offensichtlich im öffentlichen Raum nichts mehr zu suchen. So hatte denn auch ihre Aussage, sie würde am Sonntagmorgen auch gerne ausschlafen[130], in katholischen Kreisen keine Begeisterung ausgelöst. Die Frage nach dem »C« ist für die CDU allerdings nicht nur eine taktische Frage, um die zusammenschmelzende katholische Stammwählerschaft zu erreichen, sondern nach wie vor eine wichtige Frage der Identität.

Angela Merkel wirkt auf viele auch nach der Erlangung ihrer Kanzlerschaft sphinxhaft. Andererseits mag gerade das Unideologische viele ansprechen. Sie lässt sich nicht gerne in die Karten gucken. Aber man kann sicher sein, dass sie jede zu treffende Entscheidung immer auch in dem Lichte betrachtet, ob diese ihrer weiteren Kanzlerschaft schadet oder nutzt.

Nachdem sie Partei- und zugleich Fraktionsvorsitzende geworden war, wurde Angela Merkels ausgeprägter Wille zur Macht innerhalb ihrer eigenen Partei nicht mehr unterschätzt. Sie hatte es verstanden, sich überall durchzuboxen: Sie bekam die Posten ihrer jeweiligen Förderer, die allesamt zurücktreten mussten. Der Erste war Lothar de Maizière: Der stellvertretende Bundesvorsitzende der CDU trat von seinen Ämtern zurück, nachdem ihm vorgeworfen wurde, unter dem Decknamen »Czerny« für die DDR-Staatssicherheit gearbeitet zu haben. Angela Merkel löste de Maizière auf dem Dresdner Parteitag 1991 als stellvertretende Bundesvorsitzende ab. Sodann wurde sie am 20. Juli 1993 Nachfolgerin von Günther Krause als Landesvorsitzende der CDU in Mecklenburg-Vorpommern. Krause musste zurücktreten, weil er eine Langzeitarbeitslose als Zugehfrau angestellt hatte und die dafür rechtlich vorgesehenen Lohnkostenzuschüsse erhielt. Die ›Bild‹-Zeitung machte daraus eine gewaltige »Putzfrauen-Affäre«. Die Gerüchte, die Kampagne sei aus dem Kanzleramt angeregt worden, sind nie gänzlich verstummt, denn Krauses verkehrspolitische Vorstellungen wurden vom damaligen Bundeskanzler Kohl als recht eigenwillig bewertet.[131] Angela Merkel sah schweigend zu, wie ihr Förderer mit falschen Vorwürfen gestürzt wurde. Schließlich »erledigte« Angela Merkel durch die Folgen des ›FAZ‹-»Scheidebriefes« an Kohl ihre weiteren Ziehväter Kohl und Schäuble nahezu in einem Doppelschlag. Ihre Sammlung von Skalps kann sich also sehen lassen. Auch Friedrich Merz wurde ihr Opfer, in gewissem Sinne später sogar Edmund Stoiber, der sich bei der Berliner Regierungsbildung 2005 von ihr ausgebremst fühlte.

Auch wenn beide sich in ihrer Sozialisation unterscheiden, machtpolitisch war Kohl Angela Merkels Lehrmeister. Es ist deshalb angebracht, einen Vergleich ihrer beiden Politikstile vorzunehmen, die sich manchmal in frappierender Weise ähneln. Kohl und Merkel legen beide beispielsweise keinen großen Wert auf eine stilistisch ausgefeilte Sprache: Kohl liebt es gefühlig-wolkig-verklärt, Merkel bevorzugt technische und abstrakte Formulierungen. Beiden ist jedoch eigen, dass sie sich hinter ihrer jeweiligen Redeweise verbergen.

Der Machtwille ist bei Kohl und Merkel ebenfalls vergleichbar. Ihm ordnet auch Angela Merkel vieles, wenn nicht gar alles unter. Gleichzeitig ist sie extrem misstrauisch, was dazu führt, dass sie – ähnlich wie Kohl – nur ganz wenige Vertraute hat. Umgab sich Kohl in seiner letzten Amtszeit nur noch mit Juliane Weber, Friedrich Bohl und Anton Pfeifer, beschränkte sich Angela Merkel auf ihrem Weg zum Kanzleramt auf ihre getreue Beate Baumann und Willi Hausmann. Eine weitere Ähnlichkeit besteht im Übergehen der Parteigremien bei der Nominierung des Kanzlerkandidaten. Angela Merkel übertraf Kohl sogar noch an Dreistigkeit, als sie – unter Brüskierung des CDU/ CSU-Fraktionsvorsitzenden Merz – erklärte, Stoiber und sie würden bestimmen, wer als Kanzlerkandidat im Jahre 2002 vorgeschlagen werde. Angela Merkel hat nur den »späten«, den schon isolierten Kohl unmittelbar erlebt. Der »frühe« Kohl verstand es sehr viel besser, einen politischen Freundeskreis aufzubauen, der mit ihm durch dick und dünn ging.

Angela Merkel blieb jedoch eine Einzelkämpferin. Sie war lange Zeit nicht in der Lage, in der Bundestagsfraktion einen aktiven Unterstützerkreis um sich zu versammeln. Der Altkanzler hatte es gerade in seiner Anfangszeit verstanden, systematisch Kontakte zu einflussreichen Gruppierungen und Institutionen innerhalb und außerhalb der organisierten Parteipolitik herzustellen und auch dort starke Bindungen aufzubauen. So hielt er intensiven Kontakt zu dem FDP-Politiker Hans-Dietrich Genscher, hatte gute Beziehungen zu den Wirtschaftsverbänden, aber auch zu den Vereinigungen und Jugendorganisationen der eigenen Partei. Angela Merkel ist zwar ausgesprochen fleißig und nimmt ungemein viele Außentermine wahr, doch ihre Möglichkeiten sind augenscheinlich begrenzt. Sie stößt auf eine große Neugier, kommt persönlich gut an und ist glaubwürdig – und dennoch entwickelt sich mit ihr kein »Wir-Gefühl«, das mit dem von ihrem Lehrmeister Kohl ausgelösten Gemeinschaftsgeist vergleichbar wäre. Seitdem sie Kanzlerin ist, ist sie allerdings in der Lage, so etwas wie eine Kanzlerinnenaura auszustrahlen.

Kohl verfolgte von Anfang an eine klare schwarz-gelbe Koalitionsstrategie – und das zu einer Zeit, als die Liberalen mit der SPD regierten. Merkels gelegentliche Gedankenexperimente hinsichtlich schwarz-grüner Bündnisse hingegen machten eher den potentiellen Koalitionspartner FDP nervös. Von Kohl lernte Angela Merkel auf jeden Fall, wie man sich durchsetzt. Wann immer sie ein Amt neu antrat, setzte sie sofort durchgreifende personalpolitische Zeichen. Ihr rabiates Vorgehen brachte ihr zwar wenig Freunde ein, verschaffte ihr allerdings schnell Respekt und erzeugte nicht zuletzt Furcht. Doch der Einzelgängerin Merkel gelang es nicht, das Parteipräsidium in der Öffentlichkeit wie ein Team erscheinen zu lassen. Wenn es politisch brenzlig wurde, tauchten die Granden der CDU vielfach unter. Das hat sich auch in den Jahren ihrer Kanzlerschaft nicht geändert.

Warum Angela Merkel Schröder dankbar sein muss

Nach einem ernüchternden Wahlergebnis war Angela Merkel schließlich Bundeskanzlerin geworden. Sie kann Gerhard Schröder aus zwei Gründen besonders dankbar sein:

Zum einen, weil Schröder zur Überraschung seiner Partei, der Öffentlichkeit und vor allem der CDU/CSU am 22. Mai 2005 vorgezogene Bundestagswahlen verkündete (siehe auch das Kapitel über Gerhard Schröder). Das führte innerhalb der Union zu einem schnellen Einigungszwang in der Frage der Kanzlerkandidatur. Normalerweise wäre die Kandidatenkür erst etwa ein halbes Jahr später, ein Jahr vor den regulären Wahlen vorgesehen gewesen. Dies hätte insbesondere der CSU viele Mitsprachemöglichkeiten gegeben, für die Unterstützung einer Merkel-Kandidatur politische Zusagen herauszuholen. Jetzt waren die beiden Unionsparteien gezwungen, sich ganz schnell auf Angela Merkel zu einigen; Edmund Stoiber musste endgültig Abschied von seinen Träumen einer erneuten Kandidatur nehmen.

Der zweite Grund, warum Merkel Gerhard Schröder dankbar sein muss, war sein Auftreten am Wahlabend des 18. September 2005. Das Wahlergebnis war für Merkel und die Unionsparteien eine echte Katastrophe. Sie erzielte sogar ein noch schlechteres Ergebnis als Stoiber drei Jahre zuvor – und das als Opposition zu einer in Auflösung begriffenen Bundesregierung. Am 18. September 2005 erhielten die Unionsparteien zusammen lediglich 35,2 Prozent, nur wenig mehr als die SPD mit 34,2 Prozent. Am Wahlabend wirkte Angela Merkel äußerst schockiert, saß fast sprachlos in der Fernseh-»Elefantenrunde«. Vorher hatte sie – auch im Lichte noch etwas günstiger wirkender Umfragen – in Interviews die Auffassung vertreten, der Regierungsauftrag gehe jetzt klar an sie. Schröder hat aus oben dargelegten Gründen seinen Fernsehauftritt zu einem frontalen Angriff auf die Kanzlerkandidatin genutzt, der nicht nur von der Mehrheit der deutschen Bevölkerung als wenig souverän interpretiert wurde, sondern insbesondere eine von ihm so nicht gewünschte Wirkung erzielte: Die alte und die neue Unionsfraktion, die am Dienstag nach der Bundestagswahl zusammentreten sollte, stellte sich solidarisch hinter Merkel. Nach diesem desaströsen Wahlergebnis hätte nämlich leicht eine andere Möglichkeit bestanden: dass einige in der Union gefragt hätten, warum eine gefühlte Merkel-Regierung den scheinbar sicheren Wahlsieg fast noch verloren hatte. Man hätte Merkel persönliche Verantwortung für dieses Wahldesaster anlasten können. Doch das von Schröder ausgelöste Solidaritätsgefühl mit der Kanzlerkandidatin nutzte Merkel klug. Sie hat sich unmittelbar am Dienstag nach den Wahlen erneut zur Fraktionsvorsitzenden wählen lassen. Das war durchaus riskant: Es hätte den Eindruck erwecken können, als ob Merkel selber nicht mehr daran glaubte, Bundeskanzlerin zu werden. Es hätte zudem sein können, dass in geheimer Wahl so viele Nein-Stimmen zustande kommen, dass dies als Misstrauen hätte interpretiert werden können. Sie hatte sich – gegen manchen Rat – zu einer Kandidatur entschieden, weil sie dringend eine neue Legitimation unmittelbar nach der Wahl brauchte. Und die erreichte sie: In geheimer Wahl erhielt sie bis auf drei alle Stimmen ihrer Fraktion. Dies sollte ihre Verhandlungsposition gegenüber der SPD stärken. Sie hatte eine trotzige Kampfstimmung nach dem Motto »Jetzt erst recht« genutzt. Dadurch hatte sie vor allem verhindert, dass sich mögliche Gegner, wie etwa ehrgeizige Ministerpräsidenten, gegen sie hätten formieren können.

Der weitere Fortgang ist bekannt: Zunächst einmal musste der Parteivorsitzende Franz Müntefering den geschäftsführenden Bundeskanzler Schröder dazu bewegen, vom hohen Ross des Wahlabends herunterzusteigen. Andererseits hat Schröder sein – gemessen an den

Vorhersagen – ziemlich gutes Wahlergebnis der SPD einen ehrenvollen Abgang verschafft. Auch die Tatsache, dass er in der Verhandlungsdelegation mit den Unionsparteien mitwirkte, bestimmte die politische Optik. Zu einem ersten Gespräch trafen sich am 9. Oktober 2005 Gerhard Schröder, Franz Müntefering, Angela Merkel und Edmund Stoiber in der Berliner »Parlamentarischen Gesellschaft« – im Raum Niedersachsen, wo das Gemälde »Bismarck verlässt den Reichstag« hängt. Vereinbart wurde eine schwarz-rote Große Koalition, bei der die Union die Kanzlerin plus sieben Minister, die SPD acht Minister, darunter den »Vizekanzler« stellen solle.

In jenen Tagen der Verhandlung, so schien es, kam es Merkel weniger darauf an, möglichst viel CDU-Gedankengut in eine neue Koalitionsvereinbarung einzubringen. Sie wollte erst einmal Kanzlerin werden. Sie tat jedenfalls zu diesem Zeitpunkt alles, um niemanden vor den Kopf zu stoßen. Sie musste sich sogar einer ziemlichen Unverschämtheit Edmund Stoibers aussetzen, der mitten während der Koalitionsverhandlungen räsonierte, Merkel habe in einer Großen Koalition von zwei fast gleich starken Partnern kein »klassisches Direktions- und Weisungsrecht.«[132] Müntefering sollte dem gerne zustimmen.

Eine besondere Dramatik erfuhren die Koalitionsverhandlungen noch durch einen Doppelrücktritt: Zunächst erklärte der SPD-Verhandlungsführer Franz Müntefering seinen Rücktritt vom Parteivorsitz, nachdem sein Versuch, seinen engen Vertrauten und Büroleiter Kajo Wasserhövel zum SPD-Generalsekretär nominieren zu lassen, gescheitert war. Die rheinland-pfälzische Politikerin Andrea Nahles trat zu einer Kampfkandidatur gegen Wasserhövel an und obsiegte: Im SPD-Vorstand hatte es mit 14 zu 23 Stimmen eine klare Entscheidung gegen den Müntefering-Vorschlag gegeben.[133] In den ersten Stunden nach dem Rücktritt war zunächst nicht klar, ob Müntefering auch von seinen Bemühungen, Vizekanzler zu werden, Abstand nähme. Doch in dieser Eigenschaft verhandelte er weiter. Bald sollte Matthias Platzeck ihm als Parteivorsitzender nachfolgen.

Nach dieser Irritation durch die SPD folgte eine zweite, diesmal von der CSU: Edmund Stoiber wollte auf einmal nicht mehr als »Superminister« nach Berlin gehen. Vielleicht hatte er gespürt, dass auf Bundesebene doch ein härterer Wind weht als im heimischen Freistaat, dass er scheitern könnte. Vor allem aber vermutete er wohl, dass es mit der Stabilität der Merkel-Regierung nicht weit her sei, wenn sich bereits während der Koalitionsverhandlungen der wichtigste SPD-Vormann Müntefering vom Parteivorsitz zurückzog. Stoiber wollte nicht Mitglied einer Regierung werden, die nach seiner Vermutung nicht lange bestehen würde. Doch auch darin sollte er sich täuschen.

Stoibers Rücktritt schlug nicht nur in Berlin wie ein Donnerschlag ein, sondern insbesondere in Bayern, wo sich schon mit Günther Beckstein und Erwin Huber zwei gestandene CSU-Politiker im parteiinternen Wahlkampf um die Ministerpräsidenten-Nachfolge gegenüberstanden. Diese Entscheidung des Bayern sollte der Beginn seines politischen Endes sein. Seinen Zickzackkurs waren viele seiner bayrischen Parteifreunde leid, obwohl er noch für einige Zeit in der Landespolitik verblieb. Auch parteiintern wurde sein Verhalten im Bundestagswahlkampf kritisiert. Denn lange Zeit hatte er sich nicht erklärt, ob er überhaupt in eine Regierung Merkel einträte, und dadurch Merkel in eine ziemlich unangenehme Situation gebracht: Sie wollte und konnte nicht Friedrich Merz als Finanzministerkandidaten präsentieren. Denn der hatte keine Lust, dafür nominiert zu werden und dann doch nur Platzhalter für den Mann zu sein, der ihn im Stich gelassen hatte, nämlich Stoiber. Also war Merkel auf den renommierten Verfassungsrechtler und Steuerexperten Paul Kirchhof verfallen. Dessen geringe parteipolitische Erfahrung nutzte allerdings der ausgebuffte Wahlkämpfer Gerhard Schröder hemmungslos aus, um die Union insbesondere in Fragen der Steuerpolitik politisch vorzuführen. Zudem hatte sich dann noch herausgestellt, dass Stoiber bei der Regierungsbildung gar nicht auf den Finanzministerposten aus war. Er wollte ein politisch aufgespecktes Wirtschaftsministerium führen. Das ist deshalb bemerkenswert, weil es eigentlich im Interesse eines Kanzlers sein muss, das wichtige Finanzressort mit einer Person besonderen Vertrauens zu besetzen; als Querschnittressort kann das Finanzministerium in alle Ressorts hineinregieren.

Am 22. November 2005 war es schließlich so weit: Nach dem Abschluss der Koalitionsverhandlungen am 11. November 2005 wird Angela Merkel um 10.52 Uhr zur Kanzlerin der Bundesrepublik

Deutschland gewählt. Angela Merkel erhielt im Bundestag von den 448 Stimmen der CDU/CSU und der SPD-Fraktion insgesamt 397, was 64,7 Prozent der Mitglieder des Parlaments entsprach. Damit schöpfte sie das Stimmenpotential der Koalition zu 88,6 Prozent aus. Bei der ersten Großen Koalition des Jahres 1966–1969 unter Kurt Georg Kiesinger war der Ausschöpfungsgrad geringer: 78,1 Prozent. Um 12.01 Uhr des 22. November 2005 überreichte Bundespräsident Horst Köhler ihr die Ernennungsurkunde. Am Nachmittag fand die Vereidigung der Bundesminister statt, um 19.00 Uhr eine erste Sitzung des Kabinetts. 65 Tage hatte Angela Merkel von der Bundestagswahl bis zur Kanzlerwahl gebraucht. Lediglich bei der zweiten Kabinettsbildung von Helmut Schmidt im Jahr 1976 dauerte es länger (74 Tage). In der Regel dauerten die Phasen vor der Bundestags- bis zur Kanzlerwahl kaum länger als 30 Tage.[134]

Angela Merkel ist mit ihren 51 Jahren bei Amtsantritt die bisher Jüngste aller acht deutschen Bundeskanzler: Helmut Kohl war (1982) 52 Jahre, Gerhard Schröder (1998) 54 Jahre, Willy Brandt (1969) und Helmut Schmidt (1974) waren jeweils 55 Jahre, Kurt Georg Kiesinger (1966) war 60, Ludwig Erhard (1963) 62 und Konrad Adenauer (1949) sogar 73.

Bereits einmal hatte es eine Große Koalition von CDU/CSU und SPD gegeben, von 1966 bis 1969. Doch beide sind schwer zu vergleichen.[135] Angela Merkel verfügte aber schon lange vor dem Beginn ihrer Kanzlerschaft über eine sehr viel stärkere Stellung in der CDU als seinerzeit Kurt Georg Kiesinger, der als baden-württembergischer Ministerpräsident in der Not nach Bonn geholt worden war. Zuvor war er von 1949 bis 1958 eines der großartigen Rednertalente im Deutschen Bundestag gewesen. Die Ex-Generalsekretärin Merkel war zu Beginn ihrer Kanzlerschaft parteierfahrener als Kiesinger[136], wenn auch ursprünglich weniger CDU-affin als der Schwabe. Immerhin war sie seit Januar 1991 Ministerin im Kabinett Kohl und konnte ihre weitere politische Karriere auf ihren Funktionen in der Bundes-CDU aufbauen. Sie kannte seit dieser Zeit das »Parteigeschäft« sehr gut.

Als Gerhard Schröder noch geschäftsführender Bundeskanzler war, hatte er sich in einem kleinen Kreis von Wirtschaftsleuten am 4. Dezember 2005 nicht nur zu seinen Gründen für vorgezogene Wahlen geäußert[137], sondern zur Stabilität der zu erwartenden Großen Koalition Folgendes gesagt: Er erwarte, dass die Große Koalition stabil bleibe, wobei Merkel nur wieder Kanzlerkandidatin würde, wenn sie vier Jahre »überstanden« hätte. Sie sei »nur als Kanzlerin stark«. Zu möglichen SPD-Kanzlerkandidaten: »Die SPD hat in den nächsten Jahren keinen Kandidaten.« »Steinmeier ist noch nicht so weit«, resümierte der Noch-Kanzler. Müntefering als Kandidaten schloss er aus. Berlins Regierenden Bürgermeister kanzelte er in diesem vertraulichen Gespräch mit ziemlich harschen Worten ab (»Verrückter«[138]).

Das Merkel-Kabinett

Das Kabinett Merkels besteht neben der Kanzlerin aus 15 Ministern – sieben gehören den Unionsparteien an, acht der Sozialdemokratischen Partei. Damit ist das Kabinett »auf Augenhöhe« Wirklichkeit geworden. Es muss jedoch bedacht werden, dass der Chef des Bundeskanzleramtes zwar dem Range nach ein Bundesminister für besondere Aufgaben ist, streng genommen aber kein selbständiges Ressort vertritt; er ist erster Gehilfe der Bundeskanzlerin, für Querschnittsaufgaben und Politikkoordination zuständig.

Der von der SPD gestellte »Vizekanzler« war bis zum 21. November 2007 Franz Müntefering, zugleich Arbeits- und Sozialminister. Er wies bei seinem Ausscheiden noch darauf hin, dass es das Amt in dieser Form so eigentlich nicht gebe. Der »Vize« hat formal in erster Linie eine Abwesenheitsfunktion, wenn etwa die Kabinettssitzung nicht vom Kanzler geleitet werden kann. Außenminister Frank-Walter Steinmeier (SPD) wurde als Nachfolger Münteferings Vizekanzler. Er hat sich mit dem frisch ins Auswärtige Amt gewechselten Staatssekretär Heinrich Tiemann einen erfahrenen Mitarbeiter geholt, der ihn bei der Koordination der Aktivitäten der SPD-Minister unterstützt. Eine besonders starke Stellung hat Bundesfinanzminister Peer Steinbrück wegen seiner Veto-Macht in finanzpolitischen Fragen. Das Verhältnis zwischen ihm und der Bundeskanzlerin scheint ziemlich kooperativ und vertrauensvoll zu sein, was insbesondere die internationale Finanzmarktkrise im Oktober 2008 bestätigte: Die Rund-um-die-Uhr-

Verhandlungen im Zusammenhang mit dem Fast-Zusammenbruch des europäischen Bankensystems im Herbst 2008 hat Merkel und Steinbrück enger zusammengeschweißt; jedenfalls war die Zusammenarbeit zwischen beiden relativ geräuschlos. Ein Vergleich von Kabinettsliste und Bundeshaushaltsplan macht deutlich, dass die Sozialdemokraten die zentralen kostenintensiven Ressorts verantworten, die weit mehr als die Hälfte des Bundeshaushaltes ausmachen. Dazu gehören vor allem das Ministerium für Arbeit und Soziales, das nach dem Ausscheiden von Franz Müntefering seit dem 21. November 2007 von Olaf Scholz geleitet wird, ferner das von Ulla Schmidt geführte Gesundheitsministerium, aber auch das Verkehrs-, Bau- und Stadtentwicklungsministerium, geleitet von dem einzigen Ostdeutschen neben Merkel, Wolfgang Tiefensee.

Auf sozialdemokratischer Seite zu nennen sind noch der frühere niedersächsische Ministerpräsident Sigmar Gabriel, zuständig für Umwelt, Naturschutz und Reaktorsicherheit, sowie die Justizministerin Brigitte Zypries, die diese Aufgabe bereits im Kabinett »Schröder II« wahrgenommen hat. Sie war unter dem Ministerpräsidenten Schröder Staatssekretärin im Ministerium für Frauen, Arbeit und Soziales des Landes Niedersachsen, wurde dann 1998 Staatssekretärin im Bundesministerium des Inneren, danach trat sie ins Kabinett ein. Gerhard Schröder konnte sie bei den Koalitionsverhandlungen durchsetzen wie auch seinen engsten Vertrauten Frank-Walter Steinmeier. In einem weiteren Sinne kann man auch Sigmar Gabriel als einen Mann Schröders ansehen, trotz manchen Streits zwischen beiden. Gabriel sollte jedoch die Kontinuität des Einflusses der niedersächsischen Automobilindustrie sicherstellen. Keine Vertrauensperson Schröders war die »linke« Ministerin für Wirtschaftliche Zusammenarbeit und Entwicklung, Heidemarie Wieczorek-Zeul. Sie war schon zu Zeiten der Jungsozialisten eher Schröder-kritisch.

Nach der Bundestagswahl 2005 stellte sich die Frage, wer von den sozialdemokratischen Mitgliedern des Kabinetts »Schröder II« nicht in die Regierungsmannschaft der Großen Koalition übernommen wurde. Renate Schmidt, bis dato Ministerin für Familie, Senioren, Frauen und Jugend, bekannte in einem Interview freimütig, wie sie von ihrem Abschied erfuhr und wie Verwundungen zugefügt wurden, nicht nur ihr:»Ich habe die Heidemarie Wieczorek-Zeul angerufen, und sie hat mir gesagt, was beschlossen wurde, das war wenige Minuten vor der Parteivorstandssitzung. Es gab kein einziges Telefonat vorher von denen, die das Personal ausgesucht hatten. Dieses Schicksal teile ich mit Otto Schily, Peter Struck, Edelgard Bulmahn und Wolfgang Clement.«[139]

Der Bundeskanzler hat trotz seiner formalen Richtlinienkompetenz nicht die Möglichkeit, die Personalauswahl der Koalitionspartner zu beeinflussen. Er hat nicht einmal ein Vetorecht. Dasselbe gilt für das Verhältnis Merkels zur CSU. Von den (inklusive Merkel) acht Kabinettsmitgliedern der Union gingen zwei Ministerposten an die CSU. Michael Glos, bis dahin Landesgruppenchef der CSU und Erster stellvertretender Vorsitzender der CDU/CSU-Bundestagsfraktion, wurde zu seiner eigenen Überraschung Bundesminister, nachdem sich Stoiber urplötzlich verabschiedet hatte. Sein Nachfolger wurde im Februar 2009 der Franke Karl-Theodor Freiherr zu Guttenberg. Ebenfalls nicht beeinflussen konnte Merkel die Besetzung des Ministeriums für Ernährung, Landwirtschaft und Verbraucherschutz durch Horst Seehofer (seit dem 4. November 2008: Ilse Aigner, CSU). Seehofer hätte Merkel liebend gerne verhindert. Sie spielte deshalb angeblich sogar mit dem Gedanken, den damaligen bayerischen Staatsminister und Chef der Staatskanzlei, Erwin Huber, als Chef des Bundeskanzleramtes zu gewinnen.[140] Merkel verübelte Seehofer unter anderem, dass er im Oppositionsjahr 2004 Merkels Bemühen, der Union im Zusammenhang mit dem Leipziger Parteitag ein Reformimage zu geben, konterkariert hatte. Er brachte den in Fragen der Gesundheits- und Rentenpolitik schwankenden Stoiber zu einer Ablehnung des Merkel-Kurses.

Welch geringen Einfluss die Kanzlerin auf die Zusammensetzung des Kabinetts hatte, sieht man daran, dass sie von den restlichen unionsgeführten Ressorts mit Ausnahme von Thomas de Maizière als Chef des Kanzleramtes eine unmittelbare »Personalhoheit« nur bei vier Ministerposten hatte: Dass sie Wolfgang Schäuble zum Bundesminister des Inneren machte, war weniger einem schlechten Gewissen geschuldet. Es zeigte vielmehr, dass sie sich stark genug fühlte, ihn in die Regierungsarbeit einzubeziehen. Sie hätte einen Dauer-Grummler in der Fraktion, der dort sicherlich eine herausgehobene Aufgabe bekommen hätte, schwerer unter Kontrolle gehabt als einen in die Kabinettsdisziplin eingebundenen Innenminister. Traditionell besitzt der sogenannte »Verfassungsminister« im Bundeskabinett eine starke Stellung und hat manche Querschnittsfunktionen in der Regierung, zumal er auch so etwas wie einen institutionellen Gegenpol zur Justizministerin darstellt. Schäuble hat von allen Ministern die längste politische Praxis und die breiteste Erfahrung. Mit Franz Josef Jung kam nach Manfred Wörner der erste Unionspolitiker ins Verteidigungsministerium, der selber bei der Bundeswehr gedient hatte. Die Tatsache, dass der langjährige Freund und Mitstreiter des hessischen Ministerpräsidenten Koch diese wichtige Aufgabe erhielt, war letztlich ein »Handel« zwischen Merkel und Koch, der einen Vertrauensmann im Kabinett haben wollte. Seitdem hat sich auch das Verhältnis zwischen Koch und Merkel sichtbar entspannt.

Die Ministerin Ursula von der Leyen, zuständig für Familie, Senioren, Frauen und Jugend, ist die eigentliche Neuentdeckung. Die Tochter des früheren niedersächsischen Ministerpräsidenten Ernst Albrecht hat in kurzer Zeit eine steile politische Karriere gemacht, zunächst als Landesministerin unter Christian Wulff. Er war es auch, der Merkel nahelegte, sie in ihr Kabinett zu holen. Einerseits ist sie also ein Zugeständnis an Wulff, der lange Zeit als möglicher Nachfolger bzw. Konkurrent Merkels gehandelt wurde, andererseits aber wollte die kinderlose Kanzlerin mit Ursula von der Leyen bewusst ein Zeichen setzen: Die siebenfache Mutter sollte nach dem Kalkül von Angela Merkel Wärme und Mütterlichkeit in der Politik symbolisieren, vor allem aber die traditionelle Familienpolitik der CDU, die ihr viele Nachteile bei Wählerinnen eingebracht hatte, konsequent liberalisieren und modernisieren. Ursula von der Leyen gelang es in der Tat, durch beherzte Forderungen der Familienförderung einen sehr viel höheren Stellenwert zu geben. Sie hat die Familienpolitik erstmalig wieder als ein Thema für die Unionsparteien zurückgewinnen können – eigentlich erstaunlich, dass die christlich-demokratische Partei in der Vergangenheit hier nur wenige durchsetzungsfähige Politiker aufzuweisen hatte. Am ehesten verdankt Annette Schavan, Bundesministerin für Bildung und Forschung, ihre Ernennung der besonderen Sympathie Angela Merkels. Beide Frauen sind befreundet. Gleichzeitig wurde damit der mächtige CDU-Landesverband Baden-Württemberg zufriedengestellt. Schavan war ursprünglich Ministerpräsidentenkandidatin, verlor aber in einer am 2. Dezember 2004 ausgezählten Mitgliederbefragung der Südwest-CDU gegen Günther Oettinger.[141]

Bei der Kabinettsbildung hat Merkel unterschätzt, welchen Ärger sie damit in Nordrhein-Westfalen auslösen würde. Immerhin hatte Jürgen Rüttgers in der Auseinandersetzung um die Kanzlerkandidatur 2002 hinter Merkel gestanden. Und sein Wahlsieg in Nordrhein-Westfalen hatte 2005 den Anlass für die vorgezogene Bundestagswahl gegeben. Er hat sicherlich erwartet, dass Angela Merkel dies in irgendeiner Form honorieren würde. Doch kein CDU-Politiker aus dem bevölkerungsreichsten Bundesland gehört der Bundesregierung mit Kabinettsrang an. Rüttgers musste nach seinen Gesprächen mit Merkel davon ausgehen, dass wenigstens der aus dem Rhein-Sieg-Kreis stammende Bundestagsabgeordnete Norbert Röttgen Kanzleramtschef würde. In einem Interview im ›Morgenecho‹ des WDR 5 jedenfalls zeigte sich Rüttgers noch am 12. Oktober 2005 mit den von ihm erwarteten Personalentscheidungen Merkels einverstanden und verkündete mit zufriedener Stimme, Norbert Röttgen werde »Kanzleramtschef«.[142] Rüttgers war überzeugt, von Merkel eine Zusage erhalten zu haben. Er hätte wohl sonst kaum die Ernennung Röttgens vorher öffentlich angekündigt.[143] Wenige Stunden danach sah er sich getäuscht. Seitdem ist das Vertrauensverhältnis zwischen Merkel und Rüttgers, die sich beide aus gemeinsamen Zeiten im Kohl-Kabinett kennen, gestört.

Die Zusammensetzung des Kabinetts Merkel hat sich als relativ stabil erwiesen. Arbeitsminister Müntefering war mit der Begründung zurückgetreten, dass er sich um seine todkranke Frau kümmern wolle, worauf Frank-Walter Steinmeier die Position des Stellvertreters der Bundeskanzlerin übernahm. Zudem schied Ende September 2008 Horst Seehofer aus dem Kabinett aus und wurde bayrischer Ministerpräsident. Seine Nachfolgerin als Landwirtschafts- und Verbraucherministerin ist Ilse Aigner. Sodann folgte zu Guttenberg auf Glos. Die meisten SPD-Minister hatten übrigens bereits vorher dem Bundeskabinett angehört (Müntefering, Steinmeier, Zypries, Ulla Schmidt, Wieczorek-Zeul). Auf Unionsseite hatten nur Angela Merkel, Wolfgang Schäuble und Horst Seehofer schon unter Kohl gedient. Lediglich bei der Benennung der parlamentarischen Staatssekretäre, die der Union angehören, hatte Merkel einen größeren Einfluss. Dazu gehören auch die Staatsminister bei der Bundeskanzlerin, die diesen klangvollen Titel führen dürfen, auch wenn sie den Rang eines parlamentarischen Staatssekretärs haben. So sind im Bundeskanzleramt drei Staatsminister angesiedelt: Maria Böhmer, sie ist Beauftragte der Bundesregierung für Migration, Flüchtlinge und Integration; Hermann Gröhe, er übernahm am 1. Oktober 2008 die Nachfolge von Hildegard Müller als Staatsminister im Bundeskanzleramt und ist unter anderem für die Beziehung zu den Bundesländern zuständig. Er ist Mitglied der Synode und des Rates der Evangelischen Kirche in Deutschland. Bernd Neumann ist als Staatsminister im Bundeskanzleramt zugleich Beauftragter der Bundesregierung für Kultur und Medien. Er ist ein »alter Hase«, der bereits parlamentarischer Staatssekretär beim Bundesminister für Forschung und Technologie zur Regierungszeit Helmut Kohls gewesen war, ein Unterstützer Kohls auch nach dem Spendenskandal. Neumann bildet eine Brücke der Kanzlerin zu ihrem Vor-Vorgänger Kohl. Sie konnte dafür sorgen, dass einer ihrer wichtigsten Vertrauten, Peter Altmaier, parlamentarischer Staatssekretär bei Schäuble wurde, ebenso wie der ostdeutsche Christoph Bergner.

Im Ressort Wirtschaft und Technologie gibt es drei parlamentarische Staatssekretäre: Peter Hintze, der schon Merkels parlamentarischer Staatssekretär während ihrer Zeit als Bundesministerin für Frauen und Jugend war. Er wurde zuständig für die Europapolitik. Daneben ist er Koordinator der Bundesregierung für die Luft- und Raumfahrt. Ebenfalls aus Nordrhein-Westfalen stammt Hartmut Schauerte, der dem Wirtschaftsflügel der Union zugerechnet wird und Mittelstandsbeauftragter der Bundesregierung wurde. Weitere parlamentarische Staatssekretärin in diesem Ministerium wurde die CSU-Politikerin Dagmar Wöhrl. Im Bereich Ernährung, Landwirtschaft und Verbraucherschutz wurde neben dem CSU-Politiker Gerd Müller Ursula Heinen als Nachfolgerin von Peter Paciorek – nun Regierungspräsident von Münster – parlamentarische Staatssekretärin. Sie gehört zu den besonderen Vertrauenspersonen Merkels in der Fraktion. Auch auf die Auswahl der anderen der CDU angehörenden parlamentarischen Staatssekretäre konnte Merkel Einfluss nehmen: Friedbert Pflüger (er diente bis zu seinem Wechsel in die Berliner Landespolitik bei Franz Josef Jung, gefolgt am 27. Oktober 2006 durch den Niedersachsen Thomas Kossendey), Hermann Kues (bei Ursula von der Leyen; er ist zugleich Repräsentant des katholischen Flügels) sowie der nordrhein-westfälische CDU-Politiker Thomas Rachel und der Hesse Andreas Storm bei der Bundesministerin Schavan.

Allerdings sagt die Regierungsbildung wenig darüber aus, wer Merkels eigentliche Freunde und Berater innerhalb von Partei und Fraktion sind. Um dieser Frage auf die Spur zu kommen, bediente sich der damalige ›Focus‹-Journalist Henning Krumrey nach der ersten Kabinettssitzung am 22. November 2005, dem Tag der Kanzlerwahl, einer unorthodoxen Methode. Er war zu Beginn der Kabinettssitzung im Kanzleramt als Pressebeobachter zugegen, aber danach »fand« er »nicht den Ausgang«, gab sich wie ein Beamter des Bundeskanzleramtes und beobachtete in der Nähe des Kanzlerbüros, wer da alles zur Siegesfeier nach und nach eintraf. Dank dieser journalistischen Penetranz[144] wissen wir, dass Merkels Ehemann Joachim Sauer dabei war, der tagsüber auf der Tribüne im Unterschied zu Merkels Eltern nicht gesehen worden war. Dabei waren auch zwei Männer der ersten Stunde, die Merkel als Bundesministerin unterstützt hatten: Peter Hintze (damals ihr parlamentarischer Staatssekretär) und ihr damaliger beamteter Staatssekretär Willi Hausmann, sowie CDU-Generalsekretär Volker Kauder (er wurde später Fraktionsvorsitzender), Norbert Röttgen, Ronald Pofalla (damals noch stellvertretender Fraktionsvorsitzender, designierter CDU-Generalsekretär), der saarländische Abgeordnete und heutige parlamentarische Staatssekretär im Schäuble-Ministerium, Peter Altmaier, außerdem natürlich Merkels Büroleiterin Beate Baumann und ihre Pressesprecherin Eva Christiansen.[145]

Merkel kann sich, anders als seinerzeit Schröder, keine Basta-Worte gegenüber ihrem Koalitionspartner erlauben. Man kann zwar sagen, dass ihr effizient arbeitendes Bundeskanzleramt schon eine prägende

Rolle in der Politikgestaltung auch der sozialdemokratischen Minister hat, zumal ja wenigstens 80 bis 90 Prozent der Regierungsentscheidungen im Konsens geschehen. Was in der Öffentlichkeit auffällt, sind natürlich eher die Streitpunkte. Zweifelsohne war es für Angela Merkel ein besonderer Schlag, als Franz Müntefering am 21. November 2007 die Regierung verließ. Er war aufseiten der Sozialdemokraten der eigentliche Garant der Großen Koalition gewesen. Auch wenn er sich nach seiner Wiederbenennung als SPD-Parteivorsitzender am 18. Oktober 2008 öffentlich kritisch zur Führungskraft Merkels äußerte, so konnte doch von einem Vertrauensverhältnis zwischen beiden ausgegangen werden. Beide trafen sich jeweils eine halbe Stunde vor dem Kabinett, um besonders sensible Fragen zu besprechen.

Mit dem Ausscheiden Münteferings wurde die Situation für Merkel viel schwieriger. Ohnehin sah es ja nach der Entscheidung über die Große Koalition zunächst danach aus, dass sich drei Parteivorsitzende im Kabinett versammelten, neben Merkel auch Müntefering und Stoiber. Doch der eine gab den Parteivorsitz während der Koalitionsverhandlungen auf, der andere ging erst gar nicht in die Regierung. In der ersten Großen Koalition hatten alle drei Parteivorsitzenden (Kiesinger, der als Kanzler CDU-Vorsitzender wurde; Strauß und Willy Brandt) dem Bundeskabinett angehört. Der Müntefering-Nachfolger im SPD-Vorsitz, Matthias Platzeck, blieb jedoch Ministerpräsident in Brandenburg und sein Nachfolger im Parteivorsitz, Kurt Beck, blieb Ministerpräsident in Mainz. Während Platzeck Müntefering Spielraum ließ, die Regierungsarbeit der SPD zu koordinieren, wollte Beck dies gerade nicht zulassen. Er versuchte, den eigenwilligen Müntefering an die Kandare zu nehmen. Beide hatten nie ein enges Verhältnis zueinander. Müntefering verübelte Beck, dass er seinen Vertrauten Kajo Wasserhövel nicht als Generalsekretär der SPD unterstützt und seinen Urlaub nicht unterbrochen hatte. Weil Beck in einigen wichtigen Fragen der Regierungspolitik anderer Meinung war als Müntefering, insbesondere im Zusammenhang mit dem Arbeitslosengeld I, war dessen Position sichtbar geschwächt.

Merkels Diagnose war, dass der eigene politische Partner, die SPD, nur schwer integrierbar ist, wenn der Parteivorsitzende nicht der Bundesregierung mit angehört. Jedenfalls wirkte sich die schlechte

Chemie zwischen dem SPD-Vorsitzenden Beck und dem Vizekanzler Müntefering als Vormann der SPD-Minister negativ auf das Erscheinungsbild der Großen Koalition in der Öffentlichkeit aus. Das schadete aber eher der SPD als Merkel. Mit der erneuten Wahl Münteferings zum SPD-Parteivorsitzenden am 18. Oktober 2008 wurde die Lage der der SPD angehörenden Regierungsmitglieder wieder verbessert, da Müntefering sich als einer der Hauptarchitekten der Großen Koalition in die Lage seiner Ministerkollegen versetzen kann. Die Zusammenarbeit der SPD-Minister mit Merkel ist unterschiedlich. Mit Frank-Walter Steinmeier ist sie eher geschäftsmäßig. Seine Nominierung zum SPD-Kanzlerkandidaten auf dem SPD-Parteitag am 18. Oktober 2008 klärte die personelle Konstellation zum Bundestagswahlkampf 2009. Die SPD machte sich Mut mit der Erinnerung, dass nach der ersten Großen Koalition der damalige Außenminister Willy Brandt im Zweikampf mit Kurt Georg Kiesinger obsiegte, wenn damals auch nur knapp.

Regierungssprecher und zugleich Chef des Presse- und Informationsamtes der Bundesregierung wurde zur Überraschung vieler Ulrich Wilhelm. Der 1961 in München Geborene hat die Deutsche Journalistenschule besucht und später Rechtswissenschaften in Passau und München studiert. Der Volljurist war dann einige Zeit freier Journalist für Zeitungen, Hörfunk und Fernsehen, bis 1990 in der Chefredaktion des Bayerischen Fernsehens tätig und trat schließlich 1991 in den bayerischen Staatsdienst ein, zunächst im Staatsministerium des Inneren. Dann geriet er in Stoiber-Nähe, war ab 1993 Mitarbeiter der Bayerischen Staatskanzlei, von 1999 bis Ende 2003 Pressesprecher des Ministerpräsidenten Edmund Stoiber und der Bayerischen Staatsregierung. Schließlich wurde er Amtschef unter dem bayerischen Staatsminister für Wirtschaft, Forschung und Kunst, Thomas Goppel. Merkel hat wohl lange mit sich gerungen, wem sie diese zentrale Aufgabe übergibt. Sie hat bei Wilhelm erst einen Tag vor der Bekanntmachung angefragt.

Stellvertreter Wilhelms wurde Thomas Steg, der diese Funktion bereits unter Gerhard Schröder wahrnahm. Er hat den von vielen bewunderten Spagat zu vollbringen, einerseits loyal zur Kanzlerin zu sein, andererseits als SPD-Mitglied auch loyal gegenüber seiner

Partei zu sein. Das wurde ihm fast zum Verhängnis, als er aus Anlass des Besuches des geistlichen Oberhauptes der Tibeter in Deutschland im Mai 2008 Außenminister Steinmeier nicht davon in Kenntnis setzte, dass seine eigene Parteifreundin Heidemarie Wieczorek-Zeul als Entwicklungshilfeministerin den Dalai Lama empfangen würde. Der SPD-Vorsitzende Beck hatte gesagt, als er von dem Termin erfahren habe, sei »der Scheiß« nicht mehr rückgängig zu machen gewesen[146], das Auswärtige Amt war sauer. Der als »Merkels Genosse« bezeichnete Steg[147] erhielt deshalb in der SPD einige mahnende Worte, eigentlich gegen Wieczorek-Zeul gerichtet, die sich nicht mit Steinmeier abgestimmt hatte. Steg ist bei den Berliner Journalisten außerordentlich beliebt. Er nimmt entgegen anfänglicher Übung nicht an den Morgenlagen der Kanzlerin teil, weil ihm ein Loyalitätskonflikt dieser Art nicht zumutbar wäre. Im Gegensatz zum Regime Kohl gibt es im Kanzleramt keine selbständige Pressebetreuung, wie das durch Eduard Ackermann und vor allem durch Andreas Fritzenkötter geschah. Das Bundespresseamt in Gestalt des Regierungssprechers ist in alle Presseaktivitäten der Kanzlerin einbezogen, was unter Kohl nicht der Fall war.

Merkels Imperium

Ohne einen engen Kreis von besonders Vertrauten kann ein Bundeskanzler nicht regieren. Zugleich sagt die engste Umgebung auch einiges zum Regierungsstil aus. Von allen Vertrauten Angela Merkels ist Beate Baumann die wichtigste, sie hat den größten Einfluss auf die Kanzlerin.[148] Die 1963 in Osnabrück geborene Baumann hat Anglistik und Germanistik in Münster und Cambridge studiert. Sie war in der Jungen Union aktiv und wurde Merkel von Christian Wulff empfohlen, nachdem Merkel im Dezember 1991 Kohls einzige stellvertretende CDU-Vorsitzende wurde. Seitdem arbeitet Baumann ohne Unterbrechung für Merkel. Sie folgte ihr als persönliche Referentin in die beiden Ministerien und begleitete Merkel ins Konrad-Adenauer-Haus als Generalsekretärin, wo Baumann dann auch Leiterin des Büros der Parteivorsitzenden wurde. Baumann ist in den »normalen«

politischen Vorgängen, die das Kabinett berühren, nicht besonders einflussreich – das ist der Chef des Kanzleramtes. Aber sie hat in wichtigen strategischen Fragen einen großen Einfluss, also etwa bei Fragen wie: Welche Reden sollte Merkel wann und wo halten? Welche Schwerpunkte sollen in Parteibeschlüssen ihren Niederschlag finden? Welche Gespräche mit wem soll die Kanzlerin führen? Baumann dürfte auf Merkel sogar einen noch größeren Einfluss haben als Sigrid Krampitz auf Gerhard Schröder und einen deutlich stärkeren als Juliane Weber auf Helmut Kohl. Deren Stärke lag vor allem darin, vieles an Stimmungen, etwa in der eigenen Partei, an den Kanzler weiterzugeben. Aber Weber hatte keinen wirklich inhaltlichen Einfluss.

Außerdem gehört zum Kreis der Vertrauten der Chef des Bundeskanzleramtes, Thomas de Maizière, zugleich Bundesminister für besondere Aufgaben. Merkel und de Maizière kennen sich seit ihrer Zeit als stellvertretende Regierungssprecherin unter Lothar de Maizière. Thomas de Maizière ist der Sohn des ehemaligen Generalinspekteurs der Bundeswehr, Ulrich de Maizière, und Cousin des letzten DDR-Ministerpräsidenten Lothar de Maizière. Der 1954 in Bonn geborene, politisch und administrativ äußerst erfahrene Jurist ist so etwas wie ein idealer Chef des Bundeskanzleramtes: Ein sehr politisch denkender und zugleich effizienter Mann der Verwaltung, der von 1985 bis 1989 Leiter des Grundsatzreferates der Senatskanzlei des Landes Berlin war. Er wirkte später am Aufbau des Amtes des Ministerpräsidenten der DDR mit. Darüber hinaus war er von 1990 bis 1994 Staatssekretär im Kultusministerium des Landes Mecklenburg-Vorpommern, danach bis 1998 Chef der Staatskanzlei in Mecklenburg-Vorpommern, ab 1999 war er Berater und ab Oktober 1999 Leiter der Sächsischen Staatskanzlei unter Kurt H. Biedenkopf, dann im Freistaat Sachsen hintereinander Staatsminister der Finanzen, der Justiz und schließlich des Inneren. De Maizières besonderer Verdienst war ein geräuschloser Start der Großen Koalition. Es gab keine Anfangspannen wie bei Kohl und Schröder. Einen Unterschied zu seinem Vorgänger Steinmeier gibt es: Steinmeier hatte hausintern auch das Realkommando, weil sich Schröder für die Einzelheiten des Regierungsmanagements nicht wirklich interessierte, im Gegensatz zu seiner detailverliebten und auf Effizienz achtenden Nachfolgerin.

Zu Merkels engstem Kreis außerhalb des Kanzleramtes gehört CDU-Generalsekretär Ronald Pofalla, ihr engster Vertrauter in der Partei, der auch an den Morgenlagen teilnimmt. Der Anwalt ist ein loyaler Verfechter Merkels in der Partei – ähnlich wie der Fraktionschef Volker Kauder, selbst wenn er sein Amt formal der Fraktion und nicht der Parteivorsitzenden verdankt.

Merkels Wochenplan

Zur Politikkoordinierung gibt es einen wöchentlich wiederkehrenden Fahrplan. Praktisch täglich gibt es die von Schröder nicht praktizierte und von Merkel wieder eingeführte »Morgenlage«. Bei dieser Besprechung schart sie ihren wichtigsten Beraterkreis um sich, mit dem aktuelle wie auch prinzipiell-strategische politische Fragen besprochen werden. Und es werden Arbeitsaufträge verteilt. Zu dieser Morgenlage kommen neben dem Chef des Kanzleramtes, de Maizière, und dem Sprecher der Regierung, Ulrich Wilhelm, vor allem Merkels engste Vertraute Beate Baumann, aber auch Eva Christiansen, die sie schon als Pressemitarbeiterin vom Konrad-Adenauer-Haus her kannte. Sollte Regierungssprecher Wilhelm verhindert sein, übernimmt Christiansen den morgendlichen Pressevortrag in der Kanzlerinnen-Lage. Regelmäßig nimmt zudem der CDU-Generalsekretär Ronald Pofalla teil, hin und wieder, vor allem freitags, der Erste Parlamentarische Geschäftsführer Norbert Röttgen, bei besonders wichtigen Themen auch der CDU/CSU-Fraktionsvorsitzende Volker Kauder. Seine Sonderstellung (wie die von Röttgen) in dieser Runde ist, dass er nicht weisungsgebunden ist. Außerdem nahm Hildegard Müller, Staatsministerin im Bundeskanzleramt, daran teil, jetzt auch ihr Nachfolger Hermann Gröhe. Darüber hinaus – nicht mehr ganz im engsten Vertrautenkreis – nehmen an dieser Morgenlage in der Regel Michael Wettengel teil, Leiter der Zentralabteilung für Organisationsfragen, außerdem ist Matthias Graf von Kielmansegg anwesend, Leiter des Planungsstabs im Bundeskanzleramt und früher Mitarbeiter von Friedrich Merz. Die Morgenlage findet regelmäßig dienstags bis freitags um 8.30 Uhr statt, am Mittwoch bereits um 7.45 Uhr.

Montags finden häufig die Sitzungen der Parteigremien statt – falls nicht, gibt es um 8 Uhr morgens eine telefonische Schaltkonferenz Merkels mit den Ministerpräsidenten, die der CDU/CSU angehören. An dieser beteiligen sich auch Kauder und Pofalla. Häufig tagt montags das Präsidium der Partei. Parallel verlaufende Strukturen gibt es auch bei der SPD. Montags gibt es zudem eine Runde der B-Staatssekretäre, die der Union angehören und sich unter Leitung von Thomas de Maizière um 16 Uhr treffen, während sich die A-Staatssekretäre (A steht für SPD, B für CDU) zum selben Zeitpunkt im Auswärtigen Amt, dem »Vizekanzleramt« treffen. Um 17 Uhr gibt es eine parteiübergreifende Sitzung aller Staatssekretäre, um dann die Kabinettssitzung vorzubereiten. Außerdem findet am Montagnachmittag eine Sitzung des Fraktionsvorstandes statt, an der Merkel aber nicht teilnimmt.

Dienstags tritt am Nachmittag die CDU/CSU-Bundestagsfraktion zusammen. Merkel nimmt regelmässig an den Fraktionssitzungen teil. Auch darin unterscheidet sie sich von ihrem Vorgänger Schröder, der häufig seine Fraktion links liegen ließ. Sie weiß um die Explosivkraft einer Fraktion und hat gegenüber ihrem »getreuen Eckart« Kauder nicht das Zutrauen, dass er eruptiven Situationen kraftvoll entgegensteuern könne. Merkel ist sich aber auch bewusst, dass Abgeordnete informiert und betreut werden wollen.

Mittwoch ist der wichtigste Tag im Wochenplan der Kanzlerin, weil das Kabinett tagt. Nach der Morgenlage, die dann bereits um 7.45 Uhr stattfindet, folgt um 8.15 Uhr ein Frühstück Merkels mit den Ministern der Union, an dem zusätzlich neben dem Chef des Kanzleramts auch der Regierungssprecher Ronald Pofalla, Volker Kauder, Norbert Röttgen und der CSU-Landesgruppenchef Peter Ramsauer teilnehmen. Von 9.15 Uhr bis 9.30 Uhr findet dann zwischen dem Vizekanzler und Merkel ein Vieraugengespräch statt. Danach folgt die Kabinettssitzung. In der Regel dauert diese mindestens eine Stunde, normalerweise anderthalb bis zwei Stunden. Müntefering war unzweifelhaft der Anführer der SPD-Minister, mit großer Autorität, auch aufgrund seiner Erfahrung. Müntefering hat allerdings im Kabinett (und im Koalitionsausschuss) selber wenig gesagt. Er liebte kurze Sitzungen. Sicher waren für ihn die Vieraugenbesprechungen mit der

Kanzlerin besonders wichtig, weil er dann in optimaler Weise seinen persönlichen Einfluss geltend machen konnte. Häufig schließen sich mittwochs im Anschluss an die Kabinettssitzung noch Ressortbesprechungen zwischen einzelnen Ministern im Kanzleramt an.

Donnerstag ist ein weiterer wichtiger Koordinationstag, wenn am darauffolgenden Freitagvormittag der Bundesrat tagt. Dann gibt es eine Kanzlerrunde zur Vorbereitung der Plenarsitzung dieses Verfassungsorgans, in dem die Länder ihre Interessen vertreten. Teilnehmer sind neben den Ministerpräsidenten Kauder, Ramsauer und Röttgen, aber auch die Generalsekretäre der beiden Unionsparteien (Ronald Pofalla für die CDU; CSU-Generalsekretäre in der Zeit der Großen Koalition waren bisher: Markus Söder, Christine Haderthauer, Karl-Theodor Freiherr zu Guttenberg und seit Februar 2009 Alexander Dobrindt). Zeitgleich treffen sich die SPD-Ministerpräsidenten, auch die SPD-Minister mit dem SPD-Vorsitzenden.

Ein wichtiges Datum für Merkel ist der unregelmäßig tagende Koalitionsausschuss. Nach verschiedenen Versuchen des Zusammentretens hat sich die Übung herausgestellt, dass seitens der CDU neben der Bundeskanzlerin teilnehmen: Fraktionsvorsitzender Volker Kauder und Thomas de Maizière, seitens der CSU der jeweilige Vorsitzende (zunächst Stoiber; als Erwin Huber CSU-Vorsitzender wurde, war er dabei, aber nicht der bayerische Ministerpräsident Beckstein, obwohl er es wollte; jetzt der CSU-Parteivorsitzende Seehofer). Außerdem nimmt seitens der CSU Peter Ramsauer teil, Chef der CSU-Landesgruppe. Aufseiten der SPD nimmt neben dem jeweiligen SPD-Vorsitzenden (Platzeck, dann Beck, dann Müntefering) teil: der Fraktionsvorsitzende Peter Struck, Außenminister Frank-Walter Steinmeier (vorher Müntefering) und Finanzminister Peer Steinbrück. Es ist die Regel, dass bei zentralen Themen der zuständige Fachminister beigezogen wird. Beide Seiten haben sich geeinigt, dass der Koalitionsausschuss nach Bedarf tagt. Weil Beck und Huber in Mainz und München weit weg von Berlin waren, hatte es sich eingebürgert, dass der Koalitionsausschuss etwa alle sechs Wochen tagte. Allerdings reifte dann die Erkenntnis, dass eine Sitzung nur sinnvoll ist, wenn auch tatsächlich ein Ergebnis herauskommt.

Der obige »Wochenplan« wird aber durch vielfältige Termine

ergänzt, zum Teil auch – dank der Flugbereitschaft der Bundeswehr – durch Kurztrips ins Ausland. Beispielhaft für einen besonders ereignisreichen Tag sei der 11. November 2008 genannt: An diesem Tag war Merkel zunächst in Polen. Dort nahm sie auf Einladung von Präsident Lech Kaczynski an den Feierlichkeiten zum Ende des Ersten Weltkriegs vor neunzig Jahren teil. Nach ihrer Rückkehr ging sie in die Unionsfraktion. Und am gleichen Tag gab sie noch der ›Süddeutschen Zeitung‹ ein einstündiges Interview.[149] Merkels Tageskalender ist randvoll, auch mit Telefonterminen.

Sechs Abteilungen

Das Bundeskanzleramt ist in sechs Abteilungen unterteilt. Die Abteilung 1 nennt sich Zentralabteilung, weil sie für alle Personalangelegenheiten des Bundeskanzleramtes und der Bundesregierung sowie für Haushaltsfragen zuständig ist, wie auch für den internen Dienst. Zugleich wird dort die Innen- und Rechtspolitik betreut. Leiter ist Michael Wettengel. Er war bereits in der CDU-Zentrale im Konrad-Adenauer-Haus und in der Bundestagsfraktion Angela Merkels Mann für Personalfragen. Er kann in vielfältiger Weise über Karrieren insbesondere von Beamten entscheiden. Leiter der Abteilung 2, zuständig für Außen-, Sicherheits- und Entwicklungspolitik, ist Christoph Heusgen, der zuvor lange Jahre Chef des politischen Stabs des für EU-Außenbeziehungen zuständigen Javier Solana in Brüssel war. Heusgen kam vom Auswärtigen Amt, muss jetzt erleben, dass jeder Abteilungsleiter für Außenpolitik im Kanzleramt von seinem Stammhaus kritisch beäugt wird. Heusgen ist aber ein sehr erfahrener Diplomat und begleitet die Kanzlerin häufig bei Auslandsreisen, die für ihre öffentliche Selbstdarstellung und auch für ihren internationalen Einfluss so wichtig sind. Bei den langen Auslandsflügen gibt es für den Beamten viele Gelegenheiten, Einfluss auf die Kanzlerin zu nehmen. Die Abteilung 3 leitet Ulrich Roppel, sie ist für Sozial-, Gesundheits-, Arbeitsmarkt-, Infrastruktur- und Gesellschaftspolitik zuständig. Roppel war zuvor Direktor der Bundesknappschaft in Bochum. Jens Weitmann ist der für Wirtschafts- und Finanzpolitik zuständige Leiter der Abteilung 4, den Merkel von der Deutschen Bundesbank – hier leitete er die Abteilung Weltpolitik – geholt hatte. Seine Kenntnisse sollten sich vor allem während der Bankenkrise im Jahr 2008 auszahlen. Weidmann war von 1999 bis 2003 Generalsekretär des Sachverständigenrats zur Begutachtung der gesamtgesellschaftlichen Entwicklung gewesen. Die Rolle des »Sherpas« der Bundeskanzlerin für internationale Wirtschaftskonferenzen übernahm jedoch der sehr erfahrene Bernd Pfaffenbach, der wegen seiner fachlichen Kompetenz auch unter Gerhard Schröder Karriere gemacht hat. Udo Corsepius ist zuständig für die Abteilung Europapolitik (Abteilung 5). Er verbrachte Karrierestationen unter anderem beim Internationalen Währungsfonds (IWF) in Washington. Der promovierte Ökonom kommt aus dem Bundeswirtschaftsministerium. Er begann seine Karriere im Kanzleramt noch unter Helmut Kohl, stieg zu Schröders Zeiten weiter auf. Besonders während der deutschen EU-Ratspräsidentschaft im ersten Halbjahr 2007 hatte er zwangsläufig eine besonders große Bedeutung. Corsepius arbeitet bereits seit zwölf Jahren im Kanzleramt. Schließlich leitet Klaus-Dieter Fritsche die Abteilung 6 (Bundesnachrichtendienst; Koordinierung der Nachrichtendienste des Bundes). Er war zuvor stellvertretender Präsident des Bundesamtes für Verfassungsschutz, ein ausgewiesener Fachmann für Fragen des politischen, auch internationalen Extremismus.

Insgesamt fällt auf, dass alle Abteilungsleiter in der Öffentlichkeit weitgehend unbekannt sind. Sie hätten alle Möglichkeiten zu Fernsehauftritten, etwa der häufig als »Sicherheitsberater« apostrophierte Christoph Heusgen. Doch sie wissen, dass die Chefin stille, effektive Zuarbeit schätzt. Die Öffentlichkeit sollen lieber die gewählten politischen Repräsentanten machen, das ist ihre Devise. Alle Abteilungsleiter gelten in ihren Fachgebieten als ausgewiesene und exzellente Fachleute. Der Chef des Kanzleramtes lädt sie zweimal in der Woche zu entsprechenden Abteilungsleiterbesprechungen ein: Montags um 13.00 Uhr sowie donnerstags um 9.30 Uhr.

Wenn man nach der Stimmung im Bundeskanzleramt fragt und mit Mitarbeitern spricht, die verschiedene Bundeskanzler erlebt haben – nicht alle Mitarbeiter werden ja ausgewechselt –, dann herrscht dort ein gewisses Erstaunen über Merkel vor: Die meisten Kanzler vor ihr waren an politischen Details nicht interessiert. Sie bringe sich in der Breite der politischen Materie selber am meisten ein und habe ein hohes Interesse an Details. Gerhard Schröder war im Wesentlichen nur an Energiefragen interessiert, Kohl nur für einige ausgewählte Themen, etwa der Europapolitik; er wollte vor allem im Zusammenhang mit Haushaltsfragen keinen Ärger haben. Bei aller Belastung der Kanzlerin ist nicht bekannt, dass sie bisher aufbrausend war, was insbesondere ihr Vorgänger Helmut Kohl schon sein konnte.

Merkel, die Unionsparteien und die SPD

Merkel profitierte davon, dass ihre innerparteilichen Gegner zusehends resignierten. Wolfgang Schäuble wurde Innenminister und in die Kabinettsdisziplin eingebunden, Friedrich Merz kündigte bald sein Ausscheiden aus dem Bundestag für 2009 an. Die Unions-Ministerpräsidenten, so trotzig sie sich gelegentlich geben, mussten auch in länderspezifischen Fragen nachgeben. Sie wurden von Merkel kraftvoll überspielt, zum Teil durch ihre eigene Schwäche. Der einstige Widersacher Roland Koch gehörte seit der Bildung der Großen Koalition zu den prinzipiellen Merkel-Unterstützern: Im Streit mit der bayerischen Schwesterpartei in Sachen Steuerpolitik war es Koch, der gemeinsam mit dem Sozialdemokraten Peer Steinbrück mitten im bayerischen Wahlkampf in der ›Süddeutschen Zeitung‹ gegen die CSU-Forderung nach Wiedereinführung der Pendlerpauschale wetterte.[150] Die CSU konstruiert auch hieraus mangelnde Unterstützung Merkels für die bayerischen Landtagswahlen am 28. September 2008. Kochs Stellung wurde durch sein Landtagswahlergebnis vom 27. Januar 2008 nicht gerade gestärkt: Es waren die sogenannten »hessischen Verhältnisse« wiederbelebt worden, als schon einmal unter dem sozialdemokratischen Ministerpräsidenten Holger Börner keine klare Mehrheit im hessischen Landtag zustande kam und die Landesregierung geschäftsführend weiter im Amt verbleiben musste. Auch dadurch fiel Koch als möglicher Kritiker Merkels aus. Am 18. Januar 2009 ist es in Hessen zu Neuwahlen gekommen. Die einjährige Pattsituation konnte beendet werden. Koch bildete am 5. Februar 2009 zusammen mit der FDP (Jörg-Uwe Hahn wurde Stellvertretender Ministerpräsident) eine schwarz-gelbe Mehrheit. Und der niedersächsische Ministerpräsident Christian Wulff, der sich nach eigenem Bekunden das Amt eines Bundeskanzlers selber nicht zutraute, hat sich weitgehend aus der Bundespolitik verabschiedet, auch bedingt durch seine Enttäuschung über Merkel, die nicht honoriert hatte, dass er zu ihren früheren Unterstützern gehörte. Ein wirtschaftspolitischer Hochkaräter, Georg Milbradt, verlor aufgrund der Sachsen-LB-Affäre sein Amt als sächsischer Ministerpräsident. Schließlich hat der baden-württembergische Ministerpräsident Günther Oettinger, der sich um ein eigenständiges bundespolitisches Profil bemüht, bisher nicht das notwendige Gewicht eines wirtschaftspolitischen Gegenspielers entwickeln können, zumal ihm Merkel wegen seiner missglückten Filbinger-Rede im April 2007 die Grenzen aufgezeigt hat. Einzig Jürgen Rüttgers, Ministerpräsident des bevölkerungsstärksten deutschen Bundeslandes, hat sich bisher, von NRW aus und gerade in sozial- und arbeitsmarktpolitischen Fragen, von dem Machtanspruch Merkels den unionsregierten Bundesländern gegenüber unbeeindruckt gezeigt. Ende 2008/Anfang 2009 war Merkel innerparteilich so stark wie Kohl in seinen einflussreichsten Zeiten. Nirgendwo wurde Merkels Dominanz in der CDU so sichtbar wie auf dem Hannoveraner Parteitag im Dezember 2007, als das neue Grundsatzprogramm verabschiedet wurde. Noch nie war die CDU als Partei so diskussionslahm. Es herrscht nur noch der Wille Merkels in der CDU – ein Zeichen der Verarmung einer Partei, die darauf angewiesen sein sollte, durch eine breite Flügelbildung möglichst für alle Bevölkerungsschichten attraktiv zu werden bzw. zu bleiben.

Dabei – und das hat Merkel von Kohl gelernt – achtet sie »wie ein Luchs« auf jede mögliche innerparteiliche Kritik, versucht, mögliche Unruheherde möglichst frühzeitig auszumachen. Ein Problem besteht darin, dass Merkel – wie auch Kohl – ihren Präsidiumsmitgliedern gegenüber kein wirklicher »Teamplayer« ist. Dass sie etwa ihren Stellvertretern (Annette Schavan, Roland Koch, Christian Wulff, Jürgen Rüttgers) wichtige Aufgaben überträgt, ist nicht bekannt. Die Präsidiumssitzungen, obwohl das eigentliche Steuerungsorgan der Partei, finden immer unter Zeitdruck statt, zumal häufig zwei Stunden später die Sitzung des Gesamtvorstandes der Union angesagt ist. Nun muss man wissen, dass dem Präsidium neben Merkel und ihrem Generalsekretär und den vier Stellvertretern weitere sieben auf dem Bundesparteitag gewählte Mitglieder angehören, ferner kraft Amtes und als beratende Mitglieder (hier handelt es sich u. a. um die der CDU angehörenden Ministerpräsidenten und den Kanzleramtsminister) weitere acht Politiker. Bei Vollzähligkeit sind das 25 Teilnehmer. Daraus ergibt sich, dass die Präsidiumssitzungen fast so etwas wie halböffentlich sind, weil insbesondere die Korrespondenten der großen Tageszeitungen und der TV-Medien eigene Informanten haben. Das allein zeigt schon die mangelnde Steuerungsfähigkeit des Präsidiums. Gleichwohl gibt es die Vermutung, dass viele Informationen aus diesen Sitzungen auch aus dem Adenauer-Haus »durchgestochen« werden. Jedenfalls ist diese Größe für Merkel ein Argument dafür, wirklich vertrauliche Themen in anderen Runden oder bilateral zu behandeln. Das Argument der Größe und mangelnden Vertraulichkeit gilt erst recht für die Vorstandssitzungen, denn dem Bundesvorstand gehören neben den bereits genannten Präsidiumsteilnehmern 25 gewählte Mitglieder an, darüber hinaus weitere 15 Personen (etwa CDU-Landesvorsitzende oder Vorsitzende von Vereinigungen, wenn sie nicht dem Präsidium oder dem Vorstand als gewählte Mitglieder angehören), zusammengerechnet derzeit also im Höchstfalle 65 Parteigranden.[151]

Die Aussprache im Präsidium folgt festen Regeln, beginnt mit einem »Bericht zur Lage«. Bei den für Merkel wichtigen Themen »lässt sie keine Argumente zu, wenn sie sich entschieden hat«, so ein Präsidiumsmitglied. Ihre und damit Ursula von der Leyens Überlegungen zum »Elterngeld« etwa zog sie im Präsidium durch, unabhängig von der bis dahin gültigen Beschlusslage der Partei. Sie verhindert Abstimmungen im Präsidium. Als »linke Flügelleute« im Präsidium fungieren der saarländische Ministerpräsident Peter Müller und der nordrhein-westfälische Sozialminister, zugleich Vorsitzende der Christlich-Demokratischen Arbeitnehmerschaft (CDA), Karl-Josef Laumann, gelegentlich durch seinen Ministerpräsidenten Rüttgers unterstützt. Den eher wirtschaftsorientierten Flügel vertritt Günther Oettinger, anfänglich auch der hessische Ministerpräsident Koch

und gelegentlich der Niedersachse Wulff. Die ostdeutschen Ministerpräsidenten halten sich meist eher zurück, vielleicht mit Ausnahme
des ehemaligen Sachsen-Chefs Georg Milbradt. Wolfgang Schäuble
ist im Präsidium eher auf seine eigenen Themen konzentriert und
hält sich weitgehend aus Streit heraus. Die »glühendsten« Unterstützer Merkels im Präsidium sind die Familienministerin von der
Leyen, Kanzleramtschef de Maizière und natürlich der Generalsekretär Ronald Pofalla. Er ist nicht nur der Merkel-Adlatus qua Amt, der
Diplomsozialpädagoge und Rechtsanwalt aus Weeze (Kreis Kleve)
vertritt auch im Spektrum des Präsidiums die »linken« Positionen.
Ein Teilnehmer dieser Präsidiumssitzungen: »Merkel kriegt in den
meisten Fällen nicht richtig Kontra. Da die Hackordnung klar ist,
macht es keinen Sinn, dort irgendwelchen Zinnober zu machen. Die
Präsidiumssitzung ist mehr eine Anhörung, eine allgemeine, fol-
genlose Erörterung.« Manche Präsidiumsmitglieder wundern sich
zusätzlich darüber, dass dann die Verlautbarungen in der folgenden
Pressekonferenz nicht immer haarscharf dem Verlauf der Sitzungen
entsprechen. Jedenfalls hat Merkel alle Machtmittel in der Hand, die
eigene »Truppe« in ihrem Sinne zu dirigieren. Alles in allem erschien
dadurch die CDU nach außen sehr viel geschlossener als die SPD; ihre
SPD-Counterparts in der Bundesregierung wird das immer wieder
geschmerzt haben.

Die hohe Geschlossenheit der Merkel-CDU führte auf dem Stuttgarter Parteitag Anfang Dezember 2008 dazu, dass die Kanzlerin mit
94,8 Prozent das zweitbeste Ergebnis seit ihrer ersten Kür zur Partei-
chefin in Essen 2000 erhielt. Auch ihre Stellvertreter Koch, Rüttgers,
Wulff und Schavan erzielten gute Ergebnisse – ein Geschlossenheits-
beweis einer derzeit disziplinierten Partei, die sich allein dadurch
schon als Alternative zu einer zerrissen erscheinenden SPD darstellen
will. Doch im Inneren vieler Delegierter brodelte es: Manchen war die
Reaktion Merkels auf die internationale Bankenkrise und den Kon-
junkturabsturz zu defensiv. Sie erteilte jedoch allen Forderungen nach
raschen Steuererleichterungen zunächst eine deutliche Absage – trotz
entsprechender Aufforderungen von CSU und einigen Mittelständ-
lern in der eigenen Partei. Allerdings machte sie ihre Politikmethode
deutlich: Rasch sich ändernde ökonomische Rahmenbedingungen

könnten neue Maßnahmen erzwingen. Im Januar 2009 unterstützte sie dann ein 50-Milliarden-Konjunkturprogramm. Sie signalisierte, dass in der Bewältigung der Bankenkrise eine Neulegitimation der Großen Koalition erfolgte und ihre enge Zusammenarbeit mit Finanzminister Steinbrück (SPD) Vorrang vor Forderungen ihrer eigenen Partei hatte. Einzig Friedrich Merz hielt eine von starkem Beifall unterbrochene Rede, in der er Merkel in Sachen Steuerpolitik einen teilweisen Kurswechsel anempfahl.

In einer besonderen Lage ist auch die bayerische CSU. Durch das unglückliche Taktieren von Stoiber, ob er im Herbst 2005 nun Minister in Berlin werden wollte oder nicht, wurde das Gewicht der bayerischen Schwesterpartei erheblich reduziert. Die Diadochenkämpfe um die Nachfolge Stoibers schwächten die CSU zusätzlich. Erwin Huber als Parteivorsitzender hatte gegenüber Merkel längst nicht das politische Gewicht wie seine Vorgänger; auch Günther Beckstein hatte als Ministerpräsident nur relativ kurze Zeit, sich im Amt zu bewähren. Deshalb hatte sich bis zu den bayerischen Landtagswahlen am 28. September die Situation ergeben, dass Merkel – etwas überspitzt formuliert – auch so etwas wie die nebenamtliche CSU-Vorsitzende war. So war sie die Hauptrednerin beim CSU-Abschlusswahlkampf am Freitag vor der Wahl in München. Unter Strauß wäre ein entsprechender Auftritt Kohls undenkbar gewesen! Merkel, die noch 2001 auf einem CSU-Parteitag höchst unfreundlich empfangen worden war, hatte mehrfach in den bayerischen Wahlkampf eingegriffen und wurde dort gerne als die inzwischen »mächtigste Frau der Welt« begrüßt. Die Versuche des CSU-Parteivorsitzenden Huber, während der bayerischen Landtagswahlen im Zusammenhang mit seiner Forderung nach Wiedereinführung der Pendlerpauschale ein Profil gegenüber Merkel und der Bundes-SPD zu finden, entwickelten sich zu einem Rohrkrepierer. Denn er konnte sich damit nicht durchsetzen, erschien also erst recht saft- und kraftlos, der bayerische Löwe ohne Mähne und Zähne. Immerhin hatten die Bayern mit Stoiber an der Spitze der Abschaffung der Pendlerpauschale bei den Koalitionsverhandlungen weiland zugestimmt. Der im Oktober 2008 gewählte CSU-Vorsitzende Seehofer versuchte seit seinem Amtsantritt als bayerischer Ministerpräsident, der CSU wieder ein eigenständigeres Profil zu verleihen.

Erste Forderungen der CSU auf dem Feld der Wirtschafts- und Steuerpolitik bestätigten dies. So etwas führte zwar zu erheblichem Streit auf der politischen Bühne, eine eigenständigere CSU-Positionierung kann auch den Unionsparteien insgesamt helfen, eine breitere Integrationskraft in der Bevölkerung zu gewinnen. CSU-Forderungen finden ja auch Unterstützung außerhalb Bayerns. Da die beiden Unionsparteien in einer Fraktionsgemeinschaft im Bundestag miteinander verbunden sind, gibt es außerhalb Bayerns manche Wähler, die dort wegen der spezifischen CSU-Position die Union wählen.

Selbst Ex-Wirtschaftsminister Michael Glos beschwerte sich via ›Bild‹-Zeitung über seine Kanzlerin:»In einem Orchester bestimmt derjenige vorn am Pult die Einsätze. Und die Dirigentin der Regierung hat bei der Lösung der Bankenkrise den öffentlichen Einsatz des Wirtschaftsministers wenig gefordert.«[152] Bei Glos hatte sich offensichtlich Verärgerung darüber breitgemacht, wie gut Merkel mit Finanzminister Peer Steinbrück zusammenarbeitete, um die Auswirkungen der internationalen Bankenkrise auf Deutschland zu meistern. Dadurch stärkte Merkel automatisch die Stellung von Steinbrück. Der von ihr durchaus gewünschte Nebeneffekt war, dass der SPD-Kanzlerkandidat Steinmeier im Schatten seines SPD-Ministerkollegen stand, wie Glos auch.»Gleich einem Buddha mit Zündschnur«(›Handelsblatt‹)[153] polterte Glos los. Er kam dadurch unter Druck, dass sich die politische Welt fragte, wo in der Situation einer Wirtschaftskrise eigentlich der Wirtschaftsminister bleibe. Zu seiner Merkel-Attacke fühlte er sich aber auch durch seinen eigenen Parteivorsitzenden Seehofer ermuntert. Glos war frustriert, dass die Kanzlerin mehr auf den Rat Steinbrücks hörte und seinen gar nicht erst abholte, beziehungsweise ihn mit manchen Vorschlägen etwa zur Steuerentlastung ins Leere laufen ließ.

Die schwierige Situation der SPD war ein Nachteil für Merkel: Mit einem krisengeschüttelten Partner ist nicht einfach zu regieren. Nachdem Müntefering seinen Parteivorsitz aufgab, war die sozialdemokratische Ministerriege geschwächt. Der eher konsensorientierte brandenburgische Ministerpräsident Matthias Platzeck war Merkel als SPD-Parteivorsitzender sicher angenehm, beide Ostdeutsche verstanden sich menschlich gut. Allerdings musste Platzeck die Erfahrung machen, dass er als SPD-Vorsitzender auf den starken Vizekanzler Müntefering, der zudem als ziemlich autoritär gilt, nur schwer einwirken konnte. In der Phase des SPD-Vorsitzenden Beck litt die Regierungsarbeit darunter, dass sich zwischen der Regierungsmannschaft und dem aus Mainz in die Berliner Politik hineinfunkenden rheinland-pfälzischen Ministerpräsidenten kein Vertrauensverhältnis entwickelt hatte. Im zeitlichen Zusammenhang mit dem Hamburger SPD-Bundesparteitag im Oktober 2007 kujonierte Beck den empfindlichen Franz Müntefering. Er ließ ihn nach Mainz kommen und diktierte eine neue Linie in Sachen Arbeitslosengeld. Als Müntefering, der eigentliche Architekt der Großen Koalition auf SPD-Seite, am 21. November 2007 aus der Regierung ausschied, musste dies zwangsläufig die Koalition erschüttern. Die Tatsache aber, dass Beck nach dem Rücktritt Münteferings nicht selber Mitglied der Regierungsmannschaft in Berlin wurde, führte dazu, dass sich der »Ministerflügel« der SPD einerseits und die Parteiführung andererseits immer mehr auseinanderlebten – und dass Beck letztlich bloß ein Landespolitiker blieb, trotz seines Bundesvorsitzes. Die unklare Haltung der SPD zur Großen Koalition schadete dem Gesamtimage der Großen Koalition. Es war häufig nicht klar zu erkennen, ob die SPD nun Regierungs- oder Oppositionspartei war. Die positiven Umfragewerte für Merkel blieben stabil, obwohl Öffentlichkeit und veröffentlichte Meinung von der Großen Koalition nicht mehr viel erwarteten.

Zum Regierungsstil Angela Merkels

»Unser Land braucht aber auch endlich eine Mehrheit für einen Neuanfang im Deutschen Bundestag, damit wir mit klaren Verhältnissen im Bundestag und im Bundesrat durchregieren können.«[154] Das Wort »durchregieren« beschrieb ein Ziel der damaligen Oppositionsführerin Angela Merkel, verkündet am Tag des Misstrauensantrages gegen Gerhard Schröder am 1. Juli 2005 im Parlament. »Durchregieren«, das wollte sie – und das in einer kleinen Koalition mit der FDP. Aber selbst kleine Koalitionen sind heute keine klassischen Kanzlerdemokratien mehr, wie wir das schon bei Kohl und vor allem bei Schröder gesehen haben. Die formale Richtlinienkompetenz des Kanzlers wurde allerdings schon zu Adenauers Zeiten selten angewandt. Er schrieb einmal einen wütenden Brief an seinen damaligen Wirtschaftsminister Ludwig Erhard, dem er tatsächlich europapolitisch eine präzise Haltung vorschrieb. Ein weiteres Beispiel für die Richtlinienkompetenz des Kanzlers ist Schröders Altautomobilrichtlinie, die er Trittin bei seinem Abstimmungsverhalten in Brüssel diktiert hatte. Merkel neigt niemals zu unüberlegtem, spontanem Handeln. Als typisch dafür kann eine Aussage von ihr gesehen werden:»Ich gehöre zu dem Typ Mensch, der schon im Sport die gesamte Unterrichtsstunde auf dem Dreimeterbrett gestanden hat und erst in der 45. Minute gesprungen ist. Das heißt, ich habe mir sorgfältig überlegt, was ich tue.« Und sie fügte hinzu:»Ich bin ein Mensch, der auf Sicht arbeitet.«[155] Allerdings ist eine solche Aussage ziemlich missverständlich; sie kann auch so interpretiert werden, dass sie ohne Kompass arbeitet.

In einer großen Koalition ist die Macht des Kanzlers und der Kanzlerpartei naturgemäß sehr viel schwächer als in einer kleinen Koalition. Dennoch sollte man nicht unterschätzen, wie sehr ein Kanzler seine herausgehobene Stellung im Verfassungssystem nutzen kann. Vieles geschieht auch hinter den Kulissen, von der Öffentlichkeit gar nicht bemerkt. Im Grunde gilt aber, dass in den wichtigen Fragen Einvernehmen zwischen CDU/CSU und SPD bestehen muss. Deshalb kommt es gelegentlich zu politischen Kompromissen, die von Merkel selbst als nicht immer optimal dargestellt werden. Das»informelle Regieren« während der Zeit Schröders wurde allerdings in der Regierungszeit Merkel wieder eingeschränkt. Zwar hat auch der Koalitionsausschuss in der Großen Koalition eine wichtige Rolle, doch ist das Kabinett stärker das Entscheidungszentrum, als dies noch unter Schröder und Kohl der Fall war. Waren die Kabinettssitzungen unter Schröder – sieht man von wenigen Ausnahmen ab – meistens sehr kurz, versucht Merkel mithilfe der Kabinettssitzungen einen konsensuarischen Stil, da hier zwei große Partner»auf Augenhöhe« zusammentreffen. Die unter Schröder üblich gewordene»Rätedemokratie« gibt es in dieser Form unter Merkel nicht mehr.

Ein wichtiges Instrument ihrer Führung ist der Koalitionsvertrag. Die Koalitionsverträge in früheren Regierungen, insbesondere bis zur ersten Großen Koalition des Jahres 1966, waren viel weniger detailliert. Bestimmend war bis dahin ganz das Regierungshandeln im Laufe der Wahlperiode. Bis 1966 war die FDP der klassische Mehrheitsbeschaffer der CDU/CSU-geführten Bundesregierungen, die so auch im Kabinett und im Parlament einen deutlich stärkeren Einfluss wahrnehmen konnte, als ihr von ihrem prozentualen Ergebnis her zugestanden hätte. Die Koalitionsvereinbarung der ersten Großen Koalition bestand aus nur wenigen Punkten, die vom SPD-Präsidium formuliert und seitens der Union akzeptiert worden waren. Wenn man den Umfang von Koalitionsvereinbarungen analysiert, wird man feststellen, dass sie seit 1974 immer ausführlicher geworden sind. Waren es 1974 noch 1200 Worte, übertraf der Vertrag der Merkel-Koalition mit insgesamt 52 800 Worten (inklusive des umfangreichen Föderalismuspapiers) alles bisher Dagewesene.[156] Die Koalitionspartner trauten einander nicht so recht und wollten möglichst viel am Anfang festzurren. Merkel arbeitet seitdem das im Koalitionsvertrag Vereinbarte Schritt für Schritt ab. Bei Schröder hatte er so gut wie keine Rolle gespielt.

Merkels Regierungsstil ist auf Konsens ausgerichtet. Anders als Schröder liebäugelt sie nicht einmal mit einem »Basta«. Allerdings liebt sie es gelegentlich, den Koalitionspartner vor vollendete Tatsachen zu stellen. Dies ging einmal schief: Als sie in einer Regierungserklärung im Oktober 2008 über die Folgen der internationalen Finanzkrise ankündigte, den früheren und sehr renommierten, erfahrenen Bundesbankpräsidenten Hans Tietmeyer zum Vorsitzenden einer Beratergruppe zur Reform des internationalen Finanzsystems zu machen, hatte sie die SPD nicht einbezogen. Der Hintergrund: Tietmeyer gehörte unter anderem dem Aufsichtsrat der Hypo Real Estate an, die der Bund mit mehreren Milliardenpaketen vor der Pleite bewahren musste.[157] Merkel, die einer Empfehlung ihres Wirtschaftsberaters Weidmann folgte und vermutlich nicht um das Engagement von Tietmeyer wusste, brachte dann den Banker dazu, seine Bereitschaft zur Übernahme des Vorsitzes zurückzuziehen, nachdem sich in der SPD heftiger Widerstand formiert hatte.

In einer großen Koalition kann die Kanzlerin nicht dekretieren. Sie muss sich um Konsens bemühen. Mit Ausnahme der Gesundheitsreform versuchte sich Merkel nie am sogenannten Top-Down-Modell, am Durchregieren von oben nach unten. Sie hat gelernt, dass es besser ist, wenn zunächst die beteiligten Ressorts ihre Abstimmungsgespräche führen und den Streit unter sich austragen, bevor sie sich mit Vorgaben »von oben« einschaltet. Sie musste feststellen, dass es ein Fehler gewesen war, eine Gesundheitspolitik zu formulieren, die von ihr und der Gesundheitsministerin Ulla Schmidt »top-down« vermittelt wurde. Seinerzeit gingen auch ihre eigenen Umfragewerte nach unten. Die beiden Politikerinnen hatten sich zunächst auf ein Konzept verständigt, das zudem in der Öffentlichkeit – auch wegen der Komplexität – schwer vermittelbar war, zumal sich zwei gegenläufige Konzepte (die SPD wollte die »Bürgerversicherung«, die Unionsseite eine »Gesundheitsprämie«) in diesem neuen Konzept wiederfinden sollten. Zahlreiche Kompromisse waren notwendig. Ein Teil der gemeinsamen Ziele wurde erfüllt, nämlich eine Reduzierung von Gesundheitskosten. Allerdings belastete die Umsetzung des sogenannten Gesundheitsfonds die politische Atmosphäre gerade im Wahljahr 2009. Da Merkel und Ulla Schmidt ein gemeinsames Modell vorlegten und Vorgaben »von oben« machten, wurde dieser Entscheidungsprozess auch zu einer Machtfrage: Wird die Position der Kanzlerin (und der Ministerin) umgesetzt oder nicht?

Prominente Koalitionspolitiker hatten ein Nein vor der entsprechenden Bundestagsabstimmung angekündigt, beispielsweise Friedrich Merz oder sein SPD-Kollege Karl Lauterbach. Nur nach einer gewaltigen Kraftanstrengung war es der Großen Koalition gelungen, die Gesundheitsreform durchzusetzen. Dem Fraktionszwang versuchten sich einige zu entziehen. Viele Abgeordnete fühlten sich überfahren. Der SPD-Gesundheitsexperte Wolfgang Wodarg klagte gegenüber seiner Fraktion: »Ich habe noch nie gesehen, dass Parlamentarier so belogen, so getäuscht und so ausgetrickst werden.«[158] Für beide große Fraktionen war die Grenze der Belastbarkeit erreicht. Aus diesem Ärger hat Merkel ihre Konsequenzen gezogen, sie regiert insoweit »präsidial«, als sie ihre Minister miteinander streiten lässt, versucht in den Kabinettssitzungen zu Kompromissen zu kommen, beauftragt ihre Minister, entsprechende Gespräche zu führen. Das erklärt Merkels günstige Meinungsumfragen. Sie hält sich im Streit zurück und wartet ab, was sich durchsetzt.

In der komplexen Frage des Mindestlohns zeigt sich das taktische Finassieren der Kanzlerin: Die SPD hatte sich noch zu Müntefering Zeiten dieses Thema ausgesucht, weil es zeitweilig das einzige war, mit dem sie die CDU und Merkel vor sich hertreiben konnten. Die Ordnungspolitiker der Union halten von einem Mindestlohn überhaupt nichts, sie sehen darin eine Abkehr von der Marktwirtschaft, die nach dem Prinzip von Angebot und Nachfrage funktioniert. Sie sehen darin – wie übrigens früher auch die Gewerkschaften – einen Eingriff in die Tarifautonomie. Ludwig Erhard dürfte einem Mindestlohn in dieser Form nie zugestimmt haben. Andererseits weiß Merkel aus Meinungsumfragen, dass selbst bei traditionellen CDU-Unterstützern große Sympathien für den Mindestlohn bestehen. Sie versuchte es mit einem Trick. Es wurde nicht nur das »Entsendegesetz« bemüht, das noch unter der Kohl-Regierung zur Abwehr von ausländischen Wanderarbeitnehmern konzipiert worden war. Sie entdeckte auch noch ein nie angewandtes Gesetz aus der Adenauer-Zeit, das einen Mindestlohn für den Ausnahmefall möglich machte, wenn dem in einem entsprechenden Ausschuss beim Bundeswirtschaftsminister die beiden Tarifparteien einvernehmlich ihre Zustimmung geben. Die SPD forderte den Mindestlohn für möglichst viele Berufe. Merkel, die einst den Mindestlohn völlig abgelehnt hatte, machte einen Kompromiss bei den Postzustellern – auch in der Hoffnung, dass sich dort sowohl Arbeitgeber wie Arbeitnehmer nicht einigen würden. Wie sich später herausstellte, konnten einige Konkurrenzunternehmen mit dem Gehaltsniveau der Deutschen Post nicht mithalten und meldeten Konkurs an. Die bei den Postzustellern der Deutschen Post gefundene Entscheidung hatte aber für Merkel den Nachteil, dass das Begehr der SPD, für möglichst viele weitere Arbeitszweige ebenfalls einen Mindestlohn zu fordern, noch stimuliert wurde. Merkel, die zunächst nur einen kleinen Türspalt zum Mindestlohn geöffnet hatte, steckte in dem Dilemma, dass sie einerseits die Große Koalition beieinanderhalten und Kompromisse machen wollte, dass sich aber andererseits ein Teil des Kernwählerbestandes der Union vor den Kopf gestoßen fühlte.

Merkels Politikstil ist der einer Nicht-Ideologin. Man kann sie fast als so etwas wie eine pragmatische Witterungs-Kanzlerin bezeichnen, weil sie früh um die Popularität bzw. Nichtpopularität bestimmter Themen weiß. Sie sieht natürlich alle Fragen auch immer vor dem Hintergrund des Machterhalts. Aber sie hat es vermieden, diese Dimension sichtbar werden zu lassen. Im Gegensatz zu Schröder hört man von ihr keine Aussagen, wie sehr sie tatsächlich Freude an der Macht hat. Amüsiert sieht sie, dass auch die großen Bosse der Wirtschaft bei jedem Werksbesuch der Kanzlerin fröhliche Politstatisten abgeben, so geschehen beim Besuch der Firma Choren im sächsischen Freiberg, mit Dieter Zetsche, Vorstandsvorsitzender von Daimler, und Martin Winterkorn, Vorstandsvorsitzender von Volkswagen. Der ›Spiegel‹-Reporter Dirk Kurbjuweit beschreibt, dass »die Beteiligten oft wie Kinder wirken, weil sie sich von den Kameras zu Kaspereien hinreißen lassen«.[159]

Doch so sehr sich die Herren der Industrie um Angela Merkel bemühen: Sie hat bisher jeden Eindruck vermieden, eine Kanzlerin der Bosse zu sein. So gerne sie bei Tagungen des Bundesverbandes der Deutschen Industrie (BDI) auftaucht: In den Spitzenetagen der deutschen Wirtschaft ist sie wenig beliebt. Selbst bei den Auslandsreisen, bei denen sie zum Teil eine größere Wirtschaftsdelegation mitnimmt, kümmert sie sich viel weniger um die mitreisenden Manager, als Sozialdemokrat Gerhard Schröder dies tat. Darin zeigt sich, dass sie innerlich unabhängig bleiben, dass sie sich von keiner politischen oder ökonomischen Seite allzu sehr vereinnahmen lassen will. Einen ähnlichen Politikstil hat sie übrigens auch gegenüber Mitstreitern in der eigenen Partei: Auch wenn sie viele inzwischen duzt und manchen ihre persönliche SMS-Erreichbarkeit gestattet, macht sie Parteifreunden keine frühzeitigen Zusagen für die politische Karriere, die sie möglicherweise einzuhalten gar nicht in der Lage ist.

Als sie Ministerin in Bonn geworden war, sagte sie einmal, es sei eine »richtige Manie« von ihr gewesen, allen anderen sehr kritisch zu begegnen: »Plötzlich kamen so viele Menschen zu mir, die irgendetwas wollten oder Sachen sagten, bei denen ich mir nicht sicher war, ob die das auch wirklich dachten. Wenn wir etwas in der DDR gelernt haben, dann ist es das feine Gespür für Ehrlichkeit. Ich war schon immer sehr misstrauisch, und das hilft mir auch heute im Westen.«[160] Dieses Bekenntnis zum Misstrauen gilt heute weiter.

Merkels Politikstil ist stark von der Rationalität des Denkens einer Naturwissenschaftlerin geprägt.[161] Sie wirkt deshalb auf viele so kühl und rätselhaft, sphinxhaft, weil sie anders als Helmut Kohl nicht einmal den Versuch unternimmt, politische, historische, kulturelle Gefühle zu benennen. Sie hat keine Leidenschaft für irgendeinen bestimmten Politikbereich, nicht einmal die Umweltpolitik, auch wenn sie sich als Klimakanzlerin zu profilieren versucht. Hätte Kohl sie statt zur Umweltministerin zur Entwicklungshilfeministerin gemacht, dann hätte sie sich genauso sehr für Somalia eingesetzt wie einst für den Transport der »Castor«-Behälter. Ihre Ideologielosigkeit macht sie einerseits freier für neue Lösungsansätze und Kompromisse, andererseits hat sie es auch schwerer, gerade im Stammwählerpotential der Union alle Anhänger zu mobilisieren. Kohl hingegen, dem die wirtschaftlichen Veränderungen des ausgehenden 20. Jahrhunderts fremd waren, der die technologische Revolution, das Internet und die damals sogenannten »Datenautobahnen« nicht mehr richtig verstanden hatte, vermittelte aber so etwas wie eine Beständigkeit, eine Kontinuität des politischen Denkens. Merkels Ansatz von »Versuch und Irrtum« gibt eher die Chance zur schnellen politischen Korrektur. Aber da sie bei aller Modernität kein Bild von der Zukunft hat – ähnlich wie Gerhard Schröder –, ist sie auch nicht in der Lage, der Sehnsucht vieler nach Utopien, Visionen zu entsprechen.

Deshalb tat sie sich bei den Koalitionsverhandlungen mit den Sozialdemokraten auch nicht sonderlich schwer. Sie wollte erst einmal Kanzlerin werden. Auch wenn das Ansehen der Großen Koalition immer geringer wurde, so vertraut sie doch auf die Lösungskompetenz einer breiten Mehrheit im Deutschen Bundestag – und deshalb wäre für sie die Fortsetzung einer Großen Koalition auch keinesfalls von Übel.

Ihr wichtigster Mitstreiter in der Koalition hieß Franz Müntefering. Beide konnten sich aufeinander verlassen – auch wenn Müntefering heute manche Klage erhebt: Merkel sei Gefangene parteitaktischer »Beliebigkeit«.[162] Sie hatte stets versucht, Müntefering's Stellung in der SPD zu stärken. Als sein Vorschlag »Rente mit 67« zu Unmut in der SPD führte, sorgte Merkel für eine rasche Beschlussfassung im Bundeskabinett. Sie wollte nicht nur das Thema vom Tisch haben, sondern sie wusste, dass die Position Münteferings in der SPD »angekratzt« würde, je länger die Diskussion dauerte.

Merkel erfuhr innerhalb der CDU heftige Kritik, als sich der Koalitionsausschuss auf das »Gleichbehandlungsgesetz« einigte. Sie hatte vor ihrer Kanzlerschaft immer wieder verlangt, dass in Sachen Gleichbehandlung eine Umsetzung der EU-Richtlinie – es geht um den Schutz vor Diskriminierung wegen Rasse, der ethnischen Herkunft und des Geschlechtes – lediglich eins zu eins erfolgen und ein »Draufsatteln« zusätzlicher Positionen verhindert werden solle. Der stark mittelständisch geprägten Unionsfraktion war die Übererfüllung des »Solls« in den Koalitionsverhandlungen ein Dorn im Auge. Schließlich ging es in der Koalitionsrunde zu wie auf einem Basar, ein gegenseitiges Geben und Nehmen war die Folge: Die Union wollte, dass die Kirchen bei der Einstellung von Personal vom Antidiskriminierungsverbot abweichen dürfen. Dann wollte Merkel die steuerliche Entlastung von Landwirten durchsetzen, was mit dem Antidiskriminierungsverbot nun überhaupt nichts zu tun hatte. Und als sich SPD-Chef Kurt Beck bereiterklärte, die Heraufsetzung des Vorsteuerabzugs für Bauern mitzutragen, hatte sein Kollege Stoiber gegen die Aufnahme der sexuellen Orientierung in den Antidiskriminierungskatalog nichts mehr einzuwenden. Doch Merkel und mit ihr auch Stoiber hatten die eigene Parteibasis unterschätzt; später wurden noch kleinere Korrekturen am Antidiskriminierungsgesetz vorgenommen.[163]

Merkel ist allerdings notwendigerweise auch eine große Taktikerin. Das sah man nicht nur am Beispiel des Mindestlohns, sondern auch beim »Arbeitslosengeld I«. Dabei kam es zu Verwerfungen zwischen Müntefering und Merkel. Der nordrhein-westfälische Ministerpräsident Jürgen Rüttgers hatte populäre Änderungen im Zusammenhang mit dem Arbeitslosengeld I gefordert. Er schlug vor, die entsprechende Bezugsdauer zugunsten von älteren Arbeitslosen nach Beitragsjahren zu staffeln. »Mit seiner sozialdemokratischen Rhetorik erntet er unter Politikern Kritik und bei den Wählerumfragen Traumquoten«, so Jürgen Zurheide im Bonner ›Generalanzeiger‹.[164] In dieser komplizierten sozialpolitischen Frage, in der die große Mehrheit der Bevölkerung laut Umfragen hinter Rüttgers stand, hat er sich nicht nur den Zorn von Franz Müntefering zugezogen, sondern auch von Horst Köhler.

Der Bundespräsident kritisierte die Forderungen von Rüttgers heftig. Das war wenige Tage vor dem Dresdener CDU-Parteitag vom 27./ 28. November 2006. So solidarisierten sich die Delegierten mit dem Kritisierten. Der entsprechende nordrhein-westfälische Antrag wurde auf dem Parteitag inhaltlich angenommen. Auch Merkel stellte sich aus taktischen Gründen hinter Rüttgers. Sie wollte nicht das Risiko einer Niederlage eingehen. Häufig heißt es ja in der Parteitagspolitik: Annahme, wenn Gegenantrag aussichtslos. Merkel versuchte, den auf die Rüttgers-CDU wütenden Müntefering zu beruhigen, »dass sich das alles totlaufen würde«.[165] Sie hat ihm »versichert, dass dieser Vorschlag nicht in die politische Arbeit einfließen würde«.[166] Sie sagte, dass das nicht in die Regierungspraxis umgesetzt werde. Heute sagt Müntefering dazu: »Sie hätte auf dem CDU-Parteitag zu dem stehen müssen, was wir ein Jahr zuvor vereinbart hatten. Sie hat nicht gekämpft. Das war schlau, aber nicht klug.«[167] Müntefering befürchtete damals einen »Domino-Effekt, der auch bei der SPD nur schwer zu bremsen sein würde«.[168] In der Tat schien der Antrag zunächst eine Beerdigung erster Klasse zu sein. Als jedoch der neu gewählte SPD-Vorsitzende Beck eine entsprechende Änderung in Sachen Arbeitslosengeld erzwang, war Müntefering düpiert. Für ihn war das bitter, weil er Merkels Zustimmung zu dem Rüttgers-Begehr in der CDU letztlich als Grund dafür ansieht, dass er von Beck in der SPD vorgeführt wurde – nach dem Motto: wenn schon »die Schwarzen« so denken.

Dann kam es zu Entscheidungen, die nur schwer mit ordnungspolitischen Grundüberzeugungen in Verbindung gebracht werden können: Der Beschluss der Bundesregierung, die Bezüge der gut zwanzig Millionen Rentner in Deutschland zum 1. Juli 2008 um 1,1 Prozent steigen zu lassen, führte zu erheblichen Unmutsäußerungen in der Unionsfraktion und bei Mitgliedern des CDU-Präsidiums, die davon aus der Zeitung erfahren haben. Dafür musste die früher zur Kostenbegrenzung angepasste Rentenformel außer Kraft gesetzt werden. Merkel gestand selbst in der CDU-Bundesvorstandssitzung zu, das sei »kein ordnungspolitisches Meisterstück«[169]. Große Dankbarkeit bei den Rentnern schien diese minimale Erhöhung gleichfalls nicht gebracht zu haben, auch wenn mit gestiegenen Energiekosten argumentiert wurde. Diese Entscheidung wurde ohne politischen Druck, ohne dass eine Rentenerhöhung vehement gefordert wurde, getroffen. Merkel, die einstige Reformpolitikerin des Leipziger Parteitages, die eine neue soziale Marktwirtschaft begründen wollte, hat offensichtlich erkannt, dass das Verteilen von Wohltaten für den Machterhalt nützlicher ist als die Forderung, den Gürtel enger zu schnallen. »Die Rentner sind jetzt an der Macht – und die Jungen müssen bangen«, konstatierte in der ›Zeit‹ Peter Dausend.[170] Für manche Unions-Angehörige war die Entscheidung zur Aussetzung des Riester-Faktors nur ein letztes Glied in einer langen Kette von ordnungspolitischen »Sünden«. Dazu gehört auch die Entscheidung Merkels für das Antidiskriminierungsgesetz, das viele als ein bürokratisches Monster aus Brüssel kritisieren.[171]

Zu Merkels Politikstil gehört, dass sie schneller als ihre beiden Vorgänger die Außenpolitik als eine Möglichkeit der innenpolitischen Profilierung erkannt hat. Auch als frühere Umweltministerin war sie mit der internationalen Konferenzdiplomatie vertraut. Sie hatte immer gerne die Welt erkundet, schon in der DDR, als sie nur in das befreundete »sozialistische Ausland« reisen durfte. In der Europapolitik hat sie schnell an die Tradition Helmut Kohls angeknüpft, sich nicht nur um die großen Mitgliedstaaten zu kümmern, sondern gerade um die mittleren und kleineren. Ihr kam zugute, dass sie gerade bei den zentral- und osteuropäischen Staaten durch ihre frühere DDR-Bürgerschaft eine hohe Glaubwürdigkeit genoss.

2007 hatte sie zugleich zwei Doppel-Präsidentschaften zu bestreiten. Sie war am 6. und 7. Juni 2007 im Ostseebad Heiligendamm Gastgeberin der Zusammenkunft der Staats- und Regierungschefs der sieben größten Industriestaaten plus Russland, der sogenannten G8-Staaten. Und wenige Wochen später leitete sie als Ratspräsidentin einen entscheidenden Gipfel der 27 EU-Mitgliedstaaten, der nach dramatischen Verhandlungen in der Nacht vom 22. zum 23. Juni morgens um fünf Uhr zu Ende ging. Sie leistete nach Beobachtung aller Kommentatoren in Brüssel einen wesentlichen Beitrag dazu, dass eine lähmende Krisensituation überwunden werden konnte und sich die Staats- und Regierungschefs auf einen sogenannten »Reformvertrag« einigen konnten, der dann später gleichwohl durch ein irisches Referendum erst einmal ad acta gelegt wurde. Aber auch das G8-Treffen in Heiligendamm brachte der Kanzlerin weit über Europa hinaus ein großes internationales Renommee. Sie konnte vor allem in der Klimafrage öffentlich punkten und bemühte sich um das Image einer grünen Sitzungspräsidentin. Tatsächlich hat sie auch George W. Bush eine Reihe von Zusagen abgetrotzt.[172] Gerade diese Gipfeldiplomatie zeigt, dass die Außenpolitik mehr und mehr vom Bundeskanzler selbst wahrgenommen wird. Das war auch schon während Kohls Zeiten so, auch wenn Hans-Dietrich Genscher durch seine langjährige Erfahrung und sein persönliches Prestige dem viel entgegenhalten konnte. Vor allem mit ihrer Politik gegenüber Russland und China verließ Merkel die Schröder'sche Außenpolitik. Ihre politischen Differenzen mit dem ehemaligen russischen Präsidenten Putin wurden bei verschiedenen Gelegenheiten sichtbar. Bei ihren Besuchen in Moskau musste sich Putin darauf einstellen, dass Merkel kritische Worte etwa zu Tschetschenien[173] und Menschenrechtsfragen sagte und das auch auf einer gemeinsamen Pressekonferenz zutage trat. Und während es Schröder bei seinen Besuchen in Russland und China vermieden hatte, sich mit Angehörigen oppositioneller Gruppen zu treffen, waren zu einem Empfang in der Deutschen Botschaft auch Vertreter russischer Menschenrechtsorganisationen und der sogenannten »Soldatenmütter« eingeladen worden. Der SPD-Außenminister Steinmeier kritisierte solche Dinge als Symbolpolitik.

Mit einem ungeheuren persönlichen Einsatz ist die Kanzlerin in den wichtigsten Fragen auf dem internationalen Parkett präsent. Kaum wurde die Aufforderung erhoben, sie möge sich selber einmal ein Bild von der politischen Lage in Afghanistan machen, besuchte sie das Land am Hindukusch. Innerhalb von zwei Wochen war sie in Indien, Afghanistan und Amerika – zwischendurch leitete sie an einem Sonntagabend auch noch den Koalitionsausschuss.[174] In Sachen Georgien hat sie – auf einer Linie mit Außenminister Steinmeier – zunächst die Aufnahme dieses Landes in die NATO verhindert und sich damit manchen Unmut auch in den USA zugezogen. Nach dem Einmarsch russischer Truppen in Georgien änderte sie ihre Politik, auch dies im Einvernehmen mit Steinmeier.

Merkel empfing am 23. September 2007 den Dalai Lama – und zwar im Kanzleramt. Außenminister Steinmeier war außer sich. Ein späterer Besuch des Dalai Lama – im Mai 2008 – führte sogar zu einer Krise innerhalb der SPD: Die Entwicklungshilfeministerin Heidi Wieczorek-Zeul, die von den »realpolitischen« Bedenken des Auswärtigen Amtes und ihres Kollegen Steinmeier nicht viel hielt, empfing den Dalai Lama, wovon Steinmeier nicht in Kenntnis gesetzt war, wohl aber das Kanzleramt. Auch der damalige SPD-Vorsitzende Kurt Beck war darüber empört. Was ist das Motiv Merkels für den Empfang des Tibeters, auch wenn sie wusste, dass dies zu Protesten des chinesischen Botschafters Ma Canrong und der Pekinger Regierung führte? Zum einen ist es sicher ihre grundsätzliche politische Überzeugung. Als frühere DDR-Bürgerin hat sie eine spezifische Sensibilität für den Aspekt der Religionsfreiheit. Ferner wurde sie durch Hessens Ministerpräsidenten Roland Koch dazu ermuntert. Der Dalai Lama und Koch sind Freunde. Drittens dürfte Merkel um die besondere Popularität des Dalai Lama gerade in ansonsten eher CDU-kritischen Kreisen wissen. Sie ist interessiert an dem Image, sie und ihre Partei orientierten sich an den Menschenrechten. Dadurch wird die Sozialdemokratie, die sich in ihrer Geschichte stets für Menschenrechte einsetzte, in eine Defensive gezwängt und es wird suggeriert, sie würde sich an der »Realpolitik« und nicht an den Idealen der Menschenrechte orientieren. Dabei hallt das Wort Schröders von Putin als einem »lupenreinen Demokraten« nach.

Merkel und die Medien

Angela Merkel hat nicht den Ruf einer Medienkanzlerin, und doch hat sie Gerhard Schröder in dieser Rolle abgelöst. Wer sie etwa bei Bundespressekonferenzen beobachtet, merkt, dass sie so etwas wie eine eigene Aura entwickelt hat, dass sie mit Schlagfertigkeit und Witz schwierige Auftritte zu gestalten weiß. Bei ihr wurde noch nie geschrieben, was Christoph Schwennicke bei Merkel-Vorgänger Schröder beobachtet hatte, der demnach wie ein Popstar »schillerte«, »jede Bundespressekonferenz mit ihm geriet zu großem Kino.«[175] Merkel hat ihre eigene Ausstrahlung. Der geschickte Umgang mit den Medien beschleunigte ihren Aufstieg. Das sieht man daran, wie sie ihren »Scheidebrief« an Helmut Kohl am 22. Dezember 1999 in der ›Frankfurter Allgemeinen Zeitung‹ platzierte, der dann in der Wirkung zum Sturz von Schäuble und Kohl führte. Merkel betreibt wirksam und gezielt Pressearbeit. Man spürt, dass sie vor ihrer Politikerzeit als stellvertretende Regierungssprecherin die Bedürfnisse der Journalisten genau studieren konnte. Sie hat für sich verschiedene Regeln entwickelt, die die Wirksamkeit ihrer »Pressebetreuung« erklären.

Ihre Hauptregel ist, dass sie mit allen spricht. Helmut Kohl weigerte sich standhaft, dem ›Spiegel‹ ein Interview zu geben. Auch bei anderen Organen wie dem ›Stern‹ war dies der Fall. Bei Merkel muss man dagegen den Eindruck haben, dass sie gerade solche Medien bevorzugt betreut, die ihr prinzipiell eher kritisch gegenüberstehen. Ein Satz, der einige Medien ausschließt (wie beispielsweise das Schröder zugeordnete Diktum, dass er zum Regieren nur »Bild, BamS und Glotze« brauche), käme nicht über ihre Lippen. Sie weiß um die Bedeutung des Fernsehens, aber auch um die Printmedien. Fleißig vergibt sie Interviews.

Merkels zweite Regel ist, dass sie jeden Ton von Kumpelhaftigkeit vermeidet. Auch darin unterscheidet sie sich von ihrem Vorgänger Gerhard Schröder. Viele Berliner Journalisten empfinden es geradezu als eine Wohltat, dass Merkel eine gewisse professionelle Distanziertheit zur Zunft der Journalisten zeigt. Sie will ihnen gegenüber kein Kumpeltyp sein – so etwas ist sowieso nicht die Sache der unterkühlten Templinerin. Aber sie zeigt, dass sie die Funktionslogik der Medien erkannt hat, die sich nicht durch eine »Oberzensorin« eingeschränkt sehen wollen. Allerdings macht sie im unmittelbaren Kontakt mit Journalisten schon gelegentlich kritische Anmerkungen, wenn ihr etwas nicht passt. Aber das tut sie auf eine milde, nicht verletzende Weise. Merkel ist das persönliche Gespräch mit möglichst vielen Journalisten wichtig – gerade in Hintergrundgesprächen. Dabei ist sie außerordentlich offen und hat auch keine Hemmungen, gelegentlich leitende Persönlichkeiten ihrer eigenen Partei einer kritischen ›Würdigung zu unterziehen. Das stärkt jedoch ihre Glaubwürdigkeit. Merkel sieht die Medien nicht nur als reines Sprachrohr im direkten Kontakt mit der Bevölkerung. Sie weiß, dass die Medien nicht von sich aus als

Verstärkerorgan ihrer Positionen fungieren können. Sie ist sich nicht zu schade, auch einmal Herausgeber oder Chefredakteure selber anzurufen. Sie tut das aber in einer Weise, dass es nicht als Bedrohung, sondern eher als hilfreiche Unterstützung im Prozess der journalistischen Wahrheitsfindung wahrgenommen wird. In ihrer Medienstrategie setzt sie den sympathisch wirkenden Regierungssprecher Ulrich Wilhelm sowie ihre Medienbeauftragte Eva Christiansen ein, die in Berlin den liebevollen Spitznamen »Journalistenflüsterin« hat. Allerdings ist Merkel selbst ihre wichtigste Medienagentin.

Merkels dritte Regel ist ihr Bemühen, sich in einer unaufdringlichen Weise so zu inszenieren, dass ihre Nichtinszenierung die Inszenierung zu sein scheint. Sie ist antipompös, hat in ihrem Auftreten nichts Barockes an sich. Sie ist aber stets auf der Suche nach schönen Bildern. Sie verzichtet zwar auf die in der Politik häufig üblichen Showelemente, doch sie kennt die Notwendigkeit einprägsamer Bilder (etwa beim Treffen der G8-Industriestaaten in Heiligendamm im Strandkorb oder bei ihrem Vorhaben, Grönland zu besuchen, wo sie im roten Anorak der Gesellschaft zur Rettung Schiffbrüchiger den Klimawandel bzw. die Erderwärmung »vor Ort« studierte). Merkel musste bei der Selbstinszenierung erst lernen, ihre Körperlichkeit zu akzeptieren. Vorbei sind die Zeiten, als ihre Mitarbeiter sie zu einem Frisör in der Nähe von Bonn schleppen mussten. Heute wird sie von einer Stylistin begleitet. Merkel, die inzwischen erkannt hat, wie wichtig ein weibliches Aussehen ist, hat die Scheu davor verloren, sich selbst ins Bild zu setzen: Als sie im April 2008 in Oslo eine Oper besuchte und mit tiefem Dekolleté auffiel, ging ein Foto durch die deutsche Presse und ein Raunen durch die deutsche Bevölkerung. Dieses Bild ist sicher nicht durch Zufall entstanden. Es ist ausgeschlossen, dass Merkel vor der Reise nach Oslo einfach so in den Schrank gegriffen hat. Ihr Outfit in Oslo war gezielt eingesetzt. Merkel ist ein Kontrapunkt zum männlich-körperbetonten, raumgreifenden, gelegentlich fast barocken Auftreten ihrer Vorgänger Kohl und Schröder. Als Frau setzt sie andere Mittel ein. Sie weiß, welche symbolhafte Wirkung von jedem ihrer Auftritte ausgehen kann.

Merkels vierte Regel ist, dass sie eisern auf eine Trennung zwischen Privatleben und Politik achtet, zumal sie sowieso nicht viel Zeit fürs

Private hat. Hinsichtlich ihres Privatlebens insistiert sie – noch stärker als Kohl – darauf, dass diese Trennung erhalten bleibt. Während Gerhard Schröder öffentliche Liebeserklärungen an seine Frau Doris abgab, unterlässt Merkel alles, was eine Einbeziehung ihres Mannes in ihre Selbstdarstellung bedeuten könnte. Zwar nimmt er gelegentlich an politischen Veranstaltungen teil – wenn Ehepartner anderer Regierungschefs anwesend sind, etwa im Rahmen eines Partnerprogramms der G8-Staaten oder bei Feierlichkeiten der Europäischen Union –, das geschieht letztlich hinter den Kulissen, nicht im direkten Kontakt mit der Bevölkerung. Ihr würde es auch nie in den Sinn kommen, als Schauspielerin in einem Fernsehfilm mitzuwirken, wie das Schröder getan hat.

Merkel ist die Kanzlerin, die mit den neuen Medien am intensivsten arbeitet. Legendär ist, wie sie ihre »Hilfstruppen« in der eigenen Partei und der Fraktion mithilfe gezielter SMS- Kurznachrichten (humorvoll auch »Short Merkel Service« genannt) dirigiert. Merkel war von den bedeutenden Regierungschefs weltweit auch die erste, die wöchentlich einen eigenen Videopodcast (ins Internet gestellte Filmdokumente, die von dort heruntergeladen werden können) anbietet.

Merkel – die »mächtigste Frau der Welt«

Im August 2008 wurde Angela Merkel vom US-Magazin ›Forbes‹ erneut zur mächtigsten Frau der Welt gekürt – zum dritten Mal.[176] US-Außenministerin Condoleezza Rice kam nur noch auf Platz sieben. Merkel wurde Kanzlerin in einer Zeit, in der alte Gewissheiten nicht mehr gelten. Die Globalisierung wurde für jedermann spürbar, spätestens im Oktober 2008, als die von Amerika herrührende Finanzkrise die ganze Welt erreichte, auch die Bundesrepublik Deutschland. Die sichtbare Entgrenzung der nationalen Verantwortlichkeit traf auf ein Land, dessen Bevölkerung immer noch die starke, schützende Hand eines Staates will, der die notwendigen Sicherheiten, einen Schutz vor Gefährdungen zu bieten hat.

Die Große Koalition, die zu Beginn einen erheblichen Vertrauensbonus in der Bevölkerung hatte, gilt nicht mehr als sehr effektiv – und trotzdem ist es der Bundeskanzlerin gelungen, einen Beliebtheitsgrad zu erzielen, der weit über den ihrer eigenen Partei hinausgeht. Zu Kohls Zeiten war es noch umgekehrt: Damals verfügte die CDU über ein weit besseres Image als der Kanzler. Heute hat die Kanzlerin ein viel besseres Image als ihre eigene Partei. Das ist das eigentliche Merkel-Phänomen: Sie wirkt in einer hektischen Umbruchzeit wie ein ruhender Pol.

Es ist nicht klar, welche Auswirkungen die internationale Finanzkrise auf das Wahlverhalten hat. In der Vergangenheit wurde immer die Erfahrung gemacht, dass sich in Krisensituationen die Bevölkerung hinter die Regierenden stellt. Das gigantische Versprechen, das die Bundeskanzlerin mit ihrem Satz »Die Spareinlagen sind sicher« zum richtigen Zeitpunkt abgegeben hat, zeigt jedoch, dass sie den Versuch unternimmt, die Krise zu nutzen: als Krisenmanagerin.[177] Außergewöhnliche internationale Ereignisse sind die Stunde der Exekutive – in diesem Falle der Kanzlerin und ihres Finanzministers Peer Steinbrück (SPD).

Nachdem Gerhard Schröder von seiner Vorgängerregierung den Kosovo-Krieg »geerbt« hatte, musste er etwa drei Jahre nach Amtsantritt die Anschläge vom 11. September 2001 als wichtigste außenpolitische Herausforderung bewältigen. Schröder antwortete spontan mit der »uneingeschränkten Solidarität der Deutschen«, schloss sogar von Anfang an die Möglichkeit eines militärischen Einsatzes mit ein. Merkel hingegen ließ in der internationalen Finanzkrise erst die Zeit reifen, bevor sie am 5. Oktober 2008 gegenüber den deutschen Sparern ihre bemerkenswerte Garantieerklärung für alle privaten Einlagen auf Sparguthaben und Girokonten abgab. Diese Erklärung (»Dafür steht die Bundesregierung ein.«[178]) kam nicht spontan. Wegen ihrer abwartenden Haltung wurde sie deshalb in der ›Frankfurter Allgemeinen Zeitung‹ als die »Tast-Kanzlerin« bezeichnet.[179] Nachdem am Abend des 4. Oktober das Rettungsmanöver für die Münchner Hypo Real Estate zu scheitern drohte, musste sich Merkel äußern – und die deutschen Sparer beruhigen. Zuvor war sie schon durch die Aktionen des französischen Staatspräsidenten Nicolas Sarkozy gewaltig unter Druck geraten. Sarkozy, der 2008 in der zweiten Jahreshälfte die EU-

Präsidentschaft innehatte und voller Elan als Krisenmanager auftrat – auch im Konflikt zwischen Georgien und Russland –, hatte in
Frankreich in einer wirtschaftspolitischen Grundsatzrede schon am
25. September erklärt:»Ich werde nicht akzeptieren, dass ein einziger
Sparer auch nur einen einzigen Euro verliert, weil eine Finanzeinrich-
tung ihren Verpflichtungen nicht nachkommen kann.« Deshalb gab
er die »feierliche Zusage«: Was auch immer passieren möge, der Staat
werde die Sicherheit und die Kontinuität des französischen Banken-
und Finanzsystems garantieren.[180] Ähnlich äußerte sich der italieni-
sche Ministerpräsident Silvio Berlusconi.

Es ist typisch für Merkel, dass sie sich nicht unter Druck setzen ließ.
In Frankreich hätte man es sehr gerne gesehen, wenn sich Deutschland frühzeitig den französischen Gedankenspielen für einen europäischen Rettungsfonds angeschlossen hätte. Dahinter stand allerdings die Überlegung, dass Deutschland 75 Milliarden Euro in einen
großen Topf investieren, aber kaum mitentscheiden sollte, wer das
Geld bekommt.[181] Überhaupt sollte sich 2008 herausstellen, dass bei
allem französischen Charme, den der französische Staatspräsident
im persönlichen Umgang einzusetzen in der Lage ist, das deutsch-
französische Verhältnis nicht mehr die gleiche Arbeitsfähigkeit und
dasselbe Kooperationsvermögen aufweist wie in der Vergangenheit.
Der ein wenig zur Egomanie neigende Sarkozy wurde in der französischen Zeitschrift ›Le Point‹ mit den Worten zitiert:»Es gibt nicht
viele, die derzeit die Bühne beherrschen. Bushs Zeit ist abgelaufen,
Blair ist nicht mehr da, Merkel, nein, das ist es auch nicht. Eigentlich
gibt es nur mich.«[182]

Trotz mancher deutsch-französischer Scharmützel kam es unter
dem Druck der internationalen Ereignisse zu einem europäischen
Rettungsplan.[183] Auch die Bundesregierung hatte einen Fonds aufge-
legt, der Banken in Deutschland bis Ende 2009 unter Auflagen unterstützen soll. Im Deutschen Bundestag erklärte Merkel:»Die Welt-
wirtschaft erlebt in diesen Wochen ihre schwerste Bewährungsprobe
seit den zwanziger Jahren des letzten Jahrhunderts ... Die Gefahr für
die Finanzmarktstabilität ist noch nicht gebannt.«[184] Die internationale Finanzkrise schien der Großen Koalition etwa ein Jahr vor der
Bundestagswahl im September 2009 noch einmal eine neue Bedeu-

tung einzuhauchen. Allerdings schien es so, dass EU-Ratspräsident Sarkozy der eigentlich Agierende auf der europäischen Ebene war, auch der britische Premierminister Gordon Brown. Merkel hingegen war die Reagierende, wurde auf der internationalen Bühne kaum wahrgenommen.

Angela Merkel hat Bismarcks berühmtes Diktum verinnerlicht, dass die Politik eine Kunst des Möglichen darstellt. Es wäre falsch, ihren politischen Stil generell als »präsidial« zu bezeichnen, wenn man darunter versteht, dass sie sich aus den eigentlichen Entscheidungsprozessen heraushält. Da sie Details liebt, ist das nicht ihre Sache. Sie hat inzwischen allerdings gelernt, dass es für sie von persönlichem Vorteil ist, wenn die politischen Gegensätze in der Bundesregierung, die nicht immer parteipolitische, sondern auch ressortabhängige Konflikte sind, von ihren Ministern ausgetragen werden. Sie kann in einer Großen Koalition keine Machtworte sprechen, aber sie steuert viele kleine und große Vorgänge in verdeckter Weise, mehr als in der Öffentlichkeit bekannt wird. In den Scharmützeln zwischen manchen Ministern und auch den Regierungsfraktionen erscheint sie als der eigentlich ruhende Pol. Sie ist enorm fleißig und wirkt uneitel – alles Gründe für ihr hohes Ansehen in der Bevölkerung. Doch merkt man der Kanzlerin an, dass sie nur eine angelernte Christdemokratin ist, die sich im Unterschied zu Helmut Kohl nicht zur Seele der Partei entwickeln konnte. In dieser Hinsicht hat sie mit Gerhard Schröder manche Ähnlichkeit. Sie wird in der eigenen Parteibasis respektiert, aber nicht wirklich geliebt. Friedrich Merz fasste in einem Brief an die CDU-Mitglieder seines Wahlkreises die Stimmung mancher in der CDU präzise zusammen: »Wenn die Union, insbesondere die CDU, so gut wie alles aufgibt, was sie über Jahrzehnte für richtig gehalten hat, dürfen wir uns über die Abwanderung unserer Stammwähler nicht wundern.«[185]

Vom SPD-Parteivorsitzenden Müntefering wird Merkel vorgeworfen, sie sei zu wenig Kanzlerin und zu viel CDU-Vorsitzende. Die CDU-Basis, einige Ministerpräsidenten und so mancher Landesvorsitzende sehen das genau umgekehrt: Sie sei zu viel Kanzlerin und zu wenig Parteivorsitzende. Der Doppelhut der Parteivorsitzenden und Kanzlerin sichert Merkel die Macht, jedoch nicht das Profil der CDU.

Manchmal scheint es, als sei Merkel für eine Große Koalition wie geschaffen, zumal man sich an Kurt Georg Kiesinger erinnert fühlt, der als Chef der ersten Großen Koalition von 1966 bis 1969 als »wandelnder Vermittlungsausschuss« bezeichnet wurde. Die unideologische Merkel kann mit einer Großen Koalition gut leben, auch mit einer Fortsetzung derselben. Ihre hohe innere Flexibilität prädestiniert sie dazu. Allerdings hat sie in ihrer – bisher kurzen – Amtszeit dem Land noch nicht ihren Prägestempel aufgedrückt.

Der renommierte amerikanische Historiker Fritz Stern hat am 19. Februar 2009 bei der Überreichung der Ehrendoktorwürde der amerikanischen New School for Social Research für Angela Merkel eine interessante Analyse des Machtmenschen Merkel gegeben: Sie habe zwar in der DDR als einem »Gefängnis mit Aussicht« gelebt, jedoch in einer »forcierten Passivität«, die in ihr den entschiedenen Willen zum öffentlichen Tun und zu verantwortungsvoller Machtausübung entwickelt habe.[186] Merkel griff gerne die Stern-Deutung der »forcierten Passivität« auf (»Ich glaube, darin steckt unglaublich viel Wahrheit«) und bezeichnete in einer für sie höchst pathetischen Weise die Ehrendoktorwürde dieser amerikanischen Hochschule, die für viele vom Nationalsozialismus bedrängte deutsche Wissenschaftler in New York zu einer Heimstatt wurde, gar als »ein kleines Stück neuer Heimat«, sie habe »jetzt eine kleine neue Wurzel bekommen«.[187]

Noch 1993 erklärte Merkel, damals war sie Frauen- und Jugendministerin: »Ich kann mir nach wie vor nicht vorstellen, dass mein restliches Leben so ablaufen wird, wie es jetzt abläuft. Manchmal leide ich darunter, dass ich so selten nach Hause komme.« Und weiter: »Bei diesem Nomadenleben geht einem etwas verloren.«[188] Elf Jahre später, 2004, damals Partei- und Fraktionsvorsitzende, sagte Merkel auf die Frage nach »Sucht« in der Politik: »Wenn man Politik wirklich mit Leidenschaft betreibt, kann schon eine gewisse Abhängigkeit entstehen, zumindest zu wenig Distanz. Dennoch glaube ich, dass die allermeisten Politiker nach einer kurzen Zeit des Schmerzes auch wieder den Weg ins normale Leben finden, wenn es sein muss. Aber so zu tun, als wäre der Abschied von der Politik eine Lappalie, wäre falsch.«[189]

V. Drei Machtmenschen im Vergleich

Die Amtszeit Helmut Kohls wirkt aus heutiger Sicht schon seltsam historisch. Sie scheint fast so weit zurückzuliegen wie die Adenauer-Zeit, obwohl Kohl mit seinen 16 Jahren Kanzlerschaft den »ewigen Kanzler« Konrad Adenauer zeitlich sogar übertroffen und wenigstens zwei Generationen von Politikern beeinflusst hat – Anhänger wie Gegner. Von der Aura der Kraft, die ihn einst umgab, ist nicht mal ein blasser Abglanz erhalten. Bei Gerhard Schröder verhält es sich anders, und das nicht nur, weil seine Kanzlerschaft uns zeitlich noch näher steht. Ihm gelang es rasch, »loszulassen«, auch wenn es zunächst nicht den Anschein hatte. Er ist jünger und hat noch genug Kraft für neue Aufgaben. Das könnte auch für Angela Merkel gelten. Alle drei Kanzleramtsinhaber waren von ihrer Studienwahl geprägt, der Historiker Kohl, der Jurist Schröder, die Naturwissenschaftlerin Merkel. Alle drei Kanzleramtsinhaber sind Machtmenschen. Es gibt Gemeinsamkeiten und Unterschiede. Was eint sie, was unterscheidet sie?

Der Wille zur Macht: Alle drei haben gemeinsam, dass sie, wenn es um die eigene politische Macht geht, mit ziemlicher Härte und Wucht agieren konnten und im Falle Merkels noch können. Ihnen ist der unbedingte Wille zur Macht gemeinsam. Bei Kohl war das schon in seinen jungen Jahren besonders ausgeprägt, auch bei Schröder. Für ihn war das Streben nach Macht noch stärker ein Instrument des sozialen Aufstiegs. Merkel hingegen, die zunächst nichts an sich zu haben schien, was einen Machtmenschen ausmacht, hat ihre entsprechenden Potentiale erst im Laufe ihres rasanten Aufstieges entdeckt. Wegen ihrer einstigen Unauffälligkeit, etwa im Demokratischen Aufbruch der noch existierenden DDR, sah niemand eine potentielle Konkurrentin in ihr. Aber sie hat es verstanden, jede entstehende Chance Schritt für Schritt mithilfe kühler rationaler Analyse zu erkennen – und zuzupacken. Dieser von ihr selbst mit Staunen betrachtete Aufstieg gab ihr erst das nötige Selbstvertrauen weiterzugehen. Macht war also die

Voraussetzung für neue Macht. Merkel dürfte von den drei Kanzlern auch diejenige mit der höchsten Schnelligkeit des Handelns sein.

Die Motivation: Sozialer Aufstieg und die Suche nach gesellschaftlicher Akzeptanz ist ein wesentliches Motiv aller Machtmenschen in einer Demokratie. Die Motive, warum sie unter Inkaufnahme vieler Entbehrungen für ihren Aufstieg so zäh kämpfen, sind immer die gleichen. Die Ausdrucksformen, wie sie Macht ausüben, sind hingegen sehr unterschiedlich. Für Kohl war Macht immer schon ein Ausspielen seiner körperlichen Stärke. Zugleich hatte er ein natürliches Selbstvertrauen, das durch seine frühen Siege in der Politikarena immer stärker wurde. Fast ist man geneigt zu vermuten, dass er seinen Führungsanspruch in den Genen hatte. Kohl wusste instinktiv, dass Politik seine Bestimmung war. In einem anderen Bereich hätte er mehr um seinen Aufstieg, um seine Karriere kämpfen müssen. Er stammte aus einem kleinbürgerlichen, katholischen Milieu, in dem man sich anzustrengen hatte, um vorwärtszukommen. Er wusste: Beruflich und sozial aufsteigen konnte er am besten in der Politik. Zugleich war Kohl der erste Akademiker in seiner Familie, wenn auch kein begnadeter Wissenschaftler. Das hinderte ihn aber nicht daran, sich später stets als Historiker darzustellen.

Gemessen an den kleinbürgerlich-gesitteten Verhältnissen von Kohl ist das Motiv Schröders, mithilfe der Politik aus seinem sozialen Außenseitertum auszusteigen, noch sehr viel deutlicher lebens- und politikbestimmend. Der faktisch vaterlos aufgewachsene Gerhard Schröder – sein leiblicher Vater war 1944 im Krieg gefallen, sein kranker Stiefvater lange Zeit in einem Sanatorium – hatte zuhause keinen männlichen Widerpart. Auch konnte ihm seine Mutter, eine arme Kriegerwitwe, wenig Bildung mit auf den Weg geben. Schröders Jugend war so etwas wie ein Überlebenskampf. Noch mehr als bei Kohl ist bei Schröder deshalb der soziale Aufstieg mithilfe der Politik das Motiv für seinen Machtanspruch. Mehr als bei Kohl wird das egoistische, ja fast möchte man sagen: egomanische Moment Gerhard Schröders sichtbar. Dazu bekennt sich Schröder in einer ausgesprochen offenherzigen Weise, die in Deutschland untypisch ist. Versierte Machtmenschen benennen normalerweise Ideale für ihr Engagement und den eigenen sozialen Aufstieg allenfalls am Rande.

Angela Merkel ist nach ihrer Herkunft diejenige, die für ihren sozialen Aufstieg die geringste Wegstrecke gehen musste. Sie stammt aus einem bürgerlich-akademischen Elternhaus, einem Pfarrhaus, in dem traditionell eine hohe Leistungsethik von den Kindern verlangt wurde. Angela Merkel war von den drei Kanzlern diejenige, die die weitaus besten schulischen Leistungen erzielte. Daraus schöpfte sie ihr Selbstbewusstsein. Das evangelische Pfarrhaus in der früheren DDR war in einem atheistischen Staat etwas Besonderes, deutlich mehr als im Westen Deutschlands. Politik wurde in einem DDR-Pfarrhaus immer großgeschrieben, versuchte doch der Arbeiter- und Bauernstaat, auch die Kontrolle über die Kirchen und das evangelische Pfarrhaus, das letzte Refugium der von der SED abgelehnten Bürgerlichkeit, herzustellen. Das Motiv Merkels war nicht vorrangig der soziale und damit verbundene finanzielle Aufstieg. Ihre Lebenserfüllung ist es, sich durch Spitzenleistung zu verwirklichen, Selbstbestätigung in der von anderen anerkannten Leistung zu finden.[1] Ihr Motiv war nicht die Durchsetzung einer Idee, sie wollte es ihrer Familie, insbesondere ihrem Vater, aber auch den West- wie Ostdeutschen zeigen, dass sie es »kann«. Auch sie wollte »oben« sein, auch sie will »herrschen«. Doch sie weiß dies besser zu verbergen.

Die Ideologie: Auch wenn Helmut Kohl recht pragmatisch regieren konnte, war er von den drei Kanzlern der am meisten ideologisch geprägte. Sein Vorteil war einerseits, dass er in einer Welt des rapiden Wandels so etwas wie ein stabiles, klare Orientierungen vermittelndes politisches Koordinatensystem repräsentierte. Andererseits war er dadurch aber auch polarisierend. Von den drei beschriebenen Kanzlern ist Helmut Kohl der Einzige, der Politik von ihren geschichtlichen Wurzeln und Zusammenhängen her verstanden hat. Er interpretierte sich selbst als Geschichtsdeuter: über das deutsch-französische Verhältnis, über Europa, über die besonderen Verhältnisse zum Staat Israel sowie zu Polen und über die Beziehungen zu den USA. Die Carepakete, die das Amerikabild in der Nachkriegszeit unmittelbar geprägt haben, erwähnte er besonders gerne. Kohl hat als Einziger der letzten drei Kanzler eigene intensive Erinnerungen an den Zweiten Weltkrieg, weshalb ihm die europäische Integration zweifellos eine Herzensangelegenheit war.

Das kann man von Gerhard Schröder nicht behaupten. Bei ihm waren idealistische und europäische Momente nicht bemerkbar. »Europa« hat er in seiner Wertigkeit erst erkannt, als er Kanzler geworden war und feststellen musste, wie sehr europäische Gipfelbegegnungen für die Strahlkraft eines Staatsmannes von Bedeutung sind. Idealistische Einsprengsel in seinen Reden waren am ehesten die Beschreibung seiner Gefühle für die Arbeitslosen und Armen, die aber sein von ihm gerne zugelassenes Bild als »Genosse der Bosse« nicht störten. Es war ein durchgängiges Moment seiner Politik, dass er seiner immer pragmatischer werdenden Politik zur Schaffung neuer bzw. Bewahrung bestehender Arbeitsplätze Vorrang gab und dabei außenpolitische Bedenken für zweitrangig erklärte (etwa bei der Frage der Lieferung von Panzern in die Türkei). Gerhard Schröder war der Kanzler, der im Sinne des eigenen Machterhalts am schnellsten auf einzelne Herausforderungen reagierte und zugleich ziemlich ideologiefrei war. Während seiner Juso-Zeit nutzte Schröder das Label »links« genauso, wie er sich als niedersächsischer Ministerpräsident rasch umorientierte und wirtschaftsfreundlich gab. Schröders ursprüngliches »Linkssein« als Lebensgefühl, das zugleich Aufstiegsvehikel war, wandelte sich – einmal »oben« angekommen – zum Pragmatischen und Bürgerlichen. Die Sehnsucht nach einer Anerkennung durch das Bürgerliche wurde bei Schröder genauso sichtbar wie bei seinem »Vize« Joseph (»Joschka«) Fischer. Schon während Schröders Juso-Zeit, selbst als er Bundesvorsitzender der SPD-Jugendorganisation war, war die Ideologiedebatte für ihn bestenfalls ein Mittel zum Zweck seiner Machtgewinnung bzw. seines Machterhalts. Schröders Diktum, es gebe keine konservative oder linke Politik, sondern nur eine richtige oder falsche, seine Ideologiefreiheit machte er zu seiner Stärke, zu seiner Marke (»neue Mitte«), zu seiner Wählbarkeit. Der 1944 geborene Schröder war ein typisches Nachkriegskind in der neu entstandenen Bundesrepublik.

Angela Merkels Diktaturerfahrungen in der DDR unterscheiden sie von Kohl und Schröder. Weit länger als Kohl hat sie die Diktatur als solche durchlebt. Das vermittelte ihr zweifellos Grundorientierungen. Als ehemalige DDR-Bürgerin dürfte sie den Wert der »Freiheit« in seinen verschiedenen innenpolitischen wie internationalen Dimensionen sehr viel höher einschätzen als jemand, der Demokratie als Selbstverständlichkeit des eigenen Lebens erfahren hat. Angela Merkels »Ideale« sind nicht immer auf den ersten Blick sichtbar. In der Europapolitik orientiert sie sich zwar stark an Helmut Kohl, doch ist das auch als Bemühen zu verstehen, sich dem Traditionskern christlich-demokratischer Politik anzunähern. Überhaupt ist es erstaunlich, wie wenig die Pfarrerstochter dazu bereit ist, ihr Menschenbild, ihre geistigen Grundlagen zu erläutern. Welcher innere Kompass sie leitet, wird kaum sichtbar. Wer selbst zu dem Schluss kommt, er oder sie fahre »auf Sicht«, kann leicht im Nebel stochern, wobei der Kurs dann stündlich neu bestimmt werden kann oder muss. Sie ist in der Lage, schnell – wie Kohl und Schröder auch – einmal eingenommene Positionen wieder zu verlassen. Sie will wie alle politischen Führer oben bleiben, keine Niederlage einfahren. Sie ist das Gegenteil einer Geschichtsdeuterin, sondern mehr eine Analytikerin der realen Politik. So macht sie eine Politik, die in weiten Teilen mit der der Sozialdemokratie kompatibel sein kann. Vom Typus her spricht sie – ähnlich wie Schröder – eher Wechselwähler an.

Das Verhältnis zur eigenen Partei: Für Helmut Kohl war seine Partei die Quelle seiner Macht, teilweise sogar so etwas wie ein Familienersatz. Er lebte von der und für die CDU. Für sie tat er alles, solange sie auch für ihn da war. Deshalb wollte er sie auch beherrschen. Dabei verlor er das notwendige Maß, zwischen Recht und Unrecht zu unterscheiden, und versank schließlich im Sumpf der Spendenaffäre. Von allen drei Kanzlern war er emotional am intensivsten mit seiner eigenen Partei verwoben. Er wäre nie auf den Gedanken gekommen, den einmal erworbenen Parteivorsitz niederzulegen. Er wusste, dass gerade für ihn der Abschied vom Vorsitz seine Macht als Kanzler unterspült hätte. Kohl wollte die ganze Macht, auch über seine Partei. Merkel ist diesbezüglich ähnlich gestrickt. Als frühere Generalsekretärin weiß sie, wie wichtig die CDU für ihren Machterhalt ist. Aber in ihrem Herzen ist sie bestenfalls eine gelernte, eine kopfgesteuerte Christdemokratin. Sie hat das Emotional-Verbindende einer Parteiaktivität an der Basis oder in der Jugend nie erlebt. Sie hat als Seiteneinsteigerin, letztlich als Ministerin weit oben angefangen und sich danach die CDU zum Zwecke ihrer persönlichen Machtsicherung geformt. Zur emotionalen Kraft einer Partei als politische Familie hat sie wenig Bezug.

Gerhard Schröders Verhältnis zur SPD war sehr zwiespältig. Sie ermöglichte ihm den politischen und sozialen Aufstieg – und doch wurde er in seiner Partei nie wirklich geliebt. Seine Distanziertheit zu ihr war eindeutig sichtbar; es sprang kein emotionaler Funke über, gelegentlich bei Parteitagen, aber selbst dann nur für wenige Minuten. Alles, was Schröder in der Politik mithilfe der SPD geworden ist, ist er letztlich gegen die Mehrheit der Parteibasis geworden. Aber gegenüber seinen Genossen war er machtpolitisch der Entschiedenste und taktisch der Klügste, um die politischen Rahmenbedingungen so zu nutzen, dass der Prozess der Kanzlerkandidatenwerdung nicht zugunsten Oskar Lafontaines, sondern zu seinen Gunsten lief. Kohl lud Schuld auf sich, als er nicht rechtzeitig einem Jüngeren die Macht überlassen wollte, Schröder hat zwar seinen Zweikampf mit Lafontaine machtpolitisch grandios gewonnen, doch dann hielt er sich selbst ebenfalls für nicht ersetzbar: »Man guckt ja manchmal, wer so nach einem kommen könnte. Und dann guckt man. Und guckt … und dann muss man doch weitermachen«, sagte Gerhard Schröder noch 2004 in einer launigen Rede zum Jubiläum einer SPD-nahen Zeitschrift.[2] Dieser Hinweis auf die dünne Personaldecke der SPD in der Generation der Nach-68er wirft die Frage auf, wie es die Alterskohorte von Schröder, Lafontaine und anderen so weit bringen konnte, dass die SPD heute hinsichtlich ihrer Mitgliederentwicklung, ihrer kommunalen Basis in Städten und Gemeinden und der geringen Zahl der von ihr geleiteten Landesregierungen nachhaltig geschwächt dasteht. Von den drei letzten Kanzlern hat Schröder es am wenigsten verstanden, seine eigene Partei hinter sich zu bringen. Der Niedergang der SPD ist eng mit dem politischen Wirken Schröders verbunden; ähnlich wie Kohl hat er seiner eigenen Partei enormen Schaden zugefügt.

Der Kanzlerbonus: Kohl, Schröder und Merkel haben gemeinsam, dass das politische Amt eines Kanzlers sie zu verändern schien und ihnen zu neuem Ansehen verhalf. Das dauerte bei Helmut Kohl sehr viel länger: Sein pfälzischer Zungenschlag und die Ungenauigkeit seines Ausdrucks ließen ihn in den ersten Jahren der Kanzlerschaft nicht als besonders führungsstark erscheinen. Erst als die deutsche

Einheit kam und er sozusagen den »Mantel der Geschichte« ergriff, wurde er zu einem bedeutenden europäischen Staatsmann. Mit dieser Rolle wird er trotz seines Makels als Spendenjongleur in die Geschichtsbücher eingehen. Gerhard Schröder hat vom Anfang seiner Kanzlerschaft an einen sehr viel willensstärkeren Eindruck hinterlassen. Doch dieses Bild entsprach nicht der Realität. Kein Kanzler dokumentierte so wie Schröder das eigene Scheitern: durch die Übergabe des Parteivorsitzes an Franz Müntefering und durch das Verkünden vorgezogener Wahlen im Jahr 2005. Angela Merkel war von Anfang an mit sehr hohen persönlichen Umfragewerten ausgestattet. Welche Auswirkungen dies für die Wahlaussichten der CDU/CSU hat, ist jedoch offen.

Der Politikstil: Im Unterschied zu Kohl setzte Gerhard Schröder von vornherein auf die zeitliche Begrenzung der Macht – zumindest offiziell. Schröder wollte nie länger als acht oder zehn Jahre Kanzler sein (was tatsächlich gewesen wäre, wenn ihm eine längere Amtszeit möglich gewesen wäre, sei dahingestellt). Es liegt in der Natur der Macht, dass man sie sich möglichst lange erhalten will. Die Methoden der Machterhaltung sind jedoch bei den drei Kanzlern unterschiedlich. Helmut Kohl, obwohl in seinem Inneren zutiefst unruhig, vermittelte nach außen hin etwas Unverrückbares. Er saß, wenn es sein musste, Probleme aus und ließ sich nicht von jeder neuen Meldung beirren. Er strahlte eine enorme Ruhe aus, auch wenn sie ihm als geringe geistige und politische Flexibilität zumeist negativ ausgelegt wurde. Gerhard Schröder wollte immer so schnell wie möglich auf die täglichen Herausforderungen reagieren. Deshalb war es ihm auch schwer möglich zu verdeutlichen, dass seine Politik von einer langfristigen Konzeption geprägt war. Sein Versuch, Politik mit »ruhiger Hand« zu machen, sollte zwar genau das suggerieren, ging aber völlig schief. Gerhard Schröder ist ein »Spieler« in der Politik – so auch 2005 bei seiner Neuwahlentscheidung. Er wollte sich dadurch Luft verschaffen, da er politisch nicht mehr weiterwusste. Er wollte einen Befreiungsschlag, trotz des Risikos der Abwahl. Helmut Kohl wäre in einer vergleichbaren Situation nicht einmal ansatzweise auf den Gedanken gekommen, vorzeitige Wahlen anzustreben. Angela Merkel liegt in ihrer Reaktionsweise in der Mitte zwischen Kohl und Schröder. Sie hat eine ziemliche Willens- und Nervenstärke, reagiert aber viel schneller. Sie ist keine typische »Aussitzerin« von Problemen. Im Gegenteil: Sie will beweisen, dass sie die Probleme erkennt. In ihren Reaktionsweisen ist sie allerdings alles andere als spontan.

Die Medien: Im Verhältnis der drei Kanzler zu den Medien zeigen sich deutliche Unterschiede. Auch wenn Merkel bislang so noch nicht bezeichnet wurde, hat sie, sogar noch vor Schröder, das Prädikat der »Medienkanzlerin« verdient. Die ehemalige stellvertretende Regierungssprecherin der DDR hat frühzeitig gelernt, wie wichtig es ist, mit den Medien zu sprechen und über die Medien Botschaften zu vermitteln. Sie hat – ganz rational denkend – als Einzige wirklich begriffen, dass die Funktionslogik, die spezifische Chronistenpflicht der Medien nicht zu falscher Kumpelhaftigkeit führen darf. Medien, auch solche, die Grundsympathien für spezifische politische Richtungen erkennen lassen, wollen ihre Unabhängigkeit respektiert sehen. Sie reagieren allergisch auf jedes Bemühen, sie politisch zu instrumentalisieren.

Schröder hat dagegen die Medien in einer Art Balzverhalten stets umworben, zumal er bei seinem Aufstieg vom Wohlwollen einiger überregionaler Wochenzeitschriften ziemlich profitierte. Diese beschrieben ihn als tatendurstig und volksnah. Schröder dachte aber zugleich parteiisch, etwa: Der ›Spiegel‹ ist mein Blatt. Als er dann feststellen musste, dass die Medien anders funktionieren, war er gerade über jene Journalisten enttäuscht, die ihn einst mit großer Sympathie als »Anti-Kohl« in den Medien hochstilisiert haben. Stellvertretend dafür steht, wie sehr er sich mit dem ›Spiegel‹-Reporter Jürgen Leinemann auseinandergelebt hatte. Das Verhältnis des »Medienkanzlers« Schröder zu den Medien verdüsterte sich zusehends, obwohl seine journalistisch versierte Frau seine wichtigste medienpolitische Beraterin war.

Auch Merkel hatte während ihrer gesamten politischen Karriere eine intensiven Begleitung durch die Medien. Sie vollzog ihren Aufstieg mit den Medien und nicht gegen sie. Sie hat aber trotz ihrer unmittelbaren Kontakte zu vielen Journalisten immer Distanz zu ihnen gewahrt. Sie macht keinen Unterschied hinsichtlich der politischen Gesamtausrichtung der Medien. Anders ausgedrückt: Sie hat es als inhaltliche Herausforderung angesehen, sich gerade um eine besondere Zusammenarbeit mit denjenigen Medien zu bemühen, die in der

Vergangenheit als eher CDU-kritisch galten: der ›Spiegel‹, die ›Zeit‹ und der ›Stern‹. Damit ist sie zumindest bisher gut gefahren. Sie ist insoweit das genaue Gegenteil zu Helmut Kohl, der sich weigerte, mit einigen Medien überhaupt zu sprechen, der in öffentlichen Reden immer wieder seine Verachtung der Medienzunft zum Ausdruck brachte und dafür teilweise viel Beifall erhielt. Kohl begriff zudem die Wirkungen neuer Medien nie richtig; er hat sie schlichtweg unterschätzt. Seine Politikerkarriere verdankte er nicht den Medien, sondern allein seiner innerparteilichen Durchsetzungskraft.

Der persönliche Mut: In jeder Kanzlerschaft gibt es Situationen, in denen das Taktische, das Machterhaltende zurücktreten muss gegenüber dem politisch Notwendigem, dem man nicht ausweichen kann. Politiker neigen immer dazu, unpopuläre Entscheidungen erst in letzter Minute zu treffen. Aber sie werden am Ende ihrer Amtszeit dann letztlich doch daran gemessen, ob sie etwas Bedeutendes, etwas »Großes« für das ihnen anvertraute Land getan haben, was unverwechselbar mit ihnen in Verbindung gebracht wird, wo sie mit vollem persönlichen Risiko politische Entscheidungen getroffen haben.

Helmut Kohl wird zwar am ehesten mit der deutschen Einheit in Verbindung gebracht. Alles in allem hat er dabei äußerst klug reagiert – aber auf Ereignisse, die er selbst nicht hervorgerufen hatte und die er allenfalls begleiten konnte. Sicher war das Vertrauensverhältnis zwischen ihm und Gorbatschow ein entscheidender Faktor, dass die damals noch existierende Sowjetunion nicht mit militärischen Machtmitteln der »friedlichen Revolution« in der DDR den Garaus machte. Das Verdienst Kohls, ein schmales Zeitfenster für die Wiedervereinigung genutzt zu haben, kann ihm nicht streitig gemacht werden. Wirklichen Mut hatte er in einer anderen Frage: der Einführung des »Euro«. Diese gemeinsame Währung von Mitgliedsstaaten der Europäischen Gemeinschaft ist eindeutig Kohls unbeirrtem Durchhaltevermögen zu verdanken, zumal die klare Mehrheit der Deutschen dieses Projekt eindeutig ablehnte. Hätte Kohl nicht durchgehalten, wäre es nicht zum Euro gekommen. In dieser Frage hatte Kohl eine Vision.

Gerhard Schröder hatte mit der Ablehnung des Irak-Krieges keinen großen persönlichen Mut bewiesen, zumal eine offizielle US-amerikanische Anfrage für eine Teilnahme an der »Koalition der Willigen« gar nicht vorlag; Schröder hatte instinktiv gespürt, dass die große Mehrheit der Deutschen eine Kriegsbeteiligung ablehnte und das für seine Wahlkampfauftritte zu nutzen gewusst. Insofern befand er sich im inneren Einvernehmen mit der großen Mehrheit der deutschen Bevölkerung. Die »Agenda 2010« hingegen, so spät sie kam, beschloss er aus der – vielleicht auch spielerischen – Einsicht heraus, dass er handeln müsse. Die wirtschaftspolitische Lage, die Zahl der Arbeitslosen, hatte sich so dramatisch verschlechtert, dass er nach den knapp gewonnenen Wahlen etwas Tapferes tun wollte und vor allem musste. Er wusste ziemlich genau, dass diese Agenda für ihn ein wirkliches Risiko einer Abwahl darstellte. Er hatte aber zu lange gezögert und auch seine eigene Partei nicht mitzunehmen gewusst.

Angela Merkel, die gleichwohl – je nach Wahlausgang im September 2009 – erst am Anfang ihrer Kanzlerschaft steht, kann den Nachweis einer wirklich »mutigen« Entscheidung bislang noch nicht erbringen. Sie mag es diesbezüglich in einer großen Koalition auch schwerer haben. Sie hat es auf beeindruckende Weise geschafft, sich in der Bevölkerung hohes Ansehen zu verschaffen; sie hat eine seherische Fähigkeit in der Erkenntnis des Populären entwickelt und ihr persönliches Auftreten, insbesondere ihr Fleiß, machen Eindruck. Aber es gibt bislang kein einziges Thema, mit dem sie sich wirklich und auf Dauer in Gegensatz zu Stimmungen in der Bevölkerung gesetzt hat, wo sie eine gar noch protestantische »Hier-stehe-ich-und-kann-nicht-anders«-Haltung an den Tag legte oder legen musste. Sie ist flink in der Analyse der jeweiligen politischen Situation, die sie sofort hinsichtlich der taktischen Ausgangslage machtpolitisch prüft. Aber das ist noch keine kraftvolle »leadership«. Zweifellos dirigiert sie viele Vorgänge, bringt sich mit ihrer Neigung zu Detailwissen mit ein, steuert mehr, als häufig sichtbar wird. Aber den Mut zum Unpopulären hat sie bislang nicht gezeigt.

VI. Die Formel der Macht
Ein Exkurs und mehrere Thesen

Der Abschied von der Macht fällt jedem schwer. Vor einem Millionenpublikum an den Fernsehgeräten blaffte der Noch-Kanzler Gerhard Schröder am Wahlabend im September 2005: »Glauben Sie im Ernst, dass meine Partei auf ein Gesprächsangebot von Frau Merkel in dieser Sachlage einginge, indem sie sagt, sie möchte Bundeskanzlerin werden?«[1] Wenige Wochen später wurde Angela Merkel dennoch Bundeskanzlerin der Bundesrepublik Deutschland. Als am 27. September 1998 Bundeskanzler Helmut Kohl gegen 19 Uhr vor die Presse trat, um die Verantwortung für die deutliche Wahlniederlage der CDU/CSU zu übernehmen, und ankündigte, auch sein Amt als CDU-Vorsitzender nach 25 Jahren niederzulegen, war der »Kanzler der deutschen Einheit« dem Fernsehen nicht einmal mehr eine Live-Übertragung wert. Denn kurz danach ging der Wahlsieger Gerhard Schröder vor die Mikrofone (sicherlich nicht ohne Absicht fast zeitgleich mit Kohl). Alle großen Fernsehanstalten[2] nahmen den bis dahin 16 Jahre regierenden Bundeskanzler jäh aus dem Bild, um den künftigen Kanzler zu präsentieren. Sinnfälliger hätte die Ära Kohl nicht beendet werden können. »Der König ist tot, es lebe der König!«

Exkurs: Machtverlust als Leiden an der Einflusslosigkeit
Freiwillige Rücktritte deutscher Politiker sind äußerst selten. Kohls, auch Schröders Weigerung, einem Nachfolger den Weg zu bereiten, hat in der Geschichte zahlreiche Vorbilder. Viele Politiker »werden zurückgetreten« – im Falle Bismarcks durch »Seine Majestät den Kaiser«, im Falle Adenauers durch die Weigerung des Koalitionspartners FDP, mit ihm weiterzuregieren, und die Ungeduld der CDU/CSU-Fraktion, im Falle Brandts durch eine von ihm mitverschuldete Staatsaffäre.

Beispiel Bismarck: Wahrscheinlich war für Kohl die Überlegung, länger im Amt zu bleiben als der Reichskanzler Otto von Bismarck, ein wichtiger innerer Antrieb. Da Kohl sich immer wieder seiner historischen Kenntnis des deutschen Kaiserreichs rühmte, liegt diese Vermutung keinesfalls fern. Wahrscheinlich kam Kohl in den für ihn bitteren Tagen, als er die Macht im Staat und in seiner Partei abgeben musste, jene berühmte Karikatur in den Sinn, die nach dem Sturz Bismarcks mit der Bildunterschrift »Der Lotse geht von Bord« am 23. März 1890 in der englischen Zeitschrift ›Punch‹ veröffentlicht wurde. Die Amtszeit des Kanzlers Bismarck hat bisher keiner seiner Nachfolger erreicht, regierte er doch das Reich mehr als 19 Jahre, nämlich vom 18. Januar 1871 bis zum 20. März 1890. Hinzu kommen auch noch seine Jahre als Kanzler des Norddeutschen Bundes (seit Juli 1867). Nach seiner Entlassung erklärte Bismarck in einem Gespräch auf seinem Gut Varzin im Oktober 1891: »Die Politik ist wie eine große Forelle, welche die kleine Forelle auffrisst. Denn die Forelle gehört zu den Raubfischen, wie Sie wissen – so hat die Politik jedes andere Steckenpferd, das ich jemals gehabt habe, verschlungen.«[3]

Als Bismarck Abschied von der Macht nehmen musste, war er tief verbittert.[4] Einer seiner Biografen, Manfred Hank, stellt fest, der Ex-Reichskanzler habe diese Verbitterung manchmal gut zu verbergen gewusst, die Entlassung durch Wilhelm II. habe ihn aber vor allem wegen seiner daraufhin eintretenden Einflusslosigkeit schwer gekränkt: »Die Wurzeln dieses Gefühls der Isolierung lagen folglich tiefer als nur im vordergründigen Erleben einer neuen Situation. Vielleicht sind sie zu suchen in jener elementaren Distanz und Fremdheit Bismarcks gegenüber der eigenen Zeit und den sie prägenden Strömungen, die er nunmehr, dazu verdammt, einer verhassten Entwicklung untätig zuzusehen, in Gestalt einer inneren Einsamkeit mit doppelter Schwere empfinden musste.«[5]

Ein Artikel Bismarcks in den ›Hamburger Nachrichten‹ vom 19. April 1890 könnte sinngemäß auch von anderen, in einen erzwungenen Ruhestand Verschickten, geschrieben sein: »Man wird [...] von einem Staatsmanne, der dreißig Jahre lang die hervorragendste Stellung im öffentlichen Leben eingenommen und dies wie kein anderer maßgebend beherrscht hat, nicht erwarten dürfen, dass er mit seinen

Ämtern zugleich seine politische Kraft, seine Vaterlandsliebe und das Bedürfnis verloren habe, mit der öffentlichen Meinung in Fühlung zu bleiben und sie nach seiner Überzeugung zu beeinflussen. Wer vom Fürsten Bismarck glaubt, dass er, alt und gebrochen, künftig den gänzlich passiven Zuschauer der Ereignisse auf der Weltbühne abgeben werde, irrt in jeder Hinsicht.«[6]

Der Historiker Lothar Gall beschreibt als »Zynismus der Macht«, dass es denen, die Bismarck stürzten, um keine vorwärtsweisende Alternative ging, »sondern fast ausschließlich um das, woran sich auch der alternde Kanzler so sehr klammerte: um die Macht als solche und nicht zuletzt um ihren äußeren Schein und ihre Insignien«.[7] Gall fügt noch hinzu, dass das »Untergründige« in Bismarcks Charakter nach seiner Entlassung beherrschender denn je hervortrat, nämlich »der unbedingte Wille zur Macht und zur Selbstbestätigung, der das eigene Werk niemals getrennt von der eigenen Person zu sehen vermochte, ihm gleichsam nie Eigenständigkeit zuerkannte«.[8]

Beispiel Adenauer: Was Kohl im Hinblick auf Bismarck nicht gelang, schaffte er bei Adenauer: das Vorbild in der Dauer der Amtszeit zu übertreffen. Der erste Kanzler der Bundesrepublik war vom 15. September 1949 bis zum 15. Oktober 1963 im Amt – genau 14 Jahre und einen Monat, seine Zeit als Präsident des Parlamentarischen Rates nicht mitgerechnet. Auch Adenauer trat nur höchst unwillig von der politischen Bühne ab. Sein zeitweiliges Liebäugeln mit dem Amt des Bundespräsidenten zeigt, dass er nach Möglichkeiten suchte, seine zu Ende gehende Kanzlerzeit durch ein anderes, protokollarisch sogar »höheres« Amt zu verlängern. Adenauer wusste spätestens seit 1961, dass der Koalitionspartner FDP nicht bereit war, ihn noch länger als Regierungschef mitzutragen. So stand der Wahlkampf 1961 auch im Zeichen des CDU-internen Machtkampfes um die Nachfolge Adenauers. Die FDP hatte sich darauf verständigt, die Koalition nur ohne ihn fortzusetzen. Das Wahlversprechen der inhaltlichen Kontinuität »ohne den Alten« bescherte den Liberalen bei den Bundestagswahlen mit 12,8 Prozent ihr bislang bestes Ergebnis, während die CDU/CSU mit 45,3 Prozent Einbußen von 4,9 Prozentpunkten hinnehmen musste. Es kam auch zu einer CDU/CSU-FDP-Koalition, doch musste die FDP nach zähen Koalitionsverhandlungen Adenauer noch einmal zum Bundeskanzler wählen – allerdings mit dem Kompromiss einer Ablösung Adenauers in der Mitte der Legislaturperiode. Dieses Zugeständnis an den Machtwillen des Kanzlers begründete den Ruf der »Umfallerpartei«, der für viele Jahre an der FDP haftete.

Um die Vereinbarung mit den Liberalen zu konterkarieren – und auch um Ludwig Erhard als Nachfolger zu verhindern –, verhandelte Adenauer 1962 mit den von ihm stets heftig bekämpften Sozialdemokraten sogar über die Möglichkeit einer großen Koalition, und zwar mit einer Ernsthaftigkeit, die der Öffentlichkeit damals unbekannt blieb. Seine Absicht zur Bildung einer großen Koalition stieß 1962 (wie auch 1966) bei Erhard auf Ablehnung.[9] Der Historiker Hans-Peter Schwarz schrieb später dazu: »Zwar hat es nie an faszinierten Beobachtern gefehlt, die Adenauers Taktik bei den Koalitionsbildungen beobachtet haben, aber nur wenige ahnten bisher, dass die Verhandlungen mit der SPD im Jahre 1962 so weit gediehen waren.«[10]

Konrad Adenauer, dessen Querschüsse schließlich auch den Niedergang des von ihm ungeliebten Bundeskanzlers Erhard mit herbeiführten – er hatte ihn zuletzt doch nicht verhindern können –, tat sich schwer, die Politik als »Privatier« zu betrachten. Als Adenauer das Kanzleramt am 15. Oktober 1963 verließ, blieb er immerhin noch drei Jahre lang CDU-Vorsitzender. Er wurde auf dem Parteitag 1964 zum achten Mal in dieses Amt wiedergewählt. Dadurch konnte er den politischen Manövrierraum Erhards, dem Parteiarbeit nicht viel bedeutete, ein wenig begrenzen. Doch dass er »nur noch« Parteivorsitzender war, machte dem Exkanzler seinen tatsächlichen Machtverlust schmerzhaft bewusst. So erinnert sich seine langjährige persönliche Assistentin Anneliese Poppinga an einen Tag im April 1964, an dem die Gefühle der Machtlosigkeit im »Unruhestand« aus Adenauer herausbrachen. In seinem Bonner Büro klagte er: »Ich bin von tiefer Trauer erfüllt. Ich muss sehen, wie die Dinge sich entwickeln. Und ich kann nichts tun. Es kommt mir so zu Bewusstsein, dass ich gar keinen Einfluss mehr habe. Man braucht nur einen Blick in die Zeitungen zu werfen, da kommt doch etwas auf uns zu! Wohin treibt das Ganze? Die Außenpolitik? Und die Entwicklung der Partei?«[11]

Die Ähnlichkeit mit den Äußerungen Bismarcks ist frappierend: Beide litten sichtlich darunter, nicht mehr große Politik machen zu können oder wenigstens um Rat gefragt zu werden. Konrad Adenauer war über den Beschluss der CDU/CSU-Fraktion vom April 1963, im Herbst desselben Jahres Ludwig Erhard zum Bundeskanzler zu wählen, zutiefst niedergeschlagen.[12] Er konnte sich mit seinem am 17. September 1963 gewählten Nachfolger nie abfinden. So erklärte er dem amerikanischen Journalisten Daniel Schorr auf dessen Frage, ob er Erhard wirklich nicht für einen großen Politiker halte:»Ich glaube, dass er das selbst nicht glaubt. Das habe ich auch so offen gesagt. Er ist ein guter Wirtschaftler, aber kein Politiker, und das wirtschaftliche Denken und das politische Denken sind selten zusammen.«[13] Der Altkanzler schoss immer wieder Sätze, die wie Giftpfeile auf seinen Nachfolger wirkten, so etwa in einem berühmten Interview mit der ›Bild am Sonntag‹ vom 1. November 1964:»So schafft es Erhard nicht.« Erhard erzielte mit 47,6 Prozent bei der Bundestagswahl im September 1965 zwar einen klaren Sieg, der vor allem seiner Popularität zugeschrieben wurde, doch trat er nach schweren Auseinandersetzungen in Koalition, Fraktion und Partei schon am 1. Dezember 1966 zurück.[14] Als Erhard das Handtuch warf, war Adenauer außerordentlich erleichtert.

Beispiel Brandt: Auch der gefeierte Friedensnobelpreisträger von 1971 ging nicht freiwillig aus dem Kanzleramt. Die Affäre um den DDR-Agenten Günter Guillaume zwang ihn am 7. Mai 1974 zum Rückzug vom Staatsamt – nicht aber von dem des SPD-Vorsitzenden. Diese wichtige Funktion versah er noch bis 1987. Auch auf Brandt hatte Macht immer faszinierend gewirkt. Seine zweite Frau Rut schilderte das in ihren Erinnerungen:»Ich begriff nicht, wie wichtig es für ihn war, Einfluss zu bekommen. Eines Abends brach es aus ihm hervor: ›Verstehst du denn gar nicht, dass ich Macht will!‹«[15]

Schwierigkeiten bei Ablöseprozessen gibt es auf allen Ebenen der Politik, auch in der Landespolitik. Ministerpräsidenten beispielsweise tun sich in der Regel besonders schwer mit dem Abschied von der Macht, gerade weil auf Landesebene nicht der gleiche raue Wind weht wie in der Bundespolitik, die Oppositionsparteien häufig ohne öffentliche Wirkung bleiben und die»einheimische« Presse der jeweiligen Landesregierung gegenüber meistens relativ unkritisch eingestellt ist. Die Folge ist in den Landeshauptstädten ein quasihöfisches Zeremoniell, bei dem die Ministerpräsidenten leicht in Gefahr geraten, die ihnen entgegengebrachte Ehrerbietung nicht dem Amt, sondern ihrer Person zuzuschreiben. Einige Beispiele aus der Landespolitik: *Alfons Goppel* kam 1962 in das Amt des bayerischen Ministerpräsidenten und gab es erst nach 16 Jahren wieder ab. Er ließ den damaligen CSU-Vorsitzenden Franz Josef Strauß neun Jahre bis zur Nachfolge im Jahr 1978 warten, obwohl der bereits 1969, mit dem Ende der ersten Großen Koalition, als Finanzminister aus der Bundesregierung ausgeschieden war. Dreißig Jahre später hat auch Edmund Stoiber, einst die rechte Hand von Strauß, seinen unfreiwilligen Abtritt von der Macht seinen beiden Nachfolgern Erwin Huber und Günther Beckstein nicht verziehen. Ein anderes Beispiel für das Sichklammern an Ämter ist Johannes Rau, der in Nordrhein-Westfalen zunächst acht Jahre Minister für Wissenschaft und Forschung war und schließlich zwanzig Jahre lang (von 1978 bis 1998) Ministerpräsident. Rau übergab dieses Amt erst dann an Wolfgang Clement, als ihm die SPD-Führung die Wahl zum Bundespräsidenten fest zugesagt hatte.

Dass sich auch der damalige sächsische Ministerpräsident Kurt Biedenkopf in die Schar derer einreihte, die nicht freiwillig von der Macht weichen wollten, ist besonders erstaunlich. Denn er hatte zu Zeiten des Machtkampfes zwischen Schäuble und Kohl nüchtern analysiert:»Das Verhältnis der jetzigen Parteiführung zu Kohl ähnelt dem Verhältnis eines amtierenden Bauern zum Altbauern. Wie bekommt man ihn dazu, sich endgültig aufs Altenteil zurückzuziehen?«[16] Und in einem später veröffentlichten Tagebucheintrag hatte Biedenkopf am 6. September 1990 festgehalten, es gehe ihm bei seiner Kandidatur ausschließlich darum,»in den ersten Jahren des Freistaates Sachsen als Anwalt der Menschen in Sachsen das Land, seine Verwaltung, seine kulturellen Einrichtungen und seine Wirtschaft so aufzubauen«, dass eine jüngere Generation die Arbeit fortsetzen könne.»Mit 65« wolle er sich auf seine»wissenschaftliche und schriftstellerische Tätigkeit und auf Fragen der Europa- und Außenpolitik konzentrieren«.[17] Zehn Jahre später war Biedenkopf immer noch Ministerpräsident und setzte dann alles daran, dass der anerkannte Finanzminister Georg Milbradt nicht sein Nachfolger wurde.[18]

Thesen zur Macht

»Macht«[19] hat es in sich, sie fasziniert. Am Beispiel von Kohl, Schröder und Merkel und vielen anderen »Machtmenschen«, die in diesem Buch erwähnt werden, lässt sich dieses Faszinosum nachweisen. Hier soll der Versuch unternommen werden, in acht Thesen das Faszinosum der Macht zu erklären:

These 1:
Wer die Macht hat, will sie so lange wie möglich festhalten. Der Verlust der Macht wird von ihren Inhabern als gleichbedeutend mit sozialem Abstieg angesehen. Das Ende der öffentlichen Bedeutung wird als politischer Tod empfunden. Der Politiker sehnt sich nach Ruhe, er kann sie aber nicht ertragen, wenn sie ihn umfängt. Auch die Nähe zur Macht ist verführerisch.

Macht verleiht Selbstwertgefühl, Selbstbestätigung. Diese Erkenntnis ist für Machtinhaber und Machtbegünstigte keineswegs trivial, wenn die Macht ungeplant verloren geht, wenn auf einmal gesellschaftliche Aufmerksamkeit und Anerkennung fehlen – wenn man von der öffentlichen Bildfläche verschwindet, »uninteressant« wird. Es ist eine tiefe Zäsur im eigenen Leben, wenn keine helfenden Hände mehr zur Verfügung stehen, wenn man das Türöffnen des Fahrers missen muss und wenn man von den Einladungslisten der Empfänge gestrichen wird. Beim Machtverlust lässt sich auch beobachten, welche Politiker in erster Linie von der Aura der Macht lebten und wer – auf »Normalmaß« zurückgestutzt – genügend Persönlichkeitssubstanz mitbringt, um auch ohne Machtsymbole – die beflissene Entourage, ständig gereichte Akten – zurechtzukommen und trotzdem weiterhin über Ausstrahlungskraft zu verfügen. Spitzenpolitiker sind so sehr mit der politischen Maschinerie verzahnt, so sehr in der Hektik der Tagespolitik gefangen, dass sie einerseits ein großes Ruhebedürfnis haben, auch einmal Stille genießen wollen – doch wenn sie auf einmal ungewollt da ist, wenn kaum noch jemand anruft, wenn man alle als selbstverständlich empfundenen Serviceleistungen wie etwa das Bestellen von Flugtickets selber machen muss, dann empfinden Politiker einen langen stechenden Schmerz, verursacht durch zunehmende Bedeutungslosigkeit.

Ablöseprozesse von der Politik sind freilich nicht nur für deutsche Politiker ein Problem. Berühmt ist Winston Churchills Klageruf aus der Opposition:»No information, no transportation.« Auch Margaret Thatcher regierte noch viele Jahre in die Partei der Konservativen hinein. Sie machte ihrem unmittelbaren Nachfolger John Major das politische Leben zur Hölle – obgleich dieser ihr»Wunschkandidat« war. Auch wenn die erzwungenen Abschiede von Bismarck, Adenauer und Brandt als Kanzler unter unterschiedlichen Bedingungen stattfanden, so ähneln sich doch die Reaktionen auf den Verlust von Macht, von öffentlicher Wirksamkeit: Der schmerzhafte Vorgang wird als Liebesentzug, manchmal sogar als schleichender politischer Tod empfunden. Helmut Kohl, der Adenauer gut kannte, dachte sicherlich nach seinem Auszug aus dem Kanzleramt oft an den»Alten von Rhöndorf«, der sich verjagt, weggeschubst fühlte – aber dann im Laufe der Zeit das erfuhr (wenn auch nicht erlebte), was man heutzutage ein»Revival« nennt. Je größer der zeitliche Abstand zur Ära Adenauer wurde, desto mehr wurde er in der eigenen Partei und in der Öffentlichkeit wieder gefeiert, erinnerte man sich an die»guten alten Zeiten«. Kohl war einige Monate lang auf dem besten Weg, auch diesbezüglich in die Fußstapfen Adenauers zu treten – bis der Spendenskandal kam.

In Deutschland gibt es für ehemalige Spitzenpolitiker keinen»Senat« wie in Frankreich oder in Italien, auch kein»Oberhaus« wie in Großbritannien, wo Politiker als»elder statesmen« ihren Rückzug aus der Politik quasi einüben können. In Deutschland haben außerdem bisher nur wenige Politiker einen Wechsel in die Privatwirtschaft geschafft. Beispiele hierfür sind der frühere SPD-Finanzminister Manfred Lahnstein, später Vorstandsmitglied bei Bertelsmann, oder Kohls außenpolitischer Berater Horst Teltschik, der BMW-Vorstandsmitglied wurde. Gerhard Schröder ist ein weiteres Beispiel. Das Übernehmen neuer Aufgaben außerhalb der Politik wird darüber hinaus in unserem Land oft mit Missgunst betrachtet, auch in den Medien. Im Falle Schröders gibt es infolge seines Engagements bei Gazprom gleichwohl auch berechtigte Kritik. Wegen der Schwierigkeit des Wechsels klammern sich viele Politiker so lange wie möglich an ihre Ämter, die Macht, Prestige und Einkommen sichern. Hinzu kommt, dass die meisten Politiker – soziologisch betrachtet – ihren gesellschaftlichen Aufstieg der Politik beziehungsweise ihrer Partei verdanken. Ein Ausscheiden aus der Politik bedeutet eben auch einen Abschied von den Großen der Welt.

Die öffentliche Wirkung von Macht hat vielfältige Facetten. Die Mechanismen der Anziehung durch Macht sind zudem auf den unterschiedlichen Ebenen ziemlich gleich. Auf lokaler Ebene ist die Mitgliedschaft im Stadtrat ähnlich prestigeträchtig, wenn auch in örtlichen Grenzen, wie Ämter auf den höheren Ebenen. Allein schon zum Dunstkreis der Macht zu gehören, ist für viele das Entscheidende. Denn ob der Einzelne auch tatsächlich Einfluss ausübt und auf komplizierte Entscheidungsprozesse überhaupt einwirken kann, ist oft zweitrangig. »Dazuzugehören«, etwa im Fernsehen einmal mit einem Granden der Politik gesehen worden zu sein, das ist für viele das eigentlich Wichtige. Im Deutschen Bundestag gibt es – nebenbei bemerkt – sogar eine besondere Spezies von Politikern, die in der Regel zu den eher Einflusslosen gehören, den Stellenwert des Mediums Fernsehen aber erkannt haben: die Schriftführer. Es handelt sich hier um Beisitzer, die während der öffentlich stattfindenden Bundestagsverhandlungen neben dem jeweils amtierenden Bundestagspräsidenten sitzen und ihm bei der Verhandlungsleitung assistieren. Diese räumliche Nähe zum Präsidenten vermittelt ihnen insbesondere in ihren Wahlkreisen – der Quelle ihrer jeweiligen »Macht« – das Image, es im parlamentarischen Betrieb »geschafft« zu haben, zumindest in der Hierarchie des Verfassungsorgans Bundestag. Die TV-Bilder erzielen ihre Wirkung. Jenen Politikern bleibt zwar in der Regel die Anerkennung der Bedeutung durch eigene Interviews verwehrt. Aber der Hinterbänkler hat im Zeitalter des Fernsehens wenigstens auf diese Weise eine Chance.

Das »Dazugehören« ist ein wichtiger Faktor gerade für diejenigen, die nicht unmittelbar in der operativen Politik Verantwortung tragen. Auch in einer modernen Demokratie wie der Bundesrepublik Deutschland, deren Rituale recht nüchtern sind, kann der Machtbetrieb Befriedigung verschaffen: Die Einladung zu einem Staatsakt signalisiert dem Einzelnen Bedeutung. Die Wirtschaftsmanager, die vom Bundeskanzler oder der Bundeskanzlerin auf eine Auslandsreise mitgenommen werden, spüren die tiefe Freude des Erwähltseins. Das gilt auch für jene Journalisten, die sich wichtig vorkommen, wenn sie in der »Kanzlermaschine« mitfliegen dürfen; die Kollegen hingegen, die in der Begleitmaschine sitzen, fühlen sich degradiert. Wer eine Einladung zum »Kanzlerfest« erhält, einen Orden verliehen bekommt oder auch nur einen Händedruck des Kanzlers – »dem habe ich schon einmal die Hand gegeben« – entgegennehmen kann, schätzt sich glücklich. Auch Intellektuelle und Kirchenleute können sich der Aura der Macht nicht entziehen, so wenig wie Wirtschaftsführer. Schon die Nähe zur Macht befriedigt: Man ist »dabei«, ohne die Last der Verantwortung tragen zu müssen. Ein bisschen Teilhabe an der Macht erzeugt Loyalität.

These 2:
Politische Macht ist immer öffentliche Macht. Das unterscheidet sie von der Wirtschaft und gleicht die dramatischen Einkommensunterschiede aus.

Macht ist nicht nur ein Phänomen des Politischen, sondern tritt auch in den Sphären der Gesellschaft und des Privaten auf. Macht gibt es in allen Bereichen der Gesellschaft – in der Familie, in einem Verein, in einer kirchlichen Gemeinschaft, in Gewerkschaften, bei Bürgerinitiativen und nicht zuletzt in der Wirtschaft. Es wird immer Menschen geben, die ihren Führungswillen durchsetzen möchten – manche an vorderster Front, andere begnügen sich mit der zweiten Linie. Viele Menschen sind zwar zufrieden, nicht selber »Verantwortung« übernehmen zu müssen, und richten sich gerne in der Bescheidenheit ihrer Welt ein – aber am Schauspiel der Macht erfreuen wollen auch sie sich. Die Macht im Politischen ist offensichtlich, die Machtausübung in den anderen Bereichen der Gesellschaft geschieht zumeist verborgen.

Allen, die Macht, auch außerhalb der Politik, ausüben, fällt es schwer, sich von der häufig hart erkämpften Macht zu lösen. Auch

Persönlichkeiten aus der Wirtschaft treten nur ungern von ihren Positionen ab. Viele von ihnen landen aber dadurch sanfter, dass sie in Aufsichtsräte wechseln oder wenigstens noch Sekretariate für »Sonderaufgaben« behalten können. Im Unterschied zu Politikern vollzieht sich zudem bei Wirtschaftskapitänen der Auf- oder Abstieg meist nicht im Brennpunkt des Medieninteresses, denn sie bleiben erstaunlicherweise in der Öffentlichkeit oft weitgehend unbekannt. In der Wirtschaft werden häufig auch klare zeitliche Regelungen hinsichtlich des Ausscheidens aus der Verantwortung getroffen. Sodann gibt es noch einen weiteren wichtigen Unterschied zur Politik: Im ökonomischen Sektor lässt sich »Erfolg« in den Bilanzen, in täglich abrufbaren Umsatzzahlen, am Gewinn darstellen – doch in der Politik ist Bilanzierung ungleich schwieriger. Wie kann man den Erfolg messen? Wahlergebnisse allein können ja kein Gradmesser für politischen Erfolg sein. Auch weil an politischen Entscheidungen zumeist viele Menschen mitwirken, ist der konkrete »Erfolg« des Einzelnen nicht feststellbar. Deshalb fällt es Politikern auch so schwer, sich selbst gegenüber eine ehrliche Bilanz zu ziehen.

Der besondere Reiz der politischen Macht liegt in ihrer öffentlichen Wirkung, die zu einer Selbstbestätigung durch die von allen zuerkannte Bedeutung führt. Das lässt leichter die enormen Einkommensunterschiede verkraften. Wenn man die besondere Verantwortung etwa eines Bundeskanzlers oder eines Bundesministers betrachtet und dazu die im Vergleich zur Wirtschaft geringe Bezahlung, dann ist der Einkommensunterschied nur hinnehmbar durch die mit politischer Macht verbundene Bedeutung. In seinen frühen Interviews als Ministerpräsident bestätigte Gerhard Schröder 1991 diese Erkenntnis: Sein »Job« als Ministerpräsident sei »gut, aber nicht extrem gut bezahlt«, mit seiner Anwaltskanzlei hätte er »möglicherweise« wohlhabender werden können. Als Politiker habe er jedoch die Chance, »eine breitere Spur zurückzulassen als in anderen Berufen«. Außerdem: »Natürlich macht es Spaß, wenn einen die Leute in der Kneipe erkennen.«[20] Auf die Frage, was es für ihn bedeute, von einer wichtigen Position aus Politik zu machen, erklärte er: »Zunächst einmal das Gefühl, einige Dinge, die mir immer schon wichtig waren, voranbringen zu können. Aber neben diesen inhaltlichen Motiven gibt es natürlich auch das

Motiv der schlichten Eitelkeit und deren Befriedigung.«[21] Und weiter: »Ich möchte auch anerkannt werden. Das gehört wahrscheinlich zu den Dingen, die man nicht abschütteln kann, wenn man sich alles erkämpfen musste. Man ist immer auf der Suche nach Bestätigung.«[22] Jeder niedersächsische Regierungschef wird in Öl gemalt – für die Galerie in der Regierungszentrale. Schon 1991 machte sich Schröder darüber Gedanken:»Was ich von mir selber erwarten konnte, habe ich erreicht. Das stelle ich mir auch bildlich vor: Das Land Niedersachsen muss mich jetzt malen lassen, in Öl. Daran war gar nicht zu denken, als ich anfing.«[23] Jetzt hängt er auch noch im Bundeskanzleramt.

Angela Merkel ist, wenn es um ihre Einstellung zur Macht geht, ziemlich einsilbig. Die öffentliche Gewissenserforschung mag sie im Gegensatz zu ihrem Vorgänger nicht sonderlich. 1998 immerhin sagte sie als frischgebackene Oppositionspolitikerin der Fotografin Herlinde Koelbl auf die Frage, was »lustvoll« an der Macht sei:»Früher hätte ich gesagt: Dass man Politik gestalten kann. – Jetzt würde ich sagen: Darauf, Schröder im übertragenen Sinne in die Ecke zu stellen, freue ich mich.«[24] Auch ob sie »den letzten, entscheidenden Willen zur Macht« habe, wurde sie gefragt, und Merkel antwortete ziemlich unterkühlt:»Ich habe sicherlich einen Willen zur Macht, das ist klar. Aber ›letzten‹ und ›entscheidend‹ hört sich unglaublich verspannt und verkrampft an. Das sind für mich Kategorien, die ich mit anderen, persönlichen Lebenssphären verbinden würde.«[25] Als »Insignien der Macht« bezeichnet Merkel Auto und Fahrer und begründet das funktional als »schöne Sache, weil man nicht unentwegt Parkplätze suchen muss«.[26]

Der Reiz des Machtausübens wird häufig öffentlich geleugnet. Stattdessen werden Ideale und politische Überzeugungen als Motiv genannt – vor allem die »Sorge um das Vaterland« oder die »soziale Verantwortung«. Der flüchtige Blick in Autobiografien von Politikern belegt das. Hier soll nicht bezweifelt werden, dass viele Politiker sich für politische Inhalte einsetzen. Doch oft werden machtpolitische Notwendigkeiten, die ihre Eigendynamik entfalten, mit hehren politischen Zielen übertüncht. Gerade weil es um Macht geht, können viele Politiker innerhalb kurzer Zeit sehr pragmatisch mehrfach die Position wechseln. Ein weiterer Grund dafür ist die oftmals komplizierte Entscheidungsfindung: Auf schwierige Fragen gibt es in einer pluralistischen, modernen Gesellschaft selten einfache und eindeutige politische Antworten.

These 3:
Ohne öffentliche Wirkung kann kein Politiker erfolgreich sein. Es gibt ein Verlangen nach charismatischen Politikern. Eine nüchterne Parteiendemokratie bringt kaum charismatische Persönlichkeiten hervor. Ohne Ausstrahlungskraft kann in der medialen Welt der Gegenwart jedoch kein Politiker Staat machen.

Die gediegene Parteiendemokratie in Deutschland bringt wenig gute Redner hervor. Alle Politiker in Demokratien müssen öffentlich ihre Politik erklären und um Zustimmung werben. In der Bundesrepublik Deutschland, einer Konsens- und Parteiendemokratie, sind die politischen Entscheidungsprozesse recht bürokratisch, ist charismatische Strahlkraft von Politikern höchst selten. Auch mit starken charismatischen Fähigkeiten ausgestattete Persönlichkeiten scheitern ohne ein Netzwerk in der Politik, denn in Deutschland kommt nur derjenige innerparteilich »nach oben«, der es lernt, sich in Netzwerken mit anderen, mit ihm kooperierenden Politikern zu bewegen. Es gibt eine Sehnsucht nach Charisma, wie die begeisterte Aufnahme von Barack Obama vor der Siegessäule in Berlin während seines Besuches im Juli 2008 zeigte; 200 000 Zuhörer lieferten ihm die Wahlkampfkulisse. Doch man vergleiche den Obama-Slogan »Yes, we can« mit Angela Merkels »Sanieren, reformieren, investieren«, dann wird man das Hausbacken-Technokratische der deutschen Politinszenierung erkennen. Dort der Menschenfischer, hier Merkel, die Technokratin.

In europäischen Demokratien überwiegt ein Gefühl, dass den meisten Politikern ein der eigenen Persönlichkeit entspringendes, unverfälschtes Charisma abgeht.[27] Max Weber sprach von der »Autorität der außeralltäglichen persönlichen Gnadengabe (Charisma)«.[28] Dass Charisma auch etwas mit den natürlichen Begabungen des Einzelnen zu tun hat, sieht man vor allem dann, wenn ein Politiker ohne politisches Amt ist. Doch auch wenn Charisma in seiner idealtypischen

Vorstellung in erster Linie auf der Anerkennung einer natürlichen, tatsächlich vorhandenen Begabung beruht[29], so gibt es doch zunehmend den professionalisierten Versuch, mit den Mitteln moderner Sozial- und Massenpsychologie Charisma zu »machen«, Politiker charismatisch aufzubauen. Deshalb wird in der Sozialwissenschaft auch von einem »inszenierten Charisma«[30] oder – besser noch – »geborgten Charisma« gesprochen.[31] Das Charisma eines Politikers, eines Machtmenschen, soll bei dem Wähler »Eindruck« hinterlassen, ihn für eine von ihm verkörperte politische Idee einnehmen – oder wenigstens für die ihn bewerbende Persönlichkeit Bewunderung, Zustimmung auslösen. Politiker ähneln diesbezüglich Film- und Fernsehstars. Ohne ein herausragendes Amt gibt es indes kein »Charisma«, auch wenn nicht jeder Amtsinhaber eine charismatische Ausstrahlung hat.

These 4:
Macht organisiert das Machen. Deswegen besiegt in der Politik der Generalist in der Regel den Spezialisten. Macht ist insoweit die Fähigkeit zur Organisation politischer Prozesse.

Erfolgreich üben die »Macht« offensichtlich nur die politisch Flexiblen aus, deren Standort nicht zu fixiert ist und die wissen, wie die Mehrheitsfähigkeit erlangt beziehungsweise erhalten werden kann. In der Regel haben die »Generalisten«, die zu vielem etwas wissen, in der Politik gegenüber den häufig »fachidiotisch« agierenden Spezialisten eine größere Wirkung und größere politische Überlebensfähigkeit. Viele Politiker haben von den Details der immer komplexer werdenden politischen Materie – man denke nur an die Gesundheitsreform – nur höchst wenig Ahnung, wohl aber ein Gespür für das Machbare, für notwendige Zusammenarbeit zum Zwecke der Mehrheitsbeschaffung; sie kennen die taktischen Finessen. Fachleute verlieren sich häufig in Details. Auch feinsinnige »Schöngeister« scheitern in der Regel (Ausnahmen: Richard von Weizsäcker, Peter Glotz).

Das Ganze will lange gelernt sein – die meisten Seiteneinsteiger der Politik wirken deshalb so seltsam fremd, weil sie das Innenleben ihrer Partei nicht kennen. Zu erinnern ist an den parteilosen Unternehmer

Jost Stollmann, der 1998 unter Schröder Wirtschaftsminister werden sollte und dann infolge der Koalitionsverhandlungen gar nicht mehr ins Amt wollte. Ähnlich verhielt es sich mit dem von Schröder als »Professor aus Heidelberg« bezeichneten Paul Kirchhof, der zwar von Angela Merkel 2005 als Finanzminister vorgesehen worden war, sich aber als parteiloser Finanzfachmann nicht in die Zwänge der Parteitaktik einfügen wollte.[32] Angesichts der zunehmenden europäischen und internationalen Verflechtungen und speziell der Globalisierung ist der Steuerungsbedarf in allen Staaten sehr viel größer geworden. Je mehr die Kompetenzen von Nationalstaaten auf eine transnationale Ebene auswandern, umso stärker wird das Gefühl der Unsicherheit der Bürger, weshalb sich das Bedürfnis verstärkt, der Staat müsse möglichst viele Probleme in den Griff bekommen. Die Vermutung, Politik sei leicht zu erlernen, ist irrig. Denn Politiker haben es mit hochkomplexen Fragestellungen zu tun – und sie müssen die Mechanik der Durchsetzung von Interessen kennen.

In der modernen Demokratie ist häufig schon das »Machen« ein Wert an sich. Auch wenn viele Machtmenschen keinen klaren politischen Standort haben, so haben sie doch gelernt, dass »Stillstand« in der Politik nicht den Erfordernissen einer medial vermittelten Demokratie entspricht. Nur wenn man ständig Initiativen anschiebt, gilt man als ein kraftvoller Politiker. Auch wenn häufig der Standort und die Richtung der zu erstrebenden Veränderung unklar sind, so ist vielfach Bewegung als solche das Ziel. Häufig wird Dynamik um ihrer selbst willen verlangt.

Sodann gibt es einen Faktor, den man als »Kompetenzmissverständnis« bezeichnen könnte – nämlich die häufig irrige Vermutung, Macht hätte in jedem Falle etwas mit der jeweiligen Fachkompetenz des einzelnen Politikers zu tun. Gleichwohl ist nicht zu bestreiten, dass Macht etwas mit der Entscheidungskompetenz in konkreten Situationen zu tun hat – wenn etwa die Stimme eines Bundesverfassungsrichters bei einem Urteil den Ausschlag gibt. Macht ist auch stark abhängig von Konstellationen.[33]

These 5:
Macht macht süchtig. Aus Politikern werden Politaholics.

Johannes Rau hat den Suchtcharakter der Macht im Freundeskreis mit dem Essen von Erdnüssen verglichen: Erst isst man eine Erdnuss, dann zwei, dann drei – und auf einmal ist die ganze Schale leer. Eine moderne Demokratie braucht Persönlichkeiten, die Macht wollen. Die gestalterische Kraft von Macht ist durchaus positiv zu sehen. Politiker, die das Erringen von Macht als verwerflich ansehen, hätten ihren Beruf verfehlt. Macht kann aber auch verblenden. Machtpolitiker können nicht von der Politik lassen. Macht macht süchtig – aber wonach? Es ist die Suche nach Anerkennung und öffentlicher Wirkung, warum viele Politiker ungeheure private Entbehrungen auf sich nehmen. Wirklich Mächtige sind dabei fast zwangsläufig sozial verarmt: Sie verzichten fast völlig auf ein Privatleben und lernen meist früh eine überdurchschnittlich hohe Bereitschaft zur Rücksichtslosigkeit. Im Verhältnis von Du und Ich ist das Ich übermächtig. Dieses Phänomen, das in der Psychologie als narzisstische Störung interpretiert wird, gibt es bei Politikern und bei anderen Führernaturen, etwa in der Wirtschaft, aber eben in dieser Ausprägung auch – manche werden das für beleidigend halten – bei Straftätern und Suchtkranken.

Die wichtigste Eigenschaft eines Machtmenschen ist der Verzicht auf Rücksichtnahme. Allerdings ist es in der Politik üblich, diese Rücksichtslosigkeit zu tarnen. Hier gibt es bei Machtmenschen sicher unterschiedliche graduelle Abstufungen: Helmut Kohl war – wenngleich aus Kalkül – vielleicht ein bisschen rücksichtsvoller als Schröder, der sich mit aller Gewalt gegen Lafontaine stemmte, und als Merkel, deren Zahl von »Skalps« (wie dargestellt: Lothar de Maizière, Krause, Kohl, Schäuble, Merz) beachtlich ist. Der frühere FDP-Vorsitzende und Außenminister Klaus Kinkel erklärte zur Macht in seiner schwäbischen Tonart: Ein »Chrischtkindle« sei für ein politisches Amt ungeeignet, werde »sehr schnell weggespült«, denn: »Um in der Politik ganz oben wirklich erfolgreich zu sein, müssen Sie ein paar Eigenschaften haben, die Sie vielleicht bei Ihrem Bruder, bei Ihrem Freund, bei Ihrer Frau, bei Ihrem Mann nicht unbedingt zwingend wünschen.«[34]

Fast alle Menschen sind prinzipiell geltungssüchtig oder haben zumindest die Veranlagung dazu. Aber Politik als Sucht kann dazu führen, dass das Gespür für die Grenzen des Erlaubten verloren geht oder der Droge geopfert wird – wenn zum Beispiel Helmut Kohl seine Schweigepflicht den angeblichen Spendern gegenüber öffentlich als höher einschätzt als Recht und Gesetz. Für diejenigen, die von der und für die Politik leben, ist häufig nicht nur das Einkommen entscheidend, sondern die Lust an der öffentlichen Wirkung. Bei Wirtschaftsführern mag man Macht erahnen, bei Politikern ist sie zu besichtigen. Vielen Politikern gefällt es, dass ihre Macht bemerkt wird – insoweit sind sie exhibitionistisch, weil sie gesehen werden wollen. Noch deutlicher (vielleicht manchem zu unfreundlich) formuliert: Der Politiker erscheint oft als ein selbstverliebter Mensch mit exhibitionistischen Neigungen und einem auffälligen Sozialverhalten. Zur Politik gehört das Einbringen der eigenen Persönlichkeit, der eigenen Empfindungen und Sehnsüchte, Politik ist nicht nur oder in erster Linie der hehre Kampf um die »besseren Konzepte«, die »besseren Ideen«. Wo Macht im Spiel ist, spielen Sympathien, Antipathien, Leidenschaften und Überzeugungen eine große Rolle – und die Furcht, das auf Zeit verliehene Mandat, die Macht zu verlieren, trägt jeder Politiker in sich.

Wie sehr öffentliche Beachtung eine Sucht werden kann, haben einige Politiker selber zugegeben, etwa die einstige schleswig-holsteinische Ministerpräsidentin Heide Simonis, die unumwunden sagte: »Ich behaupte, wenn mich auf fünf Schritten keiner mehr erkennt, dann werde ich depressiv.«[35] Die Politik als Sucht sei »am schlimmsten«, wenn man »mit einem Schlag entwöhnt werden muss, nämlich zurücktreten oder aufhören [muss] oder nicht mehr gewählt wird«.[36] Auftritte in Talkshows werden zum Gradmesser der eigenen Bedeutung. 2004 bestätigte das der heutige bayerische Ministerpräsident Horst Seehofer: »Nach meiner schweren Erkrankung vor zwei Jahren habe ich mich erst nachträglich dabei ertappt: Mein Gott, das geht ja gar nicht ohne dich. Ja, früher hat man darauf gewartet, dass da eine Redaktion anruft, Christiansen oder sonst jemand, weil man das als die Bestätigung seiner eigenen Unentbehrlichkeit, als Bestätigung für die Wichtigkeit betrachtet hat. Und wenn dann der Mittwoch verstrichen ist und es war kein Anruf da fürs Wochenende, so war's wie ein Stück Enttäuschung.«[37] Wir haben es mit dem Phänomen der »Politaholics« zu tun: In allen Gesellschaften und Regierungsformen – ob diktatorischen oder demokratischen – wird Macht von denen, die sie haben, genossen, fast wie eine Droge. Der Vergleich ist wie jeder Vergleich etwas schief, trotzdem lohnt es sich, ihn einmal genauer anzuschauen: Drogen verändern – erstens – die Wahrnehmung der Realität. Mit zunehmender Amtszeit ist dies bei vielen Politikern keine Seltenheit. Drogenkonsumenten steigern – zweitens – immer wieder die Dosis der Droge, um weiterhin ihre Wirkung zu erfahren. Dies ist insbesondere bei alternden Politikern zu sehen, die jede sich bietende Talkshow nutzen, um das Rauschhafte der öffentlichen Wahrnehmung weiter auszukosten. Und schließlich führt – drittens – der erzwungene Verzicht auf eine Droge zu Entzugserscheinungen. Wie beim anonymen Alkoholiker oder beim Workaholic sieht man den von mir als Politaholics bezeichneten Leuten die Persönlichkeitsveränderung nur dann an, wenn man genau hinschaut. Während ein Workaholic seine Befriedigung in einer durch nichts mehr unterbrochenen Arbeitswut sucht, giert der Politaholic nach öffentlicher Wirkung. Und während sich der Workaholic mit der Tugend des Fleißes tarnt, tarnt sich der Politaholic mit der Wichtigkeit politischer Entscheidungen.

Die täglich erfahrbaren Elemente der Macht machen abhängig. Wer einmal selber erlebt hat, was es heißt, ehrfurchtsvoll mit »Frau Bundesministerin«, »Herr Ministerpräsident« oder gar »Herr Bundeskanzler« angesprochen zu werden, möchte die in diesen Titulaturen mitschwingende Würde nicht mehr missen. Die Rituale der Macht sind tagtäglich im Fernsehen zu bewundern. Das Fernsehinterview vor der Kulisse der Reichstagskuppel, das Abschreiten eines Ehrenspaliers der Bundeswehr, das vom Blitzlichtgewitter umrankte Unterzeichnen von Verträgen oder allein das Umringtsein von Menschen, die auf einen Händedruck drängen, vermitteln die Botschaft: Hier ist einer, der ist mächtig.

Es gehört allerdings zum »guten Ton« der Politiker, die Stimulanzien des Machtstrebens öffentlich zu leugnen. Schröder ist hierfür eine Ausnahme. Auch wenn viele Bürger überzeugt sind, alle Politiker seien »machthungrig«: Nie darf ein Politiker zugeben, dass es gerade der besondere Reiz der Machtausübung ist, der ihm das Durchhalten eines 16-Stunden-Tages ermöglicht. Selbst unwichtige Termine werden angenommen, damit in der Hektik des politischen Treibens kein Leerlauf entsteht. Es könnte ja auch vielleicht ein anderer, ein (innerparteilicher) politischer Konkurrent dort sein und die Rede halten. Es kommt in der Öffentlichkeit gut an, seinen eigenen Machtwillen nicht laut hinauszuposaunen. Ein gutes Beispiel hierfür ist der niedersächsische Ministerpräsident Christian Wulff. Er hat im Juni 2008 in Niedersachsen den Parteivorsitz an seinen Freund David McAllister weitergereicht; McAllister ist zugleich Fraktionsvorsitzender im Landtag in Hannover. Wulff ist seitdem »nur« noch Ministerpräsident und zugleich einer der stellvertretenden CDU-Bundesvorsitzenden. Er vollbrachte mehrfach das Kunststück, sich als das Gegenteil eines Machtmenschen zu präsentieren. Ende April 2005 etwa sagte er auf einer Veranstaltung der ›Stuttgarter Nachrichten‹: »Mir fehlt der unbedingte Wille zur Macht.«[38] Diese Aussage wiederholte er in einem ›Stern‹-Interview im Juli 2008: Auf die Frage, ob er sich das Amt des Bundeskanzlers zutraue, sagte er ein klares Nein. »Mir fehlt der unbedingte Wille zur Macht und die Bereitschaft, dem alles unterzuordnen. Der Satz ›Schuster, bleib bei deinen Leisten‹, ist klug. Ein guter Landespolitiker ist noch lange kein guter Kanzler.«[39] Dabei hatte er den CDU-Landesvorsitz in Niedersachsen mit der Begründung abgegeben, er wolle sich stärker in die Bundespolitik einbringen und »an der Seite Angela Merkels« das wirtschaftspolitische Profil der Union schärfen helfen.[40] Viele journalistische Beobachter hatten vermutet, hieraus könne eine Konkurrenzsituation zu Merkel entstehen. Wulff hat mehrfach, auch in Hintergrundgesprächen, zum Ausdruck gebracht, dass Merkel im Verhältnis zu ihren Stellvertretern wenig teamfähig ist. Ausdruck dieses Frustes ist eine Antwort in dem besagten Interview des ›Stern‹: Wortreich erläuterte Wulff, warum es in Niedersachsen eine Erfolg versprechende Tandem-Lösung mit McAllister (»totales Vertrauensverhältnis«) gebe, und giftig erklärte er, warum sein Verhältnis zu Merkel so anders sei: »Angela Merkel muss den Parteivorsitz und die Kanzlerschaft in einer Hand behalten. Ein vorgenanntes Vertrauensverhältnis hätte sie vielleicht zu ihrer Büroleiterin Beate Baumann, aber die würde die Partei wohl nicht als Vorsitzende tolerieren.«[41] Wulff bezeichnet Angela Merkel, Franz Müntefering und Roland Koch als »Alphatiere der deutschen Politik«, sich selbst nahm er aber aus: »Dafür habe ich mir zu viele Selbstzweifel erhalten.«[42] Roland Koch sagte lapidar: »Ich habe schon schlimmere Beleidigungen gehört.«[43]

Der »Wulff im Schafspelz«[44] gab viele Rätsel auf. Es sind sicherlich mehrere Gründe, warum er sich so äußerte: zum einen seine neue Lebenssituation, seine zweite Heirat. Es gibt gute Gründe für die Vermutung, Wulff wolle mehr Zeit für seine neue Familie haben. Zweitens flackert mit seinen Bemerkungen etwas von der Verletzung auf, die ihm Merkel zugefügt hat. Merkel suchte seine politische Nähe nicht so, wie er sich das wünscht: »Auf mich wartet in Berlin niemand.«[45] Drittens sind diese Sätze ein Stück Koketterie: Alle Politiker sind eitel; und wenn der innere Wunsch nach Aufstieg, der viele Politiker beherrscht, eine Zeitlang nicht erfüllt wird, halten sie die Trauben für sauer. Wahrscheinlich hat Wulff dieses Interview schon längst bereut. Er weiß – viertens – aber auch, dass Merkel fest im Sattel sitzt. Somit wäre es absolut kontraproduktiv, brächte er sich in Interviews als potentieller Nachfolger in Stellung. Wulff hat ein gutes Gespür für Stimmungen in der Bevölkerung. Er weiß, dass seine verbale Zurückhaltung außerordentlich sympathisch wirkt. De facto aber stünde er bereit, die Nachfolge Merkels (in beiden Funktionen) anzutreten, auch wenn sich in Niedersachsen hartnäckig Einschätzungen halten, Wulff wolle es Schröder gleichtun und in die Wirtschaft gehen, da er keine Perspektive in der Bundespolitik habe, solange Merkel Kanzlerin sei. Wer politisch so weit gekommen ist wie er, wird sich die Chance einer Merkel-Nachfolge nicht entgehen lassen.

Ein ganz anderes Beispiel für Machthunger und Politiksucht ist die frühere hessische SPD-Landesvorsitzende Andrea Ypsilanti. Die ehemalige Flugbegleiterin scheiterte mit ihren Höhenflügen jäh. Sie wollte Ministerpräsidentin werden. Bei den Landtagswahlen am 27. Januar 2008 hatte sie im Vergleich zu 2003 für die SPD eine deutliche Steigerung erzielt – von 29,1 Prozent auf 36,7 Prozent. Nach den ersten Hochrechnungen hatte sie daher vor dem Fernsehpublikum ausgerufen: »Wir haben gewonnen!« Doch noch im Laufe des Wahlabends entwickelte sich das Ergebnis so, dass die CDU unter dem Ministerpräsidenten Roland Koch mit 36,8 Prozent ganz knapp mehr Stimmen erhielt als die SPD. Gegen Mitternacht soll Ypsilanti deshalb den Tränen nahe gewesen sein, als sie erfuhr, dass ihre Partei doch nicht stärkste Kraft in Hessen geworden war.[46] Zweifellos hatte Ypsilanti einen fulminanten Wahlkampf hingelegt und sie wurde von der eigenen Freude überwältigt, es Roland Koch gezeigt zu haben. Doch die autosuggestive Beschwörung des eigenen Wahlergebnisses – das zwar deutlich besser als fünf Jahre zuvor, aber dennoch das zweitschlechteste SPD-Ergebnis in Hessen bei allen Landtagswahlen war – sollte dazu führen, dass der Machtwille Ypsilantis wirkmächtiger als die Einschätzung der tatsächlichen politischen Situation wurde.

Ypsilanti überhörte alle warnenden Stimmen in der eigenen Partei. Zunächst versuchte sie, wenige Wochen nach der Landtagswahl hektisch ein Bündnis mit den Grünen und unter Duldung der Linkspartei zu schmieden.

Bei ihrem zweiten Versuch schien Ypsilanti klüger vorzugehen: Sie organisierte Regionalkonferenzen und unternahm zahlreiche Einzelgespräche, erhielt Zusagen. Dennoch war eines klar: Was sie machte und wie sie es machte, war faktisch eine politische Nötigung desjenigen Teils der hessischen SPD, insbesondere in Hessen-Nord, der nicht mit der Linkspartei zusammenarbeiten wollte und sich an das Wahlversprechen gebunden fühlte.

Ypsilantis innerparteiliches Vorgehen baute darauf, dass der Psychodruck auf alle Landtagsabgeordneten ausreichen würde, in geheimer Abstimmung die notwendige Stimmenzahl zu bekommen. Für jeden Nein-Sager musste klar sein, dass im Falle einer vorgezogenen Wahl für ihn oder sie die Gefahr bestünde, nicht wieder aufgestellt oder gewählt zu werden. »Andrea Ypsilanti kämpft mit der Kraft, die aus der Verblendung kommt«, schrieb die ›Tagesspiegel‹-Journalistin Tissy Bruns unmittelbar vor der geplanten Ablösung Kochs.[47] Peter Dausend bezeichnete die Hessen-SPD in der ›Zeit‹ als eine »Partei im Wahn«.[48] Ypsilanti wollte Geschichte machen. Sie wollte die SPD in einem ersten westdeutschen Bundesland nach links öffnen, wie das weiland Reinhard Höppner in Sachsen-Anhalt gemacht hat, der von

1994 bis 2002 Ministerpräsident war und damals die »Rote-Socken-Kampagne« des CDU-Generalsekretärs Peter Hintze provozierte. Höppner ließ sich von der PDS tolerieren, obwohl auch er genau das vorher abgelehnt hatte.[49] Ypsilanti hatte sich und ihre Kraft überschätzt. Sie hat sich zwar insbesondere gegen ihren innerparteilichen Rivalen Jürgen Walter durchsetzen und ihm den Fraktionsvorsitz im hessischen Landtag abnehmen können, nachdem sie SPD-Landesvorsitzende geworden war. Doch nicht eine linke Flügelperson wie sie hätte eine Zusammenarbeit mit der Linken organisieren können, höchstens ein konservativer SPD-Mann vom Schlage Walters. Ypsilanti hatte sich außerdem zur moralischen Siegerin erklärt, dabei aber die Regeln der Demokratie, die Mehrheitsfähigkeit außer Acht gelassen. Zwar sagte sie nach der Hessen-Wahl:»Es geht nicht um Andrea Ypsilanti«, aber als sie in der Talkshow bei Reinhold Beckmann auftrat, sagte sie das genaue Gegenteil. Auf die Frage, ob sie verzichten könne, um in Hessen eine Große Koalition zu ermöglichen, antwortet Ypsilanti mit einer Gegenfrage und spricht über sich selbst in der dritten Person:»Warum soll denn bitte jemand, der einen so hervorragenden Wahlkampf gemacht hat, verzichten?«[50] Ypsilanti hat den konservativen Flügel der hessischen SPD ausgegrenzt und durch ihren persönlichen Machtanspruch ihrer Partei geschadet. Sie hat nicht erkannt, dass man auf dem Weg zur Macht eine Mehrheit braucht und gerade Zweifler und Gegner »mitnehmen« muss; vor allem hat sie es nicht vermocht, potentielle Widersacher zu integrieren. Ihr rationales Denken ausschaltender Machtwille ist bemerkenswert. Den Erfolg verhinderte allerdings ihre Verblendung.

Machtpolitiker haben einen starken Glauben an sich selbst, haben eine Kraft der Selbsthypnose. Diese mentale Überlegenheit, fast so etwas wie eine archaische Kraft, befähigt sie zum Machtmenschentum. Ein erfolgreicher Machtpolitiker ist zudem meist physisch widerstandsfähig, seine Stärke ist Grundvoraussetzung zum politischen Überleben. Überdurchschnittlich ist aber auch sein Sensorium für Stimmungen, er ist meist dünnhäutig und misstrauisch und nur selten wirklich entspannt.

Spitzenfiguren lösen sich mit der Zeit innerlich immer mehr von ihrer eigenen Partei, die sie gleichwohl zu ihrer Machtsicherung benötigen. Sie privatisieren sie zumindest tendenziell für ihre persönlichen Interessen des Machterhalts. Sonst hätte Helmut Kohl beispielsweise als Dienst an seiner eigenen Partei schon längst nach der nur knapp gewonnenen Wahl 1994 Kanzlerschaft und Parteiführung in jüngere Hände geben müssen. Aber Machtpolitiker suggerieren sich selbst, im Sinne der Partei zu handeln (»Die Partei bin ich«). Das Ego absoluter Egomanen lässt nur sehr einfache Sichtweisen zu: Auf der einen Seite die unbedingten Befürworter, auf der anderen Seite die politischen Gegner im Allgemeinen und die innerparteilichen Gegner im Besonderen, beide werden auf die gleiche Stufe gestellt. Das böse Gesicht der Macht zeigt sich häufig erst nach dem Machtverlust: »Normale« soziale Kontakte gibt es nicht mehr, man hadert mit dem eigenen Schicksal, Einsamkeit ist häufig die Folge. Und Machtmenschen sind auch viele Jahre nach ihrer politischen Tätigkeit oft immer noch so erfüllt von ihrer einstigen Funktion, dass sie auch im hohen Alter immer wieder auf einstige politische Entscheidungssituationen zurückkommen. Machtmenschen können in der Regel lebenslang von der Politik nicht »abschalten«.

These 6:
Macht kommt ohne Inszenierung nicht aus. Doch ist Politik nicht nur Show, nicht nur Theater. Gerade in wichtigen Fragen einer Nation kann die Politik Entscheidungen nicht ausweichen. Macht und Ohnmacht sind nahe beieinander.

Die meisten politischen Entscheidungen werden weitgehend im Konsens getroffen. Darüber wird selten berichtet. Der Dissens zwischen den Parteien wird meist nur in wenigen politischen Fragen wirklich sichtbar, mit all den Verwerfungen und dem notwendigen Streit. Doch darüber hinaus gibt es eine weitere wichtige Kategorie von Entscheidungen, die hier – vielleicht etwas pathetisch – mit dem Wort »Schicksalsfragen« bezeichnet werden sollen. Es handelt sich um nicht vorhergesehene Ereignisse (Deutsche Einheit, Terrorismusbekämpfung inklusive Afghanistan-Einsatz der Bundeswehr, internationale Finanzkrise), aber auch um gewollte Jahrhundertprojekte wie die Einführung einer gemeinsamen europäischen Währung. Solchen Fragen muss sich die Politik stellen, sie kann nicht ausweichen.

Angesichts der hochkomplexen Entscheidungsstrukturen einer modernen Gesellschaft führt die Vermutung, der einzelne Politiker habe konkrete Entscheidungsmacht, ohnehin in die Irre. Als der Bundeskanzler Helmut Kohl aus Agenturmeldungen – mitten in Verhandlungen mit der französischen Regierung – von der Entscheidung des Automobilkonzerns Daimler-Benz, den amerikanischen Konkurrenten Chrysler zu übernehmen, erfuhr, wurde ihm vielleicht seine eigene Machtlosigkeit in dieser für Deutschland volkswirtschaftlich wichtigen Frage bewusst. Der »Genosse der Bosse« Gerhard Schröder hat gelegentlich sogar seine eigene Machtlosigkeit gegenüber einflussreichen Wirtschaftsführern zugegeben. Schon als niedersächsischer Ministerpräsident hatte er erkannt, dass sich – gemessen an dem Einfluss von Vorständen und Aufsichtsräten von Unternehmen – seine politische Macht »sehr bescheiden ausnahm«.[51] In Zeiten der Globalisierung ist die Macht eines nationalen Politikers zusätzlich eingegrenzt. Die geringe persönliche Entscheidungsmacht selbst des angeblich so mächtigen Bundeskanzlers oder der Bundeskanzlerin tritt immer wieder zutage, zumal er oder sie bisher stets in eine Koalition eingebunden war, häufig die Entscheidungsprozesse bestenfalls »moderieren« kann und deshalb in der gelegentlichen Erkenntnis der eigenen Machtlosigkeit oft genug auf unwichtige Themen ausweicht. Zumindest dann hat er selber das Gefühl, mächtig zu sein. Gerade Politiker in Spitzenpositionen wissen, dass sie die in sie gesetzten Erwartungen der Bevölkerung gar nicht erfüllen können. Die weitverbreitete Vermutung, die »Mächtigen« hätten auch tatsächlich die Macht, ihre politischen Visionen verwirklichen zu können, entspricht nicht der Realität. Wie sehr wurde beispielsweise Helmut Kohl dafür gescholten, dass es ihm nicht gelang, die von ihm angekündigte »geistig-moralische Wende« in die Tat umzusetzen – als wenn sich wie per Knopfdruck Politik und Mentalität in Deutschland ändern ließen. Das heißt aber nicht, dass sich die Politiker nicht daran messen lassen müssten, wieweit sie ihre angekündigten Projekte realisiert haben.

Politik im Zeitalter der Globalisierung ist in allen modernen Industriestaaten schwierig – aber in der föderal verfassten Bundesrepublik ganz besonders. Die Besatzungsmächte wollten durch das Grundgesetz einen mächtigen Zentralstaat verhindern. In Deutschland gibt es, mehr als in zahlreichen anderen Staaten, sehr viele Mitspieler im Kampf um die Entscheidung. So sind zum Beispiel die Ministerpräsidenten der Länder wichtige »Player«; die Institution des Bundesrats ist für die Bundesrepublik enorm wichtig.[52] Die Bundesbank hatte in der Geldpolitik das Sagen – heute die Europäische Zentralbank. Die Europäische Union entscheidet viel mehr, als auf der nationalen politischen Bühne sichtbar wird. Auch das Bundesverfassungsgericht mischt mit (siehe etwa die kostspieligen Konsequenzen von Urteilen zur Familien- oder Steuerpolitik). Sodann gibt es noch die Lobbyisten, die immer einflussreicher werdenden Nicht-Regierungs-Organisationen, die Medien – und die Wähler. Die von Politologen als »Politikverflechtung«[53] bezeichnete Situation, in der viele Ebenen, häufig in den Kompetenzen nicht sauber voneinander getrennt, ineinandergreifen, ist einer der Gründe für die Machtlosigkeit der Mächtigen. Die Wähler spielen aber mit, sie verlangen generalstabsmäßig vorbereitete Gesamtkonzeptionen, mit denen politische Probleme systematisch gelöst werden können. Damit unterstützen die Wähler indirekt die von der Politik immer wieder geförderten Illusionen.

Alle tun so, als wollten sie radikale Reformen. Aber kaum jemand will sie wirklich. Niemand setzt eine Reform der politischen Institutionen durch, damit »kraftvolles Regieren« erleichtert werden könnte, vielfach sogar aus gutem Grund. Alles hängt mit allem zusammen – und der Fortschritt ist gerade in der Politik häufig eine Schnecke. Gleichwohl gibt es in Deutschland die Haltung, Kompromisse nicht zu mögen. Doch »machtvoll« ist das Regieren in Deutschland nicht, kann es nicht sein. Manchmal fühlen sich die angeblich so Mächtigen in Wirklichkeit ohnmächtig. Es gibt hinreichende Beispiele dafür, wie irreal das Machtversprechen der Mächtigen ist. Alle Bundesregierungen der letzten zwanzig, dreißig Jahre fühlten sich etwa dem Bürokratieabbau verpflichtet; zahlreiche Kommissionen wurden eingerichtet. Doch das Versprechen wurde nicht eingehalten. So etwas führt letztlich zu Politikverdruss. Das Streben der Bürokratie nach möglichst umfassender Zuständigkeit und die Staatsgläubigkeit vieler Bürger, die Lösungen vom Staat verlangen, gehen häufig genug eine unglückliche Liaison ein. Politiker tun so – auch um ihre eigene Bedeutung nicht zu mindern –, als hätten sie die Probleme »im Griff«. Mit dieser Imagepflege nähren sie ein vormodernes Bild der Politik. Wegen der erstrebten Dauerpräsenz in der Öffentlichkeit – wer im Fernsehen nicht sichtbar ist, gilt als einflusslos – haben die wenigsten Politiker Zeit, über Inhalte nachzudenken, geschweige denn, gelegentlich in Ruhe ein kluges Buch zu lesen. Die führenden Politiker werden auch durch zahlreiche sonstige öffentliche Auftritte davon abgehalten, der Vorbereitung von Entscheidungen in wichtigen Gremien (Ausschüssen des Bundestags, Besprechungen mit leitenden Mitarbeitern in den Ministerien und mit Behördenchefs etc.) genügend Zeit zu widmen. Damit werden diese Institutionen – vor allem der Bundestag – geschwächt.

Die häufig von den Bürgern verlangte politische »Klarheit«, die Forderung nach in sich logischen Konzepten, entspricht nicht der politischen Realität einer Gesellschaft, die differenziert und pluralistisch ist. Eine Partei oder eine Regierung kann kein für alle stimmiges politisches Programm präsentieren. Parteien jedoch, die nur ganz spezifische Milieus bedienten, sind nicht mehrheitsfähig. Wir haben es in der heutigen Gesellschaft zugleich mit einer Individualisierung und einer Pluralisierung der Lebensstile zu tun. Die nicht erfüllbare Forderung nach Stimmigkeit der Politik in einer modernen Gesellschaft führt den Mächtigen ihre politische Ohnmacht vor Augen – ein Grunddilemma der Politik. Ein Politiker nämlich, der rigorose Ideen durchsetzte, würde bald abgewählt. Merkels Wahlkampfinhalte 2005 hätten sie fast den politischen Kopf gekostet. Eine deutsche Margaret Thatcher wird es nicht geben – jedenfalls nicht im Regierungssystem der Bundesrepublik, das bei allem Parteienstreit auf Konsens angelegt ist. Dies ist übrigens auch einer der Gründe, warum in Deutschland »Ideologen« den Hut nahmen – wie Lafontaine als Bundesfinanzminister. Manche Wissenschaftler oder Seiteneinsteiger scheiterten, sobald sie theoretisch entwickelte Vorstellungen umzusetzen versuchten. Denn die meisten dieser Intellektuellen sind in den Besonderheiten der innerparteilichen Willensbildung unerfahren und verlieren rasch die Geduld.

Zudem wollen Politiker weder innerparteilich noch in der Öffentlichkeit zur Minderheit gehören. Politiker entwickeln ein Gespür für Stimmungen und Mehrheiten. Die gleichen Politiker, die ständig »Führung« als unverzichtbaren Bestandteil einer Demokratie anmahnen, klammern sich an die Meinungsumfragen und Wahlergebnisse, weil sie auf der Mehrheitswelle schwimmen wollen; nur so, meinen sie, können sie ihre Macht erhalten. Das Sensorium für politische Strömungen ist bei »kommunikationsgerechten« modernen Politikern mitunter so stark entwickelt, dass sie bei Reden intuitiv das sagen, was das jeweilige Publikum hören will – und das in dem Augenblick sogar selber meinen.

Es entspricht einem Grundbedürfnis von Politikern, die in einem meist konfliktreichen Umfeld leben, mit den Zuhörern einig zu sein. Es entwickelt sich sogar vielfach eine Art Kumpanei zwischen Publikum und Redner: Je mehr der Redner auf den Konsens im Auditorium abzielt, desto mehr wird diesem die »Richtigkeit« der eigenen Position bestätigt – und die Länge des Applauses wird zum Maßstab für die Übereinstimmung und zur Quelle der Bedeutung des angeblich Mächtigen. Im Übrigen zwingen allein schon die Gesetze der »Konsensdemokratie« einen Politiker, vor seinem Publikum nicht polarisierend aufzutreten: Wenn in den Medien von Widerspruch in Veranstaltungen, gar von Pfiffen berichtet wird, signalisiert das Streit. Und der verträgt sich nicht mit dem Wunsch, als Politiker geliebt zu werden. Es ist fast peinlich zu sehen, wie Politiker die Länge des Applauses registrieren (lassen) und welch stimulierende Wirkung ein lang anhaltender Beifall auf sie hat. Die enorme Bestätigung des Ichgefühls eines Politikers durch seine Reden (weshalb es völlig unverständlich ist, warum so viele Politiker ihre Reden so schlecht vorbereiten) hängt noch mit einer bereits angesprochenen Frage zusammen: Wie kann »Erfolg« in der Politik, »gute« oder »schlechte« Politik gemessen werden? Weil es keine objektiven Messwerte gibt, sind für einen Politiker die Meinungsumfragen so wichtig – und natürlich der Wahlakt, allerdings in größeren Zeitabständen. Orkanartiger Beifall auf einer Veranstaltung ersetzt deshalb für den Augenblick eine nüchterne Bilanz – und ein solcher Beifall nährt das Gefühl von Machterhalt und Anerkanntsein.

Dass Politik gelegentlich inszeniertes Theater ist, brachte der saarländische Ministerpräsident Peter Müller im Zusammenhang mit einer Entscheidung des Bundesrates am 22. März 2002 zum Einwanderungsgesetz freiwillig/unfreiwillig zum Ausdruck. Es war deshalb zu einem Eklat im Bundesrat[54] gekommen, weil das Land Brandenburg nicht einheitlich abgestimmt hatte: Der damalige Ministerpräsident Manfred Stolpe (SPD) votierte mit Ja, sein damaliger Stellvertreter Jörg Schönbohm (CDU) hingegen mit Nein. Da laut Artikel 51 Absatz 3 des Grundgesetzes die Stimmen der Bundesländer im Bundesrat »einheitlich« abgegeben werden müssen, empfahl der damalige Direktor des Bundesrates, Georg-Berndt Oschatz, dem damaligen Bundesratspräsidenten Klaus Wowereit, eine solche gesplittete Stimmabgabe als »ungültig« zu bewerten.[55] In der rechtlichen Konsequenz hätte das die Wirkung eines Neins gehabt. Stattdessen entschied sich Wowereit, nur die Stimmabgabe des Ministerpräsidenten zu zählen. Diese Bundesratsabstimmung wurde vom damaligen Bundespräsidenten Johannes Rau gerügt und später vom Bundesverfassungsgericht für verfassungswidrig erklärt. Müller sprach kurze Zeit später im Staatstheater in Saarbrücken zum Thema »Politik und Theater – Darstellungskunst auf der politischen Bühne« und nahm auf die Abstimmung im Bundesrat Bezug: »Die dort geäußerte Empörung [der CDU/CSU-regierten Länder] entstand nicht spontan (Gelächter im Publikum). Die Empörung haben wir verabredet (Gelächter-Heiterkeit-Beifall). Und ich sage, das war Theater, aber es war legitimes, weil die dort zum Ausdruck gebrachte Empörung einen ehrlichen Hintergrund hatte.«[56] Müller sagte weiter: »Als wir hörten – allerdings in der Nacht vorher –, dass die Absicht besteht, eine Entscheidung für gültig zu erklären, obwohl derjenige, der dieses zu tun hat, damit eindeutig gegen den Wortlaut der Verfassung verstößt; als wir hörten, dass er trotzdem, aus Gründen, die Sie kennen, die Stimmen als gültige Stimmen werten will, gab es Empörung. Das war in einem kleinen Zimmerchen in einer großen Parteizentrale. Da war kein Journalist dabei. Also müssen Sie diese Empörung dokumentieren. Das haben wir dann gemacht.« Kritisiert wurde von Müller der in seiner Rede nicht namentlich genannte Berliner Regierende Bürgermeister Klaus Wowereit, der als Präsident des Bundesrates die Sitzung leitete.

Hessens Ministerpräsident Roland Koch, dessen Empörungsgeste am sichtbarsten im Fernsehen übertragen worden war, wies die Darstellung seines Parteifreundes als »völlig absurd« zurück. Er habe nicht »Theater gespielt«. »Bis zu der Sekunde, in der es passiert ist, habe ich nicht für möglich gehalten, dass Herr Wowereit wirklich die Verfassung bricht.« Müller ruderte daraufhin zurück: Es sei »höchst heuchlerisch, wenn die SPD jetzt so tut, als habe es dort kein Drehbuch für die Sitzung gegeben«. Bei einem Verfassungsbruch könnten die Parteien nicht einfach zur Tagesordnung übergehen, aber er habe einen »Fehler« gemacht und »ungenügend bedacht, wie meine Bemerkung böswillig uminterpretiert und missverstanden werden kann«.[57] Müller glaubt allerdings, »dass es nicht generell negativ ist, wenn Politik wie ein gutes Schauspiel sich auf das Publikum einlässt.«[58] Die öffentliche und politische Erregung über die Aussagen Müllers zeigt gleichwohl, wie wenig opportun es für einen Politiker ist, zuzugeben, dass er häufig in die Rollen eines Regisseurs oder Schauspielers schlüpft.

These 7:
Die Parteien sind im politischen System der Bundesrepublik Deutschland die Quellen der Macht. Wahlanalysen sind Machtinstrumente. Deshalb fallen sie immer so aus, wie sie den Mächtigen passen.

Die Parteien sind in Deutschland die eigentliche Quelle der Macht führender Politiker. Wer einen Parteivorsitz aufgibt oder gar verliert, kann sein Staatsamt bald los sein. Da die eigene Machtposition erschüttert werden könnte, werden auch ehrliche Wahlanalysen unterlassen – häufig selbst dann, wenn eine Partei auf die »Strafbank« der Opposition versetzt wird. So wäre es eigentlich für die CDU von fundamentaler Bedeutung gewesen, zu wissen, warum sie 1998 die Macht verlor. Doch das damals neue Gespann Wolfgang Schäuble (CDU-Vorsitzender als Nachfolger Kohls) und Angela Merkel (CDU-Generalsekretärin) versäumte nach dem eigenen Amtsantritt wohlweislich eine gründliche Analyse der Wahlniederlage. Die beiden vermieden alles, was zu einer Auseinandersetzung mit dem Ehrenvorsitzenden Helmut Kohl hätte führen können, und zwar aus folgenden Gründen: Erstens befürchteten sie, dass eine solche Auseinandersetzung die CDU möglicherweise gespalten hätte. Zweitens waren beide so sehr von der Mentalität und dem Politikstil Kohls geprägt, dass insbesondere Schäuble die Frage nach seiner eigenen Mitverantwortung hätte fürchten müssen. Und drittens hätte eine solche Auseinandersetzung bei den Landtags- und Europawahlen des Jahres 1999 die Chancen der Union gefährdet. Also unterblieben eine fundierte Analyse und die daraus abzuleitenden Konsequenzen für die Arbeit der Partei. Auch deshalb war Schäuble nicht in der Lage, die Ende 1999 beginnende Spendenkrise, welche zur größten innerparteilichen Eruption führte, die es bislang in der Geschichte einer demokratischen Partei der Bundesrepublik Deutschland gegeben hat, zu meistern. Für Wolfgang Schäuble führte das Unterlassen einer schonungslosen Analyse zum Verlust, für Angela Merkel zum Gewinn des Parteivorsitzes.

Ähnliches geschah in der SPD nach 2005: Gerade weil sie es abermals in die Regierung geschafft hatte – diesmal als Partner unter einer CDU-Kanzlerin –, unterblieb jede ehrliche Selbsterkenntnis, weil man Nachteile für die Regierungsarbeit befürchtete. Niemand mag es, besonders zurückgetretene oder abgewählte Regierungschefs nicht, wenn bei Wahlanalysen »Ross und Reiter« genannt werden und festgestellt wird, welche Personen für welche Entscheidungen zuständig waren. Da duckt sich die jeweilige Parteiführung gerne weg, wenn die eigenen Fehler diskutiert werden. Die Verweigerung einer ehrlichen Wahlanalyse führte aber zu einer allgemeinen Strategielosigkeit der SPD, die deshalb auch keine Antwort auf die Abspaltung ehemaliger Sozialdemokraten in der »Wahlalternative Arbeit und soziale Gerechtigkeit« (WASG) und deren spätere Vereinigung mit der »Linkspartei« entwickelt hat.

These 8:
Politische Macht ist die Summe aus der Fähigkeit, die öffentliche Meinung zu beeinflussen und Personalentscheidungen zu treffen. Dabei ist der Einfluss auf den politischen Aufstieg oder den Nie-

dergang von Dritten der entscheidende Hebel zur Macht. Politik ist Netzwerkbildung und Konkurrentenausschluss. Wer Macht organisieren und inszenieren kann, wer andere Politiker an sich bindet, ist mächtig.

Wir haben bereits definiert, was unter »Machtmenschen« zu verstehen ist: Machtmenschen sind ichbezogene Persönlichkeiten, die – unter weitgehender Hintanstellung privater und anderer Ziele – mit allen ihren Energien auf den Erwerb und Erhalt von Macht fixiert sind, die zum Zwecke des Machterhalts tatsächliche wie auch vorgetäuschte Ziele zu nutzen wissen und deutliche Lust an der öffentlichen Macht verspüren.[59] Entgegen manchen idealistischen Vermutungen und gezielten Verklärungen geht es in der Politik weniger um politische Inhalte als um Macht. Das Phänomen »Macht« mit all seinen Facetten kann man sogar als Schlüsselbegriff alles Politischen ansehen (ähnlich wie die Energie in der Physik oder der Nutzen in der Ökonomie).[60] Anders als die Physik, die Mathematik oder die Psychologie kennt die Politikwissenschaft in Sachen Machtanalytik jedoch keinen Galileo Galilei, Archimedes oder Sigmund Freud. Für seine Machtdefinition berühmt geworden ist immerhin Max Weber. Er bestimmte Macht als »jede Chance, innerhalb einer sozialen Beziehung den eigenen Willen auch gegen Widerstreben durchzusetzen, gleichviel worauf diese Chance beruht«.[61] Macht bedeutet also die Möglichkeit, einen anderen Willen zu beeinflussen, neue Einflussmöglichkeiten zu gewinnen und zugleich dem ständig drohenden Machtverlust entgegenzusteuern.[62] Der Historiker Jacob Burckhardt formulierte in seinen berühmten ›Weltgeschichtlichen Betrachtungen‹: »Schwierig ist es oft, Größe zu unterscheiden von bloßer Macht, welche gewaltig blendet, wenn sie neu erworben oder stark vermehrt wird.«[63] »Macht« ist schwer zu definieren, weil sie politischen wie ökonomischen Ursprunges sein kann und sich auf der Ebene persönlicher Beziehungen genauso abspielt wie in institutionellen Zusammenhängen.

Der Begriff der Macht hat im Laufe der Jahrhunderte immer wieder eine Neubewertung erfahren.[64] Zudem gibt es unterschiedliche Formen der Macht, so zum Beispiel Sanktionen (»Belohnungsmacht« etwa in Form prestigeträchtiger Aufgaben; »Bestrafungsmacht« durch

Entzug von Einfluss, Prestige und häufig auch von Positionen).[65] Aber auch Informationsvorsprung ist Macht, nicht zu vergessen die Macht von Experten. Macht pflegt sowohl in institutionalisierter Form (Herrschaft) als auch sporadisch aufzutreten, beispielsweise als »Gegenmacht« außerhalb der eigentlichen Herrschaftsstrukturen. Ohne starke Opposition würden auch in modernen Gesellschaften die Träger der Macht diese grenzenlos ausüben wollen und können. Der Widerstand gegen Machtausübung geschieht institutionell und häufig auch außerinstitutionell, so unter anderem durch den sogenannten zivilen Ungehorsam, bei dem bewusst Regelverletzungen in Kauf genommen werden.

Es lässt sich nicht bestreiten, dass in der politischen Praxis Macht nicht ein Mittel zum Zweck ist, sondern vielfach bereits der Zweck selbst ist. Häufig dienen die politischen Ziele nur als eine Zierde für das persönliche politische Machtstreben, was übrigens auch die Flexibilität mancher Politiker erklärt, Positionen innerhalb kurzer Zeit räumen zu können. In unserer entideologisierten Zeit ist dies überhaupt relativ leicht.

Der große amerikanische Nationalökonom und Diplomat John Kenneth Galbraith unterscheidet zwischen drei Methoden der Machtausübung: die »repressive Macht«, die »kompensatorische Macht« und schließlich die »konditionierte Macht«.[66] »Repressive Macht« wird noch heute vor allem in zahlreichen Diktaturen oder Semidiktaturen ausgeübt. Unter »kompensatorischer Macht« versteht Galbraith die Unterwerfung durch das Angebot, Wohlverhalten zu belohnen, etwa durch Bezahlung. Für die Demokratien der Gegenwart ist insbesondere die »konditionierte Macht« von zentraler Bedeutung. Während sich bei der »repressiven« wie der »kompensatorischen Macht« das untergeordnete Individuum der erzwungenen beziehungsweise entgoltenen Unterwerfung bewusst ist, kann dies für die »konditionierte Macht« moderner Gesellschaften in dieser Form nicht gesagt werden. Denn in den demokratischen Staaten der Gegenwart wird die Unterordnung des einzelnen Bürgers unter die Macht nicht so deutlich: »Überredung und Überzeugung, Erziehung und Ausbildung sowie ein gesellschaftlich bedingtes Eingeschworensein auf das scheinbar Natürliche, Ordentliche und Richtige veranlassen den Einzelnen, sich dem Willen eines anderen oder einer Gruppe unterzuordnen. Die Unterwerfung entspricht dem selbst gewählten Kurs und wird nicht als das erkannt, was sie tatsächlich ist.«[67] Natürlich gibt es Rangunterschiede gerade auch bei »den Mächtigen« in der Politik, den »Machtmenschen«. Zwischen ihnen findet ein permanenter Kampf um neue Einflussmöglichkeiten oder gegen drohenden Machtverlust statt. Es geht dem einzelnen Politiker – auf welcher Ebene auch immer – darum, durch Teilhabe an der Macht sein eigenes Sozialprestige zu erhöhen oder zumindest dessen Verlust zu verhindern.

Zusammenfassend kann man sagen, dass »Machtausübung« sehr von der konkreten Entscheidungssituation abhängt. Mächtige können situativ einzelne Personen sein, die zwar im poltischen System eine wichtige Aufgabe wahrnehmen und trotzdem gemeinhin nicht zu den »Mächtigen« gezählt werden, deren Position aber völlig unerwartet den Ausschlag für eine Entscheidung geben kann (etwa ein Verfassungsrichter bei einer Einstimmenmehrheit, ein ermittelnder Staatsanwalt in einem politischen Verfahren, vielleicht sogar ein Journalist, der einen Skandal aufdeckt).

Es sind vor allem zwei Faktoren, die einen »Mächtigen« ausmachen, die »Macht« ermöglichen:

Der »Ö«-Faktor: Ein Mächtiger muss öffentliche Wirkung haben, seine Persönlichkeit, sein Charisma einbringen, seine Deutungsmacht ausspielen können (außengeleiteter Faktor). Es geht nicht nur um reine Medienpräsenz, sondern darum, dass ein Mächtiger in den Print-, Hörfunk- und Fernsehmedien mithilfe seiner inhaltlichen und persönlichen Prägekraft Wirkung zu entfalten vermag. Ein Politiker, der im persönlichen Gespräch oder auf Versammlungen überzeugen kann, jedoch ohne mediale Präsenz und Wirkung bleibt, ist in der Welt der Gegenwart kein »Mächtiger«. Nur die Medien versetzen einen Politiker in die Lage, seine politischen Ziele, vielleicht sogar seine Visionen zu vermitteln.

Der »P«-Faktor: Zum anderen muss ein Mächtiger in seinem Verantwortungsbereich über die Fähigkeit verfügen, bei der Besetzung von Schlüsselpositionen loyale Persönlichkeiten unterzubringen und in ihrer Loyalität Schwankende zu integrieren (innengeleiteter Faktor). Wer diesen bestimmenden Einfluss verliert, verliert auch bald die Macht. »Mächtig« ist nicht der Politiker, der lediglich eine große öffentliche Wirkung hat. Es gibt viele, die etwa in Talkshows ein Millionenpublikum erreichen können und die dennoch in den konkreten Tagesentscheidungen der Politik letztlich machtlos sind, weil sie den Gang der Dinge höchstens indirekt beeinflussen können. Dies trifft nicht nur für Oppositionspolitiker zu, sondern auch für die meisten Mitglieder einer Regierungsfunktion. Sie sind weit abgehängt von der Macht, sie orientieren sich an denjenigen, die Machtpositionen vergeben können, gerade weil sie ihnen machtpolitisch sogar gefährlich werden können. Ein deutscher Bundeskanzler hat nicht dadurch Macht, dass er frei gewählten Abgeordneten Vorschriften machen kann. Er wird von ihnen nicht deshalb unterstützt, weil sie ihn politisch immer für überzeugend halten, sondern weil sie wissen: Er kann für ihre weitere politische Karriere, ihren Aufstieg etwa zum parlamentarischen Staatssekretär oder gar Minister, entscheidend sein. Ein Bundeskanzler entscheidet über Aufstiegspositionen – von der Besetzung der Bundesbank bis hin zu Kandidaturen für das Amt des Bundespräsidenten, auch wenn Letzterer von einer »Bundesversammlung« gewählt werden muss. »Macht« ist auch in einer Kanzlerdemokratie wie der deutschen in erster Linie Entscheidungsmacht über die Karrieren anderer – und damit eine Sicherung der eigenen Macht. Ähnlich kann auch ein Landesvorsitzender einer Partei »mächtig« sein, wenn sein Votum für die Platzierung auf der Landesliste ausschlaggebend ist. Es gibt sogar »Mächtige«, die trotz geringer öffentlicher Präsenz außerordentlich »mächtig« sein können, weil sie stark im Hintergrund wirken und die politischen Fäden ziehen. Dies trifft ebenso für die Wirtschaft zu: Die meisten Vorstandsvorsitzenden und Vorstandsmitglieder sind der Öffentlichkeit nicht bekannt – und doch üben sie durch ihre Fähigkeit, über Positionen zu entscheiden, gewaltige Macht aus.

Die eigentliche Machtressource in einer Demokratie sind die Wahlen. Dabei kommt den Personalentscheidungen in den Parteien die allerhöchste Bedeutung zu. Je höher der Einfluss auf die Vergabe innerparteilicher Ämter ist, desto höher ist der Einfluss bei der Vergabe öffentlicher Ämter. Wenn dazu die Fähigkeit kommt, öffentliche

Meinung zu beeinflussen (Ö-Faktor), ist jemand mächtig. Wahre Macht (= M) entsteht in der Verbindung mit dem Personaleinfluss (P-Faktor), den man deshalb auch in einer Formel der Macht deutlich höher gewichten muss.

Die Formel der Macht ist deshalb:

$$M = Ö \times P^2$$

[Macht (M) = Öffentliche Wirkung
(Ö) mal Personalbeeinflussung (P) im Quadrat]

Anmerkungen

I. Einleitung: Machtmenschen

1 Vgl. Thorsten Denkler, Schröder hängt, sueddeutsche.de, 1. Juli 2007
2 Beispielsweise dürfte das für den Schauspieler Götz George gelten, glaubt man einer Biografie: Thorsten Körner, Götz George. Mit dem Leben gespielt, Frankfurt am Main 2008
3 »Politics is Hollywood for ugly people.«
4 Jacob Burckhardt, Weltgeschichtliche Betrachtungen (Erläuterte Ausgabe, hrsg. von Rudolf Marx), Stuttgart 1978, S. 236
5 Interview mit Angela Merkel (»Verworrenes liegt mir nicht«), in: Berliner Zeitung, 17. Juli 2004

II. Helmut Kohl – die Macht des Geschichtsdeuters

1 Interview mit Hildegard Getrey (»Helmut war ein wilder Bub«), in: Der Stern, 12. September 1996
2 Klaus Dreher, Helmut Kohl. Leben mit Macht, Stuttgart 1998, S. 14
3 Helmut Kohl, Erinnerungen 1930–1982, München 2004, S. 18
4 Siehe hierzu: Ebenda, S. 38 ff.
5 Kohl, a.a.O., S. 50
6 Kohl, a.a.O., S. 47
7 Klaus Dreher, a.a.O., S. 27
8 Auf Landesebene, wo die CDU mit 47,2 Prozent als klarer Sieger hervorging, erhielt sie immerhin noch 8,7 Prozent
9 Kohl, a.a.O., S. 58
10 Kohl, a.a.O., S. 57; in Biografien wird vom Dezember 1946 gesprochen; siehe u.a.: Dreher, a.a.O., S. 34
11 Kohl, a.a.O., S. 60
12 Kohl, a.a.O., S. 74
13 Siehe hierzu u.a.: Werner Filmer/Heribert Schwan, Helmut Kohl, Düsseldorf-Wien 1985; Karl Hugo Pruys, Helmut Kohl. Die Biographie, Berlin 1995; Klaus Dreher, Helmut Kohl. Leben mit Macht, Stuttgart 1998; Patricia Clough, Helmut Kohl. Ein Porträt der Macht, München 1998; zur politischen Bewertung Kohls siehe: Alexander Gauland, Helmut Kohl. Ein Prinzip, Berlin 1994; Jürgen Leinemann, Helmut Kohl. Die Inszenierung einer Karriere, Berlin 1998; Hans

Leyendecker/Heribert Prantl/Michael Stiller, Helmut Kohl, die Macht und das Geld, Göttingen 2000

14 Siehe hierzu die Schilderung Kohls, in: Kohl, a. a. O., S. 89
15 Siehe hierzu: Hajo Schumacher, Roland Koch. Verehrt und verachtet, Frankfurt am Main 2004
16 Kohl, a. a. O., S. 91
17 Helmut Kohl, Die politische Entwicklung in der Pfalz und das Wiedererstehen der Parteien nach 1945 (Inaugural-Dissertation zur Erlangung der Doktorwürde der Philosophischen Fakultät der Ruprecht-Karl-Universität zu Heidelberg 1958)
18 Ohne Tabellenteil
19 Kohl, a. a. O., S. 102
20 Der ewige Kamerad Bernd, in: Frankfurter Allgemeine Zeitung, 16. Februar 2008
21 Ebenda
22 Kohl, a. a. O., S. 107
23 Kohl, a. a. O., S. 119 f.
24 Kohl, a. a. O., S. 190
25 Siehe Ausführungen in diesem Buch zu Kohls späterem Mitarbeiter Horst Teltschik
26 Man denke hier an die Ostpolitik des damaligen Bundeskanzlers Willy Brandt, die die Unionsparteien in eine ziemliche politische Krise brachte.
27 Zit. nach Christlich-Demokratische Union Deutschlands (Hrsg.), Niederschrift des 18. CDU-Bundesparteitages, Düsseldorf, 25.–27. Januar 1971, S. 445
28 Kiesinger war innerparteilich heftig unter Druck geraten. So erklärte der damalige RCDS-Bundesvorsitzende in einem Spiegel-Interview, der RCDS wolle »gemeinsam mit allen progressiven Kräften« dessen Wiederwahl verhindern.
29 Helmut Kohl, Mein Tagebuch, a. a. O., S. 181
30 Ebenda, S. 182
31 Rainer Barzel, Auf dem Drahtseil, München 1978, S. 66
32 Abgedruckt in: Bundesminister für innerdeutsche Beziehungen, Texte zur Deutschlandpolitik, Berlin 1972, S. 427 ff.; siehe zum Hintergrund dieser Resolution: Rolf Zundel, Zwei Tage des Mißtrauens, in: Die Zeit, 19. Mai 1972; ferner: Peter Bender, Neue Ostpolitik. Vom Mauerbau bis zum Moskauer Vertrag, München 1986, insbesondere S. 197 ff.
33 Siehe zu diesen Vorgängen ausführlicher: Klaus Dreher, a. a. O., S. 162 ff.
34 Interview mit Rainer Barzel (»Die CDU muss wieder Politik nach den 10 Geboten machen«), in: Welt am Sonntag, 5. März 2000
35 Zit. nach General-Anzeiger Bonn, 4. April 2000, im Artikel: Helmut Herles, »Kann ein Rechtsbrecher Abgeordneter sein?«
36 Zit. nach Der Tagesspiegel, 29. Juni 2000
37 Klaus Dreher, a. a. O., S. 177; siehe auch: Eduard Ackermann, Politiker. Vom richtigen und vom falschen Handeln, Bergisch Gladbach 1996, S. 115

38 Stefan Finger, Fanz Josef Strauß – Ein politisches Leben, München 2005, S. 406

39 Ebenda

40 Helmut Kohl, Hausputz hinter den Fassaden. Praktikable Reformen in Deutschland, Osnabrück 1971

41 Helmut Kohl, Zwischen Ideologie und Pragmatismus. Aspekte und Ansichten zu Grundfragen der Politik, Stuttgart 1973, S. 11

42 Heinrich Holkenbrink, Einfluß gewinnen, in: Werner Filmer/ Heribert Schwan (Hrsg.), Helmut Kohl, Düsseldorf 1990, S. 134

43 Russell J. Dalton,»The German Party System between Two Ages«, in: Ders. /Scott C. Flanagan/Paul Allen Beck (Hrsg.), Electoral Change in Advanced Industrial Democracies. Realignment or Dealignment, Princeton, N.J., 1984, S. 106

44 Das in diesem Absatz über die CDU Gesagte trifft weitgehend auch auf ihre bayerische Schwesterpartei, die CSU, zu.

45 Nicht alle Parteien hatten Fraktionsstatus (siehe folgende Statistik:»Ergebnisse der Bundestagswahlen 1949 bis 2005«)

46 In der Folgezeit lebten sich die westlichen CDU-Verbände und die unter starkem sowjetischem Druck stehenden Ostverbände immer mehr auseinander. Ganz zwangsläufig prägte die Deutsche Frage auch die CDU: Während Adenauer in enger Anlehnung an den freien Westen die staatliche Konsolidierung der Westzonen betrieb, hatte für seinen Stellvertreter Kaiser die nationale Einheit Priorität. Allerdings erwies es sich bald als eine Illusion, dass in der Ostzone auf Dauer freie Wahlen möglich wären. Noch im Herbst 1946 konnte die CDU trotz Behinderungen durch die Sowjets und die SED in der SBZ erhebliche Erfolge erzielen. Sie war damals mit 220 000 Mitgliedern nach der SED die stärkste Partei. Bei den Wahlen in den Ländern und Kreisen am 20. Oktober 1946 kam sie mit rund einem Viertel der Wählerstimmen auf Platz zwei in Ostdeutschland, in Gesamt-Berlin erhielt sie sogar mehr Stimmen als die SED. Insbesondere nach ihrem Parteitag vom 6. bis 10. September 1947 verschärften sich die Angriffe der SED gegen den Vorsitzenden Kaiser und seine Anhänger. Am 20. Dezember 1947 wurde Kaiser durch die Sowjetische Militärverwaltung abgesetzt. Von da an entwickelte sich die Union in der Ostzone immer mehr zu einer prokommunistischen Organisation, was auch zu einer starken Abnahme der Mitgliederzahlen führte. Mit Otto Nuschkes Wahl zum Vorsitzenden auf dem dritten Parteitag der Ost-CDU vom 18. bis 20. September 1948 war die Spaltung zwischen ostdeutscher und westdeutscher CDU faktisch vollzogen.

47 Siehe ausführlicher: Andreas Malycha, Auf dem Weg zur SED. Die Sozialdemokratie und die Bildung einer Einheitspartei in den Ländern der SBZ, Bonn 1995

48 Klaus Dreher, Helmut Kohl. Leben mit Macht, Stuttgart 1998, S. 149

49 Helmut Kohl, Hausputz hinter den Fassaden. Praktikable Reformen in Deutschland, Osnabrück 1971, S. 34

50 Norbert Seitz, Die Kanzler und die Künste. Die Geschichte einer schwierigen Beziehung, München 2005, S. 55

51 Friedrich Zimmermann, Kabinettstücke. Politik mit Strauß und Kohl 1976–1991, München/Berlin 1991, S. 51

52 Ebenda; Helmut Schmidt hatte als Bundeskanzler eine NATO-Nachrüstung mit Mittelstreckenraketen gefordert. Im Zusammenhang mit der daraus entstehenden »Raketendebatte« hatte Biedenkopf in seinem Artikel »Rückzug aus der Grenzsituation« in der ›Zeit‹ vom 30. Oktober 1981, also noch während der Oppositionsjahre der Union, als einer der Ersten in dieser Debatte die langfristige Tragfähigkeit der Idee der nuklearen Abschreckung in Zweifel gezogen.

53 Zimmermann, a. a. O., S. 84

54 Zit. nach: Die Welt, 24. Oktober 2000

55 Helmut Kohl, Mein Tagebuch, a. a. O., S. 177

56 Ebenda, S. 178

57 Robert Michels, Zur Soziologie des Parteiwesens in der modernen Demokratie. Untersuchungen über die oligarchischen Tendenzen des Gruppenlebens (neu hrsg. und mit einer Einführung versehen von Frank R. Pfetsch), Stuttgart 1989

58 Ulrich von Alemann/Rolf G. Heinze/Josef Schmid, »Parteien im Modernisierungsprozess«, in: Aus Politik und Zeitgeschichte, B 1–2/98, 2. Januar 1998, S. 29 ff.

59 Siehe: BVerfGE 80, S. 219

60 Siehe hierzu grundlegend: Gerhard Leibholz, Strukturprobleme der modernen Demokratie, Frankfurt am Main 1974; s. auch: Robert Chr. van Ooyen, Politik und Verfassung. Beiträge zu einer politikwissenschaftlichen Verfassungslehre, Wiesbaden 2006

61 In gewissem Sinne ist so auch der Rücktritt von Wolfgang Schäuble im Jahre 2000 als Partei- und Fraktionsvorsitzender mit zu erklären: Nachdem sich wochenlanger Groll über die Spendenaffäre der CDU zusammengebraut hatte und die Jahreswende 1999/2000 eine lange sitzungsfreie Zeit war, in der die Abgeordneten weitgehend ihrer Basis in den Wahlkreisen überlassen waren, fanden im Januar 2000 zwei Sitzungswochen hintereinander statt (17. bis 21. und 24. bis 28. Januar); dabei gelang es der Partei- und Fraktionsführung nur noch mühsam, den in der Fraktion aufgestauten Unmut unter Kontrolle zu halten. Danach folgten wieder zwei sitzungsfreie Wochen, die erneut den Effekt hatten, dass sich die Abgeordneten in den Wahlkreisen befanden und größtenteils nicht »gesteuert« werden konnten. In dieser Zeit entwickelte sich schließlich eine solche Missstimmung, dass es nur noch der Wortmeldung eines Einzelnen bedurfte, der dadurch gewissermaßen mit der Lunte das Explosivgemisch CDU/CSU-Bundestagsfraktion zum Bersten brachte.

62 Friedrich Zimmermann, a. a. O., S. 51

63 Siehe die entsprechenden Hinweise bei: Stefan Finger, a. a. O., S. 392 und 406

64 Siehe: Suzanne S. Schüttemeyer, Fraktionen im Deutschen Bundestag 1949–

1997. Empirische Befunde und theoretische Folgerungen, Opladen/Wiesbaden 1998, S. 89

65 Siehe: Wolfgang Hackel, »Der Fraktionschef«, in: Werner Filmer/Heribert Schwan, Helmut Kohl, Düsseldorf/Wien 1985, S. 178

66 Mitglieder des Fraktionsvorstands (Geschäftsführender Vorstand und Vorstand) sind: Fraktionsvorsitzender; Erster Stellvertretender Vorsitzender (CSU); sieben weitere stellvertretende Vorsitzende; Erster Parlamentarischer Geschäftsführer; parlamentarischer Geschäftsführer und Stellvertreter des Ersten Parlamentarischen Geschäftsführers (CSU); drei weitere parlamentarische Geschäftsführer; zwei Justitiare (davon einer CSU); die Vorsitzenden der Arbeitsgruppen; die Vorsitzenden gesellschaftlicher Gruppen (Mittelstand, Arbeitnehmer, Frauen, Vertriebene, Junge Gruppe); die Vorsitzenden der Landesgruppen und 13 weitere Mitglieder (Beisitzer). Mitberatungsberechtigt sind die Mitglieder des Bundestagspräsidiums, des Präsidiums des Europäischen Parlaments und der Bundesregierung, soweit sie der CDU/CSU angehören, sowie die jeweiligen Vorsitzenden und Generalsekretäre dieser beiden Parteien.

67 Parlamentarische Staatssekretäre aus der Riege der Arbeitsgruppenvorsitzenden wurden Benno Ehrhard (Justizministerium), Dieter Schulte (Verkehrsministerium), Friedrich-Adolf Jahn (Bauministerium), Hansjörg Häfele (Finanzministerium), Peter Kurt Würzbach (Verteidigungsministerium), Volkmar Köhler (Entwicklungsministerium), Anton Pfeifer (Bildungsministerium, danach Staatsminister im Kanzleramt) und Heinrich Franke (Arbeit und Soziales, später Präsident der Bundesanstalt für Arbeit).

68 Friedrich Karl Fromme, Kanzler und Fraktion, in: Frankfurter Allgemeine Zeitung, 26. November 1991

69 Zit. nach Wolfgang Jäger, Wer regiert die Deutschen? Innenansichten der Parteiendemokratie, Zürich/Osnabrück 1994, S. 46

70 Jürgen Gros, Politikgestaltung im Machtdreieck Partei, Fraktion, Regierung. Zum Verhältnis von CDU-Führungsgremien, Unionsfraktion und Bundesregierung 1982 bis 1989 an den Beispielen der Finanz-, Deutschland- und Umweltpolitik, Berlin 1998, S. 393

71 Stephan-Andreas Casdorff, ›Viele müssten jetzt Abbitte leisten‹ – Philipp Jenningers Rede und Rücktritt im neuen Licht, in: Stuttgarter Zeitung, 2. Dezember 1995

72 Jürgen Rüttgers, Dinosaurier der Demokratie. Wege aus der Parteienkrise und Politikverdrossenheit, Hamburg 1993

73 Im Januar jenes Jahres war nämlich bekannt geworden, dass 1,146 Millionen DM als Barzahlung aus der Fraktionskasse in die Parteikasse geflossen waren, Gelder, die Hörster am 30. Januar 1997 an den für Finanzfragen zuständigen Hauptabteilungsleiter in der CDU-Bundesgeschäftsstelle, Hans Terlinden, übergeben hatte. Hörster betonte zwar in einem Brief vom 5. Januar 2000 an die Mitglieder der Bundestagsfraktion, dass es sich bei diesem Betrag nicht um öffentliche Mittel handelte, sondern um Beiträge von Abgeordneten sowie

um Erträge aus gemeinsamen Projekten der Bundespartei und der Fraktion. Außerdem regelte er im Einverständnis mit Kohl und dem Fraktionsvorsitzenden Schäuble die Angelegenheit mit Terlinden, doch löste die Tatsache, dass Geldmittel – auch noch in dieser Höhe – in bar transferiert worden waren, in der Fraktion großen Unmut aus, und Hörster musste hierfür seinen Kopf hinhalten.

74 Siehe: Wolfgang Jäger, Wer regiert die Deutschen?, a. a. O., S. 12 f.; siehe auch: Karlheinz Niclauß, Kanzlerdemokratie. Regierungsführung von Konrad Adenauer bis Gerhard Schröder, Paderborn 2004

75 Waldemar Schreckenberger, Informelle Verfahren der Entscheidungsvorbereitung zwischen der Bundesregierung und den Mehrheitsfraktionen: Koalitionsgespräche und Koalitionsrunden, in: Zeitschrift für Parlamentsfragen, Heft 3, 1994, S. 329

76 Siehe hierzu: Wolfgang Schäuble, Der Vertrag. Wie ich über die deutsche Einheit verhandelte, Stuttgart 1991

77 Teltschik wurde nach dem Besuch des damaligen polnischen Ministerpräsidenten Rakowski im Januar 1989 Kohls Beauftragter für die umfassenden deutsch-polnischen Verhandlungen, die schon lange zuvor begonnen hatten. So wurde auch die Polenreise des Kanzlers im November 1989 maßgeblich von Teltschik vorbereitet. Notabene: Genau während Kohls Aufenthalt in Polen kam es zur Maueröffnung, was zu einer Unterbrechung des Besuchs führte. Kohl flog sofort mit einer US-Maschine nach Berlin (westdeutsche Flugzeuge durften dort wegen des besonderen Berlin-Status nicht landen).

78 Claus Gennrich, Nach loyaler Arbeit macht Teltschik von seiner Freiheit Gebrauch, in: Frankfurter Allgemeine Zeitung, 6. Dezember 1990

79 Horst Teltschik, 329 Tage. Innenansichten der Einigung, Berlin 1991

80 Friedbert Pflüger, Ehrenwort. Das System Kohl und der Neubeginn, Stuttgart/ München 2000, S. 17 f.

81 Mainhardt Graf Nayhauß, Kohls neuer Büro-Chef ist Rugby-Spieler, in: Bild-Zeitung, 14. September 1994

82 Mainhardt Graf Nayhauß, Bonn vertraulich, in: Bild-Zeitung, 19. März 1996

83 Werner Weidenfeld, »Aus dem Spendenskandal Konsequenzen ziehen«, in: Frankfurter Allgemeine Zeitung, 29. Juni 2000

84 Zit. nach dpa-Meldung, 3. Juni 1998

85 Interview mit der Südwest-Presse, siehe: dpa-Meldung, 4. Juni 1998

86 Dies hatte später als Erster der renommierte Wahl- und Parteienforscher Hans-Joachim Veen in einer Wahlanalyse der Konrad-Adenauer-Stiftung herausgearbeitet (siehe: Veen u. a., Analyse der Bundestagswahl vom 27. September 1998, Sankt Augustin 1998). Er trug sie auf Einladung des Fraktionsvorsitzenden Wolfgang Schäuble am 14. Oktober 1998 in einer gemeinsamen Sitzung der alten und der neuen Bundestagsfraktion in Bonn vor. Wenige Monate später wurde die empirische Sozialforschung in der Stiftung stark reduziert und der von Veen viele Jahre erfolgreich geleitete Forschungsbereich im Rahmen einer

Strukturreform aufgelöst. Heute leitet Veen als Vorstandsvorsitzender die Stiftung Ettersberg in Weimar.

87 Newsweek, 27. Oktober 1986 (»He [Gorbatschow] is a modern communist leader who understands public relations. Goebbels, one of those responsible for the crimes of the Hitler era, was an expert in public relations, too.«)

88 Deutscher Bundestag, Stenographischer Bericht, 6. November 1986, S. 18 742

89 Zit. nach: Süddeutsche Zeitung, 8. November 1986

90 Waldemar Schreckenberger, Der Regierungschef zwischen Politik und Administration, in: Peter Haungs/Karl Martin Graß/Hans Maier/Hans-Joachim Veen (Hrsg.), Civitas. Widmungen für Bernhard Vogel zum 60. Geburtstag, Paderborn/München/Wien/Zürich 1992, S. 605

91 Ebenda, S. 612

92 Siehe: Frankfurter Allgemeine Zeitung, 15. Dezember 1992

93 Warnfried Dettling, Das Erbe Kohls. Bilanz einer Ära, Frankfurt am Main 1994, S. 12 (Dettling nimmt hierbei Bezug auf den Journalisten Gunter Hofmann)

94 Karl Hugo Pruys, Helmut Kohl. Die Biographie, Berlin 1996, S. 15

95 Wolfgang Schäuble, Mitten im Leben, München 2000, S. 27

96 ARD, Sendung »Farbe bekennen«, 3. April 1997

97 Claus Gennrich, Kohl auch 1998 Kanzlerkandidat der Union – Ein klares ›Ja‹ aus den Ferien, in: Frankfurter Allgemeine Zeitung, 4. April 1997

98 ARD, Tagesschau, 4. April 1997

99 Ebenda

100 Wolfgang Schäuble, Mitten im Leben, a. a. O., S. 23 ff.

101 Der Spiegel, 18. September 2000

102 ARD, Tagesthemen, 9. März 1998

103 Zit. nach Martin S. Lambeck, »Koalition will künftig härtere Bandagen anlegen«, in: Die Welt, 4. März 1998

104 In: Bild-Zeitung, 12. März 1998; siehe auch: Martin S. Lambeck, Diskussionen um Kohls Kandidatur halten an, in: Die Welt, 13. März 1998

105 Martin S. Lambeck, Der Widerspenstigen Zähmung, in: Die Welt, 29. April 1998

106 Siehe: Karl-Ludwig Günsche, Risse im Parteienkitt, in: Die Welt, 28. August 1998

107 Siehe: Martina Fietz, Die Ratlosen, in: Die Welt, 15. Juni 1998

108 Siehe u. a.: Helmut Kohl, Mein Tagebuch 1998–2000, München 2000

109 Wolfgang Schäuble, Und sie bewegt sich doch, Berlin 2000

110 Wolfgang Schäuble, Der Vertrag. Wie ich über die deutsche Einheit verhandelte, Stuttgart 1991

111 Wolfgang Schäuble, Mitten im Leben, a. a. O., S. 27

112 Der Stern, 9. Januar 1997

113 Ebenda

114 Der Stern, 6. August 1998

115 Welt am Sonntag, 9. August 1998

116 Frankfurter Allgemeine Zeitung, August 1998

117 ProSieben-Nachrichten, 10. August 1998
118 Die Woche, 28. August 1998
119 Frankfurter Allgemeine Zeitung, 28. August 1998
120 ARD, Tagesschau, 27. August 1998, 20 Uhr
121 Die Zeit, 27. August 1998
122 Die Welt, 19. September 1998
123 Wolfgang Schäuble, Mitten im Leben, a. a. O., S. 42
124 ARD, Tagesschau, 27. September 1998
125 Wolfgang Schäuble, Mitten im Leben, a. a. O., S. 41
126 ARD, Tagesschau, 29. September 1998
127 Helmut Kohl, Mein Tagebuch, a. a. O., S. 66
128 Ebenda, S. 36
129 ARD/ZDF, »Bonner Runde«, 27. September 1998
130 Helmut Kohl, Mein Tagebuch, a. a. O., S. 25
131 Wolfgang Schäuble, Mitten im Leben, a. a. O., S. 65
132 Zur Sichtweise Schäubles in Sachen Spendenübergabe und Schwarzkonten
     siehe: Wolfgang Schäuble, Mitten im Leben, a. a. O., S. 194 ff.
133 Ebenda, S. 262
134 dpa-Meldung, 11. Januar 2000
135 Frankfurter Allgemeine Zeitung, 21. Januar 2000
136 Die Versionen von Wolfgang Schäuble und von Brigitte Baumeister sind nach-
     zulesen in: »Erklärung des Parteivorsitzenden Wolfgang Schäuble«, abgedruckt
     in: Union in Deutschland, 13. Januar 2000
137 Helmut Kohl, Mein Tagebuch, a. a. O., S. 128
138 Ebenda, S. 106
139 Ebenda, S. 161
140 Wolfgang Schäuble, Mitten im Leben, a. a. O., S. 263
141 Die Welt, 3. Februar 2000
142 Wolfgang Schäuble, Mitten im Leben, a. a. O., S. 199
143 Bild-Zeitung, 18. Februar 2000
144 Eberhard von Brauchitsch, Der Preis des Schweigens. Erfahrungen eines Un-
     ternehmers, a. a. O., S. 233
145 Siehe ausführlich hierzu: Gerd Langguth, das Innenleben der Macht, a. a. O.,
     S. 214 ff.
146 Helmut Kohl, Mein Tagebuch, a. a. O., S. 124
147 Zitiert nach: Union in Deutschland, 2. Dezember 1999
148 Die Welt, 12. Januar 2000
149 Der Stern, 20. Januar 2000
150 Ebenda, S. 224
151 Peter Altmaier hatte sich wenige Wochen zuvor bereits in einem Interview in
     der Zeit – gemeinsam mit seinem Kollegen Nobert Röttgen – höchst kritisch
     und mutig über den Zustand der CDU geäußert, in: Die Zeit, Das System lebt,
     27. Januar 2001

152 Wolfgang Schäuble, Mitten im Leben, a. a. O., S. 274

153 Ebenda

154 Ebenda

155 Frankfurter Allgemeine Zeitung, 18. Februar 2000

156 Helmut Kohl, Mein Tagebuch, a. a. O., S. 192 f.

157 dpa-Meldung vom 3. und 4. April 2000, Frankfurter Allgemeine Zeitung, 4. April 2000; Frankfurter Rundschau, 3. April 2000

158 Wolfgang Schäuble, Mitten im Leben, a. a. O.

159 Helmut Kohl, Mein Tagebuch, a. a. O.

160 Zit. nach Neue Zürcher Zeitung, 14. Dezember 2000

161 Helmut Kohl suggeriert in seinem Vorwort, er habe Tagebuchnotizen angefertigt: »Nach der Wahlniederlage Ende September 1998 begann ich Notizen zu machen, Fakten, Bewertungen und meine eigenen Empfindungen aufzuschreiben. Wenn ich jetzt lese, was ich damals geschrieben habe, stelle ich fest, dass die Häufigkeit der Eintragungen mit dem Beginn der Parteispendenaffäre im Herbst 1999 zunimmt.«

162 Helmut Kohl, Mein Tagebuch, a. a. O., S. 16

163 Ebenda, S. 114

164 Ebenda, S. 126

165 Helmut Kohl, Mein Tagebuch, a. a. O., S. 294

166 Gregor Gysi, Ein Blick zurück, ein Schritt nach vorn, Hamburg 2001

167 Ebenda, S. 352 ff.

168 Wolfgang Schäuble, Mitten im Leben, a. a. O., S. 235

169 Ebenda, S. 235

170 Ebenda

171 Ebenda

172 Helmut Kohl, Mein Tagebuch, a. a. O., S. 166

173 Ebenda

174 Ebenda

175 Ebenda, S. 166 f.; Thomas Schäuble, Bruder von Wolfgang Schäuble und damals baden-württembergischer Innenminister, erklärte indes am 17. Februar 2000 mit Bitterkeit, er selbst habe bereits seit dem Attentat auf seinen Bruder »erhebliche Vorbehalte gegen Herrn Kohl«. Er sei einst »abgespeist worden«, als er im Auftrag seiner Schwägerin den damaligen Bundeskanzler telefonisch habe informieren wollen. Die Tränen von Kohl bei seinem Besuch im Krankenhaus nannte Thomas Schäuble »etwas fragwürdig, aber es ist ja inzwischen bekannt, dass der Altkanzler sehr nahe am Wasser gebaut hat. Wir wissen, dass Kohl bei jeder Gelegenheit auf Abruf weinen kann.« Zit. nach Frankfurter Allgemeine Zeitung, 18. Februar 2000.

176 Helmut Kohl, Mein Tagebuch, S. 167

177 Ebenda

178 Siehe dazu: Karl Feldmeyer, »Der Vorsitzende hält vor dem Abgrund inne«, in: Frankfurter Allgemeine Zeitung, 19. Januar 2001

179 Zitiert nach: Helmut Kohl, Mein Tagebuch, a. a. O., S. 168
180 Ebenda, S. 168
181 Ebenda, S. 169
182 Ebenda
183 Siehe dazu: Bild am Sonntag, 13. Februar 2000
184 Frankfurter Allgemeine Zeitung, 10. März 1999
185 Zitiert nach: Sendemanuskript Hörfunk WDR 3, »Kritisches Tagebuch«, 1. April 1999
186 Zwei Kohl-Vertraute arbeiteten dort bereits: Der ehemalige Kanzleramtschef Friedrich Bohl und zeitweilig Kohls früherer Regierungssprecher, der Bundestagsabgeordnete Friedhelm Ost. Zwischen dem 22. Juli und dem 18. August 2000 – ein genaueres Datum wird im Tagebuch von Kohl nicht mitgeteilt – bietet Reinfried Pohl, Chef der Deutschen Vermögensberatungs-AG in Frankfurt, dem Altkanzler den Vorsitz im Beirat seines Unternehmens an (Helmut Kohl, Mein Tagebuch, a. a. O., S. 304).
187 Bild am Sonntag, 3. September 2000
188 Helmut Kohl, Mein Tagebuch, a. a. O., S. 135
189 Donja Kujacinski/Peter Kohl, Hannelore Kohl – Ihr Leben, München 2002, Seite 19 f.
190 Ebenda, S. 19
191 Zitiert nach: Ansgar Graw, Dem Rückzieher folgt Thierses erneute Attacke auf Kohl, in: Die Welt, 17. November 2007
192 Ebenda
193 Laut Spiegel: »Ich verbrenne von innen«, 9. Juli 2001
194 Unser Leben im Schatten der Macht, Interview mit Lars Brandt, Sven Adenauer und Walter Kohl, in: Die Bunte, 7. August 2008
195 Interview mit Erich Ramstetter (»Ein Mann sucht den Weg zu seiner Frau«), in: Die Bunte, 16. August 2001
196 Freitod einer Dulderin, in: Focus, 9. Juli 2001
197 Barbara Scheel, Leserbrief (Im Schatten des Ich-Menschen), in: Der Stern, 19. Juli 2001
198 Patricia Clough, Hannelore Kohl – zwei Leben, Stuttgart-München, 2002, S. 214
199 Ebenda, S. 215
200 Ebenda, S. 215, siehe zur psychoanalytischen Dimension: Hans-Jürgen Wirth, Narzissmus und Macht, Zur Psychoanalyse seelischer Störungen in der Politik, Gießen 2002, S. 213 ff.
201 dpa-Meldung, 26. Mai 2001
202 Unser Leben im Schatten der Macht, Interview mit Lars Brandt, Sven Adenauer und Walter Kohl, in: Die Bunte, 7. August 2008
203 Ebenda
204 Helmut Kohl spätes Eheglück, in: Die Welt, 14. Mai 2008
205 Kai Diekmann, Die Kohl-Hochzeit, in: Bild-Zeitung, 14. Mai 2008

206 Kai Diekmann, Helmut Kohl Neues Glück!, in: Bild-Zeitung, 23. April 2005
207 Martin S. Lambeck, Helmut Kohls Neue ist so alt wie Doris Schröder-Köpf, in: Bild am Sonntag, 24. April 2005
208 Kai Diekmann, Helmut Kohl Neues Glück!, in: Bild-Zeitung, 23. April 2005
209 Aus Bewunderung wurde Liebe, in: Die Bunte, 24. April 2008
210 Hermann Unterstöger, Der getreue Eckhard, in: Süddeutsche Zeitung, 14. August 2008
211 Helmut Kohl, Über Trümmer liefen wir ins Freie, in: Bild-Zeitung, 30. Dezember 2004
212 Fischer: Wir müssen Schlimmes befürchten, in: Frankfurter Allgemeine Zeitung, 29. Dezember 2004
213 Dagmar von Taube, Helmut Kohls neues Glück, in: Welt am Sonntag, 24. April 2005
214 Unser Leben im Schatten der Macht, Interview mit Lars Brandt, Sven Adenauer und Walter Kohl, in: Die Bunte, 7. August 2008
215 Ebenda

III. Gerhard Schröder – die Macht des Aufsteigers

1 Siehe hierzu u. a.: Jürgen Hogrefe, Gerhard Schröder. Ein Porträt, Berlin 2002, S. 16
2 Interview mit Gerhard Schröder (»An den Stäben gerüttelt«), in: Wirtschaftswoche, Nr. 10., 4. März 1994
3 Günter Bannas, Schwächen anderer wusste er aus dem Weg zu räumen, in: Frankfurter Allgemeine Zeitung, 29. September 1998
4 Gerhard Schröder, Der Herausforderer – im Gespräch mit Peter Gatter, München 1986, S. 25
5 So Schröder in einem Fernsehinterview; zitiert nach: Volker Herres/Klaus Waller, Der Weg nach oben. Gerhard Schröder – eine politische Biographie, München-Düsseldorf 1998, S. 43
6 Gerhard Schröder in einem 1986 veröffentlichten Buch: Gerhard Schröder, Der Herausforderer, a. a. O., S. 26
7 Siehe: Jörg Hunke, Ackers Heimat, in: Frankfurter Rundschau, 24. August 2002
8 Malte Betz/Helmut Böger/Beate Krämer/Hans-Wilhelm Saure, Schröder hat seinen Vater nie gesehen, in: Bild am Sonntag, 15. April 2001
9 Gerhard Schröder, Entscheidungen – Mein Leben in der Politik, Hamburg 2006 (zit. künftig: Schröder, Entscheidungen), S. 340
10 Der Kanzler am Grab seines Vaters, Bild-Zeitung, 13. August 2004
11 Béla Anda/Rolf Kleine, Gerhard Schröder. Eine Biographie, München 2002, S. 10; Schröders Halbbruder Lothar Vosseler beschreibt seine gemeinsame Jugend mit Gerhard Schröder in dem Buch: Lothar Vosseler, Der Kanzler,

leider mein Bruder und ich, Berlin 2004. Gerhard Schröder weist in seinen Erinnerungen darauf hin, dass Lothar Vosseler »in die Hände gewissenloser Geschäftemacher fiel« (Schröder, Entscheidungen, a. a. O., S. 17).

12 Diese erschienen gut ein Jahr nach seinem Ausscheiden aus dem Deutschen Bundestag und hatten wohl die Funktion, seine Sichtweise der Kanzlerschaft möglichst rasch unter die Leute zu bringen – und um Geld zu verdienen. Die Auflage in dem renommierten Hoffmann-und-Campe-Verlag konnte sich sehen lassen: Innerhalb eines Jahres wurden in Deutschland über 215 000 Exemplare verkauft (Interview des Verfassers mit Manfred Bissinger, 30. Juni 2008). Aber sonderlich abgemüht hatte sich der Altkanzler mit dem Verfassen wohl nicht. Als Schröder übrigens anderthalb Jahre vor seinem Amtsverlust gefragt wurde, ob er jemals eine Autobiografie schreiben würde, hatte er geantwortet: »Darüber habe ich mir noch keine Gedanken gemacht.« (Interview mit Gerhard Schröder [»Ich hätte ihn gern zum Freund«], in: Der Tagesspiegel, 21. März 2004). Als er dann gefragt wurde, wie es denn mit dem Titel »Menschen und Mächte« wäre, antwortete Schröder: »Ein schöner Titel, der gefällt mir. Besser als ›Gedanken und Erinnerungen‹«. Damit hatte er zwar gezeigt, dass er den Titel der Bismarck-Memoiren kannte, machte zugleich aber dennoch auf ein wichtiges Lesedefizit aufmerksam. Als die Redakteure anmerkten »›Menschen und Mächte‹ ist leider schon vergeben – so heißt ein Buch von Helmut Schmidt«, antwortete Schröder verlegen: »Ach so.«

13 Gerhard Schröder, Entscheidungen. Mein Leben in der Politik, Hamburg 2006, S. 27

14 Anda/Kleine, a. a. O., S. 9

15 Siehe hierzu: Gerd Langguth, Horst Köhler – Biografie, München 2006, S. 50 ff.

16 Schröder, Entscheidungen, a. a. O., S. 21

17 Interview des Verfassers mit Karl-Heinz Funke, 17. November 2008

18 Zitiert nach: Reinhard Urschel, Gerhard Schröder. Eine Biographie, Stuttgart-München 2002, S. 17

19 Zitiert nach: Ulrike Posche, Gerhard Schröder – Nahaufnahme, München 1998, S. 103

20 Jedenfalls ist das die Variante, die Gerhard Schröder selber als authentisch ansieht. Wie Schröders Biograf Urschel festhält, gibt es auch Weggefährten, die eine andere Erklärung für den Spitznamen »Acker« parat haben: Der kleine Gerd habe sich, ähnlich wie Helmut Kohl, als Knabe sehr für die Landwirtschaft interessiert. Als er kaum sprechen konnte, habe er den vorbeifahrenden Treckern immer »Acker, Acker« nachgerufen, das Motorengeräusch nachahmend (siehe: Urschel, a. a. O., S. 17).

21 Schröder/Gatter, a. a. O., S. 9

22 Schröder, Entscheidungen, a. a. O., S. 16

23 Schröder, Entscheidungen, a. a. O., S. 32

24 Mit diesem Namen meinte er Adolf von Thadden. Als 27-Jähriger wurde von

Thadden zweitjüngstes Mitglied des ersten Deutschen Bundestags (1949 bis 1953) und wegen seines jugendlichen Aussehens von einem Abgeordneten »Bubi« genannt. 1963, als Schröder in die SPD eintrat, war von Thadden Vorsitzender der Deutschen Reichspartei. 1964 gründete von Thadden gemeinsam mit anderen die Nationaldemokratische Partei Deutschlands (NPD).

25 Schröder/Gatter, a. a. O., S. 11

26 Ebenda

27 Ebenda, S. 10

28 Im Jahr der ersten Kanzlerkandidatur Schröders sind folgende Biografien erschienen: Béla Anda/Rolf Kleine, a. a. O., Volker Herres/Klaus Waller, Der Weg nach oben. Gerhard Schröder – eine politische Biographie, Düsseldorf 1998; Ansgar Graw, Gerhard Schröder. Der Weg nach oben, Düsseldorf 1998; später folgte: Reinhard Urschel, a. a. O.; siehe auch: Gerhard Schröder, Entscheidungen. Mein Leben in der Politik, Hamburg 2006

29 Interview des Verfassers mit Wolfgang Jüttner, 28. Mai 2008

30 Zit. nach: Bettina Vestring, Letztes Gefecht, in: Berliner Zeitung, 30. Juli 2005

31 Siehe hierzu: Schröder, Entscheidungen, S. 35 f.

32 Redaktionelle Erläuterung zum Artikel von: Horst Mahler, Der Geheimagent des Weltgeists, in: Süddeutsche Zeitung, 30. September 1998

33 Mahlers Argumentation in diesem Artikel ließ damals schon seine geistige Nähe zur NPD erkennen, weshalb es umso erstaunlicher ist, dass dieser Beitrag ausgerechnet in der liberalen ›Süddeutschen Zeitung‹ erscheinen konnte. So argumentierte Mahler:»Nach französischen Untersuchungen soll es zur Zeit in Deutschland mehr politische Gefangene als in der DDR im Jahre vor ihrem Zusammenbruch geben. Nur werden diese Überzeugungstäter, die wegen Volksverhetzung, wegen Leugnung des Holocaust oder wegen Fortführung verbotener Organisationen verurteilt sind, hierzulande nicht als politische Gefangene wahrgenommen, sondern als Neo-Nazis aus dem politischen Spektrum ausgegrenzt. Es sind überwiegend junge Leute, die so zu Märtyrern der nationalen Wiedergeburt Deutschlands werden.« (Horst Mahler, Der Geheimagent des Weltgeists, in: Süddeutsche Zeitung, 30. September 1998).

34 Zur Charakterisierung dieser drei Strömungen siehe: Detlev Baumanns, Übersicht über Verlauf und Ergebnisse der Bundeskongresse der Jungsozialisten 1969–1975, S. 38 ff., in: Arbeitshefte zur sozialistischen Theorie und Praxis. Beiträge zur Arbeit der Juso-Hochschulgruppen, Nr. 1/Februar 1977

35 Ebenda, S. 46

36 Schröder, Entscheidungen, a. a. O., S. 33

37 Der Spiegel, 7. Februar 1988

38 Helga Grebing, Ideengeschichte des Sozialismus in Deutschland, Teil II, in: Helga Grebing (Hrsg.), Geschichte der sozialen Ideen in Deutschland, Wiesbaden 2005, S. 475

39 Interview des Verfassers mit Ottmar Schreiner, 27. August 2008

40 Anda/Kleine, a. a. O., S. 31

41 Der Spiegel, 10. März 1975
42 Zit. nach: Anda/Kleine, a. a. O., S. 32
43 Zit. nach: Ebenda
44 Zit. nach: Herres/Waller, a. a. O., S. 34
45 Urschel, a. a. O., S. 42
46 Interview des Verfassers mit Sigrid Skarpelis-Sperk, 19. August 2008
47 Interview des Verfassers mit Otto Schily, 9. Juni 2008
48 Jürgen Leinemann, zit. nach: Herres/Waller, a. a. O., S. 58
49 Urschel, a. a. O., S. 88
50 Zitiert nach: Herres/Waller, a. a. O., S. 63
51 Gerhard Schröder, Reifeprüfung. Reformpolitik am Ende des Jahrhunderts, München 1994, S. 67
52 Urschel, a. a. O., S. 91
53 Schröder, Entscheidungen, S. 41 f.
54 Schröders Sichtweise, der den allgemein erhobenen Vorwurf eines »Postenschachers« ablehnt, ist nachzulesen in: Gerhard Schröder, Reifeprüfung, a. a. O., S. 51 f.
55 Hiltrud Schröder, Auf eigenen Füßen, München 1997, S. 132
56 Zit. nach: Ebenda
57 Ebenda
58 Zit. nach Urschel, a. a. O., S. 97
59 Schröder, Entscheidungen, a. a. O., S. 52
60 Zum Rücktritt kam es, nachdem Wolfgang Clement als Parteisprecher zurückgetreten war. Brandt nominierte die damals parteilose, heute der FDP angehörende Deutsch-Griechin Margaritha Mathiopoulos als neue Sprecherin der SPD – »eine dreißigjährige, hübsche, gescheite Politologin, deren Berufung der Vorsitzende als ein Signal für die Öffnung der Partei zum liberalen Bürgertum, zur Intelligenz, zur kritischen jungen Generation, zu den Frauen und auch zum Weltläufigen« verstand (Peter Merseburger, Willy Brandt – 1913–1993, München 2004). Ihre geplante Berufung provozierte innerparteilich einen Sturm der Entrüstung, da die Institution des Parteisprechers damals in der Hierarchie der Partei eine ganz andere Bedeutung hatte als heute. Brandt empfand die durch seinen Vorschlag ausgelöste Diskussion als spießig und provinziell. Er war empört, »dass sich fremdenfeindliche Briefe auf seinem Schreibtisch häuften – auch aus der eigenen Partei und deren Umfeld« (Merseburger, a. a. O., S. 801), und trat schließlich zurück. Das Ende der Ära Brandt leitete zugleich das Ende der langjährigen Troika (Willy Brandt, Herbert Wehner und Helmut Schmidt) ein. Brandts »Enkel« sollten bald eine neue »Troika« bilden. Sie bestand aus Oskar Lafontaine, Rudolf Scharping und – Gerhard Schröder.
61 Merseburger, a. a. O., S. 799
62 Brigitte Seebacher, Willy Brandt, München 2006, S. 55
63 Ebenda

64 Merseburger, a.a.O., S. 799
65 Schröder, Entscheidungen, a.a.O., S. 43
66 Ebenda
67 Willy Brandt, Deutsche Wegmarken, in: Der Tagesspiegel, 13. September 1988; siehe auch: Jens Hacker, Deutsche Irrtümer, Berlin-Frankfurt/Main 1992, S. 237
68 Wann Brandt diesen Satz gesagt hat, darüber bestand lange Unklarheit, siehe hierzu: Bernd Rother, Gilt das gesprochene Wort?, in: Deutschland-Archiv, 1/2000, Jg. 33, S. 90 ff.
69 Zur Haltung insbesondere von Lafontaine und der SPD zur deutschen Einheit siehe: Daniel Friedrich Sturm, Uneinig in die Einheit. Die Sozialdemokratie und die Vereinigung Deutschlands 1989/90, Bonn 2006, S. 355 ff.
70 Willy Brandt, zit. nach Brigitte Seebacher, Willy Brandt, München 2006, S. 294
71 Ebenda
72 Ebenda, S. 362
73 Deutscher Bundestag, Plenarprotokoll 13/233 vom 30. April 1998 (Dieser Brief wurde in einer Rede des FDP-Abgeordneten Ulrich Irmer erwähnt).
74 Zur Diskussion und den Entscheidungsprozessen innerhalb der SPD siehe: Daniel Friedrich Sturm, a.a.O., S. 389 ff.
75 Daniel Friedrich Sturm, a.a.O., S. 417 f.; siehe auch: Anda/Kleine, a.a.O., S. 113 ff.
76 Schröder, Entscheidungen, a.a.O., S. 53
77 Zit. nach Thomas Steg, Interview des Verfassers mit Thomas Steg, 9. April 2008
78 Antworten auf das Interview von Herlinde Koelbl, Spuren der Macht, München 2002, S. 393 (Interview 1992)
79 Urschel, a.a.O., S. 126
80 Zit. nach Anda/Kleine, a.a.O., S. 116
81 Schröder, Reifeprüfung, a.a.O., S. 126
82 Siehe hierzu: Urschel, a.a.O., S. 138 f.
83 Siehe hierzu: Anda/Kleine, a.a.O., S. 118 ff.; Herres/Waller, a.a.O., S. 102
84 Siehe hierzu: Schröder, Reifeprüfung, a.a.O., S. 101 ff.
85 Schröder, Reifeprüfung, a.a.O., S. 145
86 Interview des Verfassers mit Reinhard Klimmt, 18. August 2008
87 Siehe: Dirk Banse/Karsten Kammholz, Björn Engholm wollte nicht wie Barschel enden, in: Die Welt, 14. September 2007
88 Zit. nach: Urschel, a.a.O., S. 143; angeblich, so Urschel, habe Schröder mit seinem Regierungssprecher gehadert, doch ist kaum davon auszugehen, dass ein so erfahrener Regierungssprecher wie Heye dies ohne Rückendeckung durch seinen Chef gesagt hat. Zumindest dürfte er dessen Position authentisch wiedergegeben haben.
89 Zit. nach: Ebenda
90 Siehe hierzu ausführlich: Urschel, a.a.O., S. 143 ff.

91 Holger Schmale, »Ich mach' das da in Niedersachsen«, dpa-Meldung, 15. März 1994

92 ZDF »heute-journal«, 14. März 1994

93 Zitiert nach Urschel, a. a. O., S. 147

94 Interview mit Gerhard Schröder (»Träumt er jetzt vom Kanzleramt?«), Bild-Zeitung, 14. März 1994

95 Ebenda

96 Günter Bannas, Von charakterlichen Defiziten ist nicht mehr die Rede, in: Frankfurter Allgemeine Zeitung, 14. September 1994

97 Lafontaine überlässt Schröder das Wirtschaftsressort, in: Süddeutsche Zeitung. 30. August 1994

98 dpa-Meldung, 14. Oktober 1994

99 So die dpa-Meldung, 17. Oktober 1994

100 Ebenda

101 Holger Schmale, Scharpings Suche nach Autorität, dpa-Meldung, 26. Juni 1995

102 dpa-Meldung, 14. Oktober 1994; dpa-Meldung, 1. Oktober 1995 (Zusammenfassung: »Die SPD – und die unendlichen Querelen«)

103 Zit. nach: dpa-Meldung, 26. August 1995

104 Zit. nach: dpa-Meldung, 25. August 1995

105 Siehe auch: dpa-Meldung, 30. August 1995; dpa-Meldung, 25. August 1995

106 Zit. nach: dpa-Meldung, 31. August 1995

107 Zit. nach: Ebenda

108 Zit. nach: dpa-Meldung, 31. August 1995

109 Zit. nach: dpa-Meldung, 30. August 1995

110 Zit. nach: dpa-Meldung, 31. August 1995

111 Zit. nach Anda/Kleine, a. a. O., S. 188

112 dpa-Meldung, 5. September 1995

113 Zit. nach Anda/Kleine, a. a. O., S. 188

114 Interview des Magazins ›Der Stern‹, zitiert nach: dpa-Meldung, 5. September 1995

115 Schröder, Entscheidungen, a. a. O., S. 438

116 Zitiert nach: Anda/ Kleine, a. a. O., S. 189

117 dpa-Meldung, 16. November 1995

118 Interview des Verfassers mit Reinhard Klimmt, 18. August 2008

119 dpa-Meldung, 16. November 1995

120 Interview des Verfassers mit Rüdiger Frohn, 5. August 2008

121 Oskars zweiter Anlauf, in: Der Spiegel, 20. November 1955

122 Interview des Verfassers mit Wolfgang Clement, 7. April 2008

123 Die ›Spiegel‹-Frage nahm Bezug auf: Erhard Eppler, Komplettes Stückwerk, Frankfurt/Leipzig 1996

124 Interview mit Erhard Eppler (»Schröder – das ist Lotterie«), in: Der Spiegel, Nr. 35/26. August 1996

125 Ebenda
126 Zu den biografischen Daten Lafontaines siehe: Werner Filmer/Heribert Schwan, Oskar Lafontaine, Düsseldorf 1990, hier: S. 23
127 Ebenda, S. 27
128 Peter Glotz, Elefant ohne Manege, in: Rheinischer Merkur, 16. September 2004; siehe hierzu auch: Franz Müntefering (mit Tissy Bruns), Macht Politik!, Freiburg 2008, S. 168
129 www.oktober1998.spd-parteitag.de/rede_ol.htm
130 Interview des Verfassers mit Dieter Spöri, 6. März 2008
131 Interview mit Oskar Lafontaine (»Ich würde so regieren wie früher«), in: Der Stern, 13. November 2008
132 Zit. nach: Herres/Waller, S. 116
133 dpa-Meldung, 18. Juni 1995
134 Interview des Verfassers mit Rüdiger Frohn, 5. August 2008
135 Ebenda
136 Berliner Zeitung, 27. März 1998; Frankfurter Rundschau, 27. März 1998; Die Welt, 27. März 1998; Süddeutsche Zeitung, 27. März 1998
137 Herbert Wehner, Deutscher Bundestag, 30. Juni 1960
138 dpa-Meldung, 10. September 1997 und 19. September 1997
139 dpa-Meldung, 10. August 1997
140 Schröder verteidigt erneut Treffen mit Lukaschenko, in: Frankfurter Rundschau, 15. Mai 1998
141 Grüne nennen Schröder einen »Tolpatsch«, in: Süddeutsche Zeitung, 23. April 1998
142 Interview mit Gerhard Schröder, in: Wirtschaftswoche Nr. 10, 4. März 1994 (»An den Stäben gerüttelt«)
143 Siehe zu diesen Positionen Schröders: Ansgar Graw, Gerhard Schröder. Der Weg nach oben, Düsseldorf 1998, S. 142 ff.
144 Interview des Verfassers mit Klaus Wirtgen, 29. Juli 2008
145 Interview des Verfassers mit Ottmar Schreiner, 27. August 2008
146 Eckart Lohse, Kärrnerarbeit, in: Frankfurter Allgemeine Zeitung, 20. August 1998
147 Ein Gerangel um die weiteren Positionen als stellvertretende SPD-Vorsitzende lieferten sich insbesondere Renate Schmidt, Heidemarie Wieczorek-Zeul und Herta Däubler-Gmelin. Dies ging zu Lasten Letzterer. Der Ostdeutsche Wolfgang Thierse erzielte 83,7 Prozent.
148 http://dezember1997.spd-parteitag.de/schroeder_r.htm
149 dpa-Meldung, 4. Dezember 1997; siehe auch: Interview mit Gerhard Schröder (»Das Wahlergebnis entscheidet über die Kandidatur«), in: Hannoversche Allgemeine Zeitung, 2. Dezember 1997
150 Interview des Verfassers mit Norbert Seitz, 4. März 2008
151 Schröder, Entscheidungen, a. a. O., S. 126
152 Interview des Verfassers mit Ottmar Schreiner, 27. August 2008

153 Interview mit Oskar Lafontaine (»Ich würde so regieren wie früher«), in: Der Stern, 13. November 2008

154 Günter Bannas, Oskars gesammeltes Schweigen, in: Süddeutsche Zeitung, 19. Januar 1998

155 dpa-Meldung, 10. Oktober 1996

156 Ebenda

157 Frankfurter Rundschau, 4. September 1997

158 dpa-Meldung, 5. April 1997

159 dpa-Meldung, 7. April 1997

160 dpa-Meldung, 16. April 1997

161 Thesen wider Schröder, in: Süddeutsche Zeitung, 10. Februar 1998

162 dpa-Meldung, 24. November 1997; siehe auch: ZDF »heute-journal« mit Hinweis auf eine Schlagzeile eines Schröder-Interviews in der Neuen Presse Hannover, 24. November 1997

163 dpa-Meldung, 19. März 1997

164 dpa-Meldung, 14. Mai 1997

165 Siehe auch: Gerhard Franz, Streicheleinheiten für Lafontaine, in: Saarbrücker Zeitung, 10. November 1997

166 Hans Peter Schütz, Der Rivale, in: Der Stern, Nr. 16, 10. April 1997

167 dpa-Meldung, 29. November 1997

168 Karl-Otto Sattler, Männerbund vor Saarschleife, Frankfurter Rundschau, 5. August 1997

169 Ebenda

170 Die ›Frankfurter Rundschau‹ kommentierte das Treffen von Schröder und Lafontaine folgendermaßen: »Mutmaßungen also, über die Kanzlerkandidatur insbesondere. Wenn sie sich dann einig sind, kann das, so wie der Niedersachse gestrickt ist, nur eines bedeuten: Der Gerd darf's versuchen. Vorausgesetzt, er bringt seine Landtagswahl im März mit Anstand hinter sich. Und er schafft es irgendwie, seine Ex-Hillu zu bremsen, das Wort Anstand erwähnen wir lieber nicht in diesem Zusammenhang. Wenn nämlich die schnöde verlassene Gattin weiter so plaudert, könnten Gerhards Quoten in Oskars Nähe rutschen. Gefährlich ist doch nicht, dass sie Schröder einen Opportunisten schilt; das wissen doch alle, und kaum einen stört's. Aber die Sache mit der Herzoperation für den Neufundländer, die er angeblich nicht bezahlen wollte – das geht ans Gemüt.« (Kommentar, Frankfurter Rundschau, 5. August 1997).

171 »Kanzler ist mein Traum«, in: Der Stern, 27. November 1997

172 dpa-Mitteilung, 1. März 1998; ZDF »heute«, 20.00 Uhr

173 dpa-Mitteilung, 1. März 1998

174 Markus Franz, Die Partei ist Zuschauer, in: Tageszeitung, 4. März 1998

175 Die »Deutsche Presse-Agentur« vermeldete anschließend: »Oskar Lafontaine ließ den Hannoveraner nicht einen Augenblick von der Leine. Zwar wurde der Parteichef vor der Bundespressekonferenz in eine ungewohnte Statistenrolle gedrängt, weil Schröder nach seinem Sieg eben gefragter war. Doch Lafontaine

machte klar, dass er seinem Kompagnon die ›Schrittmacherrolle‹ im Wahlkampf nicht allein überlassen werde.« (Joachim Schucht in: dpa-Meldung, 2. März 1998)

176 dpa-Meldung, 2. März 2008; das Interview wurde dpa an diesem Tag in einer Nachrichtenfassung übermittelt; das Interview mit Gerhard Schröder (»Den Kanzler in die verdiente Rente schicken«) erschien in: Der Stern, am 5. März 1998

177 dpa-Meldung, 3. März 1998

178 Erschienen unter anderem in der Frankfurter Allgemeinen Zeitung, 4. März 1998

179 SPD-Programm für die Bundestagswahl 1998; Beschluss des außerordentlichen Parteitages der SPD am 17. April 1998 in Leipzig, Arbeit, Innovation und Gerechtigkeit

180 Zit. nach: dpa-Meldung, 20. April 1998

181 Interview des Verfassers mit Joachim Schwarzer, 26. Juni 2008

182 SPD-Programm für die Bundestagswahl 1998; Beschluss des außerordentlichen Parteitages der SPD am 17. April 1998 in Leipzig, Arbeit, Innovation und Gerechtigkeit, Kapitel 2 »Gerechte Steuern und solide Finanzen«)

183 http://www.april1998.spd-parteitag.de/lafontaine_rede.html

184 Lafontaine lehnte sich an einen berühmten Satz aus einer Pressekonferenz des Fußball-Trainers Giovanni Trapattoni an.

185 Der Stern, 26. März 1998

186 Der Stern, 26. März 1998; zu einer ähnlichen Bewertung kommt die Wirtschaftswoche: Stefanie Burgmaier/Andreas Wildhagen, Nur ein guter Mensch, in: Wirtschaftswoche, 26. März 1998

187 Im Juli 2008 konnte AWD sein zwanzigjähriges Bestehen feiern – die Geburtstagsfeier wurde durch Thomas Gottschalk moderiert. Gerhard Schröder wies laut AWD-Eigenanzeige auf die »außergewöhnliche Lebensleistung von AWD-Gründer Carsten Maschmeyer« hin. Schröder demnach: »Da gibt es nicht viele vergleichbare Erfolgsgeschichten in unserem Land.« Der frühere UN-Generalsekretär Kofi Annan war anwesend, auf den Schröder eine Laudatio hielt. Ministerpräsident Christian Wulff, auf dessen zweiter Hochzeit Maschmeyer zugegen sein durfte, nahm die Begrüßung der Gäste »persönlich« vor (Beilage zu: Welt am Sonntag, 6. Juli 2008).

188 Hamburger Abendblatt, 4. März 1998

189 Stefanie Burgmaier/Andreas Wildhagen, Nur ein guter Mensch, in: Wirtschaftswoche, 26. März 1998

190 Siehe auch: Markus Rettich/Roland Schatz, Amerikanisierung oder die Macht der Themen. Bundestagswahl 1998: Die »Medien-Tenor«-Analyse der Berichterstattung und ihrer Auswirkung auf das Wählervotum, Bonn 1998, S. 54 ff.

191 Vielleicht helfen zur Begriffserhellung vier Prinzipien, die amerikanische Präsidentschaftswahlen zumeist prägen; 1. es gibt eine Fokussierung auf das Duell der beiden Spitzenkandidaten; 2. Emotionen und Inszenierungen beherrschen

den Wahlkampf, während Sachinformationen eine geringere Rolle einnehmen; 3. die zentralen Werbeträger für die Übermittlung der jeweiligen Botschaften sind die elektronischen Medien, vor allem das Fernsehen; 4. Spitzenkandidaten sind auf eine professionelle Wahlkampfmaschinerie angewiesen, wobei besonders die Demoskopie ein unverzichtbares Instrument ist. Siehe hierzu die Magisterarbeit von Alexander Gruhler, Der Bundestagswahlkampf der SPD im Jahr 1998 – Eine Zäsur in der deutschen Wahlkampfführung?, vorgelegt der Philosophischen Fakultät der Universität Bonn, 5. Oktober 1999

192 Siehe auch: Albrecht Müller, Von der Parteiendemokratie zur Mediendemokratie. Beobachtungen zum Bundestagswahlkampf 1998 im Spiegel früherer Erfahrungen, Opladen/Wiesbaden 1999

193 Siehe hierzu: Kathleen Hall Jamieson, Dirty Politics: Deception, Distraction and Democracy, New York/Oxford 1992, S. 108 ff.

194 Trotz dieser Neuerungen ist die Wahlkampfindustrie in Deutschland bis heute noch relativ gering ausgeprägt. Selbst die Einrichtung der »Kampa« hat die hiesige Wahlkampftradition nicht komplett umgekrempelt. Anders ist es beim Einsatz von professionellen Agenturen: Sie hatten schon immer eine wichtige Beraterfunktion. Auch in den USA liegt die eigentliche Verantwortung für die Ausrichtung der Wahlkämpfe in den »Headquarters« der Parteien, allerdings sind in diesen Zentralen zahlreiche Agenturen für PR-Aktivitäten integriert.

195 Die ›Stern‹-Journalistin Ulrike Posche, die 1998 ein wohlwollendes Buch (Ulrike Posche, Gerhard Schröder, Nah-Aufnahme, mit Fotos von Robert Lebeck, München 1998) über Schröder geschrieben und deshalb einst auch guten Zugang zu ihm hatte, schildert Schröders Eintreffen in der Bonner SPD-Zentrale am Wahlabend so: »Als sie [Gerhard Schröder und Doris Köpf, d. Verf.] dann ins Ollenhauer-Haus stürmten, er im neuen Ermenegildo-Zegna-Anzug, sie im schwarzen Kostüm, da lief er mit Doris schweigend und nervös den Gang auf und ab, als wär's eine Wöchnerinnen-Station. Apathisch rauchte er vor sich hin. Ohne zu reden. Über 40 Prozent – er hatte es gehofft, aber nicht geglaubt, bis er endlich mit Oskar Lafontaine, Rudolf Scharping, Otto Schily, Michael Naumann, Wolfgang Clement, Wolfgang Thierse und Franz Müntefering zu den ersten Prognosen die erste Witwe Klicko knackte.« (Ulrike Posche, Der Sieger, in: Der Stern, 30. September 1998). Schröder war an seinem Ziel. Doch irgendwie war ihm angeblich mulmig, denn langsam war er sich der Bürde der vor ihm liegenden Aufgaben bewusst. Das bestätigen heute noch manche seiner Weggenossen.

196 Interview des Verfassers mit Bodo Hombach, 3. April 2008

197 Interview des Verfassers mit Thomas Steg, 9. April 2008

198 Interview des Verfassers mit Thomas Steg, 9. April 2008

199 Interview mit Gerhard Schröder (»Auch mit einer Stimme Mehrheit«), in: Die Woche, 6. März 1998

200 Interview mit Gerhard Schröder (»Den Kanzler in die verdiente Rente schi-

cken«), in: Der Stern, 5. März 1998; ähnlich bereits am Montag nach der Niedersachsenwahl (siehe: dpa-Meldung, 2. März 1998)

201 Joachim Schucht, Aktion fliegender Stabwechsel, dpa-Meldung, 28. September 1998

202 dpa-Meldung, 28. September 1998

203 Fischer, a. a. O., S. 57

204 Fischer, a. a. O., S. 56

205 Gunter Hofmann, Leiser Zweifel im Kanzleramt, in: Die Zeit, 9. Juni 2005

206 Interview mit Gerhard Schröder (»Für mich gibt es keine Rückkehr«), in: Der Spiegel, 23. Oktober 2006 (Vermutlich meint Schröder damit sein Interview mit dem ›Zeit‹-Journalisten Gunter Hofmann)

207 Schröder, Entscheidungen, a. a. O., S. 56

208 Schröder, Entscheidungen, a. a. O., S. 100

209 Hinweis an den Verfasser durch Hans Peter Schütz, 1. August 2008

210 Joschka Fischer, Die rot-grünen Jahre, Köln 2007, S. 45

211 Interview mit Gerhard Schröder und Joschka Fischer (»Du redest mit den falschen Leuten ...«–»... du anscheinend auch«), in: Der Stern, 13. Februar 1997

212 Hinweis an den Verfasser durch Hans Peter Schütz, 1. August 2008; Mail von Hans Peter Schütz an den Verfasser, 2. August 2009

213 Interview mit Joschka Fischer (»Die Deutschland AG ist am Ende«), in: Der Spiegel, 18. August 1997

214 Fischer, a. a. O., S. 46 f.

215 Fischer, a. a. O., S. 44

216 Interview des Verfassers mit Andrea Fischer, 5. Juni 2008

217 Interview des Verfassers mit Krista Sager, 2. April 2008

218 Marc Beise, Nie war Oskar Lafontaine so stark wie heute, in: Handelsblatt, 28. September 1998

219 Der Verhandlungskommission gehörten seitens der SPD neben Schröder und Lafontaine an: Franz Müntefering, Rudolf Scharping, Johannes Rau, Heidemarie Wieczorek-Zeul, Renate Schmidt, Wolfgang Thierse, Inge Wettig-Danielmeier, Christine Bergmann, Herta Däubler-Gmelin, Ulrich Maurer und Rudolf Dreßler. Der NRW-Ministerpräsident Wolfgang Clement sollte an den Verhandlungen sporadisch teilnehmen. Das Bündnis 90/Die Grünen entsandte folgende Kommissionsmitglieder: Joschka Fischer, Jürgen Trittin, Gunda Röstel, Kerstin Müller, Werner Schulz, Antje Vollmer, Bärbel Höhn, Renate Künast, Fritz Kuhn, Ludger Volmer, Heide Rühle und Dietmar Strehl (dpa-Meldung, 1. Oktober 1998).

220 Interview des Verfassers mit Jost Stollmann, 12. Juli 2008

221 Oskar Lafontaine, Das Herz schlägt links, München 1999, S. 117; Reinhold Michels, Schröder schob Stollmann an Lafontaine vorbei, in: Rheinische Post, 31. Juli 1998

222 Martin Noé, Gerhard Schröders Kandidat die Laptop-Generation, Handelsblatt, 22. Juni 1998

223 Interview des Verfassers mit Jost Stollmann, 12. Juli 2008
224 Süddeutsche Zeitung, 24. Juni 1998
225 »Dass ich bis 1986 noch Mitgliedsbeiträge bezahlt habe, war mir selbst unbekannt. Nun gut, es ist eine Spende für eine große Partei ...« (Pro 7, Nachrichten, 26. Juni 1998)
226 Berliner Zeitung, 21. Juli 1998
227 Frankfurter Allgemeine Zeitung, 23. September 1998
228 dpa-Meldung, 19. Juni 1998
229 dpa-Meldung, 23. September 1998
230 Jochen Lorek, Stollmann irritiert erneut die SPD, in: Kölner Stadt-Anzeiger, 23. September 1998
231 Handelsblatt, 31. Juli 1998
232 Frankfurter Allgemeine Zeitung, 23. September 1998
233 Zit. nach: Frankfurter Allgemeine Zeitung, 16. Oktober 1998
234 Interview mit Jost Stollmann (»Alles ist grundlegend falsch«), in: Die Zeit, 22. Oktober 1998
235 Infratest-Umfrage, in: Tagesthemen mit Bericht aus Bonn, ARD, 3. Juli 1998
236 Stollmanns Kehrtwende wurde von dem Politikwissenschaftler Werner Weidenfeld als »Sieg für Lafontaine« gewertet, als »Symbol« für diesen »sehr ernsten Machtkampf, der innerhalb der SPD im Moment wütet«, denn es gehe hier um die »langfristige Machtstruktur« in der Bundesregierung (In: ARD, Report, 19. Oktober 1998). Daraufhin segelte Stollmann erst einmal mit seiner Frau, den fünf Kindern und Privatlehrern für die schulische Betreuung der Kinder auf einer 40-Meter-Yacht zwei Jahre um die Welt.
237 Interview des Verfassers mit Werner Müller, 22. August 2008
238 Müller schied, wie er betonte, auf eigene Initiative hin zum Jahresende 2008 bei Evonik aus, weil er rechtzeitig für eine Nachregelung gesorgt habe.
239 Interview des Verfassers mit Werner Müller, 22. August 2008
240 Die Bataillone formieren sich, in: Berliner Zeitung, 15. Dezember 1998
241 Interview mit Werner Müller, 22. August 2008
242 http://www.oktober1998.spd-parteitag.de/antrag.htm
243 http://www.oktober1998.spd-parteitag.de/rede_ol.htm
244 http://www.oktober1998.spd-parteitag.de/rede_gs.htm
245 Siehe: Kapitel »Schröder und die Medien«
246 Heute heißt es in der Regel »Partnerprogramm«. Bei den Ministerpräsidentenkonferenzen nahmen zum Teil auch die Ehefrauen teil, für die ein spezielles Programm organisiert wurde.
247 So erinnert sich Karl-Heinz Funke; Interview des Verfassers mit Karl-Heinz Funke, 17. November 2008
248 Oskar Lafontaine/Christa Müller, Keine Angst vor der Globalisierung. Wohlstand und Arbeit für alle, Bonn 1998
249 Der Journalist Ulrich Deupmann, der für die Berliner Zeitung Schröder in den Tagen vor der Bundestagswahl begleitete, hatte bei diesem herausgehört,

dass »niemand gegen das Amt des Bundeskanzlers Politik machen kann«. (Ulrich Deupmann, Nur einer steht ihm noch im Weg, in: Berliner Zeitung, 25. September 1998; Deupmann gehört heute zu dem engeren Mitarbeiterstab des Bundesaußenministers Frank-Walter Steinmeier.) Diese Erkenntnis war klar gegen den Parteivorsitzenden gerichtet, mit dem sich Schröder noch am Wochenende zuvor bei Lafontaine zuhause in Saarbrücken getroffen hatte.

250 Es gibt einige Gerüchte über eine angebliche Vereinbarung zwischen Blair und Brown, die dazu führte, dass Brown Blair den Vortritt ließ und seine eigenen Ambitionen für eine Kandidatur aufgab. Zentraler Bestandteil dieser Vereinbarung soll das Versprechen Blairs gewesen sein, Brown als Schatzkanzler innenpolitisch freie Hand zu lassen (Francis Beckett, Gordon Brown. Past, Present and Future, London 2007, S. 135)

251 Dennis Kavanagh, The Blair Premiership, in: Antony Seldon (Hrsg.), Blair's Britain, 1997–2007, Cambridge, 2007, S. 8

252 Frankfurter Allgemeine Zeitung, 13. Oktober 1998

253 Ebenda

254 dpa-Meldung, 13. Oktober 1998

255 Interview des Verfassers mit Ottmar Schreiner, 27. August 2008

256 Karl Feldmeyer, Mangel an Fortune, in: Frankfurter Allgemeine Zeitung, 19. Juli 2002

257 Guido Knopp: Kanzler. Die Mächtigen der Republik, München 1999, S. 298

258 Helmut Schmidt, Weggefährten. Erinnerungen und Reflexionen, Berlin 1998, S. 435

259 Unter anderem Anhänger der USPD und der aus dem Spartakusbund hervorgegangenen Kommunistischen Partei Deutschlands (KPD) unternahmen am 5. Januar 1919 in Berlin einen bewaffneten Aufstand. Nachdem Verhandlungen der Regierung mit den Aufständischen gescheitert waren, begannen dann am 8. Januar unter dem Oberbefehl des Volksbeauftragten Gustav Noske Regierungstruppen mit der Niederschlagung des Aufstands. Um das von den Spartakisten besetzte Berliner »Zeitungsviertel« wurde heftig gekämpft. Die Erstürmung des ›Vorwärts‹-Verlagsgebäudes am 11. Januar kostete Dutzende von Menschen das Leben. Insgesamt soll der Aufstand 165 Opfer gefordert haben.

260 Zum Zuschnitt der Ministerien siehe: Erlass des Bundeskanzlers, veröffentlicht in: Frankfurter Rundschau, 30. Oktober 1998

261 Interview des Verfassers mit Otto Schily, 9. Juni 2008

262 Interview des Verfassers mit Wolfgang Clement, 7. April 2008

263 Interview des Verfassers mit Manfred Bissinger, 30. Juni 2008

264 Gerhard Schröder, Entscheidungen, a. a. O., S. 428

265 Interview des Verfassers mit Otto Schily, 9. Juni 2008

266 Interview des Verfassers mit Michael Naumann, 18. November 2008

267 Interview des Verfassers mit Otto Schily, 9. Juni 2008

268 Zeitweilig wurde in den Medien sogar gemunkelt, dass er als Jüngster der

Brandt-Enkel noch an eine Kanzlerchance nach Schröder glauben würde. Jürgen Leinemann vom ›Spiegel‹ bezeichnete ihn deshalb sogar als »Kanzler im Wartestand« (Jürgen Leinemann, Kanzler im Wartestand, in: Der Spiegel, 22. Juli 2002).

269 Zit. nach: Im Stillen wirken, in: Der Spiegel, 6. Januar 2003
270 Interview des Verfassers mit Karl-Heinz Funke, 17. November 2008
271 Interview des Verfassers mit Walter Riester, 9. April 2008
272 Interview des Verfassers mit Rudolf Dreßler, 3. März 2008
273 Ulrich Deupmann, Nur einer steht ihm noch im Weg, in: Berliner Zeitung, 25. September 1998
274 Interview des Verfassers mit Rudolf Dreßler, 3. März 2008
275 Bodo Hombach, Aufbruch. Die Politik der Neuen Mitte, München-Düsseldorf 1998
276 Ebenda, S. 225
277 Lafontaine, Das Herz schlägt links, a. a. O., S. 226
278 Telefonische Auskunft Hilde Lauer, 19. August 2008. Die ›Bild‹-Zeitung behauptete irrtümlicherweise, Lafontaine hätte seine Rücktrittsschreiben in der saarländischen Landesvertretung, wo er über eine Wohnung verfügte, unterzeichnet (»Als der Kanzler anrief, knallte er einfach auf«, Bild, 13. März 1999).
279 Siehe auch: Interview mit Reinhard Klimmt (»Reinhard Klimmt über Lafontaine«), in: Süddeutsche Zeitung, 18./19. Oktober 2008
280 Wolfgang Filc, Mitgegangen, mitgehangen. Mit Lafontaine im Finanzministerium, Frankfurt am Main 1999; der Autor war für kurze Zeit Abteilungsleiter im Bundesfinanzministerium; der Seiteneinsteiger beschreibt seine persönlichen Erfahrungen in diesem Ministerium.
281 Telefonisches Interview des Verfassers mit Heiner Flassbeck, 6. Oktober 2008
282 Interview des Verfassers mit Thorsten Albig, 18. Juni 2008
283 Schröder, Entscheidungen, a. a. O., S. 117
284 Interview des Verfassers mit Dagmar Wiebusch, 20. August 2008
285 Interview des Verfassers mit Ottmar Schreiner, 27. August 2008
286 dpa-Meldung, 11. März 1999
287 Allerdings musste das erst noch notariell vollzogen werden, da erst danach die Niederlegung rechtlich wirksam war. Genauso war Lafontaine offiziell noch so lange als Wirtschaftsminister im Amt, wie er aus den Händen des Bundespräsidenten Roman Herzog noch nicht seine Entlassungsurkunde erhalten hatte.
288 Pressemitteilung, Presse- und Informationsamt der Bundesregierung, 11. März 1999, Nr. 102/99
289 Siehe zur Beschreibung des gegenseitigen Verhältnisses: Reinhard Klimmt, Auf dieser Grenze lebe ich. Sieben Kapitel der Zuneigung, Blieskastel 2003, S. 30
290 dpa-Meldung, 12. März 1999
291 Interview des Verfassers mit Reinhard Klimmt, 18. August 2008; Interview des Verfassers mit Hans-Georg Treib, 19. August 2008

292 Interview des Verfassers mit Hans-Georg Treib, 19. August 2008

293 Siehe hierzu: Reinhard Klimmt, Auf dieser Grenze lebe ich. Sieben Kapitel der Zuneigung, Blieskastel 2003, S. 36

294 Schröder, a. a. O., S. 123

295 Als Franz Müntefering von dem Rücktritt Lafontaines – damals war er noch Kabinettmitglied bei Schröder – während eines Aufenthaltes im »Hotel Elephant« in Weimar hörte, wollte er an den Rücktritt als Finanzminister glauben, nicht an den als SPD-Vorsitzender: »Ich habe gesagt: Das stimmt nicht. Als Finanzminister, ja – aber nicht als Parteivorsitzender. (…) Meine Begründung war einfach: Das kann nicht sein. Das macht ein SPD-Vorsitzender nicht.« (Franz Müntefering (mit Tissy Bruns), Macht Politik!, a. a. O., S. 168)

296 Auch Helmut Schmidt hatte darunter leiden müssen, dass der Parteivorsitzende Brandt ihm in wichtigen Fragen nicht die innerparteiliche Rückendeckung gab, etwa im Zusammenhang mit westlichen Rüstungspositionen und dem sogenannten »NATO-Doppelbeschluss«. (Siehe: Helmut Schmidt, Menschen und Mächte, Berlin 1981, S. 127 sowie 290 ff.). Brandt gehörte nicht dem Kabinett an, konnte also nicht in irgendeine Kabinettsdisziplin eingebaut werden. Schmidt bezeichnete es als einen »politischen Fehler«, »1974 im Zusammenhang mit meiner Kanzlerschaft nicht zugleich den Parteivorsitz beansprucht zu haben«. (Helmut Schmidt, Außer Dienst. Eine Bilanz, München 2008, S. 151 f. [zugleich modifiziert er seine Haltung in dieser Frage, da er im Frühjahr 1974 keinesfalls mit einer längeren Kanzlerschaft gerechnet hatte: »Vielmehr ging ich davon aus, meine Kanzlerschaft würde durch die im Herbst 1976 anstehende Bundestagswahl beendet werden, und meine Aufgabe sei lediglich, die sozialliberale Regierung mit Anstand und Erfolg zu Ende zu führen.«])

297 Interview des Verfassers mit Manfred Bissinger, 30. Juni 2008

298 Schröder, a. a. O., S. 113

299 Siehe hierzu: Lafontaine, Das Herz schlägt links, a. a. O., S. 131 f.

300 Christoph Schwennicke, Die neue Deutlichkeit, in: Süddeutsche Zeitung, 10. Dezember 1998

301 Fischer, a. a. O., S. 97

302 dpa-Meldung, 5. März 1999

303 Lafontaine, Das Herz schlägt links, a. a. O., S. 134

304 Zit. nach: Daniel Goffart, Die Wette gilt: Ohne neue Jobs keine zweite Chance, in: Handelsblatt, 4. März 1999

305 Is this the most dangerous man in Europe?, in: Sun, 25. November 1998 (siehe auch: dpa-Meldung, 1. Januar 1999)

306 Zit. nach: dpa-Meldung, 9. März 1999

307 Joachim Schucht, Lafontaines Überzeugungstour gegen die herrschende Lehre, in: dpa-Meldung, 4. Dezember 1998

308 Heiner Flassbeck weist aber darauf hin, dass er seinerseits das Amt eines Sherpas nie erstrebt hätte, da ihm auch die neu im Bundesfinanzministerium angesiedelte Europaabteilung unterstellt war, was zwangsläufig zu zahlreichen

Reisen nach Brüssel geführt hätte (Telefonisches Interview des Verfassers mit Heiner Flassbeck, 6. Oktober 2008).

309 Interview des Verfassers mit Dagmar Wiebusch, 20. August 2008

310 Interview mit Oskar Lafontaine (»Es geht um Vertrauen«), in: Der Spiegel, 2. November 1998

311 Sendung »Eser und Gäste«, Zweites Deutsches Fernsehen; dpa-Meldung, 28. Februar 1999

312 dpa-Meldung, 8. März 1999

313 Frankfurter Allgemeine Zeitung, 12. Februar 1999

314 Richard Meng, Der Konflikt, der nicht sein darf, in: Frankfurter Rundschau, 5. März 1999

315 Lafontaine: So kann man Regierung nicht führen, in: Süddeutsche Zeitung, 25. Februar 1999

316 Schriftliche Auskunft durch Andrea Bahr, Archiv der Sozialen Demokratie, Friedrich-Ebert-Stiftung, 3. September 2008

317 Zit. nach: Richard Meng, Der Konflikt, der nicht sein darf, in: Frankfurter Rundschau, 5. März 1999

318 Interview mit Oskar Lafontaine (» Es geht mit Schröder nicht mehr«), in: Der Spiegel, 9. August 2004

319 Interview mit Claus Noé (»Oskar sieht nicht wortlos zu«), in: Die Zeit, 2. September 1999. Noé interpretiert in diesem Interview den Rücktritt vom Parteivorsitz als wichtiger als den vom Ministeramt: Lafontaine habe Schröder zwingen wollen, dass Schröder »seiner Verantwortung gegenüber der Partei gerecht wird«.

320 Interview des Verfassers mit Sigrid Skarpelis-Sperk, 19. August 2008

321 Lafontaine, Das Herz schlägt links, a.a.O., S. 225

322 Bild, 1. März 1999

323 Bild, 11. März 1999

324 Interview des Verfassers mit Ludwig Stiegler, 11. November 2008; Interview des Verfassers mit Ottmar Schreiner, 27. August 2008 (Schreiner konnte nur von 19 bis 21 Uhr zugegen sein)

325 Interview des Verfassers mit Gernot Erler, 11. November 2008

326 Ebenda

327 Ebenda

328 Interview des Verfassers mit Michael Müller, 12. November 2008

329 Struck war zu keinerlei Auskünften bezüglich dieser Begegnung bereit, die aber durch seine Büroleiterin, Frau Schuster, telefonisch gegenüber dem Verfasser bestätigt wurde. Es handelte sich nicht etwa um ein Telefonat, sondern um ein Gespräch (telefonische Auskunft am 17. November 2008)

330 In einem Telefonat am 24. September 2008 mit dem Verfasser war Petry nicht bereit, dieses zu bestätigen, obgleich er dies gegenüber Dritten verkündet hatte. Er sei immer noch mit Lafontaine befreundet und wolle hierzu nicht Stellung nehmen. Am Anfang des Telefonats nannte er noch als Gesprächs-

teilnehmer Pitt Weber, lange Zeit Dienststellenleiter des Saarlandes in der saarländischen Landesvertretung in Bonn; am Ende des Telefonats bestritt er die Tatsache der Zusammenkunft. Die Witwe von Pitt Weber, Elke Schmitz-Weber, bestätigte, dass ihr Mann noch in der Nacht vor Lafontaines Rücktritt in der Landesvertretung des Saarlandes mit ihm zusammentraf. Weber war der Meinung, Lafontaine solle als Finanzminister aufhören, doch sei er ziemlich beratungsresistent gewesen (Telefonat des Verfassers mit Elke Schmitz-Weber, 17. November 2008).

331 Der Journalist Karl Hugo Pruys spekulierte so unter Berufung auf »vertrauliche Äußerungen aus Bonner Sicherheitskreisen« in der Frankfurter Neuen Presse, »politisch diskriminierende SED-Akten sollen Oskar Lafontaines Rücktritt ausgelöst haben.« (Frankfurter Neue Presse, 16. März 1999)

332 dpa-Meldung, 9. Februar 1999

333 Die Unterlagen waren nach dem Ende der DDR von der CIA aus dem Stasi-Archiv erbeutet worden. Zahlreiche Versuche, diese in einer Aktion mit dem Decknamen »Rosenholz« zurückzuholen, waren bis dahin ergebnislos geblieben/dpa-Meldung, 24. März 1999).

334 Zitiert nach: Die Welt, 27. Januar 1993

335 Siehe hier auch: Peter Siebenmorgen, Ein Bote brachte den verschlossenen Brief, in: Welt am Sonntag, 14. März 1999; Interview des Verfassers mit Carsten-Uwe Heye, 18. Juni 2008

336 Fischer, a.a.O., S. 149

337 Interview des Verfassers mit Dagmar Wiebusch, 20. August 2008

338 Joachim Schucht, »Keine Blässe« von Amtsmüdigkeit – Der Kanzler und die Standpauke, in: dpa-Meldung, 11. März 1999

339 Trittin wies gleichwohl darauf hin, dass seine Pläne schon seit zehn Tagen mit dem Kanzleramt abgestimmt seien. Frank-Walter Steinmeier habe dies in der Runde bestätigt (Joachim Schucht, »Keine Blässe« von Amtsmüdigkeit – Der Kanzler und die Standpauke, in: dpa-Meldung, 11. März 1999)

340 Fischer, a.a.O., S. 148

341 Berliner Morgenpost, Vorabmeldung laut dpa-Meldung, 10. März 1999; siehe ferner: Tissy Bruns, Ein Rundumschlag führt zum K.o., in: Der Tagesspiegel, 12. März 1999

342 Fischer, a.a.O., S. 148

343 Zitiert nach: dpa-Meldung, 14. März 1999

344 Lafontaine, Das Herz schlägt links, a.a.O., S. 226

345 Fischer, a.a.O., S. 152

346 Interview des Verfassers mit Otto Schily, 9. Juni 2008

347 Ebenda

348 Schriftliche Auskunft eines ehemaligen Kabinettsmitglieds, das aber nicht wörtlich aus einer Kabinettssitzung zitiert werden will.

349 Franz Müntefering (mit Tissy Bruns), Macht Politik!, a.a.O., S. 170

350 Joschka Fischer, Die rot-grünen Jahre, Köln 2007, S. 106

351 Interview des Verfassers mit Joschka Fischer, 1. Juli 2008

352 Ebenda

353 Ebenda

354 Ebenda

355 Lafontaine, Das Herz schlägt links, a.a.O., S. 32

356 Interview des Verfassers mit Reinhard Klimmt, 18. August 2008; siehe zur deutschlandpolitischen Auseinandersetzung innerhalb der SPD auch: Daniel Friedrich Sturm, Die Freude währte nicht lange, in: Die Welt, 21. Juli 2007

357 Interview des Verfassers mit Reinhard Klimmt, 18. August 2008

358 Ebenda

359 Interview des Verfassers mit Ottmar Schreiner, 27. August 2008

360 Ebenda

361 Interview des Verfassers mit Michael Müller, 12. November 2008

362 Ebenda

363 Interview des Verfassers mit Uwe-Karsten Heye, 18. Juni 2008

364 Interview des Verfassers mit Gernot Erler, 11. November 2008

365 Interview mit Oskar Lafontaine (»Ich würde so regieren wie früher«), in: Der Stern, 13. November 2008

366 Am 23. Mai 1863 gründete Ferdinand Lassalle den »Allgemeinen Deutschen Arbeiterverein«. Sechs Jahre später, 1869, gründete August Bebel die »Sozialdemokratische Arbeiterpartei«. Weitere sechs Jahre später schlossen sich beide zusammen. Daraus entstand schließlich die »Sozialdemokratische Partei Deutschlands« (SPD).

367 Kein »Herr« aus Saarbrücken beim Jubiläum der SPD, Frankfurter Allgemeine Zeitung, 24. Mai 2003

368 Interview des Verfassers mit Hans-Georg Treib, 19. August 2008

369 Interview des Verfassers mit Reinhard Klimmt, 18. August 2008

370 »Es ist so, als wäre Heinrich Brüning auferstanden, jener Reichskanzler, der mit seiner Sparpolitik Massenarbeitslosigkeit verursachte und Hitler den Weg bereitete. Wie damals sind heute die Menschen verunsichert.« (Zit. nach: Daniel Friedrich Sturm, Doris Schröder-Köpf fordert Lafontaines Parteiaustritt, in: Die Welt, 20. November 2002). Der Vergleich saß, auch wenn er von Historikern zurückgewiesen wurde. (Brigitte Seebacher-Brandt, Benutzte Historie, in: Rheinischer Merkur, 5. Dezember 2002) Die Tolerierung der von März 1930 bis Mai 1932 amtierenden Regierung Brüning durch die SPD war in den Geschichtsdebatten der Sozialdemokratie schon immer eine ähnlich traumatische Angelegenheit gewesen wie die Bewilligung der Kriegskredite im Ersten Weltkrieg. Dabei war die Tolerierung des Zentrumspolitikers Brüning durch die SPD der Versuch, auf diese Weise Hitler abzuwehren. Lafontaine ließ durch diesen historisch gewagten Vergleich den Graben zur SPD so tief werden, dass aus der eigenen Partei reihenweise Austrittsforderungen an ihn erhoben wurden. Selbst die Kanzlergattin Doris mutierte zur Sprecherin ihres Mannes. Lafontaines Äußerungen seien »unhistorisch und unsolidarisch«,

sagte sie in einem Gespräch mit der Deutschen Presse-Agentur und fügte hinzu:»Die Äußerungen sind eine Beleidigung für Lafontaines Nachfolger im Parteivorsitz und eine Beleidigung aller Mitglieder der SPD. Es reicht.« (dpa-Meldung, 19. November 2002).

371 Hans-Ulrich Jörges, Der Befreiungsschlag, in: Die Woche, 2. Juli 1999

372 dpa-Meldung, 20. Juni 1999

373 Hombach zog gegen Michael Dichand zu Felde. Der Sohn des Gründers und Gesellschafters der österreichischen ›Kronen-Zeitung‹, hatte behauptet, Hombach habe sich »ein Häuschen vom Energiekonzern Veba (…) finanzieren lassen, also von der Atomlobby«. Das Landgericht Hamburg gab Hombach in allen von ihm beantragten Punkten auf Unterlassung Recht (Joachim Huber, Hombachs Triumph, in: Der Tagesspiegel, 21. August 2007; Hans Leyendecker, Etwas bleibt immer, in: Süddeutsche Zeitung, 22. August 2007).

374 Interview des Verfassers mit Ottmar Schreiner, 27. August 2008

375 Interview des Verfassers mit Karl-Heinz Funke, 17. November 2008

376 Schröder, Entscheidungen, S. 441

377 2008 war er bei den Bürgerschaftswahlen in Hamburg Spitzenkandidat der Hamburger SPD. Unterhalb der Ministerebene gibt es im Bundeskanzleramt »Staatsminister«, die eigentlich parlamentarische Staatssekretäre sind. Damit der Verleger Michael Naumann den schmückenden Staatsministertitel tragen konnte, musste eigens das Gesetz über die parlamentarischen Staatssekretäre geändert werden. Als Schröder im Wahlkampf verkündete, der Intellektuelle Naumann werde Staatsminister, war ihm diese rechtliche Notwendigkeit gar nicht bewusst.

378 Seine erste Begegnung mit Schröder fand vor Gericht statt. Schröder vertrat die Interessen des damaligen Lektors im Rowohlt-Verlag, Freimut Duve, bis 1989 Herausgeber der Buchreihe »rororo aktuell«, seinerzeit zugleich SPD-Bundestagsabgeordneter. Der damalige Rowohlt-Geschäftsführer der Verlagsleitung, Michael Naumann, wollte sich von Duve trennen. Es kam zu einem Vergleich. Gerhard Schröder hatte als Anwalt Duve vertreten (Interview des Verfassers mit Michael Naumann am 18. November 2008).

379 Schröder bezeichnete den Soziologieprofessor als einen seiner Weggefährten. »Für mich war er oft ein kluger Ratgeber, immer zur Stelle, wenn mir die Puste auszugehen drohte und ich um guten Rat verlegen war.« (Schröder, Entscheidungen, a. a. O., S. 431) Oskar Negt spielte in der linksradikalen studentischen Szene eine wichtige intellektuelle Rolle. 1971 forderte er noch, man müsse einen Unterschied zwischen »progressiver« und »reaktionärer Gewalt« machen, gehört heute aber zu den entschiedenen Kritikern der Tatsache, dass sich die studentische Linke der Gewalt so geöffnet hatte (Oskar Negt, Achtundsechzig. Politische Intellektuelle und die Macht, Göttingen 1995; siehe auch: Gerd Langguth, Mythos '68, München 2001, S. 85).

380 Jürgen Schreiber, Wer ist der Mann im Ohr des Kanzlers?, in: Tagesspiegel, 9. März 2003. Naumann berichtet, dass es eine »Findungskommission« gege-

ben habe, wer Kultur-Staatsminister werden solle (Interview des Verfassers mit Michael Naumann, 18. November 2008).

381 Nur die Liebe zählt, in: Der Spiegel, 27. August 2001
382 Die Bunte, 23. August 2001
383 Wie sich die Wolken über dem Verteidigungsminister zusammenzogen, in: Frankfurter Allgemeine Zeitung, 20. Juli 2002
384 Das Kabinett war nach den Bundestagswahlen vom 18. Oktober 2005 bis zum 22. November 2005 mit der Wahrnehmung der Geschäfte beauftragt.
385 Ausnahme: Gegen Ende der rot-grünen Bundesregierung (4. Oktober 2005) wurde für kurze Zeit Jürgen Trittin mit der Wahrnehmung der bisher von Renate Künast wahrgenommenen Ministeraufgaben betraut. Hintergrund: Nachdem die rot-grüne Bundesregierung 2005 bei der Bundestagswahl ihre Mehrheit verloren hatte, wurde Künast Fraktionsvorsitzende und war deshalb als Bundesministerin zurückgetreten.
386 Schröder, Entscheidungen, a. a. O., S. 435
387 »Ordentlich was im Kopp«, in: Der Spiegel, 21. Dezember 2002
388 Schröder, Entscheidungen, a. a. O., S. 435
389 Interview des Verfassers mit Hans Eichel, 17. September 2008
390 Zit. nach: Günter Bannas, Der Hans hat es schwer, in: Frankfurter Allgemeine Zeitung, 12. Mai 2003
391 Zit. nach: Timot Szent-Ivanyi, Zurück in der Wirklichkeit, in: Berliner Zeitung, 12. Mai 2003
392 Interview des Verfassers mit Hans Eichel, 17. September 2008
393 Schröder, Entscheidungen, S. 435
394 Ebenda, S. 436
395 Interview des Verfassers mit Hans Eichel, 17. September 2008
396 Ebenda
397 Interview mit Hans Eichel (»Dass es knapp wird, haben wir immer gesagt«), in: Stuttgarter Zeitung, 29. November 2002
398 Interview mit Hans Eichel (»Eine bittere Niederlage«), in: Der Spiegel, 12. Mai 2003
399 Interview mit Gerhard Schröder (»Spüren Sie die SPD noch, Herr Schröder?«), in: Der Tagesspiegel, 11. Mai 2003
400 Werner A. Perger, Dr. Makellos, in: Die Zeit, 31. August 2000
401 Interview des Verfassers mit Michael Naumann, 18. November 2008
402 dpa-Meldung, 29. Juni 1999
403 Kay Müller/Franz Walter, Graue Eminenzen der Macht, Wiesbaden 2004, S. 178
404 Béla Anda, Auf dem Weg ins Kanzleramt, in: Bild, 16. April 1993
405 Anda/Kleine, a. a. O.
406 Hans-Peter Schütz, Béla Anda. Der Sagenichts, in: Der Stern, Nr. 9, 19. Februar 2004
407 Frank Hornig, Sprachloses Sprachrohr, in: Der Spiegel, 18. November 2002

408 Ferner werden in den Abteilungen die politischen Themenfelder innerhalb der verschiedenen »Gruppen« – wie im Kanzleramt die Referate genannt werden – gebündelt.

409 Ralf Beste, Cleverer Akt. Wie der Kanzlerberater Michael Steiner seinen Job verlor, in: Der Spiegel, 26. November 2001; Steiner stürzt über die »Kaviar-Affäre«, in: Frankfurter Allgemeine Zeitung, 21. November 2001

410 Nico Fried, Schröder hält an Berater Steiner fest, in: Süddeutsche Zeitung, 20. November 2001

411 Interview des Verfassers mit Dieter Kastrup, 28. August 2008

412 Hans-Ulrich Jörges, Modern war gestern, in: Der Stern, 31. Oktober 2002

413 Wolfgang Nowak, Verratene Reform, in: Der Stern, 12. Dezember 2002

414 Siehe ausführlicher hierzu: Gerd Langguth, Horst Köhler – Biografie, München 2007, S. 78 ff.

415 Klaus Wirtgen, Gezielte Provokation, Berliner Zeitung, 25. November 2000

416 Béla Anda, Die Geliebte: Viel Aufregung, wenig Schlaf, in: Bild, 8. März 1996; Anda schrieb »Hilu«. Doch inzwischen hat sich »Hillu« eingebürgert.

417 Interview des Verfassers mit Stefan Reker, 11. August 2008

418 Interview mit Gerhard Schröder (»Mir war zum Heulen zumute«), in: Der Stern, 29. Dezember 2004

419 Ulrike Posche, Gerhard Schröder, a. a. O.

420 Schröder-Köpf siegt gegen den ›Stern‹, in: Der Tagesspiegel, 13. Februar 2007

421 Zit. nach: Reinhard Urschel, Schröder, a. a. O., S. 58

422 Jürgen Leinemann, »Doris sagt immer …«, in: Der Spiegel, 2. Juni 2001

423 Mainhardt Graf Nayhauß, An der Kanzler-Rede feilte auch Ehefrau Doris mit, in: Bild, 14. März 2003

424 Doris Schröder-Köpf, in: Interview, Frankfurter Rundschau, 29. Juni 2002

425 Auch in nichtprivaten Angelegenheiten wurde der Klageweg avisiert, als etwa die ›Wirtschaftswoche‹ (Kanzler bedrängt Richter, in: ›Wirtschaftswoche‹, 14. November 2002) behauptete, Schröder habe sich persönlich in das Zuwanderungsgesetz eingeschaltet und mit dem zuständigen Bundesverfassungsrichter in Karlsruhe telefoniert (siehe: Böswillig. Kanzler verklagt ›Wirtschaftswoche‹, in: Frankfurter Allgemeine Zeitung, 15. November 2002).

426 Eine adelige Dame aus Bayern, die Imageberaterin Sabine Schwind von Egelstein, hatte im Januar 2002 der Agentur ddp ein Interview gewährt. Darin stellte sie dem Kanzler »insgesamt beste Noten für seine Kleidung und für sein öffentliches Auftreten« aus (siehe hierzu: Thomas Vinsor Wolgast, Ein ehrenrühriger Ton, in: Frankfurter Allgemeine Zeitung, 13. April 2002). Dann jedoch kam eine Bemerkung, die die Kanzlergattin und den Kanzler selbst offensichtlich nicht ruhen ließ. Denn die Dame aus dem Süden riet dem Kanzler, seine »grauen Schläfen« nicht mehr »wegzutönen«. Darunter litten offenbar ihrer Meinung nach seine Glaubwürdigkeit und seine Überzeugungskraft. Obwohl sich die Agentur nach einem bald eingetroffenen Schreiben des Hamburger Juristen Michael Nesselhauf, der sich als Anwalt Schröders auswies, dazu entschied, sofort eine

Richtigstellung zu verbreiten, kam sechs Tage später eine einstweilige Verfügung mit Unterlassungsverfügung. Bei einem Verstoß drohten im schlimmsten Fall eine Geldstrafe von 250 000 Euro oder alternativ zwei Jahre Haft. (Venio Piero Quinque, Schimmerlos, in: Frankfurter Allgemeine Zeitung, 12. April 2002). Das Ende des Liedes war, dass die ganze Republik über des Kanzlers Haarfarbe tuschelte. Mehr Verständnis für eine juristische Auseinandersetzung konnte man aufbringen, als der Klatschjournalist Bernd Plogmann für das im Bauer-Verlag erscheinende Tratschorgan ›Das Neue Blatt‹ über die damals neunjährige Stieftochter Klara Schröder-Köpf in einer Hannoveraner Schule recherchierte (siehe hierzu ausführlicher: Hans Leyendecker, Havanna Banana, in: Süddeutsche Zeitung, 27. Dezember 2000). Ein Anruf von Béla Anda bei Andreas Fritzenkötter, einst Medienberater Kohls, schien wenig zu fruchten. Der Bauer-Verlag schien das Familienleben der Schröders im Visier zu haben. (Ferdos Forudastan, Die Schröders haben »Babydramen« satt, in: Frankfurter Rundschau, 9. Dezember 2000.) In der ›Neuen Revue‹ war behauptet worden, Schröder sei gerüchteweise einer »blonden Leibwächterin« zu nahe gekommen. Diese ließ sich daraufhin anwaltlich durch den Schröder-Anwalt Nesselhauf vertreten (siehe ferner: Bernd Gäbler, Kampf ums Private, in: Die Woche, 8. Dezember 2000; Kanzler-Gattin wehrt sich gegen Gerüchte, in: Rhein-Zeitung, 10. Dezember 2000).

427 Bettina Gaus, Schröders schnelle Eingreifpuppe, in: die tageszeitung, 28. November 2002

428 Siehe auch: Dieter Wonka, Feines Gespür für populäre Stimmungen, in: Leipziger Volkszeitung, 30. November 2002

429 Doris Schröder-Köpf, Was Weihnachten nun bedeutet, in: Die Welt, 20. Dezember 2001

430 Doris Schröder-Köpf/Ingke Brodersen (Hrsg.), Der Kanzler wohnt im Swimmingpool oder wie Politik gemacht wird, Frankfurt am Main, 2001

431 Interview mit Doris Schröder-Köpf (»Da kriegt man schon eine Wut«), in: Frankfurter Rundschau, 29. Juni 2002

432 Ebenda

433 Zitiert nach: Andreas Rinke, Die Waffen einer Frau, in: Handelsblatt, 6. September 2005

434 Zitiert nach: Nina Poelchau, Das verflixte siebte Jahr, in: SZ-Magazin, 4. November 2005; siehe auch: Andreas Rinke, Die Waffen einer Frau, in: Handelsblatt, 6. September 2005

435 Tissy Bruns, Kein »Zurück zur Familie«, in: Die Welt, 11. Mai 2001

436 Elisabeth Niejahr, Die Frau im Kanzleramt, 1. September 2005

437 Zitiert nach: Kritik an Schröder-Köpf, in: Frankfurter Allgemeine Zeitung, 3. September 2005

438 Frankfurter Allgemeine Zeitung, 3. September 2005; Dorothea Siems, Lady-Kracher, in: Die Welt, 3. September 2005

439 Bei ihr »schmierte die öffentliche Rolle allmählich Richtung Arztroman: Doris' Krokodilstränen am Rande der Parteitage, das World-Disney-Lachen, die

klaustrophobischen Kostümchen, die Barbiefrisur und obendrein auch noch die nicht verhallen wollende Bescheidenheitsfloskel ›Mich gibt es ja eigentlich gar nicht‹.« (Nina Poelchau, Das verflixte siebte Jahr, in: SZ-Magazin, 4. November 2005).

440 Ebenda
441 Ebenda
442 Gerhard Schröder, Umfragen als Stimme des Volkes: Wie geht die Regierung damit um? in: Manfred Güllner (Hrsg.), Was Deutschland bewegt. Der forsa-Meinungsreport 2002, Frankfurt am Main 2002, S. 14
443 Heinrich August Winkler, Der lange Weg nach Westen, München 2002
444 Interview des Verfassers mit Tilman Spengler, 2. September 2008
445 Ebenda
446 Wer zu den »Friends of Gerd« gehörte, ist nachzulesen bei: Michael Inacker, Unter Freunden, in: Wirtschaftswoche, 5. März 2007
447 Werner Müller verlässt Evonik zum Jahresende, in: Frankfurter Allgemeine Zeitung, 21. August 2008
448 In einem solchen Falle steht die Entscheidung des Ministers im Gegensatz zum Kartellamt, das allein die mögliche Beeinträchtigung einer Wettbewerbssituation betrachtet und dessen Veto nach § 42 des »Gesetzes gegen Wettbewerbsbeschränkungen« durch den Bundesminister für Wirtschaft aufgehoben werden kann.
449 Jürgen Hogrefe, Gerhard Schröder. Ein Porträt, Berlin 2002
450 Der einstige stellvertretende Fraktionschef der Duisburger SPD wurde 1988 in den Vorstand der Preussag AG in Hannover berufen. Mit dem Verkauf der Salzgitter AG und der Übernahme des Schifffahrts- und Logistikkonzerns Hapag-Lloyd leitete er 1997 den Umbau der Preussag AG von einem Mischkonzern zu einem Dienstleistungsunternehmen der Freizeitindustrie ein.
451 SPD-Linke uneins über Schröders Linie, in: Frankfurter Allgemeine Zeitung, 9. April 1999
452 http://www.april1999.spd-parteitag.de/reden/schroeder.php3
453 Interview des Verfassers mit Béla Anda, 14. April 2008
454 Bodo Hombach, Aufbruch. Die Politik der Neuen Mitte, München 1998
455 Joachim Schucht, Modernisierer-Schub – SPD vor Kräftemessen über künftigen Kurs, dpa-Meldung, 6. Oktober 1998
456 Interview des Verfassers mit Siegmar Mosdorf, 13. November 2008
457 Interview des Verfassers mit Wolfgang Nowak, 18. März 2008
458 Ebenda
459 Siehe hierzu: Gerd Langguth, Das Blair-Schröder-Papier als historische Wende? Der Kampf um den politischen Begriff der »neuen Mitte«, in: Neue Zürcher Zeitung, 21. September 1999; Ders.: Blair-Schröder-Papier – Start zu einem historischen Prozess? – Der Kampf um einen politischen Begriff der »Neuen Mitte«, in: Eichholz Brief, Zeitschrift zur politischen Bildung, Nr. 3/99, S. 5–12

460 Siehe: Willy Brandt, Berliner Ausgabe, Band 7: Mehr Demokratie wagen – Innen- und Gesellschaftspolitik 1966–1975, bearbeitet von Wolther von Kieseritzky, Bonn 2001; siehe auch: Klaus Harpprecht, Alt-Neue Mitte, in: Die Zeit, Nr. 18, 1998

461 Interview des Verfassers mit Wolfgang Nowak, 18. März 2008

462 Karl-Rudolf Korte, Der Pragmatiker des Augenblicks: Das Politikmanagement von Bundeskanzler Gerhard Schröder 2002–2005, in: Christoph Egle/Reimut Zohlnhöfer (Hrsg.), Ende des rot-grünen Projektes. Eine Bilanz der Regierung Schröder 2002–2005, Wiesbaden 2007, S. 168 ff.

463 Interview des Verfassers mit Hans Langguth, 10. Juni 2008

464 Norbert Seitz, Nach dem »Aussitzen« das »Prinzip Direkt«, in: Der Tagesspiegel, 4. Mai 2001

465 Interview des Verfassers mit Norbert Seitz, 4. März 2008

466 Hannes Koch/Beate Willms, Holzmann saniert Schröder, in: die tageszeitung, 26. November 1999

467 Andreas Borchers, Der neue Schröder, in: Der Stern, 5. Januar 2000

468 Ebenda

469 Bernd Schlüter, Er lacht uns alle aus, in: Bild-Zeitung, 18. August 2003

470 Kanzler Schröder geht gegen »Florida-Rolf« vor, in: Bild-Zeitung, 29. August 2003

471 Karl Doemens, Die Bild-Zeitung und das Anti-Florida-Gesetz, in: Frankfurter Rundschau, 3. September 2003

472 Peter Thelen, Das süße Leben auf Stütze, in: Handelsblatt, 3. September 2003

473 ZDF »heute journal«, 1. August 2000; Beckstein fordert Verbot der NPD, in: Frankfurter Allgemeine Zeitung, 2. August 2000

474 Bundesregierung will Kampf gegen Rechtsextreme verstärken, dpa-Meldung, 1. August 2000

475 ZDF »heute-journal«, 7. August 2008

476 Deutscher Bundestag, stenografischer Bericht, 117. Sitzung, 13. September 2000, Plenarprotokoll 14/117, S. 11 219 f.

477 Am 30. März 2001 folgten die beiden antragsberechtigten Verfassungsorgane Bundestag und Bundesrat mit eigenen Verbotsanträgen. Die Verfahren wurden am 18. März 2003 vom Bundesverfassungsgericht aus Verfahrensgründen eingestellt, nachdem bekannt geworden war, dass die NPD mit V-Leuten des Verfassungsschutzes durchsetzt war. Es kam deshalb gar nicht mehr zur Prüfung der Frage, ob es sich bei der NPD um eine verfassungswidrige Partei handelt.

478 Rüdiger Scharf, Abschied von der »ruhigen Hand«, in: Die Welt, 18. Januar 2002

479 Joachim Raschke/Ralf Tils, Politische Strategie, Wiesbaden 2007, S. 521

480 Schröder, Entscheidungen, a. a. O., S. 262

481 Ebenda

482 Urschel, a. a. O., S. 390

483 Interview mit Gerhard Schröder (»Mir war zum Heulen zumute«), in: Der Stern, 29. Dezember 2004

484 Interview des Verfassers mit Michael Naumann, 18. November 2008

485 Karl-Rudolf Korte, Information und Entscheidung, a. a. O., S. 35

486 Antworten auf das Interview von Herlinde Koelbl, Spuren der Macht, München 2002, S. 391

487 Interview des Verfassers mit Michael Naumann, 18. November 2008

488 dpa-Meldung, 2. März 1999. Am Anfang der Koalition gab es ein ziemliches Durcheinander. Einerseits wurde von Peter Struck ein Ausschuss mit je vier Vertretern angekündigt, andererseits wies die stellvertretende Regierungssprecherin Charima Reinhardt darauf hin, dass an dieser Runde jeweils acht Personen von jeder Seite teilnähmen (dpa-Meldung, 25. November 1998).

489 dpa-Meldung, 23. Februar 1999

490 dpa-Meldung, 2. März 1999

491 Interview des Verfassers mit Joschka Fischer, 1. Juli 2008

492 Interview des Verfassers mit Rezzo Schlauch, 9. September 2008

493 Fischer, a. a. O., S. 67

494 Interview des Verfassers mit Nico Fried, 22. Juli 2008

495 dpa-Meldung, 17. März 2000

496 Grüne warnen SPD vor Scheitern der Koalition, in: Welt am Sonntag, 24. Oktober 1999

497 dpa-Meldung, 24. Oktober 1999

498 Interview des Verfassers mit Rezzo Schlauch, 9. September 2008

499 Ebenda

500 Brüssel reagiert auf Schröders Vorstoß reserviert, in: Die Welt, 3. Dezember 2003

501 Interview des Verfassers mit Jürgen Trittin, 2. Juli 2008

502 Peter Dausend/Stephan Haselberger/Martin Lutz, Rot-grüne Kernspaltung, in: Die Welt, 9. Dezember 2003

503 Jörg Andersson, Freude übers Scheitern des Atomgeschäfts, in: Frankfurter Rundschau, 29. April 2008

504 Interview des Verfassers mit Nico Fried, 22. Juli 2008

505 Fischer, a. a. O., S. 200

506 Interview des Verfassers mit Joschka Fischer, 1. Juli 2008

507 Interview des Verfassers mit Otto Schily, 9. Juni 2008

508 Zit. nach: Matthias Geis/Bernd Ulrich, Der Unvollendete. Das Leben des Joschka Fischer, Berlin 2002, S. 171

509 Interview des Verfassers mit Joschka Fischer, 1. Juli 2008

510 Ebenda

511 Ebenda

512 Peter Glotz schlug das in einem Beitrag für den ›Stern‹ vor und hielt das für eine »plausible Perspektive« (Peter Glotz, Flieg, Fischer, flieg!, in: Der Stern, 23. Januar 2003).

513 Der Verfasser nahm an dieser kleinen Konferenz teil. Durch eine Indiskretion wurde in der Presse darüber berichtet; Außenminister Fischer will Chef der EU-Kommission werden, in: Welt am Sonntag, 12. Januar 2003

514 Interview des Verfassers mit Jürgen Trittin, 2. Juli 2008

515 Ebenda

516 Siehe hierzu: Verstimmungen in der Koalition, in: Frankfurter Allgemeine Zeitung, 16. Dezember 1998

517 Zit. nach: dpa-Meldung, 1. Januar 1999

518 Schröder stoppt Trittins Plan für Atomausstieg, in: Süddeutsche Zeitung, 17. Dezember 1998

519 Schröder warnt Trittin vor Gefährdung der Koalition, in: Frankfurter Allgemeine Zeitung, 23. Dezember 1998

520 Zit. nach: dpa-Meldung, 1. Januar 1999

521 Zit. nach: SPD und Grüne vereinbaren neue Koalitionsrunde, dpa-Meldung, 10. Februar 1999

522 SPD und Grüne vereinbaren Koalitionsrunde, dpa-Meldung, 10. Februar 1999

523 Koalitionsklima gereizt, dpa-Meldung 19. Juni 1999

524 Interview des Verfassers mit Jürgen Trittin, 2. Juli 2008

525 Hans Jürgen Lersch, Empörung über Trittins Skinhead-Vergleich, in: Die Welt, 14. März 2001

526 Interview des Verfassers mit Jürgen Trittin, 2. Juli 2008

527 Fischer widerspricht Trittin, Frankfurter Allgemeine Zeitung, 20. Februar 2003

528 Trittins Stern sinkt, in: Frankfurter Allgemeine Zeitung, 24. März 2001

529 Interview des Verfassers mit Jürgen Trittin, 2. Juli 2008

530 Interview des Verfassers mit Joschka Fischer, 1. Juli 2008

531 Interview des Verfassers mit Otto Schily, 9. Juni 2008

532 Eklat zwischen Clement und Trittin beim Klimaschutz, dpa-Meldung, 18. März 2004; siehe auch: Karl Doemens/Richard Meng, Dicke Luft, in: Frankfurter Rundschau, 24. März 2004

533 dpa-Meldung, 2. März 1999

534 Siehe hierzu u. a.: Philip Manow, Informalisierung und Parteipolitisierung – Zum Wandel exekutiver Entscheidungsprozesse in der Bundesrepublik, in: Zeitschrift für Parlamentsfragen 1/96/Februar 1996, S. 96 ff.; Karl-Rudolf Korte, Information und Entscheidung. Die Rolle von Machtmaklern im Entscheidungsprozess von Spitzenakteuren, in: Aus Politik und Zeitgeschichte B 43/ 2003/ 20. Oktober 2003, S. 32 ff.; ders.: Das System Schröder. Wie der Kanzler das Netzwerk seiner Macht knüpft, in: Frankfurter Allgemeine Zeitung, 25. Oktober 1999; Sabine Kropp, Regieren als informaler Prozess. Das Koalitionsmanagement der rot-grünen Bundesregierung, in: Aus Politik und Zeitgeschichte B 43/ 2003/ 20. Oktober 2003, S. 23 ff.; Waldemar Schreckenberger, Der Regierungschef zwischen Politik und Administration, in: Peter Haungs/

Karl Martin Graß/Hans Maier/Hans-Joachim Veen (Hrsg.), Civitas. Widmungen für Bernhard Vogel zum 60. Geburtstag, Paderborn /München/ Wien/ Zürich 1992, S. 603–614; ders.: Informelle Verfahren der Entscheidungsvorbereitung zwischen der Bundesregierung und den Mehrheitsfraktionen: Koalitionsgespräche und Koalitionsrunden, in: Zeitschrift für Parlamentsfragen, Heft 3, 1994; Klaus Stüwe, Informales Regieren. Die Kanzlerschaften Gerhard Schröders und Helmut Kohls im Vergleich, in: Zeitschrift für Parlamentsfragen, Heft 3/2006, S. 544 ff.

535 Siehe hierzu: Manow, a. a. O.

536 Gesetz über die Bildung eines Sachverständigenrates zur Begutachtung der gesamtwirtschaftlichen Entwicklung vom 14. August 1963 in der im Bundesgesetzblatt Teil III, Gliederungsnummer 700–2, veröffentlichten bereinigten Fassung, zuletzt geändert durch Artikel 92 der Verordnung vom 25. November 2003 (BGBl. I S. 2304).

537 Der Bundeskanzler sucht den Schulterschluss mit den Gewerkschaften, in: Frankfurter Allgemeine Zeitung, 6. Juli 2002

538 Weitere Mitglieder waren: Norbert Bensel, Mitglied des Vorstandes der DaimlerChrysler Services AG; Jobst Fiedler von Roland Berger Strategy Consultants; Heinz Fischer, Abteilungsleiter Personal der Deutschen Bank; Peter Gasse, Bezirksleiter der IG Metall Nordrhein-Westfalen; Werner Jann, Verwaltungswissenschaftler an der Universität Potsdam; Peter Kraljic, Direktor der McKinsey Company in Düsseldorf; Isolde Kunkel-Weber, Mitglied des verdi-Bundesvorstandes; Klaus Luft, Geschäftsführer der Market Access for Technology Services GmbH; Harald Schartau (SPD), damaliger Minister für Arbeit und Soziales, Qualifikation und Technologie des Landes Nordrhein-Westfalen; Wilhelm Schickler, Präsident des Landesarbeitsamtes Hessen; Hanns-Eberhard Schleyer, Generalsekretär des Zentralverbandes des Deutschen Handwerks; Günther Schmid, Wissenschaftszentrum Berlin für Sozialforschung; Wolfgang Tiefensee, damaliger Oberbürgermeister der Stadt Leipzig, heute Bundesminister für Verkehr, Bau- und Stadtentwicklung; Eggert Voscherau, stellvertretender Vorstandsvorsitzender und Arbeitsdirektor der BASF AG, heute zugleich Mitglied des Aktionärsausschusses der Nord Stream AG.

539 Peter Hartz muss nicht ins Gefängnis, in: Frankfurter Allgemeine Zeitung, 26. Januar 2007; Uwe Müller, »Den anderen eingekauft«. Peter Hartz erweitert sein Geständnis und erhält die erwartete Bewährungsstrafe, in: Die Welt, 26. Januar 2007; siehe auch: Interview mit Peter Hartz (»Eine Frage der Perspektive«), in: Saarbrücker Zeitung, 27. Januar 2007

540 Am 19. Februar 2003 entschied der 15. Deutsche Bundestag, erneut eine Enquetekommission, diesmal mit der Bezeichnung »Ethik und Recht der modernen Medizin«, unter dem Vorsitz des Biologen René Röspel (SPD) einzurichten.

541 Nicko Fickinger, Die Kanzel bleibt leer, in: Frankfurter Allgemeine Zeitung, 17. August 2002

542 Interview des Verfassers mit Ottmar Schreiner, 27. August 2008

543 Interview des Verfassers mit Sigrid Skarpelis-Sperk, 19. August 2008

544 Mit Schreiben vom 20. März 2008 teilte Jürgen Schrempp dem Verfasser mit, er habe wegen zahlreicher Auslandsreisen »momentan keine Zeit« für ein Interview.

545 Walter Hamm, Das gescheiterte Bündnis für Arbeit, Frankfurter Allgemeine Zeitung, 5. August 2002. Verletzender hätte Schröder seine Haltungsänderung nicht formulieren können. Auch sonst war er in seinen Formulierungen nicht gerade wählerisch: »Wir müssen eine Unternehmenskultur auf den Weg bringen, die nicht von maßloser Raffgier gekennzeichnet ist.« (Zitiert nach: Handelsblatt, 6. August 2002)

546 Interview des Verfassers mit Ursula Engelen-Kefer, 15. April 2008

547 Jonas Viering, Hubertus Schmoldt – leiser Rebell und Chef der Chemie-Gewerkschaft, in: Süddeutsche Zeitung, 9. Mai 2003

548 Interview mit Hubertus Schmoldt (»Nur nein sagen reicht nicht«), in: Der Spiegel, 28. April 2003

549 Frankfurter Allgemeine Zeitung, 6. November 2000; dpa-Meldung, 5. November 2000

550 Siehe ausführlich dazu: Fischer, a. a. O., S. 161 ff.

551 Vielleicht war das erschrockene Innehalten darüber, dass der grüne Vormann Fischer in dieser Weise auf dem Parteitag attackiert wurde, mit ein Grund dafür, dass es zu einem Kursschwenk der Grünen kam. Vor allem aber war es eine furiose Rede Fischers, der innerlich schon weit weg vor allem von der Basis seiner Partei war: »Zwischen mir und dem Parteitag hatte sich durch die Ereignisse eine emotional tiefe innere Kluft aufgetan. Ich fühlte mich eigentlich nur noch körperlich anwesend, emotional war ich bereits weg.« (Ebenda, S. 227).

552 Interview des Verfassers mit Joschka Fischer, 1. Juli 2008

553 Gerhard Schröder, Regierungserklärung zu den Anschlägen in den Vereinigten Staaten von Amerika, 12. September 2001, in: Bulletin der Bundesregierung, Nr. 58–1, 12. September 2001

554 Siehe auch: Gerhard Schröder, Solidarität mit unseren amerikanischen Freunden, in: Frankfurter Allgemeine Zeitung, 13. September 2001; Schröder schließt militärischen Beistand nicht aus, in: Frankfurter Allgemeine Zeitung, 17. September 2001; Tissy Bruns, Fischer plädiert für neues weltweites Sicherheitskonzept unter US-Führung, in: Die Welt, 21. September 2001

555 Zur rechtlichen Würdigung siehe: Hans H. Klein, Schröder darf beide Fragen verbinden, in: Frankfurter Allgemeine Zeitung, 15. November 2001

556 Frankfurter Allgemeine Zeitung, 16. November 2001

557 Frankfurter Allgemeine Zeitung, 17. November 2001

558 Zitiert nach: Günter Bannas, Schröder presst lieber die Grünen aus, in: Frankfurter Allgemeine Zeitung, 19. November 2001

559 Günter Bannas, Mit der Milde des Kanzlers ist es vorbei, in: Frankfurter Allgemeine Zeitung, 14. November 2001

560 Cathrin Kahlweit, Vier gegen Schröder, in Süddeutsche Zeitung, 17. November 2001

561 SPD steht ohne Diskussion hinter Schröder, in: Süddeutsche Zeitung, 21. November 2001

562 Grüne unterstützen Joschka Fischers Politik, in: Süddeutsche Zeitung, 26. November 2001

563 Tissy Bruns, Fischer plädiert für neues weltweites Sicherheitskonzept unter US-Führung, in: Die Welt, 21. September 2001

564 Interview des Verfassers mit Joschka Fischer, 1. Juli 2008

565 In seiner Rede zur Lage der Nation am 28. Januar 2002 bezeichnete der amerikanische Präsident Irak, Nordkorea und den Iran als »axis of evil« und führte damit den Antiterror-Krieg in die nächste Phase (George W. Bush, State to the Union, online abrufbar: www.whitehouse.gov/news/releases/2003/01/20030128-19.html [Stand 5. März 2008]); vgl. auch Stephan Bierling, Geschichte der amerikanischen Außenpolitik. Von 1917 bis zur Gegenwart, München 2003, S. 244

566 Joachim Schucht, Das Eis zwischen Schröder und Bush brach, dpa-Meldung, 1. Februar 2002

567 Die erste Begegnung zwischen Bush und Schröder im Weißen Haus im Jahr zuvor war nicht »Liebe auf den ersten Blick«, wie die Frankfurter Allgemeine Zeitung verriet: Leo Wieland, Keine Liebe auf den ersten Blick, aber größeres Vertrauen, in: Frankfurter Allgemeine Zeitung, 31. Januar 2002

568 Joachim Schucht, Das Eis zwischen Schröder und Bush brach, dpa-Meldung, 1. Februar 2002

569 Siehe hierzu: Interview mit Joschka Fischer (»Die Hoffnung wird immer kleiner«), in: Der Spiegel, 30. Dezember 2002

570 dpa-Meldung, 1. Januar 2002

571 »Du musst das hochziehen«, in: Der Spiegel, 24. März 2003

572 Interview mit Klaus Wowereit (»Ich war überhaupt nicht aufgeregt«), in: Der Tagesspiegel, 24. Mai 2002

573 Christoph Schwennicke/Nico Fried, Charmante und andere Töne, in: Süddeutsche Zeitung, 24. Mai 2002

574 Interview des Verfassers mit Dieter Kastrup, 28. August 2008

575 Interview des Verfassers mit Joschka Fischer, 1. Juli 2008

576 Nico Fried/Susanne Höll, Macht der starken Worte, in: Süddeutsche Zeitung, 29. August 2002

577 Schröder kritisiert Irak-Aussagen von US-Vizepräsident Cheney, dpa-Meldung, 27. August 2002

578 Zitiert nach: Der Spiegel, 24. März 2003

579 Gerhard Schröder, Wahlauftakt in Hannover, 5. August 2002, online abrufbar: http://www.spd-murg.de/archiv/newsletter/wahlkampfauftakt_hannover_05.08.2002.pdf (Stand 6. Januar 2008)

580 Der Spiegel, 24. März 2003

581 Siehe ausführlich hierzu: »Niemand kann über den Vorgang glücklich sein«, in: Frankfurter Allgemeine Zeitung, 21. September 2002

582 Zitiert nach: Der Spiegel, 24. März 2003

583 Eppler hatte den Bundeswehreinsatz im Kosovo und in Afghanistan unterstützt, prinzipiell auch bezüglich der Irak-Frage – mit einer Ausnahme. Er zeigte sich irritiert, »dass diese Position zeitweise, und das unmittelbar vor der Wahl, als deutscher Sonderweg erschien, obwohl sie dies zu keinem Zeitpunkt war.« (Erhard Eppler, Schröder taktiert nicht, in: tageszeitung, 30. September 2002).

584 Axel Vornbäumen, Struck verteidigt »deutschen Weg«, in: Frankfurter Rundschau, 12. August 2002

585 Heribert Prantl, Schröders Rucksack, 8. August 2002

586 Vgl. Stephen F. Szabo, Parting Ways. The Crisis in German-American Relations, Washington 2004, S. 20

587 Bush hat Schröders Entschuldigung nicht akzeptiert, 23. September 2002, online abrufbar: www.spiegel.de/politik/ausland/0,1518,215312,00.html (Stand 24. Februar 2008)

588 Interview mit Joschka Fischer (»Die Hoffnung wird immer kleiner«), in: Der Spiegel, 30. Dezember 2002

589 Ebenda

590 Interview des Verfassers mit Joschka Fischer, 1. Juli 2008

591 Pleuger ist seit dem 1. Oktober 2008 Präsident der Europa-Universität Viadrina in Frankfurt (Oder).

592 Interview mit Gerhard Schröder (»Es gibt keinen Respekt mehr«), in: Der Spiegel, 6. Januar 2003. Noch im März 2002 hatte Schröder bei einem Treffen mit den Partei- und Fraktionsvorsitzenden der Regierungs- und Oppositionsparteien zwar eine Teilnahme deutscher Soldaten im Irak-Krieg abgelehnt, sich aber in der Frage des Mandats der Vereinten Nationen ausweichend geäußert (Schröder informierte schon früher über Irak-Konflikt, in: Frankfurter Allgemeine Zeitung, 19. März 2002).

593 Zitiert nach Hans-Jürgen Leersch, Schröders letzte Karte, in: Die Welt, 23. Januar 2003

594 Zitiert nach: dpa-Meldung, 22. Januar 2003

595 Dorothea Hülsmeier, Schröder rammt in der Irak-Frage Pflöcke ein, dpa-Meldung, 22. Januar 2003

596 Interview des Verfassers mit Renate Künast, 28. Mai 2008

597 Interview des Verfassers mit Hans Langguth, 24. Juni 2008

598 Interview des Verfassers mit Joschka Fischer, 1. Juli 2008

599 Ebenda

600 Interview des Verfassers mit Hans Langguth, 24. Juni 2008

601 Zit. nach: Paris und Moskau deuten Veto gegen Irak-Resolution an, in: Frankfurter Allgemeine Zeitung, 6. März 2003

602 Von amerikanischer Seite wurde zwischen den europäischen Ländern un-

terschieden, die zur »Koalition der Willigen« gehörten (wie Großbritannien, Italien, Spanien und einige zentral- und osteuropäischen Länder), und denjenigen, die sich dieser verweigerten. Es war der amerikanische Verteidigungsminister Donald Rumsfeld, der durch seine Unterscheidung zwischen dem »alten« und dem »neuen Europa« die Spaltung der Europäer in dieser fundamentalen Frage offenkundig machte.

603 Siehe hierzu: Axel Birkenkämper, Gegen Bush oder Amerika? Die transatlantischen Beziehungen und das deutsche Amerikabild, Bonn 2006

604 Grundlage für die Stationierung amerikanischer Truppen ist der Aufenthaltsvertrag von 1954. Demnach dürfen amerikanische Truppen auch heute noch in der gleichen Stärke, wie sie beim Abschluss des Vertrags gegeben war, in Deutschland stationiert werden. Eine Beschränkung in Bezug auf Einsatz und Verwendung dieser Truppen enthält der Vertrag nicht. Bei Abschluss des Vertrages wurde diese Zweckbindung auf den Artikel 5 des Washingtoner Vertrages, also auf die Verteidigung des NATO-Mitglieds Bundesrepublik Deutschland gegen einen Aggressor auf seinem eigenen Territorium bezogen. Hieraus könnte sich nach Auffassung von einigen Juristen ein Verweigerungsrecht der Bundesregierung ableiten lassen, falls sie nicht dazu bereit sein sollte, eine etwaige Intervention als einen vergleichbaren Einsatz zu interpretieren (»Keine Auskünfte zu Überflugrechten«, in: Frankfurter Allgemeine Zeitung, 13. September 2002). Ein Großteil des Nachschubs für den Irak-Krieg kam von amerikanischen Luftstützpunkten in Deutschland. Offiziell hielt sich Deutschland aus dem Irak-Krieg heraus. Inoffiziell tat es allerdings nichts, um die logistischen Notwendigkeiten für einen effektiven Militäreinsatz zu behindern – ganz zu schweigen von der Rolle des BND, die dieser im Vorfeld des Waffengangs spielte. So ist immer noch umstritten, ob es nicht gerade Erkenntnisse der Pullacher Behörde waren, die den USA die vermeintlichen Beweise für die Existenz von Massenvernichtungswaffen im Irak lieferten. Zudem beschäftigte die Rolle von zwei Agenten des deutschen Nachrichtendienstes, die bei Kriegsbeginn in der irakischen Hauptstadt Bagdad eingesetzt waren, einen Untersuchungsausschuss des Bundestages.

605 Nach Auskunft des Korrespondenten der Leipziger Volkszeitung, Dieter Wonka, muss das Zitat von »Bild, BamS und Glotze« bei einem nächtlichen Hintergrundgespräch mit Gerhard Schröder in der Nacht vom 18. auf den 19. Februar 1999 gefallen sein. Erstmalig hat Wonka darüber am 25. Februar 1999 geschrieben (Dieter Wonka, Sieg für Rot-Grün, in: Leipziger Volkszeitung, 25. Februar 1999; siehe hierzu auch: Günther Hartwig, Die sieben Irrtümer des Gerhard Schröder, in: Südwest Presse, 1. Juli 2005. Regierungssprecher Anda sagte zu diesem Zitat auf einer Pressekonferenz am 8. März 2004, es handele sich hier um ein Schöder »zugeschriebenes Zitat«: »Ich habe es nie aus seinem Mund gehört. Wer in die Veröffentlichungen guckt, wird feststellen, dass sich das über Jahre fortentwickelt hat und immer wieder genannt worden ist. Die Praxis ist eine andere, und zwar schon seit Jahren. Das Zitat stammt irgendwann aus den

90er Jahren, und diese Äußerung fiel in einem Beitrag oder in einem Kommentar. Ich weiß gar nicht, ob es eine wörtliche Äußerung ist. Auf jeden Fall ist sie durch die Praxis schon lange überholt, wenn sie überhaupt einmal so gefallen ist.« (Quelle: Günther Hartwig, Südwestpresse)

606 Interview des Verfassers mit Stefan Aust, 22. Juli 2008

607 Interview des Verfassers mit Dieter Wonka, 2. Juli 2008

608 Ebenda

609 Ebenda

610 Ebenda

611 Joseph-Otto Freudenreich, Die Hamburger schreiben einen Mann nach oben, in: Stuttgarter Zeitung, 27. August 1997

612 Ebenda

613 Interview des Verfassers mit Stefan Aust, 22. Juli 2008; die erste geplante Kubareise fand nicht statt, weil Castro nicht da war

614 Zitiert nach: Jens König, Das System Medienkanzler, in: Die Tageszeitung, 6. September 2002

615 Lars Rosumek, Die Kanzler und die Medien, Frankfurt am Main, 2007, S. 240 f.

616 Claus Heinrich Meyer, Die ganze Grütze und nicht nur einen Teller voll, in: Süddeutsche Zeitung, 10. September 2005

617 Carmen Böker, Der diskrete Charme der Boutonnière, in: Berliner Zeitung, 9. September 2002

618 Zitiert nach wissen.de/wde/generator/wissen/services

619 Peter Lindbergh: Schröder steht für »neue Entspanntheit«, dpa-Meldung, 4. März 1999

620 Interview des Verfassers mit Manfred Bissinger, 30 Juni 2008

621 Neue Modernität ins Land gebracht, in: Die Rheinzeitung, 14. März 2001

622 Richard Meng, Der Medienkanzler. Was bleibt vom System Schröder?, Frankfurt 2002, S. 8

623 Christoph Schwennicke, Für eine professionelle Distanz! Eine Widerrede auf die Medienschelte, in: Neue Gesellschaft/Frankfurter Hefte, Heft 12, 2005, S. 31 f.

624 Zitiert nach Lars Rosumek, a. a. O., S. 223

625 Interview des Verfassers mit Christoph Schwennicke, 1. Juli 2008

626 Ein entsprechendes Schreiben war von den Chefredakteuren dieser beiden Medien sowie des ›Tagesspiegel‹, der ›Financial Times Deutschland‹, der ›tageszeitung‹ und der ›Berliner Zeitung‹ unterzeichnet worden.

627 Der Kanzler will keinen Kakao trinken, in: Berliner Zeitung, 9. März 2004

628 Zitiert nach Peter Siebenmorgen/Ulrike Simon, Bild dir deinen Kanzler, in: Der Tagesspiegel, 12. Februar 2004

629 Peter Siebenmorgen/Ulrike Simon, Bild dir deinen Kanzler, in: Der Tagesspiegel, 12. Februar 2004

630 dpa-Meldung, 11. Februar 2004

631 Zitiert nach: Aus dem Saal werfen, in: Frankfurter Allgemeine Zeitung, 13. Februar 2004

632 Oskar Lafontaine, Ist die SPD noch zu retten? ... und wenn ja, von wem?, in: Bild-Zeitung, 3. Februar 2004

633 Axel Vornbäumen, Der nervöse Kanzler, in: Frankfurter Rundschau, 13. Februar 2004

634 Jens König schrieb zur Inszenierung der Politiker in der ›tageszeitung‹: »Alle, Politiker wie Medien, empfinden wegen der wachsenden Politikverdrossenheit der Bürger einen permanenten Zwang zur Inszenierung. Dahinter verschwindet jedoch zunehmend die Substanz der Politik. Sie wird entscheidungsschwach. Und das wiederum begünstigt die Flucht in eine mediale Ersatzwelt.« (Jens König, Das System Medienkanzler, in: Die Tageszeitung, 6. September 2002).

635 Siehe: Magnus Brechtken, in: Klaus Hildebrand/Udo Wengst/Andreas Wirsching, Geschichtswissenschaft und Zeiterkenntnis, München 2008

636 Rosumek, a.a.O., S. 228

637 Interview des Verfassers mit Hans Eichel, 17. September 2008

638 Ebenda

639 Interview mit Gerhard Schröder (»Notfalls auch mit Zwang«), in: Die Zeit, 28. November 2002

640 Ebenda

641 Lutz Haverkamp, Regieren mit 23 Seiten, in: Der Tagesspiegel, 20. Dezember 2002

642 Schwarz-gelb deutlich vorn, dpa-Meldung, 15. November 2002

643 Thorsten Keller, Die Zweitstimme des Bundeskanzlers, in: Kölner Stadt-Anzeiger, 14. November 2002

644 Konstantin von Hammerstein/Alexander Jung/Horand Knaup/Christian Reiermann/Ulrich Schäfer, Die Verzweiflungstäter, in: Der Spiegel, 2. Dezember 2002

645 Christian Reiermann/Ulrich Schäfer, Tricksen, tarnen, täuschen, in: Der Spiegel, 18. November 2002

646 Interview mit Hans Eichel (»Ich bin kein Vampir«), in: Bild am Sonntag, 3. November 2002

647 Richard Meng, Politik ohne Plan, in: Frankfurter Rundschau, 13. November 2002

648 Kurt Kister, Die Regierung der Enttäuschung, in: Süddeutsche Zeitung, 9. November 2002

649 Christian Schwägerl, Im Räuberstaat, in: Frankfurter Allgemeine Zeitung, 15. November 2002

650 Gesprächsangebot der Union zu Zuwanderung vor Karlsruher Urteil, dpa-Meldung, 15. Dezember 2002

651 Martin Lutz/Stephan Haselberger, Schilys zweiter Anlauf, in: Die Welt, 19. Dezember 2002

652 Zit. nach: Robert Jacobi/Oliver Schumacher, Clement facht Richtungsstreit in der SPD an, in: Süddeutsche Zeitung, 12. Dezember 2002

653 Robert Jacobi/Oliver Schumacher, Clement facht Richtungsstreit in der SPD an, in: Süddeutsche Zeitung, 12. Dezember 2002

654 Siehe hierzu: Rede des Bundesministers für Wirtschaft und Arbeit, Wolfgang Clement, zum Thema Wirtschaft, Arbeitsmarkt und soziale Sicherung vor dem Deutschen Bundestag am 19. Dezember in Berlin, in: Bulletin der Bundesregierung, Nr. 103–3 vom 19. Dezember 2002

655 Peter Dausend/Stephan Hasselberger, Schöne Bescherung!, in: Die Welt, 20. Dezember 2002; Weg frei für Hartz-Reform, in: Handelsblatt, 17. Dezember 2002; Robert Jacobi, Bundestag beschließt Arbeitsmarkt-Reformen, in: Süddeutsche Zeitung, 20. Dezember 2002

656 Koalitionsvertrag, Erneuerung – Gerechtigkeit – Nachhaltigkeit. Für ein wirtschaftlich starkes, soziales und ökologisches Deutschland. Für eine lebendige Demokratie. Berlin, 16. Oktober 2002

657 Interview mit Gerhard Schröder (»Notfalls auch mit Zwang«), in: Die Zeit, 28. November 2002

658 Gerhard Schröder, Wir werden Leistungen streichen, in: Handelsblatt, 16. Dezember 2002

659 Interview des Verfassers mit Wolfgang Clement, 7. April 2008

660 Lutz Haverkamp, Kanzleramt plant radikale Reformen, in: Der Tagesspiegel, 20. Dezember 2002

661 Interview des Verfassers mit Hans H. Langguth, 24. Juni 2008

662 Arne Delfs, Geteiltes Echo, in: Die Welt, 23. Dezember 2002

663 Heidrun Graupner, Schröders Abschied vom Solidarprinzip, in: Süddeutsche Zeitung, 23. Dezember 2002

664 Nils Minkmar, Blut, Schweiß und Zahnersatz. Der 14. März, der Kanzler und die Medien, in: Frankfurter Allgemeine Sonntagszeitung, 16. März 2003

665 Veröffentlicht in: Bulletin der Bundesregierung, 14. März 2003

666 Uwe Vorkötter, Auf Schröders Reform-Defensive, in: Berliner Zeitung, 15. März 2003

667 Richard Meng, Kanzler der Anpassung, in: Frankfurter Rundschau, 15. März 2003

668 Kurt Kister/Christoph Schwennicke, Und träge fließt der Redefluss, in: Süddeutsche Zeitung, 15. März 2003

669 Barbara Dribbusch, Schröders Rede – ein gut getarnter Offenbarungseid, in: die tageszeitung, 15. März 2003

670 Zitiert nach: Frankfurter Allgemeine Zeitung, 15. März 2003

671 Thomas Delekat, Der Kanzler lächelt milde …, in: Die Welt, 2. Mai 2003; siehe auch: Christoph Schwennicke, Über den lärmenden Teppich, in: Süddeutsche Zeitung, 2. Mai 2003

672 Gewerkschaften sehen keine Verständigungsmöglichkeit, in: Frankfurter Allgemeine Zeitung, 7. Mai 2003

673 Zitiert nach: Ebenda

674 Koalitionsvertrag, Erneuerung – Gerechtigkeit – Nachhaltigkeit. Für ein wirtschaftlich starkes, soziales und ökologisches Deutschland. Für eine lebendige Demokratie. Berlin, 16. Oktober 2002

675 Matthias Krupa, Sie regiert noch, aber lebt nicht mehr, in: Die Zeit, 27. Februar 2003

676 http://www.oktober2002.spd-parteitag.de/servlet/PB/menu/-1/index.html; etwas glimpflicher lief die Wahl für andere Genossen ab: Kurt Beck erhielt von 501 gültigen Stimmen 414, Wolfgang Thierse von 503 gültigen Stimmen 453, die Juso-Vorsitzende und Entwicklungshilfeministerin Heidemarie Wieczorek-Zeul von 507 gültigen Stimmen 429 und Ute Vogt aus Baden-Württemberg von 502 gültigen Stimmen gerade mal 354.

677 Wolfgang Jüttner war von 1998 bis 2003 niedersächsischer Umweltminister, von 1996 bis 2003 war er stellvertretender Vorsitzender der niedersächsischen SPD, von 2003 bis 2005 Vorsitzender der niedersächsischen SPD. Seit dem 29. Juni 2005 ist er Vorsitzender der SPD-Fraktion im niedersächsischen Landtag.

678 Günter Bannas, Gabriel: Dolchstoßlegende, in: Frankfurter Allgemeine Zeitung, 21. November 2003

679 Zit. nach: Gabi Stief, Gabriel? Schröder? Wer machte Bochum »gespenstisch«?, in: Hannoversche Allgemeine Zeitung, 20. November 2003

680 Franz Müntefering (mit Tissy Bruns), Macht Politik!, a. a. O., S. 121

681 Interview des Verfassers mit Klaus Uwe Benneter, 30. Juni 2008

682 Gernot Fritz war seinerzeit Ministerialdirektor und Abteilungsleiter für Innenpolitik und stellvertretender Amtschef beim damaligen Bundespräsidenten Roman Herzog. An den Kabinettssitzungen nimmt jeweils der Staatssekretär des Bundespräsidenten teil, in dessen Vertretung der stellvertretende Amtschef.

683 Gernot Fritz, Von der Leine gelassen, in: Politische Meinung Nr. 3/2003, S. 66

684 Interview des Verfassers mit Klaus Uwe Benneter, 30. Juni 2008

685 Zitiert nach dpa-Meldung, 5. Februar 2004

686 Rudolf Scharping, Meine Partei droht zu erfrieren, in: Cicero, April 2004

687 Siehe auch: dpa-Meldung, 20. März 2004

688 Günter Bannas, Bei einer Seezunge mit Schröder, in: Frankfurter Allgemeine Zeitung; 13. Februar 2004; Interview des Verfasser mit Wolfgang Clement, 7. April 2008

689 Interview des Verfassers mit Wolfgang Clement, 7. April 2008

690 Nico Fried, Clement droht den Sozialdemokraten, in: Süddeutsche Zeitung, 11. Februar 2004

691 Siehe hierzu ausführlich: Günter Bannas, Bei einer Seezunge mit Schröder, in: Frankfurter Allgemeine Zeitung, 13. Februar 2004

692 Ebenda

693 Klaus Harpprecht, Sozialdemokraten sind wir alle, in: Süddeutsche Zeitung, 10. Februar 2004

694 Ebenda

695 Michael Naumann, Kanzler des Rückzugs, in: Die Zeit, 12. Februar 2004

696 Ebenda

697 dpa-Meldung, 21. März 2004; siehe auch: Peter Dausend, Hoffnung im Jammertal, in: Die Welt, 22. März 2004

698 Peter Dausend, Hoffnung im Jammertal, in: Die Welt, 22. März 2004

699 Ebenda

700 Redemanuskript Gerhard Schröder, Sonderparteitag der SPD, 21. März 2004

701 Axel Vornbäumen, Zeit für Pathos, in: Frankfurter Rundschau, 22. März 2004

702 Interview mit Erhard Eppler, »Müntefering muss Gerhard Schröder widersprechen«, in: die tageszeitung, 11. Februar 2004

703 Bernd Ulrich, Synchronschwimmer im Kanzlerpool, in: Die Zeit, 12. Februar 2004

704 Zitiert nach Andrea Hoiden-Borchers, Der rote Papst, in: Der Stern, 12. Februar 2004

705 Franz Müntefering (mit Tissy Bruns), Macht Politik!, a.a.O., S. 121

706 Siehe hierzu: Gunter Hofmann, Der Ruck, in: Die Zeit, 20. März 2003

707 Interview des Verfassers mit Rudolf Dreßler, 28. Februar 2008

708 Interview mit Gerhard Schröder (»Ich hätte ihn gern zum Freund«), in: Der Tagesspiegel, 21. März 2004

709 Interviewpartner seitens des Tagesspiegel waren: Christoph Amend, Stephan-Andreas Casdorff, Peter Siebenmorgen, Jana Simon.

710 Christoph Schwennicke, Der Oberorganisator, in: Süddeutsche Zeitung, 7. Februar 2004

711 Interview des Verfassers mit Klaus Uwe Benneter, 23. April 2008

712 Benneter hatte sich zuvor als Vorsitzender des sogenannten »Lügenausschusses« des Deutschen Bundestages einen Namen gemacht. In den Berliner Medien wurde er als »sinnenfreudiger Pragmatiker« bezeichnet (Brigitte Grunert, Der Mann des Kanzlers, in: Der Tagesspiegel, 9. Februar 2004) – als Mann aus Steinstücken, der Stadtrat in Zehlendorf, Landeskassierer, stellvertretender Landesvorsitzender der SPD und einst noch die Stimme der Linken war (Matthias T. Meisner, Die SPD kommt nicht zur Ruhe, in: Der Tagesspiegel, 9. Februar 2004).

713 Zitate aus: Günter Bannas, Die Überraschung, in: Frankfurter Allgemeine Zeitung, 23. Mai 2005; Nico Fried/Jens Schneider/Peter Blechschmidt/Robert Roszmann, Der Coup des Verlierers, in: Süddeutsche Zeitung, 23. Mai 2005

714 Die Wahlen in Schleswig-Holstein am 20. Februar 2005 bestätigten den Niedergang der Sozialdemokratie in den Ländern. Statt 43,1 Prozent wie noch im Jahre 2002 fuhr Heide Simonis nur noch 38,7 Prozent ein, Peter Harry Carstensen (CDU) erzielte 40,2 Prozent. Da die FDP (6,6 Prozent), die Grünen (6,2 Prozent) und der Südschleswigsche Wählerverband (3,6 Prozent; er ist jedoch von der Fünf-Prozent-Klausel befreit) keine Mehrheit für eine der bei-

den Parteien ermöglichen konnten, kam es unter der Führung von Carstensen zu einer Großen Koalition. Zudem waren 2004 bei den Kommunalwahlen in Nordrhein-Westfalen der SPD Tausende von Mandaten abhanden gekommen, viele Ratsherren und -frauen mussten für die Politik Schröders büßen. Eine ganze Reihe von ihnen zog sich verbittert aus der Politik zurück.

715 Zitiert nach: dpa-Meldung, 22. Mai 2005
716 Interview mit Franz Müntefering (»Kleinkarierter Mist«), in: Die Zeit, 19. Oktober 2006
717 Aus den Notizen eines Teilnehmers
718 Interview des Verfassers mit Manfred Güllner, 15. April 2008
719 Interview des Verfassers mit Wolfgang Clement, 7. April 2008
720 Jürgen Leinemann, Schröder plus X, in: Der Spiegel, 5. September 2005
721 Interview mit Rolf Stöckel (»Es gibt viele bei uns, die sauer sind«), in: Saarbrücker Zeitung, 28. Mai 2005
722 Zitiert nach: Thomas Seim, NRW-Abgeordnete sauer über Münteferings Alleingang, in: Rheinische Post, 27. Mai 2005
723 Interview des Verfassers mit Joschka Fischer, 1. Juli 2008
724 Ebenda
725 Ebenda
726 Ebenda
727 Zitiert nach Matthias Geis/Bernd Ulrich, Rien ne va plus, in: Die Zeit, 25. Mai 2005
728 Günter Bannas, Die Überraschung, in: Frankfurter Allgemeine Zeitung, 23. Mai 2005
729 Westdeutsche Allgemeine Zeitung, 30. Mai 2005 (»Köhler von Neuwahl-Idee überrascht«)
730 Plenarprotokoll, 185. Sitzung, Deutscher Bundestag, 15. Wahlperiode, 1. Juli 2005, Plenarprotokoll 15/185, S. 17 465
731 Ebenda, S. 17 467
732 Ebenda, S. 17 467
733 Ebenda, S. 17 477
734 Ebenda, S. 17 483
735 Siehe ausführlich hierzu: Gerd Langguth, Horst Köhler, München 2007, S. 281 ff.
736 Interview mit Gerhard Schröder (»Für mich gibt es keine Rückkehr«), in: Der Spiegel, 23. Oktober 2006. Als der ›Spiegel‹ darauf beharrte, dass das Wort »Erpressungspotential« gefallen ist, antwortete Schröder: »Aber Sie wissen nicht von mir; darauf lege ich schon Wert.«
737 Interview mit Gerhard Schröder (»Für mich gibt es keine Rückkehr«), in: Der Spiegel, 23. Oktober 2006
738 Ebenda
739 Ansprache von Bundespräsident Horst Köhler über Hörfunk und Fernsehen zu seiner Entscheidung über die Auflösung des 15. Deutschen Bundestages und

zu Neuwahlen für den 18. September am 21. Juli 2005, in: Bulletin der Bundesregierung, Nr. 65–1 vom 21. Juli 2005; siehe auch: Die Fernsehansprache des Bundespräsidenten, in: Frankfurter Allgemeine Zeitung, 23. Juli 2005

740 Interview des Verfassers mit Ottmar Schreiner, 27. August 2008

741 Peter Blechschmidt, Merkel: Ich will Deutschland dienen, in: Süddeutsche Zeitung, 31. Mai 2005

742 Interview mit Angela Merkel (»Vor uns liegt sehr, sehr harte Arbeit!«), in: Bild-Zeitung, 31. Mai 2005

743 dpa-Meldung, 10. Juni 2005

744 Bernd Ulrich, Kann die das?, in: Die Zeit, 8. September 2005

745 Der frühere RTL- und n-tv-Chefkorrespondent in Berlin, Gerhard Hofmann, vertritt allerdings die These, viele teils angesehene Journalisten seien von der Bank der Beobachter auf die Seite der Handelnden gewechselt: Gerhard Hofmann, Die Verschwörung der Journaille zu Berlin, Bonn 2007

746 Die Stationen des Wahlkampfs – Union im Umfragehoch: Absolute Mehrheit im Blick, in: Handelsblatt, 16. September 2005

747 Siehe hierzu im Folgenden: Gerd Langguth, Angela Merkel – Aufstieg zur Macht, München 2007, S. 305 ff.

748 Interview mit Paul Kirchhoff (»Der Generationenvertrag braucht eine neue Basis«), in: Süddeutsche Zeitung, 31. August 2005

749 Zitiert nach: Andreas Hoffmann/Jens Schneider, Kirchhoffs Rentenpläne stoßen auf Widerstand, in: Süddeutsche Zeitung, 1. September 2005

750 Interview mit Paul Kirchhoff (»25 Prozent Steuern für alle. Das ist die Obergrenze«), in: Frankfurter Allgemeine Sonntagszeitung, 21. August 2005

751 Infratest Dimap, nach: Die Reaktion der Wähler, in: Handelsblatt 16. September 2005

752 Zitiert nach: Günter Bannas, Sozialdemokratische Rechenspiele, in: Frankfurter Allgemeine Zeitung, 20. September 2005

753 Siehe zum Ablauf: Lutz Hachmeister, Nervöse Zone. Politik und Journalismus in der Berliner Republik, München 2007, S. 91 ff.

754 Philipp Gessler, Was ist von diesem Mann zu halten?, in: Die Tageszeitung, 20. September 2005 (eine andere Sichtweise vertrat in derselben Zeitung Martin Reichert).

755 Richard Meng, Pokern um die Macht, in: Frankfurter Rundschau, 20. September 2005

756 Zitiert nach Nicole Diekmann/Ulrike Simon, Opfer der Medienmacht?, in: Der Tagesspiegel, 20. September 2005

757 Hans Werner Kilz, Maggie Merkel, in: Süddeutsche Zeitung, 17. September 2005

758 Interview des Verfassers mit Christoph Schwennicke, 1. Juli 2008; den Begriff »Kommentariat« entlehnte er, wie er mitteilte, der Lektüre des britischen ›Guardian‹.

759 Interview des Verfassers mit Manfred Bissinger, 30. Juni 2008

760 Siehe hierzu und im Folgenden: Joachim Huber, »Frau Bundeskanzlerin«, in: Der Tagesspiegel, 21. September 2005

761 Interview des Verfassers mit Manfred Bissinger, 30. Juni 2008

762 Interview des Verfassers mit Béla Anda, 14. April 2008

763 Ebenda

764 Zitiert nach Markus Brauck, Schröders Welt, in: Frankfurter Rundschau, 20. September 2005

765 Brender dazu: »Der Bundeskanzler hat eine Amtsrolle. In dieser Amtsrolle hat er das Recht, mit Engagement, auch Heftigkeit zu widersprechen und Antworten zu geben. Die Antworten aber, die er gab, sollten provozieren und packten die Ehre der Journalisten an. Da sich einfach zu ducken und klein beizugeben, hätte dem Rollenverständnis eines Journalisten nicht entsprochen. Und: Schröder hat sich in manchen Phasen der Sendung nicht wie ein Bundeskanzler benommen.« Interview mit Nikolaus Brender (»Schröder war in Trance«), in: Der Tagesspiegel, 22. September 2005

766 Interview mit Nikolaus Brender (»Wer störend im Weg stand, hat es halt abgekriegt«), in: Die Welt, 20. September 2005

767 Handelsblatt, 20. September 2005

768 SPD-Presseservice, Franz Müntefering gratuliert Gerhard Schröder, 27. Oktober 2008

769 Siehe hierzu: Helmut Schmidt, Unsere Rentensünden, in: Die Zeit, 4. August 2005

770 Hans Werner Kilz, Maggie Merkel, in: Süddeutsche Zeitung, 17. September 2005

771 Interview des Verfassers mit Klaus Wirtgen, 29. Juli 2008

772 Interview des Verfassers mit Michael Naumann, 18. November 2008

773 Interview mit Gerhard Schröder (»Schröder: 10 Jahr Kanzler sind genug!«), in: Bild am Sonntag, 26. Dezember 1999

774 www.thealbrightgroupllc.com/Who_We_Are.htm

775 Pikanter Job, in: Der Spiegel, 29. September 2008

776 Evelyn Roll, Mächtig viel Freiheit, Süddeutsche Zeitung, 25. Oktober 2008

777 Interview mit Gerhard Schröder (»Für mich gibt es keine Rückkehr«), in: Der Spiegel, 23. Oktober 2006

778 Siehe ausführlich hierzu: Gerd Langguth, Kanzler in eigener Mission, in: Vanity Fair, Nr. 36, 28. August 2008

779 Siehe hierzu ausführlich: Adam Holesch/Axel Birkenkämper, Von Kaczyński zu Tusk. Eine deutsch-polnische Tragödie?, Bonn 2008

780 Frankfurter Allgemeine Zeitung, 16. Januar 2009

781 Interview mit Michael Ringier (»Ihr überschätzt uns«), in: Der Spiegel, 16. Juli 2007

782 www.harrywalker.com

783 www.harrywalker.com/ovations_template.cfm?Spea_ID=880

784 Interview des Verfassers mit Stefan Aust, 22. Juli 2008

785 Interview mit Gerhard Schröder (»Für mich gibt es keine Rückkehr«), in: Der
     Spiegel, 23. Oktober 2006

786 Ebenda

787 Ebenda

788 Siehe hierzu: Frank Nienhuysen, Schröders russische Rede. Ex-Kanzler wirbt
     auf Jalta-Konferenz für enge Beziehungen zu Moskau – in der Ukraine hört
     man das nicht gerne, in: Süddeutsche Zeitung, 3. Juli 2007

789 Jedem Bundeskanzler steht auch nach seinem Ausscheiden aus dem Amt ein
     Büro zur Verfügung, das den Steuerzahler mehrere 100 000 Euro kosten dürfte.
     Insgesamt sind im Haushaltsplan dafür (neben Schröder) sechs Stellen inklu-
     sive Chefkraftfahrer ausgewiesen. Seine frühere Sekretärin Marianne Duden
     und seine Büroleiterin Sigrid Krampitz arbeiten in diesem Büro genauso wie
     Albrecht Funk als wissenschaftlicher Mitarbeiter. Es ist sicherlich grundsätz-
     lich sinnvoll, dass ein ehemaliger Regierungschef ein Büro gestellt bekommt,
     weil er weitreichende Aufgaben im Sinne der Demokratiepflege zu leisten hat.
     Die Frage, ob ein solches Büro aus Steuerzahlersicht allerdings noch verant-
     wortbar ist, wenn ein ehemaliger Bundeskanzler ein enormes Zusatzeinkom-
     men bezieht, sei dahingestellt.

790 Antworten auf das Interview von Herlinde Koelbl, Spuren der Macht, Mün-
     chen 2002, S. 390

IV. Angela Merkel – die Macht der Sphinx

1 Ausführlich wird das Verhältnis von Horst Kasner zum DDR-Sozialismus beschrieben in: Gerd Langguth, Angela Merkel – Aufstieg zur Macht, München
   2007, S. 25 ff.

2 Im Interview des Verfassers antwortete Angela Merkel auf die Frage »Haben Sie
   gehadert, im Osten Deutschlands gelebt zu haben? Sie sind ja in Westdeutschland geboren.«: »Ich habe mich viel damit auseinandergesetzt, allein schon,
   weil meine Mutter oft mit mir darüber gesprochen hat. Und es war dann so,
   dass jährlich meine Cousinen mit meiner Tante kamen, also mit der Schwester
   meiner Mutter. Ich habe die Sommerferien immer zum Vergleich genutzt und
   geschaut, ob Kinder im Westen glücklicher sind als im Osten. Ich bin für mich
   eigentlich zu einer befriedigenden Bilanz gekommen. Deren Eltern haben auch
   mal geschimpft und waren auch mal nervenschwach. Die Kinder hatten zwar
   Sachen, die ich nicht hatte, aber wir hatten Wälder und Seen – und sie haben
   sich bei uns immer sehr wohlgefühlt. Unter dem Strich, aus der Kinderpers-
   pektive: Ich bin nicht verhärmt zurückgeblieben, sondern habe mir gedacht,
   du hast es eigentlich auch gut. Ich glaube, dass das heute noch ein Punkt ist,
   der mir auch ein gutes Selbstbewusstsein gibt. Nicht irgendwie dauernd darüber zu spekulieren, was mir alles verloren gegangen ist, sondern eigentlich
   froh zu sein, auch unter schwierigen Bedingungen.« (Interview des Verfassers

mit Angela Merkel, 25. Februar 2005; das Interview ist erschienen in der ersten Auflage des Buches: Gerd Langguth, Angela Merkel, München 2005, S. 329 ff., hier: S. 330; im Internet ist das Interview abrufbar unter: www.gerd-langguth. de).

3 Dieses Zitat bestätigte Angela Merkel in einem Interview mit dem Stern (»Das Leben ist erbarmungslos – es deformiert«), in: Der Stern, Nr. 30/2000, S. 46

4 Charima Reinhardt, Streiten will die Ministerin schon, aber auf die sanfte Tour, in: Frankfurter Rundschau, 13. April 1991

5 Kürschners Volkshandbuch, Deutscher Bundestag, 15. Wahlperiode, Stand 15. Januar 2003, Rheinbreitbach 2003, S. 172

6 Sie war Mitglied der Partei des »Demokratischen Aufbruchs«, in dessen Vorstand sie auch gelangte und der faktisch mit der Bundes-CDU verschmolz. In jenen Wendezeiten wurden die formalen Kriterien nicht immer sehr ernst genommen.

7 Telefonische Auskunft von Beate Baumann, 24. März 2005 (siehe auch www. gerd-langguth.de/interview_angela_merkel)

8 Protokoll des 1. Parteitags der Christlich-Demokratischen Union Deutschlands, Hamburg, 1.–2. Oktober 1990, S. 62

9 Elke Hagenau, Wer grüßt mich denn später noch?, in: Märkische Oder-Zeitung, 2. Dezember 1992

10 Siehe hierzu: Gerd Langguth, Angela Merkel – Aufstieg zur Macht, München 2007, S. 65

11 Siehe alle weiteren Daten zur Biografie Angela Merkels in: Gerd Langguth, Angela Merkel – Aufstieg zur Macht, Biografie, München 2007

12 Interview des Verfassers mit Angela Merkel, 25. Februar 2005 (Das Interview ist erschienen in der ersten Auflage des Buches: Gerd Langguth. Angela Merkel, München 2005, S. 329 ff., hier: S. 330; im Internet ist das Interview abrufbar unter: www.gerd-langguth.de)

13 Manuskript der auf dem Bundesparteitag am 6. Dezember 2004 gehaltenen und verteilten Rede (»Bericht der Vorsitzenden der CDU Deutschlands und der Vorsitzenden der CDU/CSU-Fraktion im Deutschen Bundestag«), S. 23

14 Interview des Verfassers mit Angela Merkel, a. a. O.

15 Franziska Reich, »Graue Maus« kommt ganz groß raus, in: Der Stern, 26. September 2002

16 Angela Merkel, Mein Weg. Angela Merkel im Gespräch mit Hugo Müller-Vogg (zitiert: »Angela Merkel«), Hamburg 2004, S. 43 f.

17 So ihr Klassenkamerad Bodo Ihrke, zitiert nach Peter Gärtner, Sie war mit Abstand die Beste, in: Deutsches Allgemeines Sonntagsblatt, 7. April 2000

18 Zitiert nach: Ulrike Hofsähs, Angela war schon immer ein ehrlicher Typ, Templin erinnert sich, dpa, 11. April 2000

19 Interview des Verfassers mit Siegfried Kinzel, 14. September 2004

20 Ebenda

21 Interview des Verfassers mit Wolf Donath, 29. Oktober 2004

22 Klassentreffen – Angela Merkel, vom 20. Juni 1992, Zweites Deutsches Fernsehen

23 Manuskript der auf dem Bundesparteitag am 6. Dezember 2004 in Düsseldorf gehaltenen und verteilten Rede (»Bericht der Vorsitzenden der CDU Deutschlands und der Vorsitzenden der CDU/CSU-Fraktion im Deutschen Bundestag«), S. 23 f.

24 Siehe hierzu: Langguth, Biografie Angela Merkel, a. a. O., S. 64 ff.

25 Ehrhard Neubert, Geschichte der Opposition in der DDR 1949–1989, Berlin 2000, S. 679

26 Ebenda, S. 174

27 Siehe hierzu: These 3, Gerd Langguth, Angela Merkel, a. a. O. S. 396 ff.

28 Angela Merkel, a. a. O., S. 55

29 Interview des Verfassers mit Angela Merkel, a. a. O.

30 Interview des Verfassers mit Angela Merkel, a. a. O.

31 Angela Merkel: »Ich habe das Angebot einer Vertrauensstudentin damals nicht angenommen, weil unser Studium relativ anspruchsvoll war, also nicht, weil ich nicht wollte. Ich hatte noch ›Nebenbetätigungen‹ in unserer Seminargruppe. Wir haben immer Disco gemacht. Die männlichen Kommilitonen haben selber ihre Verstärker und Anlagen aufgebaut und ich habe da als ›Bardame‹ mitgemacht. Man konnte sich nur eine gewisse Zahl von Nebenbeschäftigungen erlauben – und Vertrauensstudentin zu sein, hätte mich mindestens ein Semester sehr gebunden, was mit dem Physikstudium für mich nicht so einfach zu vereinbaren war. Die ESG war ein Ort des geistigen Austausches und Auftankens. Das Studium war bei uns sehr fakultäts- oder wie es damals hieß – sektionsbezogen. Diese Sektionsbezogenheit hat mich im Grunde allenfalls mit Leuten zusammengebracht, die noch im gleichen Studentenwohnheim wohnten. Für mich war die Studentengemeinde eine gute Möglichkeit, beispielsweise mit Theologiestudenten oder Geschichtsstudenten zu sprechen, natürlich dort auch Vorträge zu hören oder zu diskutieren. Allerdings wurden die gelegentlich prägenden Diskussionen dort wiederum nur in den kleineren Gruppen geführt und nicht vor hundert Mann. Da waren natürlich immer hinreichend viele Spitzel dabei. Aber es war eine sehr angenehme Atmosphäre, eine andere Atmosphäre als in der Sektion. Ich habe ab und zu an Wochenendtagungen teilgenommen, so wie ich es von zuhause oder auch von der Jungen Gemeinde her kannte.« (Interview des Verfassers mit Angela Merkel, a. a. O.)

32 Interview des Verfassers mit Angela Merkel, a. a. O.

33 Ulrich Merkel, Interview mit dem Focus, 5. Juli 2004

34 Interview des Verfassers mit Angela Merkel, a. a. O.

35 Siehe: Gerd Langguth, Angela Merkel – Aufstieg zur Macht, a. a. O., S. 94 f.

36 Angela Merkel, a. a. O., S. 59

37 Ebenda, S. 61

38 Siehe auch: Christoph Seils, Ich war gerne in der FDJ, in: Cicero 12/2004, S. 72 f.

39 Interview des Verfassers mit Hans-Jörg Osten, 15. September 2004

40 Angela Merkel, a. a. O., S. 60

41 Wolfgang Stock, a. a. O., S. 49

42 Siehe auch: Christoph Seils, Ich war gerne in der FDJ, in: Cicero 12/2004

43 Interview des Verfassers mit Ralf Der, 26. Oktober 2004

44 Interview des Verfassers mit Angela Merkel, a. a. O.

45 Siehe: Gerd Langguth, Angela Merkel, a. a. O., S. 55 ff.

46 Angela Merkel, a. a. O., S. 59

47 Interview des Verfassers mit Angela Merkel, a. a. O.

48 Gerd Langguth, Angela Merkel, a. a. O., S. 105

49 Später war er Theaterintendant in Basel, Generaldirektor der Opernstiftung in Berlin und ist heute Kulturdirektor in Dubai.

50 Michael Schindhelm, Sie schätzte Richard von Weizsäcker, für die CDU interessierte sie sich nicht, in: Vanity Fair, 13/2007, S. 87

51 Interview des Verfassers mit Angela Merkel, a. a. O.

52 Interview des Verfassers mit Angela Merkel, a. a. O.

53 Heute ist Nooke Menschenrechtsbeauftragter der Bundesregierung.

54 Erst später konnte sie sich SPD nennen, was nicht nur eine Hinwendung zur westdeutschen Sozialdemokratie verdeutlichte, sondern auch den Schwenk der westdeutschen SPD, die sich am Anfang der Wende aufgrund ihrer privilegierten Gesprächsbeziehungen mit der SED schwertat, eine mit der SED konkurrierende SPD-Organisation in den neuen Ländern aufzubauen.

55 Angela Merkel, a. a. O., S. 77

56 Mitteilung von Klaus Ulbricht an den Verfasser, 5. Januar 2005

57 Interview des Verfassers mit Klaus Ulbricht, 9. September 2004

58 Interview des Verfassers mit Angela Merkel, a. a. O.

59 Interview des Verfassers mit Angela Merkel, a. a. O.

60 Wolfgang Stock, Angela Merkel, Eine politische Biografie, München 2000, S. 24

61 Interview des Verfassers mit Angela Merkel, a. a. O.

62 Ein solches Dokument liegt auch nicht im Archiv für christlich-demokratische Politik der Konrad-Adenauer-Stiftung, wo Teile des schriftlichen DA-Nachlasses lagern (Auskunft von Manfred Agethen).

63 An der Spitze der SDP stand ebenfalls ein Stasi-Agent: Ibrahim Böhme.

64 Interview des Verfassers mit Angela Merkel, a. a. O.

65 Interview des Verfassers mit Claus Detjen, 4. September 2004

66 Ebenda

67 Angela Merkel, a. a. O., S. 79

68 Interview des Verfassers mit Wolfgang Schnur, 19. Januar 2005

69 Interview des Verfassers mit Stefan Schwarz, 26. August 2004

70 Vertrag zwischen der Bundesrepublik Deutschland und der Deutschen Demokratischen Republik über die Herstellung der Einheit Deutschlands – Einigungsvertrag – vom 31. August 1990 (BGBl). II, S. 889

71 Protokoll der Hauptausschusssitzung des DA vom 31. August 1990

72 Interview des Verfassers mit Hans Geisler, 21. Dezember 2004

73 Angela Merkel, a. a. O., S. 85

74 Interview des Verfasser mit Herbert Schmülling, seinerzeit Amtschef des Bundespresse- und Informationsamtes der Bundesregierung, 31. März 2005

75 Interview des Verfassers mit Detlev Ahlers, heute stellvertretender Chefredakteur der Südwest Presse Ulm, 19. November 2004

76 Angela Merkel, a. a. O., S. 86

77 Angela Merkel, a. a. O., S. 88

78 Burkhard von Pappenheim, Überzeugt davon, dass Jammern einfach »nischt« hilft, in: Stuttgarter Zeitung, 9. September 1991

79 Günter Bannas, Die Jüngste in Kohls Kabinett raucht noch in der Öffentlichkeit, in: Frankfurter Allgemeine Zeitung, 3. April 1991

80 Angela Merkel, a. a. O., S. 86 f.

81 Monika Zimmermann, Die brauchen so etwas wie mich, in: Neue Zeit, 13. September 1991

82 Frankfurter Rundschau, 19. November 1991

83 dpa-Meldung, 23. November 1991

84 Karl Feldmeyer, Der CDU-Vorsitzende schweigt, in: Frankfurter Allgemeine Zeitung, 17. März 1992 (die Bezeichnung »Gesundheit« war falsch; Merkel war für Frauen und Jugend zuständig).

85 dpa-Meldung, 16. Mai 1993

86 Jürgen Leinemann, »Ich muß härter werden«, in: Der Spiegel, 3. Januar 1994.

87 Zit. nach Matthias Geyer, Angela rennt, in: Der Spiegel, 4. November 2002

88 Die Welt, 19. Mai 1995

89 Angela Merkel, a. a. O., S. 97

90 Er wurde verdächtigt, 1991 von dem kurz zuvor in Kanada festgenommenen Lobbyisten Karlheinz Schreiber eine Million Mark als Schmiergeld erhalten und nicht versteuert zu haben. Das Geld soll im Zusammenhang mit Panzerlieferungen nach Saudi-Arabien und Airbus-Geschäften geflossen sein. Auch gegen andere Personen wurde ermittelt, so gegen Thyssen-Manager und gegen Holger Pfahls, einen zeitweilig untergetauchten Verfassungsschutzchef und Staatssekretär im Verteidigungsministerium. Näheres siehe: Kapitel II über Helmut Kohl in diesem Buch

91 dpa-Meldung, 26. November 1999

92 ZDF-Sendung »Was nun, Herr Kohl«, 16. Dezember 1999

93 Frankfurter Allgemeine Zeitung, 22. Dezember 2002

94 Interview des Verfassers mit Angela Merkel, a. a. O.

95 Wolfgang Schäuble, Mitten im Leben, a. a. O., S. 212

96 Helmut Kohl, Mein Tagebuch, a. a. O., S. 146

97 dpa-Meldung, 11. Januar 2000

98 Frankfurter Rundschau, 7. Februar 2000

99 Interview mit Wolfgang Schäuble, Phoenix, 7. April 2000

100 dpa-Meldung, Rücktrittserklärung Wolfgang Schäubles, 16. Februar 2000

101 Der Spiegel, 10. Januar 2000

102 Frankfurter Allgemeine Zeitung, 11. April 2000

103 Angela Merkel, »Die von Helmut Kohl eingeräumten Vorgänge haben der Partei Schaden zugefügt«, a. a. O.

104 Biedenkopf sollte – so war die Überlegung – als ehrlicher Makler das inhaltliche und personelle Gebäude der Partei derart sanieren, dass nach einer Interimszeit von zwei Jahren eine neue Parteiführung geordnete Verhältnisse hätte übernehmen können. Doch Biedenkopf war nicht mehrheitsfähig. Aus ähnlichen Erwägungen heraus wurde auch der damalige thüringische Ministerpräsident Bernhard Vogel für den Parteivorsitz ins Gespräch gebracht. Diese Möglichkeit wäre vermutlich die Helmut Kohl genehmste Lösung gewesen. Vogel zeigte ebenfalls sein Einverständnis, musste aber erkennen, dass auch er nicht durchsetzbar war. Deshalb erklärte er in einem Interview: »Ich rate keinem, als Übergangsvorsitzender anzutreten.« (Süddeutsche Zeitung, 7. März 2000). Eine andere, Kohl genehme Lösung wäre die Kandidatur des nordrheinwestfälischen Landesvorsitzenden Jürgen Rüttgers gewesen. Hätte er sich ins Spiel gebracht, womöglich wäre Angela Merkel nicht auf die Idee verfallen, es auf einen Zweikampf mit einem anderen – zumal im Wahlkampf stehenden – Politiker ankommen zu lassen. Rüttgers wollte sich jedoch im Blick auf die bevorstehenden eigenen Landtagswahlen nicht in den innerparteilichen Kampf stürzen. Später musste er einsehen, dass die Regionalkonferenzen auch in seinem eigenen Landesverband Angela Merkel eine immer unverhohlenere Sympathie bescherten.

105 Der Stern, 17. Februar 2000

106 Karl Feldmeyer, Ein blasser Sekretär ist nicht mehr gefragt, in: Frankfurter Allgemeine Zeitung, 24. Oktober 2000

107 Diese Überlegungen kamen allerdings aus seinem Mund, bevor Joschka Fischers Straßenkämpferrolle in den siebziger Jahren breit diskutiert wurde. So musste Meyer umsteuern und fortan heftige Attacken gegen Fischer verkünden. Die in weiten Teilen seiner Partei mit Empörung aufgenommene Pressemeldung, er habe für ein entspannteres Verhältnis mit der PDS plädiert, wies er als Fehlmeldung zurück. Besonders ins Rampenlicht kam er, als ein »Fahndungsplakat« im Stil amerikanischer Polizeifotos veröffentlicht wurde, auf dem Bundeskanzler Schröder abgebildet war.

108 Hierfür musste Willi Hausmann öffentlich seine Verantwortung bekennen. Er hat sogar seinen Rücktritt angeboten. Was aber war passiert? Am 22. März 2001 traf ein Schreiben von Walther Leisler Kiep bei Hausmann ein, in dem der Ex-Schatzmeister bekannte, es würden sich »Vermutungen, dass über meine Konten Gelder geflossen sein könnten, die nicht mir, sondern wahrscheinlich der CDU zustehen«, verdichten (Die Welt, 4. Mai 2001). Dieses Politikum wurde offensichtlich von Angela Merkel unterschätzt. Denn alleine die Möglichkeit, dass es sich bei dem am 23. März auf dem CDU-Konto eingetroffenen Geld um

Beträge handeln könnte, deren Herkunft nicht eindeutig nachweisbar ist, hätte zu der Handlung führen müssen, das Geld allenfalls auf ein Treuhänderkonto überweisen zu lassen – bis zur Aufklärung der eigentlichen Quelle der Million. Von einer Reue in Kieps Schreiben an die CDU war nichts zu vernehmen. Seine einzige Begründung, warum er diese Gelder überweise, bestand darin, dass er auf Anraten seines Rechtsanwalts handele, da diese Million nicht ihm gehöre. Möglicherweise wollte Kiep berechtigten Schadensersatzansprüchen der CDU zuvorkommen. Nun hätten eigentlich alle Alarmglocken schrillen müssen. Doch nichts dergleichen geschah. Der CDU-Bundesvorstand erhielt eher beiläufig eine Mitteilung über die Kiep-Million. Auf einer Pressekonferenz des Generalsekretärs Laurenz Meyer am 20. März wurde dieses Thema immer noch verschwiegen; erst die ›Lausitzer Rundschau‹ berichtete am nächsten Tag von der Überweisung. Es folgte ein Dementi. Willi Hausmann übernahm dann später für diesen Vorgang die Verantwortung und erklärte, er hätte Merkel und Meyer leider nur »verkürzt« über die Kiep-Million aufgeklärt, nicht über deren Konsequenzen. Angela Merkel bekam dann folglich auch innerparteilich heftige Kritik zu spüren. Erst jetzt entschloss sie sich zur Einrichtung eines Sonderkontos.

109 Martin S. Lambeck, CDU-General Meyer kriegt Billigstrom, in: Bild am Sonntag, 12. Dezember 2004

110 Meyer war von 1975 bis 1999 beim Dortmunder Versorgungsunternehmen VEW, zuletzt als Hauptabteilungsleiter, beschäftigt gewesen. Die VEW wurde im Oktober 2000 vom Essener RWE-Konzern übernommen.

111 Martin S. Lambeck/Johannes Marten, Merkel entmachtet ihren General, in: Bild am Sonntag, 19. Dezember 2004

112 Siehe zum gesamten Sachverhalt: Merkel hält an Meyer fest, in: Frankfurter Allgemeine Zeitung, 21. Dezember 2004

113 Meyer fällt, Merkel strauchelt, in: Süddeutsche Zeitung, 23. Dezember 2004

114 Siehe hier ausführlicher: Gerd Langguth, Angela-Merkel-Biografie, a. a. O., S. 256 ff.

115 Die Zeit, 13. Juli 2000

116 Interview Stoibers mit dem Nachrichtensender N24; zitiert nach: dpa-Meldung, 18. November 2000

117 Heribert Prantl, Stoibers Ausweg heißt Schäuble, in: Süddeutsche Zeitung, 2. November 2001

118 Michael Inacker, Offener Machtkampf in der CDU, in: Frankfurter Allgemeine Sonntagszeitung, 9. Dezember 2001

119 Welt am Sonntag, 6. Januar 2002

120 Bericht der Vorsitzenden der CDU Dr. Angela Merkel, Manuskript, Bundesparteitag der CDU, 16. bis 18. Juni 2002, S. 29; vgl. Tom Levine, Die Krönungsmesse, in: Berliner Zeitung, 19. Juni 2002

121 Stephan Löwenstein, Wieder in der Familie, in: Frankfurter Allgemeine Zeitung, 18. Juni 2002

122 Karl Feldmeyer, Etappe auf dem Weg nach oben, in: Frankfurter Allgemeine Zeitung, 12. November 2002

123 Angela Merkel, Quo vadis Deutschland? Gedanken zum 13. Jahrestag der Deutschen Einheit, 1. Oktober 2003

124 dpa-Meldung, 5. Dezember 2003

125 Siehe hierzu: Gerd Langguth, Horst Köhler – Biografie, a. a. O. S. 202 ff.

126 Bunte, 24. Februar 2004

127 Das genaue prozedurale Verfahren ist nachzulesen in: Gerd Langguth, Horst Köhler – Biografie, a. a. O., S. 201 ff.

128 Heribert Prantl, Angela Machiavelli, in: Süddeutsche Zeitung, 5. März 2004

129 Interview mit Wolfgang Schäuble (»Ein verlorenes Jahr«), in: Der Spiegel, 6. Dezember 2004

130 Ebenda

131 Günther Krauses Überlegung, für die PKW-Benutzung der Bundesautobahnen flächendeckend Gebühren zu erheben, wurde von Kohl als abwegig empfunden. In einem Land, so Kohl, in dem gerade in den Ballungszentren auch viele Berufspendler die Autobahn benutzen müssen, hätte die Umsetzung einer solchen Idee zu einem Aufstand geführt. Kohl nannte als Beispiel einen Arbeitsplatz wie bei der BASF in Ludwigshafen.

132 Gerhard Reuter, Richtlinie oder Lebenswirklichkeit – Gegenwind für Merkel, in: dpa-Meldung, 11. Oktober 2005

133 Platzeck soll neuer SPD-Vorsitzender werden, in: Frankfurter Allgemeine Zeitung, 2. November 2005; siehe auch: Hartmut Kühne, Untreue Genossin, in: Rheinischer Merkur, 3. November 2005

134 Siehe hierzu: Zeitschrift für Parlamentsfragen, Nr. 3/September 2006, Tabelle 7, S. 477

135 Ein sehr instruktiver Vergleich der beiden Großen Koalitionen und der jeweiligen Bundeskanzler ist nachzulesen bei: Karlheinz Niclauß, Kiesinger und Merkel in der Großen Koalition, in: Aus Politik und Zeitgeschichte/16/2008, 14. April 2008, S. 3 ff.

136 Vgl. die Biografie von Philipp Gassert, Kurt Georg Kiesinger 1904–1988. Kanzler zwischen den Zeiten, München 2006

137 Siehe: Kapitel III: Vierter Akt: Vorgezogene Wahlen als Einstieg in den Ausstieg, in diesem Buch

138 Aus den Notizen eines Teilnehmers

139 Interview mit Renate Schmidt (»Da rasten zwei Züge aufeinander zu«), in: Frankfurter Allgemeine Sonntagszeitung, 6. November 2005

140 Ansgar Graw, Merkel wollte Huber als Kanzleramtsminister, in: Die Welt, 20. Oktober 2005

141 Oettinger wurde dann am 11. Dezember auf einem außerordentlichen Parteitag als Ministerpräsident und Spitzenkandidat für die Landtagswahl 2006 nominiert.

142 Interview mit Jürgen Rüttgers, Morgenecho, WDR 5, 12. Oktober 2005

143 Siehe hierzu auch: Detlev Hüwel, Rüttgers: Große Koalition hat eine Chance verdient, in: Rheinische Post, 22. November 2005

144 Krumrey, der inzwischen wieder für das ›Handelsblatt‹ schreibt, wurde dann vom Haussicherheitsdienst erkannt und sanft aus dem Haus gewiesen (Telefonat mit Henning Krumrey, 25. April 2007).

145 Siehe: Henning Krumrey, Aller Anfang ist leer, in: Focus Nr. 48, 28. November 2005

146 Zit. nach Welt online, 19. Mai 2008

147 Jan Fleischhauer, Merkels Genosse, in: Der Spiegel, 26. Mai 2008

148 Siehe hierzu: Gerd Langguth, Angela Merkel, a.a.O., S. 298 ff.

149 Interview mit Angela Merkel (»Es darf keine blinden Flecken mehr geben«), in: Süddeutsche Zeitung, 14. November 2008

150 Peer Steinbrück/Roland Koch, Wir müssen die Reformfähigkeit des Staates erhalten, in: Süddeutsche Zeitung, 3. September 2008

151 Stand: November 2008

152 Interview mit Michael Glos (»Jetzt ist der Wirtschaftsminister gefordert!«), in: Bild-Zeitung, 19. November 2008

153 P. Müller, Wenn spät, dann richtig, in: Handelsblatt, 20. November 2008

154 Deutscher Bundestag, Stenografischer Bericht, 185. Sitzung, Plenarprotokoll 15/185, 1. Juli 2005

155 Welt am Sonntag, 31. Dezember 2000

156 Siehe: Tabelle 1, Informelles Koalitionsmanagement in der Bundesrepublik Deutschland; Wolfgang Rudzio, Das Koalitionsmanagement der Regierung Merkel, in: Aus Politik und Zeitgeschichte, Bd. 16/2008, 14. April 2008, S. 12

157 Siehe hierzu: Timot Szent-Ivanyi/Daniela Vates/Regine Zylka, Merkel setzt auf falschen Banker, in: Berliner Zeitung, 16. Oktober 2008; Kurt Doemens, Merkels Berater fällt durch, in: Frankfurter Rundschau, 16. Oktober 2008; Donata Riedel, Merkels unangenehmer Schnellschuss, in: Das Handelsblatt, 16. Oktober 2008

158 Zitiert nach: Horand Knaup, Schnauzen, Brüllen, Drohen, in: Der Spiegel, 5. Februar 2007

159 Dirk Kurbjuweit, Die Zuckerbäckerin, in: Der Spiegel, 21. April 2008

160 Elke Hagenau, Wer grüßt mich denn später noch?, in: Märkische Oderzeitung, 2. Dezember 1992

161 Siehe hierzu: These 2 in der Biografie Gerd Langguth, Angela Merkel, a.a.O., S. 393 ff.

162 Franz Müntefering, Macht Politik, a.a.O., S. 13

163 Siehe: Interview mit Angela Merkel (»Sollen wir uns umdrehen und wegrennen?«), in: Frankfurter Allgemeine Zeitung, 24. November 2006

164 Jürgen Zurheide, Ein bisschen Rau, ein bisschen Kohl, in: General-Anzeiger Bonn, 24. November 2006

165 Franz Müntefering (mit Tissy Bruns), Macht Politik!, a.a.O, S. 10

166 Ebenda, S. 11

167 Ebenda

168 Ebenda, S. 10

169 Merkel rügt Rentenpolitik ihrer Regierung, in: Frankfurter Allgemeine Zeitung, 9. April 2008

170 Peter Dausend, Rentner an die Macht, in: Die Zeit, 10. April 2008

171 Mariam Lau, Merkels ordnungspolitische Sünden, in: Die Welt, 10. April 2008

172 Siehe: Gerd Langguth, Angela Merkel, a. a. O., S. 374 ff.

173 Mitschrift, Pressekonferenz mit Bundeskanzlerin Merkel und Präsident Putin am 16. Januar 2006 in Moskau; siehe ferner: Merkel will in Moskau auch über Tschetschenien sprechen, in: Frankfurter Allgemeine Zeitung, 16. Januar 2006

174 Siehe hierzu: Berthold Kohler, Die Außenkanzlerin, in: Frankfurter Allgemeine Sonntagszeitung, 11. November 2007

175 Christoph Schwennicke, »Det is keen Bild hier!«, in: Der Spiegel, 16. Juni 2008

176 Siehe: Karl Doemens, Von Bulldozern und Dummkopfs, in: Frankfurter Rundschau, 29. August 2008; Merkel bleibt die mächtigste Frau der Welt, in: Die Welt, 29. August 2008

177 Siehe hierzu: Eckart Lohse, Wie Angela Merkel Staat macht, in: Frankfurter Allgemeine Sonntagszeitung, 12. Oktober 2008

178 Bund garantiert für alle privaten Sparguthaben, in: Süddeutsche Zeitung, 6. Oktober 2008

179 Zitiert nach Eckhard Lohse, Wie Angela Merkel Staat macht, in: Frankfurter Allgemeine Sonntagszeitung, 12. Oktober 2008

180 Ebenda

181 Nico Fried, Mit Macht in der Bewährungsprobe, in: Süddeutsche Zeitung, 11. Oktober 2008

182 Zitiert nach: Ralf Beste/Markus Feldenkirchen/Alexander Szandar, Zwang zur Eintracht, in: Der Spiegel, 18. August 2008

183 Siehe hierzu: Stefan Kornelius, Super-Sarko und der Rest der Welt, in: Süddeutsche Zeitung, 20. Oktober 2008

184 Zitiert nach: Merkel: schwerste Bewährungsprobe seit den zwanziger Jahren, in: Frankfurter Allgemeine Zeitung, 16. Oktober 2008

185 Zitiert nach: Der Spiegel, 30 Juni 2008

186 Wulf Schmiese, Merkel, die Freiheitsstatue, in: Frankfurter Allgemeine Zeitung, 20. Februar 2009; siehe auch: Nils Minkmar, Ein historischer Moment, in: Frankfurter Allgemeine Zeitung, 22. Februar 2009

187 http://www.bundesregierung.de/Content/DE/Rede/2009/02/2009-02-19-rede-merkel-ehrendoktorwuerde.html

188 Antworten auf das Interview von Herlinde Koelbl, Spuren der Macht, München 2002, S. 51 (Interview 1993)

189 Angela Merkel, Mein Weg, a. a. O., S. 23 f.

V. Drei Machtmenschen im Vergleich

1 Siehe: These 1 in: Gerd Langguth, Angela Merkel, a.a.O., S.391
2 Anlass war das fünfjährige Bestehen der Zeitschrift ›Berliner Republik‹; zitiert nach: Hubertus Heil, Operation Morgenröte (unveröffentlichtes Manuskript), 2005

VI. Die Formel der Macht – Ein Exkurs und mehrere Thesen

1 Zitiert nach: Günter Bannas, Sozialdemokratische Rechenspiele, in: Frankfurter Allgemeine Zeitung, 20. September 2005
2 Auf Sendung blieb nur der Nachrichtensender n-tv
3 Zitiert nach Theo Schwarzmüller, Otto von Bismarck, 2. Auflage, München 1998, S. 137
4 Sein Zorn über den Verlust der Macht kommt auch in seiner »Ansprache an die Abordnung des Zentralverbandes deutscher Industrieller« vom 16. April 1890 zum Ausdruck. Bismarck nutzte diese Rede als Richtigstellung der Umstände seiner Entlassung und zur Kritik an Wilhelm II.: »Wenn Sie dem Bedauern Ausdruck geben, dass ich meinen Abschied genommen habe, so kann ich nur bemerken, dass ich meinen Abschied erhalten habe und sehr gerne im Amt geblieben wäre, wenn seine Majestät der Kaiser es gewollt hätte.« Bismarck hatte am Nachmittag des 20. März 1890 von seiner Entlassung erfahren – allerdings wurde ihm die eigentliche (von Wilhelm II. und dem neuen Kanzler Caprivi unterschriebene) Verfügung nicht zugesandt, was ihn ebenso erboste wie die Verleihung des zweifelhaften Titels eines »Herzogs von Lauenburg« oder die Anführung gesundheitlicher Gründe für seine Ablösung: Bismarck meinte später, er sei nie gesünder gewesen als 1890. Siehe in diesem Zusammenhang auch sein sprachlich faszinierendes, als Provokation gedachtes »Entlassungsgesuch« (wobei die Entlassung längst beschlossene Sache war) vom 18. März 1890; siehe ferner die Erläuterungen zum Notenwechsel mit dem Kaiser, in: Otto von Bismarck, Werke in Auswahl, Band 7, Darmstadt 1981, S. 758 ff.; sowie Bismarcks beißenden Kommentar zum Auszug aus seiner Dienstwohnung (Caprivi stand schon bereit): »Am 29. März verließ ich Berlin unter dem Zwange übereilter Räumung meiner Wohnung und unter den vom Kaiser am Bahnhof angeordneten militärischen Ehrenbezeigungen, die ich ein Leichenbegräbnis erster Klasse mit Recht nennen konnte« (Werke in Auswahl, Band 8, Teil A, Darmstadt 1975, S. 630). Bismarck verschlang als entlassener Kanzler Zeitungen und Bücher, mischte sich namentlich über sein Sprachrohr, die ›Hamburger Nachrichten‹, in die Tagespolitik ein, übte insbesondere Kritik an der Nichtverlängerung des Rückversicherungsvertrages mit Russland durch Caprivi und beklagte die Leichtsinnigkeit des Kaisers. »Kein Augenmaß« war zukünftig seine Formel für allerhöchsten politischen Dilettantismus. Genauso wie später Adenauer mit Erhard verfuhr, übte Bismarck vielfältige Kritik an

den für ihn zweifelhaften Fähigkeiten seines Nachfolgers, auch wenn er mit Caprivi zumindest anfangs »betont freundlich verkehrte« (Manfred Hank, Kanzler ohne Amt: Fürst Bismarck nach seiner Entlassung 1890–1898, München 1977, S. 26). Der »Neue Kurs« seines Nachfolgers bestand für ihn aus nichts als »Capriviolen«, da sich Caprivi zunehmend auf innenpolitische Fragen konzentrierte und die Pflege des von Bismarck kunstvoll geknüpften außenpolitischen Netzwerkes vernachlässigte.

5 Manfred Hank, Kanzler ohne Amt: Fürst Bismarck nach seiner Entlassung 1890–1898, München 1977, S. 36
6 Zitiert nach Manfred Hank, a. a. O., S. 34
7 Lothar Gall, Bismarck. Der weiße Revolutionär, Frankfurt am Main/Berlin 1997, S. 804
8 Ebenda, S. 819
9 Siehe hierzu: Herbert Knorr, Die Große Koalition in der parlamentarischen Diskussion der Bundesrepublik 1949–1965, in: Aus Politik und Zeitgeschichte, B 33/1974, 17. August 1974, S. 24 ff.
10 Hans-Peter Schwarz, Der unbekannte Adenauer. Einige Aufgaben künftiger Forschung, in: Dieter Blumenwitz u. a. (Hrsg.), Konrad Adenauer und seine Zeit. Politik und Persönlichkeit des ersten Bundeskanzlers (Beiträge der Wissenschaft, Band II), Stuttgart 1976, S. 601
11 Anneliese Poppinga, Meine Erinnerungen an Konrad Adenauer, Stuttgart 1971, S. 76
12 Siehe: Horst Osterheld, »Ich gehe nicht leichten Herzens ...« Adenauers letzte Kanzlerjahre. Ein dokumentarischer Bericht (Adenauer-Studien, Band 5, Veröffentlichungen der Kommission für Zeitgeschichte), Mainz 1986, S. 212; siehe auch: Daniel Koerfer, Kampf ums Kanzleramt, Stuttgart 1987, S. 745
13 Konrad Adenauer, Teegespräche 1961–1963, Rhöndorfer Ausgabe, Gespräch 35, 15. August 1963, S. 447
14 Noch wenige Wochen vorher hatte der Fraktionsvorsitzende Rainer Barzel seine berühmte Erklärung abgegeben, wonach Ludwig Erhard »Bundeskanzler ist und bleibt« (zu Erhards Rücktritt siehe ausführlicher: Klaus Hildebrand, Von Erhard zur Großen Koalition. 1963–1969, Stuttgart-Wiesbaden 1984, S. 218 f.). Dessen Unterstützung in der eigenen Fraktion hatte immer mehr abgenommen. Und Teile der FDP (so Hans-Dietrich Genscher, Wolfgang Mischnick und der Bundesschatzmeister Hans Wolfgang Rubin) hatten aus Gründen der politischen Profilierung den zur Beratung anstehenden Bundeshaushalt für das Jahr 1967 dazu nutzen wollen, ein noch größeres Defizit in den Staatsfinanzen zu verhindern. Sie sprachen sich gegen jede weitere Neuverschuldung aus. Nachdem die FDP-Fraktion die Haltung ihrer vier Minister Mende, Scheel, Dahlgrün und Bucher in der Haushaltsfrage nicht mitgetragen hatte, waren diese im Oktober 1966 zurückgetreten.
15 Rut Brandt, Freundesland. Erinnerungen, Düsseldorf/Wien 1994, S. 111
16 Interview mit: Der Spiegel, 3. Januar 2000

17 Kurt H. Biedenkopf, 1989–1990. Ein deutsches Tagebuch, Berlin 2000, S. 322

18 Milbradt gehörte zu den sächsischen Ministern der ersten Stunde. Biedenkopf hatte, als er noch CDU-Landesvorsitzender in Westfalen war, den damaligen Stadtkämmerer von Münster schätzen gelernt und ihn dann schon in sein erstes sächsisches Landeskabinett geholt. Zu Beginn der Regierungszeit wohnten beide sogar einige Monate lang zusammen mit anderen Kabinettsmitgliedern in der Biedenkopf-»Kommune«, einem Haus, das den nach Sachsen zugereisten Westpolitikern zunächst als Übernachtungsstätte diente. Die Frau des Ministerpräsidenten war dort unter anderem fürs Frühstück zuständig, bei dem schon eine erste Arbeitsbesprechung des Regierungschefs mit seinen engsten Mitarbeitern stattfand. Milbradt, trotz seines intellektuellen Geistes und seines Professorentitels ein eher bodenständiger Typ, ließ sich schon bald in einem sorbischen Wahlkreis auch in den Landtag wählen und avancierte zum stellvertretenden CDU-Landesvorsitzenden. Wegen seiner eisernen Sparbemühungen, die ihm nicht nur Freunde in der eigenen Fraktion verschafften, galt er als einer der kompetentesten deutschen Finanzpolitiker. Als aber ein Vertrauter Milbradts für das Amt des CDU-Fraktionsvorsitzenden kandidierte – Biedenkopf favorisierte dagegen den ihm treu ergebenen, aufrichtigen, jedoch eher farblosen Fritz Hähle –, sah der Ministerpräsident darin einen Affront. Zudem wurde seiner Frau, die auf ihn großen Einfluss ausübt (worunter nicht nur manche Minister litten), von jeher ein schlechtes Verhältnis zu Milbradt nachgesagt (siehe hierzu: Peter Carstens, Dem Freistaat droht ein zermürbender Nachfolgekampf, in: Frankfurter Allgemeine Zeitung, 1. Februar 2001; Wulf Schmiese, Ende einer Dynastie, in: Die Welt, 1. Februar 2001

19 Die Literatur zu den philosophischen Aspekten der Macht ist schier unbegrenzt. Aus der Fülle der Literatur seien zwei Werke in besonderer Weise genannt: Adolf A. Berle, Macht. Die treibende Kraft der Geschichte, Hamburg 1973; Ottfried Höffe (Hrsg.), Vernunft oder Macht? Zum Verhältnis von Philosophie und Politik, Tübingen 2006; siehe auch: Jan Andres/Alexa Geisthövel/ Matthias Schwengelbeck (Hrsg.), Die Sinnlichkeit der Macht. Herrschaft und Repräsentation seit der Frühen Neuzeit, Frankfurt am Main 2005; Peter Gostmann/Peter-Ulrich Merz-Benz (Hrsg.), Macht und Herrschaft. Zur Revision zweier soziologischer Grundbegriffe, Wiesbaden 2007

20 Antworten auf das Interview von Herlinde Koelbl, Spuren der Macht, München 2002, S. 391

21 Ebenda

22 Ebenda, S. 390

23 Ebenda, S. 391

24 Ebenda, S. 60

25 Ebenda

26 Ebenda

27 Siehe hierzu: Christina Georgieva, Charisma, Bonn 2006, S. 123

28 Max Weber, Politik als Beruf, Stuttgart 1992, S. 8

29 Siehe hierzu die Auseinandersetzung mit den Thesen May Webers: Christina Georgieva, Charisma, Bonn 2006, S. 123

30 Vgl. Jürg Häusermann, Einleitung: Charisma und Kommunikation, in: Jürg Häusermann (Hrsg.), Inszeniertes Charisma. Medien und Persönlichkeit, Tübingen 2001, S. 1–10

31 Siehe unter anderem: Hans-Georg Soeffner, Geborgtes Charisma. Populistische Inszenierungen, in: Winfried Gebhardt/Michael N. Ebertz/Arold Zingerle (Hrsg.), Charisma: Theorie, Religion, Politik, Berlin und New York 1993, S. 201–219

32 Der Beispiele des Scheiterns von Professoren gibt es viele: Von Ralf Dahrendorf, der freiwillig zur Wissenschaft zurückkehrte, über den früheren Innenminister Werner Maihofer (beide FDP), den in der sozialliberalen Koalition dienenden parteilosen Bildungsminister Hans Leussink bis hin zum angesehenen Grundgesetzkommentator Rupert Scholz (CDU), der als Verteidigungsminister farblos blieb und von Bundeskanzler Kohl bei der erstbesten Gelegenheit seines Postens enthoben wurde; nicht zu vergessen Waldemar Schreckenberger (CDU), den ersten Chef des Kanzleramtes unter Kohl.

33 Kohl wollte im Jahr 1989 seine schwankende Macht festigen, indem er den mächtigen CSU-Landesgruppenchef Theo Waigel zum Minister machte. Dafür opferte er den befähigten Finanzminister Gerhard Stoltenberg – obgleich der während eines innerparteilichen »Putschversuchs« zu ihm gehalten hatte. Stoltenberg wurde Verteidigungsminister, wofür Rupert Scholz, ebenfalls ungedient, nach der kürzesten Amtszeit eines deutschen Verteidigungsministers überhaupt, das Kabinett ganz verlassen musste. Später nutzte Kohl einen kleinen Konflikt wegen Panzerlieferungen an die Türkei, um auch Stoltenberg aus dem Amt zu drängen. Sein Nachfolger wurde Volker Rühe, der sich als gelernter Außen- und Sicherheitspolitiker innerlich nie richtig mit dem Amt eines CDU-Generalsekretärs angefreundet zu haben schien. Es ist schon bezeichnend, dass keiner der Verteidigungsminister unter Kohl überhaupt beim Militär gedient hatte – mit Ausnahme des im Verteidigungsministerium inzwischen legendären Manfred Wörner. Und als Kohl einst den CSU-Landesgruppenchef Michael Glos auserkoren hatte, Bauminister zu werden, lehnte dieser das nicht deshalb ab, weil er keine besonderen Visionen im Bereich des Städtebaus entwickelt hätte, sondern weil er ein solches Angebot als Herabsetzung empfand, war doch sein Vorgänger Waigel mit einem »klassischen« Ministerium, nämlich dem der Finanzen, bedacht worden.

34 Klaus Kinkel in der ARD-Fernsehdokumentation »Die süße Droge Politik«, gesendet am 16. Februar 2005

35 Heide Simonis in der ARD-Fernsehdokumentation »Die süße Droge Politik«, gesendet am 16. Februar 2005

36 Ebenda

37 Horst Seehofer in der ARD-Fernsehdokumentation »Die süße Droge Politik«, gesendet am 16. Februar 2005

38 Siehe hierzu: Gerd Langguth, Angela Merkel (1. Auflage), S. 288

39 Interview mit Christian Wulff (»Kanzler trau ich mir nicht zu«), in: Der Stern,
    17. Juli 2008

40 Robert von Lucius, Lenken und treten, in: Frankfurter Allgemeine Zeitung,
    16. Juni 2008

41 Interview mit Christian Wulff (»Kanzler trau ich mir nicht zu«), in: Der Stern,
    17. Juli 2008

42 Ebenda

43 Interview mit Roland Koch (»Hessen ist eine Art Labor«), in: Mitteldeutsche
    Zeitung, 14. August 2008

44 Stephan Löwenstein/Majid Sattar, Der Wulff im Schafspelz, in: Frankfurter
    Allgemeine Zeitung, 18. Juli 2008

45 Interview mit Christian Wulff (»Kanzler trau ich mir nicht zu«), in: Der Stern,
    17. Juli 2008

46 Thomas Holl, Tipps von der roten Heidi, in: Frankfurter Allgemeine Zeitung,
    29. Januar 2008

Zusammen mit den »Grünen«, die 7,5 Prozent erhielten, und der Partei »Die Linke«, die knapp 5,1 Prozent erzielen konnte, war rechnerisch eine »linke« Mehrheit für die SPD denkbar. Ypsilanti steigerte sich in eine Koch-muss-weg-Haltung, die jede rationale Abwägung der Situation vermissen ließ. Dabei hatte sie vor der Wahl jede Form von Zusammenarbeit mit der Partei »Die Linke« kategorisch abgelehnt: »Und ich schließe auch eine Koalition mit der PDS – die jetzt Linkspartei heißt – aus. Dafür gibt es überhaupt keine Sympathie bei uns«, erklärte sie beispielsweise am 31. Juli 2005. (Siehe hierzu: Ypsilanti tritt gegen Große Koalition ein, in: Frankfurter Rundschau, 1. August 2005)

Die Aussage, dass sie es ablehne, sich mit der PDS zusammenzuschließen, wiederholte sie bis zur Landtagswahl unzählige Male. Es gebe gar keinen Grund, über eine Koalition mit der Linken überhaupt nachzudenken, erklärte sie in ihren Reden. (Siehe hierzu: Gisela Kirschstein, Zerreißprobe für die hessische SPD, in: Die Welt, 20. Juni 2007)

Die Sorge, dass sich die Linkspartei auch im Westen etabliere, zerstreute sie mit den Worten: »Als Vorsitzende der Hessen-SPD sage ich: In den hessischen Landtag wird die Linkspartei nach der Wahl Ende Januar 2008 nicht einziehen.« (Siehe hierzu: Interview mit Andrea Ypsilanti, Beim Mindestlohn knallhart sein, in: Rheinische Post, 22. Mai 2007)

Das von ihr geplante Bündnis mit den Grünen scheiterte, als sich die SPD-Landtagsabgeordnete Dagmar Metzger aus Darmstadt an das Versprechen Ypsilantis, nicht mit der Linkspartei zu koalieren, erinnerte und erklärte, sie könne Ypsilanti in geheimer Wahl deshalb nicht wählen. Wütend fiel die eigene Partei über die Landtagsabgeordnete her. Im hessischen Fernsehen erklärte eine Landtagskollegin, man sei fürs Regieren in den Landtag gewählt worden »und nicht dafür, dass man sein Gewissen untersucht«. (Siehe hierzu: Gerd Langguth, Mehr Metzgers für Deutschland, in: spiegel-online, 10. März 2008)

Da Ypsilanti auch bei Duldung durch die Linke keine Gesamtmehrheit im Parlament für eine Ablösung Kochs garantieren konnte, zogen die Grünen die Notbremse und beendeten zunächst die Koalitionsüberlegungen. Doch nach der Sommerpause 2008 versuchte Ypsilanti erneut, eine Koalition mit den Grünen zu zimmern, abermals unter Duldung durch die Linke. Sie schlug dabei auch alle Warnungen aus der Bundespartei in den Wind. Der damalige SPD-Vorsitzende Kurt Beck erklärte im August 2008, man renne nicht zweimal mit dem Kopf gegen dieselbe Wand. Ypsilantis Antwort: Sie sehe weder Wand noch Mauer, sondern nur ein unbeackertes Feld. (Siehe hierzu: Susanne Höll, SPD-Spitze will Ypsilanti Linksbündnis ausreden, in: Süddeutsche Zeitung, 4. Juli 2008, Günter Bannas, Kollision unvermeidlich, in: Frankfurter Allgemeine Zeitung, 14. August 2008)

Zeitgleich mit der Wahl des amerikanischen Präsidenten sollte am 4. November die Wahl Ypsilantis in geheimer Abstimmung erfolgen. Am Tag zuvor erklärten jedoch neben Dagmar Metzger noch drei weitere Landtagsabgeordnete ihr Nein. Zwar hatten sie – was sie in ihren Erklärungen selbst bereuten – in den Wochen zuvor nicht genügend Widerstand geleistet und sich zum Teil in Parteibeschlüsse einbinden lassen, doch als sie dann tatsächlich entscheiden mussten, den Wortbruch Ypsilantis zu belohnen, verweigerten sie sich in letzter Minute. Sie hätten, ohne sich erkennen zu geben, auch in der geheimen Abstimmung mit Nein votieren können – ähnlich wie das in Schleswig-Holstein mit Heide Simonis geschehen war.

47 Tissy Bruns, Mit der Kraft der Verblendung, in: Der Tagesspiegel, 3. November 2008

48 Peter Dausend, Eine Partei im Wahn, in: Die Zeit, 13. November 2008

49 Noch kurz vor der Landtagswahl von 1994 hatte er erklärt: »Mit einer solchen Minderheitsregierung bin ich stets auf die Stimmen der PDS angewiesen, das wäre politisch tödlich für mich.« (Zitiert nach: Heribert Prantl, Ypsilantis Pfadfinder, in: Süddeutsche Zeitung, 14. August 2008)

50 Zitiert nach Christian Teevs, Machtanspruch in der dritten Person, in: spiegelonline, 4. März 2008

51 Jürgen Hogrefe, Gerhard Schröder – Ein Porträt, Berlin 2002, S. 185

52 Siehe hierzu ausführlicher: Gerd Langguth, Machtteilung und Machtverschränkung in Deutschland, in: Aus Politik und Zeitgeschichte, B 6/2000, 4. Februar 2000, S. 3–11

53 Die Frage der Regierbarkeit moderner Demokratien ist in der Politikwissenschaft schon seit vielen Jahren ein stark beachtetes Thema; siehe u.a.: Fritz W. Scharpf, Die Handlungsunfähigkeit des Staates am Ende des zwanzigsten Jahrhunderts, in: Politische Vierteljahresschrift, Heft 4, 1991, S. 621; Wilhelm Hennis/Peter Graf von Kielmansegg/Ulrich Matz (Hrsg.), Regierbarkeit. Studien zu ihrer Problematisierung, Band 1, Stuttgart 1977; Carl Böhret/Göttrik Wewer (Hrsg.), Regieren im 21. Jahrhundert zwischen Globalisierung und Regionalisierung, Opladen/Wiesbaden 1993

54 Siehe hierzu: Johannes Leithäuser, Winkelzüge, Purzelbäume und die Erinnerung an einen frechen Sieg, in: Frankfurter Allgemeine Zeitung, 21. März 2002

55 Siehe: Vermerk des Bundesratsdirektors, in: Frankfurter Allgemeine Zeitung, 26. März 2002

56 dpa-Meldung, 25. März 2002

57 Interview mit Peter Müller (»Mir ist ein Fehler passiert«), in: Die Welt, 27. März 2002

58 Peter Müller, Auch ehrliche Empörung muss inszeniert werden, in: Süddeutsche Zeitung, 27. März 2002

59 Siehe Einleitung

60 Der Soziologe Niklas Luhmann hat einmal den schönen, aber unbefriedigenden Satz gesagt: »Die Macht der Macht scheint im Wesentlichen auf dem Umstand zu beruhen, dass man nicht genau weiß, um was es sich eigentlich handelt.« Kaum ein Schlüsselbegriff in der Geschichte, Politik, Wirtschaft und Gesellschaft ist so zentral, aber auch kaum einer so unbestimmt und widersprüchlich. Der Philosoph Bertrand Russell sieht im Begriff der »Macht« sogar einen Fundamentalbegriff der Gesellschaftswissenschaft im gleichen Sinne, in dem die Energie den Fundamentalbegriff der »Physik« darstellt. (Siehe hierzu: Niklas Luhmann, Klassische Theorie der Macht. Kritik ihrer Prämissen, in: Zeitschrift für Politik 16 (1969), S. 149; Bertrand Russell, Macht. Eine sozialkritische Studie, Zürich 1947, S. 10)

61 Max Weber, Schriften zur Soziologie (hrsg. und eingeleitet von Michael Sukale), Stuttgart 1995, S. 219

62 Wer in der Politik Entscheidungen trifft, der braucht Macht im Sinne von Einfluss auf politische Organisationsstrukturen und Entscheidungsprozesse. Politische Macht konstituiert sich dabei immer im Zusammenspiel mehrerer Ebenen: der institutionell-administrativen, der verfassungsrechtlich-legitimatorischen, der politisch-organisatorischen und der persönlich-psychologischen Ebene.

63 Jacob Burckhardt, a. a. O., S. 237

64 Im Mittelalter standen Autoritäts- und Legitimitätsaspekte der Macht im Vordergrund, insbesondere mit Blick auf die damalige zentrale Stellung der Kirche. In der Frühen Neuzeit befasste sich Machiavelli mit Macht und den konkreten Techniken der Machtausübung, Hobbes und Locke beschäftigten sich mit den Institutionen des Staates und dem Übergang von den patriarchalisch-personalen Machtkonstellationen des Mittelalters zu institutionalisierten Machtsystemen. Montesquieu schließlich bereicherte die Debatte mit seinem Konzept der Gewaltenteilung als Schutz vor Despotie und Machtmissbrauch. Marx und Engels wiesen im 19. Jahrhundert auf den Zusammenhang zwischen politischer und ökonomischer Macht hin. Nietzsche thematisierte den triebhaften, affektgesteuerten Aspekt der Macht und Machtausübung.

65 Siehe hierzu ausführlicher: John Kenneth Galbraith, Anatomie der Macht, München 1987

66 John Kenneth Galbraith, Anatomie der Macht, München 1987, S. 16 ff.

67 Ebenda, S. 18

Auswahlbibliografie

Eduard Ackermann, Politiker. Vom richtigen und vom falschen Handeln, Bergisch Gladbach 1996

Ulrich von Alemann, Das Parteiensystem der Bundesrepublik Deutschland, Opladen 2001

Béla Anda/Rolf Kleine, Gerhard Schröder. Eine Biographie, Berlin 1998

Béla Anda/Rolf Kleine, Gerhard Schröder. Eine Biographie, München 2002

Jan Andres/Alexa Geisthövel, Matthias Schwengelbeck (Hrsg.), Die Sinnlichkeit der Macht. Herrschaft und Repräsentation seit der Frühen Neuzeit, Frankfurt am Main 2005

Arnulf Baring, Machtwechsel – Die Ära Brandt-Scheel, Stuttgart 1982

Arnulf Baring/Gregor Schöllgen, Kanzler, Krisen, Koalitionen. Von Konrad Adenauer bis Angela Merkel, München 2006

Rainer Barzel, Es ist noch nicht zu spät, München/Zürich 1976

Rainer Barzel, Auf dem Drahtseil, München/Zürich 1978

Arnold Bergstraesser, Die Macht als Mythos und als Wirklichkeit, Freiburg 1965

Adolf A. Berle, Macht. Die treibende Kraft der Geschichte, Hamburg 1973

Wolfram Bickerich, Der Enkel. Analyse der Ära Kohl, Düsseldorf 1995

Kurt Biedenkopf, 1989–1990. Ein deutsches Tagebuch, Berlin 2000

Jacqueline Boysen, Angela Merkel. Eine deutsch-deutsche Biographie, München 2001

Eberhard von Brauchitsch, Der Preis des Schweigens. Erfahrungen eines Unternehmers, Berlin 1999

Tissy Bruns, Republik der Wichtigtuer. Ein Bericht aus Berlin, Freiburg im Breisgau 2007

Karl Buchheim, Geschichte der christlichen Parteien in Deutschland, München 1966

Jacob Burckhardt, Weltgeschichtliche Betrachtungen, Stuttgart 1978

Wilhelm P. Bürklin/Viola Neu/Hans-Joachim Veen, Die Mitglieder der CDU, Interne Studien, Konrad-Adenauer-Stiftung e.V., Sankt Augustin 1997

Jürgen Busche, Helmut Kohl. Anatomie eines Erfolgs, Berlin 1998

Patricia Clough, Helmut Kohl. Ein Porträt der Macht, München 1998

Patricia Clough, Hannelore Kohl. Zwei Leben, Stuttgart/München 2002

Frank Decker/Viola Neu (Hrsg.), Handbuch der deutschen Parteien, Wiesbaden 2007

Warnfried Dettling, Das Erbe Kohls. Bilanz einer Ära, Frankfurt am Main 1994

Alfred Dregger, Freiheit in unserer Zeit. Reden und Aufsätze, München/Berlin 1980

Klaus Dreher, Helmut Kohl. Leben mit Macht, Stuttgart 1998

Tobias Dürr/Rüdiger Soldt, Die CDU nach Kohl, Frankfurt am Main 1998

Christoph Egle/Reimut Zohlnhöfer (Hrsg.), Ende des rot-grünen Projektes. Eine Bilanz der Regierung Schröder 2002–2005, Wiesbaden 2007

Erhard Eppler, Komplettes Stückwerk, Frankfurt am Main/Leipzig 2001

Wolfgang Filc, Mitgegangen, mitgehangen. Mit Lafontaine im Finanzministerium, Frankfurt am Main 1999

Werner Filmer/Heribert Schwan, Helmut Kohl, Düsseldorf/Wien 1985

Werner Filmer/Heribert Schwan, Oskar Lafontaine, Düsseldorf/Wien/New York 1990

Joschka Fischer, Die rot-grünen Jahre. Deutsche Außenpolitik – vom Kosovo bis zum 11. September, Köln 2007

Sebastian Fischer, Gerhard Schröder und die SPD. Das Management des programmatischen Wandels als Machtfaktor, München 2005

Oscar W. Gabriel/Oskar Niedermayer/Richard Stöss (Hrsg.), Parteiendemokratie in Deutschland, Opladen 1997

John Kenneth Galbraith, Anatomie der Macht, München 1987

Alexander Gauland, Helmut Kohl. Ein Prinzip, Berlin 1994

Matthias Geis/Bernd Ulrich, Der Unvollendete. Das Leben des Joschka Fischer, Berlin 2002

Heiner Geißler, Zeit, das Visier zu öffnen, Köln 1998

Winand Gellner/Hans-Joachim Veen (Hrsg.), Umbruch und Wandel in westeuropäischen Parteiensystemen, Frankfurt am Main 1995

Christina Georgieva, Charisma. Theoretische und politisch-kulturelle Aspekte der »Außeralltäglichkeit«, Bonn 2006

Peter Glotz, Die Innenausstattung der Macht. Politisches Tagebuch 1976–1978, München 1979

Peter Gostmann/Peter-Ulrich Merz-Benz (Hrsg.), Macht und Herrschaft. Zur Revision zweier soziologischer Grundbegriffe, Wiesbaden 2007

Ansgar Graw, Gerhard Schröder. Der Weg nach oben, Düsseldorf 1998

Martin Greiffenhagen/Helga Grebing/Christian Graf von Krockow/Johann Baptist Müller, Konservatismus – Eine deutsche Bilanz, München 1971

Jürgen Gros, Politikgestaltung im Machtdreieck Partei, Fraktion, Regierung. Zum Verhältnis von CDU-Parteiführungsgremien, Unionsfraktion und Bundesregierung 1982–1989 an den Beispielen der Finanz-, Deutschland- und Umweltpolitik, Berlin 1998

Rudolf Großkopf, Der Zorn des Kanzlers. Gefühle in der Politik, Bonn 1995

Manfred Güllner (Hrsg.), Was Deutschland bewegt. Der forsa-Meinungsreport 2002, Frankfurt am Main 2002

Lutz Hachmeister, Nervöse Zone. Politik und Journalismus in der Berliner Republik, München 2007

Christian Hacke, Die Ost- und Deutschlandpolitik der CDU/CSU. Wege und Irrwege der Opposition seit 1969, Köln 1975

Peter Haungs, »Helmut Kohl«, in: Walther Bernecker/Volker Dotterweich (Hrsg.), Persönlichkeit und Politik in der Bundesrepublik Deutschland, Band 2, Göttingen 1982

Wilhelm Hennis, Auf dem Weg in den Parteienstaat. Aufsätze aus vier Jahrzehnten, Stuttgart 1998

Volker Herres/Klaus Waller, Der Weg nach oben. Gerhard Schröder – eine politische Biographie, München 1990

Volker Herres/Klaus Waller, Gerhard Schröder. Der Weg nach Berlin, München 1999

Peter Hintze (Hrsg.), Die CDU. Parteiprogramme. Eine Dokumentation der Ziele und Aufgaben, Bonn 1993

Peter Hintze/Gerd Langguth (Hrsg.), Helmut Kohl. Der Kurs der CDU. Reden und Beiträge des Bundesvorsitzenden 1973–1993, Stuttgart 1993

Otfried Höffe, Vernunft oder Macht? Zum Verhältnis von Philosophie und Politik, Tübingen 2006

Gerhard Hofmann, Die Verschwörung der Journaille zu Berlin, Bonn 2007

Robert Hofmann, Geschichte der deutschen Parteien. Von der Kaiserzeit bis zur Gegenwart, München/Zürich 1993

Jürgen Hogrefe, Gerhard Schröder. Ein Porträt, Berlin 2002

Marcus Hoinle, Wer war Gerhard Schröder? Rollen und Images eines Bundeskanzlers, Marburg 2006

Bodo Hombach, Aufbruch. Die Politik der Neuen Mitte, München 1998

Ironimus, Der schwarze Riese. Helmut Kohl in der Karikatur, Wien/München/Zürich, 1976

Wolfgang Jäger, Wer regiert die Deutschen? Innenansichten der Parteiendemokratie, Zürich/Osnabrück 1994

Eckhard Jesse/Roland Sturm, Bilanz der Bundestagswahl 2005. Voraussetzungen, Ergebnisse, Folgen, Wiesbaden 2006

Nicole Kaspari, Gerhard Schröder – Political Leadership im Spannungsfeld zwischen Machtstreben und politischer Verantwortung, Frankfurt am Main 2008

Udo Kempf/Hans-Georg Merz (Hrsg.), Kanzler und Minister 1949–1998. Biografisches Lexikon der deutschen Bundesregierungen, Wiesbaden 2001

Udo Kempf/Hans-Georg Merz (Hrsg.), Kanzler und Minister 1998–2005. Biografisches Lexikon der deutschen Bundesregierungen, Wiesbaden 2008

Hans Ulrich Kempski, Um die Macht. Sternstunden und sonstige Abenteuer mit den Bonner Bundeskanzlern, Frankfurt am Main 2000

Andreas Kießling, Politische Kultur und Parteien im vereinten Deutschland. Determinanten der Entwicklung des Parteiensystems, München 1999

Hans-Otto Kleinmann, Geschichte der CDU 1945–1982, Stuttgart 1993

Thomas Knoll, Das Bonner Bundeskanzleramt. Organisation und Funktionen von 1949–1999, Wiesbaden 2004

Guido Knopp, Kanzler. Die Mächtigen der Republik, München 1999

Herlinde Koelbl, Spuren der Macht. Die Verwandlung des Menschen durch das Amt. Eine Langzeitstudie, München 2002

Helmut Kohl, Hausputz hinter den Fassaden. Praktikable Reformen in Deutschland, Osnabrück 1971

Helmut Kohl, Zwischen Ideologie und Pragmatismus. Aspekte und Ansichten zu Grundfragen der Politik, Stuttgart 1973

Helmut Kohl, Bundestagsreden und Zeitdokumente (hrsg. von Horst Teltschik, mit einem Vorwort von Karl Carstens), Bonn 1978

Helmut Kohl, Deutschlands Zukunft in Europa, Reden und Beiträge des Bundeskanzlers (hrsg. von Heinrich Seewald), Herford 1990

Helmut Kohl, Ich wollte Deutschlands Einheit (dargestellt von Kai Diekmann und Ralf Georg Reuth), Berlin 1990

Helmut Kohl, Mein Tagebuch 1998–2000, München 2000

Helmut Kohl, Erinnerungen 1930–1982, München 2004

Helmut Kohl, Erinnerungen 1990–1994, München 2007

Peter Köpf, Der Neue. Gerhard Schröder – Deutschlands Hoffnungsträger, München 1998

Peter Köpf, Stoiber. Die Biografie, Hamburg/Wien 2001

Karl-Rudolf Korte, Deutschlandpolitik in Helmut Kohls Kanzlerschaft. Regierungsstil und Entscheidungen 1982–1989, Stuttgart 1988

Sibylle Krause-Burger, Wie Gerhard Schröder regiert. Beobachtungen im Zentrum der Macht, Stuttgart/München 2000

Dona Kujacinski, Hannelore Kohl. Ihr Leben, München 2002

Oskar Lafontaine, Das Herz schlägt links, München 1999

Oskar Lafontaine, Die Wut wächst. Politik braucht Prinzipien, München 2002

Gerd Langguth, Suche nach Sicherheiten. Ein Psychogramm der Deutschen, Stuttgart 1995

Gerd Langguth (Hrsg.), Politik und Plakat. 50 Jahre Plakatgeschichte am Beispiel der CDU, Bonn 1995

Gerd Langguth (Hrsg.), In Verantwortung für Deutschland. 50 Jahre CDU, Köln 1996

Thomas Leif/Joachim Raschke, Rudolf Scharping, die SPD und die Macht, Reinbek bei Hamburg 1994

Jürgen Leinemann, Helmut Kohl. Die Inszenierung einer Karriere, Berlin 1988

Jürgen Leinemann, Höhenrausch. Die wirklichkeitsleere Welt der Politiker, München 2004

Hans Leyendecker/Heribert Prantl/Michael Stiller, Helmut Kohl, die Macht und das Geld, Göttingen 2000

Matthias Machnig/Hans-Peter Bartels (Hrsg.), Der rasende Tanker. Analysen und Konzepte zur Modernisierung der sozialdemokratischen Organisation, Göttingen 2001

Philip Manow, Im Schatten des Königs. Die politische Anatomie demokratischer Repräsentation, Frankfurt am Main 2008

Peter März, An der Spitze der Macht. Kanzlerschaften und Wettbewerber in Deutschland, München 2002

Werner Maser, Helmut Kohl. Der deutsche Kanzler, Berlin/Frankfurt am Main 1990

Richard Meng, Der Medienkanzler. Was bleibt vom System Schröder?, Frankfurt am Main 2002

Peter Merseburger, Willy Brandt 1913–1992, Stuttgart/München 2004

Robert Michels, Zur Soziologie des Parteiwesens in der modernen Demokratie. Untersuchungen über die oligarchischen Tendenzen des Gruppenlebens (neu hrsg. und mit einer Einführung versehen von Frank R. Pfetsch), Stuttgart 1989

Matthias Micus, Die »Enkel« Willy Brandts. Aufstieg und Politikstil einer SPD-Generation, Frankfurt am Main 2005

Susanne Miller/Heinrich Potthoff, Kleine Geschichte der SPD, Bonn 1981

Alf Mintzel, Geschichte der CSU. Ein Überblick, Opladen 1977

Alf Mintzel/Heinrich Oberreuter (Hrsg.), Parteien in der Bundesrepublik Deutschland, Opladen 1992

Kay Müller/Franz Walter, Graue Eminenzen der Macht. Küchenkabinette in der deutschen Kanzlerdemokratie. Von Adenauer bis Schröder, Wiesbaden 2004

Franz Müntefering, Macht Politik!, Freiburg im Breisgau 2008

Karlheinz Niclauß, Kanzlerdemokratie. Regierungsführung von Konrad Adenauer bis Gerhard Schröder, Paderborn 2004

Elisabeth Niejahr/Rainer Pörtner, Joschka Fischers Pollenflug und andere Spiele der Macht. Wie Politik wirklich funktioniert, Frankfurt am Main 2002

Elisabeth Noelle-Neumann/Hans Mathias Kepplinger/Wolfgang Donsbach, Kampa. Meinungsklima und Medienwirkung im Bundestagswahlkampf 1998, Freiburg/München 1999

Heinrich Oberreuter (Hrsg.), Parteiensystem am Wendepunkt? Wahlen in der Fernsehdemokratie, München/Landsberg am Lech 1996

Günter Olzog/Hans-J. Liese, Die politischen Parteien in Deutschland, München 1991

Friedbert Pflüger, Ehrenwort. Das System Kohl und der Neubeginn, Stuttgart/München 2000

Horst Poller, Rechts oder Links? Niedergang und Erneuerung der CDU, München 1998

Ulrike Posche, Gerhard Schröder. Nah-Aufnahme, 1998

Geoffrey Pridham, Christian Democracy in Western Germany. The CDU/CSU in Government and Opposition 1945–1976, London 1977

Karl Hugo Pruys, Helmut Kohl, Die Biografie, Berlin 1996

Antje Radcke, Das Ideal und die Macht, Berlin 2001

Joachim Raschke, Die Zukunft der Grünen. So kann man nicht regieren, Frankfurt am Main 2001

Joachim Raschke/Ralf Tils, Politische Strategie. Eine Grundlegung, Wiesbaden 2007

Ulrich Reitz, Wolfgang Schäuble, Bergisch Gladbach 1996

Lars Rosumek, Die Kanzler und die Medien. Acht Porträts von Adenauer bis Merkel, Frankfurt am Main 2007

Jürgen Rüttgers, Dinosaurier der Demokratie. Wege aus der Parteienkrise und Politikverdrossenheit, Hamburg 1993

Hans-Joachim Schabedoth, Unsere Jahre mit Gerhard Schröder. Ein Rückblick, Marburg 2006

Wolfgang Schäuble, Und der Zukunft zugewandt, Berlin 1994

Wolfgang Schäuble, Und sie bewegt sich doch, Berlin 1998

Wolfgang Schäuble, Mitten im Leben, München 2000

Hermann Scheer, Die Politiker, München 2003

Erwin K. Scheuch/Ute Scheuch, Die Spendenkrise. Parteien außer Kontrolle, Reinbek bei Hamburg 2000

Peter Schindler, Datenhandbuch zur Geschichte des Deutschen Bundestages 1949 bis 1999, 3 Bände, Baden-Baden 1999

Michael Schlieben, Politische Führung in der Opposition. Die CDU nach dem Machtverlust 1998, Wiesbaden 2007

Josef Schmid, Die CDU. Organisationsstrukturen, Politiken und Funktionsweisen einer Partei im Föderalismus, Opladen 1990

Wolfgang Schmidbauer, Ist Macht heilbar? Therapie und Politik, Reinbek bei Hamburg 1986

Helmut Schmidt, Menschen und Mächte, Berlin 1987

Helmut Schmidt, Weggefährten. Erinnerungen und Reflexionen, Berlin 1998

Helmut Schmidt, Außer Dienst. Eine Bilanz, München 2008

Wulf Schönbohm/Günther E. Braun (Hrsg.), CDU-Programmatik. Grundlagen und Herausforderungen, München/Wien 1981

Wulf Schönbohm, Die CDU wird moderne Volkspartei. Selbstverständnis, Mitglieder, Organisation und Apparat 1950–1980, Stuttgart 1985

Waldemar Schreckenberger, »Der Regierungschef zwischen Politik und Administration«, in: Peter Haungs/Karl Martin Graß/Hans Maier/Hans-Joachim Veen (Hrsg.), Civitas. Widmungen für Bernhard Vogel zum 60. Geburtstag, Paderborn/München/Wien/Zürich 1992, S. 603–614

Waldemar Schreckenberger, »Informelle Verfahren der Entscheidungsvorbereitung zwischen der Bundesregierung und den Mehrheitsfraktionen: Koalitionsgespräche und Koalitionsrunden«, in: Zeitschrift für Parlamentsfragen, Heft 3, 1994

Gerhard Schröder, Der Herausforderer im Gespräch mit Peter Gatter, München 1986

Gerhard Schröder, Reifeprüfung. Reformpolitik am Ende des Jahrhunderts, München 1994

Gerhard Schröder, Entscheidungen. Mein Leben in der Politik, Hamburg 2006

Hiltrud Schröder, Auf eigenen Füßen, München 1997

Hajo Schumacher, Machtphysik. Führungsstrategien der CDU-Vorsitzenden Angela Merkel im innerparteilichen Machtgeflecht 2000–2004, Dissertation, Duisburg-Essen, 2006

Hans-Gerd Schumann (Hrsg.), Konservativismus, Köln 1974

Suzanne S. Schüttemeyer, Fraktionen im Deutschen Bundestag. Empirische Befunde und theoretische Folgerungen, Opladen/Wiesbaden 1998

Hans-Peter Schwarz, Anmerkungen zu Adenauer, München 2007

Christian Schwarz-Schilling/Gerd Langguth, »Die geistige Führung verloren. Überlegungen zur Lage der Union«, in: Heino und Ursula Kaack, Parteien-Jahrbuch 1973/74. Dokumentation und Analyse der Entwicklung des Parteiensystems der Bundesrepublik Deutschland in den Jahren 1973 und 1974, Meisenheim am Glan 1977

Micheal Schwelien, Joschka Fischer. Eine Karriere, Hamburg 2000

Brigitte Seebacher, Willy Brandt, München 2006

Norbert Seitz, Die Kanzler und die Künste. Die Geschichte einer schwierigen Beziehung, München 2005

Wilhelm von Sternburg, Die deutschen Kanzler. Von Bismarck bis Kohl, Berlin 1998

Wolfgang Stock, Angela Merkel. Eine politische Biografie, München 2000

Rita Süssmuth, Wer nicht kämpft, hat schon verloren. Meine Erfahrungen in der Politik, München 2000

Reinhard Urschel, Gerhard Schröder. Eine Biographie, Stuttgart/München 2002

Hans-Joachim Veen, Die CDU/CSU-Opposition im parlamentarischen Entscheidungsprozeß. Zur Strategie und zum Einfluss der CDU/CSU-Bundestagsfraktion in der Gesetzgebungsarbeit des 6. Deutschen Bundestages (1969–1972), München 1973

Hans-Joachim Veen (Hrsg.), Christlich-demokratische und konservative Parteien in Westeuropa, 2 Bände, Paderborn/München/Wien/Zürich 1983

Bernhard Vogel (Hrsg.), Das Phänomen. Helmut Kohl im Urteil der Presse, Stuttgart 1990

Lothar Vosseler, Der Kanzler, leider mein Bruder, und ich, Berlin 2004

Franz Walter/Tobias Dürr, Die Heimatlosigkeit der Macht. Wie die Politik in Deutschland ihren Boden verlor, Berlin 2000

Franz Walter, Die SPD. Vom Proletariat zur Neuen Mitte, Berlin 2002

Franz Walter, Abschied von der Toskana. Die SPD in der Ära Schröder, Wiesbaden 2005

Max Weber, Schriften zur Soziologie (hrsg. und eingeleitet von Michael Sukale), Stuttgart 1995

Max Weber, Politik als Beruf, Stuttgart 1992

Werner Weidenfeld, Zeitenwechsel. Von Kohl zu Schröder. Die Lage, Stuttgart 1999

Wolfgang Wiedemeyer, Helmut Kohl. Porträt eines deutschen Politikers, Bad Honnef 1975

Rudolf Wildenmann, Volksparteien. Ratlose Riesen? Baden-Baden 1989

Konstanze Wolf, CSU und Bayernpartei. Ein besonderes Konkurrenzverhältnis 1948–1960, Köln 1982

Friedrich Zimmermann, Kabinettstücke. Politik mit Strauß und Kohl 1976–1991, München/Berlin 1991

Udo Zolleis, Die CDU. Das politische Leitbild im Wandel der Zeit, Wiesbaden 2008

Personenregister

A

Ackermann, Eduard 59, 68, 76 f., 81 f., 85, 91, 412
Adenauer, Konrad 9, 11, 27, 35, 37, 39, 43, 110, 115, 117, 119 f., 187, 204, 279, 299, 331, 352, 402, 426, 429, 444, 454, 456 ff., 461, 491
Adenauer, Sven 498
Agethen, Manfred 541
Ahlers, Detlev 361, 542
Aigner, Ilse 405, 407
Albig, Thorsten 227, 231
Albrecht, Ernst 34, 47, 113, 167, 169, 386, 406
Albright, Madeleine K. 336
Alexander der Große 12
Altmaier, Peter 111, 136, 382, 408 f., 498
Altmeier, Peter 19, 21 f., 35
Annan, Kofi 337, 507
Anda, Béla 179, 238, 253 f., 258, 266, 298 f., 328, 330 f., 529
Andres, Gerd 164
Apel, Hans 167
Archimedes 484
Aristoteles 12
Arndt, Adolf 224
Arnold, Karl 313
Attila 232
Aust, Stefan 296, 298, 328, 530
Austermann, Dietrich 136

B

Bahr, Egon 28, 163 f., 171
Bannas, Günter 193
Barbe, Angelika 355
Barschel, Uwe 176 f.

Barzel, Rainer 23, 25–32, 42 f., 45, 59, 64 f., 74, 97, 144, 549
Baumann, Beate 368, 397, 409, 412 ff., 473
Baumeister, Brigitte 131 ff., 135 f., 139, 141, 375
Bebel, August 310, 516
Beck, Kurt 33, 263, 331, 410 ff., 416, 425, 432 f., 436, 533
Beckmann, Reinhold 475
Beckstein, Günther 269, 401, 416, 423, 459
Benneter, Klaus Uwe 163 f., 307, 313, 533 f.
Bensel, Norbert 525
Bergmann, Christine 223, 225, 238, 509
Bergner, Christoph 114, 408
Berlusconi, Silvio 441
Beust, Ole von 384
Biedenkopf, Kurt H. 32, 42–48, 57 f., 63, 109, 111, 113, 145, 187, 378, 413, 459, 492, 543, 550
Biermann, Wolf 340, 349
Bilke, Karl-Heinz 42
Bindert, Franz Josef 84
Bismarck, Otto von 117, 400, 442, 454–457, 461, 500, 548 f.
Bissinger, Manfred 196, 224, 230, 247, 262 f., 297, 329
Bitterlich, Joachim 76, 80
Blair, Tony 201, 220, 245, 266 f., 300, 441, 511
Bleakley, Fred 337
Blessing, Karlheinz 177, 228
Blüm, Norbert 47 f., 51, 60, 83, 144 f., 241, 344, 363

Boden, Wilhelm 21
Bodewig, Kurt 246
Boenisch, Peter 89 f.
Bofinger, Peter 250
Bohl, Friedrich 51, 65, 68, 72, 92,
    380, 397, 498
Böhme, Ibrahim 541
Böhmer, Maria 408
Böhr, Christoph 141
Bölling, Klaus 297
Börner, Holger 168, 419
Bosse, Helmuth 168
Boutros Ghali, Boutros 337
Boysen, Jacqueline 557
Brandt, Elmar 300
Brandt, Lars 498
Brandt, Willy 27, 29, 34, 40, 46, 64,
    96, 155, 162, 170 ff., 182, 204, 222,
    241, 253, 267, 282, 291, 309 f., 331 f.,
    335, 402, 410 f., 454, 458, 461, 490,
    502 f., 513
Brauchitsch, Eberhard, von 134
Brender, Nikolaus 330, 537
Bresser, Klaus 117
Brown, Gordon 220, 266, 442, 511
Brüning, Heinrich 516
Bruns, Johann (»Joke«) 168
Bruns, Klaus-Peter 161
Bruns, Tissy 261, 474
Bsirske, Frank 304
Bubis, Ignaz 63
Bucher, Ewald 549
Bulmahn, Edelgard 223, 225, 405
Burckhardt, Jacob 12, 484
Burr, Wolfgang 84
Bury, Hans Martin 248
Bush, George Herbert Walker 151
Bush, Georg W. 67, 283, 287–291, 294,
    435, 441, 527
Bush, Laura 67
Bütikofer, Reinhard 274, 276

C
Campbell, Naomi 297
Caprivi, Leo von 548 f.
Carstens, Karl 42, 45, 58
Carstensen, Peter Harry 315, 534 f.
Carter, Jimmy 337
Castro, Fidel 296, 530
Catenhusen, Wolf-Michael 221
Charles, Prince 113
Cheney, Richard Bruce (»Dick«) 283,
    287, 289 f., 294
Chirac, Jacques 211, 257, 266, 293, 297
Chory, Werner 363
Christiansen, Eva 409, 414, 438, 470
Churchill, Winston 121, 461
Claasen, Utz 264
Clausewitz, Carl von 12
Clement, Wolfgang 169, 183, 224, 226,
    249 f., 257, 271, 278, 301 f., 306, 308,
    318, 405, 459, 502, 508 f.
Clinton, Bill 211, 232, 337
Clough, Patricia 150
Corsepius, Udo 418
Cromme, Gerhard 281
Czaja, Herbert 28

D
Dahlgrün, Rolf 549
Dahrendorf, Ralf 551
Dalai Lama (Tenzin Gyatso) 339,
    412, 435 f.
Dalton, Russel J. 37
Däubler-Gmelin, Herta 170, 191,
    223, 225, 234, 290, 505, 509
Dausend, Peter 434, 474
Der, Ralf 351 f.
Detjen, Claus 357
Dettling, Warnfried 46, 87, 367
Deupmann, Ulrich 510 f.
Dichand, Michael 517
Diekmann, Kai 152, 299
Diepgen, Eberhard 383
Dobrindt, Alexander 416

Dohnanyi, Klaus von 281
Donath, Wolf 346
Dornbusch, Rüdiger 232
Dregger, Alfred 23, 61 f., 64 f., 123
Dreher, Klaus 42
Dreßler, Rudolf 181 f., 192, 199, 214, 216, 226, 311, 363, 509
Duden, Marianne 227, 538

E

Ebeling, Hans-Wilhelm 356
Ehlers, Hermann 38, 366
Ehrhard, Benno 493
Eichel, Hans 231, 245, 249 f., 267, 300 f., 315, 371, 383
Engelen-Kefer, Ursula 214, 283
Engels, Friedrich 164, 554
Engholm, Björn 170, 176 ff.
Eppelmann, Rainer 354, 356, 358 f.
Eppler, Erhard 184, 291, 310
Erhard, Ludwig 14, 27, 35, 39, 43, 49, 220, 226, 402, 426, 429, 457 f., 548 f.
Erler, Gernot 195, 236, 243, 309
Evangelista, Linda 297

F

Feldmeyer, Karl 372 f., 389
Fiedler, Jobst 525
Filbinger, Hans 57, 420
Finck, Johannes 16 f.
Fink, Ulf 364 f.
Fischer, Andrea 210, 223, 246
Fischer, Heinz 525
Fischer, Joseph (»Joschka«) 36, 80, 154 f., 166, 168, 204, 207–210, 223 ff., 229, 231, 238–241, 246, 250, 254, 256, 273–278, 284, 286 f., 289–293, 299, 318–321, 333, 335 f., 447, 509, 524, 526, 543
Flassbeck, Heiner 227, 230, 513
Flick, Friedrich Karl 64, 134
Flimm, Jürgen 247, 263

Florida-Rolf (Namensbezeichnung in Presse), Rolf J. 269
Frank, Henning 106
Franke, Heinrich 493
Frenzel, Michael 264
Freud, Sigmund 484
Frey, Peter 329
Friderichs, Hans 24, 65
Fried, Nico 275
Fritsche, Klaus-Dieter 418
Fritz, Gernot 307, 533
Fritzenkötter, Andreas 77, 81 f., 91, 106, 113, 412, 520
Frohn, Rüdiger 183, 187
Fromme, Friedrich Karl 61
Fuchs, Anke 167 f.
Fuchs, Walther Peter 88
Funk, Albrecht 538
Funke, Karl-Heinz 158, 223, 225, 246
Funke, Manfred 86

G

Gablentz, Otto von der 78
Gabriel, Sigmar 202, 292, 306, 315, 404
Galbraith, John Kenneth 485
Galilei, Galileo 484
Gall, Lothar 456
Ganseforth, Monika 165
Gansel, Norbert 163
Gasse, Peter 525
Geisler, Hans 359
Geißler, Heiner 22, 43, 46–50, 71, 86, 114, 119, 145, 241, 363 ff., 367, 371
Gennrich, Claus 79, 106, 111
Genscher, Hans-Dietrich 25, 60, 72, 78 ff., 255, 363, 397, 435, 549
George, Götz 489
Gerhardt, Wolfgang 110
Gerstenmaier, Eugen 38
Getrey, Hildegard 15
Gibowski, Wolfgang 82, 88, 91
Gilges, Konrad 285

Glos, Michael 102, 128, 136, 257, 369, 384 f., 405, 407, 424, 551
Glotz, Peter 185, 267
Goebbels, Joseph 46, 97 f., 495
Göhner, Reinhard 49
Gomolka, Alfred 365
Goppel, Alfons 459
Goppel, Thomas 411
Gorbatschow, Michail 78, 97, 452, 495
Gore, Al 337
Grams, Wolfgang 71
Grass, Günter 247, 263
Gretschmann, Klaus 256 f.
Griefahn, Monika 172
Gröhe, Hermann 408, 414
Großmann, Jürgen R. 264
Guillaume, Günter 458
Güllner, Manfred 196, 263, 317
Gundelach, Thomas 63
Gundelach, Ulrich 252
Guttenberg, Karl-Theodor Freiherr zu 257, 405, 407, 416
Gysi, Gregor 141

H
Haberlandt, Reinhold 350
Haderthauer, Christine 416
Häfele, Hansjörg 493
Hähle, Fritz 550
Hahn, Jörg Uwe 420
Hahne, Peter 329
Hampel, Hiltrud (»Hillu«) 160
Hank, Manfred 455
Hanning, August 257
Harpprecht, Klaus 309
Hartmann, Peter 80
Hartmann, Ulrich 217
Hartz, Peter 279–282, 300 f., 394
Hauff, Volker 281
Hauser, Otto 92
Hausmann, Peter 82, 91 f.
Hausmann, Willi 363, 380, 397, 409, 545 f.

Heck, Bruno 25, 32, 43, 99
Heckmann, Hans 106
Heil, Hubertus 306
Heinemann, Gustav 224
Heinen, Ursula 408
Henkel, Hans-Olaf 211
Henrich, Günther 106
Herles, Wolfgang 107
Hermann, Winfried 286
Herrhausen, Alfred 87, 256
Herzog, Roman 366, 389 f., 512, 533
Heß, Rudolf 162
Heusgen, Christoph 417 f.
Heye, Uwe-Karsten 177, 238, 242, 247, 253 f., 269, 503
Hickel, Rudolf 214
Hildebrandt, Regine 191
Hintze, Peter 48 f., 86, 115, 180, 188, 205, 363, 366, 382, 408 f., 475
Hitler, Adolf 290, 495, 516
Hobbes, Thomas 554
Höhn, Bärbel 509
Höll, Susanne 382
Hoffmann, Matei 84 f.
Hofmann, Gerhard 536
Hofmann, Gunter 207
Hohmann, Martin 382
Holkenbrink, Heinrich 19, 35
Holthoff-Pförtner, Stefan 152 f.
Hombach, Bodo 169, 203, 206, 216, 223, 225 f., 230, 234, 237, 245, 247 f., 251, 256, 266 f., 517
Honecker, Erich 70, 173
Hopen, Peter 106
Höppner, Reinhard 191, 315, 475
Hörster, Joachim 66, 119, 493 f.
Huber, Erwin 401, 405, 416, 423, 459
Hunzinger, Moritz 248
Hüper, Ernst H. 254 f.
Hupka, Herbert 28
Hürland-Büning, Agnes 140
Hussein, Saddam 288, 290, 292

I

Immendorf, Jörg 9

J

Jahn, Friedrich-Adolf 493
Jann, Werner 525
Jansen, Michael 320
Jauck, Erhard 368
Jenninger, Philipp 60, 62 ff., 73
Johannes Paul II., Papst 319
Johannes XXIII., Papst 98
Jörges, Hans-Ulrich 245
Jung, Franz Josef 406, 409
Jüttner, Wolfgang 161, 306 f., 533

K

Kaiser, Jakob 39, 491
Kanter, Adolf 134
Kasner, Herlind 345 f.
Kasner, Horst 341, 344, 348
Kastrup, Dieter 255, 289
Katzer, Hans 23, 25
Kauder, Volker 382 f., 409, 414 ff.
Kemper, Hans-Peter 318
Kiechle, Ignaz 60
Kielmansegg, Matthias Graf von 414
Kiep, Walther Leisler 132, 371, 381, 543 f.
Kiesinger, Kurt Georg 22, 25, 28, 32, 40, 43, 58, 402, 410 f., 443, 490
Kilz, Hans Werner 328
Kinkel, Klaus 240, 469, 551
Kinzel, Siegfried 346
Kirch, Leo 140, 152
Kirchhof, Paul 324 f., 401, 468
Kissinger, Henry 337
Kister, Kurt 301
Klaeden, Eckhard von 382
Klein, Hans (»Johnny«) 90, 92, 253
Kleine, Rolf 253
Klepsch, Egon 103
Klimmt, Reinhard 183, 228 f., 242, 244, 246, 315
Klose, Hans-Ulrich 177

Knoche, Monika 286
Koch, Roland 19, 231, 303, 315, 371, 385, 388, 392, 406, 419–422, 436, 473 f., 482, 490
Köcher, Renate 88, 263
Koelbl, Herlinde 465
Kohl, Hannelore 18, 148–152, 260, 262
Kohl, Hans 15
Kohl, Helmut 9–153, 166, 168, 170, 173, 180, 184, 189, 191, 193, 196 f., 200–205, 208, 213, 218, 232, 240 f., 252, 257, 263, 266, 268, 272, 278 f., 295, 297, 299, 309, 317 f., 322, 328, 332–336, 338, 340, 342 f., 347, 353 f., 359–365, 367, 369–379, 381, 386 f., 394, 396 ff., 402, 407 f., 412 f., 418 ff., 423, 426, 429, 431, 434 f., 437, 439 f., 442, 444–452, 454 ff., 459 ff., 469 f., 476 f., 494, 497, 500, 543, 551
Kohl, Peter 150
Kohl, Walter 146, 150 f., 153
Köhler, Horst 158, 257, 319 f., 322, 392, 402, 432 f.
Köhler, Volkmar 493
Köpf, Klara 161, 261, 520
Köpf, Doris, s. Schröder-Köpf, Doris
Köppler, Heinrich 44, 57
Korte, Karl-Rudolf 268
Kraemer, Alois 19
Kraljic, Peter 525
Krampitz, Sigrid 252, 258 f., 413, 538
Kraske, Konrad 43
Krause, Günther 358, 360, 362, 365 ff., 396, 469, 545
Krenz, Egon 173
Krumrey, Henning 409, 546
Kubel, Alfred 169
Kues, Hermann 409
Kuhlwein, Eckart 195
Kuhn, Fritz 277, 321, 509
Kujacinski, Donja 148
Künast, Renate 246, 293, 321, 509, 518
Kunkel-Weber, Isolde 525

Kuntze, Sven 258
Kunze, Reiner 349
Kurbjuweit, Dirk 430

L
Lafontaine, Carl Maurice 244
Lafontaine, Hans 185
Lafontaine, Katharina 184 f.
Lafontaine, Oskar 13, 138, 163, 170–174,
 177 f., 180, 182–186, 189–202, 206 ff.,
 210 f., 213–224, 226–245, 256, 265 ff.,
 273, 275, 277, 295, 299, 310 ff., 323,
 332, 334, 374, 449, 469, 479, 502,
 506 f., 509, 511 f., 515 f.
Lahnstein, Manfred 461
Lambeck, Martin S. 114 f., 152
Lambsdorff, Otto Graf 64, 87, 108, 280
Lampedusa s. Tomasi di Lampedusa,
 Giuseppe
Langen, Werner 103
Langguth, Hans H. 254, 268, 293
Larcher, Detlev von 195
Lauer, Hilde 227
Laumann, Karl-Josef 421
Lauterbach, Karl 428
Leber, Georg (»Schorsch«) 223
Leinemann, Jürgen 166, 294, 318,
 366, 451, 512
Leinen, Josef (»Jo«) 173
Lemke, Steffi 286
Lennartz, Klaus 212
Leussink, Hans 551
Leyen, Ursula von der 167, 406,
 409, 421 f.
Leyendecker, Hans 134
Lindbergh, Peter 296
Locke, John 554
Loest, Erich 247
Lohse, Eckart 191
López, Ignacio 175
Lörcher, Christa 285
Lorenz, Peter 73
Löwenthal, Richard 77

Ludewig, Johannes 76, 80 f.
Ludwig II. 209
Lueg, Ernst-Dieter 106
Luft, Klaus 525
Luhmann, Niklas 554
Lukaschenko, Alexander 188
Lüpertz, Markus 263

M
Machiavelli, Niccolò 392, 554
Machnig, Matthias 199, 202
Madame Tussauds s. Tussaud, Marie
Mahler, Horst 161 f., 501
Maihofer, Werner 551
Maizière, Lothar de 173, 358, 364, 367,
 396, 413, 469
Maizière, Thomas de 405, 413–416,
 422
Maizière, Ulrich de 413
Major, John 461
Mandelson, Peter 266, 300
Martin, Albrecht 366
Martin, Paul C. 260
Marx, Karl 554
Maschmeyer, Carsten 203, 254, 337, 507
Matern, Hermann 346
Mathiopoulos, Margarita 502
Maurer, Ulrich 163, 509
McAllister, David 472
Mende, Erich 549
Meng, Richard 297, 301, 304
Merkel, Angela 9–14, 48, 51, 108,
 120, 128, 135, 138, 141, 163 f., 247, 251,
 254, 261 f., 272, 282, 304 f., 316, 323 f.,
 326–330, 338, 340–444, 446 ff., 450 f.,
 453 f., 460, 465 f., 468 f., 472 f., 479,
 482 f., 543 f.
Merkel, Ulrich 349
Mertes, Alois 60, 82, 107
Mertes, Michael 76, 82
Merz, Friedrich 152, 377, 384, 387, 390,
 392, 394, 396, 401, 414, 419, 423, 428,
 442, 469

Metzger, Dagmar 552 f.
Meyer, Laurenz 277, 380 ff., 543 f.
Meyers, Franz 313
Michels, Robert 51
Milbradt, Georg 392, 420, 422, 459, 550
Minkmar, Nils 303
Mischnick, Wolfgang 549
Mohn, Reinhard 79
Möllemann, Jürgen 108
Monnet, Jean 129
Montesquieu, Charles de 554
Müller, Christa 197, 220
Müller, Gerd 408
Müller, Hanfried 348
Müller, Hildegard 408, 414
Müller, Kerstin 509
Müller, Michael 195, 236 f., 242, 309
Müller, Peter 229, 277, 280, 385, 421,
    483 f.
Müller, Werner 216 f., 223, 264
Müller-Westernhagen, Marius 247
Müntefering, Franz 9, 163, 191, 199,
    213 f., 218, 221 ff., 227, 231, 240, 245 f.,
    249, 259, 290, 299, 301, 305, 307–316,
    319, 321, 323, 327, 331, 399 ff., 403 f.,
    407 f., 410 f., 415 f., 424 f., 429, 431 ff.,
    442, 450, 473, 513
Mützelburg, Bernd 255

N

Nahles, Andrea 200, 236, 400
Naumann, Michael 74 f., 225, 247, 251,
    272 f., 309, 335, 508, 517
Nayhauß, Meinhardt Graf von 107,
    260
Negt, Oskar 247, 517
Nehring, Sieghart 81
Nesselhauf, Michael 519
Neubert, Ehrhart 348
Neuer, Walter 84 f.
Neumann, Bernd 141, 408
Nevermann, Paul 168
Nida-Rümelin, Julian 247

Noé, Claus 227, 230, 234, 514
Noelle-Neumann, Elisabeth 87, 263
Nooke, Günter 354, 541
Noske, Gustav 222, 511
Nowak, Wolfgang 256, 266, 268
Nuschke, Otto 491

O

Obama, Barack 67, 466
Obama, Michelle 67
Oettinger, Günther 407, 420 f., 545
Ollenhauer, Erich 332
Oschatz, Georg-Berndt 481
Ost, Friedhelm 90, 498
Osten, Hans-Jörg 351

P

Paciorek, Peter 408
Petry, Leo 237, 514
Pfaffenbach, Bernd 257, 418
Pfahls, Holger 542
Pfeifer, Anton 73 ff., 92, 141, 397, 493
Pfeiffer, Reiner 177
Pflüger, Friedbert 83, 409
Piëch, Ferdinand 175, 203, 277, 282
Pilati-Borggreve, Kristina Gräfin 248
Platon 12
Platzeck, Matthias 331, 400, 410, 416,
    424
Plogmann, Bernd 520
Poelchau, Nina 262
Pofalla, Ronald 382, 409, 414 ff., 422
Pohl, Reinfried 498
Polenz, Ruprecht 379 ff.
Poppinga, Anneliese 457
Posche, Ulrike 259, 508
Powell, Colin 287
Prantl, Heribert 385, 392
Preschle, Klaus 379
Pruys, Karl Hugo 106, 515
Putin, Wladimir Wladimirowitsch
    293, 338, 435 f.

R

Rachel, Thomas 409
Radunski, Peter 46
Ramsauer, Peter 415 f.
Ramstetter, Erich 149, 152
Rau, Johannes 168 f., 177, 183, 187, 191 f.,
219, 248, 258, 314, 459, 469, 481, 509
Rehberg, Eckhardt 365
Reinhardt, Charima 254
Reker, Stefan 258
Renesse, Margot von 281
Repnik, Hans-Peter 66
Rexrodt, Günter 212, 369
Rice, Condoleezza 287, 439
Richter, Maike 152 f.
Riesenhuber, Heinz 50, 60
Riester, Walter 212, 223, 225 f., 249,
267, 281, 434
Ringier, Michael 337
Roik, Michael 51, 85 f., 148
Roppel, Ulrich 417
Röspel, René 525
Röstel, Gunda 207, 509
Rosumek, Lars 299
Roth, Wolfgang 108
Röttgen, Norbert 383, 407, 409,
414 ff., 496
Rubin, Hans Wolfgang 549
Rühe, Volker 48, 62, 86, 125, 127 f.,
206, 240, 364, 370, 551
Rühle, Heide 509
Rühmkorf, Peter 263
Ruhnau, Heinz 254
Rumsfeld, Donald 529
Runde, Ortwin 315
Rürup, Bert 281
Rüttgers, Jürgen 65, 314, 384, 407,
420 ff., 432 f., 543

S

Sager, Krista 210
Sarkozy, Nicolas 440 ff.
Sauer, Joachim 262, 351, 409

Schächter, Markus 330
Schalck-Golodkowski, Alexander 70
Scharping, Rudolf 49, 163, 170,
176–184, 188, 190 f., 220–223, 225,
231, 248, 307, 508 f.
Schartau, Harald 525
Schäuble, Ingeborg 126
Schäuble, Thomas 133, 137, 497
Schäuble, Wolfgang 49 f., 61 f., 64 ff.,
68, 70 ff., 74, 82, 90, 92 f., 102 f.,
110–115, 118–144, 204, 214, 258,
318, 322, 336, 358, 370–381, 384 f.,
390–393, 396, 405 f., 408 f., 419, 422,
437, 459, 469, 482 f., 492, 494, 497
Schauerte, Hartmut 408
Schavan, Annette 392, 406 f., 409,
420, 422
Scheel, Barbara 149 f.
Scheel, Walter 27, 149, 549
Schell, Manfred 106
Schelsky, Helmut 12
Schewe-Gerigk, Irmingard 286
Schickler, Wilhelm 525
Schiffer, Claudia 214
Schiller, Karl 279
Schily, Otto 166, 223 ff., 240, 250, 275,
278, 327, 405, 508
Schindler, Norbert 119
Schirrmacher, Frank 297
Schlauch, Rezzo 273 f.
Schleyer, Hanns-Eberhard 525
Schlüter, Dieter 157
Schmale, Holger 179
Schmid, Carlo 224
Schmid, Günther 525
Schmidbauer, Bernd 75
Schmidt, Helmut 11, 31, 33 f., 36, 40,
67, 96, 159, 166, 196, 204, 222, 259,
309, 322, 332 f., 337 f., 402, 492, 500,
502, 513
Schmidt, Renate 248, 404, 505, 509
Schmidt, Ulla 246 f., 269, 303, 404,
408, 428

Schmitz-Weber, Elke 515
Schmoldt, Hubertus 283, 304
Schneider, Oscar 103
Schnur, Wolfgang 354, 356 f.
Scholz, Olaf 243, 306, 313, 404
Scholz, Rupert 551
Schönbohm, Jörg 383, 385, 481
Schönbohm, Wulf 46
Schöpp-Schilling-Redmann, Beate 367
Schoppe, Waltraud 173
Schorlemer, Friedrich 356
Schorr, Daniel 458
Schreckenberger, Waldemar 69, 73,
    79, 104
Schreiber, Karlheinz 131 ff., 135 f., 139,
    142, 374 ff., 377, 384, 391, 542
Schreiner, Ottmar 163 f., 193, 195, 221,
    228, 236, 242, 245, 281, 323
Schrempp, Jürgen 282, 526
Schröder, Erika 158
Schröder, Fritz 157
Schröder, Gerhard (CDU, Außen-
    minister) 25, 32
Schröder, Gerhard (SPD, Bundes-
    kanzler) 9–14, 36, 50, 67, 74, 80, 108,
    114, 138, 154–339, 366, 372, 374, 381,
    383, 389, 393, 398–402, 404, 409, 411,
    413 ff., 418 f., 425 ff., 430 f., 435–440,
    442, 444 f., 447–454, 460 f., 464 f.,
    468 f., 471, 473, 477, 502, 505, 508 f.,
    513 f., 519, 521, 538
Schröder, Gunhild 158
Schröder, Richard 354
Schröder-Köpf, Doris 160, 197,
    258–262, 299, 327, 508
Schubach, Eva 160
Schulte, Dieter 493
Schulz, Ekkehard 264
Schulz, Werner 321, 509
Schulze, Ingo 263
Schumacher, Karl 50
Schütz, Hans Peter 125, 208 f., 254
Schwägerl, Christian 301

Schwanitz, Rolf 248
Schwarz, Hans-Peter 457
Schwarz, Heinz 59
Schwarzer, Alice 262
Schwarzer, Joachim 200
Schwarz-Schilling, Christian 50, 105
Schweden, Heinz 106
Schwennicke, Christoph 297 f., 329,
    436, 536
Schwind von Egelstein, Sabine 519
Seeba, Ewold 255
Seebacher, Brigitte 170 f.,
Seeber, Eckhard (»Ekki«) 152
Seehofer, Horst 303, 390, 393, 405,
    407 f., 416, 423 f., 470
Seite, Bernd 365 f.
Seiters, Rudolf 65, 71 f.
Seitz, Norbert 43, 268
Silberberg, Reinhard 256
Simmert, Christian 286
Simonis, Heide 315, 470, 534
Skarpelis-Sperk, Sigrid 166, 233, 235,
    281
Söder, Markus 390, 416
Solms, Hermann Otto 110, 369
Sonntag-Wolgast, Cornelie 269
Sözen, Elif 150
Späth, Lothar 47 f.
Spengler, Tilman 263
Spöri, Dieter 186
Spranger, Carl-Dieter 60
Staden, Berndt von 78
Stavenhagen, Lutz 60, 73, 107
Steg, Thomas 206, 252, 254, 327, 411 f.
Steinbrück, Peer 314 f., 403 f., 416, 419,
    423 f., 440
Steiner, Julius 64
Steiner, Michael 255, 519
Steingart, Gabor 328
Steinhoff, Fritz 313
Steinkühler, Franz 186
Steinmeier, Frank-Walter 9, 223, 251,
    255 f., 259, 272, 300, 303, 307, 316 f.,

319 f., 331, 403 f., 407 f., 411 ff., 416,
424, 435 f., 440, 511, 515
Stern, Fritz 443
Stiegler, Ludwig 195, 235 f., 309
Stöckel, Rolf 318, 535
Stoiber, Edmund 102, 111, 119, 136, 148,
155, 261, 282, 300, 323, 328 f., 384–388,
390 ff., 396 ff., 400 f., 405, 410 f., 416,
423, 432, 459
Stoiber, Karin 261
Stollmann, Jost 211–216, 219, 468
Stolpe, Manfred 192, 249, 481
Stoltenberg, Gerhard 48, 57, 74, 97,
241, 551
Stolze, Dieter 89
Storm, Andreas 409
Strauß, Franz Josef 29, 32 ff., 58, 61,
68, 88, 96 f., 167, 197, 204, 386 f., 410,
423, 459
Strauss-Kahn, Dominique 232
Strehl, Dietmar 509
Streithofen, Basilius 88
Ströbele, Hans-Christian 132, 286
Stroetmann, Clemens 367 f.
Struck, Peter 181 f., 223, 235, 237, 248,
273, 291, 405, 416, 514, 523
Stürmer, Michael 88, 93
Summers, Lawrence H. (»Larry«) 232
Süssmuth, Rita 47 f., 63, 113, 145, 280,
363

T

Tacke, Alfred 217, 257, 264
Tann, Hartmann von der 330
Taschenmacher, Anne 160
Teltschik, Horst 22, 59, 68, 76–80, 87,
461, 490, 494
Terlinden, Hans 50 f., 140, 493 f.
Teufel, Erwin 385
Thadden, Adolf von 500 f.
Thatcher, Margret 309, 393, 461, 479
Thierse, Wolfgang 149, 182, 195, 228,
278, 308, 505, 508 f., 533

Tiedje, Hans-Hermann 93
Tiefensee, Wolfgang 404, 525
Tiemann, Heinrich 256, 403
Tietmeyer, Hans 87, 427
Tomasi di Lampedusa, Giuseppe 302
Töpfer, Klaus 367 f., 392
Trapattoni, Giovanni 201, 507
Treib, Hans-Georg 228 f.
Trittin, Jürgen 172, 207, 223, 231,
238 f., 273, 275–278, 321, 426, 509,
515, 518
Trotzki, Leo 244
Trumpf, Jürgen 108
Tussaud, Marie 14

U

Uhrlau, Ernst 257
Ulbricht, Klaus 355
Urschel, Reinhard 174, 271, 500, 503

V

Veen, Hans-Joachim 494 f.
Verheugen, Günter 181, 223
Vogel, Bernhard 20, 22, 47, 141, 543
Vogel, Dieter 90 f.
Vogel, Friedrich 59, 73
Vogel, Hans-Jochen 170, 174, 180,
183, 244, 310, 332, 390
Vogt, Ute 533
Volkert, Klaus 280
Vollmer, Antje 509
Volmer, Ludger 509
Vorkötter, Uwe 304
Vornbäumen, Axel 299, 310
Voscherau, Eggert 525
Voscherau, Henning 180
Voss, Sylvia 286
Vosseler, Lothar 499 f.
Vosseler, Paul 158

W

Waigel, Theo 68, 102 f., 110, 118 f., 124 f.,
205, 236, 257, 551

Walser, Martin 263
Walter, Jürgen 475
Wasserhövel, Karl Josef (»Kajo«) 312 f.,
  400, 410
Weber, Axel A. 250
Weber, Juliane 59, 68, 72, 82 ff., 88, 151,
  252, 359, 397, 413
Weber, Max 12, 466, 484
Weber, Pitt 237, 515
Wehner, Herbert 40, 105, 166, 187, 222,
  335, 502
Weidenfeld, Werner 87, 282, 510
Weidmann, Jens 418, 427
Weiss, Christina 248
Weitmann, Jens 417
Weizsäcker, Richard Freiherr von 25 f.,
  45, 63, 162, 241, 280, 353, 467, 541
Welteke, Ernst 250
Westerwelle, Guido 115, 214, 330, 390 ff.
Wettengel, Michael 414, 417
Wettig-Danielmeier, Inge 509
Wiebusch, Dagmar 228, 236, 238
Wieczorek-Zeul, Heidemarie 163 f.,
  170, 178, 223, 225, 308, 404 f., 408, 412,
  436, 505, 509, 533
Wilhelm II. 455, 548
Wilhelm, Hans-Otto 47
Wilhelm, Ulrich 411, 414
Wilms, Dorothee 60

Windelen, Heinrich 103
Winkler, Heinrich August 263
Wirtgen, Klaus 189, 193, 334
Wissmann, Matthias 369
Wodarg, Wolfgang 428
Wöhrl, Dagmar 408
Wölber, Hans Otto 344
Wolf, Christa 263
Wonka, Dieter 295, 529
Wörner, Manfred 25, 60, 406, 551
Wowereit, Klaus 288, 301, 481 f.
Wuermeling, Franz Josef 19
Wulfert, Reinhard 353
Wulff, Christian 292, 303, 315, 378,
  385, 406, 412, 420, 422, 472 f., 507
Würzbach, Peter Kurt 136, 493

Y
Ypsilanti, Andrea 473–475, 552 f.
Yzer, Cornelia 363

Z
Zetsche, Dieter 430
Zimmermann, Friedrich 31, 44, 60, 123
Zirngibl, Willy 106
Zülicke, Lutz 350
Zurheide, Jürgen 432
Zwickel, Klaus 304
Zypries, Brigitte 248, 404, 408

Danksagung

Es ist schon ein Wagnis, ein Buch über »Machtmenschen« zu schreiben, die uns alle sehr präsent sind und über die jeder eine eigene Vorstellung hat. Viele haben beim Entstehen dieses Buches mitgewirkt:

Besonderen Dank schulde ich Frau Dr. Jutta Obenlüneschloss, Axel Birkenkämper M.A., Matthias Kirch M.A. und Benedikt Wintgens M.A., die an der Schlussfassung dieses Werkes mitwirkten. Auch Professor Matthias Horst, obwohl als Jurist »fachfremd«, hat sich die Mühe gemacht, das Manuskript kritisch durchzusehen.

Herzlichen Dank will ich der Cheflektorin Dr. Andrea Wörle vom Deutschen Taschenbuch Verlag (<u>dtv</u>) für ihre stete Anteilnahme am Entstehen dieses Buches und für ihre inhaltliche Inspiration sagen.

Dass dieses Buch überhaupt entstanden ist, ist Joachim Jessen von der »Literary Art Agency Thomas Schlück« zu verdanken, der die Idee zu diesem Buch aufgriff und weiterentwickelte.

Nicht zuletzt danke ich meinen Studentinnen und Studenten meines Hauptseminars »Was ist Macht?« an der Rheinischen Friedrich-Wilhelms-Universität zu Bonn im Sommersemester 2008 für manche spannende und dieses Buch inspirierende Diskussion.

Bonn/ Berlin, im März 2009
Gerd Langguth